KB159562

칼날
위의
평화

칼날 위의 평화
노무현 시대 통일외교안보 비망록

2014년 5월 12일 초판 1쇄
2018년 1월 23일 초판 4쇄

지은이 | 이종석

편   집 | 김희중, 이민재
디자인 | 이창욱
제   작 | 영신사

펴낸이 | 장의덕
펴낸곳 | 도서출판 개마고원
등   록 | 1989년 9월 4일 제2-877호
주   소 | 경기도 고양시 일산동구 호수로 662 삼성라끄빌 1018호
전   화 | (031) 907-1012, 1018
팩   스 | (031) 907-1044
이메일 | webmaster@kaema.co.kr

『칼날 위의 평화』 북펀드에 참여해주신 분들(가나다순)
강계환, 강동구, 강부원, 강석여, 강영미, 강주한, 공진성, 김광진, 김기남, 김숙자, 김영성, 김인겸, 김주현, 김중기, 김현승, 김현승, 김환, 김희곤, 나준영, 내민규, 노진석, 민동섭, 민준기, 박계연, 박기자, 박나윤, 박무자, 박선유, 박은성, 박준일, 박혜미, 성유나, 송정환, 송주형, 신정훈, 신혜경, 심만석, 엄옥남, 유순주, 윤윤자, 윤재일, 윤정훈, 이성경, 이원옥, 이하나, 임세은, 임창민, 장경훈, 장동원, 전미혜, 정담이, 정대영, 정민수, 정솔이, 정율이, 정진우, 정해승, 조보라, 주학님, 최경민, 최경호, 최성헌, 최하나, 탁안나, 하준성, 한성구, 한승훈, 허강우, 허민선
(총 70명 참여)

ISBN 978-89-5769-235-6 03340
ⓒ 이종석, 2014. Printed in Goyang, Korea

칼날 위의 평화

PEACE
W R

이종석 지음

개마고원

책을 펴내며

 이 책은 내가 겪은 참여정부 통일외교안보 분야의 비망록이다. 나는 제 16대 대통령직 인수위원과 국가안전보장회의NSC 사무차장, 그리고 통일부장관을 역임하며 참여정부의 탄생 시기부터 약 4년간 노무현 대통령을 보좌했다. 특히 한국 외교안보에 숱한 도전과 과제가 밀어닥쳤던 전기前期 3년 동안 대통령의 전략적 구상과 정책을 구현하기 위해 존재했던 NSC 사무처의 실질적인 책임자였다.

 하지만 애초에는 비망록을 쓸 계획이 없었다. 대통령의 구상과 지시를 받들어 이를 구체화하거나 집행한 나로서는 독자적으로 할 얘기가 거의 없었다. 따라서 퇴임한 노 대통령이 언젠가 회고록을 집필할 것이기에, 그 뒤에 혹시 내가 덧붙일 얘기가 있다면 그때나 가서 생각해보려 했었다.

 그러나 2009년 5월 노 대통령이 불의에 서거하면서 상황이 달라졌다. 대통령 회고록이 나올 수 없게 됨으로써, 내게는 비망록을 써야 할 의무가 생겼다. 하여 나는 특히 두 가지 이유에서 비망록을 집필하기로 결심했다. 첫째, 나는 참여정부가 통일외교안보 분야에서 수행했던 일들에 대해 그 성공과 실패, 성취와 시행착오, 긍지와 아쉬움을 왜 그렇게 했는지 또는 그럴 수밖에 없었던 이유와 함께 '있는 그대로' 기록으로 남겨야 한 다는 역사적 책무를 느꼈다. 둘째, 노 대통령을 사랑하는 많은 이에게 그 들의 가슴속에 살아 있는 대통령이 자랑스러운 지도자였다는 사실을 주 관적인 해석이 아니라 객관적 사실로써 보여주고 싶었다. 이를 통해서 노 대통령과 참여정부에게 부당하게 씌워진 각종 이념적·감정적 비난과 의 혹들을 사후에라도 바로잡고 싶었다. 그러다보니, 감히 말하자면 이 책 은 노 대통령의 시각에서 노무현 시대를 돌이켜보는 회고록의 성격도 부 분적으로 지니게 되었다.

나는 이 책을 통해 노무현 대통령과 참여정부가 통일외교안보 분야에 서 추구한 가치가 상식과 합리성에 기초한 보편적 가치였음을 보여주고 싶었다. 노 대통령이 추구한 가치는 평화·자주·균형이었다. 참여정부의 국가안보 전략기조가 '평화번영정책 추진' '균형적 실용외교 추구' '협력적 자주국방 추진' '포괄안보 지향'이었다는 사실에서도 이를 금방 알 수 있 다. 그런데 평화·자주·균형은 진보와 보수를 가릴 것 없이 우리 공동체 가 추구해야 할 상식이며 공동선이다. 외세의존의 대결적 분단국가 지도 자로서 노 대통령은 국민을 전쟁의 위험으로부터 보호하고 평화를 증진 하고자 했으며, 우리 공동체의 자주적 결정에 의한 삶을 추구했다. 또한 성장한 대한민국의 위상에 맞게 균형적인 동맹관계를 추구하고, 중국의 성장으로 상징되는 새로운 국제현실에 적응하기 위해 균형외교를 추진했 다. 이처럼 노 대통령은 진보주의자였지만, 그가 통일외교안보 분야에서 추구한 가치는 진보와 보수를 따지기 이전의 상식과 합리성에 기초한 것들이었다. 나 역시 이런 대통령의 통일외교안보 및 국정운영 철학에 전적으로 동의하고, 미력하나마 참모의 길을 걸었다.

이 책의 제목은 '칼날 위의 평화'다. 노 대통령은 평화를 열망했다. 그래서 자주와 균형을 통해 평화를 지키고 공고히 하고자 했다. 평화는 전쟁과 갈등으로 점철된 삶을 살아온 대한민국 국민에게 가장 기본적인 열망이며, 남북공동번영과 통일시대로 나아가기 위한 전제다. 그러나 그 평화는 이루기도 어렵지만, 이룬 것같이 보일 때도 위태위태하고 불안한 평화였다. 또한 여전히 대결적 불신관계를 청산하지 못한 주체들 간의 합의에 간신히 기대고 있기 때문에, 언제라도 상처받기 쉬운 그런 평화였다. 마치 칼날 위에 서 있는 것처럼.

그러나 참여정부는 이 '칼날 위의 평화'라도 세우려 전력을 다했다. 그래야 다음 단계로 갈등 위의 평화를 세울 수 있으며, 궁극적으로 반석 위의 평화도 추구할 수 있기 때문이었다.

나는 역사의 거울 앞에 서 있다는 자세로 이 책을 집필했다. 참여정부 시절에 있었던 외교안보 구상이나 실천 내용의 상당부분이 보안상 이유로 공개되지 않았다. 그러나 이 책에는 가급적 있었던 사실을 그대로 기술하고자 했다. 물론 아직도 국가안보나 외교적 고려 때문에 부득이 밝힐 수 없거나 그저 스케치 식으로밖에 전하지 못하는 부분들도 있다. 또한 이 책에 등장하는 대부분의 인물이 생존해 있다는 부담도 만만치 않다. 따라서 집필에는 조심스러운 부분이 꽤 있었다.

그렇지만 과거에 보안 사안이더라도 이제는 '역사'가 되었거나 이미 언론에서 다룬 내용들은 가급적 있는 그대로를 밝히고자 했다. 나아가 당시 언론에 너무 심하게 왜곡 보도되었던 사안의 경우는 참여정부의 명예가 걸린 문제이니만큼 보다 소상히 진상을 적어놓았다. 더불어 노 대통령과 노무현 시대를 이해하는 데 꼭 필요하다면 다소 불편한 내용이 있더라도 관련 인물에 대해 언급했다.

NSC 시절 나의 보좌관을 지낸 김진향 박사는 이 책의 초고를 감수하면서 대통령의 언술이 직접 인용되는 데 대해 우려했다. NLL 대화록 유출 사건의 악몽 때문에 담대한 그의 가슴이 쪼그라든 것이다. 그러나 나는 개의치 않기로 했다. '우리의 대통령'에 대해서 꺼릴 것이 없으며 지금껏 '진실'과 '사실'만큼 강한 힘은 없다고 믿고 살아왔기에 가급적 그대로 인용하기로 했다. 사실 노무현 시대의 통일외교안보는 이제 대부분 역사 history가 되었다. 노 대통령이 서거했고, 참여정부 통일외교안보의 밑그림을 함께 그렸던 서동만 교수와 초대 NSC 정책조정실장이었던 이봉조 전 통일부 차관, 그리고 안철현 전 NSC 위기관리담당관 등이 이미 고인이 되었다. 내가 기록하고 있는 이 책의 시대가 이미 역사가 되어가고 있다는 증거다. 그 역사를 끄집어내 사실을 왜곡하고 저주하며 흑칠을 해야 존립이 가능한 세력이 여전히 존재한다는 것이 그저 개탄스러울 뿐이다.

이 책이 내가 경험한 참여정부 4년간의 모든 기록은 물론 아니다. 내가 기억할 수 있는 것, 중요하다고 생각되는 것, 자료로 확인이 되는 것들을 중심으로 썼다. 비망록을 쓰려고 과거의 기억을 되살리고 관련 자료를 찾다보니, 그렇게 짧은 시간 동안 어떻게 이렇게 많은 일들이 벌어지고, 이를 감당했었는지 믿기지 않을 정도다. 4년 동안의 시간여행을 하는데, 마치 10년 이상을 더 여행한 듯 느껴졌다. 압축 파일을 풀었을 때처럼 세월 속에 묻혀 있던 일들이 한꺼번에 쏟아져 나왔다. 그러다보니 쓰지 못한 얘기도 많다. 나와 함께 일한 사람들 가운데는 이 책을 보고 자신이 담당했던 일에 대해 언급조차 없어 섭섭하게 생각할 이들도 꽤 있을 것이어서 미안할 따름이다.

나는 이 책을 역사적 기록과 참여정부의 명예를 위해 썼지만, 다른 한편 구체적으로 한국의 통일외교안보 분야를 공부하는 연구자들에게 1차 자료를 제공한다는 마음으로 집필에 임했다. 아울러 현재의 정부, 그리고 앞으로 들어설 정부에게 유용한 자료 혹은 타산지석으로 삼을 수 있는 교훈적 자료가 되었으면 하는 바람도 가지고 썼다. 그래서 당시를 되돌아보며 아쉽게 느껴지는 반성적 소회도 담고자 했다.

그런데 이처럼 책을 다목적용으로 집필하다보니, 편집과정에서 문제가 발생했다. 일반 독자를 위한 비망록은 비교적 간단하고 명료해야 한다. 반면에 전문가를 위한 1차 자료적 성격의 책은 가급적 상세하고, 근거가 명백해야 한다. 이 두 서술방향 사이의 긴장은 편집과정에서 그대로 나타났다. 원래는 이보다 더 자세하게 기록적인 의미의 초고를 완성했었다. 그러다보니 일반 독자가 읽기에는 너무 복잡하고 숨이 찼다. 따라서 출판사에서 일반 독자도 읽을 수 있도록 하기 위해 대대적인 가지치기와 갈무리 작업이 이루어졌다. 혹시 이 책 속에 독자들이 편하게 읽을 만한 부분이 있다면 그것은 전적으로 마치 '나의 일처럼' 열정을 가지고 작업해준 편집팀의 이민재, 김희중 두 사람 덕택이다.

이 책의 집필을 마치고 나니, 오랫동안 역사와 대통령 앞에 졌던 부담이 어느 정도 덜어지는 느낌이다. 물론 시간에 쫓겨 만족스럽지 못한 부분도 꽤 있지만, 이제는 정리하려 한다. 4년의 경험에 대한 정리를 두고, 노 대통령 서거 후 5년 내내 뒷덜미가 잡혀 있는 양 집필 부담을 안고 살아왔다. 부족한 기록이지만 이제는 독자들에게 내놓고 평가받고 싶다.

끝으로 내가 긍지를 가지고 참여정부의 통일외교안보 역사를 기술할 수 있도록 떳떳한 노무현 시대의 역사를 만들었던 NSC 동료들과 통일부 식구들에게 가슴 깊이 고마움을 전하며, 존경하는 노무현 대통령의 영전에 삼가 이 책을 바친다.

2014년 5월

이 종 석

1부 역사의 무대로 들어서다

6부 NSC, 국가안보의 컨트롤타워를 맡다

1장 NSC의 일과 사람들

2장 외부의 비난과 내부의 견제를 뚫고서

7부 야심찬 구상, 미완으로 남기다

1장 통일부장관으로 일하며

2장 무거운 짐을 내려놓고 잠에 빠지다

나의 이력서

※일러두기

1. 노무현 대통령은 정부 관료들과 대화에서 경어체를 사용했다. 그렇지만 이 책에서 일부 평어체가 나오는 것은 NSC사무처 요원들이 대통령 말씀을 작성할 때 요약적으로 기록하면서 평어체로 바꾸었기 때문이다. 필자는 그 기록에 의존했으며 인위적으로 다시 경어체로 바꾸지 않고 평어체를 그대로 사용했다.

2. 출처가 따로 명기되지 않은 사진자료는 필자 개인 소유와 노무현재단에서 제공한 것이다.

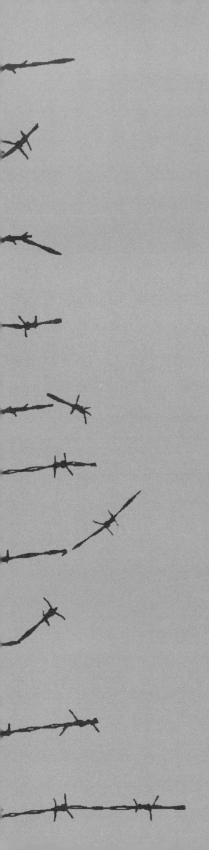

1부

역사의
무대로
들어서다

1
역사적 순간 그리고 새로운 임무

꿈만 같았다. 노 후보 지지자 일부를 제외하면, 나를 포함해서 대다수
는 '정몽준 폭탄'으로 한나라당 이회창 후보가 승리하리라 예상했다. 그
러나 국민의 선택은 달랐다. 놀라웠다. 노 후보의 대통령 당선이 확정된
순간 나는 너무도 큰 희열과 함께 한없이 '작은 나'를 반성했다.

대선전야, "역사가 이런 우연으로 바뀌나?"

16대 대한민국 대통령선거 전날인 2002년 12월 18일. 노무현 후보의 통
일외교안보 분야 자문위원인 서동만(북한학 전문가이며 상지대학교 교수였
다. 참여정부 시기 국정원 기획조정실장이 되어 국정원 개혁에 나섰다), 윤영관
(서울대학교 외교학과 교수로 참여정부에서 외교부장관이 되었다), 서주석(한국
국방연구원 팀장이었으며, 참여정부에서 국가안보 업무에 힘썼다), 나 그리고 캠
프 실무자 배기찬이 양재동 교육문화회관에 모였다. 18일부터 19일 투표
일까지 양일간 모종의 작업을 할 요량으로 우리는 객실을 잡았다.

그동안 우리 통일외교안보 분야 자문팀은 노무현 후보의 교수자문단
과는 별도로 서동만 교수를 팀장으로 해서 독자적인 활동을 해왔다. 우
리가 이날 모인 것은 두 가지 일을 위해서였다. 먼저 노무현 후보가 대통
령으로 당선될 경우, 곧바로 수행해야 할 외교안보 일정과 당선자로서 중
요 현안에 대해 취할 입장이나 대처방안을 담은 보고서를 완성하는 것이

었다. 이 일은, 이미 12월 초부터 자문위원들이 수차례 만나 보고서에 담을 의제를 정하고 전공별로 나누어 초고를 작성해왔고 이를 토대로 내가 최종 조정을 위한 보고서 초안까지 만든 터라, 종합된 내용을 가다듬기만 하면 되었다.

다른 하나는 좀 복잡한 과제였다. 후보단일화를 통해 16대 대통령의 꿈을 접고 노무현 후보를 지지하고 있는 정몽준 국민통합21 대표와의 관계정립에 대한 건의안을 만드는 일이었다. 사실 대선에서 승리했을 때 정 대표와의 역할 분담 문제는 후보의 최대 고민거리이긴 하나, 근본적으로 정무 파트 참모들이 풀어야 할 난제였다. 그런데 정무팀도 아닌 우리가 이런 고민을 한 것은 정 대표 쪽에서 사실상 공동정부 구성을 요구할 경우 통일외교안보 분야를 맡겠다고 나설 가능성이 높다고 판단했기 때문이다. 물론 이것은 노 후보나 대선 캠프의 정무 파트와 전혀 교감 없이 이루어진 외교안보자문팀의 자체 판단이었다. 우리는 정 대표의 공헌을 감안할 때 대선 승리시 이후 국정운영에서 그와의 역할 분담은 어느 정도 불가피하다고 보았다. 이 경우 정 대표측은 그동안 활동영역이나 차기 대권을 내다보는 입장에서 볼 때, 통일외교안보 분야에서 역할을 하고 싶어할 것이라고 판단했다. 그런데 문제는 통일외교안보는 다른 어떤 분야보다도 대통령의 권한과 의무를 상징한다는 점이었다. 따라서 자문단으로서는 당선자가 정 대표의 요구를 수용한다고 전제할 때, 이 분야에서 대통령의 지도력이 확실하게 관철되면서도 그의 희망을 들어줄 수 있는 방법에 대해 고민하지 않을 수 없었다.

우리는 우선 보고서 초안의 최종 검토부터 시작했다.[1] 각자가 분담하여 준비한 것을 가지고 여러 차례 토론을 통해 하나의 초안을 만든 것이지만 이를 확정하기 위한 회의는 18일 밤늦게까지 이어졌다. 그런데 보고서 작성 토론이 거의 마무리될 즈음, 밤 11시쯤 되었을까. 윤영관 교수의 핸드폰이 울렸다. 처음에는 사적인 통화려니 하고 신경을 안 썼는데, 곧 전화를 받는 윤영관 교수의 얼굴이 심각하게 굳어지는 것을 보고 불길한 생각이 들었다. 동생인 윤영찬『동아일보』기자로부터 온 전화인데, 정몽준 대표가 노무현 후보에 대한 지지를 전격 철회했다는 것이다. '정몽준 폭탄'이 터진 것이다.

12월 18일 밤 10시 30분, 선거일을 불과 1시간 30분 앞두고 정몽준 대표는 노무현 후보에 대한 지지를 철회했다. 공식적인 지지 철회 이유는, 노 후보가 이날 명동 합동유세에서 "미국과 북한이 싸우면 우리가 말린다"고 했는데 미국은 우리의 우방이기 때문에 이 말은 "매우 부적절"하며 "민주당과 통합21의 정책공조 정신에 어긋난다"는 것이었다. 지지 철회 명분치고는 너무 군색해서 언뜻 이해가 되지 않았다. 아니나 다를까, 실제 이유는 그날 저녁에 있었던 종로 합동유세에서 노 후보가 "다음 대통령은 정몽준"이라는 피켓을 두고 "민주당에 추미애·정동영 같은 인물도 있다"고 발언한 것에 정 대표가 격분해서 그랬다는 얘기가 나돌았다.

황당하고 기가 막혔다. 일순 방안에 정적이 감돌았다. 다들 망연자실했다. 나는 그 순간 '아, 역사가 이런 우연으로 바뀌나' 하는 탄식으로 그 자리에 벌렁 누워버렸다. 누구의 잘잘못을 따지기 전에 그 상황이 원망스러웠다. 이렇게 되면 선거 결과는 불 보듯 빤하다고 생각했다. 더 토론할 의욕도 사라졌다.

그러나 마무리는 지어야 했다. 비록 돌발사태로 분위기는 가라앉았지만, 그래도 그 자리에서 누구도 '판을 덮자'는 사람은 없었다. 다행히 남은 토론과제는 정몽준 대표가 통일외교안보 분야에서 국정운영의 지분을 요구할 경우에 대비한 대책이었으니, 이젠 토론할 필요가 없어졌다. 이미 최종 토론을 마친 대책 보고서에서 정몽준 대표 역할 부분만 들어내고 수정하면 됐다. 노 후보가 당선되면 이 보고서는 팀장인 서동만 교수가 책임지고 후보에게 전달하기로 하고, 우리는 자정을 넘겨 대통령선거일 벽두에 교육문화회관을 나섰다.

노무현 대통령 당선

노 48.9-이 46.6%…57만표 차
수도권·충청등서 고르게 득표
권 3.9%…투표율 70.8% 최저

"대화·타협의 시대 열겠다"

노 당선자 회견

노무현 대통령은 정몽준의 급작스러운 지지 철회라는 폭탄을 맞았음에도, 모두의 예상을 깨고 대통령에 당선되었다. 국민의 위대한 승리였다. 이로써 한국 통일외교안보의 새로운 장이 열렸다.(한겨레, 2002년 12월 20일)

12월 19일, 이미 오전 10시가 넘었지만 나는 이불 속에 있었다. 잠은 깼지만 눈을 뜨기가 싫었다. 내가 1%대의 지지율을 보이고 있던 노무현 후보의 자문위원이 되겠다고 나선 것은 그가 대통령이 될 수 있다는 믿음보다 그런 사람이 중심이 되는 정치세력의 형성이 필요하다는 것이었지만, 막상 그가 유력한 대선후보가 되고 나니 욕심이 커졌나보다. 눈앞의 승리가 너무 황당하게 날아가버린 것 같아 마음이 추스러지지 않았다. 초등학생인 딸이 누워 있는 내 귀에 대고 조용히 속삭였다. "아빠, 어떤 아저씨가 노무현 아저씨를 배신했대!"

점심 때쯤 투표장에 다녀와서 마음을 추스르기 위해 일부러 허드렛일을 하고 있는데, 인터넷뉴스를 열심히 보고 있던 아내가 "지금 온라인이 투표 독려로 난리가 났다"며 한 사람이라도 더 투표하도록 해야 한다고 여기저기 친지들에게 전화를 해댔다. 후배 교수 하나도 출구조사에 나갔던 제자들의 전언으로 사태가 심상치 않게 돌아가는 것 같다며 전화를 해왔다. 그리고 그날 밤 노무현 후보는 57만 표 차이로 16대 대통령에 당선되었다.

꿈만 같았다. 노 후보 지지자 일부를 제외하면, 나를 포함해서 대다수는 '정몽준 폭탄'으로 한나라당 이회창 후보가 승리하리라 예상했다. 그러나 국민의 선택은 달랐다. 놀라웠다. 노 후보의 대통령 당선이 확정된 순간 나는 너무도 큰 희열과 함께 한없이 '작은 나'를 반성했다. 아, 나는 역시 대인이 못 되는구나. '정몽준 폭탄' 소식에 대경실색해서 역사 운운해대며, 심야에 정 대표 집을 찾았다가 오래 기다리지도 않고 주저 없이 발길을 돌린 노 후보에게 순간적이나마 책망의 마음을 품었던 내가 부끄러웠다. 판단을 잘못한 것이 부끄러운 게 아니라 대중의 뜻을 읽지 못하고 정도를 걷고자 한 지도자의 결단을 신뢰하지 못한 것이 너무 부끄러웠다. 그렇게 절망의 곤두박질과 솟구치는 환희가 교차하는 가운데 나의 대통령 선거일 전후前後는 흘러갔다.

크리스마스 이브에 맡겨진 중임

노무현 당선자는 대통령선거전의 피로를 풀기 위해 12월 21~22일 양일간 제주도에서 짧은 휴식을 취했다. 외교안보자문팀이 작성한 향후 외교안보운영과 관련한 보고서는 이미 당선자에게 보고되었을 것이다. 자문팀의 역할은 그것으로 끝났다. 다만 대통령후보 시절 노무현의 통일외교안보 분야 청사진과 공약을 주도적으로 만들었으니, 자연히 우리들 마음속에는 이왕이면 인수위에 참여하여 이를 구체적인 실천방안으로 전환시키고 싶은 바람이 있었다. 그러나 인수위 참여는 정치적으로 매우 민감한 문제이고 대통령 당선자의 평가에 따라 결정될 일이기에 우리가 나서서 할 일은 없었다. 그래서 외교안보자문팀은 향후 행로와 관련한 당선자측과의 협의를 서동만 팀장에게 맡기는 것으로 정리하고 일단 해산했다. 그런데 12월 23일 서동만 교수로부터 노 당선자가 호출한다는 전갈이 왔다. 갑작스러운 호출이었다.

시내가 크리스마스 전야로 들떠 있던 2002년 12월 24일, 노무현 대통령 당선자는 본인이 임시로 업무를 보고 있던 안가로 외교안보자문팀 4명과 문정인 연세대 교수를 불렀다. 북핵문제 때문이었다.

2002년 10월 켈리 미 국무부 차관보 일행이 북한을 방문했을 때 북한의 고농축우라늄HEU, high-enriched uranium 개발 논란으로 촉발된 북핵 위기가 대선을 전후해서 더욱 긴박하게 흐르고 있었다. 11월에 부시정부는 북한이 HEU 개발을 추진함으로써 1994년에 맺은 '북미 제네바기본합의'를 저버렸다며, 그동안 제네바기본합의에 따라 북한에 제공해온 중유공급을 12월부터 중단하겠다고 발표했다. 북한은 HEU 개발 의혹을 부정했으나, 미국은 북한이 켈리 일행에게 이를 시인했다며 강하게 몰아붙였다. 이 와중에 아프리카 예멘 근처 공해상에서 북한 화물선 서산호가 돌연 스페인 해군함정에 강제 나포되는 사건(2002년 12월 9일)이 발생했다. 미국 관계기관 요원들이 이 배에 승선해 예멘으로 수출하는 북한제 스커드 미사일 15기와 관련 부품들을 찾아냈다. 북한은 이를 적법한 거래라고 주장했고, 예멘도 공해상 나포행위가 국제법 위반이라고 강력히 항의해 서산호는 나포 하루 만에 풀려났다. 하지만 이 사건은 한반도 정세를 극단적인 위기로 몰아가는 촉진제가 되었다. 북한은 12월 12일 미국의 압박정책에 맞서서 외무성 대변인 담화로 '핵동결 해제'를 선언해버렸다. 대통령선거를 불과 일주일 남긴 때였다. 선거 막바지에 노무현 후보가 국민에게 전쟁과 평화 중 하나를 선택해달라고 호소해야 할 만큼 국민들 사이에서 위기감이 고조되었다. 모든 안보현안을 삼켜버린 북핵 위기는 대통령선거 뒤에도 진정될 기미를 보이지 않았다. 오히려 12월 22일 북한이 영변의 폐연료봉 저장시설 봉인을 제거하고 국제원자력기구IAEA에서 설치한 감시카메라를 무력화시키는 등 상황은 악화일로를 걸었다.

이런 긴박한 상황 속에서 노 당선자는 인수위 구성 전에라도 북핵문제에 기민하게 대처하는 게 필요하다고 보고 우리를 부른 것이다. 당선자는 우리 5인에게 북핵 태스크포스TF를 구성해 '북핵문제를 꼭 해결할 수 있도록 지혜를 내라'고 당부했다. 이미 후보 시절부터 논의해온 대로, 당선자의 북핵문제 해결의 출발점은 합리적인 선에서 북미 양측의 요구조건을 교환하도록 하자는 것이었다. 기본적으로 북한은 핵을 포기하고 대신에 미국은 북한이 명시적으로 요구하는 체제안전보장을 해줄 수 있는 여건을 만드는 데 우리가 중간에서 적극적인 역할을 해야 한다는 것이다. 노 당선자는 북핵 TF가 미국과 북한 양쪽을 대화의 테이블로 끌어내는 방안을 마련해주기를 바랐다. 미국과 북한에 특사를 보내는 문제도 논의되었다.

북핵 TF가 활동을 시작한 지 며칠 지나지 않아 대통령직 인수위원회 명단이 발표되었다. 인수위의 공식 출범은 2003년 1월이지만 노 당선자는 사전 준비를 감안해서 12월 27일 25명의 인수위원을 발표했다. 외교통일안보분과위원회(이하 외교안보분과위) 위원에는 간사가 된 윤영관 교수를 비롯해서 나와 서동만·서주석 이렇게 4인이 임명되었다. 2002년 1월 노무현 후보를 돕자고 모였던 외교안보자문팀 4명이 고스란히 인수위원이 된 것이다. 북핵 TF 구성에 이어 인수위원 임명에 이르기까지 노무현 당선자가 우리 자문팀에 보낸 신뢰에 대해 우리 스스로도 놀랐다.[2] 당선자와 통일외교안보 철학을 공유하고 조언을 한 이들이 우리 팀만이 아니었을 것이기에 더욱 그랬다. 게다가 우리는 서동만 팀장을 제외하고는 외부에 노출되지 않은 비공개 자문팀이었다. 이런 데 생각이 미치니 기쁨도 잠시, 무거운 책임감이 엄습해왔다.

문정인 교수를 제외한 북핵 TF 멤버 4인이 고스란히 외교안보분과위 인수위원이 되자, 북핵 TF는 여전히 독립적인 위상을 지녔지만 실제로는

자연스럽게 인수위원회에 흡수되었다. 북핵 TF는 인수위 출범 전인 2002
년 12월 말, 노 당선자에게 북핵문제에 임하는 원칙과 특사 파견 관련한
보고서를 제출했다. 새로운 정부가 출범하는 2월 25일까지 북핵문제의
해결 주체는 현 정부임을 명확히 하되, 당선자측은 정부와 긴밀히 협력하
여 상황을 정확히 파악하고, 그에 따른 대안을 모색하면서 당선자가 할
수 있는 역할을 해나가는 것이 좋겠다고 건의했다. 그리고 북핵문제에 임
하는 당선자의 입장으로 ① 북한의 핵개발, 핵동결 해제 불용 ② 대화를
통한 평화적인 해결 ③ 한국의 적극적인 역할 등 '북핵 해결 3원칙'을 제
시했다.

미국의 '맞춤형 봉쇄'를 반대한 인수위원들

2003년 1월 초 대통령직 인수위원회가 정식 출범했다. 외교안보분과위
가 인수를 담당할 정부 부처는 통일부·외교부·국방부·국정원 등 4개
부처와 관련 기관들이었다. 우리 인수위원 4명은 각자 1개의 부서를 책임
지면서 동시에 다른 한 부서의 부책임자가 되는 형식으로 업무를 분장했
다.

그런데 인수위에서는 분과위원회의 간사가 중요한 역할을 했다. 간사
는 해당 분과를 대표하며, 대통령 당선자와 분과 사이를 잇는 가교 역할
을 담당했다. 외교안보분과위의 경우 윤영관 교수가 당선자로부터 외교
안보 분야 가정교사 역할까지 주문받은 터라 간사의 중요성이 더욱 커
보였다. 그는 분과 간사 업무만이 아니라 당선자의 거의 모든 외교안보
행사에도 배석해야 했기 때문에 무척 바빴다. 인수위 후반기에는 외교장
관으로 내정되어 더 분망했다. 그러다보니 분과위에서는 아무래도 다른
인수위원들이 할 일이 좀 더 많아졌다. 서동만 교수는 국정원 개혁안을
만드는 데 심혈을 기울였고, 외교부 개혁에도 많은 관심을 가졌다. 인수

위원 중 유일한 국방전문가인 서주석 박사는 노 당선자의 자주국방 철학을 국방부 업무에 접맥시키고 국방개혁 방향을 정립하는 데 힘을 쏟았다. 다른 부서처럼 개혁 얘기가 나올 건더기가 별로 없는 통일부를 맡은 나는 햇볕정책을 잇는 새로운 대북정책의 틀과 NSC 확대개편안을 마련하는 데 많은 시간을 할애했다.[3]

외교안보분과위의 중요 임무 가운데 하나는 새 정부의 통일외교안보 분야의 정책목표와 기조를 설정하는 것이었다. 이 작업은 당선자가 대통령후보 시절 제시했던 공약을 기초로 하되, 부처의 실무적인 판단과 변화된 국제 정세를 감안하여 설정하기로 했다. 이와 관련하여 2003년 1월 초 인수위는 10개의 국정과제를 선정하여 각 과제에 대해 TF를 구성했는데, 우리 분과위가 제시한 '한반도 평화체제 구축'도 선정되었다. 우리는 이 대과제의 분야별 목표로 남북관계에서는 '남북관계 개선을 통한 평화의 제도화'를, 외교에서는 '한반도 평화정착을 위한 국제환경 조성'을, 국방에서는 '확고한 평화보장을 위한 국방태세 확립'을 제시했다. 우리는 일부 핵심사안을 제외하고는 세부 실행계획까지 수립하지는 않았는데, 이는 정부 출범 후 정책목표와 방향을 넘겨받은 각 부처들이 세부 계획을 세워나가는 것이 적절하다고 판단했기 때문이다.

한편 외교안보분과위는 현재진행형인 북핵문제에 대해서는 이 사안이 새 정부의 최대 안보현안이 될 것이 분명했기에, 단순한 인수업무를 넘어서 필요할 경우 현 정부 입장과 배치되지 않는 선에서 입장도 표명하기로 했다. 노 당선자도 다른 정책현안에는 말을 아끼면서도 북핵문제에 대해서는 종종 의견을 밝혔다. 우리는 누구나 '평화적 해결'을 이야기하지만 실제로는 미국과 북한 사이에 대화가 전혀 없다는 것이 가장 큰 문제라고 보았다. 따라서 이 문제를 풀기 위해서는 우선 북미 양자대화를 성사시키고, 나아가 양측을 만족시킬 수 있는 협상안을 만들어내는 게 필요했다. 미국은 북한의 선(先) 핵폐기를 주장하며 북한과의 대화에 줄곧 부정적인 입장이었다. 그러나 북한은 체제보장이 선행되지 않으면 선 핵폐기는 절대 없다는 입장이었다. 이러한 상황에서 과연 한국 정부가 북핵문제 진전을 위해 얼마나 역할을 할 수 있을지 장담하기는 어려웠다. 하지만 할 수 있는 노력은 다 해야 했다.

북핵과 관련해 외교안보분과위가 안은 첫번째 숙제는 미국발 '맞춤형 봉쇄tailored containment' 정책에 대한 입장정리였다. 2002년 12월 말 미국의 유력 언론들은 부시행정부가 북한의 핵개발에 대처하는 전략으로 '맞춤형 봉쇄'를 구상하고 있다고 보도했다. 익명의 미국 관리들을 인용해서 나온 이 보도에 따르면 '맞춤형 봉쇄'란 '북한이 핵개발을 포기하지 않을 경우 북한과의 대화를 하지 않는 것은 물론 한반도 주변국을 총동원, 북한을 고립시켜 북한이 핵을 보유하기 전에 경제적 붕괴를 유도하는 것을 골자로 한다'는 것이었다. CNN방송은 부시 대통령이 이 전략에 동의한 상태이며, 일부 정책은 이미 실행되고 있다고 보도했다. 특히 현재의 상황이 호전되지 않을 경우 한국 정부에 북한과의 모든 협력을 중단하도록 요청하는 것도 고려하고 있다는 익명의 미국 관리들 발언도 인용하고 있었다.

이 보도는 우리에게 심각한 고민을 안겨주었다. 보도대로라면 북미 양자대화는 더욱 어려워지는 것이며, 이런 미국의 봉쇄전략은 대화를 통한 평화적 해결을 주장해온 당선자의 노선과 정반대였기 때문이다. 더욱이 이것은 남북문제를 북핵문제에 종속시키지 않고 동시에 풀어가려고 한 우리의 구상을 완전히 뒤엎는 것이었다. 만약 '맞춤형 봉쇄'가 현실화되면 한반도에서 평화나 외교는 실종되고 말 뿐이었다. 한반도는 자칫 전쟁으로 비화될지 모를 일촉즉발의 군사적 긴장상태에 휩싸이게 될 것이었다. 이런 상황이 오면 한국 정부에 남겨진 길은 미국이 주도하는 대북 압박에 동참하는 것밖에 없다. 독자적인 활동의 여지가 없어지는 것이다.

마치 미국은 HEU 핵개발을 부정하는 북한이 굴복해야만 살려주겠다는 것 같았다. 우리가 보기에, 그것은 북한을 너무 쉽게 보는 것이며 상황만 더 악화시킬 뿐이었다. 인수위 외교안보분과위는 그동안의 경험과 지식을 바탕으로 북한이 서방의 고립과 압박에 굴복하지 않을 것이며, 그로 인해 무너지지도 않을 것이라고 판단했다. 그리고 북한체제가 위험해지면 중국이 이를 방관하지 않을 것이며, 설령 북한이 붕괴하더라도 현재거기에 대처할 능력을 갖추지 못한 남한에게 그것은 커다란 재앙이 될 가능성이 높다고 보았다.

때마침 북한은 1월 10일 이미 한 번 탈퇴선언(1993년 3월 12일)을 한 바 있는 핵확산금지조약NPT 탈퇴를 재선언하여 위기를 고조시켰다. 미국의 강경책에 맞불을 놓기 위한 북한의 연속되는 도발적 행동으로 서방의 분위기는 미국 부시정부에 유리하게 흐르고 있었다. 이러한 상황에서 미국으로부터 켈리 국무부 차관보가 대통령특사로 임명되어 1월 초 방한한다는 연락이 왔다. 미국이 새로운 전략을 실행하기 위해서 한반도 문제의 직접 당사자인 한국 정부의 입장을 탐색하려는 것이었다. 우리는 긴급히 대응방안을 준비했다. 이 기회에 확실하게 우리 입장을 밝힘으로써 미국이 맞춤형 전략을 차기 정부에 제의하지 못하게 할 필요가 있었다.

노 당선자도 켈리 일행에게 북핵문제에 대한 당선자의 인식과 대안을 분명하게 보여주는 데 인수위원들이 한몫을 담당하기를 기대했다. 당선자는 켈리 차관보 일행과 면담하기 며칠 전에 우리를 만나 "여러분은 정부에 들어가지 않고 학계로 돌아갈 사람들이니 우리 입장을 분명하게 말하고 켈리 일행과 소신껏 자유롭게 대화해 달라"고 당부했다.

1월 13일 우리 외교안보분과 위원들은 켈리 일행을 만나 북핵문제와 한미관계 등을 둘러싸고 폭넓게 의견을 교환했다. 윤영관 간사를 중심으로 한 우리측은 '맞춤형 봉쇄' 정책을 거론하며 미국측에 "지금처럼 대화조차도 해보지 않은 상태에서 대한민국 국민을 전쟁의 장으로 내몰 위험성이 큰 정책에 동의할 수 없다"고 분명히 밝혔다. 그리고 "북한의 '선 핵 포기'를 주장하며 대화를 보상으로 인식하는 정책에 동의할 수 없다"며 북미 직접대화를 요청했다. 당시 켈리 일행의 반응이 어떠했든 그들은 다소 공세적인 우리의 발언에 내심 당황했을 것이다. 켈리 차관보는 미국의 입장을 차분하게 설명했는데, '맞춤형 봉쇄'가 미국의 전략이라는 언론보도는 부정했다.

나는 켈리 일행에게 북한의 인권문제도 중요하나 당면한 북핵문제에 우선순위를 두고 대북정책을 추진할 필요가 있다고 주장했다. 만약 우리가 현 상황에서 북핵문제와 북한 인권문제를 같은 비중을 두고 동시에 해결하려 한다면 북핵문제 해결이 더 어려워진다고 말했다. 그러자 켈리 차관보가 수첩을 보며 인권문제도 북핵문제와 마찬가지로 중요하다고 대답했다. 북핵문제 해결을 최우선 과제로 설정하고, 나머지 다른 북한문제들의 해결은 강도나 시기를 조정하자는 우리측의 의견에 대해, 부정적인 견해를 표시하며 동시 추진 의향을 내비친 것이다. 나는 그가 이례적으로 수첩에 적힌 내용을 보면서 말하는 것으로 미루어 이 문제와 관련해서 확실한 상부 지침이 있었다는 느낌을 받았다. 북핵문제의 앞날이 더욱 험난하게 느껴졌다.

결국 미국의 맞춤형 봉쇄는 한국과 중국 등의 반대로 즉각 실행되지는 않았다. 그러나 미국은 끊임없이 한국 정부와 주변국에 대해 대북관계 및 경제협력의 속도조절을 요구하고 대량살상무기 확산방지구상PSI, proliferation security initiative을 추진하면서 다른 방식으로 이 구상의 세부 내용들을 대북정책에 적용시켜 나갔다.

평화번영정책, 작명으로 고생하다

인수위 외교안보분과위는 '한반도평화체제 구축' 작업을 하면서 새 정부의 대북정책 틀을 만들고 거기에 새로운 상징적 명칭을 부여하는 작업도 동시에 추진했다. 내가 이 작업의 책임을 맡았다. 노무현 후보는 대북정책에서 국민의 정부의 포용정책('햇볕정책')을 계승 발전시키겠다고 공약했으니, 기존의 햇볕정책에서 크게 틀을 바꿀 필요는 없었다. 그러나 변화하는 한반도 정세와 남북관계, 시대적 요청 등을 감안하여 기존의 정책을 보완 발전시켜야 했다. 그리고 그에 걸맞은 정책명도 지어야 했다.

어떻게 바꿀 것인가? 곰곰이 생각해보았다. 김대중 대통령은 햇볕정책을 일관되게 추진하여 6·15남북공동선언을 이끌어냈으며, 그 결과 적대와 대결의 남북관계를 화해와 협력의 관계로 나아갈 수 있는 역사적 전기를 마련했다. 그리고 햇볕정책은 많은 어려움 속에서도 김대중정부 5년 동안 남북관계를 화해협력의 방향으로 전환시켜왔다. 그렇다면 노무현 대통령은 앞으로 햇볕정책이 닦아놓은 토대 위에서 남북관계를 어떻게 발전시키고 한반도 평화는 어떻게 증진시킬 것인가?

우리 작업팀은 남북간 화해와 협력을 지속적으로 추진하되, 한걸음 더 나아가 한반도 평화를 정착시키고 남북 공동번영을 실현하는 방향으로 기본 개념을 잡았다. 이는 북한 핵문제 재발로 인해 갈등이 격화하고 있는 한반도를 평화와 번영의 지역으로 거듭나게 할 보다 구체적인 전략적 구상이 필요하다는 요구를 반영한 것이었다. 아울러 이제는 안보(평화)와 경제(번영)가 함께 강조되는 대북정책이 필요한 시대가 되었다는 점도 고려했다. 이와 함께 이제 대북정책도 남북관계를 넘어서서 지역 전반의 평화와 공동번영을 추구하는 차원에서 운용해야 할 필요성이 커졌다고 보고, 정책적 시야를 한반도에서 동북아 수준으로 넓히기로 했다.

이러한 맥락에서 우리 작업팀은 새로운 대북정책의 명칭을 평화번영정책Policy for Peace and Prosperity으로 명명하고, 그 개념을 "한반도에 평화를 정착시키고 남북 공동번영을 추구함으로써, 평화통일의 기반 조성과 동북아경제 중심국가로의 발전 토대를 마련하고자 하는 노무현 대통령의 전략적 구상"으로 규정했다.[4] 나는 인수위 활동 막바지에 이 정책 구상을 당선자에게 보고했다.

　외교안보분과위는 인수위 구성 초기부터 대북정책을 중심으로 한 통일외교안보 정책을 체계화하여 '노무현 독트린'으로 만들어 대담하게 밀고 나가자는 구상을 했다. 그래서 보고서의 큰 제목을 '노무현의 한반도 평화발전구상'으로 하고 부제를 '평화번영정책'으로 붙였다. 그리고 보고서 첫머리에 명칭 설명을 하면서 "평화번영정책(노무현 독트린)"이라고 썼다. 나는 당선자에게 이 정책의 공식 명칭은 평화번영정책이지만, 사람들이 자연스럽게 '노무현 독트린'으로 부를 수 있도록 하려 한다고 보고했다. 그러자 노 당선자는 오래 생각도 하지도 않고 제목에서 자기 이름을 빼고 노무현 독트린으로도 부르지 말라고 지시했다. 괜히 겸연쩍게 그러지 말라는 것이었다. 자신이 가진 것 이상으로 부풀려지는 것을 극히 꺼려하는 그의 성정性情을 엿볼 수 있는 대목이었다.[5]

　그런데 노 당선자는 나의 보고를 받고 내용에 대해서는 만족했으나 평화번영정책이라는 용어가 썩 와닿지 않는다며 시큰둥해했다. 국민들에게 신선하게 느껴지지 않을 것이라며 다른 대안이 없겠느냐고 물었다. 그러자 같이 있던 이들도 이구동성으로 용어의 임팩트가 약하다고 한마디씩했다. 사실 평화번영정책은 내가 만든 말이었다. 새 정부의 대북정책을 상징할 수 있는 용어를 찾아 이리저리 자문도 받고 외교안보분과위 내부 토론도 여러 차례 했지만 뾰족한 아이디어가 나오지 않았다. 그래서 고민 끝에 평범하지만 그 의미가 명확하고 우리의 지향에도 가장 잘 부합해 보이는 '평화번영'이라는 말을 쓰기로 했다. 다른 외교안보분과 인수위원들은 이런 사정을 잘 알기에 평화번영정책으로 명명하는 데 동의했다. 그럼에도 보다 나은 이름을 만들어보려 계속 궁리했다. 보고서 작성을 도운 천해성 당시 통일부 정책기획과장에게 "다른 좋은 말 없을까?"라는 질문을 입버릇처럼 했던 그때의 기억이 지금도 새롭다.

　당선자의 시큰둥한 반응에도 불구하고 달리 방법이 없었다. 새로운 대북정책에 대한 언론의 관심은 고조되어 있었으며, 새 정부의 대북정책을 선보여야 할 대통령취임식은 임박해 있었다. 정책 내용에 문제가 있다면 모르지만 명칭이 마음에 안 든다고 발표를 미룬다는 것은 상상할 수 없는 일이다. 게다가 평화번영정책이 잘못된 용어라서가 아니라 임팩트가 약하다고 문제가 된 것 아닌가? 나는 당선자 보고 뒤에도 새로운 용어를 궁리해보았으나 평화번영정책만한 말을 찾지 못했다. 그래서 당선자에게 보고한 그 보고서를 그대로 새 정부에 들어가서 일할 사람들에게 넘겨주고 세종연구소로 돌아왔다. 그 뒤 2월 25일 대통령 취임사를 보니 노 대통령은 "한반도 평화증진과 공동번영을 목표로 하는 평화번영정책"을 추진해나갈 것이라고 천명했다. 대통령도 작명에 관한 한 다른 대안이 없었던 것이다. 그렇게 해서 평화번영정책은 참여정부 대북정책의 공식명칭이 되었다.

그러나 이후에도 임기 초반에 노 대통령은 몇 차례나 이 용어가 참신하지 않다고 불만을 표시했었다. 그때마다 내 심정은 좌불안석이었지만, 이미 국민에게 공표되어 쓰이고 있는 말을 다른 용어로 바꿀 수도 없는 일이었다. 게다가 작명이라면 누구에게도 뒤지지 않는 감각을 지닌 대통령도 끝내 더 나은 용어를 제시하지는 못했다.

그런데 평화번영정책의 명칭과 관련한 나의 스트레스를 한꺼번에 날리는 유쾌한 일이 내가 정부에서 물러난 뒤 있었다. 2007년 10월 노무현 대통령이 김정일 국방위원장과 만나 역사적인 10·4남북정상선언에 합의하면서 그 명칭을 "남북관계 발전과 평화번영을 위한 선언"으로 한 것이다. 북한이 우리의 대북정책이 평화번영정책이라는 사실을 뻔히 알면서, 이러한 합의문 제목에 동의했다는 것은 평화번영정책이 그만큼 우리가 만들어가야 할 한반도의 새로운 시대를 상징하는 용어로 광범위하게 받아들여졌음을 보여주는 일이리라. 그제야 나는 평화번영정책의 작명자로서 어깨를 펼 수 있었다.

2

평양 방문과
노무현 당선자의 메시지

> 평양 순안공항에 내리니 그야말로 시베리아 벌판 같은 매서운 추위가
> 몰아쳤다. 비행기에서 내려 기념사진을 찍는데 두꺼운 코트가 다 무색
> 하게 온몸으로 찬바람이 파고들었다. 영하 17도에 북방으로부터 강풍
> 까지 몰아쳐서 정강이까지 오들오들 떨었다.

당혹스러운 특사 동행 요청

인수위 업무로 분주하던 1월 23일 출근하자마자 문희상 청와대 비서실
장 내정자로부터 호출이 왔다. 우리 분과에 일이 있으면 윤영관 간사에게
연락했을 터인데, 나를 부르니 좀 의아했다. 문 내정자는 뜻밖의 사실을
통보했다. 현 김대중정부에서 대북특사를 파견하기로 북한과 합의했는
데, 특사단에 당선자측 인사도 동행하기를 희망한다는 것이다. 그래서 당
선자측을 대표해 정부 특사단과 함께 평양을 다녀올 인사로 나를 선정했
으며, 이는 당선자의 뜻이니 그렇게 알고 잘 준비하라는 것이었다. 출발
일자는 불과 4일 후인 1월 27일이었다.

뜻밖의 통보에 나는 기쁘기보다 당황스러웠다. 무엇보다 정부 교체기
에 인수위 외교안보분과위가 현 정부의 대북특사 파견 움직임을 사전에
전혀 몰랐다는 사실에 충격을 받았다. 하기야 대북특사 파견 문제는 국
정원이 극비로 움직여서 성사시켰을 터이니 인수위에도 쉽사리 공개하기

는 어려웠을 것이다.

비록 신구新舊 정부가 대북 철학을 공유하고 있지만, 과연 임기를 한 달도 남기지 않은 정부가 대북특사를 보내는 것이 적절한가라는 점에서 인수위 외교안보분과위는 회의적이었다.[6] 평양에 함께 갈 정부 실무책임자를 만나보니 김정일 국방위원장을 면담할 가능성도 불투명했다. 특사를 보내도 북핵문제에서 성과를 얻기란 불가능해 보였다. 게다가 내가 당선자측의 특사 동행인으로 지명되는 과정에서 우리 내부의 논의나 건의도 없었다. 따라서 정부의 대북특사 파견이나 나의 동행에 대해 외교안보분과위 안에서는 떨떠름한 분위기가 감돌았다.

인수위에서 기라성 같은 선배들을 제치고 대북특사 동행인이 된 나도 곤혹스럽기는 마찬가지였다. 현 정부에서 당선자에게 내가 적임자라고 추천했다는 소식도 들렸다. 그나마 성과를 기대할 수 있는 상황이라면 달랐을 터인데, 그렇지 못할 것이라고 생각하니 마음의 갈피를 잡기 어려웠다.

한편으로는 내가 2000년 6월 남북정상회담에 대통령 민간특별수행원으로 참여하는 등 국민의 정부 대북정책과 특별한 인연이 있어서인지, 한반도 평화를 위해 마지막까지 뭔가를 만들어 내려고 애쓰는 김대중 대통령과 임동원 청와대 외교안보통일특보의 모습을 생각하니 안쓰럽기도 했다. 성공한다면야 그보다 좋을 수 없지만, 특사단이 빈손으로 돌아올 경우 그에 대한 비난이 떠나는 정부의 뒷모습을 더 쓸쓸하게 만들 것이기 때문이다. 특히 임동원 특보와 각별한 인연을 맺어온 나로서는 국민의 정부가 비난받는 게 너무 싫었다. 그러나 이미 특사단 파견은 결정된 사안이고 내가 개입할 여지도 권한도 없었다. 게다가 나는 당선자측을 대표하고 있었다. 나는 당선자 진영이 현 정부의 대북정책을 지지한다는 상징으로서, 그리고 현 정부와 다음 정부를 잇는 가교로서 특사단과 동행하지만, 특사단 방문이 실패할 경우 그 비난으로부터 당선자를 보호해야 할 임무도 함께 지니고 있었다. 누가 가르쳐주지 않아도 온몸으로 와 닿는 이러한 냉정한 정치적 계산 때문에 나는 동행을 하면서도 언론에는 현 정부와 일정하게 거리를 두는 입장을 취하지 않을 수 없었다.

결국 당선자측 특사 동행인이라는 신분은 개인적으로 보면 영광스러운 자리이며 그동안 북한을 연구해온 학자로서는 공익을 위해 전공을 살릴 기회임에 틀림없었지만, 마음에 걸리는 것이 한두 가지가 아니었다. 기쁨보다는 부담이 더 컸던 평양행이었다. 그나마 평소 스승처럼 여겨온 임동원 특보가 대북특사로 임명된 점이 위안이라면 위안이었다.

언론은 자연스럽게 당선자측 동행인인 내게 큰 관심을 보였다. 그러나 나는 문자 그대로 단순한 '동행' 이상으로 해석되는 것을 경계했다. 방북 의미를 묻는 언론에도 "북한 핵문제의 평화적 해결을 위해 노력하는 현 정부를 성원하고자 하는 당선자의 뜻이 담긴 것으로 이해한다"고 짧게 대답했다. 실제로 당선자 친서는 휴대하지 않았다. 어디까지나 현 정부 특사를 동행하는 것이니만큼 구두로 당선자의 메시지를 김정일에게 전달하기로 했다. 정무 파트에서는 대통령 취임식에 북한 대표단을 초청하자는 의견도 나왔으나, 외교안보분과위에서는 실현 가능성 등을 고려해서 비공식적으로 제안하는 게 좋겠다고 결론이 나서 그리하기로 했다.

그러나 인수위의 판단과 상관없이 김대중 대통령은 퇴임 마지막까지 북핵문제를 진전시켜 새 정부에 부담을 덜어주려 노심초사했다. 북한 핵 개발 문제는 근본적으로 북미간 적대에서 비롯되었기 때문에 북미 갈등이 최고조이던 2003년 초 시점에 한국 정부가 중간에서 할 수 있는 역할은 아주 제한되어 있었다. 그렇지만 김대중 대통령은 마지막까지 김정일 위원장을 설득하고자 했다. 그런데 그 일이 가능하려면 미국의 부시정부가 북미대화에 대한 분명한 의지를 보여주어야 했다. 임성준 외교안보수석이 1월 초 미국을 방문하여 파월 국무장관을 만나고 왔으나 북한을 설득할 만한 카드를 손에 쥐고 오지는 못했다. 그는 파월 장관과 협의한 사

항이라며 '북한 외무상이 먼저 HEU 계획에 대해 해명하고 핵무기 개발의
사가 없음을 밝히면서 대화를 제의하는 서신을 미국 국무장관에게 보내
면 국무장관이 답신을 통해 적대의도가 없으며 불침공 보장을 확인하면
서 대화를 개시하도록 한다'는 아이디어를 내놓았다. 그러나 당시 정세에
서 최소한 북미 "동시해결"을 주장하는 북한이 이러한 '북한의 선先 조치
요구' 제안을 받을 리 없었다. 특사단은 사실상 상대가 거부할 게 뻔한 제
안을 들고 평양에 가는 것이다. 마음이 무거울 수밖에 없었다.

뜻밖의 난관, 노 당선자의 CNN 인터뷰

2003년 1월 27일, 한반도에 지독한 한파가 닥쳐왔다. 평양을 간다니까
아내가 90여만 원의 거금을 들여 두툼한 코트를 사왔다. 평생 처음 입어
보는 긴 코트였다. 조금은 상기된 마음으로 집을 나섰다. 임동원 특보,
임성준 수석, 국정원 서훈 단장, 통일부 김천식 부장 등과 서울공항에서
만나 항공기로 평양에 들어갔다. 서울을 출발할 때는 그런대로 괜찮았으
나 평양 순안공항에 내리니 그야말로 시베리아 벌판 같은 매서운 추위가
몰아쳤다. 비행기에서 내려 기념사진을 찍는데 두꺼운 코트가 다 무색하
게 온몸으로 찬바람이 파고들었다. 영하 17도에 북방으로부터 강풍까지
몰아쳐서 정강이까지 오들오들 떨렸다. 지금까지도 그렇게 추웠던 경험
은 기억에 없다.

최승철 통일전선부 부부장이 마중을 나왔고, 구면인 원동연 조국통일
연구원 실장이 전담 안내인으로 나를 맞이했다. 그런데 당선자측을 대표
해서 온 나에 대한 태도가 뜻밖에 냉랭했다. 평양으로 들어가는 차 안에
서 원동연 실장으로부터 사정을 전해 들을 수 있었다. 바로 전 주에 노무
현 대통령당선자가 CNN방송과의 인터뷰에서 "북한의 인권탄압과 북한
주민들의 고통스러운 상황에 대해 김정일 위원장에게 책임이 있다"고 한

것 때문이었다. 전혀 예상 못한 것은 아니지만, 그렇다고 북한이 시작부터 이 문제를 들고 나와 난관을 조성하리라고는 생각하지 못했다. 아무래도 회담 중 북한이 이 문제를 집중적으로 제기하리라 보고 숙소인 백화원초대소(백화원영빈관)까지 가는 차 안에서 머릿속으로 대응 논리를 가다듬었다.

우리 일행은 백화원초대소에서 여장을 풀고 김용순 대남담당비서(통일전선부장)와 임동옥 통일전선부 제1부부장 등과 오찬을 가졌다. 이어서 오후 3시 45분부터 남북 양측 5명씩 참석하는 회담을 가졌다. 북측에서는 김용순·임동옥·최승철 등이 나왔다.

예상대로 모두발언에 나선 김용순이 이번 특사 방문이 남북관계를 민족공동의 이익에 맞게 더욱 발전시키는 계기가 되기를 바란다는 의례적인 말을 던진 뒤, 대뜸 "대단히 불쾌한 일"이라며 노무현 당선자의 CNN 인터뷰 건을 꺼냈다. 그는 1월 22일 MBC에 보도된 내용을 인용하며 "도저히 용납할 수 없다. 그 진의를 묻지 않을 수 없다"며 '실망' '배신감'이라는 말을 동원해가며 우리를 성토했다. "이 발언으로 특사를 받지 말아야 하는 것 아니냐는 판단을 할 정도"였다며 "이 문제에 대해 반드시 해명이 있어야 한다"고 목소리를 높였다.

나는 일단 "여기 와서 처음 듣는다. 대통령 당선자의 CNN 인터뷰 답변서를 사전에 내가 감수했다. CNN측의 사전 질문지나 답변서에 그런 내용은 없었다. 통역상의 문제인지, 실제 그런 말씀을 하셨는지 서울로 돌아가서 상황을 파악한 뒤 해명할 것이 있으면 정부 통로를 통해서 그렇게 하겠다"고 대답했다. 덧붙여서 "북측도 우리 당선자의 북에 대한 입장을 잘 알고 있지 않은가? 만약 당선자가 북측이 문제시하는 그런 발언을 선거기간 중에 하셨다면 그렇게 이념공세에 시달릴 필요가 없었다. 그러나 남북관계를 불필요하게 악화시키는 발언을 자제해야 한다는 게 당선자의 생각"이라고 답했다. 김용순은 다시 '공식 해명'을 요구했으나 나는

"우리에게 맡겨 달라"고 응수했다.

　김용순의 거친 항의에 맞닥뜨리면서 아무래도 저들이 단순히 기선제압 용으로만 이 문제를 제기하는 게 아니라는 느낌이 들었다. 하기야 남한의 차기 대통령이 이 유일체제의 최고지도자인 김정일을 비난한 격이 되었 으니 그냥 넘어갈 리 없을 것이다. 생각이 여기에 미치자 정부 대북특사 의 활동에도 영향을 줄 것 같아 미안한 생각이 들었다.

　나와 김용순 간의 아슬아슬한 공방이 끝나자, 임동원 특사가 김정일 위 원장에게 보내는 김대중 대통령의 친서를 전달하고 북핵문제 해결을 위 한 대미대화의 필요성과 남북 철도·도로 연결사업의 중요성을 강조하며 남북관계 발전과 관련한 모두발언을 마쳤다. 이어서 내가 발언할 차례였 다. 방금 전의 공방으로 분위기는 싸늘해졌고, 내 마음도 식었지만 이 중 차대한 국면에 내색할 수는 없었다. 나는 마음을 가다듬고 미리 적어간, 문단별로 6개의 번호를 붙인 A4 용지 1장 분량의 '노무현 당선자가 김정 일 국방위원장에게 전하는 인사말씀'을 읽어 내려갔다.

　1. 남측 즉, 대한민국 제16대 대통령으로 당선된 노무현 당선자께서 대통령직 인수위원회 위원인 저에게 국방위원장께 각별히 인사의 말씀을 전해드리라 하셨습니다.

　2. 당선자께서는 김대중 대통령님과 김정일 국방위원장님이 함께 추진해오신 남북간의 화해와 협력의 성과를 높이 평가하며, 새 정부에서는 국방위원장님 과 함께 이를 더 높은 수준으로 발전시켜나갈 것이라고 말씀하셨습니다. 당 선자께서는 특히 역사적인 6·15공동선언을 전폭적으로 지지하며 이 내용들 을 확대발전시켜나가야 한다고 말씀하셨습니다.

　3. 당선자께서는 남과 북은 아무리 어려운 정세가 조성된다 하더라도 대결과 갈등의 시대로 돌아가서는 안 된다고 하시면서, 그럴 때일수록 한반도에 평화 를 구축하고 민족공동번영의 시대를 열어가기 위해 국방위원장님과 허심탄회

하게 논의하고 협력해나가야 한다고 말씀하셨습니다.

4. 당선자께서는 대통령후보 시절부터 대통령에 당선되면 남북협력을 통해 민족공동번영을 실현하겠다고 국민과 약속하셨으며, 실제로 이를 위해 남북 경제협력을 크게 활성화할 계획을 가지고 계셨습니다. 그러나 '핵문제'가 발생하면서 이 계획의 실행이 어렵게 되는 것 아닌가 크게 걱정을 하고 계십니다. 당선자께서는 '핵문제'가 빨리 풀려서 남과 북이 여러 방면에서 화해와 협력을 더욱 진전시키고 평화문제도 활발하게 논의할 수 있게 되기를 바란다는 말씀을 국방위원장께 전해드리라고 하셨습니다.

당선자께서는 '핵문제'가 제기된 이래 북측과 미국 사이에 빚어지고 있는 갈등에 대해 깊은 우려를 가지고 계십니다. 그리고 이 문제의 대화를 통한 평화적 해결을 강조하시며, 이를 위해서 백방으로 노력하고 계십니다. 당선자께서는 '핵문제'로 인하여 대통령 선거 상황이 어려워진 때에도 일관되게 대화를 통한 평화적 해결을 주장하셨으며, 당선 후에도 부시 미행정부에 대해서 대화를 통한 문제해결을 강력히 촉구하셨습니다. 이러한 맥락에서 당선자께서는 평화를 애호하는 온 세계인이 '핵문제'에 관심을 집중하고 있는 지금이 대화를 통해서 이 문제를 풀 수 있는 가장 적절한 시기라고 생각한다는 점을 국방위원장께 꼭 말씀드리라고 하셨습니다.

5. 당선자께서는 현안이 되고 있는 '핵문제' 해결과 향후 남북관계의 발전을 위해 남북 최고지도자 간의 의견교환과 협력이 중요하다고 하시면서 대통령 취임 후 빠른 시일 내에 국방위원장님과 직접 상봉하시기를 바란다고 말씀하셨습니다.

6. 끝으로 당선자께서는 국방위원장님의 건강과 행운을 기원한다는 말씀을 전해드리라고 했습니다.

이상의 구두 메시지를 북측에 전달한 뒤, 나는 노 당선자의 대북정책 방향에 대해 개괄적으로 설명했다. 아무래도 이 자리는 정부 특사단과 북측이 대면하는 자리이고, 북측이 당선자측 대표인 나와 김용순과의 만남을 따로 추진할 것이 분명하기에 가급적 짧게 발언했다.

우리측 얘기가 끝나자 김용순은 "핵문제에 대한 우리 입장은 이미 다 내놓았는데, 어떻게 풀겠다는 것입니까?"라며 임동원 특사를 향해 다소 퉁명스러운 어조로 물었다. 그러자 임동원 특사가 특유의 차분한 목소리로 국민의 정부가 구상하고 있는 해법을 설명했다. 김용순은 핵문제는 "조·미문제"로서 북한과 미국이 협상을 통해서 풀 문제라며 남쪽의 개입을 불편해했다. 핵문제와 관련한 대화는 더는 깊게 진행되지 않았다. 이 문제가 통일전선부 소관사항이 아니기 때문에, 김용순 입장에서는 남측 입장을 상부에 보고하고 북한의 공식입장을 되풀이하는 것 이외에 달리 할 말이 없었을 것이다. 정부 쪽에서는 핵문제 담당 책임자인 강석주 제1부상과의 면담을 추진했으나 성사되지 않았다.

장성택과의 러브샷과 '오바이트'

밤 8시가 되어서야 조선노동당 행정부 제1부부장인 장성택이 참석한 늦은 만찬이 대동강 영빈관에서 개최되었다. 장성택은 공식적인 직급으로는 당 비서국 비서인 김용순보다 아래지만 김정일의 매제이자 노동당에서 북한의 권력기관을 통제하는 막강한 실력자였다. 그는 6·15남북정상회담 당시 오찬장에서 남측 인사들을 김정일 앞으로 안내하여 인사를 시킨 바 있으며, 2002년 가을에는 북한의 경제시찰단을 이끌고 남한을 방문하여 남측 인사들과도 안면이 있는 인물이다. 그때 나도 그와 인사를 했었다.

만찬에는 북측에서 장성택을 비롯하여 김용순·임동옥·최승철·원동연 외에 경제시찰단으로 함께 남한을 방문했던 멤버들이 참석했다. 이 자리에서 김용순이 자신들은 일관되게 노무현 후보의 당선을 예견했고 무언無言이나마 성원했다며 이를 알아주었으면 한다는 발언을 했다. 기가 찼다. 그렇지 않아도 이런저런 계기마다 마치 자신들이 선거에서 노 후보를 지지하고 도왔다는 뉘앙스를 풍기는 발언을 해 역겹던 차에 또 이런 말이 나와서, 아예 못을 박아야겠다고 작정하고 분위기가 좀 싸하게 되는 것을 감수하며 몇 마디 했다. 특히 북한이 선거를 일주일 앞둔 12월 12일에 핵동결 해제를 선언한 것이 우리 후보에게 얼마나 부정적인 영향을 미쳤는지를 유감을 실어서 지적했다.

그들이 선거에서 우리를 도와주느니 마느니 하는 발상 자체가 도무지 어이없었다. 게다가 선거기간 막바지 박빙 국면에서 '핵동결 해제 선언'을 터뜨려 결과적으로 한나라당 후보를 돕는 길을 택해놓고도 천연덕스럽게 노 후보를 도왔다고 하니 도저히 그대로 듣고 있을 수가 없었던 것이다. 그래서 이왕 말이 나온 김에 2002년 6월 발생한 서해교전과 관련해서도 북한의 그 도발이 대북포용정책을 주창한 노 후보에게 얼마나 큰 타격을 줬는지 아느냐고 말했다.

대북특사란 외교사절이지만 성격상 공개적인 행사는 최소화하고 실질적인 대화와 협상에 주력하게 된다. 그러다보니 만찬의 경우도 시간에 구애받지 않고 비교적 자유롭게 대화하면서 길게 이어지는 경우가 많다. 특히 이번 만찬은 지난 가을에 남한을 방문했던 경제시찰단이 서울에서 받은 환영에 '보답'한다는 뜻이 포함되어 있어 더 그랬다. 만찬은 남북 인사들이 커다란 원탁에 둘러앉아 저녁 8시에 시작해서 새벽 2시까지 장장 6시간에 걸쳐서 이루어졌다.

나는 북측 인사들과의 대화에서 노무현 대통령 취임식에 북측대표가 참석한다면, 남북관계는 물론이며 북핵문제 등 한반도 평화문제 전반에 중요한 계기가 될 수 있다는 점을 여러 차례 강조했다. 북한대표단이 오면 미국대표단과 만나 핵문제 등을 놓고 대화할 수 있도록 남측이 자리를 만들 의향도 있다고 밝혔다. 그러나 북측은 이런 제안에 특별한 입장

대북특사단을 위해 북측이 마련한 연회에서 나는 북한의 제2권력자인 정성택에게 '오바이트'를 하는 큰 결례를 저질렀다. 그렇지만 이후 몸을 곧추세우고 주어진 임무를 수행했다. 10년이 지나 장성택이 실각하고 처형될 줄은 그때에는 상상하지도 못했다.(좌측부터 임동옥·임동원·김용순·필자)

을 드러내지 않았다. 다만 장성택은 남북관계 발전을 위해 빠른 시간 내에 노무현 당선자를 만나볼 것을 권유하자 비교적 긍정적인 반응을 보였다.

이날 만찬에서는 나로선 잊지 못할 에피소드도 있었다. 북한 사람들이 주최하는 만찬에는 술이 빠지지 않으며, 북한 간부들 대부분이 술을 매우 즐기는 '주당'들이라는 것은 널리 알려져 있다. 술이 약한 나로서는 이들과의 대작을 위해 사전에 이뇨제일 것으로 짐작되는 '약'을 국정원으로부터 구해서 먹었다. 나름대로 만반의 준비를 한 셈이었다. 그런데 만찬이 두 시간 정도 경과하자 벌써 몸에서 이상 신호가 오기 시작했다. 평소에도 술 몇 잔에 몸이 괴로울 때가 많은데, 이날도 어김없이 그 증세가 나타났다. 꽤 여러 차례 술잔이 돌고 여러 사람이 권하는 것을 마시다보니 정신은 말짱했으나 몸이 괴로웠다. 국정원에서 제공한 약도 소용이 없었다. 겉으로는 태연한 척하면서 화장실에 가서 토악질을 해보았으나 이마저도 뜻대로 되지 않았다.

　11시쯤이었다. 이제 더 이상은 사양해야겠다고 생각하고 있던 참인데, 김용순이 돌연 폭탄주 얘기를 꺼냈다. "남조선에서는 폭탄주가 유행한다지요?"라며 폭탄주 관련 우스갯소리를 늘어놓더니 "나는 마셔본 적이 없는데"라고 너스레를 떨며 양주에 북한 술을 섞어 능숙하게 폭탄주를 제조해 돌리기 시작했다. 내 차례가 왔을 때 체면불구하고 사절하려는데 장성택이 머뭇거리는 나에게 "종석 선생, 저랑 한잔 하시지요"라며 건배를 제안했다. 어차피 김용순이 '남조선식'으로 하자며 돌린 이 술잔을 안 받기도 어려운 참에 북한 권력 2인자인 장성택이 함께 마시길 권하니 거절하기도 어려웠다. '그래 이번 한 잔만 더하자.' 마음속으로 이렇게 다짐하며 마시기로 했다. 그 와중에도 나는 장성택에게 색다른 제안을 했다. "이왕 '남한식'으로 하자고 하니 남한에는 러브샷이라는 것이 있습니다. 남북의 화해 협력을 기리는 의미에서 저와 장 부장님이 러브샷을 하면 어떻겠습니까?" 이렇게 해서 나와 장성택은 서로의 팔을 교차하여 이른바 '러브샷'을 했다. 그런데 폭탄주를 목으로 넘기는 순간 내 몸은 그 술을 감당하지 못하고 장성택의 어깨죽지 위로 '오바이트_{overeat}'하고 말았다. 순간 장내가 어수선해졌다.

　북한 사람들은 무엇보다도 내 건강상태에 문제가 발생한 것 아닌가 해서 바짝 긴장했다. 백지장처럼 하얗게 된 내 얼굴을 보며 크게 염려하며 급히 군의관과 간호사를 호출했고, 나에게 옆방에서 쉬면서 진료를 받아볼 것을 권했다. 그러나 오바이트 순간 나는 정신이 번쩍 들었다. '아차, 객기에 큰 실수를 했구나.' 그리고 순간적으로 '이왕 실수한 것은 할 수 없고 지금부터라도 바짝 정신 차리자'는 생각이 들었다. 나는 우선 장성택에게 정중히 사과하고 좌중에게 "괜찮습니다. 몸이 술을 잘 못 받는 체질이라 그런 것인데, 어디 아프거나 문제 있는 곳은 없으니 걱정들 마십시오"라며 미안한 마음을 전하고 다시 내 자리에 앉았다.

군의관의 진료도 사양했다. 국가를 대표해서 온 자리에서 비록 불의의 실수를 했으나 품격마저 잃어서는 안 된다는 생각이 나를 버티게 했다. 다시 만찬은 계속되어 3시간이 더 지나서야 끝났다. 시간이 조금 지나자 창백했던 얼굴에 화색이 돌아오는 느낌이 들었다. 나는 3시간 내내 언제 오바이트를 했던가 싶게 정자세로 자리를 지켰다. 저편에서는 북한 군의관과 간호사가 자리를 떠나지 못하고 나를 계속 응시하고 있었다.

불거진 대북송금 문제, 김용순과의 공방

1월 28일 오전 9시, 새벽 2시까지 계속된 만찬과 오바이트 소동에도 불구하고 나와 북측의 김용순·임동옥이 언제 그런 일이 있었냐는 듯 굳은 얼굴로 마주 앉았다. 당선자측 대표와 북측 대표 간의 만남이었다. 북한은 남측 특사를 받기로 할 때만 해도 당선자 쪽에서 동행하는 데 큰 의미를 두어 "당선자 쪽에서 오는 사람도 특사라고 칭해도 되겠느냐?"고 물었다고 한다. 그러나 평양에 와 보니 노 당선자의 CNN 인터뷰 건으로 인해 그들의 태도는 바뀌어 있었다. 게다가 당선자측은 현 정부 특사단에 동행하는 것이기 때문에 특별히 김정일 위원장이 매력을 느낄 만한 제안을 가지고 있는 것도 아니었다. 그렇다고 현 정부가 북한을 설득할 만한 북핵 해법을 가지고 온 것도 아니었다. 그러니 오늘 회담은 노무현 당선자의 대북정책 구상과 북핵 관련 입장을 소상히 전달하려는 우리의 계획과는 정반대로 북측이 불만만 잔뜩 퍼부어댈 것이 뻔했다.

아니나 다를까? 김용순은 잠시 인사말을 한 뒤 재차 CNN 인터뷰 건을 꺼냈다. 그는 "최고지도부에 대한 불손한 발언은 우리 인민이 용납하지 못한다는 것을 잘 알고 있을 것"이라며 "불손한 잡음들이 나올 경우 그것이 남북대화에 헤아리기 어려운 치명적인 영향을 줄 수 있다는 점을 말씀드린다"며 목소리를 높였다.

이어서 아태평화위원회(이하 아태) 위원장 입장에서 말씀드린다며, 그 말 많은 대북송금 문제를 거론했다. 대통령선거 과정에서 야당과 일부 언론에서 제기했던, 6·15남북정상회담 전후로 청와대·국정원·현대그룹이 공모해 5억 달러를 비밀리에 북한에 송금했다는 의혹 말이다. 야당은 그 돈이 정상회담의 대가라 주장하며 특검 실시를 요구했고, 실제 2003년 4~6월에 특검이 이루어져 한국 사회의 뜨거운 감자가 되었다.(후일 밝혀지기로는, 이 돈 중 4억 달러는 현대그룹이 금강산개발사업 등에 대한 대가로 북한에 지급한 것이었고, 1억 달러는 정부가 지원한 돈이었다. 그리고 국정원 등이 그 송금을 도왔다.) 이 문제를 지금 북한의 고위 인사가 언급한 것이다.

그는 "현대-아태 간에 민간급에서 협력관계를 발전시켜왔으며 도로·철도 연결문제가 해결된 조건에서 현대가 해야 할 사업이 굉장히 많다"고 운을 뗀 뒤, "최근 4000억 원 문제로 아태 관련 사업이 복잡하게 되어 있다"며 당장 아태 인사들이 현대 인사들을 만나야 하는데 이 문제로 현대 관계자들이 출국 금지를 당하고 있으니 이를 풀어달라고 요구했다. 만약 이 출국금지가 계속되면 남북관계가 "0"으로 돌아갈 것이라고 공갈성 엄포를 놓았다. 또 대북송금 문제 조사와 관련하여 "북남관계가 나빠지지 않도록 심중히 주의해야 하지 않나?"라며 이 문제를 복잡하게 풀면 "북남관계가 복잡해질 것"이라고 했다.

나는 대북송금 문제를 조사하면 남북관계가 파탄날 수 있다는 이 발언을 더 듣고 있어서는 안 되겠다는 생각이 들었다. 그래서 김용순의 말을 가로막고 그에게 단도직입적으로 물었다. "지금 발언은 남북관계를 좌우할 수 있는 심각한 발언입니다. 그래서 확실히 해야겠습니다. 그 말은 조선민주주의인민공화국의 조선노동당 비서로서 하는 발언입니까? 아니면 민간단체인 아태 위원장으로 하는 발언입니까?" 내가 정색을 하며 따져 묻자, 김용순은 움찔하며 아태 위원장 자격이라고 얼버무리며 뒤로 물러섰다.

김용순의 추가 발언이 끝나고 나서, 나는 그의 발언에 대한 우리 입장을 말하고 이어서 준비해간 내용들을 구체적으로 설명했다. CNN 인터뷰 건에 대해서는 어제 이미 해명을 했고 서울에 돌아가서 알아보고 조치하겠다고 했는데, 오늘 또 제기하니 매우 유감이라고 대응했다.

대북송금 문제에 대해서는 이 문제를 남북관계와 연계시켜서는 안 된다는 입장을 분명히 했다. 통일외교안보 분야 인수위원인 나는 대북송금 문제와 관련한 어떤 논의에도 참여한 적이 없고, 또 평양에 오기 전에 이와 관련한 어떠한 지시를 받은 것도 없었다. 사실 나는 개인적으로 대북송금 문제가 남북관계에 미칠 영향을 우려하여 특검으로 이어지는 것을 반대하는 입장이었다. 그러나 당선자측 대표로 평양을 방문하고 있는 내게 '사건'이란 존재할 수 없었다. 더욱이 대북송금 특검을 하든 안 하든 그것은 남한 내부의 사정이지 북한이 왈가왈부할 사항이 아니었다. 북한이 개입하면 될 일도 안 되는 것이 우리 현실 아닌가? 사실 나는 서울을 떠나기 전에 이미 북측이 이 문제를 제기할 것으로 보고 몇 차례 숙고해서 모범답안을 만들어놓고 있었다.

나는 결론을 내리는 식으로 김용순에게 다음과 같이 답변했다. "귀하가 조선민주주의인민공화국의 조선노동당 비서 자격이 아니라 민간단체인 아태평화위원회 위원장으로서 한 것으로 이해해 달라고 했기 때문에 서울에 돌아가서 당선자께 보고하지 않겠습니다. 이 문제는 국내 법률과 관련된 것이기 때문에 아무리 당선자라 하더라도 마음대로 할 수 없습니다. 남쪽에서는 당선자라도 수사과정에 개입할 수 없다는 점은 북측에서 잘 알 것입니다. 이 문제가 남북관계에 영향을 미치지 않도록 서로 노력해야 합니다. 현대와 아태가 계획한 사업은 현대가 계속하는 것이 바람직하고 어떤 형태로든 계속될 것입니다." 그리고 이 얘기 말미에 거듭하여 다음과 같이 강조했다. "다시 한번 밝히지만 이 문제는 당선자께 보고하지 않겠습니다. 귀하의 뜻은 잘 들었지만, 저는 이 문제가 법률적인 문제로서 당선자도 임의로 개입할 수 없는 문제라는 점을 말씀드립니다."

내가 정색을 하고 북측과 대북송금 문제를 분명히 정리하려고 한 것은 이 문제가 어떻게 처리되든 간에, 그것이 이후 전개될 참여정부의 남북관계에 미치는 영향을 차단하기 위해서였다. 이후 노무현 대통령이 대북송금 문제에서 특검 쪽으로 결정을 내려도 그것을 결코 남북관계의 부정적인 신호로 받아들여서는 안 된다는 점을 분명히 하고 싶었다. 많은 사람들이 대북송금 특검이 남북관계에 매우 부정적인 영향을 미칠 것이라고 우려했다. 그리고 앞으로 실제로 그런 영향을 미쳤다고 생각하는 이들이 많다. 그러나 이날의 공방이 얼마나 이후의 남북관계에 도움이 되었는지는 모르나, 실제로 북한은 참여정부와의 대화에서 대북송금 특검문제를 비교적 가볍게 제기한 적은 있었지만 특별히 남북관계의 구체적인 사안이나 일정 등에 연계시킨 적은 없었다.

대북송금 문제에 대한 답변에 이어, 나는 노무현 당선자가 김대중 대통령의 대북포용정책을 계승 발전시킬 확고한 철학과 비전을 가지고 있다는 점을 강조했다. 그리고 북측이 회담에 나올 때 참고하라며 노 당선자의 스타일을 ① 의연한 분 ② 자기 자신을 던져서 승리해온 분 ③ 신뢰를 중시하는 분 ④ 실용적인 분으로 특징화시켜 각각 예를 들어 설명했다. 특히 두번째 특징과 관련해서는 '정몽준 폭탄' 사건을 예로 들며 '어떤 사안에 대해 애써보고 설득도 해보지만 안 되는 경우 구차하게 매달리지 않고 과감하게 포기하는 분'이라고 설명했는데, 이는 향후 남북대화와 관련해서 북한에 보내는 간접적인 메시지였다. 나는 "북측이 회담 때마다 국방위원장의 인품을 거론하는데, 북측도 우리 당선자의 성품을 정확히 알아야 협상이 되지 않겠냐?"며 "앞으로 노 당선자의 이 성품에 맞추어 일정하게 협상의 관행도 바뀌어야 한다고 본다"고 주장했다.

이와 함께 노 당선자는 핵문제가 해결되면 대대적인 남북경제협력과 대북지원을 하겠다는 구상을 가지고 있으며, 이러한 당선자의 의중이 김정일 위원장에게 정확하게 전달되기를 바란다는 점을 강조했다. 70분간 이어진 회담에서 적지 않은 얘기를 나누었지만, 나는 북핵문제의 구체적인 해법에 대해서는 일절 언급하지 않았다. 그것은 정부 특사단의 핵심 임무였기 때문에 당선자측 대표인 나는 그것을 성원하는 정도로 스스로 역할을 제한했다.

험난한 한반도의 미래를 절감하며

나와 김용순의 회담이 끝난 직후 특사단은 김영남 최고인민회의 상임위원장을 면담했다. 김정일 국방위원장과의 면담을 요청해놓은 특사단으로서는 김영남을 만난다는 것이 영 찜찜했다. 물론 김정일 면담 전에 김영남을 만나는 일이 종종 있기는 하지만, 이번에는 김정일과의 면담 불발에 대한 면피용이라는 느낌이 들었다. 아니나 다를까. 김정일은 현지지도 때문에 면담에 응할 수 없다는 전갈이 왔다.

1월 28일 오후 8시 무렵, 김용순이 임동옥 등을 배석시킨 가운데 특사단 앞에서 짐짓 근엄한 자세를 취하며 김정일의 구두 메시지를 전달했다. 내용은 대충 다음과 같은 것이었다.

"현지지도 중에 전화로 문건을 보고받았음. 보고를 받고 남측 특사 일행을 만나려 했으나 사정으로 인해 만나지 못했음. 지방에서 더 중요한 일이 있어서 만나지 못했는데 앞으로 꼭 만날 일이 있을 것임. 따뜻한 조언이 담긴 친서에 대해, 앞으로의 일은 친서를 인편으로 받아보고 연락할 일이 있으면 연락하겠음. 핵문제 및 제반 문제에 대해 우리 동무들이 다 설명했으리라고 봄."

김용순은 김정일의 메시지를 전달하면서 불만스러운 표정을 짓는 특사단을 향해 "KBS 보도를 보니 남쪽에서도 북쪽 국가수반을 최고인민회의 상임위원장이라고 하더군요. 그러니 특사로 와서 김영남 상임위원장을 만났으니 된 것 아닙니까?"라며 특유의 경박한 말투로 특사단의 염장을 질렀다. 이로써 임기 마지막 순간까지 미국과 북한을 설득하여 상황을 타개해보고자 했던 국민의 정부의 노력은 이렇다 할 성과를 내지 못하며 끝을 맺고, 남은 과제는 온전히 참여정부의 몫으로 넘겨졌다.

나는 특사단에 동행하고 나서 남북관계든 북핵문제든 참여정부가 헤쳐 나가야 할 한반도의 미래가 결코 쉽지 않다는 것을 새삼 절실히 느꼈다. 이미 예견한 것이었지만, 인수위의 입장에서 보자면 이번 특사 방북에 대해서 평가할 만한 게 별로 없었다. 언론에서는 당선자에게 긴급히 방북 보고를 해야 하는 것을 당연시하고 있었고, 나도 아직 당선자께 보고를 드리지 못했다는 이유로 귀환시 언론 인터뷰를 피했지만 막상 한동안은 보고를 하지 못했다. CNN 인터뷰 건과 대북송금 문제가 있기는 했지만, 그 정도를 가지고 긴급 보고할 일이 있다며 1분 1초가 아까운 당선자에게 면담을 신청할 수는 없었다. 당선자 역시 특사단이 사실상 빈손으로 돌아왔다는 것을 이미 언론을 통해 알고 있는 상태이니 긴급히 부를 이유도 없었다.

며칠이 지나 당선자에게 방북보고를 했다. 나는 CNN 인터뷰건에 대해서는 인수위 수준에서 다소 추상적이며 포괄적인 해명서를 정부 통로를 통해서 보내고, 북한체제의 특성상 최고지도자인 김정일에 대해 공개적으로 부정적인 언급을 하면 간부들이 홍위병처럼 흥분하여 나서서 상황을 더 악화시키고 남북관계가 경직될 수 있으니 자제하시는 것이 좋겠다고 건의했다. 아울러 이 문제를 포함해서 북한의 일방주의적인 대남태도에 의연하게 대처하는 것이 필요하며, 한편으로 그들의 태도를 변화시키기 위한 대북협상전략을 강구할 필요가 있다는 건의도 했다. 대북송금 문제에 대해서는 있었던 상황 그대로 보고했다.

마지막으로 향후 북핵 관련 대책으로 방미대표단이 당선자의 방안에 대해 미국측에 일정하게 동의를 구하고, 그걸 가지고 북측과 제3국(중국)

에서 접촉을 하든지, 아니면 취임 후 곧장 대북특사를 파견하는 식으로 해서 북측에게 우리 안을 제시해볼 필요가 있다고 건의했다.

그렇게 보고를 끝내고 자리에서 일어나는데, 노 당선자가 불쑥 "나는 이 박사의 판단을 신뢰한다"고 말해서 깜짝 놀랐다. 사실 2001년 8월 그를 처음 만나서 일 대 일로 장시간 강의를 한 이래, 당선자와 다시 일 대 일로 마주한 것은 이날이 처음이었다. 후보 시절 몇 차례 자문회의에서도 내가 길게 발언할 기회는 거의 없었다. 그래서 당선자가 나를 잘 모르리라고 생각하고 있었다. 그런데 빈말을 거의 하지 않는 그가 나의 판단을 '신뢰'한다니 어깨가 무겁기도 했지만 기분이 좋았다.

3
새 출발하는 NSC와 함께

NSC사무처가 제대로 가동이 안 되니 외교부와 국방부는 현안 정책 업무보고를 NSC가 아닌 외교보좌관실이나 국방보좌관실에 하는 경우가 빈번하다는 얘기도 들렸다. 「국가안전보장회의사무처 개편안」에 따르면 NSC사무처가 대통령을 보좌하여 정책조정업무를 맡도록 규정되어 있으나, 현실에서는 이 규정 준수 여부를 따질 책임 있는 사람이 없어서 발생하는 혼란이었다. 한마디로 외교안보의 심장에서 무질서 상태가 연출되고 있었다.

NSC 체제를 설계하다

인수위에서 역점 과제로 추진한 것 중 하나가 국가안전보장회의NSC의 기능 확대였다. NSC 체제로의 확대개편에 대해서는 외교안보분과 인수위원 전원이 그 필요성에 적극 공감했다. 후보 시절부터 자문위원들은 통일외교안보 분야의 컨트롤타워로서 NSC를 확대개편하겠다는 구상을 가지고 있었으며, 노 후보도 이를 적극 지지했다. 우리나라의 통일외교안보 체제가 NSC 체제로 전환되어야 한다는 것은 국회에서도 여야가 어느 정도 공감대를 형성할 만큼 여론도 긍정적이었다. 따라서 우리는 인수위가 구성되자마자 작업에 즉시 착수했다. 처음엔 분과 차원에서 간사를 중심으로 모두가 참여하는 방식으로 진행하기로 했으나, 간사인 윤영관 교수의 업무가 과중하고 다른 인수위원들도 분망해지면서 내가 책임을 맡게 되었다.

인수위가 NSC를 확대개편하려 한 이유는 통일 · 외교 · 안보 분야의 정책이 상호간에 매우 밀접하게 연계되어 있기 때문이다. 북핵문제에서 보듯이 오늘날 중요 국가안보 사안은 하나의 사안에 대해 조금씩 다른 관점에서 접근하는 여러 부처가 관련되어 있다. 이러한 범부처 사안들은 개별 부처가 각자 자기 입장에 따라 정책을 결정해서는 안 된다. 정책 혼란을 예방하고 최적의 효과적인 정책을 수립하기 위해서는 부처간 협의와 조정이 필요하며, 개별 부처가 아닌 대통령의 시각에서 방향을 설정해야 한다. 이를 위해서는 대통령을 보좌하는 청와대의 통일외교안보 조직이 중요 정책을 통합적으로 조정하고 기획하는 컨트롤타워의 역할을 할 수 있어야 한다고 보았다. 즉, 대통령 직속의 국가안보 컨트롤타워가 필요하다고 판단했다.

그런데 기존의 통일외교안보 시스템을 가지고는 포괄적인 국가안보전략의 수립과 기획이 어려우며 그 이행 점검에도 한계가 있었다. 지금까지 대통령을 보좌하여 통일외교안보 업무를 관장하는 청와대 조직은 대통령비서실 소속의 외교안보정책수석비서관실(외교안보수석실)이었다. 이 외교안보수석실 안에 통일비서관실, 외교비서관실, 국방비서관실, 국제업무비서관실 등 정부 부처와 청와대를 연결하는 하부 조직이 있었다. 그러나 이처럼 정부 부처에 조응하는 식으로 비서관실을 만들어 외교안보수석실을 운영하게 되면 해당 부처에서 올라오는 의견을 대통령에게 보고하고 또 대통령 지시를 전달하는 간이정거장 역할을 벗어나기 어렵다. 뿐만 아니라 기존 시스템에는 종합적인 정보관리기능도 없었으며, 국가 차원의 위기관리 시스템도 마련되어 있지 않았다.

사실 김대중 대통령의 '국민의 정부'도 이런 점을 정확히 인식하고 있었다. 따라서 국민의 정부 초기에 임동원 수석비서관은 기존의 시스템을 NSC 체제로 이행시키기 위해서 많은 노력을 기울였다. 그 결과, 비록 기존의 외교안보수석실 자체를 NSC 체제로 전환시키지는 못했지만 '회의구조로서 NSC 체제'를 확립했다. 임 수석은 김대중 대통령의 전폭적인 신임 아래 매주 1회 통일외교안보 분야 장관들이 모여 협의하는 NSC 상임위원회를 가동하고, 격주 1회씩 차관보급 인사들이 모여서 논의하는 실무조정회의를 열어 통일외교안보 분야 정책들을 조율했다. 회의체계로서 한국 NSC 구조의 원형이 이렇게 해서 만들어졌다. 그런데 이때도 NSC사무처는 존재했으나 그 기능과 역할은 회의를 개최하고 각 부처에 회의 결과를 전달하는 회의사무기구의 범위를 벗어나지 못했다. 결국 회의체계로서의 NSC는 만들어져 있었으나, 여기에 바탕을 두고 통일외교안보정책을 통합 조정할 실무기구는 없는 상태였다.

이러한 상황에서 인수위는 당선자의 재가를 받아 기존 국민의 정부에 있던 대통령비서실의 외교안보수석실을 폐지하고, 대신에 NSC사무처를 확대개편하여 컨트롤타워 역할을 하며 대통령을 보좌하는 새로운 시스템을 만들기로 했다. 우리는 NSC사무처를 확대개편하면서 미국의 NSC를 벤치마킹했다. 다만 미국과 한국의 안보 현실이 다른 까닭에 관련 요소들을 고려했으며, 정보와 위기 관련 분야를 포괄하는 NSC 체제를 구상했다.

우리는 NSC가 통합적 조정체계이기 때문에 외교안보수석실처럼 부처에 조응하는 식의 비서관실을 하나씩 둘 필요가 없다고 보았다. 대신에 정책조정실을 만들어 범부처 성격을 지닌 중요 정책을 조정·통합해나가기로 했다. 아울러 기존 외교안보수석실이 하던, 대통령과 부처를 실무적으로 연결하는 일도 여기에 맡기기로 했다. 우리는 국가안보전략을 기획하고, 북핵이나 국방개혁 등과 같은 중장기 중요 현안을 다루기 위해 NSC사무처에 전략기획실을 두기로 했다. 이와 함께 국가정보를 특정인이나 특정 부서가 독점하는 것이 아니라 필요한 사람이나 부서에 적시에 공급할 수 있는 시스템을 구축하고 이를 관리하는 정보관리실을 신설했다. 아울러 우리의 분단 현실과 점증하는 위기관리의 중요성을 고려하여 대통령 직속의 관련 통제기구가 필요하다고 판단하고 위기관리센터를

신설했다. 국내외 안보상황을 24시간 실시간으로 파악할 수 있도록 안보 상황실도 두기로 했다.[7]

NSC사무처의 인원은 국민의 정부 시절을 기준으로 하여 외교안보수석 실 인원 30명과 기존 NSC사무처 인원 14명을 합한 44명에서 69명으로 확 대하기로 했다. 이 69명은 NSC사무처 고유 정원 45명과 24명의 정부 부 처 파견 인원으로 채우기로 했다. 그리고 NSC 사무처장은 대통령비서실 에 신설되는 국가안보보좌관(안보보좌관)이 맡는 것으로 상정하여 장관급 으로 했으며, 차관급의 사무차장을 두기로 했다.[*]

2003년 2월 18일, 나는 노 당선자에게 「국가안전보장회의사무처 개편 안」을 보고했다. 보고서는 NSC사무처의 개편 취지를 "통일·외교·국방 분야 정책/현안을 국가전략 및 범정부 차원에서 기획·조정·통합함으로 써 국가안보정책의 방향성과 일관성을 확보하고, 대형 재난재해에서부터 북한 급변사태, 군사적 충돌까지 제반위기에 대한 예방 및 대처, 관리체 계를 개선함으로써 국가 위기관리 능력을 제고하며, 대통령 보좌기능을 강화함"으로 설명했다.[**]

이날 당선자에게 보고한 「국가안전보장회의사무처 개편안」은 참여정 부에서 거의 그대로 받아들여졌다. 별도 조직으로 표시되어 있는 안보상

---

[*] NSC사무처는 대통령을 보좌하는 통일외교안보 분야의 컨트롤타워지만 대통령이 의장으로 있 는 국가안전보장회의가 헌법상의 국가기구이기 때문에, 법적으로 청와대 비서실과는 분리된 국 가기관이었다. 이것이 나중에 NSC 확대를 함께 주장했던 야당이 "왜 대통령 자문기관의 사무처 가 대통령을 보좌하느냐"며 형식논리를 내세워 정치적으로 NSC를 공격하는 빌미로 작용했다.

[**] 청와대의 NSC 위기관리센터가 안보 분야뿐만 아니라 재난재해 업무에 관한 컨트롤타워로서 역 할하는 것에 대해 반대하는 이들이 많았다. 그들은 청와대에 컨트롤타워가 있으면 재난재해 발생 시 대통령에게 직접 부담이 전가된다며 반대했다. 따라서 국무총리실이나 관련 부처에 컨트롤타 워를 두어야 한다고 주장했다. 이에 대해 노대통령은 "어떤 (대형) 사고가 나도 국민은 궁극적으 로 대통령에게 책임을 물을 수밖에 없다. 따라서 대통령 직속기구인 NSC위기관리센터가 재난재 해의 컨트롤타워를 맡아 책임 있게 대처하는 것이 옳다"고 명쾌하게 답을 제시했다. 뿐만 아니라 대통령은 "여러 부처가 관련되어 있는 재난 재해 업무를 권위를 가지고 조정하고 통제하기 위해서 도 대통령실의 관여가 불가피하다"고 말했다. 한편 참여정부는 2004년 6월 재난관련 업무체제를 일원화하여 재난관리전담부서로 소방방재청을 개청했다.

⟨NSC사무처의 조직과 기능⟩

조직	기능
전략기획실	· 국가안보전략 및 중장기 정책 기획 · 수립. 이행점검 · 한반도평화체제, 노무현독트린, 한미관계 방향, 대통령 정상회담전략, 군비통제, 다자안보, 군사력 건설 등
정책조정실	· 안보정책 · 현안 업무의 통합 · 조정 기능 강화 · 안보회의, 상임위원회 등 각종 회의 운영 · 지원
정보관리실	· 국가정보체계 운영에 관한 사항 · 안보관련 정보의 종합 · 배분 등의 체계관리
위기관리센터	· 국가위기 예방 및 위기관리능력 강화 · 국가재난재해 업무에 관한 조정 및 통제
안보상황실	· 국내외 안보관련 상황정보 24시간 종합시현 · 국가지도 통신망 유지

황실이 위기관리센터 휘하로 편입된 것 정도가 달라진 점이다.

　그러나 나중에 인수위 활동을 마치고 세종연구소로 복귀한 뒤, 발표된 청와대비서실 조직을 보니, 통일외교안보 분야에 국가안보보좌관 외에 차관급의 외교보좌관과 국방보좌관 직책이 신설되어 있었다. 나는 깜짝 놀랐다. 이미 인수위 논의 과정에서 현재가 안보위기 상황이고 노 당선자가 아무래도 외교국방 분야는 취약하니 정책적인 보좌를 하는 NSC사무처 외에 비서실에 외교 · 국방 분야를 자문하는 보좌관직을 두는 게 어떻겠느냐는 의견이 있었다. 주로 정무 파트에서 제기된 이러한 아이디어에 대해 우리는 NSC사무처가 전담해야 할 현안이나 정책에 외교 · 국방 보좌관이 개입할 경우 혼란이 발생할 가능성이 크다며 강력하게 반대했다. 그렇게 되면 NSC 체제가 대통령 시각의 통일외교안보 정책을 통합 · 조정하지 못하고 오히려 정책 혼선의 진원지가 될 가능성이 높다고 판단했기 때문이다. 그러나 외교통상부 장관으로 내정된 윤영관 간사 이외에는 모두 현업으로 복귀한 외교안보분과 위원들이 남긴 보고서가 당선자의 정무·인사 참모들의 판단을 이길 수는 없었다. 결국 참여정부 통일외교안보 분야의 대통령 보좌 시스템은 확대된 NSC사무처와 외교·국방 보좌관 제도가 모두 가동되는 기형적 모습으로 출범하게 되었다.

위기의 안보, 방치된 NSC

인수위 활동이 마무리되자, 나는 2003년 2월 22일쯤 모든 업무를 종료하고 본래 직장인 세종연구소로 복귀했다. 내가 공직에 미련이 '있다 없다'를 따지기 전에 "학계로 돌아가라"는 당선자의 말씀을 직접 들었기 때문에 공직에 나간다는 생각은 있지도 않았다. 그래서 향후 거취를 묻는 기자들에게도 호기롭게 연구실로 돌아가 연구에 전념하겠다고 큰 소리를 쳤다. 그런데 정부가 출범하자 새롭게 확대개편한 NSC사무처가 제대로 가동이 되지 않는 것은 물론이거니와 개편 작업조차 지지부진하다는 소식이 들려왔다. 정부 출범 1주일도 지나지 않아, 아무래도 NSC 체제를 정착시키기 위해서는 인수위원 중에서 누군가가 청와대에 들어와야 한다는 소리까지 나왔다.

그런 와중에, 참여정부 출범과 동시에 NSC사무처에 들어간 김진향 박사에게서 3월 초쯤 전화가 왔다. "뭐하세요? 여기는 난리도 아니에요. 박사님이 들어와서 정리하시지 않으면 NSC사무처 확대개편(안)은 도로아미타불이 됩니다. 그렇게 되어도 괜찮으시겠습니까?" 다음 날, 이번에는 김진향과 함께 NSC사무처에 입성한 류희인 대령이 바삐 걷고 있는 듯, 숨이 찬 목소리로 전화를 해왔다. "류희인인데요, 지금 비서실장님 주재로 회의를 하는데, 참석하여 NSC 사정을 보고 드리러 올라갑니다. 이 박사님, 들어오셔야 됩니다. 그래야 해결이 됩니다."

야심차게 출발한 참여정부의 NSC 체제가 초장부터 삐걱거리며 혼란에 빠진 것이다. 이제 출범한 지 열흘도 지나지 않았는데, 청와대 외교안보진영이 심각한 안보상황에 제대로 대처하고 있지 못하다는 소문이 판교에 있는 내 연구실까지 들려왔다. 이런 와중에 NSC에 들어간 인사들이 여기저기 백방으로 다니면서 NSC 체제를 설계한 인수위원이 NSC를 맡지 않으면 이 혼란이 해결되지 않는다고 호소하는 한편 다급하게 내게 SOS를 친 것이다. 내가 아무리 NSC 설계를 했다고 해도 청와대 인사보좌관실에서 나를 NSC 사무차장(NSC 차장)으로 들어오라는 것도 아니고, 참으로 난감한 일이었다.

참여정부가 출범할 때 한반도 안보상황은 위중했다. 북미간 대화조차 봉쇄된 상태에서 북핵문제는 점차 긴장을 고조시키고 있었다. 미국 관리들은 북한에 대한 공격 가능성을 얘기했고, 북한은 강하게 반발했다. 이 와중에 3월 2일 북한 전투기들이 동해상에서 미 공군 정찰기에 근접비행하면서 군사적 긴장감은 더 높아졌다. 한미간에 논의되고 있는 주한미군 재배치 문제도 국민 불안을 야기하고, 일부 언론에서 불안을 더욱 부추겼다. 외신은 럼스펠드 미 국방장관이 주한미군에 대해 미국 본토 철수, 한국 내 후방지역 이동, 한국 주변국 배치 등 세 가지 방안을 검토하고 있다며 섣부른 전망을 쏟아내고 있었다.

한미관계는 참여정부 출범 전부터 이미 '불편한 관계'로 규정되어 있었다. 참여정부가 어떤 정책을 내놓기도 전에 이미 많은 이들이 노 대통령과 그의 참모들에 대해 품었던 '반미'적인 이미지를 참여정부 대미정책 하나하나에 덧씌웠다. 그러다보니, 북핵문제를 둘러싼 한미간 의견 차이나 주한미군 재배치 등을 둘러싼 이해 충돌은 시비를 가리지도 않고 참여정부의 '반미적 성향'의 결과로 치부됐다. 매 사안 하나하나가 한미관계 악화의 징표로 규정되었고, 이로 인한 경제불안을 경고하는 목소리도 커졌다. 여기에 대북송금 특검문제로 국내 여론이 분분하고 남북관계의 미래도 점치기 어려운 상황이었다.

바로 이러한 난국을 맞아 안보상황을 안정시켜야 할 청와대 외교안보 라인이 지금 제 앞가림도 못하고 있는 것이다. NSC 체제를 책임지고 운영해야 할 라종일 국가안보보좌관은 취임하자마자 위상이 흔들리고 있었다. 그가 보좌관 내정 발표 며칠 전에 베이징에서 북한의 고위 인사를 접촉했다는 사실이 3월 초 언론에 보도되면서 NSC 책임자가 스스로 대북 라인의 혼선을 초래했다는 비난이 끓어올랐다. 마침 대북송금 특검문제도 맞물려 야당은 "대북 뒷거래" 의혹까지 제기하는 판이었다.

라 보좌관이 신생 NSC 체제를 조기에 안착시켜야 하는 자기 역할을 제대로 하지 못한다는 소리도 들렸다. 청와대 내에 NSC사무처가 쓸 공간도 마련되어 있지 않고, 인력 충원도 제대로 이루어지고 있지 않다고 했다. NSC사무처가 제대로 가동이 안 되니 외교부와 국방부는 현안 정책업무보고를 NSC가 아닌 외교보좌관실이나 국방보좌관실에 하는 경우가 빈번하다는 얘기도 들렸다. 「국가안전보장회의사무처 개편안」에 따르면 NSC사무처가 대통령을 보좌하여 정책조정업무를 맡도록 규정되어 있으나, 현실에서는 이 규정 준수 여부를 따질 책임 있는 사람이 없어서 발생하는 혼란이었다. 한마디로 외교안보의 심장에서 무질서 상태가 연출되고 있었다.

이런 시기에 김진향과 류희인이 나를 찾은 것이다. 사실 대한민국 권부의 핵인 청와대에서 현역 공군 대령이나 아직 정식 임명조차 되지 않은 NSC 별정직 서기관이라 해야 '한강의 모래알'보다 나을 것 없는 존재다. 그렇지만 그들은 나와 함께 NSC 확대개편안을 설계한 인물들로, 참여정부가 야심차게 구상했으나 현재 표류 끝에 침몰 직전까지 몰린 NSC 체제를 살리기 위해 필사적으로 동분서주하고 있었다.

그러나 나는 그들에게 시원한 답을 줄 수가 없었다. 남북관계와 북한을 연구한 학자로서 언젠가 노 대통령이 내게 일할 기회를 준다면 일할 용의가 있었지만, 아무리 내가 만든 조직이라 해도 현재 NSC가 놓인 구도에서는 NSC 사무차장직을 맡기 싫었던 때문이다. 애초 구상에선 생각하지도 않았던 차관급의 외교·국방보좌관 직책까지 생겨 청와대에는 NSC 차장을 포함해서 정무직 통일외교안보 참모가 4명이나 되는데, 그 틈바구니에서 버텨나갈 자신도 없었다. 굳이 내가 아니더라도 NSC 사무처장인 안보보좌관을 소리 없이 잘 보좌할 자질을 가진 이가 있을 것이라 여겼다. 그런데 지금 김진향과 류희인은 어쨌든 내가 들어와야만 한다고 주장하고 있는 것이다.

NSC를 설계한 사람으로서의 책임감과 내가 할 수 있는 일이 없다는 무력감이 교차하는 가운데, 청와대에서 직접 연락이 왔다. 3월 5일 대통령이 주재하는 안보간담회가 있으니 참석하라는 것이었다. 참석 대상자는 청와대 내부 인사로 문희상 비서실장과 라종일 안보보좌관, 반기문 외교보좌관, 김희상 국방보좌관이 있었고, 외부에서는 윤영관 외교장관을 제외한 전직 인수위원 3명이 왔다.

참여정부가 출범한 뒤, 나로선 첫 청와대 방문이었다. 대통령은 청와대 통일외교안보팀이 안보상황을 시시각각 점검·관리하여 국민이 안도하도록 해야 한다며, 이날 간담회는 NSC 기구 확대와 인사문제를 논의하기 위해서 열었다고 말했다. 대통령은 내색은 하지 않았으나, 전직 인수위원들을 보니 모처럼 응원군을 만난 기분인 것 같았다. 그는 공식 회의를 열면 외부에 중요한 일이 있는 것처럼 비칠 수 있어 일상적인 의제를 다룰 때는 가급적 간담회 수준의 회의를 자주 열겠으며, 전직 인수위원 세 사람을 정책자문위원 자격으로 상시적으로 간담회에 참석시키겠다고 밝혔다. 아무리 그렇더라도 우리를 대통령 주재 외교안보 간담회에 상시적으로 참석시키겠다는 것은 무리가 따르는 일이었다. 이를 모를 리 없는 대통령이 그런 말을 했다는 것은 그만큼 고립감이 컸다는 의미였으리라.

청와대에 들어온 대통령은 인수위 때와는 전혀 다르게, 관료 출신의 외교안보 참모들에 둘러싸였다. 그들은 북핵 위기와 주한미군 재배치라는 현안을 두고 한미 공조와 한미동맹 공고화를 통해 이 난국을 헤쳐 나가야 하며, 그러자면 미국과 이견이 있는 것처럼 비쳐서는 안 된다고 대통령에게 충고했을 것이다. 그들의 조언은 그들 나름대로 나라와 대통령을 위해 나온 것일 수 있지만, 대통령의 해법과는 근본적인 차이가 있었다. 대통령은 인수위 시절 북핵문제의 능동적 해결을 위해 북한과 미국을 동시에 설득할 수 있는 독자적인 대안을 만들고 자주국방을 추진해서 '협상이 가능한 한미관계'를 만들어가자고 강조했다. 그리고 인수위원들은 이런 당선자의 철학에 공감하여, 그런 비전을 담은 통일외교안보 청사진을 국민 앞에 내놓았던 것이다.

그런데 막상 대통령에 취임하고 나서 접하는 청와대와 정부 외교안보 라인의 분위기는 인수위 때와 전혀 달랐던 것이다. 노 대통령은 참모들이 자신의 철학과 노선을 기본 가치로 수용하기보다는 위험시하거나 감성적인 것으로 치부한다고 느꼈을 것이다. 어떤 이들은 대통령을 가르치려 들었을 것이다. 사실 정무 파트에서는 대통령이 외교안보에 생소하다며, 조직 논리도 무시하고 외교·국방 보좌관까지 두었으니 그런 일이 발생해도 누굴 탓할 일도 아니었다. 나중에 보게 되겠지만, 이런 상상은 터무니없는 것이 아니었다. 많은 외교안보 관료들이 대통령의 자주국방·자주외교 노선에 불만을 갖고 종종 이에 반하는 언행을 하기도 했다.[8]

대통령은 자기를 대신해서 나서줄 사람조차 없는 상황 속에서 고립감을 느꼈을 것이다. 바로 그 즈음 대통령은 NSC 운영의 난맥상을 보고받았다. 내가 보기에, 대통령은 이때 자신과 안보철학을 공유하며 NSC를 설계한 인수위원들을 기억해냈을 것이다. 그리고 몸에 맞지 않은 옷을 입고 있는 듯한 주변 분위기를 일신하기 위해 애초에 학계로 돌려보냈던 인수위원들을 다시 불렀던 것이다.

이날 회의에서 가장 중요하고 또 첨예했던 주제는 NSC사무처 운영이었다. 논의의 핵심은 현 안보보좌관이 NSC사무처를 관장하는 건 무리이기 때문에 NSC 체제의 조기 정착과 성공적인 운용을 위해서는 다른 대안을 마련해야 한다는 것이었다. 외교·국방 보좌관의 위상에 대해서도 얘기가 나왔다. 나를 포함한 인수위원들은 정책 혼선을 피하고 NSC사무처가 컨트롤타워로서 제대로 기능하기 위해서는 두 보좌관의 역할이 대통령 자문에 머물러야 한다고 주장했다. 두 보좌관에게는 개인적으로 미안한 일이었다. 그들이 보좌관으로 임명받았을 때는 기존의 외교안보 시스템만 상정했지 새로운 NSC 체제에 대해서는 감을 잡지 못했을 것이다. 그러니 당연히 외교·국방을 자신들이 관장하는 것으로 생각했을 것이다. 단순히 대통령 자문역할만 담당하는 것으로 알았다면, 아마도 반기문과 같이 외교관으로서 화려한 경력을 지닌 이는 외교보좌관 제의를 거절했을 것이다. 아무튼 다소 억울했으리란 점은 이해하지만 국가대사를 논하는 마당이니 도리가 없었다.

긴 토론 끝에 대통령은 결론을 내렸다. 대통령은 NSC 사무처장과 안보보좌관을 분리하여 사무처장이 NSC 운영을 전담하고, 안보보좌관은 대통령 자문과 외교행사를 보좌하는 역할만 하는 것으로 결정했다. 외교·국방 보좌관의 역할에 대해서도 정책업무에 관여하지 않고 대통령 자문과 관련 분야 행사 보좌, 대통령이 지시하는 특별과제를 수행하라고 지시했다.

이날 회의에서는 북핵문제와 한미관계 등을 둘러싸고도 격론이 벌어졌다. 나는 미리 준비해간 메모 중에서 몇 가지만 얘기했다. 이날은 대통령도 이에 대해 여러 가지 허심탄회한 이야기를 했다. 그러다보니 전직 인수위원들은 대통령 생각에 동의하고, 외교·국방 보좌관들은 이를 우려하거나 반대의견을 내놓는 형국이 되었다. 토론이 벌어질 때 반대의견을 마다하지 않는 대통령이었지만, 하도 이런 상황이 지속되자 정색을 하고 한마디 했다. "두 분은 나의 가정교사입니다. 그러면 다른 사람들 앞에서는 내 편이 되어야 하는 것 아닙니까? 그런데 왜 그렇게 반대만 합니까?"

간담회를 통해서 우리는 대통령이 NSC사무처를 옛 인수위원 중 한 사람에게 맡기려 한다는 확고한 의지를 느낄 수 있었다. 나는 청와대를 나서며 서동만 교수에게 NSC를 맡아보는 게 어떻겠냐고 권했다. 윤영관 교수가 외교장관으로 갔으니, 남은 사람들 가운데서 그가 NSC를 맡으면 잘할 것 같았다. 그런데 서 교수의 반응이 부정적이었다. 자기는 아니라는 것이다. 나는 당황스러웠다. 서 교수가 맡지 않으면 그 다음에는 나였기 때문이다. 서주석 박사가 있었으나, 어찌된 일인지 하마평이나 청와대의 관심에서는 내가 먼저였다. 그래서 나는 다시 집요하게 물었다. "형이 안 가면, 나보고 오라고 할 겁니다." 서 교수는 그제야 마지못해 국정원 개혁에 대한 의지를 내보이며, 자신은 국정원 쪽으로 갈 것 같다고 속내를 털어놓았다.

"NSC 설계자가 들어와 맡으시오"

간담회를 마치고 집으로 돌아오면서 내가 NSC사무처를 맡는 것은 이제 기정사실이 되었다는 생각이 들었다. 김진향과 류희인이 문희상 비서실장을 움직여 대통령 주재 간담회도 만들어낸 터인데, 나를 그대로 놔둘 리 없었다. 그래도 이제는 NSC 사무처장으로 들어가도 소신껏 일할 수 있으니 다행이라는 생각이 들었다. 그런데 다음날 김진향 박사로부터 전화가 왔다. 라종일 안보보좌관이, NSC 사무처장과 국가안보보좌관 겸직을 해제하고 차관급의 NSC 사무처장을 두는 것이 국가안전보장회의법상 불가능하다는 사실을 발견하고 대통령께 보고를 드렸다는 것이다. 전혀 예기치 못한 복병이었다. 나중에 확인해보니 NSC 사무처장은 대통령비서실의 외교안보 분야 정무직 비서관이 겸직하도록 되어 있었다. 다시 말해 대통령 비서관이 아닌 국가직 장·차관은 NSC 사무처장을 맡을 수가 없게 되어 있었다. 사무처장이 아닌 사무차장만이 가능한 선택지였다.

한숨이 나왔다. 이튿날 저녁 김진향이 우리 집을 방문했다. 곧 청와대에서 연락이 올 테니, 이제 결심을 하라는 것이다. 나는 대답 대신 방에 들어가 자버렸다. 아침에 일어나보니 김진향은 가고 없었다. 내가 청와대에 들어가는 문제를 가지고 새벽까지 내가 아닌 아내를 집요하게 설득하면서 집에 있는 술이라는 술은 거의 동내고 새벽에 출근했다는 것이다. 나는 곰곰이 생각했다. 어떻게 할 것인가?

간담회가 있은 지 며칠 후, 이광재 청와대 국정상황실장이 만나자고 연락해왔다. 그는 나에게 대통령의 뜻이라며 NSC 사무차장을 맡을 준비를 하라고 통보했다. 예상했던 일이었다. 나는 대답 대신 A4 용지 한 장에 쓴 '대통령께 드리는 건의서'를 이 실장에게 주며 전달을 부탁했다. 그리고 이 건의에 대한 대통령 말씀을 듣고 NSC 차장을 맡을지 여부를 결정하겠다고 했다. 모르긴 몰라도 이 실장은 내심 당황했을 것이다. 속된 말로 젊은 놈에게 청와대의 차관급 자리를 주겠다는데, 고마워서 감지덕지해도 모자랄 판에 조건을 내걸다니, 내가 돌이켜 생각해보아도 당돌하기 그지없었던 행동이었다. 이날 이광재 실장에게 건넨 건의서 내용은 내가 며칠간 고심하며 내린 결론이었다.

◀ 건의서 ▶ 李 鍾 奭

○ 저를 NSC 사무차장 후보 중의 하나로 의중에 두고 계신 대통령님의 신임에 깊이 감사드림.

○ 현재 저는 학계로 복귀하여 참여정부의 통일안보정책의 국민합의를 확장하기 위한 여론조성 및 이론화 작업을 시작했음. 이 일은 참여정부의 순조로운 출발과 성공적 운용을 위해서 긴요한 활동으로 사료됨.

○ 이런 와중에 NSC 확대 개편 과정에서 발생하고 있는 여러 어려움으로 인해

사무차장 임명 문제가 중요 이슈로 부각되면서 저에게까지 영향을 미치고 있어 매우 착잡한 심정임.

○ 대통령님께서 제게 NSC 사무차장의 직무를 命하신다면 따르는 것이 도리임. 그러나 현재의 사무처 구조에서는 사무차장이 안보보좌관을 단순 보좌하는 것 이외에 의미 있는 역할 수행이 어려운 상황임. 이러한 상황이 개선되지 않으면 저로서는 사무차장보다 학계에서 활동하며 참여정부를 돕는 것이 제 역할상 더 효과적이라고 사료됨.

○ 따라서 외람되오나 제가 사무차장의 직무를 맡아 빠른 시간 내에 조직개편을 완료하고, 북핵문제·한미관계 등 긴급현안 관련 대책팀들을 가동하며, NSC를 시스템 중심으로 운용하기 위해서는 지난 3월 5일 대통령님 주재 아래 안보 분야 보좌관들과 비서실장 및 인수위원들이 참석한 안보간담회에서 결정된 내용에 근거해서 사무차장과 안보보좌관 간의 역할분담을 특별지시하시는 것이 긴요한 것으로 사료됨.

이렇게 내 생각을 밝힌 뒤, 대통령께 나를 사무차장을 임명하시려면 사무처장과의 분명한 직무 분담을 지시해달라고 다음과 같은 '대통령님 특별지시(假案)'을 작성하여 건의서 말미에 덧붙였다.

국가안보보좌관과 안보회의 근무 차관급 인사의 직무분담과 관련하여 2003년 3월 5일 안보간담회에서는 안보보좌관이 NSC 상임위원장을 맡고, 정무직 차관급이 사무처장을 독자적으로 맡기로 결정한 바 있음. 그러나 본 결정이 국가안전보장회의법 8조 3항과 배치되는 부분이 있어서, 법령개정이 실현될 때까지 과도적 방법으로 안보보좌관이 형식적으로 사무처장을 겸임하되, 사무차장이 실제로 사무처를 관장하는 것으로 직무를 분담하도록 지시함.

며칠 후 청와대 비서실의 정찬용 인사보좌관으로부터 만나자는 연락을

노 대통령의 지시와 주위의 적극적인 권유로 나는 NSC 사무차장이 되었다. 직책은 차관급이었지만 노 대통령의 특별 지시로 사실상 나는 NSC사무처의 업무 전체를 통괄하는 역할을 할 수 있었다. 2003년 3월 24일 정식 임명을 받았다.

받았다. 아직 '대통령께 드리는 건의서'에 대해 답변을 듣지 못한 상태였다. NSC 차장 내정 사실을 통보하기 위해 만나자는 것 같아, 마음이 착잡했다. 나는 이광재 실장에 건넨 건의서를 다시 컴퓨터에서 한 부 뽑아들고 집을 나섰다.

청와대에 들어가 정찬용 보좌관을 만나니, 역시 내가 NSC 차장으로 내정되었다는 사실을 통보했다. 정 보좌관은 "청와대 인사추천위원회에서 NSC 사무차장 인선을 놓고 사무처장인 안보보좌관이 학자출신이라 차장도 학자출신으로 임명하는 데 이견을 제시하는 분도 있었지만 대통령께서 이 박사를 선택하셨다"고 알려주었다. 나는 그의 내정 통고에 간단히 감사를 표한 뒤, 건의서를 다시 꺼내들었다. 그리고 말했다. "정 보좌관님, 제가 숙제를 하지 못한 학생이 교문을 들어서는 심정으로 오늘 청와대에 들어왔습니다." "무슨 소리에요?" 정 보좌관이 놀라서 물었다. "혹시 대통령께서 저에 대해서 다른 말씀이 없었습니까?" "없었는데요." 나는 그동안의 자초지종을 설명하고 다시 건의서를 정찬용 보좌관에게 건네며 대통령께 보고드려 답을 받은 후 연락해달라고 했다. 아마 정 보좌관은 나의 NSC 차장 내정 사실을 그날 발표하려 했던 것 같다. 그는 내가 보는 앞에서 부랴부랴 내정 발표를 취소시켰다.

아무 소식도 없이 며칠이 흘렀다. 그리고 3월 17일 나는 언론을 통해 나의 NSC 사무차장 내정 사실을 접했다. 나는 속으로 생각했다. '이런 막무가내가 어디 있나? 그래도 무슨 얘기가 있어야 하는 것 아닌가?' 그러나 그것은 오해였다. 노 대통령은 3월 18일 국무회의에서 NSC사무처 개편안을 의결하면서 사무처장인 안보보좌관과 사무차장의 역할분담에 대해 확실하게 밝혔다. 대통령은 "안보보좌관은 주로 대통령을 보좌해 내부 실무를 챙기기 어려운 구조여서, 기구를 실무적으로 총괄하고 대외 교섭을 위해 차관급 사무차장이 필요하다"고 NSC사무처에 사무차장직을 별도로 둔 이유를 설명했다. 이날 청와대 대변인도 대통령 말씀을 그대로 인용하여 사무차장의 역할에 대해 청와대 출입기자들에게 브리핑했다. 즉, 대통령은 NSC 사무처장과 국가안보보좌관을 분리하고자 했던 애초의 결정이 국가안전보장회의법 때문에 어렵게 되자, NSC 사무차장으로 하여금 NSC사무처 업무를 관장시킨 것이다.

당시 언론은 이를 그다지 주목하지 않았다. 그때 주목했더라면 뒤에 일어난 "NSC 사무차장의 업무 범위가 사무처장인 국가안보보좌관이 할 일까지 침범하고 있다"는 식의 '월권' 논란이 덜했을지 모르겠다. 그러나 그때만 해도 차관급 NSC 차장 하나 임명되는 게 이후 참여정부 통일외교안보 운영에 어떤 영향을 미칠는지 몰랐을 테니, 주목할 이유가 없었을 것이다. 그래도 『한겨레』와 『연합뉴스』 등은 이 사실을 보도했다.

결국 노 대통령은 내가 NSC 차장으로 임명되는 과정에서 어떠한 언질도 주지 않았지만 실제로는 나의 건의를 모두 받아들였다. 나는 그런 대통령이 고마웠다. 나는 NSC 차장으로 근무하는 동안 숱한 '월권' 논란 속에서도 한 번도 대통령께 차장이라는 직급이 불편하다고 말씀드린 적이 없었다. 그러나 대통령은 툭하면 '월권' 논란에 시달리는 내 위상이 안타까웠는지 나를 NSC 사무처장으로 격상시키기 위해 법 개정을 지시하고, 그것이 여의치 않자 아예 국가안보보좌관으로 승진시키려고도 했다. 뒤돌아볼수록 대통령의 배려에 고개가 숙여진다.

돌이켜보면 나는 김진향과 류희인의 치열한 로비(?) 덕에 NSC 사무차장이 되었다. 하지 않겠다고 버티는 나를 협박(?)과 읍소로 몰아붙여 사무차장으로 만들어낸 것이다. 소극적이었던 나의 태도가 그렇지 않아도 힘든 그들을 더 힘들게 했다. 그때는 내 거취만 생각하느라 그들의 고생을 위로해주지도 못했다.

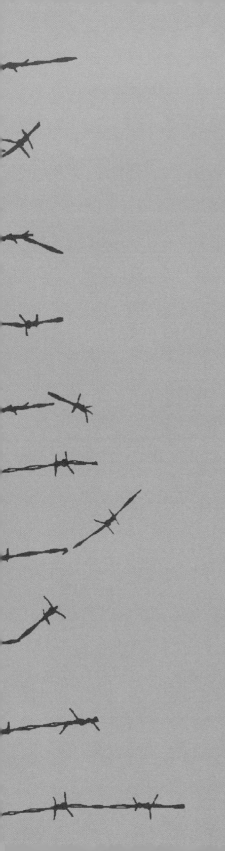

2부

자주국가를
향한 꿈

1
노무현 대통령이 꿈꾼 나라

바로 그런 맥락에서 자주국방과 자주외교는 나와 많은 이들이 노무현 대통령을 통해 실현하고 싶은 이상이기도 했으며, 참여정부 출범을 맞아 함께 꿈꾸던 소중한 가치이기도 했다.

노 대통령에게 '자주국방'이란

《위키리크스Wikileaks》가 폭로한 자료에 따르면, 2006년 1월 9일 주한미대사관은 본국에 보내는 비밀전문電文에서 "노무현 대통령과 이종석은 동일한 세계관을 가지고 있으며, 특히 대북관이 같다"고 보고했다. 그러나 야당과 일부 언론이 참여정부를 시종일관 친북으로 몰아붙여 그런 이미지가 형성되었는지는 모르나, 노 대통령과 나의 대북관은 철학적으로 볼 때 완전하게 일치하지는 않았다.

2005년의 어느 공휴일이었다. 관저에서 대통령께 보고를 끝내고 이런 저런 대화를 나누다가 남북관계 얘기가 나왔다. 대통령은 불쑥 내게 말했다. "나는 이 차장이나 (이해찬) 총리하고 생각이 달라. 두 사람은 통일이 목표지만 나는 평화가 목표야." 뜬금없는 말씀에 좀 의아했으나, 대통령이 왜 그렇게 생각하는지 이유를 묻지는 않았다. 대통령도 부연 설명이 없었다. 사무실로 내려오면서 곰곰이 대통령의 말씀을 곱씹어보았다. 무슨 뜻인지 알 것 같았다.

내가 아는 한 대통령의 지상과제는 통일이 아니라 평화와 공동번영이었다. 대통령은 남북간에 대결관계를 종식하고 평화를 정착하여 공동번영을 실현하는 데까지가 우리의 소명이라고 생각했다. 통일 여부는 후대가 알아서 판단할 일이라는 인식이었다. 이런 생각을 지닌 대통령이 보기에 오랫동안 민족화해와 통일을 주창해온 이해찬 총리나 그것을 이론적으로 정당화해온 나는 평화번영을 넘어 민족통일을 지상과제로 삼고 있는 사람들이었다. 사실 이 두 시각은 남북간에 평화가 정착되고 공동번영이 실현될 때까지는 정책면에서 그 차이가 드러나지 않는다. 그러나 분명히 철학적 측면에서 차이가 있다. 대통령은 그 차이를 말한 것이다. 대통령은 나와 이해찬 총리는 민족주의자에 가까운 반면 자신은 평화주의자에 가깝다고 생각했다. 나는 2006년 12월에 퇴임했기 때문에, 노 대통령이 역사적인 '10·4남북정상선언'(2007년 10월)을 이룩한 뒤에도 그 철학에 변함이 없는지는 확인하지 못했다.

대통령과 내가 세계관에서 100% 일치한 것은 단언컨대 대북 인식이 아니라 자주국가를 향한 꿈이었다. 미대사관은 위 비밀전문에서 나에 대해 "그는 한국이 세계에서 보다 적극적이고 독립적인 역할을 하도록 하는 데 헌신적이며 그의 나라가 무시당한다고 인식하면 민감하게 반응한다 He is committed to seeing South Korea play a more active, independent role in the world and is sensitive to perceived slights to his nation"고 묘사했다. 툭하면 나를 대한민국의 이익보다는 북한의 이익을 지키는 데 더 관심을 가진 '종북좌파'쯤으로 매도한 일부 보수언론이 보면 당혹스럽겠지만, 정작 미국의 주한외교관들이 나를 이렇게 평가하고 있었던 것이다. 이런 평가가 미국인들에게는 어떻게 받아들여질지 모르나, 나는 오히려 자랑스럽게 생각한다. 그리고 긍정적 측면에서 얘기하자면, 이런 평가에 가장 잘 어울리는 이는 노무현 대통령일 것이다.

독립국가란 자신의 일을 스스로 결정하고 책임지는 나라다. 물론 국제화시대에 자신의 일을 100% 독자적으로 결정하는 나라는 없다. 그렇지만 국제협의가 필요하더라도 스스로 주체가 되어야 독립국가이며 자주국가다. 진부하게 국가주의나 민족주의를 강조하자는 게 아니라 상식을 말하는 것이다. 이런 국가가 되려면 적어도 자기 나라는 스스로 지키겠다는 자주국방 태세와 자주를 향한 의지가 필요하다. 특히 일제 식민지 침탈의 뼈아픈 상처를 안고 있으며, 해방 이후에도 미국에 의존해서 국가의 운명을 개척해온 우리나라가 아닌가.

노 대통령은 우리 국민과 국가의 자주적인 삶을 열망했다. 혹자는 우리가 왜 자주적이지 않느냐고 항변할는지 모르지만, 대한민국 국군통수권자가 60만 국군에 대한 작전통제권도 갖고 있지 못한데다 사회지도자들이 공공연하게 주한미군을 인계철선으로 이용해야 한다고 주장할 정도로 대미의존 심리가 뿌리 깊은 현실에서 '자주'를 말하는 것은 말장난에 불과하다고 노 대통령은 생각했다. 이런 비정상적인 상황에서는 남북관계에서도, 외교에서도 우리가 스스로 결정할 수 있는 영역은 제한될 수밖에 없다고 본 것이다. 이는 또한 한국의 국력신장에 따라 필연적으로 이루어져야 할 호혜적이고 균형적인 한미관계 정립에도 큰 걸림돌이 된다고 보았다. 바로 그런 맥락에서 자주국방과 자주외교는 나와 많은 이들이 노무현 대통령을 통해 실현하고 싶은 이상이기도 했으며, 참여정부 출범을 맞아 함께 꿈꾸던 소중한 가치이기도 했다.

사실 자주국방을 향한 노 대통령의 꿈은 진보나 보수와는 상관없는 것이었다. 자기 나라를 자기 힘으로 지켜야 하며 이를 위해 할 수 있는 노력을 다한다는 건 당연한 상식이지, 특정한 진보 혹은 보수의 관점일 수는 없다. 문제는 대한민국에서 수십 년간 기득권을 유지하며 보수를 자처하는 세력이 자주국방과 자주외교를 반미·친북과 동급의 '불온한' 용어로 만들어 놓았다는 데 있었다. 진정한 보수라면 진보보다 더 소리 높여 자주국방을 주장하고 이를 실천해야 마땅할 텐데 자칭 보수세력은 '자주'를 불온시하고, 이를 주장하는 사람들을 '반미'나 '친북'으로 매도했다. 그러다 보니 오늘날에는 '자주'가 마치 진보의 전유물인 양 인식되는 어처구니없는 상황이 되어버렸다.

자주국방을 추진한다고 해서 모든 국방을 우리 힘으로 책임지겠다는 게 아니다. 현대 국가에서 한 나라의 국방은 온전히 스스로의 무력에만 의존하지 않고, 동맹이나 우방과의 협력을 통해서 달성한다. 노 대통령과 참여정부도 물론 이 사실을 잘 인식하고 있었다.

그럼 노무현 대통령이 생각한 자주국방의 방향은 무엇이었나? 노 대통령은 자주국방 태세 확립을 지시하면서 그 목표를 일차적으로 북한에 대한 억지력을 완비하는 것으로 제시했다. 그리고 나아가 대북억지력을 넘어서서 강대국들이 포진하고 있는 동북아에서 제한적인 전략적 거부능력을 갖추는 데 초점을 맞추었다. 즉, 우리는 주변 국가를 공격할 의사도 능력도 갖고 있지 않지만, 반대로 주변에서 누구든지 우리를 공격하면 그 대가로 그들 역시도 치명적인 타격을 입을 수 있다는 경각심을 가지게 할 정도의 대응능력은 갖추어야 한다는 것이다.

'인계철선' 용어를 혐오한 대통령

노 대통령의 자주국방에 대한 의지는 임기 내내 각종 발언과 행동에 일관되게 배어 나왔다. 그중 임기 초에 있었던 주한미군 재배치와 용산기지 이전 결정과정은 노 대통령의 확고한 자주국방 의지뿐만 아니라 그가 동맹을 배려하는 건강한 자주국방을 추구했음을 잘 보여주고 있다.

2003년 4월 3일, 안보관계장관회의에서 국방부는 '주한미군 재배치 관련 우리 정부 입장'을 보고했다. 주한미군 재배치란 미 국방부가 주한미군의 전략적 효율성을 높이기 위한 것으로, 한강 이북에 있는 주한미군을 한강 이남으로 옮기고 한미연합사령부CFC가 있는 용산기지를 이전하는 것 등이 주요 내용이다.(통상적으로는 한강 이북의 주한미군 기지를 한강 이남으로 옮기는 것만을 가리켜 주한미군 재배치라고 쓰기도 한다.) 한미 양국은 이미 2002년 10월 한미안보연례협의회SCM에서 '미래 한미동맹 정책구상FOTA' 회의를 만들어 한강 이북에 있는 주한미군 재배치와 용산기지 이전 문제를 집중 연구하기로 합의한 바 있었다. 미 국방부는 그 연장선에서 참여정부가 출범하자마자 이 문제들에 관한 조속한 협의와 타결을 원했다.

이날 국방부는 '한수 이북의 미2사단을 가급적 조기에 한수 이남으로 재배치하고자 하는 미국의 입장'에 대해 이는 현실적으로 당분간 곤란하다는 입장을 보고했다. 용산기지에 대해서도 미국이 원하는 '조기 이전' 대신 단계별로 상당한 시간을 두고 이전하되, 그것도 한미연합사 이전 문제는 국방부가 행정수도로 이전하는 것과 연계하겠다고 했다. 이 얘기는 국방부가 서울을 떠나지 않으면 한미연합사도 용산에 남아야 한다는 뜻이었다.

노 대통령은 국방부의 보고(안)과 달리 용산기지 이전은 미국측의 입장을 고려하여 이른 시일 내 추진하라고 지시했다. 대신 미2사단 재배치에 대해서는 국방부의 계획을 일단 그대로 승인했다.

사실 한강 이남으로 주한미군을 재배치한다는 것은 판문점을 포함한 휴전선 일대에서 미군이 완전히 철수하고 국군이 방어하는 시대로 이행한다는 뜻이다. 많은 국방전문가들은 한국군의 능력으로 볼 때, 주한미군 재배치는 단계적으로 이행하면 충분히 안보상의 공백 없이 가능하다고 보았다. 대통령이나 NSC사무처도 같은 판단이었다. 그리고 휴전선 방어를 언제까지나 미군에 맡길 수는 없는 노릇이었다. 그러나 국방부와 다수 언론·지식인들은 달랐다. 한수 이북 주한미군이 '인계철선'이었는데, 그럴 경우 그게 없어지게 된다며 걱정하는 것이다. 게다가 이런 우려는 국민의 안보불안을 심화시키는 악순환을 불러왔다.

'인계철선引繼鐵線, trip wire'이란 사전적 의미로 '폭발물에 연결되어 건드리면 폭발하게 하는 가는 철선'을 말한다. 이 말을 주한미군에 빗대어 쓰는 경우는, 한수 이북에 주한미군이 주둔해 있으면 전쟁이 발발했을 때 이들이 곧장 북한군의 공격대상이 되기 때문에 미군의 자동개입이 보장된다는 의미에서다. 용산기지도 마찬가지 논리였다. 주한미군 재배치가 되는 상황에서 용산에 주한미군사령관이 지휘하는 한미연합사령부라도 남아있으면, 전쟁 발발시 미군의 자동개입을 이끌어낼 수 있다는 것이다.

노 대통령은 이러한 주장에 대해 불편해했다. 자기 나라는 자신이 지킨다는 최소한의 자위自衛의식마저도 내팽개친 극심한 의존적 사고이며, 자신의 안위를 위해 싸워보지도 않고 우방국 국민의 피를 먼저 요구하는 부도덕한 것이라고 보았기 때문이다. 대통령은 시간이 흐르면서 공식적인 회의석상에서 '인계철선' 논리를 비판하기 시작했다. 따라서 참여정부 국방 관련 논의에서 '인계철선'이라는 말은 사실상 금기어가 되었다. 사실 이 표현은 미국도 불쾌해했다. 2003년 3월 18일 미 당국은 미군 제2사단이 한강 이남으로 이동한다고 밝히면서 "인계철선이라는 말은 불공정한 말이며, 그 속뜻은 미국인이 먼저 피를 흘리지 않으면 한국을 방어할 수 없다는 것"이냐며 불만을 표시했다.

2003년 4월 11일, 노 대통령이 NSC 차장실로 전화를 했다. 주한미군 재배치 문제 때문이었다. "이 차장, NSC 회의에서 주한미군 재배치 문제를 수동적으로 끌려가는 입장이 아니라 적극적인 자세로, 자주국방 추진의 실질적 계기로 활용하겠다는 분명한 인식을 갖고 준비해 나갑시다. 주한미군 재배치 문제와 관련해서 우리가 능동적으로 안보를 책임질 수 있는 시스템을 확보하여, 투자심리 위축 등의 경제불안 요인과 국민불안 요인을 극복해갈 수 있다는 명확한 대국민 설득논리를 개발해야 합니다. 주한미군 재배치 문제와 관련한 논리는 앞으로 수시로 안보 관련 간담회를 개최하여 8·15 이전에 독트린을 완성할 수 있도록 준비하세요." 한창 논쟁이 되고 있는 주한미군 재배치 문제에 대해 외교안보부처가 오히려 앞장서서 안보불안 운운하며 소극적인 자세로 일관하는 것을 개탄하며 내린 지시였다.

이처럼 대통령은 주한미군 재배치와 관련해 국방부의 '신중한 추진' 입장을 승인하긴 했지만, 한편으로는 NSC사무처에다 이를 무한정 늦추려 하지 말고 이미 국민 앞에 천명한 자주국방 노선을 실천하는 계기로 삼고, 나아가 자주국방계획과 미국의 제안을 가급적 맞추어 보도록 지시했다. 대통령은 주한미군 재배치에 대해서도 능동적으로 수용하며 안보태세를 정비해 나가야 한다고 생각했던 것이다.

5월 한미정상회담에서 노 대통령은 부시 대통령과 '용산기지 조기 이전'에 합의했다. 대신 미2사단의 재배치에 대해서는 "한반도 및 동북아의 정치·경제·안보 상황을 신중히 고려하여 추진해야 한다"는 데 합의했다. 그런데 이 합의에서 노 대통령은 재배치 시기가 아니라 미국이 우리와 협의하지 않고 일방적으로 주한미군을 뺄 수 없다는 점에 보다 주목했다. 노 대통령은 5월 19일 NSC 간부들과의 대화에서 이 합의 및 자주국방에 관해 이렇게 말했다.

"2사단 재배치를 신중히 추진한다는 용어를 사용했기 때문에 앞으로 미국이 일방적으로 재배치를 추진하지는 못할 것입니다. 한미간에 힘의 불균형 관계가 있는데 우리가 큰소리만 아무리 쳐봐야 소용이 없습니다. 다른 한편으로 볼 때 우리 사회에는 미국에 대한 실제 의존 정도와 심리적인 의존 의식 간에 상당한 차이가 있습니다. 우리 군의 실제적 (대미)의존도와 우리 국민의 심리적 의존 간에 차이가 있어서 이를 극복하고 국방 분야에서 우리가 주도적으로 이끌어나가는 것이 필요하다는 생각에서 자주국방을 강조했습니다. 미국과의 동맹관계를 감안하여 균형감 있게 생각하기는 해야 하지만, 국방 분야에서는 주도적인 입장이 중요합니다.

대미 문제가 지나친 의존관계로 되면 외교적으로 많은 제한이 있습니다. 그래서 과거부터 우리가 주도적으로 한미관계를 정립해나가기 위해서 자주국방을 해야 한다고 생각했습니다. 미국 방문 때 자주국방을 이야기하면 미국 사람들로부터 저항이 있을 것으로 예상했는데 오히려 많은 공감을 나타내주었습니다."

노 대통령의 자주국방과 자주국가에 대한 의지는 종종 국방부의 저항을 불러일으키고 보수 세력의 비판을 받았다. 용산기지 이전을 놓고도 이러한 현상이 나타났다. 용산기지 이전은 원래 노태우 전 대통령이 1987년 민정당 대통령후보 시절 '민족자존의 회복'을 주장하며 내건 공약 중의 하나였다. 노태우 정부는 1990년 6월 미국 정부와 용산기지 이전합의서를 체결했는데, 이 합의에서는 기지 이전을 요청한 우리측이 비용을 부담하기로 했다. 이후 1992년에 용산골프장이 반환됐으나, 1993년 6월 이후 여러 가지 이유로 기지 이전 논의가 중단되었다. 그러다가 2001년 용산기지 내 미군 아파트 건립 문제가 이슈로 떠오르면서 기지 이전사업의 추진 필요성이 다시 제기됐다. 미국 정부도 한미 합의대로 용산기지 이전을 추진하자고 강력하게 요구해왔다.

노 대통령은 안보상 큰 문제만 없다면 미국의 용산기지 이전 계획에 적극 협력해야 한다고 생각했다. 대통령은 아무리 우방의 군대지만 서울 한복판에 광활한 지역을 차지하고 있는 것은 바람직하지 않다고 생각했다. 더욱이 용산기지는 임진왜란 때 일본군과 명나라 군대가 화친교섭을 벌인 장소였고, 병자호란 당시에는 청나라 군대의 주둔지였으며, 일본 제국주의의 조선 지배수단이었던 조선주둔군 사령부가 있었던 치욕의 땅이다. 이 땅이 우리 국민의 품으로 돌아온다면 그것은 실로 100년 만의 일이 된다.

국방부는 용산기지 이전에 반대했으나 대통령의 뜻을 확인한 후 이를 받아들였다. 그 대신 우리의 안보 현실을 고려하여 한미연합사령부는 잔류해야 한다고 주장했다. 결국 용산기지의 완전 이전을 반대한 국방부와 청와대 외교안보 참모들의 건의로, 정부는 한미연합사를 용산기지에 잔류시키기로 미측과 합의했다. NSC 체제가 본격 가동되기 전에 일어난 일들이었다.

NSC 차장으로 부임해서 이런 사실을 알게 된 나는 내심 못마땅했다. 국방부는 안보 우려를 말하지만, 용산기지가 이전되어도 전쟁이 발발하면 한미연합사는 마찬가지로 수도권 모처에서 작전을 지휘하게 된다. 그렇다면 실제 안보상에는 아무 문제가 없는데 군이 한미연합사를 용산기지에 잔류시킬 이유가 뭐란 말인가. 한국 정부가 용산에서 주한미군으로부터 돌려받을 땅이 81만 평 정도였다. 그런데 연합사가 남게 되면 여기서 상당 부분을 다시 내놓아야 하고, 또 평택에는 거기대로 이전하는 부대시설을 다 해주어야 하기 때문에 비용부담도 이만저만 늘어나는 게 아니었다.

결국 용산에 한미연합사 관련 병력 1000명을 잔류시키고 이를 위해 17만 평의 부지를 제공하기로 한미간에 의견이 모아졌다. 그러나 미측은 2003년 10월 돌연 테러에 대비한 기지경비용으로 28만 평이 필요하다며, 이를 수용하지 않으면 '용산기지 완전 이전'을 추진하겠다고 통보해왔다. 사실 미국 입장에서는 원래 계획대로 전부 이전하는 것이 최상이었으나 한국 정부가 요청하여 한미연합사를 잔류시키려는 것이기 때문에 아쉬울 것이 없었다. 정부는 그동안 20만 평 이상 제공하는 건 부담이 크다고 보고, 대통령 지침으로 이미 '20만 평 이내 제공'을 협상기준으로 제시해왔다. 미국이 이 기준을 넘는 부지를 요구하면 거절한다는 것이 정부의 기본 입장이었다.

11월 14일 대통령은 조영길 국방장관에게 물었다. "용산기지 완전 이전하면 우리 안보에 문제 있습니까?" "문제는 없습니다. 다만 국민들이 안보불안을 느낄 것입니다" "됐습니다. 그럼 미국이 원하면 완전 이전하는 것으로 합시다. 국민들이 불안해하지 않도록 잘 설득해주시구요."

대통령의 지시가 있은 뒤, NSC사무처는 국방부에 기존 지침(20만 평 이내 제공)에 변함이 없음을 재차 강조했다. 그러나 국방부는 국방부 부지(8만 평)와 국방부 인접 용산기지(20만 평)를 통합하여 단일기지로 만들면 어떻겠느냐는 안을 만들어왔다. 대통령 지침인 '20만 평 이내'를 어기지 않고 한미연합사를 잔류시키기 위해 주권국가인 대한민국 국방부와 주한미군사령부(한미연합사령부)를 한 기지 안에 동거시키자는 대안을 내놓은 것이다. 너무 구차스러웠고, 한편으로 국방부가 이런 발상을 한다는 게 신기하기도 했다.

또한 한나라당도 "미측이 28만 평을 요구하는 것은 타당하다"며 정부를 압박했다. 12월 5일에는 한나라당 의원 전원을 포함한 147명의 국회의원이 서명한 '용산기지 주한미군사령부 이전반대 결의안'이 국회에 제출되었다. 국방부는 대통령의 결심이 요지부동임을 알면서도 마지막까지 한미연합사 잔류를 관철시키려고 미국과의 최종 합의를 2004년으로 미루었다. 나는 12월 12일 국방부장관을 만나 이 문제는 이미 결론이 났으니 내년으로 미루지 말고 대통령 지시를 분명히 이행해야 한다고 촉구했다.

결국 노 대통령은 NSC사무처의 건의로 12월 22일 국방부장관에게 전화로 다음과 같이 최종적으로 지시했다. "용산기지 이전 문제로 국회도 들고 일어나고 해서 고민이 많을 텐데 (…) 이전 문제는 연말까지 매듭을 지으세요. (…) 용산기지 이전은 클리어하게 다 돌려받는 것이 좋습니다. 그렇게 갑시다. (…) 국방부 정책 담당자들에게도 장관의 의지를 보여주기 바랍니다." 마침내 2004년 1월 하와이에서 열린 제6차 FOTA회의에서 한미는 용산기지를 오산·평택으로 완전 이전하는 것으로 최종 합의했다.

노 대통령은 안보불안을 외치는 세력들의 공세를 뚫고 이렇게 용산기지 완전 이전을 관철시켰다. 이 일이 있은 지 10년이 지났다. 그동안 나는 용산기지 이전 때문에 안보가 불안해졌다는 얘기를 듣지 못했다. 용산기지 이전이 본격 추진되자마자 안보불안 주장은 온데간데없고, 진보 보수 가릴 것 없이 다시 찾은 소중한 이 역사의 땅을 어떻게 효율성 있게 쓸 것인가 하는 청사진 그리기에 바빴다. 얄궂은 것은 이런 유쾌한 일이 용산기지 이전 반대결의안에 서명했던 한나라당 출신 서울시장의 진두지휘 아래 일어났다는 점이다.

나는 주한미군 부지 문제를 다루면서 미국이 우리에게 너무 많은 것을 요구하며 고압적인 자세를 보인다고 많은 이들이 비난하지만, 한편으로 미국도 참 답답하겠다는 생각이 종종 들었다. 주한미군이 한강 이북에 산재한 수천만 평의 기존 기지를 내주고 한강 이남으로 재배치될 때는 한국 정부가 딱 그만큼은 아니더라도 그들이 충분히 활동할 수 있는 공간을 제공해야 하는 게 상식이다. 주한미군이 한국 방위를 위해 주둔하는 한 한국 정부가 주한미군에게 지원을 해주는 것은 의무이기 때문이다. 그럼에도 불구하고 시민사회 일각에서는 미군에게 공여되는 토지와 비용에 대해 야박하다고 할 만큼 철저하게 따졌다.

물론 용산기지 이전이나 주한미군 재배치시 미군에 제공되는 토지를 정부가 매입해야 하기에 국민세금이 드는 만큼 시민사회가 이처럼 행동하는 것은 당연한 일이다. 또 그렇기 때문에 정부도 대미 협상에서 더 긴장하고 깐깐하게 맞설 수 있는 것도 사실이다. 그러나 당시 시민사회의 반발이, 큰 그림에서 수평적 한미관계를 지향하며 그렇지 않아도 대형 안보현안에서 사사건건 미국과 시소게임을 벌이는 참여정부에게 적지 않은 부담이 된 것은 사실이다. 우리가 상대적으로 덜 중요한 분야에서는 미국에게 흔쾌하게 양보하거나 통 큰 모습도 보여야 큰 협상들에서 미국의 이해를 구하기 쉬운데, 그게 안 되니 큰 협상을 하기가 그만큼 어려웠다.

자주국방 노선 천명과 군의 불만

　자주국방의 기본은 자기 나라 군대가 스스로 작전을 하는 것, 즉 국군 통수권자인 대통령이 작전통제권을 보유하는 것이다. 따라서 노 대통령은 자주국방의 핵심 내용으로 전력증강과 함께, 주한미군사령관이 겸직하는 한미연합사령관의 전시작전통제권(이하 전작권)을 돌려받는 것을 국방과제로 제시했다. 이 전작권은 한국전쟁이 발발하면서 1950년 7월 14일 이승만 대통령이 유엔군 사령관이던 미군 사령관에게 이양했던 것이다. 자주국방은 독자적인 전쟁수행체계를 갖추는 것이며, 이는 작전기획 및 운영능력을 보유해야 가능하기 때문에 전작권의 환수는 당연히 자주국방의 전제가 될 수밖에 없었다. 극단적으로 말해 아무리 우수한 병력과 최첨단 무기로 무장한 군대라 하더라도 이 군대를 운용할 작전능력이 제로라면 전쟁에서 그 군대는 있으나마나한 것이다.

　지구상에 군대를 보유하고 있는 독립국가 가운데 전시든 평시든 작전통제권을 다른 나라에 위임한 나라는 우리나라뿐이다. 노 대통령과 NSC는 이 전작권 환수야말로 자주국방의 요체이고, 자주국가의 필수조건이며, 우리 국민의 지나친 대미의존 심리를 극복할 수 있는 중요한 계기가 될 것이라고 믿었다.

　노 대통령은 세계 12위의 경제규모를 자랑하고 북한을 압도하는 실력을 지닌 우리나라가 전작권조차 갖고 있지 못하다는 사실을 항상 부끄러워했다. 모든 것이 북한에 비해 열세였던 50년 전의 '6·25 트라우마 trauma'에 사로잡혀 미국에 의탁해서 스스로 나라를 지킬 생각조차 하지 않는 현실을 안타까워했다. 2003년 기준으로 남북한의 경제력은 한국은행의 명목상의 통계로는 30~40:1 정도였고, 실제로는 거의 100:1의 차이가 났다. 군사비 규모도 남한이 북한보다 최소한 10배 이상 많이 쓴다. 동아시아 정세도 달라졌다. 한국전쟁 때 북한은 스탈린의 허락을 받고 남침을 했다. 북한군이 수세에 몰리자 중국이 참전해 구해줬다. 그런데 지금 그 소련은 없다. 중국도 한국과 수교했으며, 한중 무역 규모는 북중 무역 규모와 비교조차 할 수 없을 만큼 압도적으로 큰 시대가 되었다. 노 대통령은 이처럼 객관적인 정세와 남북한 역량비교 등을 과학적으로 따져보며 전작권 환수의 중요성을 강조한 것이다.

우리 군이 스스로 북한군보다 전력열세라고 발표하면서, 그것을 극복하기 위해 자주국방을 주창하는 대신에 우리 방위를 주한미군에 의존하려는 태도를 노 대통령은 답답해했다. 그래서 취임하자마자 자주국방을 강조하고 국방부에게 자주국방 로드맵을 작성토록 지시했다. 마침 용산 기지 이전과 한강 이북의 주한미군 재배치가 협의되고 있었기 때문에, 차제에 미국의 전반적인 세계전략 변화에 대응하면서 전작권 환수를 전제로 한 자주국방 태세를 갖추라고 지시했다.

사실 자주국방은 이미 1970년대에 박정희 대통령이 공개적으로 추진하던 것이었으며, 전작권 환수는 1987년 13대 대통령선거에서 육군 대장 출신인 노태우 후보가 공약한 사항이었기 때문에 군이 새삼 문제 삼을 게 없었다. 당시는 남한의 대북 군사력 열세가 꽤 컸던 시기였는데도 군 출신 통치자들이 이를 공언했다. 그에 비한다면 노무현 대통령은 남북의 총제적인 국력 차이가 비교 불가능할 정도로 심화된 조건에서 다시 과제를 제시한 셈이었다.

그럼에도 불구하고 자주국방 추진 구상에 대해 군은 불편한 기색을 감추지 않았다. 자주국방이야 대의명분이 뚜렷하니 대놓고 반대하지는 못했으나, 대신에 자주국방의 요체인 전작권 환수에 대해 강하게 반대했다. 국방부는 2003년 1월 16일 인수위 기관보고에서 대통령 당선자의 자주국방 의지를 알면서도 「평화체제 구축 보장을 위한 정예강군 육성」이라는 제목의 보고서 속에 자주국방이라는 용어조차도 사용하지 않았다.

노 대통령은 취임 후 수차례 주한미군 재배치를 계기로 자주국방을 추진하고 동시에 전작권 환수 계획을 마련하라고 국방부에 지시했지만, 국방부는 대통령의 지시로 「자주국방의 비전」(2003년 5월 6일)을 보고하면서 자주국방을 군사력 증강으로만 해석하고 전작권에 대해서는 일절 언급을 하지 않았다.

국방부장관을 비롯한 군 수뇌부는 국군의 전력이 아직 북한군보다 열세이며, 북핵문제 등 안보상황도 여의치 않기 때문에 전작권의 환수는 불가하다고 주장했다. 나아가 현재의 한미연합 지휘체계가 '공동지휘'라는 억지 논리를 펴며 우리의 주권이 행사되지 않는 게 아니라고 강변했다. 이 논리를 바탕으로 전작권의 '환수'라는 말 대신 '전환' 혹은 '단독행사'라는 말을 써야 한다고 주장했다. 군 일각에서는 전작권 환수에 대해 반대를 넘어 이를 위험시하기도 했다. 전작권 환수를 언급하는 것은 사실상 주한미군의 철수 요구나 마찬가지라고 공공연히 주장했다. 결국 군 수뇌부는 자주국방을 하더라도 전작권 환수는 불가하다는 강한 믿음을 가지고 있었다. 그러나 전작권 환수 없는 자주국방 추진이 속 빈 강정과 다름없다는 것을 그들도 모를 리 없었다. 그래서였는지 자주국방 추진 자체에 대해 미온적인 태도로 일관했다.

자주국방과 관련하여 대통령과 군 사이에 놓인 거리는 철학적으로도, 현실의 방법에서도 이처럼 컸다. 전작권 환수는 미국의 부담을 덜어주며 건강한 한미동맹을 유지해나갈 수 있는 토대가 될 뿐, 결코 반미와 무관한 것이다. 하지만 오랫동안 한미군사동맹을 한국 방위의 전제조건으로 여기며 살아온 이들은 현안 곳곳에서 대통령과 대조적인 입장을 보였다.

노 대통령은 자주국방으로 나아가는 길에 국방비가 더 필요하다면 어렵지만 증액하겠다고 여러 차례 약속했다. 대통령은 2003년 7월 30일 8·15 경축사 초안 집필자들에 "자주국가로서 대접받으려면 우리 국방력의 중추기능을 미군에게 맡긴다는 생각을 버려야 한다. 자주국방 얘기하면서 국방비를 증액하지 말라 하고, 방위력을 얘기하면서 무기 안 산다

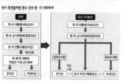

전시 작전통제권(지통)를 둘러싼 논란이 '뜨거운 감자'로 떠오르고 있다. 노무현 대통령과 군 수뇌부 사이의 불협화음도 이어지고 있다. 이와 관련해 한국군의 독자적인 작전 수행 능력이 어느 정도인지 짚어본다.

✔ **정보획득·감시능력**
북 움직임 사전포착 '가능'…정보 분석력은 '미흡'

✔ **독자적 통합전쟁 능력**
방어체계 갖춰…종합적 작전계획 능력은 미비

작전통제권이란?

작통권 이양 둘러싼 물음표 둘

이양후 독자적 작전계획 짜나?

미국 '조기이양 제의' 진심일까?

전시작전통제권 환수는 자주국방을 실현하고자 한 노무현 대통령의 강한 의지가 담긴 과제였다. 군 수뇌부의 미온적 태도에 맞서, 방위력에 대한 객관적 점검과 함께 필요하다면 국방비 증액에도 적극 앞장섰다.(한겨레, 2006년 8월 2일)

는 것은 모순된 생각"이라고 말했다. 물론 기존 국방체계의 효율성을 점검하면서 검토해야겠지만, 이처럼 실천이 담보된 자주국방 의지를 가지고 있었다. 이런 대통령 앞에서 나라의 주권을 지키는 군이 스스로 자기 전투력을 과소평가(?)하며 자주국방에 반대하고 전작권 환수를 위험시하는 것을 나는 도무지 이해할 수 없었다. 정상적인 나라라면 군인들은 자주국방을 주장하고 민간에서는 이에 대해 다양한 의견이 나와야 할 텐데, 어찌 된 노릇인지 우리나라는 그렇지가 않았다.

상황이 이렇다 보니, 자주국방이 싫다는 군을 이끌고 자주국방의 길로 나서는 대통령을 보좌하는 것이 쉬운 일이 아니었다. 아무래도 대통령의 강력한 의지 표명과 그 실천을 담보할 대책이 필요했다. 그러기 위해서는 이 일을 국방부에만 맡겨놓을 수 없었다. 일이 되게 하려면 NSC사무처가 직접 끌고 가야겠다고 생각했다. 5월 말 「자주국방에 대한 국방부의 인식」이라는 짧은 보고서를 만들어 대통령께 보고했다. 여기서 향후 자주국방과 국방개혁 관련한 국방부 보고는 NSC와 긴밀한 협조 아래 추진하도록 국방부에 지시해달라고 건의했다.

NSC사무처의 건의는 즉시 수용되어 실행에 옮겨졌다. 대통령은 6월 1일 국방부로부터 주한미군 관련 보고를 받는 자리에서 국방장관과 군 관계자들에게 향후 주요 국방문제는 반드시 NSC를 거쳐 대통령에게 보고하라고 지시했다. 그리고 주요 정책은 NSC를 통해 결정될 수 있도록 할 예정이라고 밝혔다. 자주국방 계획도 NSC사무처와 협의하여 작성하라고 지시하면서 "NSC가 큰일을 하고 있으며 앞으로도 NSC와 함께 결정해나갈 생각"이라고 NSC에 힘을 실어주었다.

대통령은 이 자리에서 자주국방의 방향을 구체적으로 제시하고 관련 지침도 내놓았다. 국방부에 "향후 예산은 철저하게 주한미군 대체전력(정보전력 우선) 건설에 배정하고, 자주국방 로드맵은 물적 기반 구축 → 조직체계 보완 → 전작권 환수의 순으로 가되, 준비는 세 가지를 동시에 하라"고 지시했다. 특히 자주국방의 단계별 계획서를 국방부와 NSC가 각각 준비해서 적절한 기회에 토론하여 확정하라고 지시했다.

이어서 6월 10일, 국방장관과 합참의장, 국방보좌관, NSC 차장 등이 참석한 무궁화회의(현역 장성 전원이 참가하는 회의) 강사 대상 대화에서 노 대통령은 현재의 최우선 과제는 "자주국방 태세 확립"이라는 점을 분명히 했다. 이를 위해 전력 증강과 군 구조 개혁을 추진해야 한다고 강조했다. 특히 노 대통령은 "이번 임기 중에 완결되지 못하더라도 다음 대통령 대에는 전작권을 확실히 환수하도록 준비해나가야 한다"는 점을 강조했다. 또한 "이라크 파병이나 방미외교 등 대외관계에서 '자주외교'가 어려운 것은 핵이나 안보 등에서 미국에 의존하고 있기 때문"이라며 우리는 실제로 미국과 주한미군에 많은 부분 의존하고 있지만, 다른 한편 "국민의 과도한 대미의존 심리가 불안을 유발하고 있다"는 점도 지적했다. 따라서 주한미군 재배치가 논의되고 있는 이 기회에, 확고하게 안보를 지켜내고 국민적 자신감을 회복하기 위해 우리도 자주국방을 추진해야 한다고 강조했다. 또한 국민들에게 비전을 제시하고 군인들에게 자부심을 주기 위해 "이제 우리 국방은 우리가 한다"는 결의가 필요하다고 역설했다.

대통령의 말에 일부 참석자들이 이의도 제기했다. "향후 여건이 마련되면 전작권 환수 계획을 수립하고, 미국측과 솔직하고 당당하게 논의하라"는 지시가 있자, 참석자 중 한 명이 전작권 환수는 한미연합사 해체를 의미하며 곧 미군 철수로 이어질 것이라고 우려를 표명했다. 이에 대통령은 자주국방은 한미동맹과 함께 가며 전작권 환수가 미군 철수 요구는 결코 아니라는 점을 분명히 했다. 그러자 또 다른 참석자가 전작권 환수라는 개념은 적절치 않다며, 현재의 한미연합지휘체제가 '공동지휘'라고 설명했다. 그러나 대통령은 "국민들은 전혀 그렇게 생각하지 않고 있고, 적어도 법적으로 절반, 실제로는 절반 이상이 미국에 의존하고 있는 상황"이라며 이를 개선해야 한다고 못을 박았다.

이로써 참여정부는 자주국방을 향한 실질적인 발걸음을 내디뎠다.[1]

국방비 증액과 군의 '남한 열세'라는 강박

국방부는 자주국방 실현을 위해서는 매년 국민총생산GDP의 3.2%가 국방비로 필요하다고 대통령께 보고했다. 2003년 기준으로 국방비가 GDP 대비 2.7%이므로 0.5% 증가시켜야 한다는 것이다. NSC사무처는 국방부의 이러한 추정에 동의하지 않았으나, 그렇다고 특별히 이의를 제기하지는 않았다.

사실 대북억제력 확보에 중점을 둔 자주국방을 위해 어느 정도의 비용이 드느냐 하는 문제는 정확하게 남북한 군사력 비교를 해본 바탕 위에서 필요예산을 산정해야 나올 수 있는 것이다. 그런데 우리 군은 오랫동안 남한의 군사력이 북한에 비해 70~80% 정도밖에 되지 못한다고 추정해왔다. 반면에 남북한 군사력 비교의 권위자인 경남대 함택영 교수 등 일부 민간 전문가들은 구체적인 데이터를 제시하며 한국군의 전쟁능력이 북한을 훨씬 앞섰다고 주장해왔다. 이처럼 민간에서 국방비와 관련한 새로운 주장이 제기되었을 때 국방부가 이를 반박하려면 설득력 있는 자료를 내놓아야 하는데 그렇지를 못했다. 내가 보기에도 국방부가 청와대에 보고하는 관련 자료는 너무 간단했으며, 결론을 도출하기 위한 과학적인 과정이나 객관적인 근거 제시가 거의 없었다. 비전문가라도 당장 따져 물을 수 있을 만큼 허술했다.

그러나 2003년 여름 시점에서 NSC사무처는 자주국방에 드는 소요비용과 남북한 군사력 비교에 대한 군의 판단에 대해 민간 전문가들의 분석을 근거로 이의를 제기하거나 깊이 따져 묻지 않았다. 대통령도 요구하지 않았다. 대통령은 군통수권자였다. 명령과 질서, 그리고 사기가 생명인 군에 대해 대통령이 임기 초부터 군이 자신의 고유 영역이라고 인식하고 있는 민감한 분야에 민간의 주장을 들이대며 군의 보고 내용을 불신하는 것은 통수권자로서 바람직한 태도가 아니라고 생각했기 때문이다. 더욱이 지금은 군이 원하지 않는 자주국방 드라이브를 걸고 있는 상황이다. 그러니 가장 시급한 것은 군이 '마지못해서가 아니라' 진정으로 대통령의 국방철학에 '공감해서' 자주국방을 추진하도록 하는 것이다. 대통령이 먼저 군을 신뢰하고 군의 애로를 해결해주려는 모습을 보여주는 게 필요했다.

이런 맥락에서 NSC사무처는 자주국방과 용산기지 이전 및 주한미군 감축 협의 등 한미동맹 재조정 문제에서는 대통령의 노선을 확실하게 밀고 나가되, 나머지 분야에서는 국방부의 입장을 적극 후원했다. 대통령께도 같은 방향에서 건의를 드렸다. 솔직히 나는 기득권 구조가 공고하고 안보상황이 척박한 우리 현실에서 국방비도 줄이고(혹은 동결하고) 자주국방도 성취할 수 있는 식의 '두 마리 토끼를 한꺼번에 잡을 수 있는 길'은 없다고 생각했다. 그래서 다소 어려움이 있겠지만 국방비 증액을 감수하고라도 우선 전작권을 환수하고 자주국방을 실현하여, 우리 군과 국민의 지나친 대미의존 심리를 극복하고 자주국가로서의 면모를 새롭게 해야 한다고 생각했다. 물론 이는 대통령의 확고한 철학이기도 했다. 그래서 나는 대통령께 군과의 스킨십을 강화하기 위해 군 수뇌부와의 골프회동을 종종 건의하여 실행했으며, 국방비 증가에도 내 일처럼 나섰다.

사실 국방부가 제시한 GDP 대비 3.2% 국방비 유지는 현실적으로 불가능한 것이었다. 현실에서는 GDP 대비 2.7% 선에서 정부 전체 예산을 감안하여 증액을 요청할 수밖에 없었다. 국방부도 이 사실을 잘 알고 있었다. 사정이 이렇다 보니 군이 국방부가 추정한 자주국방 소요 예산에 대해 초장부터 따져 물으면서 부딪칠 이유가 없었다. 지금은 국방부가 대통령의 자주국방 의지의 진정성을 이해하고, 최선을 다해 군이 주도적으로 자주국방을 추진하도록 이끄는 것이 필요한 때였다.

그런데 팍팍한 정부예산에서 국방비를 대폭 올린다는 것은 쉬운 일이 아니었다. 더욱이 참여정부는 국민 복지를 위해 많은 예산을 할당하고 있었다. 예산 담당 관료들은 놀랍게도 장관부터 실·국장에 이르기까지 국방부 관리 못지않은 식견을 가지고 국방예산을 들여다보며 허점을 짚어냈다. 게다가 기본적으로 국방비 증액에 미온적인 그들을 설득한다는 게 이만저만 어려운 일이 아니었다. 나는 경제부총리와 기획예산처 장관, 예산실장 등을 찾아가 대통령의 강력한 자주국방 의지를 설명하고 협조를 부탁했다.

결국 참여정부는 어려운 경제 여건에서도 전체 정부예산은 2.1% 증가하는 가운데 국방비는 8.1% 증가를 결정했다. 이후에도 참여정부는 국방 예산을 매년 8%가 넘게 증액시켰다. 1980년대 이후 최고의 국방비 증가였다.

한편 자주국방 추진의 기초가 될 남북한 군사력 비교를 무한정 군의 단순한 자료에만 의존할 수는 없었다. 참여정부의 자주국방 노선이 어느 정도 정착되고, 국방정책의 컨트롤타워로서 NSC사무처의 입지가 다져지면서 남북한 군사력 비교에 대한 객관적인 자료를 확보하기 위한 작업을 추진했다. 2003년 대통령이 8·15 경축사에서 자주국방 노선을 천명한 지 1년이 지난 2004년 여름이었다.

나는 한국국방연구원의 황동준 원장을 만나 남북한 군사력 비교연구를 요청했다. 그런데 군에서는 이를 NSC가 국방비를 축소시키기 위한 근거를 찾으려는 것으로 오해했다. 어느 날 황동준 원장이 찾아와, 군의 압력이 이만저만이 아니라고 하소연했다. 나는 국방부와 군 지휘부에 이번 비교연구는 국방비 축소와 전혀 상관이 없다는 점을 설명해야 했다. 어차피 군이 요구하는 대로는 증액이 불가능한 상태인데 국방비를 더 축소하는 일은 없다고 강조했다. NSC가 나서서 참여정부 지지자들의 비판에도 불구하고 매년 국방비 증액을 주도하고 있다는 사실도 강조했다. 그리고 우리가 북한에 비해 전력 우위에 있어도 자주국방을 위해서는 전략기획 운영이나 정보 관련 자산 등이 추가로 필요하고, 동북아 차원에서 제한적이라도 전략적 거부능력을 갖춰야 하기 때문에 참여정부 아래서는 국방비가 줄어들기 어려운 구조였다. 그러나 군의 의구심은 가시지 않았다.

국방부가 대통령 보고 전에 한국국방연구원의 연구 중간 결과로 나온 비교수치를 보고 북한 군사력이 너무 낮게 평가되었다며 계산방식 등에 이견을 제시하며 수치 변경을 요구하고 있다는 얘기도 들렸다. 예컨대, 남북의 전력이 잠정적으로 90:100으로 나왔다면 이것을 북한 대비 우리 전력이 과대평가되었다며 85:100으로 줄여 달라는 식이다. 나는 이 보고를 받고 "학생이 시험점수 잘 나왔다고 기뻐하기는커녕 점수를 깎아 달라고 떼를 쓰는 것"과 다르지 않아 보여 씁쓸했다. 아무리 국방비가 축소될까봐 걱정한다 해도, 우리 군 전력이 북한 군 전력에 못지않다고 평가되면 군으로서는 기뻐해야 마땅한 것 아닌가? 해마다 북한 국민총생산의 최소 2.5배 이상을 국방비로 쓰면서 여전히 대북 열세라는 비교에 만족하는(?) 군을 어떻게 이해해야 할까?

결국 우여곡절 끝에 국방연구원은 2004년 8월 16일 청와대에서 대통령께 남북한 군사력 비교연구 결과를 보고했다. 군 수뇌부와 함께 민간에서는 함택영 교수가 배석했다. 국방연구원은 한국군 전력이 북한에 비해 대체로 육군은 80%, 해군은 90%로 열세이며, 공군은 103%로 약간 우세하다고 보고했다. 대통령은 보고가 끝나자 박수를 쳤다. 그리고 박수를 친 이유를 설명했다. "오늘 보고는 대통령 요구에 따른 새로운 보고방식"이라며 발표한 수치를 신뢰한다는 의미에서가 아니라 과학적으로 접근하려고 노력한 점을 높이 평가해서 격려 박수를 쳤다는 것이다. "나는 대통령이 되어서도 지금까지 남북한 군사력 비교와 관련해 국방부 보고를 포함해서 신문에 난 것 이상의 자세한 보고를 받아본 적이 없다."

내가 보기에 이제까지의 남북한 군사력 비교 평가는 '열세'라는 결론은 명확한 반면에, 그 결론을 도출하는 과정은 빈약했다. 그럼에도 불구하고 우리 군은 북한에 비해 자신의 전력이 열세라는 데 지나치다 싶을 정도로 '굳건한' 믿음을 가지고 있었다. 한미 군사정보 당국은 2004년 5월부터 공동으로 '포괄적 안보상황 평가'를 추진한 적이 있었다. 이때 미 국방정보기관DIA이 자체 작성한 안보상황 평가서를 우리에게 보내왔는데, 거기에 "남한의 재래식 군사력은 현재now 북한보다 우월하다"는 새로운 평가가 들어 있었다.

이 평가에 우리 국방정보당국은 흡족해하기는커녕 되레 우리가 열세라며 아주 민감하게 반응했다. 국방부는 미측 평가에 반대하면서 "북한의 재래식 군사력이 남한보다 우위이나, 한미연합 전력 유지시 대북억제가 가능하다"는 평가를 내놓고, 한미 공동의 보고서에는 이 문구가 꼭 들어가야 한다고 주장했다. 미 국방부가 우리 전력이 북한보다 더 세다고 하는데, 우리 국방부가 아니라고 극구 부인하는 이 상황은 한 편의 촌극을 보는 것 같았다. 우리가 북한보다 세다면 우리 군이 잘해서 세진 것 아닌가? 그러면 일단 한번 어깨를 으쓱해보고, 그러고 난 뒤, 미 DIA에 우리 평가는 우리가 열세로 나오니 사안의 중대성을 고려해서 한미공동으로 심층 분석을 해보자고 하면 될 일 아닌가? 그렇게 정색하며 미측에 그냥 수정해달라고 할 일이 아니지 않은가? 나는 국방부의 태도가 너무 안보의식이 투철해서 그런 것인지, 주한미군의 감축을 두려워해서 그런 것인지, 아니면 몸에 밴 대미 안보의존 심리에서 기인한 것인지 혼란스러웠다.

이렇듯 청와대의 현실인식과 국방·외교라인의 인식 사이에는 근본적인 차이가 있었다. 자주국가에 대한 대통령의 의지와 철학은 정부 바깥은 물론 안에서도 장애물에 부딪칠 수밖에 없었다. 이어진 주한미군 감축을 둘러싼 논란은 그 대립과 갈등을 극명히 보여주었다.

2
자주를 향한 의지와 난관들

그런데 이미 정부는 전작권 환수를 계기로 한국군 단독 작전통제능력의 신장에 주력하기보다, 미국과 협의하여 전작권 환수 이후의 연합지휘체계를 구상함으로써 전작권 환수의 의미를 퇴색시켜 놓았다고 한다. 과연 박근혜정부가 어떤 2015년을 맞이할지, 노 대통령을 모시고 막대한 국방비 증액까지 감수해가며 자주국방을 추구했던 실무책임자로서 참담할 따름이다.

NSC도, 외교부도 몰랐던 미국의 '미군 감축' 계획 통보

2003년 상반기 미국에서는 주한미군 감축에 대한 이야기가 끊임없이 흘러나왔다. 이는 양국 정부의 정식 논의와 전혀 다른 내용이었다. 국방부가 대통령 주재 안보관계장관회의(3월 7일)에서 '한미동맹의 미래지향적 발전'에 관해 보고하면서 논란이 되고 있는 주한미군 감축 문제에 대해 "미 지상군 감축 계획은 없는 것으로 확인"했다고 한 바도 있다. 같은 맥락에서 5월 한미정상회담에서 두 정상은 주한미군 감축에 대해 전혀 논의하지 않았고, 주한미군 재배치에 대해서도 "한반도 및 동북아 정치·경제·안보 상황을 신중히 고려하여 추진하는 데 인식을 같이했다"고 천명했었다. 그럼에도 불구하고 6월에 들어서서 미국 언론은 미 관료들의 말을 인용하여 주한미군 감축 추진설을 흘렸다. 6월 26일에는 캠벨 미8군 사령관이 "한미 양국간 용산기지와 미2사단 재배치 합의에 따라 주한미군 일부 병력이 감소될 것"이라는 공개 발언까지 하기에 이르렀다.

용산기지 이전, 주한미군 재배치 등 산적한 주한미군 관련 현안을 앞에 두고 감축 문제까지 흘러나오니 나는 당혹스러웠다. 북핵 위기로 안보상황이 불안하고, 언론은 끊임없이 한미동맹 이상설을 보도하고 있는 마당에 미국이 주한미군 감축까지 추진한다면 국민의 안보불안 심리가 고조될 게 분명했다. 그렇지 않아도 안보에 큰 영향을 주지 않는 주한미군 재배치 문제 가지고도 야당과 언론이 안보불안을 주장해대는 판인데, 주한미군 감축계획까지 발표되면 한미동맹이 흔들리는 징조라며 그 불안에 부채질을 할 게 빤했다. 이런 상황을 안정적으로 관리하려면 무엇보다 정확한 정보와 준비가 필요했다.

외교부와 국방부에 주한미군 감축 관련해 미국으로부터 통보받은 것이 있느냐고 물었지만 "없었다"는 대답이었다. 그러나 그냥 지나칠 일이 아니었다. NSC 상임위는 6월 말 방미하는 조영길 국방장관에게 럼스펠드 미 국방장관과 만나는 자리에서 "주한미군 일부 병력의 철수설에 대한 미측의 정확한 입장을 파악"하도록 위임하고 필요시 관련대책을 수립해 나가기로 했다.

그러던 7월 초, 서주석 NSC 전략기획실장이 다급한 표정으로 내 방에 들어섰다. 그는 워싱턴에서 열린 한미국방장관회담(6월 27일)에 국방장관을 수행하고 돌아온 차영구 국방부 정책실장을 만나고 오는 길이었다. 서 실장은 NSC로서는 충격적인 사실을 보고했다. 우선 조 장관이 럼스펠드 장관에게 주한미군 감축계획 여부를 묻지 않았다는 것이다. NSC 상임위가 그 심각성을 고려하여 주무장관에게 직접 확인을 위임한 사항이 이행되지 않은 것이다. 다행히 조 장관을 수행한 차 실장과 롤리스 미 국방부 부차관보 사이에 관련 얘기가 오갔다. 차 실장이 롤리스로부터 들은 얘기는 이런 내용이었다. "6월 5일 롤리스는 미 국무부와 주한미대사관 관계자들과 함께 청와대를 방문하여 김희상·반기문 보좌관을 만나 주한미군 3만7500명 중 1만2000명을 2006년까지(나중에 정확한 규모는 1만

2500명으로 확인되었다) 단계적으로 감축하는 계획을 전달했다. 롤리스는 이를 한국 정부에 공식 통보한 것으로 간주하고 있고, 자신의 통보가 대통령께도 전달됐을 것으로 이해하고 있으며, 10월에 열리는 한미안보연례협의회scm까지 구체적 방안이 합의되기를 바랐다."

나는 서 실장의 보고를 받고 충격에 빠졌다. 나를 충격에 빠트린 것은 감축계획 자체가 아니라 이미 한 달 전에 미국이 청와대에 통보한 사실을 NSC가 까맣게 모르고 있었다는 사실이었다. 국가안보 책임자가 돼서 그런 사실도 모르고 '내가 왜 여기 앉아 있나?' 하는 자괴감이 몰려왔다. 그러나 그것도 잠시, 조속히 상황을 파악하여 대책을 세워야 했다. 먼저 많은 의문이 떠올랐다. 왜 외교·국방 보좌관들은 이 중차대한 사실을 NSC 사무처에 알리지 않았나? 왜 대통령께서는 이 문제와 관련하여 지난 한 달 동안 아무 말씀도 없었나? 6월 10일에 자주국방 및 전작권 환수와 관련해서 중요한 말씀을 했는데, 왜 그때 아무 말씀도 없었을까? 혹시 보고를 못 받으신 것은 아닐까? 국방장관은 왜 NSC 상임위의 위임까지 받아놓고 럼스펠드에게 감축 문제를 꺼내지도 않은 것인가?

그러나 이 많은 의문에 답을 구할 시간이 없었다. 일단 그것은 뒤로 미루고 빨리 대통령께 보고하고 대책을 마련하는 것이 우선이었다. 지금 상황에서는 대통령께서 사실을 인지하고 있는지 여부도 중요하지 않았다. NSC사무처는 급히 지금까지 경과와 향후 대책을 담은 보고서를 작성했다. 대통령의 중국 방문을 이틀 앞둔 7월 5일(토요일) 나는 긴급보고를 위해 서 실장과 함께 관저로 올라갔다.

보고를 하면서 대통령의 안색을 보니 상황을 앞서 파악하고 있던 것 같지 않았다. 그러나 국방·외교 보좌관에 대해 아무 말씀을 안 하는 것으로 보아 어떤 형태로든 보고를 받은 것 같았다.(뒤에 기술하겠지만 대통령은 미국의 공식 통보가 아니라 롤리스의 개인적인 의견이라는 식으로 국방보좌관으로부터 보고를 받은 것 같았다.) 보고를 받고 난 후 대통령의 표정은 심각해졌다. 그러나 당황한 기색은 없었다. 어느 정도 예견했던 상황이라는 표정이었다. 대통령은 한미동맹 재조정 문제가 주한미군 재배치, 용산기지 이전 등으로 끝나지 않고 감축 문제로 연결될 것이라는 직감을 가지고 있었다. 사실 나는 잘 몰랐던 사항이지만, 인수위 시절 럼스펠드 국방장관이 대미 특사단에게 주한미군 지상군의 감축 가능성을 언급하기도 했다. 특사단은 대통령 당선자에게 이 사실을 보고했을 것이다. 또 미국 언론은 툭하면 주한미군 감축 관련 기사를 내보내고 있었다.

노 대통령은 감축 문제로 경제 불안이나 정치사회적 동요가 발생하지 않도록 방법을 강구하라고 지시했다. 다른 한편 감축 협상에 나서야 한다고 말했다. 다만 안보상황의 악화나 대북 억지력의 약화를 방지하고, 한미동맹을 건강하게 발전시키는 방향에서 협상을 추진해야 한다는 단서를 달았다. 한마디로 "능동적으로 우리 안을 만들어 협상하되, 우리의 안보 역량을 고려하고 국민 불안을 해소하면서 추진하라"는 것이었다.

그런데 노 대통령 지침대로 미측의 제안을 검토하여 협의에 나서려면 시간이 필요했다. 대통령은 10월 20일 아시아태평양경제협력체APEC 정상회의를 계기로 열리는 한미정상회담이 미국과의 협의에 적기適期로 판단했다. 이때까지 미국의 감축계획에 대한 우리의 대안을 만들어 부시 대통령과 직접 협의하겠다는 생각이었다. 대통령의 의중을 부시 대통령에게 알리는 방식은 친서 형식을 택하기로 했다. 미국이 감축계획을 통보해온 지 한 달이 지나도록 정보 공유조차 되지 않을 정도로 주한미군 감축 문제를 터부시하며 쉬쉬하는 분위기에서 담당 부처에 이 문제를 맡길 수는 없었다. 특히 대통령의 뜻을 전달하는 과정에서 내용이 부풀려지거나 왜곡되어 언론에 유출되면 오히려 혼란을 가중시킬 것이 뻔했다. 대통령은 라종일 국가안보보좌관으로 하여금 직접 친서를 워싱턴에 전달하도록 했다.

대통령의 방침이 결정되자 NSC사무처는 부시 대통령에게 보내는 국

미국의 갑작스러운 주한미군 감축 통보에 대응하여 노무현 대통령이 부시 대통령에게 보낸 친서 첫 페이지와 마지막 페이지. 내외의 논란을 줄이기 위해 그해 10월 정상회담에서 협의할 때까지 일절 논의를 말 것을 요청했다. 일주일 만에 대통령 친필 사인까지 완료하여 백악관에 전달되었다.

문·영문 친서를 작성했다.(친서 작성 과정에서 청와대 대변인실에 근무하던 이지현 부대변인으로부터 많은 도움을 받았다.) 이번 친서는 감축 협의 전에 우리가 준비할 수 있는 시간을 달라는 것이 요지이기 때문에 부탁의 성격을 지녔다. 따라서 NSC사무처는 논리적인 설득보다 인간적인 호소에 더 귀를 기울이는 경향이 있는 부시 대통령의 특성을 감안하여 노 대통령의 정치적 입지까지 거론한 친서를 작성했다. 지난 5월 한미정상회담에서 부시 대통령이 "노 대통령을 정치적으로 곤란하지 않게 하겠다"고 말한 바도 있어서 우리는 이 접근법의 효과를 확신했다.

노 대통령은 7월 10일 중국 방문을 마치고 귀국한 직후 친서 초안을 검토했다. 대통령은 자신의 정치적 이해를 따지는 것을 터부시하는 성격 때문에 초안에 달갑지 않아 했으나 사안의 중대성을 고려해서인지 그냥 넘어갔다. 이렇게 해서 NSC사무처는 주한미군 감축 관련 보고를 한 지 일주일 만에 친서 작성을 완료하고 대통령 서명까지 받았다. 당시 백악관에 전달된 대통령 친서의 감축 관련 부분은 다음과 같다.

각하,

지난 5월 우리는 한반도 안보상황을 고려하여 주한미군 재배치를 신중하게 추진하기로 합의했습니다. 사실, 나는 주한미군 재배치가 미국의 세계전략 변화에 따른 불가피한 조치이며, 이 점에서 주한미군의 능력이 오히려 증대될 것이라는 귀측의 설명을 신뢰하면서 장기적으로는 병력규모의 조정까지 이어질 가능성이 있다고 생각했습니다. 그래서 나는 이러한 미국의 전략을 충분히 이해하며 이에 적극적으로 대처해 나갈 준비를 해왔습니다.

나는 귀측과 용산기지의 조기 이전에 합의했고 주한미군 재배치에 관해서도 긴밀히 협력하기로 했습니다. 또 우리 군에 방위역할 증대를 포함한 대비방안을 준비하도록 지시했고, 이를 위해 국민들에게 국방비 증액에 대한 의지도 천명한 바 있습니다. 이와 같은 조치는 국내적으로 의견대립이 첨예한 가운데, 이를 순기능적으로 통합하여 효과적인 대책을 마련하기 위한 나의 고심어린 결정이었습니다.

각하,

최근 나는 귀측이 이미 합의된 주한미군 재배치를 앞당겨 시행하고 일부 병력을 조기에 감축할 계획을 통보하고 한국 국방비도 대폭 증액하도록 공개적으로 요청했다는 사실을 참모들로부터 보고받았습니다. 이 가운데 병력감축 계획은 미7사단 철수 이후 가장 큰 규모로서, 서둘러 추진될 경우 그 충격이 매우 클 것으로 보입니다.

그동안 나는 당면한 북한 핵문제의 해결을 위해 총력을 기울이면서 한미정상간 합의사항의 이행을 위해 노력해왔습니다. 이 상황에서 최근 귀측이 통보한 내용이 일방적으로 공표되거나 조기에 추진되어 정치쟁점화할 경우, 문제 해결을 위한 나의 주도적 역할과 정치적 리더십은 제약될 수밖에 없을 것입니다.

주한미군의 조기 재배치나 감축은 안보불안을 초래하여 경제신인도 하락 등 적지 않은 충격을 줄 것이며, 국방비 대폭 증액 요청도 내가 천명했던 방침이 미국의 압력에 따른 것이라는 오해를 불러일으켜 국민들의 정서적 반발을 초래할지 모릅니다. 이는 결과적으로 용산기지 조기 이전 등 이미 합의한 사안의 순조로운 추진에 영향을 미칠 수 있어 우려됩니다.

(…)

나는 앞에서 언급한 양국간의 군사현안들에 대한 귀측의 구상에 큰 틀에서 동의하고 있음을 다시 한 번 밝힙니다. 다만, 이들 현안의 조기 추진시 예상되는 여러 부담을 고려하여 시간이 필요하다는 점을 특별히 강조하고자 합니다. 이 문제들이 원만히 처리되어 한미동맹의 발전에 기여하기 위해서는 무엇보다도 양국의 긴밀한 협의와 더불어 국민과 국회의 이해를 얻기 위한 노력이 절실합니다.

나는 이러한 어려운 상황에 대해 각하께서 깊이 이해해 주실 것을 기대하면서, 각하와 내가 직접 만나서 대화할 수 있기를 바랍니다. 10월 APEC 정상회담, 혹은 이미 우리 외교부장관이 귀측 국무장관을 통해 요청한 대로 각하께서 한국을 방문하실 기회에 보다 깊이 있는 논의가 이루어지질 수 있기를 희망합니다.

친서 전달과 정상 통화, 그리고 혼선에 대한 복기

2003년 7월 13일 일요일, 대통령 친서를 휴대하고 라종일 국가안보보좌관이 출국하는 날이었다. 윤영관 외교장관에게서 전화가 왔다. 그는 친서 전달 소식을 듣고 출국하는 라종일 보좌관과 통화했다며, 내게 라보좌관의 출국 연기를 대통령께 건의해달라고 요청했다. 그는 롤리스가 감축계획을 우리 정부에 공식 통보한 것이 아니며, 부시 대통령한테는 보고도 하지 않은 채 우리를 그냥 떠보는 얘기이거나 개인적인 견해일 가능성이 크다고 말했다. 따라서 자신이 주한미국대사에게 사정을 알아보고 난 뒤에 라 보좌관의 출국 여부를 결정하자고 했다. 사실 아무리 극비로 일을 추진한다고 해도 외교장관에게는 미리 알려주고 상의하는 것이 도리라고 할 수 있지만, 그동안 대통령 중국 방문 등이 겹쳐서 외교장관은 외교장관대로 나는 나대로 바빠 그럴 경황이 없었다. 더욱이 주무부서인 국방부는 문제를 회피하고 국방보좌관과 외교보좌관은 통보를 받고도 내부 정보 공유를 안 하다가 이 지경까지 오다보니, 쉽사리 누구와 의논하기도 어려웠다.

나는 윤 장관에게 "NSC사무처는 롤리스의 통보를 미국 정부의 공식 통보로 간주하고 있으며, 여러 정보를 종합해볼 때 주한미군 감축계획은 부시 대통령의 승인을 받은 것이 확실해 보인다"고 답했다. 그러나 "외교장관께서 허바드 주한 미대사에게 확인하는 것은 바람직하며, 그 결과 만약 NSC사무처 판단이 틀렸다면 대통령께 보고해서 친서 전달계획을 수정하겠다"고 말했다. 다만 "이미 라이스 보좌관과 라 보좌관의 회동 일정이 잡혀 있기 때문에 라 보좌관의 출국 연기는 불가능하다"고 전했다.

다음날 저녁 윤영관 장관으로부터 다시 전화가 왔다. 허바드 대사를 불러 자초지종을 물으니 사전에 한국 외교부와 전혀 협의하지 못한 데 대해 군색한 심사를 나타내면서 "당초 럼스펠드 국방장관이 성안하여 부시 대통령의 동의를 얻은 방안"으로 롤리스가 공식 통보한 것이 맞다는 얘기였다. 럼스펠드는 미측의 계획을 노 대통령 방미 때 통보하자고 주장했으나 국무부 등이 성공적인 한미정상회담을 위해 미루자고 하여, 한미정상회담 후 롤리스가 방한하여 전달하는 방식을 택했다는 것이다.

나는 윤 장관의 전화를 받고 나서 NSC사무처의 판단이 옳았다는 안도감보다 비애감을 느꼈다. 1만2500명의 주한미군 감축은 그것이 한국 안보에 실질적으로 어느 정도나 영향을 미치는지에 관계없이 한국 국민에게는 첨예한 관심사이며 심각한 정치적 쟁점이다. 이를 뻔히 알고 있는 미국 정부가, 출범하자마자 미국이 요구한 용산기지 이전과 주한미군 재배치를 수용하여 야당과 보수언론으로부터 안보불안을 일으킨다고 비난받는 것을 감수한 참여정부에게 주한미군 감축을 일방적으로 결정하고 자신들에게 유리한 통보시기를 저울질하고 있었다는 것 아닌가? 그것도 이라크 1차 파병까지 결정한 한국 정부에……! 이렇게 되면 부시 대통령은 주한미군 감축계획안을 속에 감춘 채 두 달 전 한미정상회담에서 '주한미군 재배치를 한반도 안보상황을 고려하여 신중하게 추진하겠다'고 공언한 것이 한낱 연극이 되고 마는 것이다.

불현듯 '장기판의 졸' 생각이 났다. 이런 한미관계는 안 된다. 아무리 힘들어도 이런 일방적 관계는 바꾸어야 한다. 더 이상 끌려 다니는 모습을 보여서는 안 된다. 협상이 가능한 균등한 한미관계로 가자! 나는 다시 한번 다짐하지 않을 수 없었다.

7월 24일, 부시 대통령으로부터 전화가 왔다. 부시 대통령은 노 대통령의 친서를 사려깊은thoughtful 서신으로 평가하면서 한미가 감축 문제에 상호 원만한 합의를 도출하여 양국 관계와 안보를 중대하기를 희망했다. 그는 노 대통령께서 편안히 느끼기를 바라며 입지를 강화시켜드리고 싶다고도 언급했다. 그리고 제안을 받아들여 실무 차원에서 감축 협의를 진행하지 못하게 하고, 10월 APEC 정상회담에서 노 대통령과 협의하겠다고 했다. 친서외교가 성공한 것이다.

나는 친서 전달 건이 마무리된 뒤, 차분히 앉아 서 실장으로부터 충격적 보고를 받았을 때 떠올렸던 의문들을 풀어보았다. 사실 두 보좌관 중 아무에게나 왜 그 사실을 NSC에 알리지 않았는지, 대통령께는 어떻게 보고했는지 물어보면 될 일이었다. 그러나 나는 그러지 않았다. 나보다 연배도 훨씬 위이고 또 대통령 참모로서 충분히 독자적인 판단을 할 수 있는 분들인데, 그 이유를 안다고 해서 결과가 바뀔 것도 아닌 일을 가지고 취조성 질문을 하기가 꺼려졌다. 더욱이 감축 문제를 대하는 태도에서 나와 그들 사이에 차이가 있다는 걸 서로 잘 아는 상황이라 묻는 게 더 어려웠다. 조영길 국방장관에게도 같은 맥락에서 왜 럼스펠드에게 확인하지 않았느냐고 묻지 않았다. 그렇지만 앞뒤 맥락을 맞춰보면서 그들이 왜 그렇게 행동했는지 짐작할 수 있었다.

아마 롤리스로부터 그런 통보를 받은 두 보좌관은 먼저 크게 놀랐을 것이다. 북핵 위기로 불안한 우리의 안보상황과 주한미군 재배치가 논의되고 있는 점 등을 들어 한국 정부는 미국의 감축계획을 받아들일 수 없으며, 미측이 계획을 취소해야 한다고 롤리스를 설득하려 했을 것이다. 여기에 롤리스는 감축계획에 단호하게 입장을 내보이기보다 유연하게 대응했던 것으로 보인다.

뒷날(2003년 9월 25일) 감축 문제를 사전 조율하기 위해 워싱턴을 방문한 우리 협의단에게 롤리스는 자신이 두 보좌관에게 감축안을 통보한 취지를 이렇게 설명했다. 감축 문제가 "민감한 사안이므로 신중하게 한국측과 협의해보자는 생각"이었고, 자신이 전달한 것은 "최종적인 결정이 아니고 계획이었으며" 청와대 채널로 전달한 취지는 "청와대가 미측의 입장을 받아 내부적으로 협의한 후, 어느 시점에서 한국 국방부로 하여금 보다 세부적인 협의를 갖도록 허가해주기를 바랐기 때문"이라는 것이다. 이는 롤리스가 감축을 강력히 반대하는 두 보좌관에게 미국의 계획에 대해 어느 정도 신축성을 가지고 설명했음을 시사한다. 따라서 두 보좌관은 감축 문제를 NSC 논의구조에 회부하여 공식화하기에 앞서, 자신들이 미국 국방부를 설득하여 그 계획을 포기시키거나 연기시켜보려 했던 것 같았다.

대통령께는 국방보좌관이 보고한 것으로 보이는데, 그는 롤리스의 통보를 미국의 공식 입장이 아니라 미 국방부 혹은 롤리스의 사적 견해 정도로 아주 로키low-key로 보고한 것 같았다. 안 그랬다면 대통령은 당연히 NSC에 대책을 강구하라고 지시했을 것이다. 실제로 8월 19일에 열린 안보관계장관회의에서 대통령은 감축 관련 친서를 부시 대통령에게 보낸 경위를 "우리가 정식으로 공식적으로 통보받지는 않았지만 계속해서 발언이 나오고 있고, 또 관계자들이 예를 들면 국방보좌관을 만나서 사적 견해를 이야기하고 간다든지 이런 일이 있었기 때문에 이를 바로잡을 필요가 있다고 해서 그렇게 했습니다"라고 설명했다. 그러나 우리 국방보좌관이, 롤리스가 미국 정부 각 기관의 한반도 관계자 한 무리를 대동하고 나타나 전달한 내용을 미 국방부의 희망사항 혹은 사적 견해 정도로 인식했다면 이는 단단히 잘못된 일이라고 볼 수밖에 없다. 국방장관은 이미 차영구 정책실장으로부터 보고받아 주한미군 감축계획을 알고 있었던 것 같았다. 하지만 심술 맞은 럼스펠드에게 감축계획 통보 여부를 확인하는 게 오히려 '긁어 부스럼'이 되어 거꾸로 감축 협의를 공식화하는 계기로 작용할까봐 묻지 않았을 것이다.

그런데 그들 중 어느 누구도 이 사실을 나나 외교장관에게 말하지 않았던 것이다. 좋게 생각하자면 감축 문제가 너무 민감하고 중대한 사안이라고 판단해서 다들 쉬쉬했다고 볼 수 있다. 게다가 그들이 보기에 6월 들어 자주국방 드라이브를 강하게 걸고 있는 NSC사무처가 이 사실을 알 경우, 오히려 적극 감축 협상에 나서려고 할까봐 걱정했는지도 모른다. 그러나 롤리스와의 만남에 미 국무부와 주한미대사관 관계자가 배석했음에도 불구하고, 미 국무부가 한국 외교부에 이 사실을 알리지 않은 것은 지금도 이해가 되지 않는다.

롤리스가 감축 문제를 국방·외교 보좌관들에게 통보한 것도 우리 내부에서 혼선이 일어나는 데 한몫했다. 그가 주한미군 감축과 같이 민감하고 중대한 사안을 국방부보다는 청와대에 통보한 것은 옳은 판단이었다. 그래서 그는 자신이 평소에 알고 지내던 국방·외교 보좌관에게 통보했다. 그러나 그가 통보해야 할 대상은 NSC 사무처장인 국가안보보좌관이나 NSC 차장인 나, 혹은 실무책임자인 서주석 NSC 전략기획실장이었다. 청와대에서 국방정책을 비롯한 모든 통일외교안보 사안을 다루는 전담부서는 NSC사무처였기 때문이다. 그렇지만 그가 우리 국방부나 외교부 관리들도 헷갈려 한 참여정부의 새로운 안보 시스템을 당시 정확히 이해하기는 어려웠을 것이다. 더욱이 NSC사무처의 정비가 늦어지는 바람에 정부 출범 초기에는 외교보좌관실과 국방보좌관실이 일부 정책 관련 업무를 수행하기도 했다. 결국 따지고 보면 NSC사무처가 아직 정부 내에서 리더십을 갖고 있지 못한 데서 발생한 사건이라고도 할 수 있었다.

어쨌든 이 해프닝을 통해 나는 이런 혼선을 예방할 수 있게끔 NSC사무처가 하루빨리 컨트롤타워로서 입지를 굳혀야겠다고 생각했다. 그래야 모든 부처가 하나의 목표를 향해 공동 협력하는 시스템이 정착될 수 있을 테니 말이다.

노 대통령, 감축에 대한 능동적 대비를 주문하다

노 대통령과 부시 대통령의 전화 통화가 감축 문제의 일단락을 의미하는 것은 아니었다. 주한미군 감축계획은 공식 논의만 10월로 미루어진 것이지 여전히 살아 있는 사안이고, 우리에게는 안보나 국민정서 면에서 메가톤급 폭발성을 지닌 시한폭탄이나 마찬가지였다. 대책이 시급했다. 정부 내 의견은 반으로 갈렸다. 아니, 정확하게 표현하면 대통령과 NSC사무처 대 나머지 외교안보부처 및 청와대 외교안보 보좌진으로 갈렸다.

국방부를 비롯한 외교안보 부처와 청와대 외교안보 보좌진은 '감축'이라는 말 자체를 터부시했다. 좀 과장하면 이들은 주한미군 1만2500명 감축 발표를 곧 실제 폭탄이 터지는 정도의 충격과 공포로 받아들이는 것 같았다. 그 정도까진 아닌 경우에도 역시 북핵문제와 주한미군 재배치로 안보상황이 불안하고 한미동맹이 동요하고 있다는 식으로 여론을 부채질하는 세력이 있는 상황에서 이 문제까지 얹어진다면 정부가 감당하기 어려울 것이라고 생각했다. 나도 이런 주장에는 일리가 있다고 봤다.

그러나 대안이 문제였다. 이들은 주한미군 감축은 불가하며, 미국이 꼭 감축해야 한다면 그 시기를 상당기간 미루게 해야 한다고 주장했다. 미국이 감축 협의를 제안해오면, 상당한 반대급부를 주고서라도 막아야 한다는 것이다. 실제로 외교장관은 7월 14일 허바드 대사와의 통화 내용에 대한 보고서('허바드 주한 미국대사 면담보고')에서, 감축 문제의 원만한 해결을 위해서는 미측과의 신뢰관계가 중요하다며 이를 위해 "대북 정책 중 안보리, 마약, 위폐 등 법집행 문제, 경수로 등 우리측의 양보가 불가피해 보이는 일부 사안에 대해서는 적기에 기존 입장을 완화함으로써 대미 협조를 원활화"할 것을 건의했다. 외교장관이 이러한 '양보 패키지'를 말할 정도로 외교안보 부처의 감축에 대한 공포는 컸다.

나도 당장 주한미군 감축 논의가 이루어지면, 실제 안보상의 위험보다도 정치적 반대세력이 무차별적인 비난 공세를 퍼부어 정부의 외교안보 정책이 크게 어려워질 것 같아 걱정이 많았다. 그러나 주한미군 감축 논의를 마치 폭탄의 뇌관을 건드리는 것인 양 기겁하는 분위기는 이해되지 않았다. 무엇보다도 주한미군이 모두 철수하는 것이 아니라 미국이 자국의 세계전략 변화를 계기로 적정 주한미군 규모를 판단해서 감축하겠다는 것인데, 무조건 반대만 할 게 아니라 우리가 얼마나 감당해낼 수 있는지 계산해보아야 한다고 생각했다. 과연 3만7500명의 주한미군 중 1만 2500명을 감축하면 우리의 안보태세에 얼마나 부정적인 영향을 줄 것인가? 이 점을 따져보고 대처하는 실사구시적인 접근이 당연히 필요했다. 그리고 안보에 실질적으로 큰 문제가 없다면 감축을 받아들이되 우리 사정을 감안해 시기를 조정하는 안을 제시해야 한다고 생각했다. 그리고 국민이 불필요하게 불안해하지 않도록 설득해나가면 된다고 보았다.

사실 미국의 사정으로 추진하는 감축계획은 경험상 우리가 막는다고 막아지지도 않았다. 돌이켜보면 주한미군의 감축은 예외 없이 우리의 의사와 상관없이 일방적으로 진행되었다. 미국은 1971년 베트남전에 한국군이 대거 파병되어 있는 상황에서도 아시아 개입 축소라는 '닉슨 독트린'에 의거하여 '한국 방위의 한국화'라는 명분을 내걸고 주한미군 7사단 병력 2만여 명을 일방적으로 철수했다. 이것이 박정희정권이 자주국방을 내건 중요한 계기가 되었다. 1977년에도 미국은 카터 대통령의 공약에 따라 주한미군 3단계 철수계획을 발표하고 1단계 3000여 명을 감축하더니, 또 자체 필요에 의해 이후 계획을 백지화하기도 했다. 1990년 4월에도 3단계 감축계획을 발표하고 1단계로 7000명을 철수한 바 있다. 이처럼 미국은 여러 차례 주한미군의 감축을 단행하고, 계획을 바꾸기도 했으며, 종종 소수 병력을 증원하기도 했으나 이를 한국 정부와 상의해서 결정한 적은 없었다. NSC사무처는 미국의 감축계획 통보가 있기 전에 이미 주한미군 감축이 우리 의지와 상관없이 이뤄져온 역사를 대통령께 보고한 적이 있었다.

나는 우리가 감당할 만한 수준에서 주한미군 감축이 이루어지도록 미국과 잘 협상하고, 국민이 불안해하지 않도록 정부가 잘 설득해 나가는 것이 정답이라고 생각했다. 그래야 우리가 과도한 대미의존 심리를 극복하고 건강한 나라를 만들 수 있다고 말이다. 이 점에서 대통령은 나보다 더 강한 신념을 가지고 있었다. 사실 미국의 일방적인 주한미군 감축계획은 대통령이 취임 초부터 주창한 자주국방 노선의 정당성을 확인해주는 것이기도 했다. 어떤 이들은 노 대통령이 자주국방을 내세웠기 때문에 감축이 추진됐다고 할지 모르나 그렇지 않았다. 미국의 계획은 세계적 수준에서 수립되었으며, 참여정부 출범 전에 이미 입안되었다. 그리고 내가 경험한 미국은, 아무리 일방주의가 심한 부시정부였다 할지라도, 동맹국 정부가 마음에 안 든다고 주둔 미군을 줄였다 늘였다 할 만큼 감정적인 나라는 아니었다.

이처럼 나의 판단은 분명했지만, 감축 논란 초기에는 NSC사무처 내부 논의와 대통령 보고 때를 제외하고는 좀처럼 내 의중을 밖으로 드러내지 않았다. 어차피 외교안보라인의 고위 인사들이 미루어 짐작할 터인데, 불필요하게 논쟁에 휘말릴 필요는 없다고 생각했기 때문이다. 다만 결정이 이루어지는 대통령 주재 회의에서는 내 생각을 얘기했다. NSC사무처는 감축을 우려하는 다수의 목소리 속에서 대통령의 의중에 부합하는 근거를 만들고 논리를 보강하는 역할을 담당했다.

노 대통령은 이구동성으로 감축을 우려하는 참모들 틈에서 자유로운 토론 분위기를 보장하기 위하여 초기에는 가급적 말을 아꼈지만 일찌감치 큰 틀에서 대비 방향을 설정하고 있었다. 미국의 감축계획에 수동적으로 끌려 다닐 것이 아니라 능동적으로 협상해나가야 한다는 것, 따라서 미국에 반대급부를 주어서 해결될 문제가 아니며 또 그런 방식으로 해결할 문제도 아니라고 생각했다.[2]

노 대통령은 숙고를 거듭하면서 감축 문제와 관련하여 NSC사무처에 다음과 같은 가이드라인을 제시했다.

—다양한 안보문제가 중첩되어 혼란한 상황에서 미국 조야에서 중구난방으로 감축 얘기가 언론에 흘러나오는 것은 우리 국민의 안보불안 심리를 부채질 하며 한미관계 현안을 풀어가는 데도 도움이 되지 않는다. 2003년 10월 20일 APEC 한미정상회담 전까지 언론에 다른 얘기가 나오지 않도록 미국 정부에 요청한다.

—미국이 제시한 감축안이 우리 안보 현실을 감안할 때 감내 가능한 것인지 검토하고, 우리 안보에 부정적인 영향을 미치지 않는 감축 일정을 우리 안으로 만들어 미국과의 협상에 대비한다.

—감축 관련 대미협상을 시작할 경우 사안의 중대성을 고려하여 반드시 협상이 시작된다는 사실을 국민에게 투명하게 공개한다.

－차제에 자주국방을 감축 일정과 연계하여 더욱 강력하게 추진한다.
　－이러한 일련의 제반 안보환경의 변화에 능동적으로 대처하여 8·15 경축사에
　　서 자주국방에 대한 의지와 정책추진을 천명한다.

　나는 이 가이드라인이 감축 문제를 돌파해나갈 합리적인 전략이라고 판단했다. 하지만 미국의 계획을 무산시키거나 상당기간 연기시켜야 한다고 생각하는 참모들의 눈에는 매우 우려스러운 전략 방향으로 느껴졌을 것이다. 여전히 몇몇 참모들은 허바드 대사의 확인과 두 정상 간의 통화에도 불구하고 롤리스 부차관보의 통보는 미국 정부의 공식 통보가 아니라고 판단했다. 따라서 그들은 대통령이 주한미군 감축을 단정해서 대비책을 강구하는 이야기를 해서는 안 된다고 주장했다. 나는 그들의 주장이 나라와 대통령을 위한 충정에서 나왔다는 점을 의심하지 않았지만, 비현실적이라고 생각했다. 솔직히 나도 대통령 임기 초에 봇물처럼 터져나오는 대형 안보사안들을 처리하느라 숨이 턱까지 차오를 지경이라서 감축 문제가 하나 더 추가되는 것을 결코 원치 않았다. 그러나 그것은 우리 의지와 무관하게 우리 앞에 던져진 현실적 도전이었다.

　그러나 유감스럽게도 그들의 주장이 영향을 미쳐 대통령도 종종 미국의 감축 협상 제안이 미국 정부의 공식 제안인지, 아니면 미 국방부의 아이디어 수준의 제안인지 혼란스러워했다. 따라서 대통령은 APEC 한미 정상회담 전에 실무적으로 한미 국방당국 회의가 있을 때, 미국이 이 의제를 제기하면 받으라고 지시하기도 했다. 이럴 때마다 나는 당혹스러웠다. 미국 정부는 감축계획을 이미 우리에게 공식 통보했다고 생각하고 있기 때문에 APEC 정상회담까지는 이 문제를 우리에게 제기할 리 없었다. 이러한 대통령 인식의 혼란은 NSC사무처의 보고 하나로 시정하기는 역부족일 정도로 감축과 관련한 그릇된 판단과 건의가 외교안보 라인 곳곳에서 대통령에게 올라왔다는 뜻일 것이다. 이때 나는 '자기가 보고 싶은

것'이 아니라 '객관적인 사실'을 대통령께 보고할 수 있는 자제력과 판단력을 지닌 참모의 중요성을 새삼 깨달았다.

그런데 이즈음 감축 협상의 공론화와 관련하여 대통령의 중대한 결정이 있었다. 그동안 NSC와 외교안보 참모들은 감축 협상을 공론화하라는 대통령의 지시는 APEC에서 이뤄질 한미정상회담에서 이 문제를 협의한 후 감축이 합의되면 국민에게 공개하고 추진하는 것으로 이해했다.[3] 그런데 8월 19일에 열린 안보관계장관회의에서 노 대통령은 APEC 이전에 미국 정부의 감축계획을 확인하고, 그것이 확인되면 그대로 투명하게 공개하라고 지시했다. 이는 한미정상회담 전에 감축 문제를 공론화하라는 뜻이었다. 대통령은 7월 친서에서 부시 대통령에게 밝힌 바 있는 '국민과 국회의 이해를 얻기 위한 노력'의 일환으로 감축 협상 전에 공론화가 필요하다고 본 것이다. 국민에게 사전 보고도 하지 않은 채, 한미정상회담에서 감축 논의가 이루어지는 것은 바람직하지 않다고 판단한 것이다. 이날 대통령의 발언은 이러했다.

"어차피 이것은 제안이 오게 되어 있고, 공개되게 되어 있고, 그것을 가지고 국내에서 한번 시끄럽게 되어 있습니다. 이것을 피해갈 수 있다고 생각하면 오산입니다. (…) 합의문 문제든 뭐든 전부 아주 정직하고 투명하게 갈 수밖에 없습니다. (…) 이제는 공식 제의가 있으면 그때그때 공식적으로 공개하고, '우리가 어떻게 대응하겠다'라고 답하고, 그대로 대응해 나가고, 그렇게 전부 투명하게 해야 합니다."

자주국방 로드맵을 그리다

주한미군 감축 문제는 대통령의 자주국방 의지를 더욱 강화시켰다. 군의 인식과 대비체계를 바꾸고 국방비도 대폭 늘려야 하는 자주국방과 같은 중대과제는 임기 초반에 발동을 걸지 않으면 실천하기 어렵다는 사실

2003년 광복절 기념축사에서 노무현 대통령은 미국에 의존하지 말고 자국국방에 대한 의지를 가질 것을 국민들에게 당부했다. 대통령은 확실히 말했다. "이제 스스로의 책임으로 나라를 지킬 때가 되었습니다."

을 노 대통령은 잘 알고 있었다. 이에 NSC사무처는 7~8월에 국방부와 함께 자주국방–주한미군 재배치 · 감축을 연계한 국방 프로그램을 준비하여 9월 초 대통령 주재 안보관계장관회의를 열어 확정하기로 계획을 세웠다. 그리고 8 · 15 대통령 경축사에서 자주국방 의지를 강조하기로 했다. 이것은 특히 대통령의 강력한 지시였다.

국방부는 7월 31일 '자주국방추진계획'을 비공개로 대통령께 보고한 데 이어 이를 발전시켜서 8월 19일 대통령 주재 안보관계장관회의에 의제로 상정하여 범정부 차원에서 자주국방 추진을 공식화했다. 국방부는 우선 이제껏 미국에 의존하고 있던 상당 부분을 국군 전력으로 대체하여 2010년까지 대북억제력을 확보하겠다고 보고했다. 중점적으로 증강할 전력 분야로는 조기경보와 지휘통제전력, 기동 · 타격전력, 방호전력 등을 꼽았다. 그러나 자주국방의 요체인 전작권 환수에 대해서는 직접적으로 언급하지 않았다. 대신에 '연합지휘체제의 발전'이라는 다소 모호한 용어를 써서, 이를 "자주국방력 구축 시기 및 주한미군 재배치 계획과 연계하여 추진"하겠다고 보고했다. 보고를 받은 대통령은 국방부 보고가 마치 미국의 재배치 구상에 맞춰 자주국방을 추진하는 것처럼 느껴지도록 되어 있다고 지적하고, "자주국방은 미국의 전략구상 변화에 따라 부득이하게 따라가는 것이 아니라 시대적 요구에 따라 추진하는 것"이라며 미국의 전략구상이 어떻게 변하더라도 자주국방 10개년 계획을 지속적으로 추진한다는 기본 원칙을 명시하라고 지시했다.

8월 15일 광복 58주년 기념식, 노무현 대통령은 공개적으로 주한미군 감축에 대비해야 한다고 말할 수 없는 상황에서도 경축사 곳곳에 그 가능성을 시사했다. 그리고 우리 군이 아직도 독자적인 작전능력과 권한을 갖지 못했음을 지적함으로써 간접적으로 전작권 환수 의지도 밝혔다. 10년 내 자주국방 토대를 갖추겠다고 천명했다. 이날 경축사 중 자주국방 부문의 중요 내용을 발췌하면 다음과 같다.

주한미군 문제를 놓고 국민들 간의 의견이 갈리고 있습니다. 한쪽에서는 주한미군의 일부가 축소되거나 배치만 바꾸어도 나라의 안보가 위태로워진다며 재배치를 반대합니다. 일부이지만 다른 한쪽에서는 주한미군이 나라의 자주권을 침해한다며 철수를 주장합니다.

(…)

6·25전쟁에서 미군은 수많은 젊은이들의 목숨을 바쳐 우리의 자유를 지켜주었고, 오늘날까지 이 땅의 자유와 평화를 지키고 있습니다. 앞으로도 동북아의 평화와 안정을 유지하는 데 기여할 것입니다. 그리고 우리는 그 평화의 토대 위에서 오늘의 성공을 이루어 왔고, 앞으로도 그렇게 할 것입니다.

그러나 그렇다고 해서 우리의 안보를 언제까지나 주한미군에 의존하려는 생각도 옳지 않습니다. 자주독립 국가는 스스로의 국방력으로 나라를 지킬 수 있어야 합니다. 우리 국군은 6·25전쟁을 거친 이후 꾸준히 성장하여 능히 나라를 지킬 만한 규모를 갖추고 있습니다. 그럼에도 아직 독자적인 작전 수행의 능력과 권한을 갖지 못하고 있습니다.

미국의 안보전략도 수시로 바뀌고 있습니다. 미국의 전략이 바뀔 때마다 국방정책이 흔들리고 국론이 소용돌이치는 혼란을 반복할 일이 아닙니다. 대책 없이 미군철수 반대만 외친다고 될 일도 아닙니다. 이제 현실의 변화를 받아들일 때가 되었습니다. 저는 저의 임기 동안, 앞으로 10년 이내에 우리 군이 자주국방의 역량을 갖출 수 있는 토대를 마련하고자 합니다. 이를 위해 정보와 작전기획 능력을 보강하고, 군비와 국방체계도 그에 맞게 재편해 나갈 것입니다.

(…)

정부가 수립된 지 55년이 되었습니다. 세계 12위의 경제력도 갖추었습니다. 이제 스스로의 책임으로 나라를 지킬 때가 되었습니다.

대통령의 자주국방 천명에 대해 대다수 국민은 지지를 보냈다. 그러나 야당과 보수언론은 "벌써부터 주한미군이나 한·미 군사동맹으로부터의 '자주'를 뜻하는 것 아니냐는 우려가 등장하고 있다"면서 "자주국방이라는 개념 자체가 대중적 호소력은 있을지 몰라도 엄밀히 따지면 상당히 낡은 개념"이라고 주장했다. 또 "'자주국방'은 단계적으로 할 수 있는 일이지 당장 할 수 있는 일이 아닌데도 북핵문제로 안보위기 상황인 단계에서 미군 재배치 등에 대한 말을 경축사에서 한 것은 국민의 안보위기 인식을 느슨하게 할 수 있는 만큼 적절치 못했다"고 비판했다.

그런데 이런 청맹과니식 비판과 달리, 합리적인 비평가들 사이에서도 자주국방을 너무 과도하게 강조하는 것 아니냐는 지적이 나왔다. 주한미군 감축이 가정이 아니라 이미 현실적 의제가 되어 있는 사실을 공개할 수 없는 상황에서는 마땅히 들을 수 있는 비판이었다.

사실 대통령은 8·15를 계기로 감축 문제를 공론화하고, 이로써 강력하게 자주국방 드라이브를 걸고 싶어 했다. 실제로 감축 문제를 경축사 초안에 넣었다가 삭제하기도 했다. 미국과의 합의가 걸렸기 때문이다. 대통령은 이미 부시 대통령과 친서 및 전화통화를 통해 10월 APEC의 한미정상회담 때까지 비공개를 유지하고 관련 협의를 일절 하지 않기로 합의한 상태였다. 더구나 그 제안은 우리 쪽에서 했던 것이었다.

한편 2003년 9월 9일, NSC사무처와 국방부는 대통령께 당면 국방 현안에 대해 보고했다. NSC사무처는 그동안 국방부와의 논의를 거쳐 정리한 주한미군의 재배치·감축·자주국방을 유기적·보완적으로 연계시키는 종합대책「주한미군 재조정·자주국방 종합 대책 방향」을 대통령께 보고했다. 국방부는 정부가 판단하는 수용 가능한 감축 규모를 담은「자주국방과 주한미군 대책」을 보고했다. 두 보고서의 내용은 자주국방과 관련하여 2010년까지 대북억제전력을 확보하고, 2008년까지 병력 2만6000명을 감축하는 군 구조조정을 시행하여 독자적인 전쟁수행체제를 완비하고, 2010년에는 전작권을 환수하여 신작전지휘체제를 갖추는 것을 목표로 했다. 또한 2008년까지 주한미군 1만2000명 감축이라는 미국측 안에 대해 2004~2006년에 1000~2000명을 운용수준에서 조정하고 2009년부터 나머지 6000~7000명을 단계적으로 감축하여 '총 8000명 감축'을 대미협상안으로 내놓는 것으로 보고했다.

"감축, 국민에게 공개하고 협상하라"

2003년 9월 3~4일 '미래한미동맹 정책구상FOTA' 4차 회의가 서울에서 열렸다. NSC의 예상대로 미국은 이 회의에서 감축 문제를 제기하지 않았다. 원래 계획에 변화가 없다는 뜻이다. 대신 미국은 우리 정부에 대규모의 이라크 추가파병을 요청했다. 일은 더 복잡하게 됐다. 수면 위에서는 이라크 추가파병이라는 대형 안보현안을 가지고 씨름하는 동시에, 수면 아래서는 역시 강력한 폭발성을 지닌 감축 문제를 다뤄 나가야 했다.

FOTA회의가 끝난 뒤 9월 5일, 반기문 외교보좌관은 롤리스 부차관보 일행과 조찬을 하며 감군減軍문제에 대해 물었다. 외교보좌관실이 NSC사무처로 보내온 면담 요지에 따르면, 반 보좌관은 "주한미군의 감군문제는 국내정치적으로 심대한 중요성을 가지고 있으므로 신중히 추진되어야 하며, 특히 주한미군 재배치, 자주국방 실현, 감군 등 3가지 난제가 동시에 추진될 경우 부정적 파급효과가 심대할 것임을 지적하고 동건 관련 미 정부가 재고할 가능성이 있는지를 문의"했다. 이에 대해 롤리스는 "주한미군 2사단의 2단계 재배치는 감군과 80% 정도 연관성을 가지고 있으므로 두 건이 연계되어 추진되어야 한다"고 답했다. 미국이 계획하는 주한미군 2단계 재배치 완료시기가 2008년이니, 이 말은 '재고再考'가 어렵다는 뜻이다. 반 보좌관은 롤리스 일행에게 미국의 감축계획이 추진되면 "대외 의존형 경제구조를 가진 우리 경제에 심대한 타격을 미칠 것인바, 외국 투자가들은 감군을 철군과 동일시할 가능성"이 있다며 이 결정을 재고 또는 최대한 지연할 필요가 있다고 역설했다.

　　주한미군 감축과 관련한 한미의 동향은 거의 실시간으로 대통령에 보고되었다. 9월 9일 NSC사무처는 APEC 한미정상회담에 대비해서 감축 협의를 시작한다는 사실을 국민에게 공개하는 공론화 계획을 세우겠다고 보고했다. 보고를 받은 노 대통령은 '감축 시기에 대한 국방부 방안'을 제외한 보고 내용 대부분을 승인했다. 그리고 공론화를 "미국이 제안해온 것을 보여주면서 우리의 대안을 내고, 그 기조 하에서 협상해 나가겠다는 것"으로 규정했다. 대통령은 다시 한번 APEC 한미정상회담에서 불쑥 이 문제가 다뤄지고 국민에게 공개되어서는 안 된다고 말했다. 대통령은 부시 대통령에게 실무선에서 얘기하지 말고 APEC에서 논의하자고 한 것도 사전에 우리 국민을 설득하고 정리할 시간을 얻기 위함이었다며 공론화의 필요성을 강조했다. 공론화의 시기와 방식에 대해서는 10월 1일 국군의 날에 대통령이 발표하는 것과 국방부가 발표하는 두 가지를 검토하고, 이를 가지고 미국과 협의하라고 지시했다. 그리고 감축 문제를 자주국방계획과 함께 국민에게 발표하라고 지시했다. 대통령은 "논란이 있겠지만 선제적으로 발표하고 극복해나가야 하며, 감축 시기를 늦추면서 추진하되, 공론화는 그 전에 해야지, 그렇지 않으면 국민 설득도 안 된다"고 강조했다.

노 대통령은 국방부가 보고한 우리의 감축 대안에 대해서 "2009년부터 감축을 실행하자는 게 미국이 수용할 수 있는 현실적인 협상안인지 의심스럽다"고 했다. 무턱대고 연기하자면 미국이 받아들이겠느냐는 것이었다. 따라서 미국의 계획을 감안하여 주한미군 2단계 재배치와 연계하여 추진하는 방안을 연구하라고 지시했다.

그런데 대통령의 이러한 공론화 지시에 대해 참석자 대부분이 크게 우려를 표시하며 반대했다. 그들은 여전히 미국의 감축계획 자체를 재고케 하거나 그게 안 되면 계획을 연기토록 해야 하며, 설령 감축 협상을 하더라도 절대로 공개해서는 안 된다고 주장했다. 지금 감축 문제가 제기되면 감당하기 힘든 안보불안, 경제불안, 국민동요가 있을 것이라고 했다. 또 일부에서는 감축 문제를 이라크 추가파병과 연계하자고 주장했다.

그러나 그들은 "아니 되옵니다"를 '주청'하면서도 정작 대통령의 생각을 바꿀 만한 설득력 있는 논리나 대안을 제시하지는 못했다. 우리 안보상황으로 볼 때 주한미군 감축은 불가하다든가 지금은 한미동맹이 불안하니 때가 아니라는 식의 말만 했을 뿐, 누구도 미국의 세계전략과 감축 의지에 대해서 대통령의 판단을 바꿀 만한 설명을 하지는 못했다. 더욱이 비공개 협의는 그야말로 주한미군 재조정 과정에서 여러 면에서 한국 정부에 압박을 가하고 있는 것처럼 비춰지는 미국 정부의 입장을 이해해주자는 것 이상의 다른 뜻으로 보기 어려웠다. 비공개로 감축 협의를 하다가 이 사실이 드러나면 어찌할 텐가? 야당과 언론이 중차대한 안보문제를 정부가 감추고 쉬쉬했다며 공격해올 것이고, 이는 변명조차 어려운

'국민 기망'임에 다름 없었다.

　이런 국방외교라인의 거센 반대에도 불구하고, 대통령은 공론화 방침을 굽히지 않았다. 그리고 파병과 감축을 연계하자는 주장에 대해서는 문제만 복잡해지고 판단이 어려워진다며 연계하지 말 것을 지시했다. "파병은 당장의 문제이고 감축은 미래의 문제"라며 "감축 속도를 늦추기 위해 파병을 하면 안 될 것"이라고 못을 박았다. 반면, 북핵문제에 대해서는 그 진전을 감축과 연계하는 것이 바람직하다는 의견을 제시했다. 아무래도 북핵문제가 우리 안보에 중대한 영향을 미치니 고려할 필요가 있다는 뜻이었다. 그러나 어느 정도나 연계할 수 있을지는 장담하기 어렵기 때문에 구체적인 표현은 실무선에서 검토하라고 지시했다.

　사실 나는 미국으로부터 이라크 추가파병을 요청받은 뒤, 이제는 감축 협상의 공개가 더욱 더 불가피해졌다고 판단했다. 만약 한미가 비밀리에 감축 협상을 하면서 한편으로 파병을 결정할 경우 이것은 도덕적으로도 옳지 않으며, 국민이 이 사실을 알게 되면 엄청난 후폭풍이 몰려올 일이었다. 따라서 비밀 감축 협상은 스스로 무덤을 파는 행위다. 한국 정부로서는 파병여부를 결정하기 전에 감축 협상을 개시한다는 사실을 공개해야만 했다.

명확한 지침과 모호한 협상태도의 충돌

　2003년 9월 19일, NSC사무처는 한 달 앞으로 다가온 APEC 한미정상회담에 대비해 주한미군 감축 관련 대미협의 추진 안건을 보고하고 대통령의 추가 지시를 받았다. 그리고 이를 바탕으로 9월 23일 감축 관련 대미협의 지침을 작성하여 실무협의단에 전달했다.

　지침은 먼저 미측의 입장 변화 여부를 확인하도록 했다. 만약 감축계획에 변화가 생겼다면 ⓐ 계획 취소의 경우는 추가협의가 필요 없으나, ⓑ

한미간 논의 연기의 경우 "북핵 상황이 안정될 때까지" 혹은 "최소한 용산 기지 이전이 완료되는 2006년까지는 제기하지 않는 조건"을 제시하도록 했다. 그리고 대통령의 특별지시에 따라 "모든 것을 예측 가능하게 하며 모호한 상태로 두지 않도록 한다"는 점을 명시했다. 그러나 계획에 변화가 없다면, 미측 계획을 먼저 청취한 후 우리측 대안을 제시하는 것으로 했다. 우리측 대안은 감축 시기를 미2사단의 2단계 재배치 관련 시설공사(2006~2008년)가 마무리되어 한강 이남으로 이전되는 과정과 병행하되, 감축 규모는 8000명으로 했다.

이와 함께 대미협의단의 중요 임무 또 하나는 미측에 우리가 할 국내적 조치를 설명하는 것이었다. 지침은 협의단이 미측에 감축 협의 공론화 및 대국민 설득방안 등 우리 정부의 대응방향에 대해 설명하라고 명시했다. 이 문제의 중요성을 고려하여 NSC사무처는 왜 한국 정부가 공론화하려는지 밝히는 토킹 포인트talking points를 만들었다. 우리의 처지를 솔직하게 설명하고 이해를 구하는 방향으로 작성된 토킹 포인트의 내용은 다음과 같았다.

○ 미국의 감축계획이 상당기간 유보되지 않은 상황에서 이 문제가 언론에 유출될 경우, 우리 정부는 중대한 안보현안을 국민에게 알리지 않고 숨겨왔다는 비판에 직면하게 될 것임.

○ 특히 미국의 파병요청에 대한 국내 여론이 분분한 상황에서 감축 문제가 나올 경우 미국의 압력설과 정부의 무책임론으로 비화되어 우리 정부의 입장이 난처해지고 정치적 리더십이 손상될 위험이 있음.

○ 감축 문제를 공론화하려는 것은 여론을 어떤 특정한 방향으로 유도하여 미측을 곤란하게 하려는 것이 아니라, 오히려 이 문제를 적극적으로 해결하려는 의도에서 나온 대책임.

○ 우리 정부는 적절한 시기와 방법으로 국민에게 알리고 국민을 설득해 나갈

계획임. 이렇게 함으로써 초기에는 혼란이 있을지라도 오히려 나중에 더 큰 혼란으로 비화될 가능성을 줄일 수 있다고 봄.

이상이 대미협의단에게 내린 대통령의 지침과 NSC가 만든 토킹 포인트였다. 지침 어디에도 대미협의단이 미측에 감축계획의 취소나 연기를 요청하라는 내용은 없었다. 의연하게 우리 입장을 전달하고 미측의 의견을 청취하여 돌아와 보고하라는 게 지침의 요지이며, 대통령의 참뜻이었다.

대미실무협의단은 차영구 국방부 정책실장, 서주석 NSC 전략기획실장, 위성락 외교부 북미국장으로 구성했다. 그들은 9월 25~26일 워싱턴을 방문하여 미측과 협의를 진행했다. 언론에는 방미 목적을 '용산기지 및 주한미군 재배치 관련 현안 논의'라고 둘러댔는데, 언론은 한창 뜨거운 주제가 되어 있던 이라크 파병 문제를 협의하기 위한 것으로 추측했다.

대미협의단은 워싱턴에서 임무를 마치고 돌아와 9월 28일 그 결과를 대통령께 보고했다. 협의단의 주요 보고 내용은 다음과 같았다.

—미측은 이미 통보한 1만2500명의 단계적 감축계획에 변화가 없으며, 이는 일단 개념계획concept plan으로서 아직 최종 입장은 아니므로 향후 규모 등에서 융통성이 있을 수 있음을 시사했음.

—미측은 감축계획에 대해 세부 논의를 위해 양국 국방부간 협의 또는 별도 실무그룹Special Working Group이 필요하다는 입장이며, 향후 수개월간 감축 문제만 협의하여 내년 초에 감축 관련 모든 계획에 합의할 것을 제안했음. 원래는 6월 5일 청와대 보좌관들에게 통보시 청와대 검토 후 실무협의를 허락해주기를 요망했으나, 우리측으로부터 반응이 없다가 친서가 왔다는 부연 설명이 있었음.

—미 NSC측은 APEC 한미정상회담에서는 정치·전략적 수준의 원칙적인 논의가 있기를 기대한다고 밝혔음.

ー미 국방부측은 공론화 시기에 대해서 한미간 협의하여 대응하자는 입장이며
　　　조기 공론화에는 우려를 표명했음.
　　ー미측은 감축계획이 북핵이나 파병 등 다른 안보현안과 별도로 취급되어야 한
　　　다고 강조했음.

　대미협의단의 보고를 받고 참석자들의 토론이 이어졌다. 역시 공론화
를 꺼리는 목소리가 높았다. 미국의 우려를 경청해야 한다는 얘기들이 나
왔다. 그러나 미국의 감축계획이 불변인 이상 우리의 공론화에도 변화가
있기 어려웠다. 대통령은 단호하게 "공론화를 미루는 것은 국민을 속이
는 것이므로 안 된다"며 다시 한번 분명한 의지를 보였다. "국민들도 안
보에 관한 종합정보를 알아야 하며, 이를 위해 감축 관련 사실을 설명해
나가야 하고" "만약 이라크 추가파병이 이루어질 경우, 감축 문제를 지금
공개하지 않으면 그때는 공개가 불가능하며, 이는 국민들이 용납하지 못
할 것"이라고까지 했다. 대통령은 감축과 파병을 동시에 할 수도 있으나,
중요한 전제는 국민들에게 협상과정을 공개해야 한다는 점이라고 강조
했다. 더불어 국방부에는 특별히 자주국방 계획에 맞추어서 감축 일정을
미국과 협의하고 조정해나가도록 준비하라고 당부했다.
　대통령의 확고한 결심으로 감축 문제의 공론화가 '현실의 일'로 임박하
자, 그동안 공론화에 반대해왔던 사람들이 낙담했다. 그들과는 다른 맥
락이지만, 공론화가 불가피하다고 생각해온 나도 난감하기는 마찬가지
였다. 북핵이나 주한미군 재배치, 용산기지 이전 등의 안보 현안에다 감
축 협상까지 감당하는 것이 다소 벅차지만, 지난 몇 달간 감축 문제를 연
구하면서 그 정도는 극복해나갈 자신도 얻었다. 감축 협상이 공개되면
일시적으로 국민들이 충격을 받겠지만 그것 역시 돌파해나갈 자신이 있
었다. 그러나 문제는 이라크 추가파병 건이었다.
　이라크 추가파병 문제와 감축 문제 공론화가 같은 시기에 이슈화되면,

우리가 감당하기 어려운 부정적인 상황이 발생할 수 있었다. 예컨대, 국민들에게 미국은 '주한미군 감축까지 하면서 추가파병을 요청하는 일방적이고 파렴치한 나라'로 비춰질 가능성이 높은 것이다. 이는 미국이 가장 민감하게 생각하고 우려하는 부분이다. 악화된 국민의 반미감정으로 한국의 추가파병은 물 건너가고, 미국은 한국 국민에게 부정적 이미지만 덧씌워진 채 일이 끝나게 될 가능성 말이다. 이렇게 되면, 미국은 우리의 공론화 방침을 국내 반미여론을 고조시켜 파병을 거부하기 위한 야비한 (?) 전략으로 간주해 한미관계가 크게 악화될 것이었다.

그러나 이는 결코 우리가 바라는 상황이 아니다. 만약 우리가 파병을 거부해야 한다면 당당하게 해야 한다. 그렇다고 감축 공론화를 위해 중차대한 파병 문제를 그 전에 처리할 길도 없다. 설사 무리를 해서 조기에 이라크 파병을 결정하고 그 직후에 공론화한다 해도, 이는 정부가 국민에게 "나는 '등신'"이라고 선언하는 것이나 다름없었다. 아무리 궁리를 해도 길이 보이지 않았다. 진퇴양난에 빠진 것이다.

회의 참석자들이 계속해서 공론화가 가져올 파장을 우려하며, 하도 이런저런 의견을 제시하자 대통령이 지나가는 말투로 불쑥 한마디 했다. "부시 대통령 임기중에 감축 문제를 거론하지 않겠다고 약속하면 우리도 무조건 거론할 수는 없겠지요. 그렇지 않으면 국민을 속이는 일이에요." 나는 갑자기 귀가 번쩍 뜨였다. 저거다! 저 말씀이 돌파구가 될 수 있다! "대통령님, 미국이 공론화에 반대하면 내년 미국 대통령 선거가 11월에 있으니 2004년 말까지 감축 협의를 일절 하지 않는 것으로 얘기를 한 번 해보면 어떻겠습니까?" 나는 대통령 말씀을 낚아채듯이 곧장 이런 건의를 했다. 공론화의 입구에서 절충안을 내놓으니까 사람들은 실현가능성을 떠나 반색을 했다. 이미 공론화 결심을 굳힌 대통령은 앞뒤를 재는 나를 탐탁지 않아 했지만 그러라고 했다.

나는 미국이 한국 정부의 공론화 방침을 쉽사리 수용하지 못할 것이라

고 판단했다. 앞에서 추론한 대로 공론화는 한국 정부에게 큰 부담일 뿐
아니라 이라크 추가파병 요청 건 때문에 미국에게는 더 큰 부담이라고 보
았기 때문이다. 물론 미국 외교관들은 한국의 국내 정치에 개입한다는 인
상을 주는 것을 극도로 꺼리기 때문에 에둘러 표현할 뿐 감축 협상 공론
화에 반대한다는 말을 쉽게 하지 않을 것이다. 주한미대사관 등 국무부
라인과 백악관의 NSC는 공론화가 한국에서 반미감정을 크게 고조시키
고 추가파병도 어렵게 만들 가능성을 우려할 수밖에 없을 것이다. 하지만
군사안보의 전략적 차원에서 접근하는 미 국방부는 짜놓은 일정대로 감
축계획을 추진하는 데 우선순위를 둘 것이다. 바로 이렇게 의견이 갈리는
상황에서는, 미국은 적당한 대안만 있으면 입장을 변경할 가능성이 높다.
나는 이를 고려하여 우리 정부의 마지막 대미협상을 준비하기로 했다.

그런데 이 귀국보고가 있은 직후, 대미협의단에 참가했던 사람들로부
터 미국과의 협의가 지침에 의거해서 제대로 이루어지지 않았다는 얘기
가 들려왔다. 나는 즉시 대미협의단이 작성해 보고한 「대미협의요록」을
찾아서 읽어보았다.

요록의 내용에 다소 문제가 있었다. 요록에 따르면, 사실상 협의단 단
장격인 차영구 실장이 대화를 주도하면서 정부 지침을 미국에 전달했다.
그런데 그는 대통령의 핵심 지침인 공론화 방침을 전달하기는 했으나, 대
화 과정에서 공론화를 부담스러워하는 발언을 함으로써 미측이 우리 정
부 입장에 대해 혼란을 일으킬 소지를 제공했다. 그는 미측의 입장을 듣
기도 전에 모두발언부터 "한국 정부로서는 주한미군 감축과 이라크 추가
파병을 동시에 추진하는 경우 여론 비판 및 안보에 대한 우려의 시각이
커질 것을 우려"한다거나 "감축 문제의 공론화가 시작되면 국민들이 우
려하게 될 것"이라고 말했다. 그는 미측으로부터 계획이 불변이라는 답변
을 듣고 우리의 대안을 설명하는 과정에서도 지침과 다른 발언을 했다.
그는 "공론화되는 경우 이라크 파병 문제가 굉장히 어렵게 될 것이고, 국

민들이 미국의 방위공약이 약화된 것으로 인식할 것이며, 동맹 조정 과정도 어려움에 직면할 것"이라고 했다. 그리고 "공식 논의가 시작되면 비밀을 유지할 수 없으므로 감축 논의 자체를 2006년 이후로 연기했으면 하는 생각"이라고 발언했다. 그의 발언은 비록 사건을 밝힌 것이라 하더라도 그가 협의단 대표인 이상 공론화에 대한 정부 의지를 가식으로 만들 소지가 컸다.

미국은 분명히 공론화에 대해 우려하고 있었지만, 실제로 대화에서는 주로 차 실장이 그 우려를 제기하고 있었던 것이다. 나는 충격을 받았다. 대미협의단의 일원이었던 서주석 NSC 전략기획실장을 불러 도대체 어떻게 된 일이냐고 따져 물었다. 그는 펄쩍 뛰었다. 차 실장이 잠깐 모두발언을 한 뒤, 자신에게 정부지침을 미측에 설명하라고 해서 자기가 직접 정부지침을 읽었다는 것이다. 그는 "미측 감축계획의 변화여부를 확인하고, 변화가 없다면 한국 정부는 국민에게 공개하고 감축 협상에 임하기로 결정했다"고 밝히고, 우리 정부가 공론화를 결정한 배경을 분명히 설명했다는 것이다. 대화 내용 전체를 기록하지 않는 요록인지라, 서 실장의 발언 부분이 빠진 모양이었다. 서 실장은 차 실장이 그러한 우려를 말한 것은 사실이나, 그와 상관없이 한국 정부의 입장은 분명하게 미측에 전달되었으며 협의단의 보고에는 한 치의 거짓이 없다며 억울해했다.

그렇다 하더라도 차 실장의 발언은 부적절한 것이었다. 어떻든 그로 인해 한국이 공론화를 반대했다고 일부 미국 관리들이 주장하고, 또 그런 소문이 세간에 나도는 배경이 되었으니 말이다. 그렇지만 잘 생각해보면 감축 문제를 공론화하겠다고 미측에 통보한 것이 한국 정부인데, 한국 정부가 공론화를 반대하며 감축 협상을 연기하자고 제안했다는 건 말 자체가 성립이 안 되는 일이었다.

나는 대미협의단의 요록을 읽고 도대체 지침을 만들어 손에 쥐어줘도 이런 일이 발생한다는 것에 대해 좌절감을 느꼈다. 차영구 국방정책실장은 2003년 6월까지만 해도 수차례 NSC사무처와 불협화음을 내며 수시로 의견충돌을 보였으나, 그 후에는 오히려 상호 이해가 깊어져서 긴밀한 협력관계를 유지하고 있었던 터라 더욱 그랬다. 더욱이 그 자리에는 서주석 실장이 있었다. 나는 지금도 차 실장의 발언이 국방부의 뜻이 담긴 의도된 것인지 아닌지에 대해서는 알지 못한다. 그러나 분명한 것은 그가 미측을 향해 한 '공론화 우려' 발언은 국방·외교라인 전반에 팽배해 있던 분위기를 반영한다는 사실이다. 아마 국방부 쪽에서 이 협의요록을 본 사람이 있다면 차 실장이 대미협의에서 '선방'했다고 평가하지 않았을까?

나는 차 실장 외에도, 그 시기에 한반도를 담당하는 미국 관료를 만난 국방관계자 대부분이 아마도 그와 유사하거나 더 분명하게 감축과 공론화를 반대하는 발언을 했을 것으로 본다. 2004년 5월 5일 NSC가 위임한 특별 임무를 수행하기 위해 롤리스 부차관보를 만난 김숙 외교부 북미국장은 감축 협상 관련 한국측 채널에 관하여 롤리스로부터 "지금까지의 경험에 비추어 보아 이 건에 관해 협의를 주저하는 것으로 보이는 한국 국방부측과의 협의는 원치 않는다"는 말을 들었다. 미국 쪽에서 보아도 감축 논의 자체를 회피하는 것이 역력한 국방부인데, 여기에다 대미협의를 주관케 했으니 혼선은 이미 예정되어 있었다고 보아야 할 것 같다. 길은 하나뿐이었다. NSC의 강력한 리더십 구축 없이 이 문제는 해결될 수 없었다.

나는 차 실장에게 아무 말도 하지 않았다. 이미 엎어진 물이고, 앞으로 국방부와 협력해야 할 일이 산처럼 쌓여 있는 마당에 책망하여 새로운 불씨를 만드는 것보다는 격려하며 함께 나아가는 게 더 필요하다고 봤다. 어쩌면 이 사건은 국정운영 초기 참여정부의 국방철학과 국방부의 기존 관성이 부딪치면서 나온 불가피한 해프닝이었는지도 모른다.

그렇지만 자주국방, 주한미군 감축, 이라크 추가파병 등 중대 현안들을 함께 헤쳐가면서 국방부도 점차 '참여정부의' 국방부로 변화하기 시작했다. 특히 2004년 7월에 윤광웅 국방장관이 취임하면서 그 변화는 뚜렷해졌다. 국방부의 대미협상 책임자들의 태도도 많이 달라졌다. 2004년부터 국방부 정책실장을 맡은 안광찬 실장이나 권안도 실장은 대통령 지침을 항상 충실히 이행했으며, NSC와도 긴밀한 협조관계를 유지했다.

10월 10일 공론화 통보와 절충안의 등장

미국의 감축계획에 변화가 없다는 사실을 확인한 노무현 대통령은 10월 1일(국군의 날) 혹은 10월 10일경 가운데 하루를 택해서 감축 문제를 공론화하라고 지시했다. 그런데 미측이 10월 6~8일 서울에서 열리는 FOTA회의에서 이 문제에 대한 협의를 원해 NSC사무처는 공론화의 시기를 10월 10일로 확정하고 준비 작업에 돌입했다. 공론화 당일엔 오전에 대통령이 주재하는 안보관계장관회의를 통해 공론화 방침을 최종 확정한 후 각 정당대표에게 이를 설명하고, 청와대 대변인이 대국민 설명을 하는 것으로 계획을 잡았다. 이를 위해 나는 유인태 정무수석 비서관에게 저간의 경위를 설명하고, 아직 미국과의 마지막 협의가 남아 있으니 보안을 유지하며 국회 쪽 일정을 잡아달라고 부탁했다.

그간 이 공론화 계획에 대해 미측이 곤혹스러워한다는 보고는 여기저기서 들어왔지만, 그렇다고 공식적으로 우리의 계획에 반대하거나 새로운 대안을 내놓을 조짐은 없었다. 한국 정부에 대한 내정간섭으로 비쳐질까봐 자제하는 것이다. 어쨌든 최종 한미 협의를 위해서는 공론화 예정일 직전에 열리는 5차 FOTA회의 때까지 기다려야 했다. 그러나 이미 대미협의단의 협상에서 경험했듯이 국방부에만 일을 맡겨서는 공론화를 코앞에 두고 어떤 혼란과 사단이 일어날지 모른다는 생각에, 내가 직접 나서야겠다고 생각했다. 대통령의 지침에 따라 정확하고 신속하게 미측과 협의를 끝내기 위해서는 다른 방법이 없었다. 허바드 주한미국대사를 만나기로 했다.

10월 6일 오전, '아세안+3 정상회의'에 참석하기 위해 인도네시아 발리로 출국하는 대통령 내외분을 환송하기 위해 서울공항에 나갔다. 이 자리에서 대통령을 수행하여 함께 출국하는 윤영관 장관과 반기문 보좌관을 만났다. 윤 장관은 나를 한쪽 구석으로 데려가 허바드 대사를 만나 꼭 타협점을 찾아야 한다고 신신당부했다. 반 보좌관도 마찬가지였다. 우리는 감축 문제, 이라크 추가파병, 대북정책 등을 다루면서 수시로 의견 차이를 보여왔지만 감축 문제에서는 어느새 뭔가 타결점을 찾아야 한다는 절박한 심정을 공유하고 있었다. 그 절박감을 해소할 책임은 이제 온전히 내 어깨에 얹혔다.

이날 오후에 포도주 한 병을 들고 NSC사무처의 선임행정관인 박선원 국장을 대동하여 주한미대사관 관저를 찾았다. 나는 감축 협상의 공론화를 추진하는 정부 입장을 허바드 대사에게 설명하고 미측의 이해를 구했다. 우리 정부는 어떤 경우에도 감축 문제와 파병을 연계하지 않는다는 점도 분명히 했다. 나의 설명을 듣고 난 후 허바드 대사는 감축에 대한 미국의 입장을 설명했다. 그는 "미 국방부가 한국 방위력의 약화 없이 감축이 가능하다는 판단에서 감축 숫자를 한국측에 제시했으나, 부시 대통령이 이를 결정한 것도 아니고, 또 편지와 전화로 노 대통령님의 입장을 잘 알고 있으므로 미국보다 앞서 나가지 말아주기 바란다"고 말했다. 그는 한국 정부가 감축 협상을 공론화할 때 미국이 제시한 숫자를 공개하지 말고 한국 방위력의 감소 없이 감축을 고려한다는 식으로 모호하게 언급해주기를 원했다. 감축 시기에 대해서도 언급해야 한다면, 2006년 이전까지는 실질적인 감축이 없을 것이라는 점을 밝혀달라고 했다.

허바드 대사는, 미국이 가장 피하고 싶은 것은 주한미군 감축 논의나 결정이 한국에 일방통행식으로 부과되었다고 인식되는 점이라며, 한국 정부도 감축 결정에 동의한다고 언급해주길 바랐다. 그는 "감축은 공동의 프로젝트이며, 만약 감축 협의의 공개를 결정한다면 무엇을 공개할지 며칠이라도 검토할 수 있는 시간을 주기 바란다"고 했다. 그는 노련하고 품격이 있는 외교관이었다. 이 공론화가 미국의 입장에서 얼마나 곤혹스러운 일인지를 직설적으로 말하지 않으면서도 미국의 이익을 지키기 위해 필요한 사항들을 정중하게 내게 요청했다.

나는 허바드 대사에게 "한국 정부는 기본적으로 감축에 반대하지만, 주한미군의 전력이 지난 10년간 크게 증대했기 때문에 이를 합리적 조정이라고 판단하여 시기나 규모를 조정할 수 있다는 전제 아래 받아들인다"고 밝혔다. 그리고 과거 세 차례의 감군은 미국의 일방적 결정이었으나, 이번에는 대사가 말한 대로 공동의 프로젝트가 되어야 한다고 강조했다. 그러나 미국이 제시한 감축 숫자에 대해서는 그것을 밝히지 않으면 국내 의혹과 혼란을 가중시킬 수 있어서 밝혀야 한다고 이해를 구했다. 아울러 지금 한미 협의를 공개하는 것이 바람직하지 않다고 볼 수도 있지만, 만약 파병 뒤에 한미가 감축 논의를 하고 있다는 사실이 언론에 보도되면 한국 정부는 그 후폭풍을 감당할 수 없다고 말했다. 나는 우리의 입장을 명확히 전달한 뒤, "미국 입장에서 공론화가 정히 곤란하다면 감축 협의를 아예 2004년 말 이후로 연기하면 어떻겠느냐"고 제안했다.

허바드 대사는 "미국은 감축 문제의 공개 논의를 반대한 적이 없다"고 전제한 뒤, 나의 제안에 관심을 보였다. 그는 2004년 말까지 연기하자고 하는 것은 11월이 미국 대통령선거이니 부시 대통령 임기가 끝날 때까지 기다리자는 얘기나 마찬가지라며 난색을 표시했다. 나는 그렇다면 내년 가을까지 연기한다고 합의할 수도 있을 것이라고 의견을 냈다. 감축 관련한 우리의 대화는 여기서 마무리되었다.

감축 문제가 나와 허바드 대사 사이에서 결론을 낼 사안은 아니지만, 우리는 대화를 통해서 절충을 향한 실마리를 찾아냈다. 우리는 임박한 감축 공론화 일정을 미측에 알려주었으며, 미측은 검토할 시간을 달라고 요청했다. 미측은 공론화를 반대한 적이 없다고 하면서도 나의 제안에 관심을 보였다. 내 생각에 미 백악관과 국무부는 이 절충안에 관심을 보일 것이고, 국방부는 불만스러워할 것 같았다. 이제 미측의 움직임을 지켜보는 일만 남은 셈이었다.

이날 저녁 한국 국방부에서는 롤리스 일행과 한국 대미협의단이 같은 주제를 놓고 협의를 가졌다. 이번에는 지난번 실수를 되풀이하지 않기 위해 서주석 실장이 적극 나서서 정부 입장을 정리해 나갔다. 미측은 내가 허바드 대사에게 제안한 1년 연기안에 대해 여러 질문을 던졌다. 그들은 세계 군사전략 차원에서 이루어지는 감축을 한국에서만 1년간 일절 논의할 수 없다는 게 마음에 걸리는 것 같았다. 차영구 실장은 "만약에 감축 얘기가 뜻하지 않게 언론에 유출되더라도 북핵·파병·재배치·임무전환 등 여러 가지 안보사안에 대한 부담으로 협상을 1년간 유보시켰다"고 설명하면 국민이 납득하리라고 본다고 말했다. 그러자 그들은 "논의를 2004년 초까지만 연기해도 그건 가능하지 않느냐"며 굳이 1년을 연기해야 하는 이유를 물었다. 이에 대해 서주석 실장은 2004년 말이라는 시점은 우리 정부가 북핵·파병 등의 주요 이슈로부터 자유롭게 감축 문제를 다루기 위해 설정한 것이라고 답했다.

나는 이번 협의를 정리한 요록을 보고 이번에는 우리측이 적절하게 답변했다고 보았다. 그러나 아쉽게도 이번에는 내가 허바드 대사에게 "우리의 공론화가 미측에게 정히 곤란하다면"이라는 '전제'를 붙여서 한 제안에서 '전제'가 약간 희석되었다. 나는 "우리의 기본 입장은 10월 10일에 공론화하는 것이나 미국이 그것을 수용하기 어렵다면 차선으로 1년을 연기하자"고 허바드 대사에게 제안했었다. 즉, 감축 협의를 미루자는 건 미국의 사정을 감안해서임을 분명히 한 것이다. 그러나 이 고위급 실무협의에서 미측의 관심이 '협의 연기'에 집중돼서 그런지, 결과적으로 공론화에 대한 우리의 강한 의지보다 '협의 연기'라는 대안이 더 부각된 측면이 있었다.

결국 이러한 미묘한 차이가 뒷날 미국에서 한국이 공론화하겠다고 미측에 통보한 사실은 빼놓고, 미국이 '한국측에서 감축 협의 연기를 요청했다'는 식으로 주장할 수 있는 배경이 되었다.

그러나 돌이켜보면 외교협상에서 본질적이지 않은 사안들에 대해 양측이 서로 페이스 세이빙을 하면서 윈-윈win-win하는 것은 흔히 있는 일이다. 즉, 협상을 하다보면 비본질 영역에서는 자기들이 유리하게 해석할 여지를 남겨놓는 것도 나쁘지 않으며, 또 불가피할 때도 많다. 그러나 당시는 참여정부의 대미협상 태도에 대해 보수·진보 양쪽에서 사소한 것까지 들춰내 '반미' '무늬만 자주' '국민기망' 등 원색적인 용어를 동원해가며 비난하던 때인지라 그런 걸 이해할 심리적 여유가 없었다.

연기 합의와 대통령의 유감

며칠 후 주한미대사관측은 감축 공론화에 대한 미국 내 논의 분위기를 NSC에 전달해왔다. 미측은 한국에서 감축 문제가 갖는 정치적 파장과 중요성에 대해 충분히 인식하게 되었고, 10월 7일 본국과의 화상회의에서 허바드 대사가 감축 논의 연기를 강하게 밀어붙였으며, 연기 가능 방향으로 검토되고 있다는 것이었다.

결국 10월 9일 오전 공론화 예정일 하루를 남겨두고 한미는 1년간 감축 협의를 중단하고, 대신에 공론화 일정도 취소하기로 공식 합의했다. 미측의 롤리스 일행과 한국측 대미협의단 사이에 이루어진 합의였다. 끝까지 난항을 겪은 것은 중단 기간이었다. 이날 미측은 2004년 말을 주장하는 우리와 2004년 여름을 원하는 미국 사이에서 줄다리기가 이어지다가 결국 "사실상 1년간" 연기하는 것으로 최종 합의가 이루어졌다.

그러나 한미간 의견 차이가 큰 쟁점을 타결하다보니 합의에 대한 해석이 다를 여지가 컸다. 그렇다고 발생하지 않은 일을 가지고 외교적 절차가 필요한 공식 합의서를 만들자고 할 수도 없었다. 미국 정부 입장에서 볼 때는 실질적으로 '6월에 감축계획을 한국측에 통보하고 협의를 요청했으나 여의치 않아 10월에 이 협의를 1년간 연기하기로 한 것'뿐이었다. 그리고 갑을관계로 얘기하자면 이 문제에서 '갑'은 미국이다. 그러니 미국으로서는 합의문서를 만들 이유가 없었다.

그러나 우리는 달랐다. 어떻게 말이 바뀔지 모를 일이니 어떤 형태로든 합의를 명확히 해놓을 필요가 있었다. 그래서 나는 한미 협의 결과를 보고 받은 뒤, 그 내용을 합의서 형태로 만들어 한글본·영문본으로 작성하도록 했다. 내가 이 합의서를 가지고 허바드 대사를 만나 직접 합의 내용에 이상이 없는지를 확인하고 이를 서로 한 부씩 나눠 갖기 위해서였다. 이때 만든 합의서 내용은 다음과 같다.[4]

1. 주한미군 감축 관련 한미협상을 지금부터 사실상 1년간 일체 중단한다.
2. 구체적으로 감축 관련 협의는 2004년 여름까지 중단하며, 협의가 필요한 경우 동년 가을 적절한 시점에 시작한다.
3. 위의 합의에 따라 공론화계획(10.10)을 취소하되, 언론 누설에 대비하여 대언론 설명지침Press Guidance을 사전협의하여 양국이 공유하기로 한다.

10월 9일 오후, 나는 허바드 대사를 만나 그에게 영문 합의서를 주며 확인을 요청했다. 허바드 대사는 두 가지 사항의 수정을 요청했다. 첫째, 2004년 여름까지 고위급 정책논의만을 중단하고 연합사 내 작전 운용 수준에서의 한미 협의는 계속하도록 했으면 좋겠으며, 둘째, 재배치와 감축은 불가분 연계되어 있으니 연합사 내 한국군 대령들이 재배치와 관련한 감축 협의는 할 수 있어야 한다는 것이었다. 나는 야박스러워 보일지 모르지만 단호하게 일체의 모든 협의가 중단되어야 한다고 우리 입장을 밝혔다. "이런 말씀을 드려 죄송하지만, 미국 정부는 자체로 계획을 세울 수 있겠으나 한국 정부의 누구와도(어떤 레벨과도) 내년 여름까지는 감축을 논의해서는 안 된다는 것이 우리의 입장입니다." 사실 미국이 연합사 내에서만이라도 감축 협의를 할 수 있도록 허용하자는 것은 우리 입장에서 볼 때 '눈 가리고 아웅하는 격'이었다. 그래서 나는 강하게 나가기로 마음먹고, 허바드 대사가 이 주장을 계속하면 더 이상 논의할 필요가 없으니 내일 감축 협상을 공론화하겠다고 말할 참이었다. 그러나 그는 더 이상은 이의를 달지 않았다.

대신 연기기간을 1년 혹은 내년 가을로 못박는 것은 피했으면 좋겠다고 말했다. 그는 "내년에 양측이 선거가 있으며, 양측 모두 이 문제와 별개로 선거를 치르고 싶어 하니, 시기를 모호하게 정해 놓았으면 한다"고 제안했다. 합의의 근본을 흔드는 그의 발언에 나는 당혹스러웠다. 나는 "기간을 모호하게 한다면 우리가 내년 총선을 피하기 위해 감축 논의를 연기했다고 해서 엄청난 비판에 직면하게 될 것"이라고 대답했다. 따라서 분명하게 시기를 밝혀야 하는데, "월 단위로 하면 미측이 곤란하기에 계절 단위로 했다"는 점도 밝혔다. 그는 2004년 11월에 있을 미국 대통령선거와 감축 협의 재개 시기가 맞아떨어질까봐 걱정을 하고 있었다. 그러나 내가 가져온 합의서 내용은 우리 협의단이 확인해준 것이며, 대통령에게 이미 보고된 사항들이었다. 따라서 내게는 융통성을 발휘할 권한이 없었고, 미국이 다른 주장을 하면 정부로서는 공론화 시나리오를 가동하는 길밖에 없었다. 나는 대화를 마치면서 허바드 대사에게 분명하게 말했다. "만약 우리가 제시한 합의서와 특별한 차이나 변경사항이 있으면 안보관계장관회의 전에 연락주기 바랍니다. (…) 주요사항에서 합의사항 변경을 요구할 경우 우리의 선택 폭은 넓지 못합니다. 그 경우 우리는 공론화를 다시 고려할 수밖에 없습니다." 그 이후 미 대사관으로부터 어떤 연락도 오지 않았다.

드디어 2003년 10월 10일 아침, 예정대로 안보관계장관회의가 열렸다.

주제는 감축 협상 공론화를 취소하고 향후 대책을 논의하는 것으로 변경되었다. 회의에서는 자주국방을 강력히 추진함으로써 주한미군의 변화에 능동적·주도적으로 대처하여 1년 후 한미 협의에 대비하자는 쪽으로 의견이 모아졌다. 나는 감축 협의와 그간의 공론화 취소 경위를 보고했는데, 모처럼 참석자들의 얼굴에 긴장이 풀리고 화색이 돌았다. 그러나 대통령은 전혀 흡족한 표정이 아니었다. 안도하기보다는 유감스러운 표정이었다.

나의 보고가 끝난 뒤, 대통령은 '공론화 취소와 감축 협상 1년 연기'라는 결과에 대해 긍정과 부정으로 나누어 평가했다. 우선 북핵문제가 가닥을 잡지 못하고 있고, 이라크 파병 문제도 논의되고 있는 상황에서 감축 문제가 논의될 경우 국민 불안을 야기할 수 있다는 점에서 긍정적인 측면이 있다고 평가했다. 반면 이 문제를 공론화함으로써 국민들의 대미 의존적 사고와 안보불안감을 해소하고 자주국가로서 당당하게 한미관계를 이끌어갈 기회를 마련할 수도 있었다는 측면에서는 공론화 취소가 아쉽다고 평가했다. 대통령은 이번 결과를 긍정적으로 받아들이겠으나 "지난 경험들에 비추어볼 때 미루어 놓았다가 잘 된 일이 없다"며 대미의존적 사고로 인해 공포와 불안에 사로잡히는 국민인식을 바꾸어 나가기 위해서는 정면 돌파가 필요하다는 점을 거듭 강조했다. 결국 감축 협의 1년 연기를 주도한 나의 행동은 모든 부처와 장관, 보좌관들로부터 박수를 받았으나 정작 대통령으로부터는 좋은 점수를 받지 못했다. 아니, 대통령을 실망시켰다는 표현이 정확할 것이다.

이런 일이 있고 나면 대통령은 종종 내게 "이 차장은 왜 세게 못 나가? 좀 세게 밀어보지" 하며 아쉬움을 표했다. 그리고 이내 아무 대답도 못하고 있는 내게 "하긴 나는 대통령이니까 결단을 하는 것이고, 이 차장은 참모니까 신중할 수밖에 없겠지"라며 스스로 답까지 내놓았다.

확실히 대통령은 내가 좀 더 강하게 버텨 이번 기회에 국민들이 좀 충격을 받더라도 파병 문제와 상관없이 감축 문제를 공론화하여 보다 수평적인 한미관계로 나아가는 계기로 삼고 싶어 했다. 물론 대통령도 그 승산을 자신하지는 못했을 것이다. 그래서 내가 절충안을 성사시킨 데 대해 아쉬워하면서도 현실적으로는 긍정 평가를 했으리라.

그런데 분명한 것은 이 절충적인 결과마저도 대통령의 공론화 결단이 있었기에 가능했다는 사실이다. 미국은 그동안 주한미군 감축을 단행하면서 단 한 차례도 타의에 의해 자국의 결정을 바꾼 적이 없었다. 만약 참모들 말대로 미국에 매달렸으면 이도저도 안 되고, 결국 비밀협상을 하다가 엄청난 국민적 비판에 맞닥뜨렸을 가능성이 컸다. 나는 대통령의 결단과 배짱이 있었기 때문에 우리가 대미협상 카드를 만들어 이 정도라도 해낼 수 있었다고 생각한다.

하지만 나 역시도 결과에 대해선 안도감과 동시에 짙은 아쉬움을 가졌다. 추가파병 문제로 사회적 논쟁이 가열되고 국론분열이 심화되는 상태에서 감축 문제가 공개되었을 때 불어닥칠 엄청난 파장을 생각하면 다행이라고 생각했지만, 딱 거기까지만이었다. 우리는 이 파장이 두려운 나머지, 의존적 한미관계를 넘어서 호혜적이고 균형적인 한미관계를 향한 첫 신호로서 기획한 공론화를 접은 셈이다. 공론화를 통해서 자주국방을 주창한 참여정부 노선의 정당성을 확인하고 뿌리 깊은 대미의존 심리에 충격파를 던지겠다는 대통령의 각오가 시험대에 올라보지도 못한 채 말이다.

"곧장 협상을 시작하라"

2003년 10월 20일, 노무현 대통령은 APEC 정상회의에서 부시 대통령과 만났다. 감축 문제는 당연히 의제가 되지는 않았다. 다만 노 대통령은 부시 대통령에게 "감축 문제는 아쉬우나 미국의 전략을 존중하여 협력할 예정"이라며 "우리가 주도적으로 하는 것이 바람직하다고 생각해왔는데, 미국방부 관계자가 이 문제를 언급한 것이 보도되는 바람에 미국이 일방적으로 추진한다는 인상을 줄 우려가 있다고 판단해서 친서를 보내 한국이 주도적으로 하는 것이 좋겠다고 한 것이고, 국내적으로 준비해서 8·15에 국민에게 알리고, 국군의 날에 감축 구상을 대외적으로 공론화하려고 했었다"고는 밝혔다. 2003년의 주한미군 감축 논의는 그렇게 일단락되었다.

그러나 2004년 5월, 큰 사건이 터졌다. 이라크 사태가 급박해지자 미국 정부가 주한미군 2사단의 1개 여단 병력 3600명을 이라크로 차출하겠다고 통보해온 것이다. 허바드 주한미대사와 롤리스 국방부 부차관보가 서울과 워싱턴에서 같은 날에 각기 한국측에 이 사실을 통보했다. 때마침 그날은 헌법재판소가 노무현 대통령에 대한 국회의 탄핵을 기각한 5월 14일이었다.

사실 나는 2004년 3월 반기문 외교장관을 수행한 이수혁 차관보로부터 미측이 5월경에 감축 논의를 하기 원한다는 얘기를 전해 듣고 5월 초 FOTA회의 참석차 미국을 방문하는 김숙 북미국장에게 사실 확인을 요청했었다. 이즈음 노 대통령은 이라크 추가파병이 '평화재건지원부대 3000명'으로 결정되어 국회 동의까지 받자, 이제 아무 때라도 미국이 원하면 감축 협상을 할 수 있다는 생각을 가지고 있었다. 그러나 아직은 탄핵 국면이었기 때문에 정책결정을 할 수 없는 상태였다. 따라서 나는 미측의 확실한 입장을 알고 대처할 필요가 있다고 생각했다. 물론 미국이 노 대통령 탄핵기간 중에 협의 개시를 제안하지는 않을 것이라 판단하고 있었다. 그것은 우방 정상에 대한 도리가 아니기 때문이다.

그런데 미측이 기존 합의보다 일찍 감축 협의 얘기를 꺼냈기 때문에, 나는 허바드 대사에게 전달했던 그 영문합의서 사본을 김 국장에게 휴대케 했다. 5월 5일 김 국장은 롤리스 부차관보를 만났다. 다가오는 6월 FOTA

회의에서 감축 문제를 협의하자는 말에, 김 국장이 합의서를 롤리스에게 보여주었다. 롤리스는 내용을 읽어본 후 한국 NSC측에서 이 내용을 읽어준 적이 있다며, 이때 자신은 '사실상 1년 연기'라는 기간에 대해 "미측이 희망하는 경우 6월 이후 언제라도 협의를 개시한다"고 구두로 정정했다고 변명했다. 그는 '사실상 1년 연기'의 기준점은 자신이 작년 6월 5일 두 보좌관과 만나 감축계획을 통보한 때부터라며, 그동안 전혀 들어보지도 못한 얘기를 했다. 그의 주장대로라면 다음달인 6월이 '사실상 1년 연기'가 채워지는 달인 셈이었다. 합의서까지 써서 제시하고, 또 하루의 말미를 주며 미측이 '주요사항에서 합의 내용에 변경을 요구할 경우 공론화를 다시 고려하겠다'고 배수진까지 치고 확인한 합의에 대해 다른 주장을 하니까 도리가 없었다.

나는 미국이 차라리 '우리 사정이 급하게 되어 그러하니 감축 협상을 조기에 하자'고 양해를 구해도 될 터인데, 매사에 군이 자기합리화를 하려는 태도를 이해할 수 없었다. 심지어 김 국장이 만난 그린Green 백악관 선임보좌관은 누구에게 얘기를 들었는지 모르지만, 협상 개시의 '정당성'을 강조하기 위해 작년 합의 때 한국측이 4월 국회의원 선거를 피해가기 위해 감축 연기에 합의했다고 터무니없는 주장을 했다. 아무리 그들이 '갑'의 위치에 있다 하더라도 너무 지나치다는 생각이 들지 않을 수 없었다. 그런 식의 자기 합리화가 한국 사회에서는 미국 쪽 주장을 맹신하거나 혹은 그것을 이용하고자 하는 사람들에 의해 한국 정부를 공격하는 호재로 이용된다는 점을 전혀 고려하지 않았다. 아니, 나는 NSC에서 3년간 대미외교를 다루면서 일부 미국의 한반도 담당 관리들이 자신들의 부당한 주장을 교묘히 한국 언론과 야당에 흘려 자신의 업무상 목표를 달성하는 데 이용한다는 의구심마저 갖게 되었다. 나는 이런 일을 겪을 때마다 위계적 동맹관계에 있는 약소국이 강대국과 협상한다는 게 얼마나 어려운 일인지 뼈저리게 절감해야 했다.

김숙 국장은 이번 방미 중에 주한미군 감축과 관련해서 미측으로부터 어떤 움직임이 있다는 느낌을 받았다고 보고했다. 아나나 다를까, 그의 예감은 적중했다. 내가 그의 방미 보고서를 읽은 지 며칠이 되지 않아, 우리는 미국 정부가 주한 미2사단의 2여단 병력을 이라크로 차출하는 결정을 내렸다는 정보를 입수했다.

주한미군의 이라크 차출은 한국 정부가 능동적으로 대처할 겨를도 없이 한국 언론에 보도되어(2004년 5월 18일) 다시 한 번 한미동맹 이상설, 안보불안론, 정부무능론 등을 양산하며 참여정부를 곤경에 빠뜨렸다. 주한미군이 한국 방위에서 차지하는 비중을 고려할 때, 미국은 당연히 한국 정부에 사전 통보하고 협의했어야 했다. 아무리 이라크 사정이 급해도 우방을 존중해야 하는 것 아닌가. 미국이 '코가 석 자'가 되어 주한미군이라도 이라크로 차출할 수밖에 없다고 하면 한국 정부가 거기에 반대하겠는가? 그러나 미국은 그렇게 하지 않았다. 오히려 주한미군을 이라크로 긴급 차출하면서, 그것이 부시 대통령의 정치적 입지에 줄 타격을 우려하여 미국의 해외주둔군 재배치 검토Global Defense Posture Review, GPR의 일환이라고 둘러댔다.

이렇게 되니 한국 정부가 곤란한 지경으로 몰렸다. 이라크 사태가 어려워져서 주한미군을 차출했다고 하면, 한국 국민은 이해했을 것이다. 그런데 난데없이 주한미군의 재조정, 즉 감축을 시사하는 GPR의 일환으로 주한미군을 1개 여단을 차출하겠다고 하니, 이제 한국 정부는 미국의 감축계획도 눈치 채지 못하고 아예 협의조차 제의받지 못한 '호구'처럼 되어버렸다. 심하게 말하면, 미국은 자기가 욕먹지 않기 위해 잘못 없는 친구를 자기 대신 비난의 구렁텅이로 처넣은 셈이었다. 미국이 이라크 사정이 다급해져서 주한미군을 차출했다는 것은 삼척동자도 아는 뻔한 사실이었다. 한국 정부가 주한미군 차출에 대해 이라크 사정 때문으로 이해한다고 하자, 이번에는 한미의 설명이 엇박자가 난 점을 문제 삼아 한미동맹 이상설이 퍼졌다. 부시정부의 일방주의는 이처럼 동맹에게 상처를 입혔다.

미국 정부의 일방적인 설명을 믿고 국내 언론이 정부를 공격하고 나서자, 나는 외교부를 통해 미측에 작년에 협의한 내용을 지금이라도 공개하자고 제안했다. 그러나 미측은 합의 공개에 난색을 표하며 반대했다.

이번 일은 한미 정부가 이라크 파병, 주한미군 감축·재배치, 용산기지 이전 등 중요 현안에서 어려운 합의를 이루어내면서 한미관계가 비교적 순항하는 시기에 발생했다. 게다가 공교롭게 노무현 대통령이 탄핵에서 막 돌아온 시점이었다. 나는 대통령 복귀를 축하하는 미국의 선물치고는 너무 고약하다고 생각했다. 나는 이런 점을 미측에 여러 경로를 통해 전달하도록 했다.

다시 직무에 복귀한 노 대통령은 5월 20일 안보관계장관회의를 주재했다. 대통령은 이미 직무 복귀한 날부터 관련 보고를 받아왔지만, 이날 핵심 논의 주제도 주한미군의 이라크 차출 문제였다.

회의에서 대통령은 조영길 국방장관에게 물었다. "이번 3600명 차출하면 거기에 따라서 한국군 부대 편성의 이동 같은 것은 필요합니까?" 조 장관은 "현재로서는 이동할 필요가 없다고 봅니다"라고 답했다. 조 장관과 다소 긴 문답식 대화가 오간 뒤 대통령은 이렇게 지시했다. "어떻든 '대한민국 국방력도 이 정도로 흔들릴 만큼 허약하지 않다' 그렇게 잘라 얘기하십시오. 그리고 한미연합전력은 이것하고 관계없이 강고하고 (…)"

회의에서는 외교부 보고서에서 주한미군 감축 논의 현황을 기술한 부분이 문제가 되었다. 보고서에는 "미측은 2003년 6월 주한미군 감축 논의를 개시할 것을 제의했으나, 우리측이 제반 사정상 이의를 제기함에 따라 양측은 동 논의를 금년 여름까지 동결키로 합의한 바 있음"으로 적혀 있었다. 그런데 고건 총리가 이 부분을 인용하며 "'우리로서는 북핵문제도 있기 때문에 당분간은 곤란하다.' 그래서 1년 후에, 금년 하반기부터 본격적인 협의를 하기로 한 거란 말이죠"라며 이 부분을 국민에게 알리는 것이 필요하지 않느냐고 했다. 그러자 대통령은 관련 부분을 지적하며 말했다. "내 기억하고 다른 것 같아서 사실인가 묻습니다. (…) '우리측 사정으로'가 아닙니다. 우리측 사정이 아니고, '공개해서 합시다. 다 관계없습니다. 내 감당할 각오돼 있습니다.' 이게 제 입장이었거든요." 이에 반 장관이 대답했다. "이제 우리가 '공개하자'고 이렇게 얘기했었을 때 미국은 이것이 '콘셉트concept'에 불과하다, 이렇게 얘기가 있었습니다." 그러자 대통령은 "어떻든 간에 우리측 사정을 고려해서 사정한 것처럼, 이렇게 인식하고 게시면…"이라고 지적했다. 그러자 반 장관은 "알겠습니다"라고 답했다. 대통령은 다음과 같이 지시를 하면서 이 부분의 논의를 정리했다. "그것은 우리가 뭘 되게 꿀리고 답답해서 한 것처럼 보이는데요, 정부가 떳떳하지 못합니다. 숨겨놓은 모습이 되고… 그렇지 않습니까? 그래서 이건 고쳐주시고요."

여기서 우발적으로 발생한 이 '문구 토론'을 상세하게 기술하는 것은 이 얘기가 많은 것을 함축하고 있기 때문이다. 당시 대통령은 각종 회의에서 초지일관 감축 협의 공론화를 지시했지만 대부분의 장관·참모들은 이를 극구 반대했다. 대통령은 미국이 공론화를 꺼린다니까 '협의 연기'를 승인한 것이고, 협상도 그 방향에서 이루어졌다. 그리고 장관·참모들은 합의가 진행되는 전 과정을 보고받았다. 그러니 미국 관리들이 자기합리화를 위해 그렇게 주장을 할 수는 있어도, 적어도 대한민국의 안보관계 장관·참모들이 '우리측 사정'이라는 말을 써서는 안 되는 것이었다. 더욱이 그들은 감축 연기를 달가워하지 않는 대통령을 회의 때마다 봐오지 않았던가.

돌이켜보면 당시 외교부가 '우리측 사정'이라는 말을 쓴 게 어느 정도 이해되기도 한다. 많은 외교당국자들의 머릿속에는 감축 연기와 공론화 반대가 한국의 국익이라는 생각이 단단히 박혀 있었다. 그리고 '우리측 사정'이건 '미국측 사정'이건 결론이 달라질 게 없으니 쉽게 그런 표현을 했을 것이다. 대미협의 초기에 차영구 국방정책실장이 미측에 우리의 공론화 방침을 전달하면서, 동시에 그보다 더 큰 목소리로 공론화를 우려한 것이나 같은 맥락이다. 나는 대통령과 그들 사이에서 어느 쪽이 더 애국적이었나를 따지는 것은 어리석은 일이라고 생각한다. 그러나 적어도 참여정부의 정무직 인사로서 노무현 대통령의 철학과 고민을 보다 진지하게 이해하려 했다면 그런 실수는 범하지 않았어야 한다고 생각한다.

한편 미국의 일방적인 주한미군 이라크 차출은 자주국방에 대해 소극적이고 감축을 터부시한 정부 내 인사들의 발언권을 크게 위축시켰다. 두 보좌관이 감축 통보를 롤리스의 사적 견해로 간주한 것을 비롯해 미국의 감축계획을 변경시키거나 협상을 무조건 연기시켜야 한다고 한 주장은 비현실적이라는 게 드러난 셈이다. 만약 그들의 주장대로 대미협상을 하고 정부 안보정책을 끌어왔다면 상황은 매우 어려워졌을 것이다. 반면 미국은 우리 의지와 상관없이 언제든 주한미군을 감축할 수 있다는 사실이 드러나면서, 자주국방을 추진한 노 대통령의 평소 지론은 이번 사건을 통해서 그 현실성이 증명되었다.

이날 회의에서 이런 분위기가 역력히 나타났다. 대통령은 바로 감축 협상을 시작하고 이 사실을 공개하라고 지시했다. 2003년 10월 10일에 그랬듯이, 또 한번 "협의 시기를 지연시킨다고 해서 달라질 건 아무 것도 없다"고 강조했다. NSC도 힘을 받았다. 이제는 보다 과감하게 자주국방을 추진할 수 있게 됐다. 감축 협상에서도 미국이 제안한 감축 숫자를 국방부가 막연한 감으로 조정하지 못하도록 했다. 1만2500명 감축이 곤란하다면, 그 이유를 객관적으로 설명하도록 했다. 아니면 1만2500명 감축을 수용하되, 그 기간을 조정하도록 했다.[5]

협상 마지막 날, 필연적인(?) 작은 해프닝이 있었다. 10월 초, 롤리스와 막바지 감축 협상을 하던 안광찬 국방부 정책실장으로부터 전화가 왔다. 저녁시간이었는데 안 실장은 지금 롤리스를 만나러 간다며 아주 다급한 목소리로 "차장님, 큰일 났습니다. 롤리스가 만약에 자기들이 제안한 '2

년'안을 받아들이지 않으면 당장 내년에 다 빼겠답니다." 미측의 입장이 강경하니 2년간 1만2500명 감축안이라도 수용하자는 얘기였다. 그 순간 나는 지체하지 않고 답했다. "그러면 그냥 빼라고 그러세요. 협상이 무슨 필요가 있어요? 협상 왜 합니까? 그렇게 얘기하세요. 제가 그러더라고. 우리랑 협상 왜 하냐고, 그냥 내년에 다 빼라고."

3부에서 다시 살펴보겠지만 작년 5월 한미정상회담 공동성명 초안을 다듬을 때, 북핵문제와 관련하여 미국이 끝내 "모든 옵션은 테이블 위에 놓여 있다"라는 말을 넣어야 한다고 워싱턴에서 급박하게 전화를 해온 박선원 국장에게 나는 그냥 돌아오라고 지시한 적이 있었다. 이번이 두번째로 하는, 싫으면 관두자는 식의 초강경 대응 주문이었다. 이처럼 내가 뒤에서 악역을 담당하며 강하게 버텨야 효과가 있을 때도 있었다.

다음날 아침 안 실장으로부터 전화가 왔다. 아주 기분 좋은 목소리였다. 감축 협상이 우리측의 제안대로 마무리되었다는 것이다. 나는 그동안 최고의 한국 전문가인 롤리스를 맞아 능동적으로 대미 감축 협상을 마무리한 안 실장에게 진심으로 축하와 감사의 인사를 전했다.

우리나라가 주한미군을 필요로 하는 것과 상관없이 미국은 언제든지 감축을 단행할 수 있다. 이는 미국의 주한미군 감축 제안과 그 제안의 공론화를 둘러싼 논쟁, 그리고 주한미군 이라크 차출까지 이어진 일련의 사건이 우리에게 가르쳐준 진실이었다. 그리고 이러한 각성은 자주국방에 대한 대통령의 평소 지론이 옳았음을 여실히 증명해주었다. 따라서 이제 대통령의 자주국방 철학과 당당한 대미협상 주문에 대해 누구도 이의를 달기 어려운 상황이 되었다.

협력적 자주국방과 전시작전통제권 환수의 길

2003년 11월 17일 청와대를 예방한 럼스펠드 국방장관은 노무현 대통령의 자주국방 정책을 지지한다고 밝힌 바 있다. 그는 "대통령께서 말씀하신 것 중에 제가 읽어보고 동의한 것이 있습니다. 10년 내에 자주국방을 실현하겠다고 말씀하셨는데, 이것이 적합한 목표라는 데 의문의 여지가 없습니다"고 했다. 그는 오늘날의 복잡한 국제환경에서 독립적인 국방은 불가능하지만 노 대통령의 자주국방 노력은 옳은 방향이라며 "미국은 이를 위해 협력할 것"이라고 확언했다.

럼스펠드가 말한 대로 현대 국제사회에서 어느 나라도 독립적인 국방은 불가능하다. 그리고 누구도 자주국방을 그런 의미로 사용하지 않는다. 참여정부의 자주국방 노선도 모든 방면에서 완전한 자주국방을 실현한다는 것이 아님은 두말할 나위가 없다. 그럼에도 불구하고 참여정부는 정책지표로 온전하게 자주국방이라는 말을 쓰지 못했다. NSC 상임위원회는 2004년 3월 대국민 설명용 국가안보전략 지침서인 「평화번영과 국가안보」를 발간하면서 참여정부의 4대 국가안보전략 기조 중의 하나로 '협력적 자주국방 추진'을 내세웠다. 그리고 협력적 자주국방의 개념을 "한미동맹과 자주국방의 병행발전"으로 규정하고, 이 용어를 사용한 이유를 다음과 같이 설명했다.

전통적으로 자주국방은 스스로의 힘으로 국방을 담당하는 노력으로 이해되어왔다. 그러나 오늘날 독자적인 국방만으로 국가의 생존과 국민의 안전을 완전히 보장하기는 불가능하며 동맹국과 우방의 협력이 매우 중요하다.

자주국방은 자주국방일 따름이다. 자주국방을 한다고 한미동맹을 경시하거나 우방과 군사협력을 하지 않는 것이 아니다. 그러니까 군이 '협력적 자주국방'이라고 이름 붙이고 설명을 달 것도 없이, 우리의 경우 자주국방과 한미동맹을 동시에 발전시켜 나간다고 하면 되는 것이다. 그러나 우리 군은 대통령의 자주국방 노선이 주한미군과의 관계를 균열시키고 한미동맹을 이완시키지나 않을까 우려했다. 정부 밖에서는 야당과 거대 언론이 이에 편승해서 맞장구를 쳤다. 이러한 한국 내 움직임에 미국 정부도 영향을 받으며 고개를 갸우뚱하기 시작했다. 그래서 럼스펠드는 한국의 자주국방을 지지한다면서도 "오늘날의 복잡한 국제환경에서 독립적인 국방은 불가능"하다며 토를 달았던 것이다. 아무리 대통령이 자주국방 추진과 한미동맹 발전을 동시에 강조해도 참여정부의 자주국방에 반미의 혐의를 씌우려는 움직임은 줄어들 줄 몰랐다. 그래서 협력적 자주국방이라는 말을 만들어냈던 것이다. 이 용어는 NSC사무처에서 만들었지만, 사실 시대상황의 제약에 굴복한 군색한 말이다. 즉, 자주국방을 추진하기 위해서 '자주국방'이라는 온전한 용어를 포기하고 '협력적'이라는 수식어를 붙여야 했으니 말이다.

노 대통령은 이런 NSC의 고민을 받아들여 '협력적 자주국방'을 안보전략 기조로 승인했다. 그러나 항상 그것을 마음에 걸려 했다. 2005년 4월 국방부 업무보고에서 대통령은 그 심정을 이렇게 표현했다.

"자주국방을 얘기하면 미국과 어떻게 되는 것 아닌가 걱정들을 합니다. 그래서 NSC에서 '협력적 자주국방'이라고 했습니다. 그것은 아주 '구차한' 자주국방입니다. 국내외에 냉정하지 않은 사고들이 존재하기 때문에 그런데, 한미동맹도 가야 하고 자주국방도 가야 합니다. (…) 물리적 역량도 중요하지만 위험을 무릅쓸 수 있는 국민정신이 구축되어야만 역량도 가치가 있는 것입니다. 자기를 지킬 수 있는 정신력, 자존심이 중심이 된 정신력이 있어야 합니다."

나는 참여정부의 자주국방 노선을 불온시하거나 위험시하는 사람들은 시대착오적이거나 기회주의적인 사람들이라고 생각한다. 남한의 군사력이 북한에 비해 절대적 열세였으며 남북한 국가역량도 시소게임을 하던 1970년대에도 박정희정권은 자주국방을 소리 높여 외쳤다. 참여정부의 자주국방을 위험시하는 눈으로 보자면, 이것이 더 위험한 구호요 정책 아니었던가. 그러나 그때 우리 군이나 예비역 장군 중에서 박정희 대통령의 자주국방을 반대하거나 공개 비판한 사람이 있었던가. 그런데 바로 그 시절에 고위 장성이나 젊은 장교로 근무했던 이들이 참여정부의 자주국 방 정책을 반대하는 선봉에 서 있었다. 이런 모순이 어디 있을까?

다행히 2004년 7월 윤광웅 국방장관이 취임하면서 자주국방 노선이 정 착되기 시작했다. NSC사무처와 국방부의 협조관계도 원활해졌다. 윤광 웅 장관은 뛰어난 군사전략적 안목과 해박한 군사지식을 갖춘 군 지도자 였다. 해군 작전사령관 출신인 그는 토론을 즐기고 온화한 성품을 지녔 으며, 평소 국방개혁과 자주국방에 대해서도 적극적인 입장이었다. 인수 위 시절 서주석 박사는 그가 국방장관 최적임자라고 평가했었다. 그러나 그는 초대 국방장관으로 낙점을 받지 못했는데, 대통령의 부산상고 선배 라는 인연 때문에 오히려 역차별을 받은 측면도 있어 보였다.

자주국방의 핵심은 전작권의 환수였다. 우리 군은 작전통제권을 평시 작전통제권과 전시작전통제권으로 나누어 평시작전통제권은 이미 1994 년 12월에 한미연합사로부터 되찾아왔다. 그러나 그것은 허울뿐이었다. 작전통제권이라는 것이 전쟁이 발발할 경우 국가수호를 위해서 필요한 것인데, 평상시에만 통제권을 갖는다는 것이 무슨 의미가 있단 말인가? 이처럼 전시展示행정식으로 작전통제권이 나뉜 것은 1987년 8월 민정당의 노태우 후보가 작전통제권 환수를 대통령선거 공약으로 내세웠기 때문 이다. 그는 대통령에 당선된 뒤, 공약을 실천하기 위해 궁여지책으로 미 국방부와 상의하여 전시와 평시로 작전통제권을 나눈 것이다. 그래서 우 리나라에서는 작전통제권 환수라는 말 대신에 전시작전통제권 환수라는 말이 쓰이게 되었다.

노 대통령이 전작권 환수를 강력하게 추진한 것은, 그것이 자주국방을 말하기 이전에 주권국가의 보편적 기능을 구비하는 정상국가화의 필수 과정이기 때문이었다. 우리나라는 세계에서 유일하게 외국 군대와 연합사를 구성하고 있는 나라이며, 군사주권을 외국에 위탁한 나라다. 하다 못해 군대를 단 1만 명을 보유하고 있는 작은 나라도 작전통제권은 그 나라 최고지도자가 보유하고 있다. 미국과 동맹인 영국, 일본, 호주도 모두 작전통제권은 자국이 보유하고 있다. 따라서 전작권 환수는 한미관계를 정상적이며 균형적이고 우호적인 동맹관계로 발전시키는 과정이자, 동시에 건강한 한미관계의 발전을 향한 중대한 전기였다.

동맹이란 한쪽이 일방적으로 요구하고 들어주는 관계가 아니라 상대방의 사정과 어려움을 이해하되, 양국간 이익을 합리적으로 절충해가는 관계다. 다만 여기에 지혜와 관행이 필요할 뿐이다. 동맹이 우리에게 매우 중요하지만, 그것은 대한민국의 국가목표를 달성하고 국가이익을 증진하는 수단이지 그 자체가 목표일 수 없다는 게 노 대통령의 생각이었다.

전작권의 환수 추진은 순조롭지 않았다. 사실 김영삼정부 때까지만 해도 대표적인 보수언론들조차도 전작권 환수를 지지했었다. 그러다가 노무현 대통령이 차일피일 미뤄저온 전작권 환수를 추진하겠다고 하니 눈에 불을 켜고 달려들어 반대하는 것은 자기모순이다. 공개적으로 요구하지는 못했지만, 나는 군 수뇌부가 제복을 입고 국민 앞에 나서서 전작권 환수의 필요성을 역설해야 한다고 생각했다. 그래야 국민을 안심시키고 순조롭게 일을 진행시킬 수 있기 때문이다. 그러나 상황은 반대였다. 대통령과 NSC가 강력하게 드라이브를 건 반면에 상당수의 군 수뇌부는 노골적으로 반대하거나 미온적인 태도를 보이며 브레이크를 걸었다. 그러나 이 과제는 대통령의 확고한 철학에 바탕을 둔 것이었으며 충분한 합리성을 지니고 있었기 때문에 NSC도 한치도 물러서지 않고 일관되게 추진했다.

2003년 여름, 노 대통령은 군에 전작권 환수를 위해 필요한 전력, 즉 자위적 국방역량을 갖추는 데 드는 소요와 준비기간을 물었다. 군은 정보자산과 각종 전력 강화가 필요하며, 소요기간을 산정해볼 때 그 환수는

2010년경이 적정하다고 보고했다. 노 대통령은 군의 판단을 존중해서 자신의 임기를 넘어서는 준비기간을 산정하고 그에 맞추어 전작권 환수 준비에 착수토록 지시했다. 그런 뒤 2004년 11월 6일, 대통령은 협력적 자주국방 종합 추진계획을 보고받는 자리에서 2008년까지 전작권 환수 준비를 갖출 수 있는지 다시 물었다. 그러자 합참의장은 "그렇게 하기 힘든 것으로 판단한다"고 보고했다. 이에 대통령은 조급히 추진할 일은 아니나 전군이 분명한 목표를 설정할 것을 지시했고, 그 뒤 군은 다시 2012년이 전작권 환수 적기라는 판단을 보고했다. 다시 2005년, 합참은 '전시작전통제권 단독행사 추진계획'을 한국 정부가 작전통제권을 이양한 1950년 7월 14일을 상기하는 의미에서 '714계획'이라 이름 붙여 대통령에게 보고했다. 이러한 일련의 내부 준비를 거쳐 2005년 9월 28일에 열린 제4차 한미안보정책구상SPI회의에서 한미간 전작권 관련 논의가 시작되었다. 이 회의에서 한국 정부는 미측에 전작권 환수 문제의 협의를 공식 제안했다.

그리하여 윤광웅 국방장관과 럼스펠드 미 국방장관이 협의한 결과, 2011년 11월까지 미국은 전작권을 한국군에 넘기기로 되었다. 이는 우리 군이 원하던 시점보다도 1년 정도 빠른 일정이었다. 따라서 국방부는 2006년 11월에 럼스펠드 국방장관이 경질되자 전작권 환수 일정을 다시 바꾸고 싶어 했다. 나는 군이 전작권 환수시기를 조금이라도 늘려 2012년에 맞추고 싶어 하는 태도가 내심 못마땅했으나, 군이 그만큼 준비를 철저히 하려는 것이라고 좋은 쪽으로 해석하려 애썼다.

2006년 11월 하순, 신임 김장수 국방장관이 나를 국방부 청사로 초대했다. 당시 나는 북한의 핵실험 때문에 통일부장관직 사표를 내놓고 후임 이재정 장관 내정자가 인사청문회를 통과할 때까지 시한부 근무를 하고 있었다. 김장수 장관은 나에게 자신의 취임 후 초청한 첫 만찬 손님이라고 했다. 지난 18대 대통령선거(2012년 12월)에서 'NLL 대화록' 유출 사건을 둘러싸고 그가 보여준 행동은 개탄스럽지만, 사실 참여정부 시절 그와 나는 가까웠다. 그는 이라크 추가파병 결정 뒤, 합참 작전본부장으로서 나와 호흡을 맞추며 아르빌로 파병지역을 확정하는 데 중요한 역할을 했다. 이후 한미연합사 부사령관을 거쳐 육군참모총장을 지낼 때도 참여정부 국방철학을 구현할 몇 안 되는 올곧은 군인으로 평가했으며, 대통령도 그를 신임했다. 지금 시점에서 당시의 이런 내 판단에 대해 비난할 이도 있겠지만 사실을 달리 말할 수는 없는 일이다. 아마 이런 인연 때문에 그가 떠나는 나를 첫 손님으로 초대했을 것이다.

이 자리에서 그는 게이츠 미 국방장관 내정자에게 전작권 전환 시기를 2012년 4월 17일로 연기하자고 했는데 흔쾌히 합의해주었다며 기뻐했다. 나는 작전통제권을 유엔군 사령관에게 이양했던 7월 14일에서 힌트를 얻어 그 숫자를 반대로 배열해 4월 17일로 전환 일자를 잡은 건 좋았다고 말했다. 이런 택일擇日을 김 장관의 자주국방 의지로 읽고 싶었던 것이다. 그러나 그가 퇴임 후 옮겨 탄 이명박정부는 자기 임기 내에 실현해야 할 이 자주국방의 상징을 미측에 어렵게 부탁까지 해가며 2015년으로 다시 미뤄놓았다. 그리고 박근혜정부가 들어섰다. 이번에는 김 전 장관이 청와대 안보실장이 되어 안보사령탑을 맡았다. 그런데 이미 정부는 전작권 환수를 계기로 한국군 단독 작전통제능력의 신장에 주력하기보다, 미국과 협의하여 전작권 환수 이후의 연합지휘체계를 구상함으로써 전작권 환수의 의미를 퇴색시켜 놓았다고 한다. 과연 박근혜정부가 어떤 2015년을 맞이할지, 노 대통령을 모시고 막대한 국방비 증액까지 감수해가며 자주국방을 추구했던 실무책임자로서 참담할 따름이다.

3

한미관계의 딜레마,
주권과 동맹 사이에서

모든 것이 일치한다면 공조共助라는 말 자체가 필요 없을 것이다. 마치
연주자가 부는 입바람이 통소 속 다양한 면에 부딪쳐서 아름다운 선율
을 내듯이, 국가간 공조도 서로 벗어나지 말아야 할 일정한 범위를 정하
고 그 안에서 서로의 이익을 조율하는 것이다. 따라서 진정한 한미공조
는 우리의 입장과 처지를 미국에게 설득력 있게 설명하고, 또 미국의 처
지를 존중하며 합리적인 절충점을 찾아가는 것이다.

'개념계획 5029'의 작계화를 중단시키다

2004년 9월, 류희인 위기관리센터장이 나를 찾아와 조심스럽게 말했
다. "차장님, 아무래도 한미연합사와 합참 사이에 '개념계획 5029CONPLAN
5029'를 작전계획화(작계화)하려는 움직임이 있는 것 같은데 잘 포착이 안
되네요." 이건 중대한 문제였다.

1993년부터 미국 정부는 북한 내부에 급변사태가 발생하면 이에 대처
하기 위해 한미연합사가 주관하는 계획이 필요하다고 해왔다. 처음에는
한국 정부가 이에 부정적인 입장이어서 논의가 진척되지 못했다. 그러다
가 정권교체기를 틈타 1997년 12월 한미 국방장관이 한반도에서 전쟁 이
외의 사태가 발생할 경우에 대비한 한미의 군사적 대응을 준비해야 한다
는 데 합의했다. 그 결과 1999년 말 한미연합사가 '개념계획 5029'를 수립
했다. 추측컨대 한국 정부가 미국의 계속된 요청에 못 이겨 '작전계획' 대

신 '개념계획'을 세우기로 절충한 것 같았다.

작전계획은 전쟁이 일어났을 때 실제로 수행할 구체적 계획인 반면, 개념계획은 실행으로 옮겨지지 못하는 도상계획이다.[6] 따라서 개념계획이 세워지면 다음 단계는 작전계획 작성으로 넘어가는 게 일반적인 수순이다. 따라서 작전계획이 만들어지는 걸 원하지 않는다면 애초에 개념계획 작성 자체에 동의해서는 안 되는 것이었다.

한미연합사와 합참이 '개념계획 5029'를 '작계 5029'로 전환시킨다는 것은 실로 중대한 의미를 지니는 문제였다. 개념계획은 어차피 실제 상황이 발생했을 때 효력을 갖지 못하지만, 작전계획은 실제 상황에 그대로 적용된다. 따라서 '작계 5029'가 작성된다는 것은 북한에 모종의 급변사태가 생겼을 경우, 이에 대응하는 주체가 대한민국 정부가 아니라 한미연합사가 된다는 의미다. 사후에 조사해보니, 한국 국방관계자들은 대부분 이 문제의 중요성을 제대로 인식하지 못하고 미측의 작계화에 수동적으로 응한 듯했다.

만약 북한의 침공으로 전쟁이 발생하면 한미연합사가 주체가 되어 대응하며, 연합사령관인 주한미군 사령관이 작전통제권을 행사한다. 그런데 문제는 '전쟁이 아닌 상황', 즉 비전시非戰時 상태다. 만약 북한 내부에서 정치적·사회적으로 통제할 수 없는 급변사태가 발생했을 경우, 상황 전개에 따라 달라지겠지만 한반도에서 그 대처의 주체는 당연히 대한민국 정부다. 한국 정부는 북한 비상사태에 대비해서 이미 관련 정부기관들이 참여하는 비상계획을 수립해놓고 있으며, 한국군의 군사대비는 이러한 정부 계획의 한 부분으로서 실행계획이 마련되는 중이었다. 다만 이는 말 그대로 북한의 급변사태라는 비상상황에 대비한 것이기 때문에 국민에게 공개하지 않고 극비로 준비해왔다.

따라서 전쟁 상황이 아닌데 한미연합사가 대응 주체로 나서서는 안 되는 것이다. 한반도에 혼란과 안정, 통일과 재분열 등 기회와 도전이 교차하는 중대한 시기에 한국 정부가 주도적으로 상황을 관리하고 국제사회와 협력하면서 대처해 나간다는 것은 참여정부에서 처음 세운 원칙이 아니라 이미 이전 정부들에서부터 지켜져온 원칙이었다. 그러나 '작계 5029'가 공식화되면 문제는 전혀 달라지게 된다.

나는 류희인 센터장에게 즉시 합참에 관련사항을 문의하고 상황을 보다 정확히 파악해보라고 지시했다. 2004년 11월, 류희인 센터장이 합참으로부터 비공식적으로 '작계 5029' 초안의 일부를 입수했다. NSC사무처는 즉시 통일부·국방부·국정원 등의 관계자들을 소집하여 실무 차원에서 내용 검토에 들어갔다. 나는 그 결과를 가지고 합참에 작계 관련사항을 보고토록 공식 요청하여, 12월 17일 그동안의 경과를 보고받았다.

'작계 5029'(안)을 검토한 결과 심각한 문제점들이 발견되었다. 무엇보다도 주권 침해 가능성이 있었다. 전시가 아닌 북한 급변사태에 우리 정부가 통제해야 할 제반 상황을 실질적으로 한미연합사가 통제하도록 되어 있었다. 그 밖에도 (여기서 밝히기는 어려운) 부적절한 문제점이 여럿 발견되었다.

굳이 '작계 5029'의 구체 내용을 들추지 않아도, 리언 라포트 한미연합사 사령관의 설명을 소개하는 것만으로도 이 계획이 대한민국 정부의 주권을 침해하고 있다는 것을 쉽게 알 것이다. 2005년 1월 19일 권진호 안보보좌관을 예방한 라포트 사령관은 '작계 5029'에 대해서 "군사적 수단은 외교·정보·경제 등과 함께 하나의 범주일 뿐"이라며 "이 계획의 목표는 민간 지도부가 넓은 범위의 선택폭을 가지고 결정을 내릴 수 있도록 지원하는 것"이라고 규정했다. 그는 '작계 5029'를 "연합사 수준의 모델이라기보다는 범정부적인inter-agency 모델이라고 부르는 것이 더 적합할지 모르겠다"고 했다. 내가 보기에, 그는 진심으로 북한 급변사태를 우려하고 있었으며 이에 대처해야 한다고 생각했다.

그러나 그 문제가 한국 정부의 고유 사안이라는 점을 간과하고 있었으며, 결과적으로 한국 정부가 그동안 해온 관련 대비를 무시하고 있었다. 나는 그가 허약한 이라크 정부와 이라크 주둔 미군과의 관계를 모델로 '작계 5029'에서 한미연합사와 한국 정부의 관계를 설정하고 있다는 인상을 받았다. 한국 정부의 위기관리 능력을 과소평가한 것이다.

NSC 상임위원회는 그동안의 검토 결과를 보고받고 '작계 5029'가 우리의 주권을 침해하고, 상황에 따라서는 내정 간섭 장치로 활용될 소지가 있다는 결론을 내렸다. 그래서 제반 상황을 고려하여 일단 중지시키기로 의견을 모으고 대통령 재가를 받았다. 국방부는 1월 중순 이 결정을 한미연합사에 전달했다.

그러나 문제가 이것으로 끝나지 않았다. 미국이 반발했으며, 우리 국방부에서도 이견이 나왔다. 미국은 2003년 한미 고위 군사당국자 간에 이미 합의해서 진행해온 사항을 왜 지금 중단하느냐고 반발했다. 그러나 NSC가 지난 기록들을 조사해보니, 당시 논의한 것은 '5029의 작계화'가 아니라 '개념계획 5029의 개정rewrite of UNC/CFC CONPLAN 5029'이었다. 그런데 이 '개정'이 2004년 1월부터 합참과 한미연합사의 실무진이 토론하는 과정에서 미측의 요구로 '작계화 합의'로 변질된 것이었다. 따라서 청와대로서는 보고를 받지 못했을 뿐만 아니라[7], 한미 양국이 공식 합의하지 않고 진행되어온 사안을 중단시킨 것이기 때문에 미국이 약속 파기라고 주장할 근거도 없었다.

국방부는 논의 초기에 내용 수정을 전제로 작계화를 허용하자며 미 국방부와 유사한 입장을 보였다. NSC사무처와 국방부는 이 문제를 두고 수차례 토론했으며, 그 결과 '작계 5029'가 우리의 관련 대비계획과 상충되며 심각한 문제가 있다는 데 동의했다. 결국 이 문제는 국방부가 미측과 '5029의 작계화'를 중단하고 '개념계획 5029'를 발전시키는 선에서 마무리 짓기로 정리되었다. 이러한 결론을 담은 국방부 보고서를 이지원e-知園으로 열람한 대통령은 6월 2일 다음과 같이 지시했다.

─개념계획이든 작전계획이든 명칭 여하를 불문하고 대한민국의 주권을 침해하
  거나 제약하는 일이 없도록 분명히 할 것.
─북한이 도발하여 반격하는 전쟁의 경우 외에 미국이 북한 내부에 개입하는 것
  은 동북아 정세에 엄청난 긴장을 유발하는 요인이 될 수 있으므로 한국이 사
  전에 이러한 일이 없도록 분명하게 대처하기 바람.
─이러한 사안은 주권사항이자 고도의 정치적 사항이므로 군에서 함부로 합의
  하는 일이 없도록 관리할 것.

　결국 이 문제는 6월 10일 워싱턴에서 열린 한미정상회담에서 결론이 났
다. 노 대통령은 한국이 '5029의 작계화'를 반대하는 이유를 부시 대통령
에게 설명했다. 노 대통령은 "저는 그런 사태에 대해 한국 정부가 상황을
관리할 충분한 역량을 갖고 있다고 생각하며, 만약 어려우면 미국에게 도
움을 요청하게 될 것"이라고 했다. 그리고 "북한에 대한 정치·군사적 관
리는 한국 정부가 주도해야 주변국과의 관계에서 긴장이 없다"며 "미국이
관리할 필요가 있는 것에 대해서는 한국에 요청하면 한국 정부가 얼마든
지 협조할 것"이라며 부시 대통령을 설득했다.
　부시 대통령은 노 대통령의 설명에 이해를 표시했다. 따라서 한미정상
회담 후 양국은 '작계 5029'를 중단하는 대신에 '개념계획 5029'를 발전시
키기로 합의하고 구체적인 협의에 들어갔다. 7월 초, NSC 상임위는 대통
령 지시에 기초해서 대미 협의 관련 정부지침을 작성하여 관계자들에게
전달했다.

'5029'의 언론 유출과 누설자의 정체

　'5029'는 개념계획이건 작전계획이건 극비의 보안문서다. 사실 '5029'만
이 아니라 북한 급변사태에 대비하는 계획은 모두 극비문서에 해당한다.

이것이 공개되면, 북한에게 앞마당에서는 화해협력하자고 손을 내밀거나 혹은 핵을 포기하면 밝은 미래가 열린다고 공언하면서 막상 뒷마당에서는 상대방의 관을 짜고 있는 격이 될 수밖에 없다. 따라서 정부는 모든 경우의 수에 대비하여 계획은 수립하지만, 이를 공개하지 않는 것이다. 만일 이를 공개하거나 공론화하는 정부가 있다면 그것은 남북대화를 포기하겠다는 것이며, 남북관계를 악화시켜 뭔가 다른 정략적 이익을 얻겠다는 술수로 보아야 한다.

그런데 정부 내에서 '5029' 작계화 문제가 논의되고 미국과 협의하던 와중에 그 내용이 언론에 누설되는 최악의 상황이 벌어졌다. 2005년 2월 중순경 월간 『신동아』의 황일도 기자가 '5029'의 작계화에 대해 묻는 질의서를 NSC사무처로 보내왔다. 우리는 깜짝 놀랐다. 황일도 기자는 '5029'의 내용을 속속들이 알고 있었다. NSC 상임위 수준에서 내부 논의를 진행한 지 한 달밖에 되지 않았는데 그가 알고 있는 정보 수준은 대단했다. 이미 충분한 취재를 해놓고 추가 취재 차원에서 질의서를 보내온 것 같았다.

NSC와 국방부에 비상이 걸렸다. 정부 관계자들이 황 기자를 만나 사안의 민감성을 설명하며 보도하지 말도록 설득했다. 나도 『신동아』 편집장에게 사정을 설명하고 협조를 요청했다. 그러나 보도를 한 달은 늦췄으나, 결국 『신동아』는 2005년 4월호에 「한미연합사 유사시 대비 '작전계획 5029-05' 추진, '북한 붕괴 유도책' 논란 (…) 정부 뒤늦은 혼선」이란 제목으로 이 문제를 대대적으로 보도했다.

상황은 심각했으나 NSC는 이를 부정할 수 없었다. 이미 언론이 상당한 정보를 가지고 쓴 기사를 부정하는 것은 국민을 속이는 일일 뿐만 아니라 다른 언론에 의해 후속 보도가 이루어질 경우 호미로 막을 일을 가래로도 못 막는 재앙을 맞을 수도 있었다. 따라서 NSC는 정공법을 택했다. 국민들에게 '5029'의 작계화 중단 이유를 정확히 밝힘으로써 국민의 이해를 구하고, 언론에도 사안의 중대성을 설명하여 추가 보도도 막자는 계산이었다. 3월 21일 다음과 같은 내용의 보도자료를 내놓았다.

NSC는 한미연합사가 「작계 5029」 수립을 추진하고 있다는 사실을 인지하고 그 내용을 검토하였음. 검토 결과 同(案)이 한미 군 당국간에 추진되기에는 적절치 않은 내용을 다루고 있으며, 同(案)의 여러 사항들이 대한민국의 주권행사에 중대한 제약요소로 작용할 수 있다고 판단하였음. 이에 NSC 상임위원회는 '同 작계 추진 중단'이 필요하다고 결론지었으며, 국방부는 이 사실을 연합사측에 전달하였음.

나는 후속 보도를 차단하기 위해서라도 정보 누설자를 꼭 색출하고 싶었다. 그러나 정보 누설자가 누군지 감조차 잡히지 않았다. 아무리 생각해봐도 어떻게 '5029' 내용이 유출되었는지 이해가 되지 않았다. 워낙 국내 보안이 철저했기 때문에 국방부에서도 그 내용을 알고 있는 사람은 소수였다. NSC사무처는 물론이거니와, 국방부도 이미 2004년 이후에는 중요한 보안사항이 거의 외부로 유출되지 않았다. NSC사무처를 견제하는 내부 세력도 초기에는 이 논의 자체를 몰랐기 때문에 그쪽에서 유출했을 리도 없었다. 상황을 뻔히 알면서도 내부 조사를 해보았지만 소용이 없었다. 그러나 한국 언론에 유출되었으니 언론 누설에 대한 책임은 한국 정부에 있었다.

결국 이 보도의 충격은 매우 컸다. 북한의 반발도 반발이지만, 특히 미측에서 강도 높게 반발하고 나섰다. 민감한 내용이 담긴 '작계 5029' 관련 보도는 한미동맹에 부정적 영향을 미치며, 이는 결국 한미간에 문제가 있는 것으로 비쳐질 소지가 있다는 것이다. 미국의 한반도 담당 관리들은 한국 정부에 강한 불신감을 표명했다. 그들 중 일부는 심지어, 한국 NSC가 고의로 '5029'를 언론에 누설하여 '주권침해 가능성'이 있다고 밝힘으로써, 국민여론을 등에 업고 미국의 입장을 어렵게 하여 작계화를 중단시키려 했다는 의구심을 가지고 있었다.

럼스펠드 국방장관과 롤리스 부차관보도 언론 유출에 강한 유감을 표명해왔다. 롤리스가 워싱턴을 방문한 한국 정치인들에게 '5029'의 중단과 '5029'의 언론 유출사태를 거론하며 한미동맹이 내리막 추세라고 말했다는 보도가 신문 지면을 장식했다. 부시 대통령도 6월 10일 한미정상회담에서 노 대통령에게 "이 계획이 누설되면 실제로 그렇지 않은 데도 불구하고 마치 그를(김정일—인용자) 타도하기 위한 계획을 수립하는 것으로 비춰질 수 있기 때문에 외교·국방당국자들이 이를 누설하지 않는 게 중요하다"고 강조했다. 한마디로 『신동아』 보도를 계기로 한국 정부의 보안 신뢰도는 크게 추락했고, 한미동맹에도 부정적 영향을 미쳤으며, 그로 인해 '5029'와 관련한 대미협상에서도 어려움을 겪었다.

결국 내가 직접 미국을 방문하여 상황을 안정시켜보기로 했다. 2005년 4월 말, 워싱턴을 방문하여 관계자들을 만났다. 먼저 나의 미국측 파트너인 크라우치 부보좌관 등 미국 NSC 관계자들을 만난 뒤, 이 문제의 담당자 롤리스를 만났다.

그런데 미 NSC 관계자들과의 만찬 대화에서 그린 보좌관으로부터 뜻밖의 얘기를 들었다. 그는 '5029'에 대한 역대 한국 정부의 입장에 대해서 잘 알고 있었다. 그는 1990년대에 자신이 미 국방부 컨설턴트였다며 이렇게 얘기했다. "'작계 5029'에 관한 논의가 처음 시작된 것은 김영삼정부 때였고, 김대중정부와도 논의가 되었던 문제입니다. 당시 한국 정부는 이 구상을 혐오했습니다. 지금 차장님이 말한 그런 이유 때문이었습니다." 나는 한국에서조차 역대 정부가 '5029'에 대해 어떤 입장이었는지를 경험자로부터 직접 들은 적이 없었다. 그런데 뜻밖의 장소에서 상대측으로부터 나의 행위가 보수·진보 정권을 넘어 역대 정부가 지키려던 가치를 마찬가지로 지키기 위한 노력이라는 사실을 확인했다.

4월 28일에는 롤리스를 만났다. 위계적 공무원 사회에서 따지는 직급으로 보면 내가 그를 만나 직접 논의하는 게 적절치 않은 면도 있지만, 지금은 그것을 따질 계제가 아니었다. 문제 해결의 열쇠는 그와 그의 직속 상관인 럼스펠드 국방장관이 쥐고 있으니, 그의 이해부터 구하는 것이 절실했다. 나는 서두에『신동아』보도 사건에 대해 해명부터 했다. 뒤이어 4월에 나온《오마이뉴스》와『한겨레』의 관련 보도에 대해서도 군색한 해명을 했다. 이어서 '5029'에 대한 우리 입장도 설명했다. 요약하면 비非전시 상황인 북한 급변사태에 대해 대한민국 정부가 주권적 차원에서 주도적으로 책임진다는 것은 본질적인 원칙이라는 점을 말했다. '5029' 작계화는 비전쟁상황을 군사적 작전계획으로 대처하려 한다는 점에서 근본적으로 적절치 않다는 점도 얘기했다.

롤리스는 현재 한미동맹의 상황이 실제보다 나쁘게 인식되고 있고, 동맹 관리에 문제가 생기고 있다며 이렇게 말했다.

"제일 큰 문제는 비밀리에 논의를 하고 문제를 해결하지 못 한다는 데 있습니다. 한국측으로부터 적절한 설명을 듣지 못하는 가운데 미국 국방부가 한국 언론에게 시달리고 있는 상황인데, 이런 상황은 한국에 방위공약을 하고 있는 우리나 양국간 동맹을 위해서도 좋지 않습니다. (…)『신동아』『한겨레』《오마이뉴스》등 동맹을 어렵게 하는 언론은 근본적으로 반미주의자들이고 동맹을 훼손시키고 싶어 하는 사람들입니다. 그게 아니라면 그렇게 자세한 기사를 실을 이유가 없습니다.『신동아』는 비교적 보수적인 언론인 동아일보사에서 출간되는 월간지이긴 합니다만, 이 문제에 있어서는 마찬가지입니다. 그렇지 않고서는 이렇게 믿을 수 없을 정도로 상세하게 5026, 5027, 5029 등 극비계획을 노출시킬 이유가 없습니다. 정말 믿을 수 없을 정도입니다."

그는 "진보 언론이든 보수 언론이든 한국 언론은 한미 양국의 국방부 및 안보당국간(인식)에 단절이 있다는 것을 느끼고서, 그 목적이 무엇이든지 간에 이 단절을 이용하고 있는 것"이라고 자기의 소감을 밝혔다. 즉, 한국 언론이 한국 정부의 동맹 관리에 문제가 있다고 느껴서 이런 기사도 나오는 것 아니냐는 투였다.

그는 NSC사무처가 『신동아』 보도에 대한 대응으로 낸 보도자료가 '작계 5029'의 중단사유를 '주권 제약 소지'로 밝힌 것에 대해서도 "동맹이 마치 한국의 주권을 훼손하는 듯한 느낌을 주었다"며 유감스러워했다. 이 부분에 대해서는 나도 내심 그의 말에 동의하는 편이었다. 미국은 자신들이 한국의 주권을 제약한다고 인식되는 것을 극도로 꺼린다. 우리도 그걸 잘 알고 있다. 그러나 문제는 우리 사정이었다. 도대체 한미동맹을 금과옥조로 여기는 나라에서 '작계 5029' 중단 같은 한미관계의 대형 사안을 '주권 제약 소지' 이외에 무엇으로 국민들을 납득시킬 수 있단 말인가. 이 본질적인 답변 외에는 어떤 이유를 붙여도, 참여정부는 '반미' '한미동맹 파괴자'라는 야당과 거대 언론의 파상적인 공격에서 벗어날 수 없을 것이다. 그러나 미국의 한반도 담당 관료 중 이러한 한국 정부의 입장을 이해하는 이는 드물었다.

이 사건이 있은 지 9년이 지난 2014년 3월 초, 나는 이 책의 집필을 마무리하면서 황일도 기자에게 전화를 했다. 오래전에 이미 여러 차례 물었어도 대답을 듣지 못했지만 밑져야 본전인 셈치고 마지막으로 다시 물어보았다. 이제는 세월이 꽤 흘렀으니 얘기해줄 때가 되지 않았느냐며, 당시 누구에게서 취재했느냐고 물었다. 그는 처음에는 주저했으나 충격적인 사실을 털어놓았다. 놀랍게도 그는 취재원이 미국측 인사였다고 했다. 누구인지 구체적으로 알려줄 수 없지만, "당시 차장님도 잘 아는 사람"이었다고 했다. 이 미측 인사로부터 얘기를 듣고 나서 여기저기 추가 취재를 해서 기사를 작성했다는 것이었다. 오랫동안 국방문제를 취재해온 황일도 기자는 "아마 미국 쪽에서 차장님 입장을 어렵게 해서 '5029' 협상을 유리하게 이끌 계산을 했었던 것 같다"고 귀띔했다. 그의 말로 미루어 미측 인사는 바로 미 당국자였다.

나는 망치로 뒤통수를 맞은 것 같았다. 한미간 논의에서 한국 정부를 수세로 몰아넣기 위해 미국 당국자가 『신동아』에 제보해서 발생한 일이라니, 황당하고도 참담했다. 『신동아』 보도가 아니었다면 나는 미국에 가지도 않았을 것이다. 그런데 한쪽에서는 '작계 5029'를 한국 언론에 흘려놓고, 다른 한쪽에서는 그걸로 한국 정부를 쥐고 흔들었단 얘기 아닌가. 한국 정부가 언론에 일부러 누설한 것 아니냐는 미국측의 추궁에 보안을 지키지 못한 '죄'로 대꾸도 제대로 하기 어려웠는데……!

나는 언론보도와 국익에 대해서도 생각해보았다. 그러나 지금이라도 진실을 말해준 황 기자가 고마웠다. 그는 내게 미안해했지만, 어느 기자가 특종을 놓치려 하겠나 하는 생각에 괜찮다고 말해줬다. 미국에 대해서도 그런 비열한 당국자가 존재했던 시기는 부시정부에 국한되었기를 바랄 뿐이다.

한편 보수진영 일각에서는 참여정부가 북한의 눈치를 보느라 '5029의 작계화'를 막았다고 비난해왔다. 심지어 북한 눈치를 보느라 북한의 급변사태에 대한 대비도 하지 않았다고 비난하는 이들도 있다. 참으로 터무니없는 비방이었다. 정부가 모든 경우의 수에 대비하는 것은 당연한 의무다. 참여정부는 북한과 평화번영을 향한 화해협력을 추구했지만, 다른 한편 북한 급변사태에 대비한 준비도 충실하게 하고 있었다.

나는 어떤 정부이든 현재진행형인 '5029' 문제를 잘못 처리하면 역사와 후대에 씻을 수 없는 과오를 범하게 될 것이라고 생각한다. '5029'를 작계화하지 않는다고 해서 한미동맹에 문제가 생기지 않는다. 미국과는 우리가 상황에 맞게 협력하는 방법을 찾으면 된다. 북한 급변사태 대비의 핵심은 정치·외교·사회적인 문제이며, 군사적인 부분은 필요하면 한국군이 담당하면 되는 것이기에 대한민국 대통령이 지휘하는 한국 정부가 주체가 되어야 함은 당연하다. 이것이 헌법에 규정된 대통령의 기본 의무이며 국민의 의지라는 점을 이후 정부들도 잊지 않았으면 좋겠다.

'전략적 유연성 합의'에 대한 상반된 평가

2008년 5월, 나는 김대중평화센터에서 열리는 6·15공동선언 8주년 기념 행사준비위원회 모임에 참석했다. 이 자리에서 경제학자이자 금융기관의 수장을 지낸 원로인사가 참여정부가 주한미군의 전략적 유연성strategic flexibility을 인정해줌으로써 동북아 분쟁에 우리가 휘말리게 되었다며, 참여정부가 마치 주권을 팔아넘기기나 한 양 성토하는 것을 보았다.

무슨 판단으로 그런 말을 하는지 모르겠으나, 국방 분야에 특별한 지식이 있어 보이지 않는 분이 확신에 차서 용산기지 이전, 주한미군 재배치, 한국 정부의 국방비 증대 등이 주한미군의 전략적 유연성을 위해 이루어지고 있다고 주장했다. 말하자면 모든 것이 다 '전략적 유연성'과 결부되고 있었다. 나는 그의 왜곡된 주장에 충격을 받았다. 그 정도 되는 인사가 저렇게 말할 정도라면 일반 국민들에게 주한미군의 전략적 유연성 합의가 얼마나 왜곡된 채 받아들여졌을까?

2006년 1월 19일, 반기문 외교장관과 라이스 국무장관은 한미장관급 전략대화를 마치고 공동성명을 발표했다. 여기에는 전략적 유연성과 관련해 다음과 같은 내용이 들어 있다.

① 한국은 동맹국으로서 미국의 세계 군사전략 변혁의 논리를 충분히 이해하고, 주한미군의 전략적 유연성의 필요성을 존중한다.(The ROK, as an ally, fully understands the rationale for the transformation of the U.S. global military strategy, and respects the necessity for strategic flexibility of the U.S. forces in the ROK.)

② 전략적 유연성의 이행에 있어서, 미국은 한국이 한국민의 의지와 관계없

이 동북아 지역분쟁에 개입되는 일은 없을 것이라는 한국의 입장을 존중한다.(In the implementation of strategic flexibility, the U.S. respects the ROK position that it shall not be involved in a regional conflict in Northeast Asia against the will of the Korean people.)

짧고도 명료한 이 두 문장을 두고 한국이 어떻게 미국에 주권을 팔아넘겼다고 해석할 수 있는 걸까. 이 두 문장의 내용이 실제 정책에서 실현된다고 가정하고 다시 표현하면, 한국은 주한미군이 미국의 군사전략 변화로 해외를 왔다갔다 해야 할 필요성이 있다는 것을 존중하되, 미국도 주한미군이 동북아 지역을 왔다갔다 하는 것은 한국의 사전 동의가 필요하다는 한국의 입장을 존중한다는 것이다. ①항은 미국의 요구사항이며, ②항은 주한미군이 동북아 분쟁지역으로 투입됨으로써 자칫 한국이 자동적으로 그 분쟁에 휘말릴 가능성을 차단하기 위해 한국이 요구해서 만든 조항이다. 한국 입장에서는 주한미군이 서남아시아나 유럽, 중동 등 동북아 밖의 다른 지역으로 차출되는 것은 말릴 이유가 없다. 그러나 주한미군이 동북아로 차출되는 것은 다른 문제이기 때문에 이 조항을 넣은 것이다.

그런데 이 합의는 법률적 구속력이 없는 정치적 선언의 형식을 띠고 있다. 법률적 위상을 지닌 (그러나 주한미군의 역할 등을 둘러싸고 한미 양국의 해석 차이가 있는) 한미상호방위조약과의 상충 가능성을 방지하기 위해서 그렇게 한 것이다. 즉 이 성명은 정치적 선언이며, 주한미군의 동북아 분쟁 개입을 차단하기 위해 ②항을 두었기 때문에 문제가 없다는 외교부 조약국의 유권해석을 받았다. 양국이 서로의 필요성이나 입장을 존중하는 형식을 취했다. 이를 두고 적지 않은 사람들이 한국이 주한미군의 전략적 유연성을 전면적으로 인정했다고 주장했다.

나는 이것이야말로 우리 안에 존재하는 패배주의라고 생각한다. 왜 양국이 서로의 입장을 존중한다고 선언했는데, 미국이 우리에게 약속한 것은 지켜지지 않을 수도 있으며, 우리가 미국에게 약속한 것은 반드시 지킬 수밖에 없다고 생각하는 걸까? 나는 이를 '진보 사대주의'라고 생각한다. 노 대통령도 전략적 유연성 합의 직후 쏟아지는 이런 식의 비판에 대해 "우리의 의견이 무시될 가능성이 있다는 견해가 있지만 우리 정부가 손 놓고 있는 것은 아니다. 패배주의적 문제 제기는 실익이 없다"고 선을 그었다.

심지어 어떤 이들은 ②항 영문의 'it'과 관련해서 합의 당사자였던 반기문 장관은 '한국'으로 해석한 데 반해 송민순 통일외교안보정책실장은 '주한미군'으로 해석하고 있다며, 이를 중대한 '혼선'으로 규정하고 무슨 음모라도 있는 양 의혹을 제기했다. 그러나 두 사람 얘기가 다른 게 아니며 어떤 음모도 없다. 'it'은 한글합의문에 명기되어 있는 것처럼 '한국'을 가리키는 것이다. 그런데 이 문장은 주한미군이 동북아 분쟁에 개입함으로써 한국이 동북아 분쟁에 자동개입이 되는 사태를 우려해서 만든 것이다. 따라서 문장 형식으로 'it'은 '한국'을 가리키지만 뜻으로는 '한국'으로 이해하건, '주한미군'으로 이해하건 차이가 없다.

전략적 유연성 문제는 나 개인적으로도 고통스러운 일이 꽤 있었기에 회상조차 하기 싫을 만큼 말도 많고 탈도 많았던 문제였다. 하지만 한미관계의 중요한 측면을 엿볼 수 있는 사건이기도 했다.

주한미군의 전략적 유연성이란 주한미군이 유사시 한반도에서 다른 지역으로 혹은 다른 지역에서 한반도로 용이하게 이동할 수 있는 유연성을 갖추는 것을 말한다.* 사실 그동안 주한미군은 군이 한국 정부와 별도로 합의하지 않고도 마음대로 한반도에서 다른 지역으로 드나들었다. 2004

---

* 2005년 2월 미 국방부가 우리 정부의 요청으로 제시한 전략적 유연성의 개념은 다음과 같았다. "미국의 범세계적 우발사태 대처 소요 및 훈련 소요 충족을 위해 주둔국 정부와 적시의 협의를 바탕으로 미국 군대 및 병참지원을 주둔국으로부터, 또는 주둔국을 통해 배치하기 위한 유연성"

년 여름에 주한미군 1개 여단 병력을 일방적으로 이라크 전선으로 보낸 것이 그 단적인 예다. 미 국방부는 유럽 주둔 미군을 이라크전에 투입시키는 과정에서 주둔국 정부가 문제를 제기해 어려움을 겪었기 때문에, 이러한 사태를 방지하고자 미리 한국 정부와 전략적 유연성에 대해 합의를 하려는 것이라고 설명했지만 납득하기 어려웠다. 그래서 나는 전략적 유연성 문제가 제기된 후 미 국방부가 한국 정부에 이 문제를 제기한 경과를 되짚어보았다.

최초 시점은 참여정부 출범 때였다. 2003년 2월 말 롤리스 부차관보가 방한하여 우리 국방부에 동맹의 역할·성격을 북한의 위협에 대한 대처 위주에서 지역의 안정 차원으로 차츰 발전시켜, 한반도와 주변지역 유사 상황에 대응한다는 구상을 제시했다. 즉, 한국 방어에서 한국군의 역할을 높이는 대신에 주한미군의 역할을 한반도 주변지역 차원으로 확대한다는 구상이었다. 그러나 정부는 그것이 동북아에서 주한미군이 평화유지를 위한 균형자 역할을 한다는 의미라면 환영할 일이지만, 자칫 지역분쟁 개입으로 이어질 가능성도 배제하기 어려워 신중한 입장을 취했다.

따라서 2003년 5월 한미정상회담에서, 미국 정부는 '주한미군의 지역 역할 제고'를 공동성명에다 분명히 하기를 원했으나 우리 정부의 반대로 실현되지 않았다. 이후에도 미국은 한미간의 회의 때마다 "지역 및 세계적 긴급상황을 위한 주한미군의 한반도 밖 전개"가 이루어져야 한다는 의견을 강하게 제시했다. 정부는 "한미상호방위조약의 해석상 주한미군의 지역적 역할 확대를 인정하기 곤란하다"는 외교부 조약국의 해석에 따라 별도의 근거 및 논리 검토가 필요하다고 대응했다. 반면에 미국은 한미상호방위조약에 근거해서도 주한미군의 지역 차원의 역할이 가능하다는 입장을 보였다.

2003년 11월, 롤리스는 한미국방관계자회의Pre-SCM에서 주한미군의 지역 역할 증대와 사실상 같은 의미로 '전략적 유연성'이라는 말을 최초로 외교부장관과 국무총리의 결재를 거쳐 대통령이 승인한 전략적 유연성 관련 대미협상 계획 문서. 구체적인 협상 방침과 일정을 담아 협상에 나섰다.

사용했다. 한국 정부는 롤리스에게 이 용어의 개념을 규정해달라고 했으나, 당시는 자기들도 개발중인 개념이라 확실하게 규정하지 못하다가 2005년 2월에 가서야 우리 정부에 알려왔다. 이런 과정을 돌아보며, 나는 롤리스가 제시한 전략적 유연성은 주한미군의 지역 역할 증대에 초점이 맞추어져 있다고 판단했다. 물론 이는 단순히 주한미군의 변화를 넘어서, 미국이 과거보다 적은 숫자의 해외 주둔군 병력으로 세계 전체를 커버하기 위해 나온 세계 군사전략 변화의 일환이라는 것은 분명했다.

그러나 우리에게 주는 가장 큰 의미는 주한미군이 동북아 분쟁의 발진기지가 될 수도 있다는 것이었다. 노 대통령도 이 점을 우려하여 2003년 7월 18일에 열린 안보관계장관회의에서 "미군이 한반도 지역 외의 작전에 개입하기 위해 주한미군 기지를 사용할 경우 우리의 국익에 반하거나 국가 위신이 손상될 수도 있는 상황에 대비하여 반드시 우리 정부와 사전 협의하고, 우리의 의견이 반영될 수 있는 법적인 기반이 마련되어야 한다"고 강조했다. 대통령은 "이 문제를 현상황에서 부각시킬 필요는 없지만 자주국가로서 안전과 위신을 지킬 수 있는 여지 확보를 위해 사전 대비"를 하라고 지시했다. 2004년 이후 참여정부의 전략적 유연성 협상에서 핵심 관건은 이를 인정함으로 인해 한국이 동북아 분쟁에 휘말리는 사태를 방지할 수 있느냐였다.

그런데 미 국방부는 이미 주한미군의 전략적 유연성과 관련하여 두 가지 양보 불가 사항을 명확히 밝혔다. 첫째, 한국 정부가 주한미군의 전략적 유연성을 끝내 인정하지 않는다면 주한미군을 철수할 수밖에 없다고 배수진을 쳤다. 한미상호방위조약을 근거로 주한미군의 전략적 유연성 자체를 인정하지 않으려는 한국 정부에 대해, 미 국방부는 그렇게 되면 지구상에 미군의 전략적 유연성이 없는 나라는 한국뿐이라고 강하게 항변했다. 한국을 도와주기 위해 와 있는 군대 일부가 자기 나라 사정이 어려워져서 그 문제를 해결하러 이동하겠다는데, 그걸 막는 동맹이 어디 있느냐는 것이다. 둘째, 주한미군이 해외로 차출될 때 한국 정부의 사전 동의가 필요하다는 한국 주장에 대해서 미국 군대는 오직 미국 대통령의 지휘만을 받는다며, 불가하다고 밝혔다.

나는 미국의 이러한 태도에 대해, 우리로서는 난감한 일이지만 미국 입장에서는 그럴 수 있다고 생각했다. 문제는 우리의 태도다. 우리 정부가 주한미군 철수를 감수하고라도 전략적 유연성에 반대하고 최소한 '사전 동의 제도'를 확보하는 협상전략을 택할 것인지 여부만 결정하면 된다. 그러나 이러한 모험은 국민이 참여정부에게 준 권한을 넘어서는 행위다. 전문가 수준에서야 아무리 주한미군이 미국의 세계전략 필요상 한국에 주둔하고 있다고 주장한들, 우리의 안보 현실과 일반적인 국민인식으로는 한국 방위를 위해 있는 것이고, 또 그것은 역사적 사실이기도 하다. 따라서 정부는 미국이 이미 선을 그은 그 두 가지 불가사항을 전제로 협상을 할 수밖에 없었다.

이와 관련해서 노 대통령은 2004년 6월 7일 "주한미군의 전략적 유연성을 무조건 안 된다고 하거나 미군이 왔다갔다 하는 것에 대해 한국의 승인을 받으라고 하는 것은 쉽지 않을 것"이라고 내다보았다. 그리고 전략적 유연성 합의가 이루어진 뒤인 2006년 1월 25일에는 "주한미군의 철수를 요구하기 전에는 전략적 유연성을 인정하는 게 불가피한 것 아닌가? 주한미군의 움직임을 한국군이 일일이 통제한다는 것은 기본적으로 불가능한데, 마치 이를 통제할 수 있는 것처럼 망상을 가져서는 안 된다"고 지적했다.

전략적 유연성 협상의 분수령, 한미정상회담

원래 외교부는 전략적 유연성 문제를 2004년 말까지 미국과 협상하여 마무리를 짓자고 NSC에 제안했었다. 그러나 NSC사무처는 이 문제를 집중 검토해본 결과 단기적으로 해결할 수 있는 사안이 아니라고 판단했다. 처음에는 일본처럼 사전협의제를 두는 것도 고려했으나, 주일미군의 운용사례를 보니 별로 효과가 없었다. 주일미군의 해외이동시 사전협의에 대해, 일본측은 일본이 비토권을 확보한 것이라고 인식한 반면에 미국은 일본측의 비토를 의미하지 않는다고 인식했으며, 실제 양국간 사전협의도 활발하지 않았다. 따라서 사전협의제도가 자칫 미측에게 전략적 유연성이라는 면허증만 발급하게 될 것이라는 우려가 제기되었다.

이 문제를 좀 더 심도 있게 연구할 시간이 필요했다. 아울러 주한미군 재배치, 주한미군 감축 협상 등이 진행되거나 예정되어 있는 2004년도에 이 문제를 미국과 협상하는 것은 우리의 협상력을 약화시킬 가능성이 커 보였다. 따라서 NSC 상임위는 이 문제의 협의시기를 2005년 이후로 미루기로 결정하고, 2004년 5월 미측에 정식으로 협상 연기를 제안했다.

정부는 대미협상에 나서며 확정하고 있던 것은, 주한미군의 전략적 유연성을 원칙적으로 인정하되 동북아 지역 내의 주한미군 이동에 대해서는 한국 정부의 사전 동의를 받아야 한다는 것이었다. 그리고 양국간 합의의 수준은 "주한미군의 행동 범위에 관해서 사전에 모든 것을 규정하려 하지 말고 많은 부분을 해석으로 넘기라는 것"이었다. 이것은 노 대통령의 특별지시였다. 대통령은 "국민들은 '사전에 못을 박으라'고 요구할 것이나, 정치적인 전략적 유연성이란 것도 항상 있는 것이고, 미국의 입장도 있는 것이기 때문에 '우리 한국만 지켜 달라'고 하기는 곤란하다"고 했다. 따라서 "합의는 추상적으로 하고 '그때그때 합의하자'고 하는 게 좋다"고 지침을 내렸다.[8]

한편 시민사회와 일부 언론, 정치권에서는 정부가 전략적 유연성을 인정하여 주한미군의 동북아 분쟁 개입의 길을 열어주는 것 아니냐는 우려의 목소리가 끊이지 않았으며, 각종 사실을 왜곡하는 폭로가 이어졌다. 급기야 외교부 요청으로, 내가 외교부 기자단에게 백그라운드 브리핑(배경설명, 2004년 12월 3일)에 나서야 할 정도로 상황이 심각했다. 나는 기자들에게 우리의 과제가 전략적 유연성을 인정하되, 동북아 분쟁지역에 주한미군이 개입할 수 있는 소지를 차단하는 것이라고 밝혔지만, 일부에서는 여전히 의혹의 눈길을 거두지 않았다. 이러한 상황에서 미 국방부는 동북아 지역 내에 한해서일지라도 자국 군대의 차출에 주둔국이 사전 동의를 요구하는 것은 수용할 수 없다는 입장을 강하게 견지하고 있었다. 협상의 전망이 낙관적이지 않았다.

노무현 대통령은 결심했다. 국민들에게 주한미군 전략적 유연성 협상에 나서는 정부의 기본 입장을 설명하여 의혹을 잠재우고, 미국에게는 대통령의 이름으로 이 협상에서 한국 정부가 물러설 수 없는 마지노선을 보여주기로 했다. 바로 이러한 맥락에서 공군사관학교 연설(2005년 3월 8일)이 나왔다. 이 연설에서 대통령은 다음과 같이 말했다.

"주한미군은 한반도의 평화와 안정을 위해서 매우 중요하고, 앞으로도 지속적인 역할을 해나갈 것입니다. 최근 일부에서 주한미군의 역할 확대를 둘러싸고 여러 가지 우려의 목소리가 나오고 있습니다. 이른바 '전략적 유연성'에 관한 문제입니다. 그러나 **분명한 것은 우리의 의지와 관계없이 우리 국민이 동북아시아의 분쟁에 휘말리는 일은 없다는 것입니다.** 이것은 어떤 경우에도 양보할 수 없는 확고한 원칙으로 지켜나갈 것입니다."(강조는 필자)

대통령의 위 발언 중 강조 부분은 이후 대미협상 과정에서 우리 정부안으로 그대로 반영되었으며, 결국 최종 합의문에도 제2항으로 실리게 되었다.

대통령의 공군사관학교 연설은 예상외로 미국측의 큰 반발을 불러왔다. 미 국방부가 전략적 유연성 협상에서 가장 성취하고 싶은 목표로 향하는 길에 노 대통령이 차단막을 설치했기 때문이다. 나는 대통령의 연설이 있던 날 저녁에 크리스토퍼 힐 주한미대사를 만났다. 나는 힐 대사에게 대화 첫머리에 덕담을 건넸다. "대사님께서 한국에 오셔서 한미간 우호가 증진된 것을 높이 평가합니다. 물론 가끔씩 불편한 일도 있어서 걱정하셨을 때도 있었겠지만 말입니다." "바로 오늘 오후같이 말인가요?" 힐 대사는 평소의 그답지 않게 불편한 기색을 감추지 않고 곧장 응답했다. 대통령의 전략적 유연성 발언 때문이었다. 나는 힐 대사에게 우리 정부 입장을 설명했다.

"전략적 유연성과 관련 협의는 원래 미측에서 제안했던 것입니다. 그런데 지난 2년간 동맹 재조정이 가장 큰 관심사였기 때문에 이 문제 논의는 연기되었다가 올 1월부터 재개되었습니다. 그리고 작년 하반기부터 특히 민노당과 시민단체가 이 개념에 대해 오해를 해서 우리 정부로서는 입장을 밝혀야 했던 것입니다. (…) 한국은 기본적으로 미국의 전략적 유연성 개념을 받아들입니다. 그러나 전세계 200여 개의 국가가 있는데, 그중 동북아 지역의 분쟁에 주한미군을 투입하는 것은 받아들이기 어렵습니다. 그것만 제외하고는 문제가 없습니다. 즉, 200개 국가 중 나머지 196개국에 미국이 전략적 유연성을 보이는 것은 상관이 없습니다."

힐 대사는 내 얘기를 듣고, 전략적 유연성은 "단지 이론적으로만 GPR(해외 주둔 미군 재배치 검토)의 문제"라며 두 달 전 라포트 주한미군사령관에게 이 문제에 대해 물었더니 "이것은 사실 아무것도 아니다. 단지 워싱턴에서 요구하고 있는 이론적인 문제다"라고 답했다고 말했다. 사실 힐 대사는 나를 만나 전략적 유연성 문제를 얘기할 때마다 롤리스가 불필요한 개념을 만들어 일을 어렵게 하고 있다고 불편해했다.

힐 대사는 자신이 전략적 유연성을 이론상의 문제라고 보는 이유를 이렇게 설명했다.

"하나 가정을 해보겠습니다. 만약 한국과 미국이 지금 주한미군으로 중국을 언제든지 침공할 수 있다는 합의를 문서화했다고 칩시다. 그리고 어떤 시점에 미국이 실제로 중국을 공격하려고 한국에 와서 6년 전 우리가 합의를 했으니 주한미군으로 함께 중국을 공격해야 한다고 말할 경우, 나나 차장님이나, 또 아이큐 50 정도만 넘는 사람이면 누구든지 이 문서로 된 합의가 아무 쓸모도 없다는 것을 알게 될 것입니다. 내가 볼 때 전략적 유연성을 보장하는 것은 (효력도 없는 문서로 된 합의문이 아니라) 위기시든 평시든 긴밀한 협의를 통해 서로에 대해 완벽하게 이해하는 좋은 동맹입니다. 그럴 경우 중요한 문제가 제기되었을 때, 우리는 친구이고 서로에 대해 완전하게 이해하기 때문에 조화롭게 해결할 수 있습니다."

나는 힐 대사의 얘기를 듣고 박수를 칠 뻔했다. 전적으로 옳은 얘기다. 도대체 왜 미 국방부는 우리에게 미래에 별로 효용성도 없으면서 복잡하기만 한 사안을 가지고 와서 동맹을 괴롭히나? 사실 힐 대사의 얘기는, 미래에 발생할 어떤 상황에 대해선 그때 가서 한미가 합의하는 방향으로 전략적 유연성 합의문을 만들어보라는 노 대통령의 지시와 거의 일치하는 것이었다. 힐은 "미국 정부가 전략적 유연성 이슈를 한국 정부에 심각하게 제기하지 않도록 워싱턴을 설득중이었다"며, 그러나 그 노력이 "오늘 대통령 연설로 어렵게 되었다"고 말했다. 하지만 우리가 어떻게 그런 노력을 알 수 있었겠는가? 그리고 힐 대사가 나름 노력할 테지만, 일방주의에 익숙한 네오콘이 기승을 부리는 워싱턴에서 그의 합리적 주장이 대세를 장악하기는 어려웠을 것이다.

나는 힐 대사가 대통령 연설로 크게 실망하는 것을 보고 미 국방부가 주한미군의 전략적 유연성을 확보하고자 했던 진정한 목표가 동북아였다는 확신을 더욱 굳혔다. 따라서 힐 대사에게 대만해협의 긴장이 고조돼 주한미군이 차출되는 경우를 솔직하게 예시하며, 동북아에서 주한미군의 전략적 유연성 발휘에 우리가 동의하기 어려운 이유를 설명했다. 협상대표인 김숙 국장도 롤리스를 만나 전략적 유연성과 관련하여 한국 정부가 현실적으로 가장 우려하는 부분이 대만해협에서 중국과 대만 혹은 중국과 미국이 충돌하는 일이 발생했을 때 주한미군이 이 사태에 개입하는 것이라고 털어놓았다.

우여곡절을 겪던 전략적 유연성 협상은 2005년 6월 10일 워싱턴에서 열린 한미정상회담을 계기로 전환점을 맞았다. 이 회담에서 노 대통령은 한국 입장에서 부시 대통령을 설득하는 데 성공했다. 럼스펠드 국방장관이 배석한 이날 회담에서 부시 대통령은 주한미군의 전략적 유연성의 필요성을 강조했다. 그는 노 대통령에게 물었다. "전략적 유연성과 관련하여 한국민들이 우려하는 것은 무엇입니까?" 노 대통령이 답했다. "그때그때 합의해서 처리할 수 있는 것을 사전에 모든 권리를 전면 이양하도록 양해해달라는 것은 무리입니다. 이 경우, 한국이 아무것도 할 수 없습니다." 부시 대통령이 말을 받았다. "한국민들이 잘 이해하지 못하는 점은 주한미군이 한반도뿐만 아니라 역내 안정을 위해서도 주둔한다는 것입니다. 그리고 그것이 맞다면 주한미군의 유연성이 필요하다는 것입니다." 그러자 노 대통령이 때를 놓치지 않고 한국 정부의 솔직한 우려를 꺼냈다.

"구체적 예를 들어 보겠습니다. 있을 수 있는 일이 아니고 있어서도 안 되겠지만, 미국과 중국 간에 전쟁이 발생할 경우 이를 위해 한반도 주둔 미군을 그 작전에 참가시키려면 한국 정부와 사전에 협의해야 한다는 것입니다. 한국 정부와 합의해야 한다는 것이 우리의 입장이고, 미국은 그러한 상황에서 마음대로 할 수 있도록 해달라는 것입니다. (…) 저는 그때 가서 합의하고, 그 일이 필요할 때 한국 정부와 미국 정부 간 합의하면 된다는 입장입니다. (…) 왜 그것을 미리 다 정해놔야 하겠습니까?"

결국 부시 대통령은 노 대통령의 제안에 이해를 표시하고 그런 방향으로의 향후 논의를 장관급 회담에 맡기기로 했다. 며칠 후, 주한미대사직에서 국무부 차관보로 옮겨가 있던 힐로부터 한가지 들려온 소식이 있었다. 부시 대통령이 한미정상회담 직후 럼스펠드 장관에게 노 대통령의 논리가 "전적으로 일리가 있다complete sense"고 말했다는 것이다.

이날 두 정상의 논의에 따라 한미 양국은 한국 정부가 주한미군의 전략적 유연성을 인정하는 대신 미국은 동북아 분쟁지역으로 주한미군을 이동할 경우 한국 정부와 합의해야 하며, 합의문은 실제 상황이 발생하면 그때그때 양국이 협의하여 결정할 수 있도록 가급적 추상적으로 작성하자는 데 대충 인식을 같이했다. 이 인식의 공유가 중요한 이유는, 미 국방부는 한국을 발진기지로 하는 주한미군의 동북아 분쟁 개입 전략을 실행 계획으로 세울 수 없게 되었다는 점이다. 왜냐하면 동북아에 분쟁이 발생하면 주한미군을 그곳에 투입할 것인지 여부를 지금이 아니라 그때 가서 한국 정부와 합의해서 결정해야 하기 때문에, 논리적으로 미국은 한국을 발진기지로 하는 대비계획을 사전에 세울 수가 없는 것이다.

한미정상회담의 효과는 곧장 나타났다. 2005년 7월 15일, 한미간 협의에서 롤리스는 김숙 국장에게 "지금까지 대만사태 관련 유사시 대비계획의 가정assumption은 한국으로부터의 작전을 상정한 것이었다"며 "이제 한국 정부의 입장이 그것을 받아들일 수 없다는 것으로 밝혀졌고, 미국 정부가 이를 이해하므로 대만 유사시 대비계획의 가정 자체를 바꾸어야 하는 상황"이라고 말했다. 김 국장이 그 대비계획이 무엇이었는지 알려달라고 요청하자, 그는 가정이 바뀌고 있는데 종전의 가정 아래 세웠던 대비계획을 한국측과 공유해야 할 필요성을 못 느낀다고 답했다.

나는 김숙 국장의 보고를 받고 가슴을 쓸어내렸다. 결국 롤리스의 얘기는 지금까지 대만사태가 발생하여 군사적 필요가 생기면 주한미군이 발진하게 되어 있었으나, 전략적 유연성 논의를 계기로 한국 정부가 이를 명시적으로 거부한 결과 계획을 바꾼다는 것이었다. 그동안 전략적 유연성 문제를 두고 골칫덩어리라고만 생각했는데, 나는 비로소 미국이 노 대통령의 공사 연설에 왜 그렇게 강하게 반발했는지 확실히 알았다.

그런데 나는 공직에 있을 때는 물론이거니와 학계로 돌아와서도 지난 9년 동안 한미관계를 고려하여 이 사실을 공개하지 않았다. 그러나 이제는 그때의 일이 역사가 되었으며, 한편으로 전략적 유연성 문제로 부당하게 비난을 받은 참여정부의 명예회복을 위해 밝히기로 결심한 것이다. 사실 미국이 한국을 주한미군의 발진기지로 상정한 계획을 세울 수 없게 됨에 따라, 2005년 가을에는 한국이 주한미군의 발진기지가 되는 경우*를 개념적으로 규정하기 위한 한미간의 논의도 있었다.

많은 이들이 전략적 유연성 때문에 우리의 주권이 위험하게 되었으며 중국이 이를 문제 삼을 것이라고 주장했다. 그러나 그렇지 않았다. 미국은 전략적 유연성 논의 이전에 이미 오래전부터 한국을 동북아 분쟁의 발진기지로 삼을 계획을 가지고 있었으며, 전략적 유연성 합의를 통해 이를 공식적으로 정하고자 했다. 그러나 전략적 유연성 논의는 오히려 한국 정부의 우려를 공론화하는 계기를 만들어주었으며, 한반도를 발진기지로 상정한 미국의 기존 계획도 변경시키는 뜻하지 않은 소득도 거두었다. 반

---

* 미 국방부는 한국이 주한미군의 발진기지operation from가 되는 경우에 대해 예를 들어 "한반도에 배치된 미군 전투기가 한반도를 벗어나는 분쟁지역에서 작전을 수행하고 한국으로 돌아와 급유를 받고, 이어 또 출격하는 상황 등"으로 규정했다.

면에 미 국방부는 자신들이 원래 의도했던 핵심 목표를 달성하지 못하고 군이 규정할 필요가 없는 동북아 이외의 지역에서만 전략적 유연성을 확보하게 된 것이다.

나는 합의가 이루어진 뒤 닝푸쿠이 주한중국대사를 만나 전략적 유연성 합의의 내용과 배경을 설명해주었다. 나의 설명을 들은 닝푸쿠이 대사는 설명해주어 감사하며 한국 정부의 입장을 충분히 이해한다고 말했다. 내가 NSC에 재직하는 3년 동안 전략적 유연성 협상과 관련해서 중국 정부가 한국 정부에 항의 혹은 문제를 제기했다는 얘기를 듣지 못했다.

노무현 대통령은 전략적 유연성 합의에 대해 만족해했다.[9] 사실 나도 이후에 언론과 시민사회가 그렇게 가혹한 평가를 하리라고는 예상하지 못했다. 대통령은 이러한 비판에 대해 참모들에게 이렇게 말했다.

"최종 합의된 내용은 미국의 의도대로만 되지도 않았고 우리의 의도대로만 되지도 않았다. 상호 현실을 존중해서 나온 결과물이다. 서로의 현실적 조건을 판단하고 고려하여 나온 결정이다. 앞으로의 융통성을 열어놓고 합의한 것이다. 따라서 어느 한쪽에 불리한 것이라는 해석을 고집할 필요는 없다. 필요 이상으로 소모적 논쟁을 벌일 필요도 없다. 우리의 주체적 판단으로 우리의 주장을 반영할 수 있는 것이다."

결국 한미관계를 긴장시켰던 '5029의 작계화' 중단 논란으로부터 노 대통령의 전략적 유연성 관련 공사 연설, 그리고 이어진 노 대통령의 부시 대통령 설득으로 미 국방부는 주한미군의 역할과 관련하여 다음의 두 가지 중요한 정책을 변경할 수밖에 없었다. 첫째, 북한 급변사태에 대한 대응 주체가 한미연합사가 아니라 한국 정부라는 사실을 인정하고, '5029의 작계화'를 포기했다. 둘째, 대만사태 발생시 한국을 주한미군의 발진기지로 활용하려는 기존 대비계획을 변경했다.

물론 이 두 가지 문제가 모두 발생 가능성이 매우 낮은 가상의 상황을 전제한 것이라 현실감이 떨어지는 측면은 있다. 그리고 실제 상황이 발생하면 기존의 합의가 제대로 지켜질지, 아니면 미국의 전략이 바뀌어 다른 행동을 하게 될지도 장담할 수 없다. 그러나 2005년 시점에서 미국의 이러한 정책 변경은 한반도나 동북아에서 한국인의 운명을 좌우할 중대한 상황이 발생할 경우, 미국 정부가 한국 정부의 주권적 결정을 우선적으로 존중하겠다는 약속을 했다는 점에서 큰 의미를 지닌다고 할 수 있다.

부시정부의 미국, 동맹은 스트레스인가?

나는 미국이 부정적인 측면보다 긍정적인 측면을 훨씬 많이 가진 나라라고 생각하는 사람이다. NSC 차장이 되어 국익 증진에 몰두하다보니 한미관계에서 종종 불편한 일도 발생하고, 이로 인해 나를 '반미적'이라고 낙인찍는 사람들도 있었지만 그것은 터무니없는 정치적 공세에 불과하다. 아무리 동맹이더라도 미국 관리들이 미국의 이익을 우선하는 것처럼 당연히 나는 대외협상에서 한국의 국익을 우선한다. 그게 '반미'였다면, 나의 협상 파트너였던 미국의 관리들은 '반한'이었다는 얘기일까?

우리는 미국과의 협력에 대해서 특별히 '한미공조'라는 말을 잘 쓴다. 아무리 동맹이더라도 국가간 협력을 모색하는 과정에서는 의견 차이가 발생할 수 있기 때문에 이를 조율하기 위해 나온 말이다. 모든 것이 일치한다면 공조共助라는 말 자체가 필요 없을 것이다. 마치 연주자가 부는 입바람이 통소 속 다양한 면에 부딪쳐서 아름다운 선율을 내듯이, 국가간 공조도 서로 벗어나지 말아야 할 일정한 범위를 정하고 그 안에서 서로의 이익을 조율하는 것이다. 따라서 진정한 한미공조는 우리의 입장과 처지를 미국에게 설득력 있게 설명하고, 또 미국의 처지를 존중하며 합리적인 절충점을 찾아가는 것이다. 사실 나는 국민의 정부와 미국 클린턴 정부 간의 훌륭했던 한미공조에 대해 당시 협상 책임자들로부터 많은 얘기를 들었다. 그래서 한미간에 서로의 입장을 존중하고 서로의 이익을 조율하는 공조가 가능하다고 생각했다.

참여정부는 수평적 한미관계를 지향했지만, 그게 쉽게 이뤄질 수 있다고는 보지 않았다. 그러나 적어도 어떤 사안이 있을 때 서로 따져보고 밀고 당기는 협상이 가능한 관계가 되어야 한다고 생각했다. 그것이 정상적인 한미관계라 생각했다.

나는 부시정부의 방침이 결코 미국의 대외정책 전부를 상징하지는 않는다고 생각한다. 그런데 참여정부의 파트너는 부시정부였다. 나는 정부에서 일하면서 부시정부밖에 경험하지 못했다. 그것도 나의 경험은 외교안보 분야의 한미관계에 국한되었으며, 부시정부의 대북정책이 180도 전환하는 2·13합의 이전의 것이다. 이렇게 한정된 경험 속에서 느낀 미국이라는 동맹은 의지가 되기보다 스트레스를 주는 파트너였다.

미국의 한반도 정책만 가지고 보면, 나는 한미관계의 역사에서 부시정부만큼 일방적이고 패권적이며 비합리적인 파트너는 없었다고 생각한다. 2003년에 참여정부는 부시정부가 북한의 'HEU(고농축우라늄) 개발'을 문제 삼아 제네바기본합의가 파기된 것으로 규정하려는 데 대해 신중한 입장이었다. 우리는 부시정부에게 "북한의 HEU 개발 실체가 정확하게 파악되기 전에 제네바기본합의를 무용지물로 만들면, HEU에 대한 진실은 알지 못한 상태에서 북한이 동결했던 플루토늄 시설의 재가동을 통해 핵무기를 만드는 불행한 사태가 올 수도 있다"는 점을 지적했다. 그래서 우선 북한 HEU에 대한 보다 정확한 정보를 우리도 알아야겠으며, 이를 기초로 해서 문제를 풀어갔으면 한다는 의견을 전달했다. 그러나 미국 정부의 반응은 마치 '우리를 믿고 그냥 따라오면 되지, 우리를 의심하고 있는 것이냐?'는 식이었다. 심지어 어떤 이들은, 그건 HEU를 가지고 있는 자들에게 물어볼 일이라는 식의 반응을 보였다.

결국 북한이 핵무기를 만들고 핵실험을 한 것은 HEU 프로그램을 통해서가 아니었다. 제네바기본합의서에 의해 동결되었던 플루토늄 시설을 재가동하면서 핵무장을 실시한 것이다. 이미 제네바기본합의서가 파기된 것으로 간주된 마당이라면 플루토늄 시설을 재가동하는 데 무슨 거리낌이 있었겠는가. 훗날(2009년 2월 19일) 힐러리Hillary 미 국무장관이 한 말이다. "나는 단지 여러분에게 북한의 핵무기 프로그램이 제네바기본합의서가 파기된 뒤, 그들이 본격적으로 시작한 플루토늄 재처리에 바탕을 두고 있다는 것을 상기시켜드릴 수 있습니다." HEU 개발 의혹 사건이 발생한 지 7년이 지난 뒤에 미 국무부 장관이 이렇게 발언했을 정도라면, 부시정부는 2002년 시점에서 좀 더 신중하게 접근했어야 했다.

2007년의 2·13합의를 통해서 부시정부가 대북정책을 전면적으로 바꾸기 전까지 북핵문제 해법을 둘러싼 한미간 갈등은 한국 정부가 내세운 다음의 세 가지 원칙과 관련된 것이었다.

첫째, 문제 해결을 위해서는 다자구도에서도 북미간 직접대화가 필요하다. 그러나 미국은 이를 거부했다. 미국 지도부는 6자회담의 틀 안에서조차 휴회 기간 중 미국 수석대표가 한·일·중·러를 순방하면서도 북한 수석대표와는 제3국에서 접촉하는 것도 엄격히 통제할 만큼 북한과의 양자대화를 기피했다. 초강대국인 미국으로서는 약소국인 북한이 양자회담을 할 때마다 협박성 발언을 하고 미국을 속이려 한다는 느낌을 받은 것 같았다. 그럼에도 불구하고 협상의 기본 형식은 양자대화다. 전쟁중에도 양자가 대화를 하는데, 미국이 아무리 북한에 대한 혐오감이 강해도 양자대화를 적극 했어야 했다. 북한은 미국이 양자대화를 기피하는 것을 자신의 존재 자체를 부정하는 뜻으로 받아들였다. 북미 양자대화 없는 6자회담은 북한에겐 미국이 '5 대 1' 구도로 자신을 압박하려는 수단일 뿐이었다.

둘째, 미국도 북한과 관련한 많은 문제 가운데 북핵문제 해결에 우선순위를 두고 대북정책을 추진해야 한다. 북한 인권이나 마약, 위조지폐 유통 등도 중요한 문제지만 한국인에게 북핵문제는 사활적인 이해가 걸려 있기 때문에 이 문제를 푸는 데 최우선순위를 두자는 것이다. 그러나 부시정부는 이러한 한국의 입장에 동의하지 않았다. 김정일정권이 반민주적이며 반인권적인 정권이라는 사실과, 김정일정권으로부터 핵을 포기시키기 위해 어떤 방법이 효율적인가를 찾는 일은 별개의 문제다. 그러나 부시정부는 전자前者의 렌즈를 통해 북핵문제를 보려 했다. 따라서 미국이 제기한 북한 인권 문제나 위조지폐 유통 문제 등이 북핵문제의 진전을 수시로 가로막고 때로는 극적으로 퇴보시키기까지 했다.

셋째, 북한이 핵을 포기하겠다고 약속하고 이를 실행하면 거기에 상응해서 과감하게 북한에게 체제안전과 경제적 보상 및 경제지원을 실행하자. 이러한 제안은 9·19공동성명에도 반영되었다. 그러나 미측은 그 전까지 이 제안에 대해서도 미온적이었다.(북핵문제 해결의 지난한 과정은 4부에서 이야기할 것이다.)

나는 특히 2005년 이후 미국의 관료나 정치인들을 만나서 이 세 가지 원칙을 집중적으로 주장했다. 내 앞에서 이런 한국 정부의 입장을 반박하는 이들은 거의 없었다. 그러나 관료들은 나의 제안에 대답을 하지 않았으며, 정치인이나 전직 관료들 중에는 호응하는 이들이 꽤 있었다. 확실히 부시 행정부의 대북정책은 이 세 가지 원칙과 반대방향으로 가고 있었다.

그러나 2007년 북미 양자대화를 바탕으로 6자회담에서 2·13합의가 탄생했다. 그동안 한국이 주장했던 세 가지 원칙이 이 합의를 위한 협상 과정과 협상 결과에 반영되었다. 물론 나는 미국이 우리의 의견을 받아들여 이러한 대전환을 했다고 보지는 않는다. 2006년 11월에 치러진 중간선거에서 공화당이 대패한 것이 직접적인 원인이었을 것이다. 그러나 분명한 것은 우리 입장이 미국 정책 전환의 준거점이 되었다는 사실이며, 부시정부가 북핵 정책의 시행착오를 자인하고 정책 전환을 했다는 점이다. 그러나 그때는 이미 북한이 한 차례 핵실험을 한 뒤였다. 동맹에게 스트레스를 주며 비합리적인 정책을 너무 오래 고수하다가 너무 늦게 정책 전환을 한 것이다.

미국과의 관계정상화와 경제적 지원, 경제교역의 확대 등을 조건으로 북한이 핵을 포기하겠다고 약속한 9·19공동성명(2005년)이 발표된 것과 거의 같은 시기에, 부시행정부는 재무부를 통해 자금세탁 등 불법거래 혐의를 들어 북한에 금융제재를 가했다. 이 모순된 행동은 결국 북한의 격앙된 반발을 불러일으켰고, 북한이 핵실험으로 나아가는 중요한 계기가 되었다. 재무부의 이 조치는 2·13합의 이후 미국이 결국 방코 델타 아시아Banco Delta Asia, BDA에 묶여 있던 북한 자금을 돌려줌으로써 끝났다. 역사적인 9·19공동성명의 추진 동력만 크게 약화시켜놓고 의문만 가득 남긴 채 유야무야된 것이다. 노무현 대통령은 미국이 BDA 동결조치를 단행함으로써 어렵게 성취한 9·19공동성명의 이행이 좌절될 위기에 놓이자 "미국의 대북정책이 일관성이 없다"며 "동맹국을 이렇게 피곤하게 해서야 누가 동맹국 노릇을 하겠느냐?"고 한탄하기도 했다.(2006년 1월 25일)

2005년 3월 4일, 나는 미국 NSC의 크라우치Crouch 신임 안보부보좌관으로부터 전화를 받았다. 의례적인 인사가 끝나자 그는 곧장 내게 첫 질문을 던졌다. "제가 원래 접근하는 방식이 매우 직선적이고 사무적인데, 그 맥락에서 차장님께서 다루고 계신 현안 중 하나에 관한 질문을 드리고자 합니다. 대북 비료지원에 관한 질문입니다." 나는 우리 정부가 무조건 비료지원을 요청하는 북한당국에게 '당국간 대화'에 나와야 비료를 제공할 수 있다며 현재 맞서고 있는 형국임을 설명해주었다. 그러자 그는 북한이 6자회담 복귀를 거부하고 있는 현재는 "북한에 보상할 시점이 아니라고 생각한다"며 비료지원을 하지 말 것을 요청했다. 그는 "이 문제에 남북 차원의 고려와 인도주의적인 측면이 있다는 것을 알고 있다"면서도 "만약 이 시점에 북한에게 이와 같은 보상을 해줄 경우 한국이나 북한 또는 다른 곳에 영향impact이 있을 것이라고 생각한다"고 말했다.

나는 비료지원 문제는 우리 정부가 독자적으로 결정할 문제임을 분명히 밝혔다. "대북 비료지원 문제에 대해 한 가지 이해하셔야 하는 점이 있습니다. 2002년 가을 HEU 문제가 발생했을 때도, 2003년 및 2004년에도 한국 정부는 인도주의 차원에서 또 남북간 특수관계를 고려하여 비료지원을 계속했습니다. 비료지원은 핵과 관련해서 북한을 설득하는 데, 또는 강력하게 압박하는 데 중요한 수단이 될 수 있습니다. 따라서 한국 정부는 독자적인 판단에 따라 결정할 것입니다. 이런 결정이 다른 나라나 북핵문제에 부정적인 영향을 미치지는 않을 것이라고 생각합니다. 또 우리 정부는 이 문제가 핵문제에도 긍정적인 영향을 미칠 수 있도록 방향을 모색할 것이며, 남북간 여타 중요한 요소도 판단해가면서 결정을 내릴 것입니다. 이런 우리의 독자적인 판단을 존중해주기 바랍니다."

이와 같이 부시정부는 2005년 2월 10일 북한이 6자회담 참가의 무기한 중단과 핵보유를 선언하자, 한국 정부에게 북한에 대한 인도적 지원을 중단하라고 요청해왔다. 2003년 봄에도 개성공단 착공식을 하려는 한국 정부에 "그것은 북한에 잘못된 시그널을 보내는 것"이라며 부정적인 입장을 밝혀왔었다. 주한미대사관은 외교부와 통일부에 "북한이 계속 긴장을 조성하고 있는 상황에서 착공식을 개최하는 것은 북한에 대해 당장 경제적 이익을 주지 않는다 하더라도 정치적 이익을 줄 것"이라고 우려했다. 이 때문에 개성공단 착공식 날짜를 잡는 데 어려움이 컸었다. 개성공단 착공식 일정이 결정되자, 이번에는 "북한에 정치적으로 이용될 수 있다"는 이유로 정부 고위 인사를 포함한 대표단을 착공식 현장에 보내는 데 반대했다. 참여정부는 6월에 착공식을 강행하는 대신에 미국의 요청을 받아들여 행사 규모를 줄였다. 부끄럽지만 참여정부 초기에는 부시정부의 거센 압박을 극복하고 개성공단을 건설하기 위해서 그 정도의 양보는 감내해야 했다.

2006년 봄에도 미국은, 북한이 장거리 미사일을 발사할 경우 한국 정부가 실행하길 바라는 대북제재 항목들을 넌페이퍼Non-paper라는 비공식 문서의 형식으로 전달해오기도 했다. 북한 핵실험 후에는 금강산 관광의 중단도 요구했었다.

이처럼 핵문제를 두고 북한의 도발적 행동이 있을 때마다 부시정부는 한국 정부의 대북지원과 경제협력에 제동을 걸려고 했다. 미국의 요구대로 하면 문제가 생길 때마다 남북협력을 중단 또는 감소시키게 되니, 사실상 남북관계의 문을 닫으라는 얘기나 마찬가지였다. 부시정부는, 재래식 무기에 의한 전통적인 안보위협을 남북관계의 개선으로 완화시키고자 하는 한국 정부의 의지를 사실상 무시했다. 미국은 남북관계 개선을 통해 남한이 평화번영으로 나아갈 수 있다는 믿음은 고사하고 북한을 설득할 수 있는 가능성조차 인정하지 않으려 했다. 부시정부는 한국 정부가 자신들이 운전하는 대북정책이라는 차의 조수석에 그냥 조용히 앉아 있기를 바란다고밖에 해석할 수 없었다.

그런데 공직에서 퇴임한 뒤인 2007년 가을, 나는 미국 유력 정치인 중에서도 부시의 대한對韓 정책이 지나치게 일방적이며 동맹을 무시한다고 비판하는 이가 있다는 사실을 알고 반가웠다. 그는 오바마 민주당 상원의원이었다. 오바마는 민주당 대통령후보 경선에 나서면서 2007년 여름 『포린 어페어즈Foreign Affairs』에 자신의 대외정책 포부를 밝힌 글을 기고했다. 이 글에서 그는 부시정부가 동맹관계를 망가뜨렸으며, 너무 자주 국제사회의 우방들에게 반대 신호를 보냈다고 비판했다. 그는 대륙별로 그 대표적인 예를 하나씩 들었는데, 아시아에서는 한미관계였다. "우리가 북한과 관계를 개선하고자 하는 한국인들의 노력을 깔보았다belittled"는 것이었다.

사실 우리나라는 미국의 눈치를 보다가 쿠바와 수교를 맺지 못한 세계에서 몇 안 되는 나라 중 하나다. 쿠바는 내가 NSC에 근무하던 시절인 2005년 1월 기준으로 세계 182개국과 수교를 맺고 있었다. 쿠바 봉쇄를 하고 있는 미국 자신조차도 쿠바에 대규모 이익대표부를 두고 있었다. 외교부 중남미 국장이 2003년 7월 미국을 방문하여 쿠바 수교문제를 협의한 적이 있었다. 미측 반응은, 쿠바 수교가 기본적으로 한국의 주권사항이나 쿠바의 인권상황을 감안할 때 현시점에서 부적절하다는 것이었다. 그럼에도 불구하고 NSC 상임위는 2004년 12월 28일 쿠바와의 관계개선을 추진키로 결정하고, 조속한 시일 내에 한-쿠바 외교관계 수립을 실현하기로 했다. 그 결과 2005년 9월 쿠바의 수도 아바나에 KOTRA 사무소가 먼저 개설되었다. 그러나 그 뒤 현재까지도 쿠바와의 수교는 이루어지지 않고 있다.

그런데 이러한 부시정부의 일방주의와 비합리적 대북정책에 대해 한국 정부가 이의를 제기하고 나서면, 제일 먼저 들고 일어서는 쪽은 미국이 아니라 국내 일부 언론과 정치권 인사들이었다. 대미협상에서 가장 어려웠던 것은 미국과의 협상이 아니라 미국보다 더 미국의 이익을 주장하는 것처럼 보이는 이들의 목소리였다. 이 목소리가 대미협상에 중대한 영향을 미쳤고, 그것이 동맹발전과 국익증진을 동시에 이뤄야 하는 정부의 입장을 어렵게 만들었다. 터키 이스탄불 동포간담회(2005년 4월 16일)에서 노 대통령은 한미동맹과 관련하여 "미국 사람보다 더 친미적인 사람들 때문에 힘들다. 한국 사람이면 한국 사람답게 생각하고 판단해야 한다"고 말하기도 했다. 국민을 친미와 반미로 나눈다고 비판도 많이 받은 발언이지만, 합리적 판단 없이 미국의 대한對韓정책이면 무엇이든지 옳다고 여기고 추종하면서 정부의 대미협상을 어렵게 만드는 사람들을 일컬어서 한 말이었다.

프랑스의 루이 14세는 "아무리 해도 왕보다 더 왕당파가 되어서는 안된다"고 했다. 일부 언론이나 정치권 인사들 중에는 미국 사람보다 더 친미적이라고 불러도 틀리지 않은 사람들이 있다. 바로 이들이 한미간 협상에서 동맹발전을 염두에 두면서도 국익을 증진시키고자 줄다리기 하는 정부 협상대표들에게 동맹을 균열시키지 말라고 외쳐댄다. 그러나 아이러니한 것은 이들이 협상 때 나올 수밖에 없는 상식적인 실랑이를 동맹균열이라고 외쳐대는 것이야말로 동맹을 이간시키는 행위라는 사실이다. 동맹간이라도 크고 작은 쟁점사안에 대해서는 국익이 다를 수 있다. 여기에서 우리의 입장을 주장하는 것을 '동맹을 깨는 행위'로 간주한다면 무슨 국익을 지킬 수 있겠는가? 협상 때마다 동맹발전을 우선해야만 한다고 과도하게 강조하게 되면 협상대표들은 협상장에서 우리의 국익을 생각할 수 없게 되고, 언제나 양보하거나 우리 주장을 굽히게 된다.

한편 한미관계를 다루면서 나를 괴롭힌 또 하나의 현실은 한미간의 현안이 갖는 비중에 대한 인식의 비대칭성이었다. 예를 들면, 한국 정부 입장에서는 '5029', 전략적 유연성, 주한미군 감축 등은 그야말로 '결정적 이해'가 걸린 중대한 국가안보 사안이었다. 반면에 미국 정부 입장에서 이사안들은 중요하기는 하나 결정적인 이해관계가 걸린 사안은 아니다. 쉽게 말해서 이 사안들은 한국에서 대통령의 핵심 관심사이자 NSC와 국방·외교장관의 최대 과제지만, 미국에서는 고작 동아시아태평양을 담당하는 국방부 부차관보의 소관사항이었다. 국민적 관심에서도 한국인들에게 이 현안은 초미의 관심사였지만 미국인들에게는 여러 지역 안보현안 중의 하나였을 뿐이다.

따라서 이 문제를 놓고 대통령이나 정부가 받는 압박은 양국간에 엄청난 차이가 있었다. 예컨대, 주한미군 감축과 관련하여 부시 대통령은 럼스펠드 장관으로부터 관련 계획을 보고받고 승인만 할 뿐이지만, 감축계획안을 통보받은 한국 정부는 이 문제로 대통령 주재 회의를 숱하게 열며 고심한다. 나는 중요 현안마다 대미협상에 관계하면서, 한국 정부가 대통령 주재 회의를 거듭하며 고심 끝에 제기한 대미협상안이 미국 쪽에서는 부시 대통령의 결재조차 필요 없는 장관이나 그 이하의 선에서 결정할 수 있는 사안이 아닐까 하는 느낌도 종종 받았다.

나는 당시에 표현은 하지 않았지만, 한미관계의 비대칭성으로 인해 속이 끓었던 적도 여러 번이었다. 예컨대, 부시 대통령과 그의 참모들이 가볍게 우리에게 던진 요구나 북핵 관련 아이디어에 대해서도 대한민국 대통령은 불면의 날을 보내며 고심하고 검토하며 수차례 공식·비공식 회의를 연다. 그렇게 해서 미국과 긴급하게 협의하기 위해 워싱턴에 가려고 미측에 연락하면 부시 대통령이 휴가중이라 돌아올 때까지 기다려야 한다는 얘기를 듣는다. 어떤 경우에는 우리가 긴급히 미국과 협의해야 할 중요사안에 대해 미측의 담당 차관보가 가정사로 몇 주간 자리를 비우기 때문에 논의가 늦어진다는 보고도 받는다. 그 사정들을 이해는 하면서도, 그때마다 양국 관계의 비대칭에서 오는 비애감은 어쩔 수 없었다.

한미간의 비대칭성은 자칫 한미 협상에서 의도하지 않은 일방주의적인 결과를 만들어낼 수 있다. 그런데 이 비대칭성은 나라마다 차이는 있으나 어디에나 존재하게 마련이다. 미국이 초강대국이기 때문에 웬만한 나라와의 관계에서는 구조적으로 비대칭성이 나타날 수밖에 없다. 그러나 가급적 이 비대칭성을 극복하려고 노력해야 건강하고 균형적인 우방관계를 유지할 수 있다.

이러한 비대칭성은 어느 한쪽의 잘못이 아니라 구조적인 문제에서 기인한다. 그리고 한미관계의 경우, 이 구조적인 문제는 주권문제이며 그 근원은 주한미군의 존재에서 비롯된다고 나는 본다. 한국 안보가 오랫동안 주한미군에 의존해오면서 발생하는 현상이라는 것이다. 이 비대칭성이 존재하는 한 대미협상이나 외교에서 한국의 운신 폭은 크게 제한된다. 그렇다고 내가 주한미군 철수를 주장하는 것이 아니다. 나는 자주국방을 실현하고 전작권을 환수하며 균형외교를 추진하면 우리가 주한미군 주둔의 현실에서도 이러한 비대칭성을 상당한 정도로 극복할 수 있다고 생각한다. 그리고 이 기형적인 구조에서 벗어나 건강하게 한미관계를 발전시키는 것이 한미 양국 모두에게 도움이 된다고 믿는다.

3부

이라크 추가파병, 자주와 평화 사이에서

1
한 사람의 소신과
대통령의 의무

"나를 지지하는 대부분의 사람들은 파병에 반대하고 있습니다. 내가 만약 파병하기로 결정하면, 이 중 절반 정도가 나에 대한 지지를 이 이유만으로 철회할 것입니다. 나머지 절반가량은 나를 위해 '파병 반대'를 철회할 것입니다. 또 지금 파병에 찬성하는 사람들은 하나같이 정치적으로 나의 반대자들입니다."

"전쟁은 막아야 한다"

노무현 대통령은 안보불안을 안고 살며 오랫동안 안보를 한미동맹에 의탁해온 분단국가의 지도자였다. 그는 이 한계 속에서 자주와 평화의 길을 추구해야 했다. 더욱이 한반도 평화가 백척간두의 위기에 처한 상황에서 새로운 시대를 열어야 했다. 북핵문제의 재발로 한반도의 운명이 자칫 대한민국의 의사와 상관없이 미국과 북한 간의 대결 속에서 결판날지도 모르는 위기의 국면에서 대통령에 취임한 것이다. 한반도의 운명은 우리가 개척해야 마땅한데, 현실에서 한국 정부의 발언권은 크지 않았다. 이런 상황에서 북핵문제는 자칫 참여정부의 평화번영 정책도 균형외교도 모두 빨아들여 소멸시키는 블랙홀이 될 가능성이 매우 컸다. 어떻게 해서든지 북핵 대결 국면을 평화적 해결 국면으로 전환시키는 것이 절박했다.

이를 위해서는 북한을 설득하고 미국과 협력해야 한다. 그러나 둘 다 쉬운 일이 아니다. 특히 적대관계에 있는 북한을 설득하는 것은 지난한 일이었다. 따라서 궁극적으로 이 두 길을 다 추구해야 하지만, 당장은 동맹인 미국을 설득하고 함께 협력해서 정세를 안정시키는 것이 시급했다. 이 얘기는, 노 대통령이 미국의 협력을 구하기 위해 때로는 내키지 않는 발언을 해야 하고 때로는 자신이 원치 않는 결정도 내려야 하는 상황에 직면했으리라는 것을 시사한다.

취임 초 노무현 대통령은 북핵문제가 초래한 한반도 긴장을 완화하는 데 전력을 기울였다. 대통령은 고조되는 북미간 대립이 전쟁으로 비화될지 모른다는 위기의식을 가졌다. 대통령선거에 임박해서 터진 북핵 위기 속에서 그는 "전쟁이냐, 평화냐"라는 기치를 전면에 내걸고 선거를 치렀다. 그러나 현실은 평화보다는 대결을 향해 치달았다. 미국은 북한에게 '선 핵 포기'를 요구하며 대화의 문을 걸어 잠갔다. 북한은 동결했던 핵시설을 재가동하면서 한 치도 물러서지 않고 미국에 맞섰다.

참여정부는 출범 초부터 북핵문제 해결을 위해서 한미공조에 주력했다. 우리가 아무리 좋은 안을 가지고 있더라도 미국이 이를 존중하지 않고 다른 방향으로 나아가면 쓸모가 없기 때문이었다. 또한 거꾸로 미국이 군사적 충돌의 위험성이 있거나 비합리적인 정책을 추진할 경우, 우리가 미국을 설득하여 방향을 바꾸지 못하면 한반도의 위기는 더 고조되기 때문이었다. 한국 정부가 북핵문제를 놓고 북한을 설득할 수 있는 수단을 사실상 갖지 못한 상태에서 우리가 이 문제의 한쪽 당사자인 미국과의 대화에 진력하는 것은 불가피한 전략이다.

그러나 불행히도 북핵문제를 둘러싼 한미간의 시각 차이가 너무 컸다. 당시 외교부의 보고에 따르면, 미국은 '북한이 핵 보유를 목표로 설정하고 이를 위해 일련의 수순을 밟아가고 있는 것'으로 판단한 반면, 한국 정부는 '북한의 핵 카드를 대미협상용 또는 핵 보유 목적 등 두 가지로 가능성을 상정'하고 있었다. 대북 조치와 관련해서는, 미국은 플루토늄 재처리를 감행할 경우 대북제재가 불가피하다고 보며 '북한에 대해 어떠한 옵선도 배제하지 않고 있다'고 주장했다. 군사적 제재를 검토할 수 있다는 뜻이다. 반면에 한국 정부는 한반도 긴장 고조 및 경제에 미칠 악영향을 감안하여 재처리 등 상황이 악화하더라도 '모든 외교적 노력을 다한 이후에나 대북제재 검토가 가능하다'는 입장이었다. 그리고 어떠한 경우에도 전쟁으로 이어질지도 모를 군사적 옵션에는 반대했다.

이런 가운데 미국 조야에서는 북한을 공격할 수도 있다는 얘기가 언론을 통해 끊임없이 흘러나왔다. 우리 국민의 불안감도 덩달아 커졌다. 반면 노 대통령의 생각은 확고했다. "우선 북핵문제로 인해 한반도에서 전쟁이 발발할 가능성을 차단해야 한다. 전쟁은 어떤 이유로 발발한 것이건 관계없이 우리 민족을 공멸로 이끌 것이기에 무조건 막아야 한다. 이를 위해서는 미국과 북핵문제의 평화적 해결에 합의해야 한다. 한미관계든, 남북관계든 그 뒤의 일이다."

북핵문제가 전쟁으로 치닫는 것을 막기 위해서는 무엇보다도 미국의 대북정책 선택지에서 군사력 사용을 원천적으로 배제시켜야 했다. 북한에 대해서도 도발을 자제하고 대화의 길로 나오도록 강력한 메시지를 보내야 했다. 그러나 노 대통령은 한반도에서 군사적 충돌을 막는 문제에 관한 한 한국 정부가 우방인 미국에 대해서는 분명히 영향력을 갖고 있으나, 군사적 대결 상태에 있는 북한에 대해서는 이렇다 할 수단이 없다는 사실을 잘 알고 있었다. 따라서 급선무는 미국을 설득하는 일이었다.

노 대통령은 실제로 미국이 북한을 군사적으로 공격할지도 모른다고 보았다. 따라서 미국으로부터 군사적 선택을 하지 않겠다고 확약을 받고, 전쟁으로 이어질 수 있는 어떤 위험한 행동도 자제토록 요구해야 한다고 생각했다. 이를 위해서는 좀 거칠어도 대통령이 직접 나서는 것이 효과적이라고 생각했다.

때마침 2003년 3월 2일 북한과 인접한 동해상에서 미 공군 정찰기 RC-135 한 대가 정찰 활동중에 북한 공군기 3대의 근접 추격을 받는 일이 벌어졌다. 순식간에 긴장이 고조되었다. 미그29기가 불과 수십 미터를 사이에 두고 미정찰기를 20여 분이나 추격한 이 사건이 자칫 총격전으로 이어졌다면, 그 파장을 가늠하기 어려운 중대 위기가 발생했을 것이다. 미국은 이 정찰기가 북한 해안에서 약 240㎞ 떨어진 동해상을 비행했다고 주장했으나, 북한은 영공 침범이라고 주장했다.

노 대통령은 국방부로 하여금 북한 행위의 위험성을 경고하고 재발방지를 강력히 요구하는 정부 입장을 발표토록 했다. 다른 한편으로는, 미국에 대해 직접 경고성 발언을 했다. 영국 신문 『더 타임스The Times』 2003년 3월 5일자 인터뷰에서였다. 노 대통령은 "미국이 재개된 북한 핵시설에 대한 공중감시를 강화해왔기 때문에 이러한 고공 조우遭遇는 예측할 수 있는 일이었다"며 "나는 미국에 너무 앞서 나가지 말라고 촉구하고 싶다"고 말했다. 미국에게 북한이 군사적으로 도발할 명분을 주지 말라고 경고한 것이다.

이 회견으로 야당과 언론이 들고 일어났다. 어떻게 동맹인 미국이 잘못했다고 말할 수 있느냐는 것이었다. 한나라당은 "군통수권을 가진 일국의 대통령 언급이라고는 도저히 믿기 어려운, 가슴 답답한 일로 국가안보의 위기 그 자체"이며 "한미군사동맹의 근간을 흔드는 발언"이라고 비판했다. 많은 사람들이 미국이 북한을 공격할지 모른다는 대통령의 판단을 과장된 생각이나 반미적 사고라고 비판했다. 일각에서는 대통령의 이 발언과 주한미군 재배치 등을 한데 묶어 한미동맹 위기론까지 유포했다.

그러나 뒷날 노 대통령의 이 경고가 결코 과장된 것이 아니라 현실적이었으며 적절한 것이었다는 사실이 증명되었다. 2010년에 발간된 부시 대통령의 자서전 『결정의 순간들Decision Points』에는 부시 대통령이 2003년 2월 중국의 장쩌민江澤民 국가주석을 만난 얘기가 나온다. 그는 이 자리에서 장쩌민에게 "만약에 우리가 외교적으로 북핵문제를 해결하지 못하면, 나는 북한에 대해 군사적 공격military strike을 고려해야 한다"고 말했다고 회고했다.

미국의 이라크 침공은 북핵문제 대처에서 군사적 옵션을 배제하지 않는다는 것이 얼마나 위험한지 잘 보여준다. 2002년 1월 부시 대통령은 이란·이라크·북한을 공개적으로 '악의 축'으로 지목한 바 있다. '악의 축'은 종교적 정서가 짙게 깔린 용어로서, 이러한 종교적 신념을 지닌 집단은 합리적 판단과 무관하게 자신이 지목한 '악의 축'을 제거하기 위해 행동에 나설 가능성이 높다. 실제로 미국은 확인되지 않은 대량살상무기 개발 의혹을 명분으로 이라크를 침공했다. 그런데 북한은 이라크보다 미국이 공격하기에 훨씬 좋은 명분을 제공하는 나라다. 북한은 이라크보다도 더 명증하게 핵개발 의혹을 받고 있으며, 부시가 '악의 축'으로 지목하기 전부터 미국 외교관들은 북한을 불신해왔다. 이러한 상황에서 '군사적 옵션을 배제하지 않는다'는 주장에 한국 정부가 동의하는 순간 부시정부의 성격으로 보아 한반도에서 전쟁은 현실화될 가능성이 매우 높았다.

노 대통령의 노력은 성과를 거두었다. 미국은 한국 정부가 '군사적 옵션' 얘기만 나와도 손사래를 치며 반대의사를 표시하는 게 못마땅했지만, 확실히 이 말을 자제하기 시작했다. 3월 중순 이후 미국 조야에서 북한에 대한 군사적 제재 주장이 현격하게 잦아들었다. 노 대통령은 미국을 비롯한 관련 국가들에서 '대화를 통한 평화적 해결 원칙'이 하나의 공리公理가 되도록 외교적 노력을 전개했다. 이를 위해 윤영관 외교장관은 북핵 해결을 위한 단계별 로드맵을 만들어 3월 말부터 미·중·일·러를 순방하며 북핵문제의 평화적 해결을 향한 각국 정부의 공감대 형성에 적극 나섰다.

노 대통령은 전략가적 면모가 매우 강했다. 북핵문제의 평화적 해결 분위기가 확산되면서 상황이 반전되기 시작하자 초기의 불편했던 한미관계에서 벗어나기 위해 적극적으로 대미 우호협력 분위기를 증진시켜나갔다. 이제 미국의 군사적 제재 가능성을 사실상 차단했으니, 그로 인해 한미관계에 준 부담을 씻어내야겠다고 판단한 것이다. 3월 13일, 한미 정상

간의 전화 통화에서 부시 대통령은 임박한 이라크 공격에 대해 설명했으며 노 대통령은 적극 지지를 표명했다. 그 대신 노 대통령은 부시 대통령과 북핵문제의 평화적 해결 원칙에 합의했다. 이 대화는 한동안 유포되던 한미동맹 이상설을 잠재우는 데 중요한 역할을 했다.

북핵문제의 평화적 해결과 한미관계의 안정적 발전을 위해 노 대통령은 이라크 1차 파병도 결정했다. 3월 20일, 정부는 국가안전보장회의를 열어 미국의 이라크 공격에 대한 지지를 표명하고 미국을 돕기 위해 의료·재건 지원부대를 파견하기로 결정했다. 이미 NSC 상임위원회에서 "미국이 대 이라크전을 개전할 경우 북핵문제, 한미동맹 재조정 등 양국 간 주요 현안문제 등을 고려하여 적극적인 지원을 추진하자"고 의견을 모은 상태였다. 이날 대통령은 대국민담화를 통해 "국제사회의 동향과 대량살상무기의 확산방지, 그리고 한미동맹관계의 중요성 등 제반 요소를 감안하여 미국의 노력을 지지해나가는 것이 우리의 국익에 가장 부합된다"며 국민의 이해를 구했다. 이라크 1차 파병은 미국이 전투부대 파병을 요청하지 않았기 때문에, 인도주의 실현 차원에서 의료·재건 부대를 보낼 수 있어서 커다란 사회적 저항 없이 비교적 수월하게 결정할 수 있었다.

그러나 노 대통령은 미국의 이라크 침공을 주저 없이 지지하고, 파병을 고민 없이 결정한 건 아니었다. 대통령은 미국의 이라크 공격을 지지하고 의료·재건 부대를 파병했지만, 실제로는 미국의 이라크 침공에 명분이 없다고 생각했다. 그래서 외교부가 국가안전보장회의에 제출한 대통령 담화문 초안에 마치 이 전쟁이 정의의 전쟁인 양 기술한 부분을 보고, "나는 이 전쟁이 정의의 전쟁인지 모르겠다"며 삭제하라고 지시했다. 다만 대통령은 미국이 한반도에서 군사적 수단의 동원을 반대한 자신의 입장을 경청한 보답으로, 그리고 그것 때문에 흔들렸던 한미관계의 안정을 위해서 지지를 보냈다. 결국 대통령은 자기 혼자 힘으로 평화를 지킬 수 없는 대한민국의 현실에서 한반도 평화를 위해 역설적으로 부시정부의 '반평화적인 행동'에 지지를 보낸 것이다.

노 대통령은 2003년 영화배우 문성근을 북한에 비밀리에 특사로 보내기 직전(4부에서 다룬다)인 10월 말 친서를 집필하기 위해 마련된 자리에 배석한 문성근에게 그 시기를 다음과 같이 회상하기도 했다. "나는 당선자 시절부터 전쟁은 안 된다는 기조 아래 미국에 대응해왔습니다. 그리고 여기에 대해 미국으로부터 확답을 받고, 미국이 북에 대해서 활용할 전략 카드(예컨대, '추가적 조치')를 일부 인정해주었습니다. 북한이 이에 대해 섭섭하게 생각하는 것은 이해하나, 미국이 전쟁 불가를 약속한 상황에서 이마저 반대하면 오히려 판이 깨지고, 위기가 고조될 상황이었습니다. 이라크 파병 문제는 한반도 평화를 위한 우리의 입지를 강화하기 위한 측면이 컸고, '추가적 조치'는 미국 내 대화파의 입지를 강화시키기 위한 전략적 측면도 있었습니다."

북핵문제는 3월 말부터 완연히 협상국면으로 접어들었다. 결국 그간의 노력이 결실을 본 것이다. 물론 미국의 결단과 중국의 수면 밑 노력에 힘입은 바 컸다. 어쩌면 역사가들은 주변 4강에 비해 현저하게 약소국인 대한민국 대통령이 이 국면에서 동맹인 미국과 불편한 관계를 감수하면서 수행한 역할은 쳐다보지도 않을지 모른다. 그러나 분명한 것은 북핵 위기 속에서 다른 나라 지도자들이 미국의 위세에 눌려 침묵하고 있을 때, 노 대통령이 홀로 나서서 주장한 '군사적 옵션 반대'와 '대화를 통한 평화적 해결' 원칙이 6자회담의 기본 정신이 되었다는 사실이다. 2003년 8월 27~29일 베이징에서 열린 제1차 6자회담에서 의장국인 중국측이 구두로 요약한 회담 결과의 첫번째 합의사항도 "대화를 통한 핵문제의 평화적 해결"이었다.

한미정상회담, '추가적 조치'와 '정치범수용소'

2003년 5월 11일, 노 대통령은 취임 후 첫 해외 나들이로 미국을 방문했다. 6박7일의 일정이었다. 이때 한미정상회담은 북핵문제와 한미관계 모두에서 중요한 분수령이 되었다. 미국 조야에서 북한에 대한 군사적 공격을 언급하는 일은 거의 사라졌으나, 부시정부는 여전히 군사적 공격 가능성을 지우지 않고 있었다. 다른 한편 한국의 보수세력과 다수의 언론은 여전히 한미동맹에 대해 의구심을 보였고, 그런 만큼 경제계는 이번 정상회담에서 한미동맹이 확고하다는 게 과시되기를 원했다. 정부도 이미 취임 초 북핵문제를 놓고 미국과 각을 세웠으니, 이번에는 그로 인해 발생한 한미간의 불편을 해소하고 전통적인 우호협력을 확인하는 데 초점을 두기로 했다.

결과적으로 노 대통령의 미국 방문은 성공적으로 끝났다. 언론의 평가도 대체로 좋았다. 청와대는 "지난 몇 달 동안 제기됐던 한미관계에 대한 일부 의구심이나 오해가 해소됐다"고 자평했다. 나는 5월 15일 방미중인 대통령을 대신해서 비서실장이 주재한 청와대수석보좌관회의 보고에서 '한미동맹의 포괄적·역동적 관계 심화 발전' '북한 핵문제의 평화적 해결원칙 합의' '한미간 완전한 동반자 관계 지향 천명' '한미정상 간 신뢰와 우의 형성' 등을 정상회담의 주요 성과로 꼽았다.

그러나 사실은 북한 문제에서 대통령의 이런 방미 성과를 무색케 하는 일들이 몇 가지 있었다. 먼저 대통령은 5월 13일 '코리아 소사이어티' 초청 연설에서 "만약 53년 전 미국이 우리 한국을 도와주지 않았다면, 저는 지금쯤 정치범수용소에 있을지도 모른다는 생각을 하고 있습니다"라고 발언했다. 한미관계로 볼 때는 과공過恭이었고, 대북관계로 볼 때는 불필요한 자극이었다. 아니나 다를까. 이 발언에 대한 비난 여론이 비등했으며, 그로 인해 방미 성과에 대한 국민적 평가에도 부정적인 영향을 미쳤다.

또 다른 사건은 5월 14일 발표된 한미정상회담 공동성명에서였다. 공동성명은 북핵과 관련하여 "평화적 수단을 통하여" 해결해나간다는 의지를 천명했다. 그러나 "양 정상은 한반도에서의 평화와 안정에 대한 위협이 증대될 경우에는 추가적 조치의 검토가 이루어지게 될 것이라는 데 유의하면서, 문제의 평화적 해결이 이루어질 수 있다는 확신을 표명했다"는 문장이 문제였다. 언론은 일제히 '추가적 조치further step의 검토'에 초점을 맞추었다. 대부분의 언론과 전문가들이 '추가적 조치'가 곧 군사적 제재를 포함한 대북압박을 의미하며, 한국 정부가 미국의 압박정책을 수용한 것이라고 비판했다.

나는 '추가적 조치'와 관련한 언론 반응을 보고 형언할 수 없는 낭패감을 맛보았다. 우방국 간의 정상회담 공동성명은 사전에 실무자간 조율을 거쳐 정상회담 개최 전에 사실상 합의되는 것이 관례다. 한미간에도 이번 정상회담 공동성명(초안)을 작성하기 위해 사전협의를 벌였다. 정부는 이 협의를 위해 이수혁 외교부차관보를 워싱턴에 보냈는데, 나는 NSC사무처의 박선원 국장을 동행시켰다. 그런데 실무협의에서 미국은 유사시 북한에 대한 군사적 공격 가능성을 선택지로 손에 쥐고 싶어 했다. 미국은 '군사적 수단을 배제하지 않는다'는 말의 은유적 표현인 "모든 옵션은 테이블 위에 있다All options are on the table"는 문안을 공동성명에 포함시킬 것을 강력히 요구했다. 즉, 북핵문제를 해결하기 위해 모든 수단을 다 동원할 수 있다는 의지를 표현하자는 것이었다.

이미 NSC에서는 미국이 '모든 옵션'을 거론하면 거부하도록 지침을 보내놓은 상태였다. 보고를 받은 노 대통령은 우리가 이 말을 수용하는 순간 미국에게 북한에 대한 군사적 제재 여부를 결정할 수 있도록 허용하는 것이나 마찬가지니 만난을 무릅쓰고 반드시 거부하라고 지시했다. 그러나 미국도 자기 주장을 굽히지 않았다. 왜 미국이 협상용으로 할 수 있는 말들을 가로막느냐는 것이었다. 논리적으로는 미국 주장도 틀린 얘기가 아니었다. 그러나 현실은 다르다. 결국 공동성명 조율 작업은 다른 부분은 마무리된 상태에서 '모든 옵션' 부분이 걸려서 교착상태에 빠졌다. 대통령 출국일이 임박해서도 미국의 입장이 바뀌지 않았다. 자칫 한미정상회담 자체에 영향을 미칠 만큼 상황이 긴박해졌다.

바로 그 시점에 워싱턴에서 박선원으로부터 전화가 왔다. 막 대통령 주재 회의에 참석하기 위해 본관으로 올라가는 중이었다. 미국의 입장이 워낙 완강해서 합의 도출이 어려워 전체 공동성명 발표에도 영향을 미칠 것 같다는 얘기였다. 나는 순간적으로 고심했다. 공동성명이 나오지 못하면 취임 후 첫 한미정상회담은 실패로 기록될 것이다. 그것은 우리 정부에 큰 타격이다. 그러나 '모든 옵션'이 공동성명에 들어가는 것보다는 차라리 낫다. 또 손님을 초대한 미국 정부도 타격받기는 마찬가지다. 그렇다면 한 번 더 버티자. 대북 군사제재에 대한 노 대통령의 강력한 반대의지는 미국도 잘 알고 있지 않은가?

나는 박 국장에게 지시했다. "그렇다면 그냥 돌아와라." 박선원은 이 말이 무슨 뜻인지 충분히 알아들었다. 그는 우리 협상팀에게 본국의 강력한 의지를 다시 확인시키고, 미국 협상팀에도 그냥 돌아오라는 내 지시를 흘렸을 것이다. 마침내 미국은 "모든 옵션이 테이블 위에 놓여 있다"라는 문구를 포기했다. 대신에 한미는 '추가적 조치'라는 말을 넣기로 합의했다. 그것조차도 이 용어가 들어가는 문장에 "문제의 평화적 해결이 이루어질 수 있다는 확신"이라는 구절을 병렬로 사용하면서 이 말을 넣었다. 사실 '추가적 조치'조차도 안 된다고 하기에는 "북한이 상황을 악화시켰는데도 아무런 조치를 취할 수 없다는 게 말이 되느냐?"는 미국의 항변에 대응할 논리가 군색했다. 항상 합리적 판단에 기초해서 북핵문제에 대처하자고 말해온 우리 정부로서는 "북한이 지속적으로 상황을 악화시키는 행동을 했을 경우에도, 마냥 대화만을 강조하고 있을 것이냐?"는 미국의 질문에 합리적으로 대답할 논리를 찾기 어려웠다. 그러니 우리 협상팀도 많이 곤혹스러웠을 것이다. 아마 우리가 이 정도도 수용하지 않았다면, 미국은 참여정부를 막무가내로 떼쓰는 정권으로 간주했을 것이다.

이처럼 '추가적 조치'는 북한의 상황 악화에 대해 미국이 원하는 '모든 옵션'을 배제하기 위해 '단계적 조치를 추가로 취한다'는 의미에서 쓴 말이었다. 나는 이런 합의가 이루어졌다는 보고를 받고 모처럼 두 발을 뻗고 편히 잠을 잤다. 그러나 며칠 후 공동성명에서 이 문항이 발표되자, 여론은 전혀 예기치 않게 부정일변도로 흘렀다. 심지어 일부 전문가들은 '추가적 조치'를 계기로 한미가 대북압박에 합의한 새로운 단계로 접어들었다고까지 왜곡된 평가를 했다. 사건의 진상과 관계없이 평론가들이 '새로운 사실'을 만들어낸 것이다. 그 뒤 북핵문제 해결의 전개 상황만 봐도 그게 아님을 쉽게 알 수 있는데, 그 오해는 오늘날까지도 계속되고 있다. 지금도 전문가들이 정리한 '북핵 일지'를 보면 '추가적 조치'가 마치 북핵문제 전개 과정에서 큰 영향을 준 듯 기록한 것이 적지 않다. 결론적으로 욕은 먹었지만, 아직도 달리 방법이 생각나지 않는 것이 '추가적 조치'였다.

'추가적 조치'에 대해 비난이 끊이질 않자, 노 대통령은 5월 22일 수석보좌관회의에서 직접 이 문제를 해명했다. 대통령은 "'추가적 조치'는 공동성명을 협의하는 과정에서 미국이 모든 가능성을 열어두자는 요구를 배제하는 과정에서 타협안으로 정리된 것"이지만, "이러한 경위를 구구하게 설명할 수 없기 때문에 '추가적 조치'의 의미는 북한이 이례적·예외적으로 상황을 악화시키는 조치를 취할 경우 이에 대응해나갈 수밖에 없다는 원칙적 입장을 표명한 것으로 이해해야 한다"고 말했다. 그리고 "우리가 평화적 해결원칙을 내세우고 있는 것은 북한이 상황을 악화시키지 않고 대화에 성의 있게 나와야 한다는 것이다. 그래야 평화적 해결이 가능하다"며 "그런데 북한이 상황을 악화시킬 경우에 취해야 할 옵션을 배제할 수는 없는 것 아니냐"고 반문했다.

한편 2003년 5월 19일 오후, 첫 한미정상회담을 마치고 갓 돌아온 노 대통령이 NSC사무처 간부들을 관저로 불렀다. 실장급까지 불렀으나, 나는 부속실과 협의하여 선임행정관들까지 대동하고 관저로 올라갔다.[*]

　빡빡한 순방 일정을 소화하고 돌아온 대통령은 본관에서 오전 일정을 마치고, 편한 옷차림으로 우리를 맞이했다. 대통령은 "이렇게 NSC 간부들을 부른 것은 높은 분들을 빼고 여러분들과 함께 의견을 나누고 싶어서"라고 운을 뗀 뒤, "다녀오니까 잘했다는 의견도 많으나, 비판적인 얘기도 들려오는데 이 점에 대해서도 의견을 말해 달라"고 주문했다. 나는 기회를 놓치지 않고 시민사회를 담당하는 김창수 선임행정관에게 시민사회의 반응을 보고 드리라고 권유했다. 김창수는 대통령의 '정치범수용소' 발언에 대해 시민사회의 반응이 아주 좋지 않으며, 남북관계에도 도움이 되지 않는다는 여론이 많다는 말씀을 드렸다. 그러자 대통령은 겸연쩍게 웃으며 "좀 심했죠? 사실 분위기도 좋고 해서 확실하게 한마디 해야겠다고 했는데, 내가 심했습니다"라며 실수를 인정했다. 대통령은 방미 중 그가 보인 미국에 대한 과도하리만큼(?) 우호적인 태도에 대해 소회도 밝혔다.

　"내가 미국 인사들을 만났을 때 미국에 대한 감사와 좋은 이야기를 한 것은 미국측이 우리에게 호의적 발언을 해와서 이에 화답하는 형식으로 하게 된 것입니다. 미측 인사가 먼저 한국의 이라크전 지원에 대해 감사를 전하고 한국의 눈부신 성장에 대해 찬사를 하고 한국 국민의 열정과 역량 등에 대해 덕담을 해서 '미국 덕택이다' 등으로 화답을 한 것입니다.

---

[*] 대통령을 보좌하는 NSC 요원들이 대통령의 철학과 의중을 정확히 이해하고 그 전도사가 되려면 대통령 말씀을 직접 듣고, 또 자기 의견도 말할 기회가 자주 있어야 한다는 게 내 지론이었다. 그래야 고된 격무를 이겨낼 수 있는 자부심과 책임감도 생긴다. 이런 생각으로 나는 NSC 차장으로 재직하는 동안 대통령 보고시 담당 실장은 물론이고 여건이 허락하는 한 담당 행정관까지 배석시켰다. 그리고 필요한 경우에는 담당 행정관이 대통령께 직접 설명드리도록 했다. 부속실에서는 대통령 보고에 부하 직원들을 우르르 몰고 올라오는 내가 성가시고 곤란할 법도 한데도, 항상 배석 인원을 협의할 때 내 뜻을 존중해주었다.

미국에 가서 경제에 투자할 사람을 만나서 우호적 정서와 희망적 분위기를 만드는 것이 내 목적이었습니다. 싸움하러 미국에 간 것이 아니라 우호적인 분위기 조성을 위해 갔으므로 목표 달성을 위해 노력한 것입니다."

이제까지 봤듯 취임 초부터 한미정상회담에 이르는 이 두 달 반 동안의 노 대통령 행보는 두 단계로 나눌 수 있다. 먼저 고조되는 한반도 위기에 맞서 '전쟁 반대'를 천명하며 미국으로 하여금 군사적 옵션을 포기토록 하는 데 전력을 기울이기. 이 목표가 어느 정도 달성되었다고 판단한 시점부터는, 북핵문제의 평화적 해결을 위한 노력을 가속화하고 한미관계를 안정시키는 데 주력하기. 그런데 이 두 단계의 행보를 대미관계에서만 보면 언뜻 모순처럼 보인다. 그래서 어떤 이들은 노 대통령이 '친미'와 '반미' 사이를 왔다 갔다 하는 것 아니냐고 비난했다. 그러나 노 대통령은 '친미'도 '반미'도 아니었으며, 단지 '대통령 노무현의 자리에 서서' 한반도에서 군사적 긴장을 막고 국내 정세도 안정시킬 수 있는 길을 현실에서 찾으려 했을 뿐이었다.

노 대통령은 미국의 군사적 움직임에 반대함으로써 보수세력으로부터 격렬한 비난을 받았으며, 이라크 파병과 한미정상 공동성명의 '추가 조치' 등으로 인해서 진보세력으로부터 질타를 받았다. 그만큼 노무현 대통령이 가는 길은 출발부터 좁고 험난했다. 사실 아무리 결기가 있어도 누가 대통령 취임 초부터 초강대국이자 긴밀한 동맹인 미국에게 불편한 소리를 하고 싶겠는가? 거꾸로 노 대통령과 같은 성향의 지도자가 아무리 동맹국의 전쟁이라도 이라크전과 같은 명분 없는 전쟁에 쉽사리 자기 병사들을 파견하겠는가? 그러나 노 대통령은 이 땅 위의 전쟁을 막기 위해 미국에 불편한 이야기를 하는 것도 감수했다. 또한 2003년 3월의 절박한 상황 속에서 한반도 평화를 위해 자신이 그토록 소중하게 여겨온 대의명분을 포기하고 이라크 파병을 단행했다. 그가 시민이 아니라 대통령이기 때문이었다.

대통령의 고뇌, "이런 사람들에게 몇 명을 손에 쥐어준들"

노무현 대통령은 후보 시절 미국에 할 말은 하는 대통령이 되겠다고 했고, 정책에서도 자주국방과 자주적인 외교노선을 추구했다. 그러나 이미 발생해 한반도를 위기로 몰아가고 있는 북핵문제와 대미의존적 안보구조는 빈번히 대통령의 정책 선택의 폭을 제약했다. 어떤 때는 자신이 원치 않는 고통스러운 결정도 내려야 했다. 그런 대통령의 고뇌는 이라크 추가파병에서 절정에 달했다.

2003년 10월 12일 일요일, 모처럼 집에서 일찍 점심을 먹고 나서 샤워를 하는 데 아내가 황급히 화장실 문을 두드렸다. 청와대에서 대통령으로부터 전화가 왔다는 것이다. 몸의 비눗기도 채 씻어내지 못한 채 전화를 받자 대통령의 음성이 울려 나왔다. "지금 뭐해요? 점심이나 같이 하지." "예, 점심 먹고 나서 샤워하고 있었습니다." "그러면 차나 한잔 합시다." "예, 곧 들어 가겠습니다."

3월에 NSC 차장으로 부임한 후 대통령이 휴일에 직접 전화해서 호출하는 것은 처음이었다. 무슨 일일까? 서둘러 청와대 관저로 차를 몰았다. 푸르던 잔디가 살짝 누런 기운을 띠기 시작한 정원이 내다보이는 응접실에서 대통령은 예의 털털한 동네아저씨 차림으로 나를 맞았다. 평소 같으면 부속실장이나 누가 배석하여 기록을 할 텐데, 그것도 없었다. 참모가 대통령에게 보고하거나 면담할 때 배석자가 없다는 것은 독대의 폐해를 경계하는 노 대통령의 통치 스타일상 거의 상상하기 어려운 일이었다. 물론 이러한 면담에서 정책이 결정되거나 대통령 지시사항이 하달되는 경우는 없었다.

"그냥 얘기나 하자고 불렀어요." 대통령의 말씀 톤으로 보아 긴급한 일은 아닌 것 같았다. 이라크 파병, 주한미군 감축, 북핵문제, 용산기지 이전, 자주국방 어느 것 하나 만만하지 않은 대형 사안이 지뢰처럼 널려 있던 때라 나를 찾은 이유를 단정하기 어려웠다.

대통령은 끊었다던 담배를 꺼내 물었다. 이라크 파병 얘기였다. 바로 이틀 전, 대선 당시 노무현 후보 캠프가 불법 대선자금을 받은 것과 관련해 사과와 함께 이듬해 총선 결과를 '재신임'으로 받아들이겠다는 메가톤급 발언을 한 직후인지라 속이 여간 복잡하지 않을 텐데 그 와중에도 이라크 파병 문제를 챙기는 것이 놀라웠다. 아마 청와대 밖의 언론이나 정치적 경쟁자들은 대통령이 지금쯤 자신의 정무참모나 여권 인사들과 한참 재신임 정국을 돌파할 묘안을 짜고 있으리라 여길 것이다. 그러나 지금 대통령을 괴롭히고 있는 것은 '재신임' 문제가 아니라 '이라크 추가파병' 문제였다. 그만큼 대통령의 고뇌가 컸다는 뜻이다. 사실 밖에서는 대통령의 '재신임' 발언 때문에 온 나라가 시끄러워 보였지만 대통령은 놀랍도록 침착했다.

미국의 이라크 추가파병은 여러 가지 면에서 대통령에게 고통을 안겼다. 대통령은 '파병을 할 것인가?'를 두고 근본적인 질문을 수없이 던지며 스스로 답을 찾고 있었다. 추가파병이 불가피하다는 대통령의 현실인식이 대의와 명분을 중시하는 그 자신을 괴롭히고 있었다. 대통령의 괴로움에 견줄 바는 못 되지만 나 역시 마찬가지였다. 대통령의 마음속에서 대한민국 대통령으로서 취해야 할 길과 자신의 기질·명분이 정면으로 충돌하고 있었고, 그것이 그로 하여금 깊은 번뇌로 빠져들게 만들었다.

사실 치열한 국제정치 현실을 떠나 개인 노무현이 볼 때 이라크전쟁은 결코 세계평화를 위한 전쟁도 정의의 전쟁도 아닌 침략 전쟁이며, 그렇기 때문에 이라크는 우리 군대를 파병해서는 안 되는 곳이다. 미국은 후세인이 대량살상무기를 만든다는 의혹만으로 이라크를 공격했지만 결국은 아무것도 발견하지 못한 상황이었다. 대내외적으로 명분이 없는 일인 것이다. 앞서 봤듯 대통령은 봄의 1차 파병 때도 "전쟁 참여의 명분을 말하지 말라"며 삭제토록 지시했었다.

그러나 그 이상은 안 된다. 이곳 청와대에 사인私人 노무현은 없기 때문이다. 그는 대한민국 대통령으로서 이 자리에 존재하고, 한미동맹이 그 앞에 있다. 그리고 앞뒤 잴 것 없이 이 동맹의 요청을 흔쾌히 받아들여야 국익을 증진할 수 있다고 생각하는 절반의 국민이 있었다. 추가파병은, 한국전쟁 당시 자국 젊은이들 5만여 명의 목숨을 바쳐서 우리나라를 지켜준 미국에 대한 도리라는 정서도 무시할 수 없다. 그럼에도 불구하고 이런 요소들뿐이라면 때로는 양해를 구하고, 때로는 설득을 하면서 우리가 대의를 추구해 나갈 수 있을 것이다. 그렇지만 더 중요한 북핵문제가 있었다.

우리 앞에는 미국과 손잡고 풀지 않으면 해결이 요원한 북핵문제가 있다. 북한을 '악의 축'으로 규정하며 언제든지 군사적으로 응징할 기세로 가득한 부시정부와, 여기에 맞서 미국에 달려드는 호전적인 북한 사이에서 충돌을 막고 평화를 만들어가기 위해서는 미국과의 협력이 필수적이다. 파병할 경우, 우리가 한반도 평화와 관련해서 미국에 대해 다소나마 발언권을 강화시킬 수 있을지 모른다. 그러나 더 무서운 것은 우리가 파병을 거절할 경우 발생하는 긴장이다. 아마 부시정부의 성격으로 볼 때 한반도에서 군사적 충돌을 막겠다는 우리의 의견이 마냥 존중되기 어려울지도 모른다. 부시정부는 우리의 의견을 존중하기는커녕 북핵문제에서 우리를 투명인간 취급할 가능성이 높다. 대통령은 이런 전략적인 상념을 거듭하며 최선의 결론을 찾기 위해 고심하고 있었다.

그러나 정치가 노무현의 입장에서 추가파병은 심각한 내상을 입는 것이었다. 그가 추가파병을 결정하면 지지세력의 절반을 잃고, 또 나머지 절반의 지지자들은 단지 "노무현을 믿는다"는 이유로 '자신들의 의사에 반하여' 고통스럽게 추가파병에 찬성할 것이다. 이미 여론조사가 미래에 발생할 수 있는 이 불행한 사태를 예견하고 있었다. 9월 18일 청와대 여론조사비관실의 보고에 따르면, 조사 주체의 이념적 성격에 따라서도 파병 찬반의 분포도가 확연히 달랐다. 추가파병에 대해『조선일보』여론조사에서는 찬성 66.3%, 반대 33.7%가 나온 반면,『한겨레』여론조사에서는 찬성 37.7%, 반대 62.3%가 나왔다. 이념적 성향과 참여정부에 대한 호감도에 따른 찬반이 모순적인 경향을 보이는 묘한 민심 속에서 여론이 팽팽하게 맞섰다. 이를 반영이나 하듯『경향신문』조사에서는 찬반이 각각 50%를 나타내기도 했다.

노 대통령은 2003년 9월 29일 한미동맹 50주년 기념 만찬에서 허바드 주한 미대사에게 이라크 파병이 자신의 정치적 입지에 미치는 영향에 대해 솔직하게 이야기했다. "나를 지지하는 대부분의 사람들은 파병에 반대하고 있습니다. 내가 만약 파병하기로 결정하면, 이 중 절반 정도가 나에 대한 지지를 이 이유만으로 철회할 것입니다. 나머지 절반가량은 나를 위해 '파병 반대'를 철회할 것입니다. 또 지금 파병에 찬성하는 사람들은 하나같이 정치적으로 나의 반대자들입니다."

그러나 대통령은 자신의 정치적 지지자 절반을 잃는 문제를 고려요소에 넣지 않았다. 대신 파병 요청의 '수용'과 '거절' 사이에서 균형추를 기울게 할 요소는 북핵문제라고 결론지었다. 대통령은 북핵문제로 불안정해진 한반도 평화를 안정시키기 위해서는 미국의 전향적 입장이 필수적이며, 이를 위해 우리가 능동적으로 미국과 협력할 수 있는 구조를 만들어야 한다고 생각했다. 따라서 대통령은 여러 회의에서 반복해서 우리가 추가파병을 하게 된다면 한반도 상황의 안정이 그 전제가 돼야 한다며 북핵문제의 진전을 강조했다.

고심을 거듭하면서 대통령은 결국 추가파병이 불가피하다는 쪽으로 기울고 있었다. 사실 미국이 추가파병을 요청해오는 순간, 대통령은 이를 거부하기 어렵다는 것을 직감적으로 느꼈다. 나 역시 마찬가지였다. 이미 우리 사회 보수층과 워싱턴에서는 한국 정부의 파병 거부를 동맹파괴로 간주하는 분위기였다. 게다가 북핵·주한미군 재배치·감축·경수로 공사 중단 등 난제難題로 가득 찬 한미관계 현안들이 즐비하게 늘어서서 우리를 기다리고 있었다. 국내 여론도 반으로 갈렸다. 그러니 우리가 실질적으로 강구해야 할 것은 어떻게 추가파병을 노잣돈으로 북핵문제 해결의 길을 좀 더 원활하게 만들 것인가, 또 어떻게 우리 병사들의 희생을 최소화할 수 있는 규모와 성격의 부대를 만들어내느냐 하는 것이었다. 이와 관련해서 NSC사무처는 이미 대통령께 소규모 비전투병 파병 쪽으로 결정 내는 것이 바람직하다고 건의한 상태였다.

그런데 정부 내에는 대통령이 자기 철학에 반하면서 파병을 결정해야 하고, 그것이 정치적 지지기반의 붕괴를 의미한다는 고통스러운 사실을 이해하는 외교안보 참모들이 거의 없었다. 그들은 대체로 이라크전쟁은 미국이 세계평화를 위해 주도하는 명분이 있는 전쟁으로 인식했다. 비록 대통령의 인식이라 공개적으로 토를 달지는 못하지만, 이 전쟁의 성격을 논리적으로 따지는 것 자체가 다분히 '반미적'이라고 터부시했다. 그들은 지금이 대규모 파병을 통해서 한미동맹을 강화하고 석유가 무진장 매장되어 있는 이라크에서 경제적 이권을 확보할 수 있는 절호의 기회라고 주장했다. 군 일각에서는 한국군이 모처럼 현장에서 군사작전을 경험할 수 있는 좋은 기회라는 얘기도 나왔다. 더욱이 그들은 주한미군 감축 협상을 공론화하겠다고 나서 미국과 불협화음을 낸 상황에서 동맹관계를 돈독하게 하기 위해서라도 미국의 요청을 수용해야 한다고 생각했다. 그들이 국익을 위해 이런 주장을 했다는 것은 의심의 여지가 없지만, 한미동맹과 뜬구름 잡는 식의 경제적 이익만이 아니라 대의명분과 우리 장병들의 희생을 동시에 우려하는 관리는 드물었다.

대통령은 국정을 운영하면서 이미 우리 국방·외교 부처의 관리들이 지닌 심각한 대미의존성을 몸소 체험했다. 주한미군 재배치를 인계철선의 상실이라고 우려하고, 수십만 평의 반환 토지를 포기하고서라도 용산기지에 한미연합사를 잔류시켜야 하며, 주한미군 감축 협상을 공론화해서는 안 된다는 등 자신의 국방철학과 반대되는 목소리에 둘러싸인 채 지난 8개월을 보내왔다. 추가파병과 관련해서는 이들과 수차례 회의도 했고, 보고도 받았다. 그래서 아무리 동맹이라도 우리의 국익을 중심으로 미국과 의연하게 협상할 수 있어야 한다는 대통령의 생각이 그들에게 쉽게 수용되기 어렵다는 것도 잘 알고 있었다.

대통령이 보기에는, 가장 신임하는 윤영관 외교장관조차도 자신과 다른 길을 가고 있었다. 한번은 윤 장관이, 파병에 미온적인 대통령에게 미국의 전투병 파병 요청을 조속히 받아들여야 한다는 점을 강조하기 위해 강수를 두었다. 어느 날 관저 만찬을 겸한 비공개 외교안보관계 참모회의가 열렸다. 이 자리에서 윤 장관은 파병 관련 우리 정부의 태도에 대한 미국측 반응이라며 주미대사관에서 본부에 보고한 외교전문을 꺼내 작심한 듯 읽기 시작했다. 미국의 한반도 관계 과장급 관리들의 말을 인용한 전문이었다. 내용은 대체로 한국 정부가 추가파병에 미온적인 태도를 보이면서, 북핵과 파병을 연계하려 하며, 부시정부의 북핵 정책에 협조하기보다는 정책 전환을 요구하고 있는 데 대해 미국 정부가 크게 실망하고 있으며, 한미동맹의 미래를 크게 우려하고 있다는 것이었다. 다분히 위협적이라고까지 느낄 만큼 강하게 한국정부를 직설적으로 비판하고 한미동맹의 미래를 비관하는 얘기들이었다. 내가 보기에는, 미국이 자신들이 희망하는 수준의 추가파병을 이끌어내고 나아가 노무현정부를 길들여보겠다는 속내를 보인 메시지였다.

그런데 아무리 상대국 고위 지도자의 발언을 실은 외교전문이라도 대통령에게 보고할 때는 보고서 형태로 다듬는다. 더욱이 상대국 실무자급 인사의 발언이라면 특별한 경우가 아니면 대통령 보고서에 담지도 않는다. 그러니 그 외교전문을 그대로 가지고 와 대통령 앞에서 읽는다는 것

길 하나 사이에 두고 "찬성" "반대" 집회 동시에

◇찬성 해병대 전우회와 한사랑선교회, 금란교회, 애국청년단 등이 28일 낮 12시 서울 여의도 한나라당 당사 앞에서 열린 궐기대회에서 조속한 파병을 촉구하는 구호를 외치고 있다. /鄭載憲기자 krchung@chosun.com

◇반대 민주노총 등 46개 단체의 모임인 전국민중연대와 여중생범대위 등 시민·사회 단체 회원 등이 28일 오전 국회 인근 국민은행 앞에서 '범국민 행동의 날' 집회를 갖고 파병 처리 적극 저지를 선언했다. /鄭載憲기자 krchung@chosun.com

파병관련 국론분열 심각

일부 유인물 나눠주다 시비… 큰 충돌은 없어

국회가 이라크전 파병안 처리를 두 번째 연기한 28일 국회 앞 의사당로를 사이에 두고 파병 찬성과 반대 시위가 동시에 열리는 등 파병을 둘러싼 국론분열이 갈수록 심해지고 있다. 이날 양측 간의 큰 충돌은 없었으나, 일부는 유인물을 나눠주다 시비가 붙기도 했다.

해병대 전우회·재향군인회·자유지성300인회·미군철수 반대 1천만 서명운동본부·주권찾기 시민모임·애국청년단 등 1000여명은 이날 한나라당 당사 앞에서 열린 '파병 지지 궐기대회'를 열었다. 참가자들은 결의문을 통해 "국익을 위한 노 대통령의 파병 결정을 적극 지지한다"며 "국회의원들은 속히 파병 동의안을 통과시키라"고 촉구했다. 해병대

예비역 김모(55)씨는 "6·25로 100만명의 유엔군 중 16만명이 죽었다"며 "(파병반대 집회측을 가리키며) 저들은 은혜도 모르고 의로운 전쟁을 돕지 않는다"고 말했다. 김한식(숭毅舍·57) '미군철수 반대 서명운동' 본부장은 "전쟁을 겪지 않은 젊은 세대들의 반대운동에 대응하기 위해 급히 나서게 된 것"이라고 말했다.

길 건너편 국민은행 본점 앞에서 열린 '파병 반대 범국민 행동의 날'

집회에는 전국민중연대와 여중생범대위 등 1500여명이 참석했다. 시위대는 "이라크 민중의 피로 얼룩진 국익을 바라지 않는다"며 "국회 파병 동의안을 절대 반대한다"고 말했다. 민주사회를 위한 변호사모임(민변)은 국회 주변 국민은행 앞에서 기자회견을 갖고 "이라크 전쟁은 불법적이며 한국군 파병은 위헌"이라고 말하고, 이 같은 내용을 담은 의견서를 국회의장과 국회 앞으로 전달했다.

경실련 등 12개 시민사회단체는 이날 낮 세종문화회관 앞에서 이라크 반대 및 파병철회를 위한 시민대회를 열었다. 여중생범대위 소속 회원 등 30여명은 오후 7시부터 광화문 일대에서 반전 촛불시위를 벌였다. /崔炳碩기자 cogito@chosun.com

이라크 파병 문제는 참여정부 초기부터 국론을 크게 분열시키고, 정부 지지자들에게 큰 충격을 주었다. 노무현 대통령의 지지자들은 대체로 파병 반대 의견을 가지고 있었고, 노무현 개인으로서도 반대하는 입장이었지만 노 대통령은 한국의 대통령으로서 깊게 고민할 수밖에 없었다.(조선일보, 2003년 3월 29일)

은 상상하기 어려우며 '예의 문제'가 나올 수도 있는 일이다. 그럼에도 불구하고 외교장관이 이를 결행한 것을 선의로 해석하면 그는 대통령이 현실을 직시하지 못하고 있다고 생각한 것 같았다. 그래서 미국이 참여정부의 태도를 어떻게 생각하고 있는지 직접 알려 대통령이 현실을 직시하고 '올바른 결정'을 내리도록 하고 싶었던 것 같다. 그러나 대통령은 NSC사무처를 통해 미국 조야의 반응을 수시로 점검하고 있었으며, 누구보다도 현실을 직시하고 있었다. 외교장관이 본 현실은 미국이라는 장벽 하나지만, 대통령은 미국과 우리 국민, 그리고 역사라는 요소들이 뒤엉킨 더 복

합적인 현실 속에서 냉철하게 해법을 찾고 있었다.

윤 장관의 '읽기'가 끝나자 일순간 좌중이 싸해졌다. 그러자 대통령이 한손으로 얼굴을 쓸어내리고 난 뒤, 비장한 목소리로 자신의 심경을 토로했다. 대통령은 심한 모욕감을 느끼면서 동시에 국가존엄이 상처 입었다는 충격에 빠진 것 같았다. 반기문 외교보좌관이 미측 실무자 발언일 뿐이라며 외교전문을 심각하게 받아들이지 말라고 했지만 대통령의 얼굴은 분노와 비통에 싸였다. 대통령은 평소 한미관계에서 느꼈던 소감을 털어놓으며 한미관계가 지금처럼 일방적으로 계속 가서는 안 된다고 했다. 자신이 대통령직을 걸고라도 이 불평등한 관계를 고쳐가겠노라고 했다. 그는 노기를 누그러뜨리며 단호한 어조로 말했다. "내 시대에 내가 노력하다가 한미관계가 깨지면 다음 대통령은 보다 균형된 한미관계를 해나갈 수 있을 것입니다."

이런 일들을 거치면서 대통령의 고민은 깊어갔다. 대통령은 내게 탄식조로 말했다. "이런 사람들에게 내가 몇 명의 파병 숫자를 손에 쥐어준들 그것으로 미국을 설득할 수 있을지 엄두가 나지 않아요." 대통령의 한숨이 길게 내 귀에 울렸다. 좌절에 가까운 토로를 들으며 추가파병 실무책임자로서 책임감과 송구함에 온몸이 오그라들었다. 그러면서도 용기를 내서 이미 보고한 내용을 가다듬어 다시 말했다.

"대통령님, 너무 염려하지 마십시오. 미국은 애초에 3000~5000명의 경보병 사단 병력을 희망했습니다. 그러니 우리가 3000명 정도에 규모를 맞추어도 미국의 희망치를 벗어나는 것은 아니니 할 말이 있습니다. 부대 성격에 대해서는 미국이 의료·공병을 보내는 것을 반대하니 그렇게 할 수는 없지만, 이라크 재건지원에 초점을 맞춘 비전투 부대를 구성하는 방법을 모색하겠습니다."

미국의 추가파병 요청과 NSC의 한국형 모델 모색

미국 정부가 이라크 치안유지를 위해 사단 규모의 전투병력을 추가 파병해달라고 한국 정부에 공식 요청한 것은 2003년 9월 4일이었다. 이미 우리 정부는 약 600명의 공병과 의료병으로 구성된 서희·제마부대를 2003년 봄에 파병했기 때문에, 이번이 두번째 파병 요청이었다. 롤리스 부차관보가 추가파병을 요청하며 예시로 든 병력 규모는 최소한 3000~5000명 정도로 구성되는 1개 경보병 전투여단을 갖춘 폴란드형 사단이었다. 그러나 이는 최소한의 예시였을 뿐 미측은 가능하다면 더 많은 숫자의 병력을 파견해주기를 희망했다.

미국의 추가파병 요청은 참여정부의 안보사안 관리를 아주 복잡하고 어렵게 만들었다. 그렇잖아도 한국 정부는 산적한 대형 외교안보 사안들과 악전고투중이었다. 북핵문제는 해결은커녕 더 악화되고 있었고, 용산기지 이전 문제 하나만 가지고도 그 비용과 안보에 미치는 영향을 둘러싸고 국론이 분열되어 몸살을 겪고 있었으며, 거기에 엄청난 폭발력을 지닌 주한미군 감축 문제가 수면 아래서 서서히 부상하고 있었다. 이런 상황에서 이라크 추가파병 문제가 더 얹히니 정말 밥을 먹지 않았는데도 체기를 느낄 지경이었다.

그러나 노 대통령은 북핵문제를 제외한 기존 안보사안과 추가파병 문제를 분리해서 대처하라고 지시했다. 다른 한미 현안들은 파병 문제와 상관없이 진행하겠으나, 북핵문제의 진전만은 파병 문제 고려의 중요 요소로 삼겠다는 의지를 보인 것이다.

예상대로 추가파병 문제를 놓고 정부 내 의견이 여러 갈래로 갈렸다. 국방부를 중심으로 한 군수뇌부와 오랫동안 한미관계를 다루어온 외교부 관리들은 한목소리로 한미동맹을 고려하여 조속히 미국의 요청을 수용하자고 했다. 어떤 이는 동맹 발전을 위해서는 미국이 요청한 것보다도 더 보내야 한다고 주장했다. 또 어떤 이들은 어차피 미국에 안보를 상당 부분 의존하고 있는 한미동맹 구조상 미국의 요청을 거부할 수는 없다고 보고, 그렇다면 미국의 요구를 적극 수용하여 한미관계와 북핵문제 등에서 우리의 입지를 강화하는 방향으로 나아가야 한다고 주장했다.

정부 외교안보 부서 중에서 미국의 요청에 신중한 입장을 가진 곳은 NSC사무처밖에 없었다. 그리고 신중론의 중심에는 대통령이 있었다. 이라크에 대규모 전투병을 파병한다는 것은 우리 병사들의 상당한 희생을 감수하는 일이며, 우리가 이라크 문제에 자칫 발목을 잡힐 수 있기에 신중할 수밖에 없는 일이었다. 국민여론도 분열되어 있었고, 또 파병한다 하더라도 사전에 어떤 담보가 없다면 미국이 북핵문제에서 전향적인 입장을 취하리라는 보장도 없었다. 대통령 입장에서는 최소한 이러한 기본적인 문제들에 답을 찾을 수 있어야 했다. 그러기 위해서는 시간이 필요했다.

노 대통령은 자신의 의중을 드러내지 않고 신중하게 처신했다. 우선 국민여론을 수렴한 뒤에 정부 입장을 정하는 쪽으로 방향을 잡고, 청와대 수석보좌관회의(2003년 9월 15일)에서 몇 가지 지시를 했다. 먼저 정부가 이미 파병을 결정한 것처럼 언론에 비치는 데 대해 문제를 제기하고 "청와대가 긍정적 입장으로 비치는 것은 곤란하며, 청와대는 아직도 대단히 신중한 입장"이라는 점을 강조했다. 이어서 미국이 요청한 대로 전투병을 보낼 경우 쉽게 철수할 수 없기 때문에 그로 인한 '위험의 성격'을 분명히 따져보고, 아랍권 국가들과의 외교관계에 미치는 영향도 신중히 고려해 판단하라고 주문했다. 대통령은 파병과 경제적 이익을 연계시키려는 경향을 경계하며 우리 병사들의 목숨을 담보로 경제적 이권을 흥정해서는 안 된다는 점도 분명히 했다. 한반도의 안전을 포함한 동북아 질서 전체를 내다보면서 파병 문제에 접근해야 한다는 것이다. 그리고 무엇보다도 국민여론이 중요하니 이를 잘 파악하라고 지시했다. 대통령은 이러한 제반요소들과 전통적인 한미 동맹관계를 고려하여 "대통령이 책임을 지고 신중하게 상황을 판단하겠다"고 말했다.

수석보좌관회의가 끝난 뒤 대통령은 라종일 안보보좌관과 나를 내실로 불러 공개적으로 밝히기 어려운 사항을 추가적으로 지시했다. 지시의 핵심은 우리에게 추가파병의 명분은 북핵문제와 관련해서 한반도에서 평화가 증진되는 것이니 이 점을 연구하라는 것이었다. "북핵문제 해결과 관련해 낙관적인 전망이 나오지 않으면 국민을 설득하기 어렵지 않겠습니까? 한반도 상황이 불안한 상태에서 이라크에 또 하나의 불안요소를 가지고 갈 수는 없지 않습니까?" 대통령의 판단은 우리나라의 안보가 불안한 상황에서 외국에 군대를 파병하기는 어려우니, 우리의 파병을 위해서는 파병을 요청한 미국이 한반도 정세의 안정을 위해 성의를 보여야 한다는 것이었다.

NSC는 추가파병 관련한 정부 결정을 위해 조직을 총력 가동했다. 이라크 추가파병이 국민의 지대한 관심사항이 되어 있고, 대통령이 풀어야 할 최대 당면과제로 부상해 있는 마당에 국방부나 외교부 등 특정 부처가 이 문제를 전담할 수는 없었다. 이미 외교안보 부처들은 일치해서 미국의 전투병 파병 요청을 수용해야 한다고 합창하고 있었기 때문에 더욱더 그랬다. 이례적이기는 하나 북핵문제와 마찬가지로 대통령을 보좌하는 NSC사무처가 직접 총괄할 수밖에 없었다. 나는 9월 초부터 정부가 파병을 최종 결정한 12월 17일까지 NSC사무처를 파병 문제 전담체제로 전환시켰다.

NSC사무처는 9월 26일 대통령 주재 안보관계장관회의에서 '파병요청 관련 전략적 고려사항'을 보고했다. 워낙 예민한 국면에서 예민한 내용을 담은 보고서인지라 회의 뒤 모두 회수했다. 보고서는 3개항으로 구성되었다.

제1항은 파병 여부 결정시 핵심 고려사항을 담았다.

제2항은 파병 결정시기 관련 검토였다. 파병 결정은 충분히 시간을 두고 검토해야 한다는 점을 강조했다. 그 이유로 북핵문제의 표류로 인해 아직 한반도 평화와 안정에 대한 낙관적 전망이 불명확하고, 미국의 이라크 재건 구상이 제시되지 않아 국제적 공감대가 형성되지 않았으며, 파병 여부를 결정할 수 있는 국민적 분위기가 성숙되지 않았음을 들었다. 이러한 상황판단은 대통령의 뜻을 담은 것으로 파병 여부를 빠른 시기에 결정해야 한다는 정부 안팎의 거센 주장을 일축하는 것이었다. 보고 내용에 대통령의 의중이 담겨 있다는 것을 알아서인지, 이와 관련하여 특별히 논란이 일지는 않았다. 다만 고건 총리가 "유엔 안보리가 이라크에서 다국적군 구성을 승인하게 되면 미국이 국제적 명분을 얻게 되고, 우리 입장에서도 미국의 거듭되는 조기 파병 결정 요구를 물리치기는 어려울 것"이라는 의견을 피력했으며, 많은 이들이 여기에 공감을 표시했다. 노 대통령도 이러한 상황이 오면, 10월 20일 APEC을 계기로 열리는 한미정상회담 직전이 국익 증진 차원에서 파병 결정의 적기가 될 수 있다고 보았다. 파병이 곤란한 것으로 판단이 될 경우는, 이때 파병 불가를 결정하지 말고 결정을 연기하는 게 바람직하다는 의견도 제시했다.

보고서 제3항은 NSC사무처가 구상한 이라크 지원의 '한국형 모델'을 예시한 것이었다. 이 모델은 우리가 파병하게 될 경우를 대비해 향후 논의를 본격화하기 위한 시론試論적인 성격을 지닌 구상이었다. 이 구상은 인도적 지원, 경제적 지원, 치안확보를 연계하여 특정 지역을 맡아 이라크 주민의 '삶의 질'을 실질적으로 개선하고, 조기에 안정이 이뤄지도록 하는데 기여하는 전후 부흥지원계획의 성격을 지녔다. 구체적으로 '의료부대 중심의 인도적 구호와 공병대 중심의 전후 복구지원, 정부 차원의 이라크 경제원조 등 경제사업을 묶은 전후 부흥지원 파트'와 '적정 규모의 경보병을 동원한 주민보호 활동 즉, 치안유지 파트' 등 2개 분야로 구성했다. 전후 부흥 지원을 중심으로 하되, 일부 병력으로 특정 지역의 치안을 맡는다는 구상이었다.

NSC사무처는 궁리 끝에 이 모델을 시론적으로 내놓았지만 이 안은 참석자 누구도 만족시킬 수 없었다. 전투병 파병을 주장하는 사람들에게는 결국 재건지원에 방점이 찍혀 있어서 미국이 원하는 치안유지는 시늉만 하려는 것 아니냐는 의심을 받을 만했다. 또한 전투병 파병을 피하고자 하는 대통령과 보고서 작성 주체인 NSC사무처 입장에서는, 어차피 우리 군이 치안유지를 하는 한 전투병 파병의 오명을 벗을 수 없다는 점에서 최종안이 될 수 없었다. 이런 이유로 이 모델은 그대로 사장死藏되었다. 그러나 성과는 있었다. 나는 이 모델에서 치안유지 부분만 다른 방식으로 해결할 수 있으면 모종의 비전투병 파병안을 만들어낼 수 있을 것이라는 자신감을 얻었다.

이날 회의를 계기로 그동안 침묵으로 일관한 NSC사무처의 추가파병에 대한 입장이 명확히 드러났다. NSC사무처는 대통령을 보좌하기 때문에 대통령의 철학과 노선을 철저히 따르고 그것을 효과적으로 구현하기 위해 존재한다. 그러한 NSC사무처가 가급적 파병 결정 시간을 늦추려 하고 파병한다 해도 부대의 성격을 재건지원 지향으로 해야 한다고 건의했으니, 전투병 파병론자들에게 NSC사무처는 경계의 대상이 되지 않을 수 없었다.

2
누구도 만족시키지 못한 선택

이라크 추가파병 문제가 그토록 고통스럽고 혼란스러웠던 이유는 간단했다. 미국이 추가파병을 요청한 이라크전쟁이 명분 없는 침략전쟁이었기 때문이다. 노 대통령은 대의명분을 존중하고 정의를 중시하는 지도자였다. 많은 국민이 불의에 타협하지 않는 노무현을 지지해서 그를 대통령으로 선택했다.

10월 18일 1단계 결정, 얻은 것과 잃은 것

2003년 10월 16일 오전 7시, 노무현 대통령은 관저에서 윤영관 외교장관과 조찬을 함께하며 현안 보고를 받았다. 내가 배석했다. 보고 의제는 이라크 파병 관련 유엔 동향과 10월 20일에 있을 한미정상회담이었다. 윤 장관은 "유엔 안보리에서 이라크 다국적군 파견 결의안이 한국 시간으로 오늘 중에 통과될 것"이라며 관련 내용을 보고했다. 그는 이제 우리 정부도 파병결정을 내릴 시점이며, 한미관계를 고려할 때 더 미국을 기다리게 하는 것은 바람직하지 않다고 건의했다. 특히 APEC 계기 한미정상회담에서 북핵문제에 관한 미국의 전향적 입장을 이끌어내기 위해서도 조기파병 결정이 필요하다고 역설했다.

실제로 유엔 안보리는 10월 16일에 "통합된 지휘권하의 다국적군에 대해 이라크 안보와 안정회복을 위해 필요한 모든 조치를 취할 수 있도록 승인"하고 "유엔 회원국들에 대해 다국적군에 대한 병력지원을 비롯해 유엔의 임무지원에 기여하기를 촉구"하는 '결의 1511호'를 만장일치로 통과시켰다. 물론 미국이 주도한 이런 결의안이 통과되었다고 해서 침략전쟁이 정의의 전쟁으로 바뀌는 것은 아니다. 그러나 적어도 형식논리적으로 유엔회원국이 이라크 파병을 할 경우 이제는 유엔의 모자를 쓰게 되었다. 국내 여론조사에서도 다국적군 파병 촉구 결의안이 유엔을 통과한다면, 추가파병을 지지하겠다는 국민이 74%에 달했다. 그렇기 때문에 대통령과 정부는 국제사회의 동향을 주시하며 이 결의안의 내용과 향방에 큰 관심을 가져왔다. 특히 대통령은 이 결의안을 둘러싼 유엔에서의 논의가 상당한 진통을 겪고 있었기 때문에, 이러한 상황이 국내 파병 논의에 충분한 시간을 벌어줄 것이라고 기대했다. 그래서 결의안 동향을 지켜보면서 우리 입장을 정하자고 한 것인데, 이것이 예상보다 일찍 통과된 것이다.

여기에 새로운 소식이 들어와 있었다. 대통령 특사로 부시 대통령에게 전달할 대통령 친서를 휴대하고 미국을 방문중인 라종일 보좌관으로부터 우리가 파병을 결정하면 미국이 6자회담 재개를 위해 진전된 입장을 내놓을 것 같다는 낙관적인 보고가 들어왔다. 대통령은 이미 9월 25일 뉴욕에서 열린 한미외무장관 회담에서 윤 장관을 통해 북핵문제의 진전에 따른 한반도 정세의 안정이 우리로서는 파병 문제를 결정하는 데 긴요하다는 입장을 미국측에 전달한 바 있었다. 이 과정에서 미 국무부가 우리의 입장을 북핵과 파병을 연계한 것으로 받아들여, 한국이 이라크 추가파병을 미국의 대북정책 전환의 호기로 삼으려 한다는 불만을 품기도 했다. 그런데 이때 윤영관 외교장관이 부시정부의 대북정책을 비판하며 '대합의great bargain'를 주장한 오핸런 브루킹스연구소 선임연구원의 책『한반도의 위기』를 파월 국무장관에게 건넴으로써 미측을 크게 자극했다. 윤 장관은 북핵문제와 파병을 연계시키는 데 반대한 사람인데, 그가 왜 그런 행동을 했는지 알 수 없었다. 2003년 4월 유엔의 북한인권 결의안에 대해서도 정부 방침은 '기권'이었는데, '찬성'을 주장했던 외교부는 막상 유엔에 가서는 기권보다도 반대의사에 가까운 행위라고 할 수 있는 '불참'을 택했다. 그때도 이해하기 어려웠는데 이번에도 또 마찬가지였다.

한국 정부의 입장을 전달받은 미국 관리들은 "한국의 이라크 추가파병은 북핵 등 다른 사안과 연계될 문제가 아니라 한미동맹과 한국의 국제적 역할 강화 차원에서 스스로 결정할 문제"라며, 한국측이 국내적으로 어려우면 파병하지 않아도 된다는 식으로 불쾌한 반응을 보였다. 외교적 해프닝이 겹쳐서 미국이 더 불쾌하게 반응하는 것은 이해가 됐으나, 내가 보기엔 한편으로 이 기회에 한국 정부를 길들이겠다는 심산인 듯했다. 한마디로 군말 말고 따라 오라는 식이었다. 그러나 우리도 국익이 있는 이상 그렇게 할 수는 없었다.

이때 한국 정부는 미국 정부에 북핵문제와 추가파병 결정은 연계 사안이 아님을 확인해주었다. 그러나 정부는 이 같은 공식 입장을 전달하면서도 동시에 한반도 평화안정이 파병 문제에서 중요하다는 점을 강조하며 6자회담의 진전을 희망하는 메시지를 보냄으로써 이중 스탠스를 취했다. 라종일 보좌관이 휴대한 친서에서도 노 대통령은 파병과 북핵문제를 "별도로 다루어나갈 것"이라는 점을 분명히 밝히면서도, 그 앞 문장을 "6자회담이 조속히 개최되어 보다 가시적인 진전이 이루어진다면 우리는 한반도의 평화와 안정에 대한 낙관적인 전망을 확고하게 가질 수 있을 것"이며 "이러한 상황은 나의 국정운영도 큰 도움이 될 것"이라고 썼다. 그리고 '북핵-파병 불연계'를 밝힌 문장 바로 뒤에는 "북핵문제로 인한 한반도 안보환경이 개선될 수 있도록 각하께서 큰 지도력을 한 번 더 발휘해주실 것을 기대"한다고 썼다. 한마디로 말로는 확실히 '북핵-파병 불연계'를 천명함으로써 예의는 갖추되, 원활한 추가파병 결정을 위해서라도 북핵문제 진전이 필요하다는 점을 노 대통령의 정치적 입지까지 거론하는 인간적인 접근을 가미하여 강조한 것이다. 그만큼 대통령에게 북핵문제의 진전과 그로 인한 한반도 정세의 안정은 절박했다.

사실 미국이 불만을 표시했다고 해서 파병의 외적 환경으로 북핵문제의 진전이 필요하다는 우리의 입장을 포기할 이유는 없었다. 우리는 미국이 불만을 표시하지만 분명히 노 대통령이 원하는 바도 경청할 것으로 판단했다. 더욱이 북한 외무성이 8000여 개의 사용후 핵연료봉을 재처리 완료했으며, 이를 통해 얻은 플루토늄을 핵 억제력의 강화를 위한 용도로 변경했다고 발표함으로써(2003년 10월 2일) 한반도 상황은 더욱 악화되어 있었다. 이처럼 한반도 정세가 악화일로인데 이라크 파병을 결정하기는 쉬운 일이 아니었다. 북핵문제 해결을 위한 노력이 절실했다. 그래서 노 대통령은 북핵문제의 평화적 해결에 대한 미국의 긍정적 입장을 듣고 싶어 했다. 나도 10월 6일 허바드 주한미대사를 만난 자리에서 북핵과 파병 문제가 연계되지 않았음을 분명히 하면서도, 북핵문제가 한반도 안보에 결정적 영향을 미치기 때문에 이를 고려하지 않을 수 없다며 우리는 파병 문제를 생각할 때 "6자회담이 조금 더 진전되었으면 좋겠다는 솔직한 바람을 가지고 있다"고 말했다.

이 문제에 대해 한국 정부가 외교적으로 미숙했다고 평가하는 이들도 적지 않았다. 정부 안에서도 적지 않은 이들이 북핵문제와 파병을 연계시키지 말자고 했다. 그러나 결과는 달랐다. 미국은 한국에 대해 불편한 소리를 했지만 6자회담 진전을 희망하는 한국 정부의 입장에 대해 점차 긍정적으로 반응하기 시작했다. 워싱턴을 방문한 라종일 보좌관으로부터 라이스 백악관 국가안보보좌관이 "제2차 6자회담이 조기에 개최될 수 있도록 적극 노력하고 있다"며, 한발 더 나아가 "6자회담이 조기에 재개되고 회담에서 실질문제 협의에 진전이 이루어지는 여건이 조성될 경우, 파병이 이루어질 수 있는 것인지"에 관심을 표명했다는 보고가 들어왔다.

대통령의 입장에서 보면 유엔 안보리 결의안이 통과되고 미국이 북핵문제에 전향적인 반응을 보이면서 APEC에서 열릴 한미정상회담에서 북핵문제 진전을 위한 일련의 계기를 만들 수 있다는 전망이 선 것이다. 이

제 파병 결정을 더 미루기는 어려웠다. 대통령이 제시한 조건들이 어느 정도 충족된 데다, 내부적으로 조기 결정을 강력하게 주장해온 다수 외교안보 참모들의 건의도 무시할 수 없었다.

윤 장관의 보고를 받은 노 대통령은 이미 간밤에 결심한 듯 차분한 어조로 APEC 정상회담 전에 국가안전보장회의를 열어 파병을 결정하겠다고 밝혔다. 그러면서 2단계 결정 방식을 제시했다. 이번에는 파병하겠다는 원칙만 결정하고 민감한 문제인 부대의 규모와 성격은 추후 결정하겠다는 것이다. 미국에게 최소한의 예의를 갖추면서도 실질적으로 쟁점이 될 규모와 성격 문제는 후속 논의와 검토를 거치겠다는 것이었다.

조기 파병 결정을 주장해온 참모들은 완전히 만족하는 것은 아니지만 파병 결정을 했다는 사실만으로도 다행스럽게 여겼다. 그러나 정작 대통령의 의중을 받들어 신중 결정을 주장하고 그에 따라 행사 일정을 조율해온 NSC사무처로서는 당혹스러운 조기 결정이었다.

사실 나는 대통령이 APEC에서 돌아와서 파병을 결정하리라 예상했었다. 그래서 추가파병과 관련해 대통령이 시민단체의 의견을 직접 듣고 수렴할 필요가 있다고 판단하고, 참여연대 김기식 처장에게 요청하여 10월 17일 오찬 행사로 대통령이 참석하는 간담회를 마련해놓은 상태였다. 사실 대통령 일정이 워낙 빡빡하여 그 이전에 잡기도 어려웠다. 그런데 대통령은 16일 아침에 파병을 결정했고 이를 정부 방침으로 확정하기 위한 국가안전보장회의는 18일이었다. 시민단체의 의견을 수렴하겠다고 간담회를 마련해놓고, 비록 1단계 결정이지만 하루 만에 결론을 낸다면 시민단체가 가만 있을 리 없었다. 진퇴양난이었다.

나는 16일 아침 조찬 보고에서 대통령의 결심을 듣고 머리가 깨질 듯이 아팠다. 언론 환경이 좋지 않은 상황에서 시민단체까지 등을 돌리면 대통령의 국정운영은 더 어려워진다. 이를 뻔히 알면서도 방법이 없었다. 간담회를 취소하는 방법도 생각해보았으나, 그러면 아예 시민사회를 무시하는 처사로 비난받을 것이다. 나는 "시민단체 간담회는 어떻게 하실 거냐?"는 볼멘소리가 목젖까지 차올랐지만 차마 말을 꺼낼 수가 없었다. 대통령의 결심이 얼마나 많은 번뇌와 고심 끝에 나온 것인지 알기 때문이었다. 아니, 말을 해도 대통령이 19일에는 태국 방콕으로 출국해야 하기 때문에 일정 조정이 불가능한 상태였다.

아무래도 대통령도 마음의 준비를 해야 할 것 같아 조찬을 마치면서 내일 시민단체 대표들과 간담회가 있다는 사실만 간단히 환기시켰다. 사실 대통령의 2단계 파병 방식은 매우 지혜로운 안이었다. 그리고 시간만 충분하고 2단계에서 소규모 비전투병 파병만 관철할 수 있다면 시민사회에도 이해를 구할 만한 방안이었다. 그러나 타이밍이 문제였다. 대통령이 의견 수렴을 하겠다고 파병을 반대하는 자신들을 만난 다음날 파병을 결정한다면 시민단체가 자신들을 들러리로 세웠다며 더 격렬하게 반대할 것이 뻔했다. 이제 북핵문제에서는 일정한 성과를 거두겠지만 시민사회의 반발은 더 막기 어렵게 되었다.

정부는 예정대로 10월 18일 국가안전보장회의를 열어 이라크에 우리 군대를 추가파병하기로 원칙적인 결정을 했다. 대통령은 이를 결정하면서 "해당 부처에서 파병부대의 성격 등과 관련해 이런저런 추론이 나올 경우 파병 과정을 1·2단계로 나누는 의미가 없어진다"며 "국민들의 오해가 있을 수 있으므로 일절 추론하는 일이 없도록 유의하라"고 지시했다.

10월 20일 한미정상회담에서 부시 대통령은 한국 정부의 이라크 파병 결정에 감사를 표했다. 노 대통령은 "그동안 한국 내에서는 이라크 문제를 독자적으로 판단해야 한다는 의견도 있고, 가장 효율적인 역할을 할 수 있도록 한국군 나름대로의 편성을 해야 한다는 요구도 있었다"고 한국 정부의 고충을 설명한 뒤, "미국의 요구와 필요를 최대한 존중하나 한국의 상황도 적절히 고려하여 파병부대를 편성코자 하니 미국이 우리측 입장에 대해서도 이해해주기 바란다"고 말했다. 부시 대통령은 "더 많은 병력을 보내면 보낼수록 좋지만, 노 대통령이 처한 압력을 잘 이해한다"고 화답했다.

부시 대통령은 예상했던 대로 노 대통령에게 "북한에 안전보장을 제공하는 문제를 검토하고, 공개적으로 언급한 것을 문서화할 것"이라고 밝혔다. 그는 북한에 강한 불신을 표명하면서도 "북한이 검증가능하게 핵을 포기한다는 조건"하에 "파월 장관이 5자뿐만 아니라 북한을 포함하여 안전보장을 제공하는 좋은 표현이 담긴 문서를 준비할 것이며, 여타 국가들과 협의할 것"이라고 밝혔다. 부시의 이러한 전향적인 입장 표명에 대응해서 북한도 10월 25일 외무성 대변인을 통해 부시 대통령의 '서면 안전보장'을 고려할 용의가 있다고 밝혔다. 이러한 새로운 대화를 향한 움직임은 이듬해인 2004년 2월 25일에 제2차 6자회담의 개막으로 이어졌다. 결과적으로 노무현 대통령의 고뇌에 찬 파병 결정이 바란 대로의 성과를 거둔 것이다.

한편, 파병 원칙이 발표되자 국민들 사이 찬반 논쟁이 다시금 들끓었다. 대통령의 전통적 지지자들은 크게 실망했다. 한미동맹 관계와 한반도 평화, 국익을 고려했다는 정부의 명분이 그들을 설득시키지 못하고 있었다. 추가파병 문제에 신중하게 접근하겠다던 정부가 예상치 못하게 갑자기 추가파병을 결정한 것처럼 비친 것이 그들을 더욱 자극했다. 예견된 일이었다. 대통령은 "추가파병을 한다"는 원칙만을 결정했지 가장 중요한 규모와 성격은 이제부터 본격적으로 논의해나가겠다는 의미였으나, 시민단체는 1단계인 파병 결정 자체를 문제시했다. 더욱이 대통령이 이미 내부적으로 파병을 결정해놓고 시민단체 대표들을 요식행위로 만났다는 항의가 거셌다. 정부가 의도한 일은 아니었으나 변명의 여지가 없었다. 간담회를 마련한 나는 시민단체에 할 말이 없었다. 나를 믿고 간담회를 주도적으로 조직해준 김기식 처장에게도 선배가 돼서 뒤통수를 친 것 같아 볼 낯이 없었다.

앞으로 시민사회에서 격렬한 파병반대 운동이 일 것이 불을 보듯 뻔했다. 지금까지는 대부분의 시민단체가 '전투병 파병 반대'를 기치로 내세웠으나 이제 아예 '파병 반대'라는 강경 주장이 득세할 것이다. 그들은 정부가 전투병 파병을 피하고 평화재건지원 부대의 파병을 결정해도 아마 이 부대원들이 자위적 수단을 위해 총을 휴대하고 있다는 사실만으로 전투병이라고 몰아세울 것이다.

이 모든 것은 결과적으로 정부가 자초한 셈이었다. 대통령을 곁에서 보좌해온 나로선 능력 부족을 탓해야 했다. 심한 자책감이 들었다. 그러나 결정은 이미 내려졌고, 대통령은 이 결정을 지렛대 삼아 북핵문제의 새로운 진전을 고대하며 부시와의 정상회담을 위해 방콕으로 떠났다. 나는 주말을 착잡하게 보낸 뒤, 월요일인 10월 20일부터 손석희 아나운서가 진행하는 뉴스 프로에 출연하는 것을 시작으로 이리저리 대국민 설득에 나섰다. 이번 결정이 북핵문제 진전을 위한 것이냐는 질문에 대해서 연계론은 부정하면서도 한반도의 최대 안보현안인 북핵문제 해결을 위해 6자회담이 진전되는 것이 매우 중요하다는 점을 부인하지 않았다. 그것이 외교적으로는 다소 거친 행동처럼 보여도 국민에게 솔직해야 한다는 대통령의 철학에 부합하는 것이며, 당장은 달리 설명할 길도 없었다.

"2000~3000명 비전투병 파병이 합리적" 발언

정부가 1단계로 파병 원칙을 결정하자, 우려대로 대다수 언론과 정부 내 전투병 파병론자들이 대규모 파병을 기정사실화하려는 움직임을 보였다. 대통령이 출국 전 단단히 함구령을 내렸음에도 불구하고 추가파병 원칙이 발표되자마자 언론은 익명의 외교안보부처 관리들의 말을 인용하며 파병 규모가 최소 5000~6000명은 될 것이라고 보도했다. 물론 파병문제 책임자인 나도 모르는 숫자였다. 이 숫자는 대통령이 해외 체류한 일주일 동안 거의 하루에 1000~2000명씩 불어나더니 급기야는 1만2000명까지 보내게 될 것이라는 보도까지 나왔다. 대통령의 부재를 틈타 대규모 파병론자들의 목소리가 불거져 나온 것이다. 청와대에서는 김희상 국방보좌관이 8000명 내외의 사단급 부대 파병이 적정하다고 주장했다. 대통령의 함구령을 지켜달라고 요구하는 것 말고는 NSC가 달리 손쓰기도 어려운 상황이 전개됐다.

그런데 이렇듯 파병 예상 숫자가 커지는 데는 미국의 희망도 작용하고 있었다. 미국이 다른 국가들로부터 파병 요청을 거부당하면서 한국에 대한 기대수준은 그만큼 커질 수밖에 없는데, 불감청不敢請이언정 고소원固所願이랄까? 한국의 보수진영이 강력하게 대규모 파병을 주장하면서 미국의 가려운 곳을 긁어주고 있었다. 그러다보니 이들의 주장이 쉽게 미국의 정책에 역으로 반영되어 한국이 대규모 파병을 하지 않겠느냐는 미국의 기대를 키웠다.

이런 어수선한 상황에서 나는 토요일인 10월 25일 점심에 일주일간 APEC 정상회의 관련 해외 방문을 마치고 막 귀국한 대통령께 현안 보고를 했다. 대통령은 자신이 자리를 비운 사이 부풀려져 세간에 나도는 추가파병 규모에 대해 유감스러워했다. 특히 정부 내 일부 인사들도 이러한 대규모 파병을 부추겨왔다는 점에 깊이 우려했다. 대통령은 대책을 물었다. "아무래도 제가 나가서 정리를 할 필요가 있을 것 같습니다." "그렇게 합시다." "2000~3000명 비전투병으로 하겠습니다." 이미 전에 대통령 보고를 마친 NSC사무처가 준비해온 복안이었다.

10월 27일 오전 12시, 나는 대통령 주재 수석보좌관회의 도중에 빠져나와 롯데호텔 메트로폴리탄에서 청와대를 출입하는 『연합뉴스』 조복래 기자를 만났다. 대통령에 보고하고 바로 잡은 약속이었다. 이 자리에서 정부 핵심관계자라는 익명으로 처리해줄 것을 조건으로 이라크 추가파병의 규모와 성격에 대해서 "정부 방침이 확정된 것은 아니지만

2000~3000명 정도로 보는 게 합리적일 것이다"라고 간단하게 말했다. 조 기자 입장에서는 졸지에 특종을 잡은 셈이니 당장 보도하지 않을 까닭이 없었다. 한편 아무리 정부 핵심관계자라고 해도 『연합뉴스』 청와대 출입 기자를 통해 세간에 떠도는 대규모 전투병 파병설을 후려치며 소규모 비 전투병 파병을 기준으로 제시할 사람은 NSC 관계자밖에 없었다. 아마 언 론은 보도와 동시에 익명의 핵심관계자 대신에 내 이름을 쓸 것이 분명했 다.

사실 나는 그동안 안보관계장관회의나 NSC 상임위원회, 혹은 청와대 외교안보참모들 간의 대화에서 파병 관련한 입장을 거의 말하지 않았다. 개인적으로는 명분 없는 파병을 반대했지만, 현실적으로 파병이 불가피 하다고 판단하고 있었다. 분명 그것이 국익에 기초해서 내린 결론이지만 나의 국익 판단은 전투병 파병론자들과 달랐다. 나는 가급적 적은 숫자 의 비전투병을 보냄으로써 한미관계도 큰 문제없이 유지하면서 우리 병 사들의 희생을 줄이고 국제사회에서 최소한의 품격을 지킬 수 있는 파병 을 모색했다. 그러나 이런 방법은 대규모 전투병 파병을 주장하는 외교 안보라인의 고위 인사들이 보기에는 동맹에 대한 신의를 저버리고 한미 관계를 위험에 빠뜨리는 행위였다. 그들에게 이것은 파병반대론이나 크 게 다르지 않은 것이다. 상황이 이러했기 때문에 내가 얘기를 하는 게 내 부 논쟁만 가열시킬 뿐, 상황 정리에 전혀 도움이 되지 않는다고 판단했 다.

사실 파병 문제는 누가 옳고 그른지를 따지는 게 아니라 국익과 대의명 분 등을 두고 서로 다른 삶을 살아온 사람들 간의 확고한 소신 싸움이었 기 때문에 토론으로 결론을 내리기 어려운 사안이었다. 오히려 토론을 하 다가 얼굴을 붉히고 급기야 서로에게 인격적인 상처를 주기 십상인 문제 였다. 나는 결국 대통령의 결심으로 해결할 수밖에 없다고 생각했다. 그 렇다면 굳이 개인 의견을 말할 필요가 없는 셈이다. 더구나 나는 정부에서 파병 문제를 총괄하는 실무책임자가 아닌가? 다만 나는 청와대 비서실의 시민사회와 정치권을 담당하는 수석비서관들에게는 NSC사무처의 복안을 설명하고 협조를 요청했다.

나의 언론플레이로 대규모 전투병 파병설은 가라앉았다. 대신에 도처에서 나에 대한 불만과 비난이 쏟아졌다. 언론은 핵심관계자라는 익명 대신에 발언의 주인공으로 직접 나를 거명했다. 당장 외교장관과 국방장관, 외교보좌관 등이 언론과의 인터뷰에서 나의 발언을 사견으로 일축하며 "아직 아무것도 결정된 것이 없다"고 확인(?)해주었다. 아마 그들은 한미동맹 관계를 고려하여 대규모 전투병을 파병해야 한다는 자신들의 주장과 상반되는 주장을 언론에 흘린 내가 매우 유감스러웠을 것이다. 그러나 그들의 부인에도 불구하고 언론은 내 발언을 기정사실로 다루기 시작했다. 대통령이 함구령을 내린 가운데 대통령 최측근 참모가 발언했으니 그럴 수밖에 없었을 것이다.

보수진영은 그들이 기대했던 규모보다 터무니없이 적은 숫자에다가 전투병도 아니고 비전투병을 보내는 것이 합리적이라고 말한 나에게 비난공세를 퍼부었다. 외교부 안에서는 "떡 달라는데 아이스크림 주는 격"이라는 볼멘소리가 나왔다. 야당인 한나라당에서는 내가 '월권행위'를 했다고 비난하며 사퇴를 요구했다. 일부 언론에서는 내가 대통령의 신임을 등에 업고 NSC를 통해 무소불위의 권력을 휘두르고 있다는 비난도 퍼부었다. 어떤 신문은 사설까지 동원해 연일 나와 NSC를 공격했다. 언론이 나와 NSC에서 함께 일하던 동료들에게 '자주파'라는 별칭을 붙인 것도 이 무렵의 일이었다. 일부 몰지각한 외교관은 미국의 한반도 관계자들에게 NSC사무처 직원들에게 '반미' 혐의를 뒤집어씌우며 '탈레반'이라고까지 비난했다. 그러나 우리가 그렇게 자주적인 결기를 가졌다면 아예 파병을 반대했을 것이다.

분단 상황에서 진보적인 국민과 보수적인 국민이 절반씩 사는 나라의 대통령이 진정 국익과 국민을 생각한다면 얼마나 자기 색깔대로 외교안보를 해나갈 수 있을까? 아마 자기 색깔을 지향하긴 하겠지만 그가 현실에서 택하는 대안은 어느 한쪽의 국민을 극단적으로 소외시키지 않고 상식과 합리성에 기반을 둔 정책일 것이다. 그것조차도 제대로 구현하기 버겁다. 그래서 참모들은 지도자가 상식과 합리성에서 벗어나지 않고 가급적 올곧게 나라를 이끌 수 있도록 보좌하는 것 이외에 다른 데 신경을 쓰고 싶어도 그럴 여유가 없어야 정상이다.

2차 조사단의 파견과 NSC 출신 단장

정부가 국군을 이라크에 추가로 파병하겠다는 원칙을 결정한 후 이라크 사태는 더 악화되었다. 라마단 기간을 맞아 테러 공세가 심화되고, 친후세인 세력의 저항도 심상치 않았다. 이라크 체제가 안정화 단계로 들어가는 것이 아니라 오히려 광범한 대테러전으로 빠져 드는 느낌이었다. 비록 유엔 안보리의 다국적군 승인 결정이 있었지만, 미국의 파병 요청을 받은 나라들은 오히려 소극적인 태도를 보이기 시작했다.

이런 상황은 거꾸로 미국으로 하여금 한국의 최종 파병 결정을 독촉하게 만들었다. 그러나 노 대통령은 이라크 파병이 자칫 전투 현장에 우리 병사들을 꼼짝없이 밀어넣는 격이 되지 않을까 노심초사했다. 대통령은 전투에 휘말리는 것을 피할 수 있는 보다 안전한 파병 방식을 찾기 위해 골몰했다. 그러다보니 조기 파병 결정을 기다리는 미국의 바람과 달리 이라크 정세가 전개되는 상황을 좀 더 지켜보며 검토하기를 원했다. 시간이 더 필요했다. 다행히 대규모 전투병 파병을 주장하는 야당도 "국회조사단을 파견하니 조사단 복귀 후에 논의하자"는 입장을 보여 본의 아니게(?) 시간을 벌어주었다.

대통령은 파병의 규모와 성격을 최종 결정하기 전에 이라크 상황을 다시 한 번 점검하기를 원했다. 정부는 이미 국방부 소속 현역 준장을 단장으로 하는 12명의 민관합동조사단을 9월 말~10월 초 현지에 파견하여 그 결과를 국민에게 공개했으나, 시민사회로부터 부실 조사라는 호된 질책을 받은 바 있었다.(1단계에서 파병 결정을 내리기 전이었다.) 사실 나는 이 조사단이 귀국하는 당일(10월 3일) 그들을 청와대로 초치하여 대통령께 보고하도록 했다. 조사단에는 NSC사무처가 조사단원으로 추천한 가톨릭대학의 박건영 교수도 있었기 때문에 어느 정도 객관적인 조사가 이루어지리라고 기대했다. 보고서에는 종합보고서 외에 박 교수와 국책연구기관에 소속된 다른 한 명의 민간전문가의 개별보고서가 첨부되어 있었다. 조사단장의 대통령 보고가 끝난 뒤 박 교수 등 조사단에 참여한 사람들에게 의견을 물었으나 특별히 이견은 없었다.

그러나 10월 6일, 국방부에서 열린 조사단의 기자회견장에서 박 교수는 국방부의 조사결과 보고에 대해 조사 시간 부족과 조사대상의 제한성 등을 들며 이의를 제기했다. 사실상 유일하게 민간분야를 대표한 박 교수가 공개적으로 문제를 제기함으로써 사태는 걷잡을 수 없이 악화되었다. 시민사회는 즉각 조사단 보고의 객관성과 신뢰성에 문제를 제기했으며, 조사단이 파병을 위해 현지 정세를 지나치게 낙관적으로 보고했다고 비난했다.

나는 박 교수가 왜 대통령 보고 때에는 아무 말이 없다가 기자회견장에서 그런 행동을 했는지 이해할 수 없었다. 도대체 왜 그랬는지, 10년도 더 지난 지금까지도 물어볼 기회가 없었다. 그때는 박 교수의 행동으로 정부에 대한 국민 불신이 커졌기 때문에, 그를 조사단에 참여시킨 나로서는 섭섭하지 않을 수 없었다. 그러나 시간이 지나며 생각해보니, 박 교수가 문제제기를 하고 나서기까지 그로서도 많은 고민이 있었을 것이며, 큰 용기가 필요했으리라는 생각이 들었다. 다소 돌출적인 행동으로 보이더라도 파병을 결정하기에는 조사단의 조사가 턱없이 부족하고 부실하다는 자신의 판단을 국민에게 알리는 것이 정도正道라고 생각하지 않았을까? 결과적으로 박 교수의 문제제기로 정부는 파병에 더 신중히 접근하게 되었다.

국방부는 박 교수의 이견 제시에 그 자신이 이미 종합보고서에서 인정한 내용들을 부정하는 것이라며 강하게 불쾌감을 표시했다. 추가조사단 파견의 필요성에 대해서도 조사단이 열심히 노력해서 만든 보고서가 있는데, 그게 왜 필요하냐는 반응이었다. 더욱이 추가조사단을 보내는 것이 미국에게 차일피일 파병을 미루려는 행위로 비칠 것이라고 우려했다. 이제 조사단도 돌아왔으니 그 보고에 근거해서 파병의 규모와 성격도 조기에 결정하자는 것이다. 이 와중에 국방부 일각에서는, 이미 10월 초부터 "한국군이 파병되면 이라크 북부 모술을 점령하고 있는 미 101공중강습사단을 대체할 것"이라는 근거 없는 얘기를 언론에 발설하며 분위기를 몰아갔다.

그러나 대통령의 생각은 달랐다. 대통령은 박 교수의 이의제기를 겪으면서 파병부대의 성격이나 지역을 결정하기에는 이라크 현지 정보가 턱없이 부족하다는 판단이었다. 보다 정확하고 진지한 현지조사가 추가로 필요하다고 판단했다. 따라서 대통령은 1단계 파병 결정을 내리기 전에 이미 NSC사무처에 추가로 2차 조사단을 파견하는 문제를 검토하라고 지시했었다.

2차 조사단 구성은 노 대통령의 APEC 정상회의 참석 기간 중에 이루어졌다. 이번에는 정부 내 반발을 고려하여 논란이 된 민간인 참여는 고려하지 않되, 가급적 객관적이고 정밀한 조사를 독려하기 위해 NSC사무처가 보다 적극적으로 조사활동에 개입하기로 했다. 그런데 조사단장 임명이 골치였다. NSC에서는 국방부 간부가 단장을 맡은 1차 조사단의 보고서가 논란이 되었기 때문에, 2차 조사단 단장은 외교부 관리로 하는 게 좋겠다고 판단해 그대로 대통령의 재가를 받았다. 국방부에서도 추가조사단 파견에 입이 나올 대로 나와 애초부터 단장을 맡지 않겠다고 했다. 문제는 외교부였다. 외교부에 단장을 임명해달라고 요청하자, 장관의 지시가 있어야 한다며 미온적인 태도를 보였다. 대통령의 뜻이라는 것을 알 텐데도 '장관 지시' 운운하는 것이 이상했다. 추가조사단 파견에 부정적인 외교장관이 비토하고 나선다는 느낌이 들었다. 나는 급히 스페인 마드리드에서 열리는 이라크 지원 관련 외교장관회의에 참석한 윤영관 외교장관과 전화 통화를 시도했다. 그런데 뜻밖에도 윤 장관은 단호했다. 1차 조사단 보고서를 가지고 결정을 하면 되지 왜 또 보내느냐며, 외교부에서 단장을 맡지 않겠다고 했다. "외교부에서 단장을 맡으라는 것은 대통령님 지시입니다." 나는 대통령 결정이라는 점을 강조했다. 그러나 그는 끝까지 외교부는 단장을 맡을 수 없다고 통보했다. 그가 대통령의 2차 조사단 파견에 대한 불만 때문에 그러했는지, 아니면 1차 조사단 때 국방부가 단장을 맡아 칭찬은커녕 구설수에 오른 것을 떠올리며 그랬는지는 모르나, 나로서는 참으로 당황스러운 순간이었다.

곤혹스러웠다. 아무리 추가파병과 관련하여 불만이 있더라도, 이것은 엄밀히 말해 '지시 거부'였다. 당연히 대통령에게 보고해야 하는 사안이었다. 그러나 외교장관의 거부 사실만 보고하면 일은 더 커지고 복잡하게 될 것이다. 대안을 함께 내놓을 필요가 있었다. 나는 긴급히 NSC 이라크 파병 TF를 소집해서 외교부가 거부한 2차 조사단 단장을 누가 맡으면 좋을지 의견을 구했다. 아무래도 NSC 상임위원회 구성 멤버가 관장하는 부처에서 맡는 것이 순리였다. 그래서 따져보니 이라크 파병 문제의 성격상 통일부는 대상에서 자동적으로 제외되고, 국정원은 업무성격상 불가능했다. 결국 남는 것은 국무총리 직할의 국무조정실과 NSC사무처밖에 없었다. 그런데 NSC사무처는 파병 담당부서인 정책조정실이나 전략기획실이 워낙 바쁜 상황이라 비교적 정책 현안에서 한걸음 떨어져 있는 정보관리실장만이 출장이 가능했다. 결국 이런 논의 과정을 거쳐서 APEC에 참석해 정상외교 중인 대통령께 외교장관과의 통화 내용을 보고하고 새로운 대안으로 국무조정실 고위 간부와 김만복 정보관리실장을 복수로 건의했다. 대통령은 2차 조사단 단장을 국무조정실에 맡기는 것은 청와대가 책임을 회피하는 일이라며 NSC가 직접 단장을 맡으라고 지시했다. 서울에 있었던 나로서는 NSC사무처의 보고를 받은 대통령이 구체적으로 어떤 반응을 보였는지 정확히 알 수는 없었지만, 윤 장관의 비토에 격노했다거나 하는 얘기는 듣지 못했다. 귀국 후에도 이 문제에 대해 특별히 다른 언급이 없었으며, 나도 얘기를 꺼내지 않았다. 그러나 대통령의 마음속은 많이 착잡한 듯했다.

결국 고육지책으로 정부는 김만복 NSC 정보관리실장을 2차 조사단 단장으로 임명했다. 김만복 단장은 국무조정실, 외교·국방·행자·건설교통·보건복지부·국제협력단KOICA 등이 참여한 2차 조사단 13명을 이끌고 10월 31일 이라크로 향했다. 조사단은 주어진 시간에 최선을 다해 이라크 현지상황을 파악하고 시민사회에서도 인정할 정도로 상당한 수준의 객관성을 담보한 보고서를 제출했다. 김만복 단장은 여러 부처 관료들이 모인 조사단을 원만하게 이끌고, 귀국 직후 이루어진 청와대 보고도 군더더기 없이 충실하게 마쳐 대통령과 주변 고위 참모들에게 좋은 인상을 남겼다. 그리고 이라크 현지조사 도중 조사단의 숙소가 그들이 퇴실한 직후 박격포 공격을 받음으로써 그는 보고서 내용보다 더 생생하게 이라크 상황을 국민과 대통령에게 보고한 셈이 되었다.

이 보고를 계기로 그를 눈여겨본 대통령은 이듬해 1월 그를 국정원 기조실장으로 임명했다. 나는 뒷날 국정원장까지 지내고 퇴임한 그에게 농담 한마디를 건넸다. "김 원장님은 윤영관 장관님께 고맙다고 하셔야 할 것 같습니다."

대미협의단의 파견과 무샤라프 대통령의 조언

　추가파병에 대한 2단계 결정, 즉 파병부대의 규모와 성격을 정하는 최종 결정을 놓고 대통령이 신중 모드로 일관하자 외교안보 부처들이 "그냥 조속히 결정하면 될 일을 가지고 대통령께서 너무 시간을 끈다"며 불만을 나타냈다. 특히 대통령이 2차 조사단 파견을 지시하고, 10월 27일 내가 2000~3000명 비전투병 파병이 적절하다고 한 발언에 아무런 제동을 걸지 않으면서, 그들의 불만과 의구심은 더욱 커졌다. 아무래도 대통령이 소규모 비전투병 파병 쪽으로 결정을 내리지 않을까 노심초사하는 모습이 역력했다. 그렇게 결정되면 그것은 한미동맹을 어렵게 만들어 나라를 위태롭게 만들 것이라고 생각했다. 따라서 그들은 끝까지 대통령의 결심에 영향을 미치기 위해 노력했다. 밖에서도 야당과 보수언론을 중심으로 미국의 요구를 적극 수용하라는 압력이 거세지고, 이에 맞서 시민사회에서는 파병을 반대하는 목소리가 더 커졌다.

　이러한 상황에서 노 대통령은 10월 30일 파병과 관련해서 참모들에게 몇 가지 중요한 결심을 밝혔다. 먼저 파병부대의 규모와 성격을 결정하기 전에 미국과 사전협의를 하라고 지시했다. 그리고 이 협의는 미국의 요청을 확인하는 것보다 우리측의 사정을 미국에 통보하고 설득하는 데 목적이 있다는 점을 분명히 했다. 파병부대에 대해서는 미국과 같이 활동하든지, 아니면 한 지역을 맡아서 가든지 관계없이 민심 수습에 기여할 수 있는 역할을 강구하라고 지시했다. 내부적으로 최종 결정은 아니지만 대미협의는 일단 파병 규모 2000~3000명 정도로 하며, 비전투부대를 기본으로 해서 협상했으면 좋겠다는 가이드라인을 제시했다.

　대통령이 비전투병 2000~3000명이라는 규모와 성격을 제기하자, 참석자들은 충격을 받고 낙담했다. 이미 내가 파병 규모와 성격을 언론에 흘릴 때부터 불안감과 함께 짐작했던 예상이 현실로 다가온 것이다. 일부 참석자들이 마지막까지 대통령의 결심을 바꾸기 위해 "미국에게는 우리가 구상하는 파병부대의 규모와 성격을 밝히지 말고 우선 대테러전 정보를 공유하고 미국의 의도와 요청사항을 파악한 뒤 규모와 성격을 판단하자"고 건의했다. 그러자 대통령은 자신이 지금 숫자를 거론하는 것은 그동안 얘기가 너무 커지고 미국의 기대도 커져 줄이려고 한 것이라고 밝혔다. 대통령은 "5000~1만 명 등등 너무 많은 얘기가 나왔고, 우리로서는 차후에 판단할 것이지만 기대치가 너무 크면 곤란하고, 자칫 전투부대, 북부 모술지역, 101사단 교체 등 그냥 끌려갈 것 같아 이종석 차장에게 이를 줄여보라 했다"며 10월 27일 나의 발언이 자신의 지시였음을 공식적으로 확인해주며 의지를 분명히 했다.

돌이켜보면 대규모 전투병 파병을 주장하건, 소규모 비전투병 파병을 주장하건 그 주장의 기초는 국익 수호였을 텐데도, 당시 정부 안에서는 이 둘이 조금씩 양보하여 서로 만족하는 절충안은 있을 수 없었다. 그 이유는 외교안보 참모들은 이라크 추가파병 문제를 대통령과 자신들 사이에서 조정할 문제라고 생각했을지 모르나, 대통령은 파병 자체를 반대하는 국민과 결과적으로 전투병 파병을 주장하는 국민을 대변한 셈이 된 외교안보 참모들 사이에서 고뇌하고 있었기 때문이다. 그러니 외교안보 참모들은 2000~3000명 비전투병 파병을 최악의 조건이라고 보았지만 대통령에게는 파병을 반대하는 절반의 국민과 전투병 파병을 찬성하는 나머지 절반의 국민 가운데서 이 대안이 절충일 수 있었다.

물론 대통령이 결코 계량적으로 절충한 것이 아니라 대의, 한반도 안보 상황과 한미동맹, 국민정서 등 제반 요소를 종합적으로 판단한 결과 이런 결정을 한 것이다. 내가 보기에 대통령이 고려하지 않은 것은 자신의 정치적 입지였다. 내가 정치인이더라도 당연히 고려했을 가장 중요한 자산인 지지자 문제를 그는 계산에서 빼버렸다. 덕분에 대통령이 허바드 대사에게 한 말은 일종의 예언이 되어, 그는 지지자의 절반을 상실하는 정치적 희생을 치렀다. 그리고 나머지 지지를 철회하지 않은 절반에게는 '울며 겨자 먹기 식으로 따라가야 하는 고통'을 안겨주었다. 게다가 대규모 전투병 파병이 지론이었던 정치적 반대세력은 격렬하게 참여정부를 '반미주의 집단'으로 매도했다. 이렇게 대통령에게 엄청난 정치적 희생을 요구한 대안을 실무적으로 마련하고 집행한 것이 바로 나였다. 어느 쪽도 동의하지 않는 국익을 위해서……

한편 10월 30일, 대통령 지시가 떨어지자 NSC는 긴급히 움직였다. 먼저 이수혁 외교통상부 차관보를 단장으로 하고 차영구 국방부 정책실장과 서주석 NSC 전략기획실장이 참여하는 대미협의단을 구성했다. 이 차관보를 협의단 단장으로 임명한 것은 그가 외교·국방부 고위 관료 중에 대통령의 결심을 긍정적으로 받아들인 내가 아는 유일한 인물이었기 때문이다. 정부 북핵 대책반장인 나는 6자회담 수석대표인 그를 업무상 자주 만났다. 그런데 그는 대미협의 문제로 고민하는 내게 "파병을 하는 한 몇 명을 하건 고맙다는 말을 들어야 마땅하지요"라고 위로하곤 했다. 나는 그의 말에 천군만마를 얻은 느낌이었다. 그가 왜 이렇게 생각했는지에 대해서는 깊이 따질 필요가 없었다. 대통령과 철학을 공유하는 고위직 외교관이 거의 없는 정부 초기 상황에서 업무수행 능력만 확인되고 대통령의 외교노선을 수행할 의지가 분명하면 나는 누구에게라도 일을 맡길 용의가 있었다.

대미협의단은 백지상태에서 미국과 협의하는 것이 아니다. '2000~3000명의 비전투병 파병'이라는 구상을 가지고 간다. 그러나 협의단이 실제로 미국측에 우리의 구상을 얼마나 사명감을 가지고 설명할지는 미지수였다. 특히 걱정되는 것은 그들이 대통령의 지시를 받아 파병 협의를 하게 되지만, 그들은 외교·국방부의 최고 요직에 있는 장관의 오른팔들이라는 점이었다. 아무리 대통령 지시라 하더라도 직속상관인 장관의 눈치를 보지 않을 수 없고 자기 부처의 분위기도 전혀 도외시하기 어려울 것이다. 더욱이 이미 NSC는 감축 문제를 협의하러 간 대미협의단이 대통령의 지침을 제대로 이행하지 못한 해프닝을 겪었다. 아무래도 이들에게 장관이나 자기 부처 사람들에게 자신이 해야 할 역할과 임무에 재량이 없다는 면피가 필요했다. 이러한 상황을 감안해서 NSC사무처는 이들에게 줄 대통령이 직접 수결한 '대미파병지침'을 작성했다.

○ 미측과 정보교류를 포함하여 성실하게, 우호적으로 협의하기 바람.
○ 파병 부대는 평화재건지원 임무를 수행하는 '비전투부대' (공병,의료,수송)로 구성함.
○ 파병부대는 독립 여단급으로 편성하며, 부대 규모는 2500명(서희 · 제마부대 포함 3000명 이내)선으로 함.
○ 이수혁 외교부차관보, 차영구 국방부정책실장, 서주석 NSC전략기획실장으로 구성하고, 외교협상을 통해 풀어야 할 문제의 성격상 이수혁 차관보가 수석대표를 맡도록 함.
○ 11월 첫 주 중에 대미협의를 시작할 것.

노 대통령은 이 지침을 재가하면서 마지막 문장 아래에 직접 동그라미를 치고 "○ 우리 정부안은 아직 미확정이므로 정책 결정을 위한 사전 정보 교환과 협의 수준으로 추진할 것"이라고 써 넣은 뒤 사인했다. 너무 원안을 일방적으로 밀어붙이지 말고 유연성 있게 미국을 설득하고 일정하게 여지를 남기라는 뜻이었다. 사실 우리에게 유리한 안을 가지고 간다는 것은 결국 최종안은 상대방의 입장을 어느 정도 배려할 용의가 있다는 것을 뜻한다. 대통령은 이 점을 명확히 함으로써 협의단에게 일정한 융통성을 부여한 것이다.
나는 지침만으로는 안심이 되지 않아 이수혁 차관보가 대통령의 파병 철학과 의중을 정확히 이해하고 수행하는 데 도움을 주기 위해 대통령 면담을 추진했다. 그런데 고민이 생겼다. 통상적으로 부처 고위 관리가 대통령 면담을 하게 되면 장관이 배석하게 된다. 그러나 나는 전투병 파병 조기 결정을 주장하며 대통령과 충돌도 마다않는 윤영관 외교장관을 대통령의 파병철학과 의중을 확실히 이해시키고자 만든 자리에 부를 자신이 없었다. 괜히 서로 불편해지기만 하고 또 일만 복잡하게 될 수 있었다. 그렇다고 공식적으로 면담을 추진하면서 외교장관을 따돌릴 수는 없었다. 고민 끝에 비공개·비공식의 형식으로 이 차관보가 대통령을 면담할 수 있도록 자리를 주선했다. 내가 NSC에 있는 동안 유일하게 장관이 배석하지 않은 대통령의 고위 공무원 면담이었다.

대미협의단은 11월 5~7일에 워싱턴을 방문했다. 그들은 워싱턴에서 라이스 안보보좌관, 해들리 안보부보좌관, 아미티지 국무부 부장관, 월포위츠 국방부 부장관, 마이어 합동참모본부의장 등 평소에는 한국측 차관보급 대표단으로는 만나기 어려운 거물급 인사들을 면담하고 돌아왔다. 미국이 파병을 기대할 수 있는 나라가 사실상 한국뿐인 상황이 되어, 다급해졌다는 반증이었다. 대통령의 신중론 덕분에 파병 문제에서 우리의 입지를 넓힐 수 있는 국면으로 접어들기 시작한 것이다.

미국은 예상했던 대로 우리의 구상에 대해 실망스러운 기색을 보였다. 그들은 우리측 구상을 듣고 자신들은 사단본부 및 2~3개 보병여단을 기대했었다며, 일정 지역을 담당하여 안정화작전 등을 할 수 있는 최소 1~2개 여단의 파병을 희망했다. 특히 라이스 보좌관은 직접 나서서 한국측 구상의 재검토를 요청했다. 그나마 희망적인 보고는 우리측의 입장 설명에 대해 라이스 보좌관이 한미간 이견을 좁혀보라고 해들리 부보좌관에게 지시했다는 사실이었다.

대미협의단이 어려운 환경에서도 미국측 설득에 노력한 것은 사실이나 그들의 임무 수행이 썩 만족스러웠던 것은 아니었다. 아니나 다를까, 11월 12일자 『경향신문』에 외교통상부 위성락 북미국장이 파병 외교가 잘

못됐다면서 "협상 파트너에게는 고분고분하면서 안에 와서는 떠들고 그런 사람은 협상을 전혀 못하는 사람"이며 "안에서는 민족자주를 대변하는 사람처럼 떠들면서 미국 사람들만 만나면 빌어서 해결하려는 사람도 있다"고 주장했다는 보도가 실렸다. 복잡한 대미협상에서 이런 평가의 진위를 따지기는 쉽지 않고, 또 위 국장이 윤영관 장관의 최측근 인사라는 점에서 정부 내 파병철학을 둘러싼 갈등이 터져 나온 것으로 볼 수도 있지만, 우리 협의단이 미측을 적극적으로 설득하지 못한 것은 사실이었다. 돌이켜보면 위 국장은 9월 말 감축 관련 대미협의단 일원으로 참가하면서 자신이 경험한 게 있었기에 이런 얘기를 한 것 아닌가 짐작되었다.

그러나 이번에는 협상이 어떻게 되었느냐는 중요하지 않았다. 미측에 우리 입장을 정확히 알려주는 것이 기대치였지 솔직히 그 이상은 바라지 않았다. 반대 분위기가 팽배한 외교부 내에서 동료들의 갖은 질시와 의혹을 감수하고 이 차관보가 나섰다는 것만으로도 고마웠다. 차영구 정책실장도 자신의 직무이긴 하나 국방부는 말할 것도 없고, 자신의 철학과도 배치되는 안을 가지고 임무를 수행한 것만 해도 고마운 일이었다. 그리고 이 문제는 어차피 미국이나 우리나 서로 국익이 엇갈리고 있었기 때문에 정치적 결단이 필요한 부분이지 실무 외교관의 협상을 통해서 달라질 것은 별로 없었다.

그런데 노 대통령은 뜻밖에도 한국-파키스탄 정상회담을 계기로 그동안 마음속으로 가다듬던 최종 파병 방안을 굳혔다. 노 대통령은 11월 6일 한국을 방문한 무샤라프Musharraf 파키스탄 대통령과 만찬을 가졌다. 이 자리에서 노 대통령은 무샤라프 대통령에게 한국군의 이라크 파병과 관련하여 솔직한 자문을 구했다. 노 대통령은 한국이 이라크 파병을 결정할 경우 이슬람 국가들의 반응이 어떨지 물었다. 무샤라프 대통령은 "별로 개의치 않을 것입니다. 한국은 이 나라들에서 존경받고 있기 때문에 아랍국가들, 심지어 이라크 내에서도 환영받으리라고 생각합니다. 불행한 것은 서구 국가들, 특히 미국에 대한 이들의 감정이 악화되어 있단 것입니다"라고 답했다. 미국이 이라크에서 어려움을 극복하는 것이 가능하다고 보느냐는 질문에는 이라크의 내부적 분열이 병립할 수 없는 요구를 너무 많이 제기하게 만들고 있어 매우 어려울 것이라고 대답했다.

노 대통령은 이어서 질문했다. "한국이 군대를 파병할 경우 어떤 성격의 군대여야 하고, 이라크에서 어떤 일을 할 수 있을까요?" 무샤라프는 주저하지 않고 대답했다. "이라크 재건을 도와주는 일을 하는 것이 이라크 국민들의 마음을 살 수 있을 것입니다. 경찰 활동은 절대로 하지 말고, 특히 문제 지역에서는 더더욱 그러합니다." 노 대통령은 다시 물었다. "한국 군대가 군대 육성과 경찰 훈련 같은 활동을 할 수 있을 것이라고 생각하십니까?" 무샤라프 대통령은 대답했다. "실제로 그럴 수 있을 것입니다. 단지 미군들처럼 길거리에서 노출되어 현지 주민의 눈에 거슬리지 말도록 후방활동, 즉 훈련과 같은 것을 도와주는 역할을 하시기 바랍니다. 이라크 국민들은 미군이 점령군이라고 생각하고 있는데, 한국군이 이 점령군의 연장이라고 생각하지 않아야 합니다. 한국군은 이라크 국민의 복지재건이나 훈련 등의 역할을 하는 것이 좋습니다."

무샤라프는 이라크 중부가 가장 불안정하며 남부의 시아파 지역 쪽은 많이 나쁘지는 않으나 이란이 언제 어떤 행동을 보일지 모른다며 "북부 쿠르드 지방이 제일 안전하기 때문에 가능하면 그곳으로 정하시라"고 조언했다.

노 대통령이 또 물었다. "미국과 함께 활동하는 것보다 한국군이 독자적으로 일정 지역을 관리하는 것이 낫다는 말씀인가요?" 무샤라프는 "물론"이라고 대답했다. "미군과 함께 활동하는 것은 한국군이 마치 미군의 연장이라는 인식을 줄 수 있습니다. 이로 인해 한국군이 불필요하게 노출이 될 수 있습니다." 얘기가 이쯤 진행되자 그는 "미국이 파병을 하라고 대통령께 압력을 넣고 있습니까"라고 물었다. 그는 이라크 파병과 관련한 한미 현안을 잘 모르고 있던 모양이다.

노 대통령은 무샤라프 대통령의 조언을 들으면서 크게 자신감을 얻었다. 국내 외교안보 참모진의 반대를 무릅쓰고 결단을 내린 파병부대의 규모와 성격에 대해서 이라크를 너무도 잘 아는 이 이슬람 국가의 통치자가 자기도 의도하지 않게 지금 노 대통령의 판단이 적절했음을 말해주고 나아가 우리에게 '독자지역안'에 대한 확신을 심어주고 있었다. "우리의 어려운 문제를 푸는 데 실마리를 주기 위해 오늘 부처님이 대통령을 저에게 보내셨나봅니다." 대통령은 기쁜 나머지 이슬람 지도자에게 부처님을 빌어 진심에서 우러나온 고마움을 전했다.

나는 무샤라프 대통령을 그저 쿠데타로 정권을 잡은 철권통치자로만 생각했는데, 그게 아니었다. 그는 이라크 문제에 대해서 통찰력 높은 식견과 객관적인 시각을 가지고 있었으며, 그에 바탕을 두고 노 대통령에게 아주 솔직하게 여러 조언을 해주었다. 대통령은 무샤라프와 회담이 끝난 뒤 참모들에게 그의 이라크 사태에 대한 인식과 판단을 높이 평가했고, 그의 조언을 진심으로 고마워했다.

대통령의 최종 지침과 백악관의 응답 "땡큐"

파병협의단이 미국에서 활동하고 있는 동안에도 국내에서는 파병 규모와 성격을 두고 논란이 계속됐다. 대미협의단의 협의 내용 일부가 상부에 보고도 되기 전에 미측 고위 관리의 해석까지 곁들여져 해외 언론에 유출되면서 혼란을 가중시켰다. 대미협의단이 돌아온 뒤에도 달라질 게 없었다. 미국의 공식 입장이 나오기 전까지는 이 혼란은 계속될 것이다. 그런데 미측의 반응이 달갑지 않았다는 소식이 전해지면서 정부 안팎에서 다시 대규모 전투병 파병 주장이 고개를 들었다.

오직 대통령의 권능만이 상황을 통제할 수 있었다. 대부분의 정책 사안을 여러 단계의 토론과 협의를 통해 결정하는 것이 대통령의 스타일이지만 이 경우는 사실상 절충이 불가능했다. 파병의 규모를 줄이면 대규모 파병론자들이 격렬히 반대할 것이다. 그렇다고 파병반대론자들이 찬성하는 것도 아니다. 그들도 파병 전면 반대를 외치며 여전히 격렬하게 반대할 것이다. 두 개의 원리적 주장 속에서 양쪽을 만족시킬 절충은 없었다. 그러나 양측의 비난을 모두 받지만 주어진 조건에서 국익을 최적화할 수 있는 절충은 있었다. 그것은 오로지 대통령의 결단으로 결정될 수밖에 없다. 노 대통령은 마침내 최종 파병안을 마련하기 위한 지침을 내렸다.

2003년 11월 11일, 노 대통령은 미국의 이라크 파병 요청 후 다섯번째로 열린 안보관계장관회의에서 이라크 파병부대의 규모와 성격과 관련한 최종 지시를 내렸다. 이때 국방부장관에게 전달된 '대통령 지시사항'은 다음과 같았다.

1. 추가 파병 규모는 3000명을 넘지 않도록 할 것.
2. 국방부에서 2가지 안을 준비할 것.
   ① 지역 담당방안
   ② 재건지원 기능 중심 방안
   ―상기 방안에 대한 장단점을 검토할 것.
3. 지역을 담당할 경우 이라크 현지 군경軍警 조직이 치안을 맡고 우리가 군경을 양성 지도하는 방안을 검토할 것.
4. 지역을 담당할 경우 파병지역은 넓은 지역과 중요·위험 지역은 피하면서 치안·재건지원 기능을 융통성 있게 수행할 수 있는 작은 지역을 찾아볼 것.('모술'과 같은 대도시는 피할 것)
   ―지휘부는 소규모로 편성하는 방향으로 협의할 것.
5. 국방부에서 판단하고 있는 바와 같이 타국군과 분리된 독립제대를 편성하도록 할 것.

6. 국방부장관은 상기방안을 청와대 4당대표 회동시 보고할 수 있도록 준비할
   것.

7. 금번 SCM에서 협의는 하되, 구체적 합의에는 이르지 말 것.

이렇게 해서 추가파병을 둘러싼 두 달 동안의 기나긴 논쟁은 종지부를
찍었다. 대통령이 두 가지 방안을 준비하라고 했으나, 미국이나 군이 재
건지원 기능 중심의 방안을 선호할 리 없으니 당연히 지역담당 방안으로
갈 것이다. 대통령 역시 무샤라프 대통령과의 대화 이후 이 대안에 확신
을 가지고 있었다. 특히 미국도 한국군이 한 지역을 맡아 죽이 되건 밥이
되건 독자적으로 한국식으로 관리하겠다고 하면, 불만이 있어도 부대 성
격이나 규모에 대해 더 이상 왈가왈부할 수 없을 것이다.

노 대통령은 11월 13일 정부 내에서 더 이상의 혼선을 차단하고 언론의
추측보도를 줄이며, 나아가 대미협상 결과를 고려한 최종적인 우리 안을
미국에 공개적으로 천명하는 효과를 노리고 윤태영 대변인을 통해서 대
통령의 최종지시를 관계부처에 명확하게 전달했음을 밝혔다.

그런데 우리의 방안에 대한 미국의 공식 반응이 곧장 나오지 않았다.
외교안보라인에서는 미국이 비토할 것이라는 예상이 많았다. 대통령은
항상 의연해 보였으나 아마 내심 살얼음판을 걷는 심정이었을지도 모른
다. 나도 내색은 못했으나 초조했다. 미국이 우리의 안을 받지 않으면 문
제가 심각해질 수 있었다.

국내 반대세력은 대통령이 한미동맹을 깨트렸다고 격렬하게 비난할 것
이며 참여정부를 반미정권으로 매도할 것이다. 국민들의 불안감도 고조
될 것이다. 정부 내에서는 전투병 파병을 주장하던 이들이 수차례 경고
에도 불구하고 NSC사무처가 고집을 부려 사태를 이 지경으로 만들었다
고 분개할 것이다. 그런 상황에서 우리가 미국의 요구에 굴복하여 수정안
을 제시하면 그것이야말로 외교적 실패이며 굴욕이다. 결국 미국이 우리

의 안을 거부하면 참여정부는 엄청난 전략적 판단 미스를 한 것이 되며, 이 대안을 건의한 나와 NSC사무처는 대통령을 위험에 빠뜨린 죄를 범하는 것이다. 이는 참여정부 지지세력에게도 큰 누를 끼치는 일이며, 우리는 무능하고 설익은 아마추어라는 비난에서 벗어날 수 없게 된다. 머릿속 상상이 이쯤 되니 엄청난 부담감이 밀려왔다. 백척간두에 선 느낌이었다. 여러 가지 정세분석과 전략적 상황판단을 통해 확신을 가지고 마련한 방안이지만 안심할 수 없었다. 나는 미국으로부터 대답이 올 때까지 한 일주일 동안 긴장 때문에 잠도 제대로 자지 못했다.

이 기간 중 하나 희망적인 일은 11월 12일 이라크 남부 나시리야 주둔 이탈리아 병영에 대한 자살공격으로 이탈리아 병사 19명이 전사한 사건이 발생한 것이다. 남의 불행에 다행이라는 말을 쓰는 것이 얼마나 부도덕한 일인지 모르지 않으나, 나는 이 사건이 미국의 결정을 앞당겨주리라고 기대했다. 실제로 이 사건은 각국의 이라크 참전에 대한 여론을 악화시켰다. 이는 그만큼 미국을 다급하게 만들 것이며, 한국군 파병이 지닌 상징성을 키울 것이었다. 부대의 규모나 성격이 문제가 아니라 일단 한국군이 파병한다는 사실이 중요한 상황이 되고 있는 것이다. 나는 내심 부시행정부가 우리의 안을 조속히 수용할 가능성이 높아졌다고 기대했다.

때마침 럼스펠드 미국방장관이 한미안보연례협의회SCM에 참석하기 위해 방한하여 11월 17일 오후에 청와대를 방문하게 되어 있었다. 아마 럼스펠드는 이 자리에서 한국의 추가파병안에 대한 미국의 입장을 밝힐 것이다. 만약 백악관이 이날까지 입장을 정하지 못했다면, 럼스펠드의 직설적인 성격으로 보아 사건이라도 밝힐 것이다. 그의 강경한 성격으로 보아 상당히 부정적인 발언을 할 가능성이 크며, 그렇게 되면 여론은 다시 한 번 요동칠 것이다. 그의 입에서 어떤 말이 나올까, 이미 언론의 관심이 집중되어 있었다.

나는 이런저런 걱정 속에서 체기마저 느끼며 11월 17일 월요일 아침을 맞았다. 아침 9시부터 열리는 수석보좌관회의에 참석하기 위해 청와대 본관으로 올라갔다. 본관 회의실을 들어서는데 누가 뒤에서 어깨를 툭하고 쳤다. 문희상 비서실장이었다. "축하해요, 이 차장. 아주 잘 되었어요." 나는 무슨 말인지 몰라 어리벙벙했다. 그렇다고 문 실장이 내 일이기에 축하를 할 텐데, 모른다고 할 수 없어서 그냥 목례를 하며 같이 웃었다. 알고 보니 백악관이 럼스펠드가 한국에 도착하기 전에 이미 주한미대사관에 한국 정부의 추가파병안을 수용하고 그에 대한 감사 표시를 하라고 지시한 것이다. 허버드 대사가 주말에 이 사실을 반기문 외교보좌관에게 전했고, 반 보좌관은 수석보좌관회의가 시작되기 전에 대통령께 이 사실을 보고했다. 무거운 짐을 내려놓은 듯 마음이 홀가분했다.

그날 오후 대통령은 청와대를 예방한 럼스펠드 장관에게 "미국이 만족스러울 만큼의 지원을 제공하지 못하게 된 것"에 유감을 표했으며, 럼스펠드는 "현실을 감안할 때 아주 어려운 결정이었다는 사실을 이해"한다며 노 대통령의 결정을 존중하고 감사드린다고 말했다.

백악관이 한국의 추가파병안을 수용하고 감사를 표시했다는 것은 이제 국내적으로 추가파병을 둘러싼 논쟁이 종식되고 한미간에도 최대의 외교쟁점이 해소되었음을 의미한다. 그러나 아직 남은 부분이 있었다. 한국군이 이라크의 특정 지역을 맡겠다면서 전투병이 아닌 평화재건부대를 파견하는 것을 미 국방부 관리들은 좀처럼 이해하지 못했다. 2003년 12월 초, 나는 해들리 백악관 NSC 부보좌관의 초청으로 미국을 방문하는 길에 미 국방부의 실세이자 네오콘의 핵심이기도 한 월포위츠 국방부 부장관을 만났다.

내가 독자지역을 맡는 평화재건 기능의 부대를 파견하겠다고 우리 파병안을 소개한 뒤, 우리가 치안 임무를 위해 직접 나서지 않겠다고 하니까 그는 "그러면 어떻게 지역을 관리하겠느냐"고 물었다. "당장은 현지의 민병대를 활용하겠으며 향후 이라크 재건이 진행됨에 따라 경찰·군대를 양성해서 치안유지를 담당하도록 지원하겠다"고 하자 제대로 이해를 하지 못했다. 군대를 군사작전 수행용으로만 생각하는 그로선 그럴 만도 했다. 그래서 내가 "미국이 A라는 지역을 우리한테 맡기면 그 지역에 미군은 필요 없다. 모든 사항을 우리가 책임지고 알아서 하겠다"고 하니 그제야 그는 "알았다. 그러면 된다"고 이해를 표시했다. 사실 구체적인 지역까지 확정되지는 않았지만 우리가 파병한다면 북부 쿠르드족이 거주하는 지방으로 간다는 것은 미국도 양해한, 공공연히 알려진 사안이었다. NSC는 이 쿠르드 지역에 민병대가 잘 조직돼 있기 때문에, 그들을 제대로 활용하면 충분히 이라크 치안이나 안정화 작전에 개입하지 않고도 평화 재건사업을 도울 수 있다고 판단했다. 그리고 이 판단이 정확했음은 이라크에 파견된 우리 자이툰부대의 혁혁한 활동으로 입증되었다.

사실 독자지역을 맡되 비전투병으로 구성한다는 안에 대해 미국만이 아니라 국내 진보진영도 이해하지 못했다. 진보진영은 정부가 "우리 군이 우리 방식의 민사작전을 통해 현지치안은 민병대에 맡긴다"는 안을 발표하자, 이를 전투병 파견을 은폐하기 위한 술책 정도로 이해했다. 상당수 진보진영 인사들은 이라크에 파병되는 국군이 무장을 한 특전부대원이라는 사실만으로 그들을 전투병으로 간주했다. 그러나 부대의 성격은 그 기능과 임무로 결정되는 것이다. 굳이 내가 변명조로 역설하지 않아도 아르빌에 파병된 자이툰부대의 역사는 이 부대가 단 한 차례도 테러리스트 색출에 동원되지 않았고, 단 한 차례의 교전도 치르지 않았으며, 단 한 명의 전상자도 내지 않았다는 사실을 기록하고 있다. 동시에 많은 이라크 주민들의 재건을 돕고 병을 치료했다는 사실도 기록하고 있다. 참여정부는 평화재건 지원부대를 파병한다는 대국민 약속을 지켰다. 국론이 분열된 상황에서 노무현 대통령이 자신의 지지자들을 잃어가며 내린 고통스러운 결정이었지만, 역사는 그가 국민과 한 약속을 지켰음을 증명하고 있다.

자이툰부대는 현지 민병대로 하여금 치안을 유지케 하고 현지 재건을 돕고 군경을 양성하며 좋은 이미지를 심고 돌아왔다. 그들은 노 대통령이 약속한 대로 한국형 민사작전을 수행한 대한민국의 자랑스러운 정예 국군이었다. 그들은 가장 용감한 특전용사인 동시에 자신을 보호하기 위해 총기를 휴대했으나 비전투병이었으며 평화재건 지원부대원들이었다. 그러나 유감스럽게 아직도 적지 않은 이들이 그들을 전투병이라고 부르고 싶어 한다. 그래서 그들이 얻는 것이 무엇일까?

12월 17일, 추가파병 최종 결정과 이후

미국 정부로부터 감사하다는 응답을 받은 뒤, 노 대통령은 12월 17일 안보관계장관회의를 열어 평화재건 지원 임무를 수행하는 3000명 이내의 병력을 이라크에 추가파병하는 것으로 최종 결정했다. 이 부대는 자이툰부대로 명명되고 사단 편제를 갖추었다. 자이툰부대는 국회 동의와 미국과의 협의를 거쳐 2004년 8월 출국하여 9월에 최종적으로 파병지역으로 결정된 아르빌에 도착했다. 참여정부 통일외교안보 역사에서 가장 심각하게 정부 내 갈등을 유발하고 사회분열을 야기한 이라크 추가파병 문제는 이렇게 일단락되었다. 이라크 추가파병은 외교안보 부처의 장관이나 청와대 참모들이 대규모 전투병 파병을 위해 적극적으로 대통령 설득에 나서고 대통령의 뜻이 그들과 다름을 확인했을 때도 두드러지게 반발한 사안이었다. 아이러니하게도 평소 토론을 중시하고 자신과 다른 의견 개진을 막지 않는 대통령의 리더십 스타일 덕분에 이 반발은 더 커 보였다. 한미동맹 재조정 등 다른 어느 건에서도 이 정도의 갈등이나 대립은 없었다.

나는 대부분의 외교안보 라인의 고위 인사들과 대척점에 있었으나 그들의 애국심을 의심하지는 않았다. 그들 중 어떤 이는 한미동맹 자체를 목적으로 간주했고, 어떤 이는 냉엄한 국제정치 현장에서 현실주의적 접근을 강조하며 전투병 파병을 주장했지만 누구 하나 국익수호 이외에 다른 뜻에서 그런 주장을 하지는 않았다고 본다. 그러나 내가 이해할 수 없었던 것은 미국의 전투병 파병 요청이 있자마자 거의 무조건반사 식으로 받아들여야 한다는 반응이었으며, 대통령이 2000~3000명 비전투병 파병 방침을 밝히자 이제 나라가 위험해지기나 한 듯 심하게 반발한 점이다. 왜 우리는 미국의 요청을 무조건 들어주어야 하나? 이렇게 중요한 일은 우리의 처지도 살펴보고 국민여론도 헤아려서, 우리가 할 수 있는 정도를 판단하여 미국과 협상을 통해 결정해야 옳은 것 아닌가? 설령 우리가 미국의 요청을 거부해도 반미하자는 것이 아닌데, 하물며 파병 규모와 성격을 조정했다고 해서 그게 그렇게 한미동맹에 위험스러운 행동인가? 우리가 협상이 있는 한미관계, 서로의 처지를 존중하는 건강하고 균형적인 한미관계를 추구하겠다는 것이 그렇게도 무모해 보였나? 지금도 되새겨지는 질문들이다.

이 과정을 거치면서 나와 NSC사무처는 참여정부 통일외교안보 정책의 컨트롤타워로서 주목받게 되는 동시에 정치적 반대세력의 공격 표적이 되었다. 정부 내에서도 NSC사무처가 파병 국면 전체를 이끌어나가자 정말 NSC의 행동이 대통령의 뜻을 담은 것인지에 대해 의심하는 사람들이 적지 않았다. 혹시 대통령의 권위를 빌어 호가호위狐假虎威하지 않는가 하는 우려도 제기되었다. 이런 의구심이 제기된 것은 NSC의 업무 스타일 때문이기도 했다. 예컨대, 파병 문제와 관련해서는 정부 내 혼선을 막기 위한 대통령의 강력한 지시가 어느 때보다 많았는데, 이 지시를 이행하거나 부처에 전달하는 것이 NSC사무처였다. 여기서 NSC사무처는 대통령의 함구령 같은 경우는 대통령 지시임을 분명히 밝히고 각 부처에 전달했지만, 언론 대응과 같은 지시는 대통령의 부담을 덜기 위해 가급적 NSC사무처 의견으로 부처에 전달했다. 그러다보니 NSC사무처가 부처에 간섭한다는 얘기가 나오고, 그것이 특히 언론관계에 집중하다보니 언론의 주목을 받게 되었으며, 동시에 비판 대상이 되었다.

그런데 추가파병과 관련한 정치권이나 시민사회 설득은 온전히 NSC사무처의 몫이었다. 평화재건 지원부대 파병 자체를 탐탁지 않게 여기는 국방부가 국회 국방위원을 비롯한 정치인들을 설득해줄 리 없었다. 그렇다고 파병 자체에 부정적인 청와대의 시민사회수석비서관실이나 정무수석비서관실에 협조를 구하기도 미안한 일이었다. 정무 쪽과는 협조체계를 갖추고 있었으나 적극적으로 도와달라고 할 처지가 못 됐다. 그래서 얼마나 효과가 있을지 모르나 NSC사무처가 나설 수밖에 없었던 이유다.

나는 야당보다도 반대가 심한 열린우리당 의원들을 만나 협조를 부탁했다. 합리적 진보의 상징인 김근태 원내대표도 도봉구의 허름한 식당에서 만났다. 존경하는 분이고, 또 나에 대해 항상 따뜻한 신뢰를 보내준 인연을 믿고 찾아갔지만, 이 평화주의자 앞에서 달리 할 말이 없었다. 그러나 그는 나를 이해했으며, 여당 원내대표로서 파병동의안에 찬성했다. 돌이켜보면 강추위를 뚫고 지역주민들을 만나고 들어와 급하게 저녁식사를 하는 그 앞에 내가 앉아 있는 것 자체가 고문으로 황폐화된 그 몸에 정신적 고문을 가한 행위였을 것이다.

나는 지금도 국회 국방위에서 정부 파병동의안을 통과시키려 할 때 재야원로들에게 둘러싸여 자택에서 나오지 못하고 있는 장영달 국방위원장을 '빼내기 위해' 장 위원장 집에 갔던 장면을 잊지 못한다. 장 위원장을 빙 둘러싸고 앉아 있는 원로들께 겨우 인사만 드리고 장 위원장을 납치하듯 이끌고 나가는 내 모습을 보고 그분들은 무슨 생각을 했을까? 나는 장 위원장과 여의도로 향하면서 차 안에서 나도 모르게 중얼거렸다. "참 이거 할 짓이 못 되네."

한편 노무현 대통령은 2004년 가을에 자이툰부대의 현지 배치가 완료되자 곧장 이라크 아르빌로 장병들을 격려하러 나섰다. 2004년 11월 25

4월 혼성부대 3,000명 파병

민간전문가 참여 인도적 지원단도 포함

나시리야·키르쿠크·카야라·탈아파르 중 1곳
안보관계장관회의서 확정… 對美협의단 출국

정부는 경비부대와 재건지원, 민사작전을 수행하는 3,000명 규모의 혼성부대를 이르면 내년 4월 이라크에 파병, 독자적으로 일정한 지역을 맡기로 최종 결정했다. 정부는 또 민간 전문가가 참여하는 인도적 지원단도 파병부대에 포함시키는 한편 경비부대로 특수전사병부(특전사) 병력을 우선 고려하되 해병대, 특공여단, 일반 보병부대도 참여시키는 방안도 검토 중이다.

★관련기사 A3면

조영길(曺永吉) 국방부 장관은 17일 오전 노무현(盧武鉉) 대통령이 주재한 안보관계장관회의를 마친 뒤 브리핑을 갖고 "파병부대가 원칙적으로 평화 재건지원을 목적으로 한다는 점을 감안했을 때 군만으로는 광범위한 임무를 수행하는 데 제한이 있을 것"이라며 "외교통상부, 산업자원부, 건설교통부 등 전문성 있는 부처와 일반 민간전문가관이 참여하는 인도적 지원단도 편성하겠다"고 밝혔다.

조 장관은 이어 "파병부대는 3,000명 규모로 경비부대와 재건지원, 민사작전부대와 이를 지원하고 지원할 사단사병부와 직할대로 구성되며 소장 계급 사단장이 부대를 지휘하게 될 것"이라며 "국회에서 파병 동의안이 처리된 후 구체적인 부대편성에 착수하게 된다"고 덧붙였다. 이에 따라 3,

000명 규모의 추가 파병부대에 서희(공병)·제마(의료) 부대 정원 700명을 파병시키면 최대 3,700명 이내에서 부대편성이 이뤄지게 될 전망이다. 정부는 한국군의 임무와 관련, 재건지원에 중점을 두고 현지 치안은 원칙적으로 이라크 군과 경찰에 맡기기로 결정했지만 현지 상황에

따라 우리 군이 직접 치안 일선에 나설 가능성도 배제할 수 없을 것으로 예상된다.

조 장관은 또 "파병 후보지역으로 남부 나시리야, 동북부 키르쿠크, 모술 서남쪽 카야라, 서북부 탈아파르 등 4곳을 검토하고 있다"고 밝혔다.

파병 시기와 관련, 조 장관은 "인원은 (일반 시단에 비해) 적지만 사단급 부대를 편성하기 때문에 많은 시간이 소요된다"며 "부대편성과 교육에 약 4개월 정도의 기간이 필요하다"고 밝혀 4월 파병 가능성을 시

사했다. 조 장관은 또 "선발대도 빨라도 3월에나 파견이 가능할 것"이라고 내다봤다.

한편 한국군의 이라크 추가파병 문제를 논의하게 될 정부 대미 군사협의단이 이날 오전 5박6일간 일정으로 미국으로 출국했다. 김장수 합참 작전본부장을 단장으로 협의단 7명은 미국 국방부와 합참, 플로리다에 위치한 중부사령부 관계자와 게릴라 파병지역과 시기 등 세부현안에 대해 의견을 조율한 뒤 22일 귀국한다. /김정호기자 azure@hk.co.kr

美, 저항세력 대대적 색출 이라크 주둔 미군들이 16일 바그다드에서 북쪽으로 80km 떨어진 마을에서 게릴라로 의심되는 청년들을 붙잡아 트럭에 태우고 있다. 사담 후세인 체포 이후에도 테러 등 저항세력의 활동은 수그러들지 않고 있다. /바그다드 EPA=연합

정부 내의 오랜 논란과 미국과의 줄다리기 끝에 평화재건 임무를 중점으로 하는 3000명 이내의 병력을 파병하는 것으로 결정이 났다. 세밀한 조사 끝에 안전한 지역으로 파병되어 인명 피해 없이 무사 귀환했다는 점에서 성공적인 파병이었다고 할 수 있었지만, 참여정부와 노무현 대통령에게 준 상처는 적지 않았다.(한국일보, 2003년 12월 18일)

일 APEC 정상회의 계기에 이루어진 긴 남미순방(11박 12일)을 마치고 이틀 전에 돌아온 노 대통령이 아침 일찍 나를 불렀다. 피로에 목이 잠긴 상태에서 대통령은, 사흘 후에 다시 시작될 아세안+3 정상회의 참석과 유럽순방(10박 11일)을 마치고 귀국하는 길에 아르빌에 들러 우리 장병들을 만나고 싶다고 말했다. 나는 연속되는 해외순방 일정으로 대통령의 피로가 아주 심해서 대통령이 그런 생각을 하리라고는 상상하지 못했다. 그러나

대통령의 예상치 못한 방문에 자이툰부대원들은 감격했다. 한 병사는 대통령 앞으로 나와 한번 안아보고 싶다고 청했고, 노무현 대통령은 기쁘게 그를 얼싸안았다. 지켜보는 이들도 가슴 시큰한 순간이었다.

대통령이 자이툰부대를 방문하는 것은 간단한 일이 아니었다. 쿠웨이트에서 우리 공군수송기를 타고 아르빌 공항에 내려야 한다. 그리고 공항이착륙 시에는 테러리스트들의 대공포 공격에 대비하여 지그재그로 비행하는 위험을 무릅써야 한다. 뿐만 아니라 대통령의 마지막 순방국인 프랑스에서 쿠웨이트까지의 비행 궤적과 쿠웨이트에서 아르빌을 오가는 대통령의 행적이 극비에 부쳐져야만 성사가 가능한 프로젝트였다. 게다가대통령이 국내에 머무르는 시간은 사흘밖에 없었다. 준비기간이 짧아 현지 상황이나 보안문제 등 여건에 따라서는 귀로에 방문하는 것이 어려울 수도 있다고 보고하자, 대통령은 "너무 촉박해서 어렵다면 구정 때 가지"라며 최대한 빠른 기간 안에 따로 시간을 내서라도 아르빌을 방문하겠다는 강한 의지를 나타냈다. 대통령의 말에서 자이툰 장병들에 대한 미안함과 고마움이 배어나왔다. 나는 대통령의 확고한 의지를 읽고 곧장 대책팀을 꾸려 관계기관들과 긴밀히 협력하여 12월 8일 대통령의 자이툰부대원들과의 상봉을 실현시켰다.

대통령의 아르빌 방문으로 황의돈 사단장과 자이툰부대원들은 사기가 충천했다. 그들은 "이렇게 대통령님께서 우리와 함께해주셔서 더욱 힘이 납니다"라며 대통령의 방문을 기뻐했다. 대통령이 이동하던 중 도열해 있던 병력 중간에서 한 병사가 갑자기 뛰어나왔다. "대통령님! 한번 안아보고 싶습니다!" 그는 대통령을 안고 한 바퀴 돌았다. 대통령은 이동하는 지프차에서 기쁨과 안쓰러움에 눈물을 흘렸다. 이를 지켜보던 반기문 외교장관이 말을 건넸다. "대통령께서는 영국에서 황금마차를 타셨을 때보다 더 기분이 좋으신 것 같습니다." 대통령은 자이툰부대 장병들을 위로하기 위해 그들을 찾았다가 본인도 그들로부터 커다란 위로를 받은 것이다.

이날 대통령은 우리 장병들에게 이라크 평화재건을 위한 그들의 노고가 이라크 현장을 넘어서 세계 속에서 대한민국의 힘이 된다는 점을 강조했다. "한국군의 이미지를 심는 것은 고생스런 일입니다. 그러나 여러분의 땀과 노력이 대한민국의 발언권으로 작용할 때가 있을 것입니다. (…) 지금 여러분이 흘린 땀은 대한민국의 외교력, 한국의 또 다른 힘이 될 것입니다."[1]

다시 돌이켜보며

이라크 추가파병 문제가 그토록 고통스럽고 혼란스러웠던 이유는 간단했다. 미국이 추가파병을 요청한 이라크전쟁이 명분 없는 침략전쟁이었기 때문이다. 노 대통령은 대의명분을 존중하고 정의를 중시하는 지도 자였다. 많은 국민이 불의에 타협하지 않는 노무현을 지지해서 그를 대통령으로 선택했다. 만약 미국이 명분 있는 전쟁에 한국군 파병을 요청했다면 노 대통령은 그렇게 고통스러워하지 않았을 것이다. 불행하게도 노 대통령은 이미 국제사회가 '미국의 이라크 침략'으로 규정한 정의롭지 못한 전쟁의 설거지에 동참하기를 요구받았다. 한국은 여기에 발을 담가야 했다. 그래서 대통령은 추가파병을 반대하며 참여정부를 비난하는 이들에 대해서는 섭섭해하지 않았으며 그 비난을 감수했다. 그는 대의명분에 입각해서 파병 반대를 외치는 이들에게 현실을 직시하라며 훈계할 만큼 얼굴이 두껍지 못했다.[2]

어쨌든 노무현 대통령은 한반도 평화를 고려하여 자신의 트레이드마크와 같았던 대의명분을 포기하고 추가파병을 선택했으며, 나는 그런 대통령을 힘닿는 데까지 보좌했다. 그리고 결과적으로 우리는 자이툰부대를 통해 '파병 반대=평화, 파병=반평화'의 공식을 넘어서 '평화를 증진하는 파병'이라는 새로운 역사를 썼다고 생각한다.

돌이켜보면 노 대통령은 북핵문제가 발생하지 않았다면 미국의 추가파병 요청을 거부했을 것이다. 그는 추가파병을 하지 않는다 해서 한미관계가 붕괴된다는 과장된 위험성의 주장들을 믿지 않았다. 대통령은 한미관계가 다소 삐걱거리더라도 정의롭지 못한 이 전쟁에 더 이상 우리 장병들을 보내지 않고 다른 지원책을 모색했을 것이다. 그러나 2003년 북핵문제에 대한 대통령의 스트레스는 너무 컸다.

미국은 한미관계와 주한미군의 존재를 거론하며 우리에게 이라크 추가파병을 요청했다. 어떤 때는 한국이 파병하지 않거나 파병 규모가 적으면 주한미군을 차출할 수밖에 없다는 식으로 엄포성 발언도 서슴지 않았다. 그러면서 우리 정부가 안정적인 파병을 위해서는 북핵문제에서 미국이 전향적인 자세를 보여야 한다고 발언하면 불쾌한 기색을 감추지 않으며,

자주외교파 vs 韓美동맹파

NSC-외교국방라인 파워게임… 파병 혼선

자주파 일단 판정승… 동맹파 노골적 불만

이라크 파병 문제는 청와대가 13일 노무현(盧武鉉) 대통령의 지침을 공개함으로써 방향이 잡히고 있지만 그동안 파병 부대의 규모와 성격 등을 놓고 빚어진 외교안보팀 내의 혼선과 불협화음에 대해선 우려의 목소리가 높다.

파병 문제를 둘러싼 정부의 입장은 '파병 결정→3000명 미만의 혼성군 파견→전투병 위주로 파병군 규모 확대→3000명 미만의 재건지원 방향'으로 종잡을 수 없이 바뀌어 왔다.

11일 통일외교안보관계장관회의에서 노 대통령이 '3000명 미만 파병' 지침을 내린 뒤에도 차영구(車榮九) 국방부 정책실장은 이와는 전혀 동떨어지게 전투병 위주 파병의 당위성을 브리핑했다.

이에 앞서 불거진 외교안보부처와 국가안전보장회의(NSC)의 신경전은 권력 쟁탈전에 비유될 정도였다.

지난달 18일 파병이 결정된 직후엔 청와대를 중심으로 이에 반대하는 목소리가 터져나왔다. 그러나 이른바 '자주파'의 대표 격인 이종석(李鐘奭) NSC 사무차장이 지난달 27일 "이라크 파병 규모는 2000∼3000명선이 합리적"이라고 말해 파병 기류가 급반전되자 이번엔 한미관계를 중시하는 이른바 '동맹파'측에서 불만을 내비쳤다.

동맹파로 분류되는 한 당국자는 "외교적인 고려가 반영되지 않고 있다"며 "자기들이 전문가라는데 다 알아서 하겠지"라며 NSC측에 대한 불쾌감을 감추지 않았다. 다른 관계자는 파병에 관한 기자들의 질문에 "저는 실세가 아닌데 왜 저에게 물어보십니까"라고 자조적인 반응을 보이기도 했다.

그러나 전투병 위주의 파병을 강조한 동맹파들의 주장은 노 대통령의 뜻을 제대로 읽지 못했기 때문이라는 분석도 있다. 노 대통령과 가까운 한 고위인사는 "대통령은 처음부터 파병을 안 하는 게 가장 좋지만, 파병이 불가피한 상황에서 그 규모는 최소화하는 게 좋다는 인식을 갖고 있었다"고 전했다.

여기에다 청와대 내에서는 정무수석실을 중심으로 "총선을 앞두고 이라크에 대규모 전투병을 파병할 경우 지지층인 진보세력 등을 돌릴 가능성이 있다"는 주장도 만만치 않았다.

한편 정부 안팎에선 파병을 둘러싼 파워 게임이 결국 외교안보팀이나 NSC의 개편으로 이어질 것으로 보는 시각도 있다.

김정훈기자 jnghn@donga.com
김영식기자 spear@donga.com

> 보수 언론은 파병 규모와 성격을 둘러싼 정부 내의 논쟁을 의도적으로 부풀리면서 '자주외교파 대 한미동맹파'라는 구도를 만들어내기도 했다. 한편 진보진영은 파병 자체를 문제 삼으며, 그 둘의 차이를 아예 없는 것처럼 간주했다. 그 사이에 낀 노무현 대통령은 외로울 수밖에 없었다.(동아일보, 2003년 11월 11일)

동맹에 대한 도리가 아니라는 식으로 몰아붙였다. 빈번하게 이런 불균등한 대화 구조 속에 놓이다보니 세계 초강대국의 이런 일방주의의 격랑 속에서 과연 우리의 국익을 어떻게 지킬 것인가가 항상 숙제처럼 내 머릿속을 맴돌았다.

이라크 추가파병 문제를 다루면서 참여정부는 파병 반대와 대규모 전투병 파병 사이에 난 좁은 길을 택해 나아갔다. 나는 참여정부가 수평적 한미관계를 향한 긴 여정의 전반부를 개척하고 있다고 생각했다. 대통령에게 이와 관련하여 한 번도 질문하지 않았지만, 역시 같은 판단이었을 것이다. 그러다보니 한미관계만 나오면 한미동맹을 신주단지처럼 여기는 세력과 완전한 자주성 실현을 주장하는 세력 모두 참여정부의 노선을 배척하거나 백안시했다. 그래서 정권퇴진 주장은 야당에서도 나오고, 그 대척점에 있는 시민단체에서도 나왔다. 진보진영은 우리 파병부대가 비전투부대라는 성격을 애써 무시하거나 아예 전투부대라고 깔아뭉갰다. 그래서 "5000명을 파병하자고 하면 동맹파고 3000명 보내자면 자주파냐"라고 비웃으며, 참여정부의 "대미굴종"을 강조했다. 이렇게 대통령이 취할 수 있는 자주와 균형을 향한 현실적인 착지점을 이해하고자 하는 이는 참으로 많지 않았다.

이라크 추가파병은 성공적으로 마무리되었지만 참여정부는 이 파병을 결정하는 과정에서 많은 상처를 입었다. 특히 노무현 대통령에게 이라크 추가파병은 지지자의 대거 이탈을 가져온 사건이었다. 그렇다면 역사의 시계바늘을 되돌려 2003년 가을로 되돌아간다면 우리는 과연 보다 나은 대안을 찾을 수 있을까? 유감스럽지만 나는 아직도 그런 대안을 찾지 못했다. 고통스럽고 만족스럽지 않지만 그래도 똑같은 선택을 했을 것 같다. 내가 노 대통령의 판단을 예단할 수는 없지만 대통령도 크게 다르지 않을 것 같다. 나는 그 이유를 대통령의 합리적인 성격에서 찾는다. 노 대통령은 진보주의자였지만 정치가와 통치자의 차이를 명확히 구분할 줄 아는 지도자였다. 그는 자신이 정치적 소신대로 행동할 수 있는 정치가가 아니라 국민 전체를 대표하여 나라를 이끌어가야 하는 통치자라는 것을 잘 알고 있었다. 이라크 추가파병 사안에서 정치가로서의 노무현에게는 여러 선택지가 있지만, 대통령 노무현에게는 선택지가 좁다는 것을 잘 알고 있었다. 나는 이라크 파병 문제에서 고뇌하던 노 대통령을 생각할 때마다 2003년 5월 8일 어버이날에 대통령이 쓴 '국민에게 드리는 편지'의 한 대목을 떠올린다.

저는 대통령이 되기 전, 사회적 약자를 대변하는 인권변호사로서 살았습니다. 그래서 개인적으로는 힘 있는 국민의 목소리보다 힘없는 국민의 목소리가 더 크게 들리는 체질입니다. 그러나 대통령으로서 국정을 할 때는 그 누구에게 혹은 어느 한쪽으로 기울 수 없습니다. 중심을 잡고 오직 국익에 의해 판단할 수밖에 없습니다. 왜냐하면 중심을 잃는 순간, 이 나라는 집단과 집단의 힘겨루기 양상으로 갈 것이기 때문입니다. 정치와 통치는 다릅니다. 비판자와 대통령이라는 자리는 다른 것입니다. 저는 인기에 연연하지 않고 국익이라는 중심을 잡고 흔들림 없이 가겠습니다.

4부

평화로
가는
좁은 길

W
PEACE
R

1

평화를 위한 첫 걸음

6자회담의 출범과 중심잡기

그동안 마치 정신없이 정글 속을 헤쳐온 나와 달리 노 대통령은 모든 상황을 전략적으로 이해하고 관리하려 했다. 노 대통령은 외교안보 분야의 전문가는 아니었지만 특유의 전략적 마인드를 살려 취임 이후 2003년 말까지 북핵문제와 한미관계, 남북관계를 다루면서 이 복잡하고 어려운 문제들을 한꺼번에 섞어서 해결하려 하지 않고 단계를 나누어 차례차례 대처해 나갔다.

대북특사 파견 포기, 북핵과 남북관계 사이에서

NSC 차장으로 부임한 직후인 2003년 3월 말, 나는 대북송금특검 문제가 남북관계에 미칠 영향을 예의주시하고 있었다. 그즈음 문희상 비서실장이 나를 찾았다. 문 실장은 국정원 비선 라인이 북측을 만나 우리 쪽에서 4월 중에 대통령 특사를 평양에 파견하기로 합의했다는 뜻밖의 소식을 내게 알려주었다. 지난 1월 국민의 정부 대북특사단에 당선자측 대표로 동행하라고 문 실장이 나를 부른 뒤 이번이 두번째 호출이었는데, 공교롭게도 이번 역시 용건은 대북특사였다. 특사 파견에는 우리 정부가 예년처럼 쌀 40만 톤을 북한에 지원해주는 것 이외에 다른 조건은 없었다. 문 실장은 아무래도 사안의 성격으로 보아 내가 특사로 갈 가능성이 높으니, 잘 준비해달라고 당부했다. 대북특사 파견 논의 과정은 내가 정부에 들어오기 전에 추진되었기 때문에 자세히는 모르나 추측컨대, 참여정부 출범을 전후하여 국정원의 대북 라인이 가동되어 북한측을 만나 특사 파견에 합의한 것 같았다.

나는 특사 파견의 시기가 매우 적절하다고 생각했다. 대북송금특검법 때문에 남북관계가 걱정되었는데, 앞으로의 남북관계 발전 방향뿐만 아니라 핵문제와 관련해서도 북한을 설득하고 북미 사이에서 대안을 마련할 수 있는 좋은 기회라고 생각했다. 그러나 한미관계가 마음에 걸렸다. 미국의 '군사적 옵션' 배제 문제로 불편했던 한미관계를 이제 겨우 안정시키고 있는 마당인데, 만약 미국이 특사 파견을 부정적으로 본다면 난관이 조성될 것 같았다. 개성공단 착공식도 반대하고 있는 부시정부인지라 걱정하지 않을 수 없었다.

아니나 다를까? 윤영관 외교장관은 허바드 주한미대사에게 특사 파견 합의 사실을 알리자, "아직은 북한을 믿을 수 없는 것 아닌가?"라며 부정적인 의사를 표명했다고 알려왔다. 외교부 역시 부정적이었다. 외교부는 현시점에서 특사 방북은 특별한 의제가 없으므로 한미정상회담 이후로 미루는 것이 바람직하다는 의견이었다. 그러나 통일부와 NSC사무처는 특사 파견 합의를 남북관계 발전의 귀중한 기회로 보고 적극 추진할 것을 주장했다. 한미정상회담 후 특사 파견은 북한이 동의하지 않을 것 같았다.

노무현 대통령은 이 문제를 논의하기 위해 특별한 방식의 NSC 고위 간담회를 개최했다. 2003년 4월 13일, 청와대 경내의 벚꽃이 화사함을 뽐내는 화창한 일요일이었다. 노 대통령은 통일부장관, 외교장관, 국방장관, 국정원장, 비서실장, 안보보좌관, 외교보좌관, 국방보좌관, NSC 차장을 부부동반으로 관저에 초청했다. 부인들은 권양숙 여사와 산보를 나가고, 남편들은 대통령을 따라 관저 앞마당에 있는 정자 마루에 둘러앉았다. 정자는 아담했다. 노 대통령이 정자에 들어서는 참모들에게 이 정자는 김대중 대통령 때 지었는데, 다리가 불편했던 김 대통령께서 한 번도 사용하지 않아 결국 "여러분이 첫 손님"이 되었다고 소개해 다들 기분 좋게 웃었다.

그러나 특사 파견이라는 회의 주제가 나오자 분위기는 이내 진지해졌다. 대통령은 자유롭게 의견을 개진하라며, 내내 듣기만 했다. 의견은 두 갈래로 나뉘어 팽팽히 맞섰다.

정세현 통일부장관과 신건 국정원장이 특사 파견의 필요성을 역설했으며, 나도 열심히 거들었다. 사실 나는 간담회에서 어렵지 않게 특사 파견으로 결론이 날 줄 알았다. 이미 대통령의 재가를 받고 이루어진 남북 접촉에서 합의한 특사 파견을 미국이 탐탁지 않아 한다는 이유만으로 취소하는 것은 너무나 큰 기회를 놓치는 일이기 때문이다.

그런데 의외의 변수가 있었다. 윤영관 장관이 '아직 발표할 단계는 아니지만 파월 미 국무장관으로부터 금명간 베이징에서 북핵문제 해결을 위한 북·미·중 3자회담을 열기로 합의했다는 통보를 받았다'고 보고한 것이다. 이는 대화를 통한 북핵문제의 해결을 주창해온 한국 정부에게는 가뭄의 단비와 같은 소식이었으며, 대화를 성사시키기 위해 동분서주해온 한국 정부의 외교적 성공이기도 했다. 모두들 화색을 띠며 기뻐했다. 회담 참가국에 한국이 빠지기 때문에 야당과 언론이 정부를 비판은 하겠지만, 문제 해결이라는 절박한 목표에서 볼 때 그건 부차적인 문제였다.

윤 장관은 모처럼 마련된 3자회담 국면에서 북한에 특사를 파견한다면 자칫 북한의 교란작전에 말려들 수 있다는 우려를 표명했다. 그렇게 되면 결과적으로 3자회담에서 좋은 성과가 나는 데 방해될 가능성이 있다는 것이었다. "지금은 때가 아니다"라는 의견이었다. 내가 보기에는 그럴 것 같지 않지만, 북핵문제를 해결하기 위한 대화를 성사시키기 위해 힘써온 그로서는 그렇게 생각할 수도 있었을 것이다. 이때 반기문 외교보좌관, 조영길 국방장관, 김희상 국방보좌관 등이 윤 장관의 주장을 지지했다.

특사 파견을 찬성하는 쪽에서는 북한의 전략이 교란일 가능성은 적다고 반박했다. 북한의 전략이 이미 '통미봉남通美封南'식에서 북미대화와 남북관계를 동시 발전시키거나 경색시키는 방향으로 바뀌었으며, 이번에 북한이 3자회담을 수용하고 동시에 특사 파견에 합의한 것도 같은 맥락으로 보아야 한다고 주장했다. 이럴수록 평양에서 가서 대화함으로써 북핵과 관련하여 북한을 설득하고 남북관계를 발전시켜야 한다고 주장했다.[1]

긴 시간 동안의 토론 끝에 대통령이 결론을 내렸다. 북핵문제 해결을 위한 3자회담의 성공에 외교력을 집중하기로 하고, 특사 파견은 하지 않는 것으로 정리했다. 대신에 북한에 약속한 쌀 40만 톤은 조건 없이 지원하라고 지시했다.

나는 대통령의 결정에 따라 그동안 특사 파견을 대비해 준비해오던 일체의 작업을 중단시켰다. 대통령의 대북특사 파견 포기는 장시간의 간담회까지 열어 고뇌 끝에 내린 결단이었다. 그러나 개인적으로는 잘못된 결정이라고 생각했다. 북한의 대외전략을 분석해볼 때, 3자회담이 남북관계에 영향을 줄 수 있어도 남북관계가 거꾸로 3자회담에 영향을 미치기는 어렵다고 보았다. 그것이 부정적인 영향인 경우는 더욱 그렇다. 따라서 미국에 양해를 구하고 대북특사를 파견하는 게 옳다고 생각했다.

그러나 지금 와서 돌이켜보면, 대통령은 내가 생각하지 못한 좀 더 큰 맥락에서 이 문제에 접근했다는 생각이 든다. 취임 직후 노 대통령은 군사적 충돌의 가능성까지 우려될 정도로 고조되는 한반도 위기에 정면으로 맞서서 이를 진정시키기 위해 전력을 다했다. 북한에 대한 군사적 공격 가능성을 차단하기 위해 미국을 견제하는 공개적인 발언을 마다하지 않았던 이유다. 그 연장선에서 북핵문제의 평화적 해결 원칙을 국제사회에 제안했으며, 그 노력이 헛되지 않아 미국이 평화적 해결 쪽으로 방향을 선회하여 3자회담이 열리게 된 것이다. 이런 상황이었기 때문에 대통령은 미국이 반대하는 대북특사 파견을 크게 부담스러워했던 같다. 한미관계가 불편해지는 것을 감수하면서까지 미국의 태도 변화를 요구했던 대통령으로서는 미국의 변화에 자신도 성의를 보이는 게 도리라고 생각했을 것이다.

6자회담 출범, 미국의 의도 VS 한국의 구상

2003년 4월 23일 베이징에서 북·미·중 3자회담이 열렸다. 2002년 10월 HEU 문제로 재발된 북핵문제가 위기국면을 극복하고 협상국면으로 옮아간 것이다. 3자회담은 중국의 중재로 북한과 미국이 마주한 형식이었다. 미국은 자기가 싫어하는 북한과의 양자회담을 피했다는 점에서 명분을 얻었고, 북한은 3자회담 안에서 실질적으로 양자대화를 할 수 있다는 실리를 취하며 성사되었다. 따라서 이 회담 구조에서는 애초부터 한국이 끼어들 여지가 매우 적었다. 노 대통령은 어차피 3자회담은 곧 한국을 포함한 다자구도로 발전할 수밖에 없는데, 우리가 지금 이 회담에 참석하지 않으면 안 된다는 식으로 고집을 부려 모처럼 마련된 대화를 망치면 안 된다는 생각을 가지고 있었다. 북핵문제의 해결이라는 내용과 성과가 중요하지 대화 형식을 따질 때가 아니라는 것이다. 그렇지만 예상한 대로 이 회담에 한국이 배제되었다는 사실을 들어 야당과 다수 언론은 정부의 무능을 질타했다. 노 대통령은 "지금은 대화의 형식보다 내용이 중요할 때"라며 이러한 비판에 흔들리지 않고 합리적 실용주의 자세를 견지했다.

중국의 중재로 열린 3자회담에서 북한은 북핵문제 해결을 위해 단계별로 미국이 취할 조치와 북한이 취할 조치를 병렬한 제안을 내놓았다. 예컨대, 미국이 북한에 대해 취할 조치들—불가침과 북미관계 정상화 약속, 북일·남북 경협 불방해 보장, 신포 경수로 건설 지연에 따른 전력손실 보상 및 경수로 완공—과 북한이 미국에 대해 취할 조치들—단계별로 핵무기 제조 자제 및 핵사찰 수용, 핵 프로그램의 점진적 폐기, 장거리 미사

정부는 준비하고 있던 대북특사 파견을 포기하면서까지 북·미·중의 3자회담을 지원했다. 특사 파견이 혹 이 회담의 성사에 지장을 줄 수 있을 것이란 우려 때문이었다. 그만큼 누가 주체가 되든지 일단 북한과 대화의 장을 여는 것이 중요하다고 생각한 것이다. 그렇지만 언론과 야당의 비판은 혹독했다.(조선일보, 2003년 3월 17일)

일 발사 시험과 수출 중지—을 교환하자는 것이었다. 일괄타결 방안을 제시한 것이다.

　NSC 북핵대책반은 북한의 제안을 보고받고 비현실적인 부분도 있지만 검토할 만한 가치가 있다고 평가했다. 무엇보다도 북핵문제 해결과 북미관계 개선을 연계하고, 미국이 바라는 '불가역적인 완전한 핵계획 포기'를 수용했으며, 미사일 개발·수출 포기를 포함시켰다는 점에서 논의해볼 가치가 있었다. 미국 정부도 북한 제안을 신중히 검토하겠다는 의사를 표명했다. 그런데 이어진 북미간 비공식 수석대표 접촉에서 사고가 터졌다. 북한 대표 리근이 난데없이 켈리 미 국무부 차관보에게 "우리는 핵무기를 보유하고 있으며, 핵무기를 포기할 수 없다"면서 "핵무기가 있다는 사실의 공개와 핵무기 이전·증산 여부는 미국에 달려 있다"고 공갈을 친 것이다. 리근은 "우리들의 제안을 미국이 잘 검토해주기를 기대하며 미측의 신속한 반응은 기대하지도 않는다"고까지 말했다. 이런 막말에 미국 대표단은 회담장을 떠났으며, 3자회담은 개최 하루 만에 결렬되었다.

북한이 부시정부를 몰라도 너무 모르고 공갈외교를 한 것이다. 기껏 그럴듯한 대안을 내놓고, 다른 한편에서는 미측 수석대표를 불러내 귓속말로 협박성 발언을 하는 것은 치기 어린 협상전술이라고밖에 볼 수 없었다. 그것은 강경 네오콘이 장악하고 있는 부시정부에게 오히려 북한을 더 몰아칠 명분만 줄 뿐이었다. 그러나 켈리 차관보의 태도도 협상가답지 못했다. 북한이 막가파식 발언을 한 것은 비난받아 마땅하나, 그들의 위협적 언사가 대부분 협상용이라는 것은 굳이 북한전문가가 아니더라도 잘 아는 사실이다. 나는 북한이 이미 검토할 만한 가치가 있는 협상안을 내놓고 나서 내지른 협박성 발언을 빌미로 미국대표단이 곧장 짐을 꾸려 회의장을 떠난 건 좀 이해하기 어려웠다. 굳이 해석하자면 미국 역시 북한과의 협상에 그리 흥미가 없었다는 뜻이다. 특히 켈리는 노련한 협상가이므로 자기 판단으로 그러지는 않았을 것이다. 북한을 이미 '악의 축'으로 규정한, 십자군식의 종교적 신념에 가득한 네오콘이 그 배후에 있다고 생각했다.

3자회담은 비록 결렬됐지만 성과는 적지 않았다. 무엇보다도 북핵문제의 평화적 해결을 위한 다자회담이 시작되었으며, 역설적으로 조기에 3자회담의 한계가 부각됨으로써 자연스럽게 한국 등이 참가하는 보다 확대된 다자회담으로 발전할 수 있게 되었다. 뿐만 아니라 북한이 나름대로 검토할 만한 대안을 내놓음으로써 미국을 중심으로 한 서방은 북한의 속내를 어느 정도 파악할 수 있게 되었다. 우리 정부도 3자회담을 계기로 미측에 ① 단계적 해결 ② 동시조치 ③ 포괄적 해결이라는 기본 입장을 제시하며 북핵 해결을 위한 한미 협의를 본격화했다.

결국 3자회담은 한국·일본·러시아를 추가하여 2003년 여름에 6자회담으로 발전했다. 2003년 8월 27~29일 베이징에서 제1차 6자회담이 개최되었다. 그러나 1차 회담은 공동발표문 대신에 의장국인 중국 수석대표가 회의 결과를 요약해서 발표할 정도로 그다지 성공적이지 않았다. 한국 정부는 1차 회담부터 촉진자facilitator로서 위상을 확보한다는 전략을 세우고, 북한과 미국을 비롯한 나머지 5개국이 '핵 포기'와 '체제 안전보장'에 대한 의사 표명을 '교환'하는 정도를 기본목표로 삼았으나 북미간 불신으로 소기의 성과를 거두지 못했다. 그러나 1차 6자회담은 북핵문제의 평화적 해결 등 몇 가지 기본 사항에 공감하고 외교경로를 통해 다음 회담 일자를 결정하기로 한 점 등의 긍정적인 성과도 남겼다. 어차피 첫술에 배부를 수는 없는 법이다.

그러나 진정한 문제는 6자회담의 핵심 당사자인 미국과 북한이 동상이몽에 빠져 있다는 점이었다. 북한도 미국도 6자회담의 성과에는 관심이 없었다. 북한은 '자신의 체제 안전보장은 오직 미국과의 담판을 통해서만 해결할 수 있다'고 믿고 있었기 때문에 미국과의 양자대화에만 관심을 기울였다. 그들은 2002년 10월의 HEU 사건 이후 자신에게 압박을 가하며 북미 양자대화를 기피하는 미국과 어떻게 해서든지 양자대화를 하려고 했고, 그 연장선상에서 4월의 베이징 3자회담에 응한 것이다. 6자회담 역시 중국 정부가 회담장 안에서 북미간 일대일 접촉이 가능하다고 북한을 설득하고, 또 미국도 다자회담의 틀 내에서 양자협상이 가능하다는 입장을 보였기 때문에 북한이 나오게 된 것이다.

참여정부는 북미 양자대화만을 고집하는 북한의 생각을 바꾸지 않고는 6자회담의 미래가 밝지 않다고 판단했다. 그래서 다양한 통로로 북한에게 북미 양자회담보다 다자회담이 그들의 목표 달성에 효과적이라는 점을 인식시키는 데 주력했다. 즉, 둘이 합의한 것은 한쪽이 기분 나쁘면 깰 수 있지만 여러 명이 보증하는 것은 그렇게 쉽게 깨기 어렵다는 논리로 설득에 나선 것이다. 북한이 클린턴 전 대통령과 맺은 합의를 현 부시 대통령이 깨뜨린 것을 예로 들며, 양자합의는 취약하다고 설득했다. 노무현 대통령도 상황이 여기까지 온 이상 이제는 북미 양자회담보다는 다자회담을 통해서 북핵문제를 해결해야 한다고 강조했다. 안보관계장관회의에서 대통령은 "가장 불신하는 북한과 미국 두 당사자가 만나서는 문제 해결이 안 되며, 현재의 의제를 고려하더라도 다자로 갈 수밖에 없다"고 말했다.(2003년 7월 4일)

한편 미국은 북한과 전혀 다른 방향에서 6자회담의 가치를 무시했다. 6자회담이 탄생한 것은 전적으로 미국의 의도였다. 1994년 10월에 맺어진 '북미' 제네바기본합의서가 보여주듯이, 2002년 10월 고농축우라늄HEU 문제가 발생하기 전까지 북핵문제는 북한과 미국 사이의 문제였다. 그러나 HEU 문제가 발생하자 미국은 이번 사태를 북한과 미국 간 대립이 아닌 북한과 '평화를 애호하는 국제사회'가 대립하는 양상으로 끌고 가고 싶어 했다. 즉, 미국은 북핵문제가 '북미간의 문제가 아니라 북한 대 주변국의 문제'라는 쪽으로 게임의 룰을 바꾸고 싶어 했다. 그래서 2003년 초에 접어들자 미국 쪽에서 '북한이 핵을 개발하는 게 왜 미국만의 문제인가? 중국도 이 문제를 풀어야 할 책임을 지고 있다'는 얘기가 흘러나왔다. 그 뒤 중국의 중재로 북·미·중 3자회담이 만들어졌고, 이것이 다시 6자회담으로 확대된 것이다.

따라서 부시정부가 6자회담을 통해서 노린 것은 서로 주고받는 협상을 통한 북핵문제의 해결이 아니라 '5(미·중·한·일·러) 대 1(북한)' 구도를 만들어 북한을 압박하는 것이었다. 그럼으로써 북한을 굴복시키겠다는 뜻으로 보였다. 부시 대통령은 2003년 10월 20일에 열린 한미정상회담에서 이런 미국의 속내를 솔직하게 드러냈다. 부시 대통령은 노 대통령에게 북핵문제를 해결하는 데 중국을 개입시키는 것이 중요하다며 "중국의 역할에 대해 김정일은 신경을 곤두세울nervous 것"이라고 말했다. 그는 또 현재의 게임의 룰은 "북한 대 미국이 아니라 북한 대 주변국"이라며 "5개국이 단합해서 북한에 동일한 메시지를 보내야 한다"는 점을 강조했다. 그는 계속해서 김정일에 대한 불신을 언급했다. 이에 노 대통령은 이렇게 말했다. "우리 속담에 '쥐도 궁지에 몰리면 고양이를 물고, 개를 쫓을 때도 도망갈 길을 열어주고 쫓는다'는 말이 있습니다." 그러자 부시가 답했다. "고양이가 한 마리면 쥐가 물 수 있지만 고양이가 다섯 마리인데 물 수 있겠습니까?" 이에 노 대통령은 "쥐가 물 첫번째 고양이가 바로 우리가 될 수 있다는 점이 문제지요"라고 응수했다.

6자회담은 미국이 탄생시켰지만 미국의 의도대로 굴러가지는 않았다. 북핵문제에 관한 미국과 한국 그리고 중국의 국가이익이 조금씩 달랐기 때문이다. 한국은 무엇보다 북핵문제가 군사적 충돌로 비화될 가능성을 제일 우려했으며, 중국은 북한에 대한 제재에 동참하면서도 그것이 북한 체제를 동요시키는 것은 원하지 않았다. 따라서 한국과 중국은 6자회담 초부터 북한을 일방적으로 압박하기보다는 6개국의 공동이익을 찾는 데 주력했다. 그러다보니 애초에 6자회담을 만들어 '5 대 1' 구도로 압박하려던 미국의 의도는 차질을 빚게 됐다.

한국 정부는 비록 동상이몽 속에 만들어진 6자회담이지만 그 틀 안에서 최대한의 합의점을 도출하기 위해 가장 분투할 수밖에 없었다. 북핵에 대한 부담을 안고 사는 우리로서는 우리 의사를 제기할 수 있는 통로가 마련되었다는 것 자체가 환영할 일이었다. 정부는 어렵게 만들어진 6자회담의 공간을 적극 활용하기로 하고, 1차 6자회담 개최 전부터 적극적으로 문제 해결을 위한 대안을 제시했다.*

그러나 미국 정부는 한국 정부가 북미를 오가는 정직한 중개자honest

---

* 미국은 기본적인 방향에 대해서는 말하면서도 구체적인 대안을 내놓는 데 소극적이었다. 따라서 우리 정부는 미국의 기본 인식과 북한이 3자회담에서 내놓은 제안을 고려하여 ① 현상유지단계(핵동결) ② 원상회복단계 ③ 포괄해결단계로 나누는 3단계 로드맵을 제시했다.

broker나 촉진자 역할을 하는 것이 아니라 동맹으로서 협조하기를 바랐다. 북핵문제에서 미국의 리더십을 적극 지지하고 따라 달라는 것이다. 물론 미국의 노련한 외교관들이 한국 정부에 '미국을 따르라'고 명시적으로 말한 적은 없다. 그러나 한국 정부가 미국의 대북정책에 이의를 제기하는 것을 유감스럽게 생각하고 그것을 '적전 분열'로 표현하는 데서 그들의 의도를 충분히 알 수 있었다. 미 국무부 관리들은 공공연히 "미국 때문에 6자회담 성과가 없다는 주장은 북한의 술책에 말려드는 것"이라고 주장했다. 또 제1차 6자회담에 대해서 "북한은 미국과 일본은 자신들이 예상한 대로 나온 반면 중국과 러시아는 자신의 기대를 저버렸기 때문에 실망스러웠고, 한국은 대체로 자신들의 기대대로 나왔으므로 한국과 경제협력을 통해 실익을 얻고 미국을 압박하는 카드로 활용할 것"이라고 평가했다. 6자회담에서 한국이 북한을 돕고 있다는 식으로 노골적인 불만을 토로한 것이다. 북한을 '악의 축'이라고 보는 부시행정부에게 '북한도 틀렸고 미국도 잘못하고 있다'는 말은 있을 수 없는 것이었다.

한국 정부는 6자회담에서 1/6의 동등한 발언권을 행사하려 했으나 미국의 의도는 달랐다. 미국은 북한을 다루는 전략과 전술은 자신이 짜서 제시하고, 나머지 나라들은 그저 이에 따라주길 바랐다. 미국은 적어도 한국과 일본은 무조건 미국의 정책을 지지하고, 이를 바탕으로 중국과 러시아를 설득하려 한 것 같았다. 따라서 형식은 6자회담이지만 대북전략은 여전히 '미국 대 북한'이라는 '1 대 1'의 사고를 가지고 있었다. 그러니 미국은 6자회담 초기에 '독자적인 한국의 대안'을 인정하지 않으려 했다. 1차 6자회담이 끝난 뒤 미 국무부 관리들은 "한국이 미국과 입장을 같이한다면 북한은 더 이상 기댈 곳이 없기 때문에 2차 회담에 나올 것"라고 주장하며, 한국이 미국에 대해 이견을 보이지 않기를 원했다.

그러나 백보를 양보해서 한국 정부가 군말 없이 미국의 북핵 정책을 따르려면 최소한 미국 정책이 합리적이어야 한다. 그러나 우리가 보기에 미국의 해법은 한반도를 군사적 충돌의 파국으로 몰아가거나 아니면 북한을 자극해서 핵개발을 촉진할 뿐이었다. 그러니 우리로서는 독자적인 대안을 만들어 미국과 북한을 설득하는 편이 더 낫겠다고 생각할 수밖에 없었다.

부시행정부는 이러한 한국 정부의 행보를 불쾌하게 여겼다. 그들은 남북관계와 북핵문제를 동시에 풀어가야 하는 한국의 특별한 사정을 이해하려 하지 않았다. 그러나 미국의 대안이 평화에 대한 전망을 열어주지 못하는 한, 우리는 끊임없이 문제를 제기하며 보다 합리적이며 평화지향적인 안을 추구할 수밖에 없었다. 설령 미국이 끝내 평화적 방법을 거부하면 중국과 손잡고라도 미국을 설득해야 하는 것이 우리의 처지요 운명이었다.

문성근 대북특사와 북한의 태도 변화

2003년 9월 1일로 기억된다. 1차 6자회담이 종료된 직후이자 미국이 한국 정부에 이라크 파병을 통보하기 직전이었다. 노 대통령은 나를 불러 북한에 특사를 보낼 테니 관련 준비를 하라고 지시하며, 대북특사는 영화배우 문성근 씨로 하겠다고 찍어서 이야기했다. 웬만하면 내게 의견을 물어볼 텐데 이미 결심을 하고 지시를 내린 것이다.

나는 마음속으로 대통령께서 왜 이 시점에 대북특사를 파견하겠다는 것인지 의아했다. 4월에 파견했다면 특사가 김정일 위원장도 만나고, 남북관계 발전의 중요한 계기도 마련할 수 있었으나, 지금은 김정일 위원장 면담도 어렵고 당장 눈에 보이는 성과를 거두기도 어려울 텐데 말이다. 그러나 현상황에서는 북핵문제에 대한 우리의 발언권을 높이고 남북관계를 발전시키기 위해 언제라도 특사 파견은 유용하다고 생각했기 때문에 다른 말은 하지 않았다.

그러다 노 대통령이 친서 집필의 방향을 지시할 때야 그 뜻을 알아차렸다. 대통령은 1차 6자회담이 이렇다 할 성과를 내지 못하고 폐회되자, 이번에는 자신이 나서서 북한을 설득해야겠다고 생각한 것이다. 그래서 대북특사를 파견하여 자신의 진정성을 보여주며, 김정일 위원장에게 북핵문제 해결을 위한 결단을 촉구하고 이로써 평화번영의 남북관계를 함께 만들어가자고 제안하려 한 것이었다.

대북특사로 지목된 문성근에 대해서는 비록 정부인사는 아니나 충분히 자격을 지니고 있다고 생각했다. 그는 통일문제에 평생을 바친 문익환 목사의 아들이고, 본인도 통일문제에 깊은 관심을 가지고 있었다. 더욱이 대통령선거 기간에는 노무현 후보가 절박한 지경에 처했을 때 "농부는 밭을 탓하지 않는다"는 (노 후보의 말을 인용한) 감동적인 지지연설로써 노 대통령 당선에 크게 기여한 공신이었다. 사실 노 대통령은 내게 문성근 씨를 통일부장관을 시키고 싶다는 말을 여러 차례 했었다. 그러나 그의 지적 역량을 압도하고 있는 영화배우라는 대중적 이미지 때문에 끝내 그와 국무회의 석상에 함께 앉을 수는 없었다.[*]

NSC사무처는 문성근 특사 건을 국정원과 협의하여 극비에 진행시켰다. 정부 내에서는 통일부장관과 외교부장관에게만 관련 사실을 통보했다. 미국에는 10월 20일부터 열린 APEC 정상회의 기간에 라종일 안보보좌관을 통해 라이스 백악관 안보보좌관에게 관련 사실을 전달했다. 라 보좌관은 친서의 목적과 대강의 내용을 라이스 보좌관에게 설명하고 부시 대통령에게 극비로 보고해줄 것을 부탁했다.

문성근 특사의 방북은 2003년 11월 12~15일에 이루어졌다. 문 특사는 김정일 위원장을 면담하지는 못했으나 북측의 해당 관계자들을 만나 대

---

[*] 돌이켜보면 문성근은 통일부장관직을 수행하기에 손색이 없는 사람이었다. 그는 평양을 방문하여 특사로서의 역할을 무난히 수행했을 뿐만 아니라, 극비에 행해진 이 일을 참여정부 임기가 끝난 뒤 언론에 알려질 때까지 누구에게도 발설하지 않았다. 그는 언론이 이 사실을 포착했을 때도 나와 협의한 후에야 말문을 열 정도로 공직자의 기본 자질인 보안의식이 철저했다.

통령의 친서를 전달하고 김정일 위원장의 메시지를 받아 돌아왔다. 노 대통령으로서는 간접적이나마 처음 김정일 위원장과 대화한 셈이 되었다. 노 대통령은 친서를 통해 김정일 위원장에게 북핵문제와 관련해서 통 큰 결단을 내릴 것을 권유했다. 비교적 장문인 친서에는 정부 초기에 노 대통령이 북한 지도부에 하고 싶었던 말이 요약되어 있다. 조금 길지만 서신의 중요한 부분을 옮긴다.

조선민주주의 인민공화국 김정일 국방위원장 각하.

안녕하십니까. 대한민국 대통령 노무현입니다.

참으로 반갑습니다. 위원장님과 직접 만나 무릎을 맞대고 가슴을 열어 놓은 채 이야기 나누고 싶은 마음 간절하지만, 우선 내가 신뢰하는 문성근 특사를 통해 나의 생각과 의지를 전할 수 있게 되어 무척이나 다행스럽고 또 기쁘게 생각합니다.

(…)

나는 냉전체제가 강요한 분단을 반세기가 넘도록 남과 북 우리가 스스로 극복하지 못하고 있는 것을 매우 부끄럽게 생각하는 사람입니다.

더불어 나는 "조국이 분단되는 것을 보느니 차라리 38선을 베고 누워 죽겠다"던 김구 선생님을 존경하면서도, 왜 우리가 존경하는 분은 실패한 역사의 인물이어야 하는지를 늘 가슴 아프게 생각하는 사람입니다.

(…)

참여정부는 "평화와 번영의 동북아 시대"를 열어가기 위해 〈평화번영정책〉을 내외에 천명했습니다. 〈평화번영정책〉은 한반도에 확고한 평화를 정착시키고 남북의 공동번영을 추구함으로써 평화통일의 기반을 조성하고 한반도를 동북아의 중심으로 발전시켜 나가려는 구상입니다.

(…)

위원장님, 그런데 이러한 남북 공동의 〈평화번영정책〉은 무엇보다 기존의 북·미간 갈등과 긴장을 해소하지 않고서는 한 발짝도 진전될 수 없는 구조에 놓여 있습니다.

(…)

나와 우리 정부는 어떠한 경우에도 한반도의 긴장고조와 전쟁의 위험성만은 막기 위해 할 수 있는 모든 노력을 기울여왔습니다.

이에 미국은 금년 4월 이후 핵문제의 "대화에 의한 평화적 해결"을 강조하기 시작했고, 지난 10월 APEC 한미정상회담에서는 부시 대통령이 직접 "문서로 안전보장"을 할 용의가 있다고 언급하기에 이르렀습니다.

(…)

물론 1차 회담에서 만족할 만한 성과를 거두지 못한 것이 사실입니다. 그러나 "시작이 반"이라는 말이 있듯이, 그 이후에도 대화의 틀이 유지되고 각국이 문제 해결을 위한 진지한 노력을 계속하고 있다는 측면에서 향후의 회담은 분명히 성과적으로 진행될 것이라 확신합니다.

특히, 최근 귀측이 2차 6자회담에 참가의지를 표명함으로써 회담의 조기 개최 가능성이 높아진 것을 매우 다행스럽게 생각하고 있습니다.

(…)

문제의 핵심은 핵문제가 얼마나 빨리 해결되느냐입니다. 핵문제가 해결된 상황에서 어느 나라도 남측의 동의 없이 북에 대해 "군사적 행동"을 할 수 없습니다. 따라서 핵문제와 안전보장문제가 조속히 타결될 수 있도록 더욱더 적극적인 노력이 필요합니다.

한반도 평화체제 확립이라는 공동의 목표를 달성하기 위해서 우리는 회담을 주도적이고 능동적으로 이끌 수 있어야 하며, 그러기 위해서는 좀 더 과감한 적극성을 보일 필요가 있습니다.

핵문제 해결의 전기만 마련되면 참여정부는 〈평화번영정책〉을 본격적으로 추진하여 남북관계를 획기적으로 진전시켜 나갈 수 있습니다. 핵문제의 해결은 우리에게 대북경제 협력의 충분한 명분이 될 수 있습니다. 누구도 우리의 대북경협 확대를 가로막지 못할 것입니다.

(…)

아울러, 평화를 확고하게 정착시키기 위해 군사적 긴장완화 및 신뢰 구축을 위한 각종 실질적 조치를 단계적으로 취해 나갈 수 있을 것입니다. 북측의 안전보장문제는 단순히 북·미간의 문제가 아니라 궁극적으로는 운명공동체인 남과 북의 확고한 평화체제 속에서 정립될 문제입니다.

참여정부와 나의 의지를 담아 확신하건대, 북측이 이번 6자 회담을 통하여 핵 문제 해결의 전기를 마련한다면, 북측은 안전보장 문제를 해결하고 획기적인 경제발전을 추구할 수 있게 될 것입니다.

어려운 정세 속에서 시작된 이번 6자회담은 그런 의미에서 우리 민족에게 둘도 없는 기회입니다.

위원장님! 이번에 손을 맞잡읍시다!

핵문제 해결과 남북관계 진전 과정에서 사안을 잘게 나누어 밀고 당기지 말고, 근본적으로 통 크게 통째로 해결합시다!

위원장님과 내가 함께 이를 돌파해냅시다!

(…)

나와 우리 국민은 6·15 공동선언에서 밝혔던 위원장님의 서울 답방을 기대하고 있습니다. 그것이 여의치 않으시면 한반도의 어디에서든 빠른 시일 내에 위원장님을 직접 만나 한반도 평화와 민족의 공동번영에 대한 뜨거운 마음을 나눌 수 있기를 진심으로 바라마지 않습니다.

문성근 특사는 김정일 국방위원장의 메시지를 가지고 돌아왔다. 김정일 위원장은 핵문제를 풀 수 있는 최선책은 "미국이 우리에 대한 적대시 정책을 그만두도록 하는 것"이라고 주장했다. 그리고 "남측이 6·15 시대에 맞게 민족공조의 입장에 서서 미국이 우리에 대한 적대시 정책을 포기하고 우리가 주장하는 동시행동원칙에 기초한 일괄타결안을 받아들이도

대한민국 대통령

2003년 11월 10일

조선민주주의 인민공화국 김정일 국방위원장 각하,

안녕하십니까. 대한민국 대통령 노무현입니다.

참으로 반갑습니다. 위원장님과 직접 만나 무릎을 맞대고 가슴을 열어 놓은 채 이야기 나누고 싶은 마음 간절하지만, 우선 내가 신뢰하는 문성근 특사를 통해 나의 생각과 의지를 전할 수 있게 되어 무척이나 다행스럽고 또 기쁘게 생각합니다.

위원장님, 익히 잘 알고 계시겠지만, 지금 남과 북은 민족의 운명을 좌우하는 엄중한 시기를 맞고 있습니다. 이러한 엄중함 속에서 위원장님과 내가 평화·통일의 그날을 내다보면서 두 손을 맞잡고 함께 걸어가기를 진정으로 원합니다. 지금 남과 북 우리에게 가장 중요한 것은 서로 믿는 마음입니다.

나는 냉전체제가 강요한 분단을 반세기가 넘도록 남과 북 우리가 스스로 극복하지 못하고 있는 것을 매우 부끄럽게 생각하는 사람입니다.

더불어 나는 "조국이 분단되는 것을 보느니 차라리 38선을 베고 누워 죽겠다"던 김구 선생님을 존경하면서도, 왜 우리가

믿고 당기지 말고, 근본적으로 통 크게 통째로 해결합시다! 위원장님과 내가 함께 이를 돌파해냅시다!

존경하는 국방위원장님.
진정 가슴으로 만나고 싶습니다.
나와 우리 국민은 6.15공동선언에서 밝혔던 위원장님의 서울 답방을 기대하고 있습니다. 그것이 여의치 않으시면 한반도의 어디에서든 빠른 시일 내에 위원장님을 직접 만나 한반도 평화와 민족의 공동번영에 대한 뜨거운 마음을 나눌 수 있기를 진심으로 바라마지 않습니다.

혹시 부족한 부분이 있으면 문성근 특사에게 물어 주시고, 저에게 전할 메시지가 있으시면 그들 통해 보내주시기 바랍니다.

늘 건강하시기 바랍니다.

노무현

조선민주주의인민공화국
김정일 국방위원장 각하

노무현 대통령이 문성근 대북특사 편에 보낸 친서의 첫 페이지와 마지막 페이지. 노무현 대통령은 친서에서 친근한 어투로 김정일 국방위원장에게 다가가 새로운 대안의 장을 열자고 적극 제안했다. 그 노력은 헛되지 않아 북핵문제의 실마리가 이후 서서히 풀리기 시작했다.

록 적극적으로 뛰어 주기를 바란다"고 했다. 남북정상회담과 관련해서는 "노 대통령과 좋은 환경과 분위기가 마련되면 언제 어디서든지 만날 수 있을 것이라고 생각한다"고 답변했다.

당면한 2차 6자회담 개최문제와 관련해서는 임동옥* 통일전선부 제1부 부장이 관련 기관의 위임을 받아 특사단에 몇 가지 사항을 통보했다. 임동옥은 "부시 대통령이 APEC 정상회담 기간 우리에 대한 불가침 담보를 서면으로 할 수 있다고 발언한 것과 관련하여 미국이 우리와 평화공존하고 동시행동원칙에 기초한 일괄타결안을 받아들일 용의가 있다는 것을 전제로 6자회담에 나갈 결심을 했다"고 밝혔다. 그러면서 이미 미국과 중국에도 통보했다며 2차 6자회담을 12월 중에 개최하자는 것이 자신들의

* 그는 2003년 가을에 사망한 김용순 통일전선부장의 뒤를 이어 북한에서 대남정책을 총괄하고 있었다.

입장이라고 말했다. 아울러 회담에서 미국이 받아들이기 힘들어 하는 '동시행동원칙'이라는 말에 대해 내용이 관철되는 한 표현을 조절할 용의가 있으며, 불가침 담보 형식 문제에서도 "서로의 체면을 긍정적으로 고려하는 방향에서 조절할 용의가 있다"고 밝혔다. 특사가 긍정적인 메시지를 갖고 돌아온 것이다.

특사 방북 효과는 우리가 기대했던 것보다 빠른 시기에 구체적으로 나타났다. 북한은 12월에 국정원 라인을 통해 북미대화와 관련한 현황 및 북측 입장(12월 9일)과 북중 협의 결과(12월 29일)를 통보해왔다. 예컨대, 12월 29일에는 6자회담 개최와 관련하여 12월 25~27일에 방북한 중국 왕이王毅 부부장과의 협의 결과와 북한의 기본 입장을 우리측에 전달하고 관련 협조를 요청해왔다. 이듬해 2월 초에도 북한은 2차 6자회담에 나가겠다는 사실을 중국·미국과 더불어 우리에게도 동시에 통보해왔다. NSC사무처는 북한의 통지문을 외교부에도 전달하여 분석토록 했으며, NSC 북핵대책반의 협의를 거쳐 우리의 입장을 다시 북한에 통보했다.

이처럼 2003년 말부터 북한은 그동안 남북관계를 통해서는 북핵문제를 논의하지 않는다는 입장을 바꿔 남측과도 적극적으로 핵문제에 대해 협의하기 시작했다. 우리도 이후 지속적으로 남북대화 통로를 통해 핵문제와 관련해서 북한을 적극 설득하고 우리 입장을 개진했다. 북핵문제의 실마리가 풀려나가기 시작한 것이다.

어둠 속에서 길 찾기

뒤돌아보면, 그동안 마치 정신없이 정글 속을 헤쳐온 나와 달리 노 대통령은 모든 상황을 전략적으로 이해하고 관리하려 했다. 대통령은 외교안보 분야의 전문가는 아니었지만 특유의 전략적 마인드를 살려 취임 이후 2003년 말까지 북핵문제와 한미관계, 남북관계를 다루면서 이 복잡하고 어려운 문제들을 한꺼번에 섞어서 해결하려 하지 않고 단계를 나누어 차례차례 대처해 나갔다. 내가 보기에, 노 대통령은 2003년에 국면을 위기에서 평화로 바꾸어 나가기 위해 3단계에 걸쳐 전략적 결정을 했다.

1단계에는 북핵 위기가 전쟁으로 이어질 가능성을 차단하고 대화를 통한 평화적 해결 원칙을 세우는 것이었다. 이 과정에서 대통령은 군사적 제재의 가능성을 배제하지 않는 미국과 의견 충돌을 빚었다. 한미관계의 불편함을 감수하면서 미국의 군사적 행동을 사전에 차단하기 위해 공개적인 발언도 마다하지 않았다. 그 결과 북핵문제의 대화를 통한 평화적 해결의 원칙이 정립되었다.

2단계에서는 1단계에서 흔들린 한미관계를 안정적으로 발전시키고, 북핵 해결을 위한 대화구조를 만드는 데 주력했다. 바로 이 과정에서 북한과 합의된 대북특사 파견을 포기하고 한미간 우호협력의 분위기가 넘쳐나도록 한미정상회담을 치렀다. 동시에 한국이 배제됐다는 야당과 여론의 세찬 비난 속에서도, "대화의 형식보다는 내용이 중요하다"며 북·미·중 3자 대화를 지지했다. 그리고 3자회담을 6자회담으로 전환시켜 우리도 북핵문제의 명실상부한 당사자로서 역할을 할 수 있는 장을 만들고자 했다.

3단계에서는 미국과 북한에 대해 우리의 발언권을 강화하고 남북관계의 새로운 발전을 모색했다. 이 단계에서 노 대통령은 이라크 추가파병의 여건으로 북핵문제의 진전을 내세우며, 10월 APEC 계기 정상회담에서 부시 대통령의 '대북 서면 안전보장' 용의 천명을 이끌어냈다. 다른 한편, 문성근 특사 파견을 통해 북한에 확실한 메시지를 보내 북핵 포기의 필요성을 강조했다. 북핵 국면이 어느 정도 가닥을 잡았다고 판단하고 남북관계 발전의 전기를 마련하려 한 것이다.

노 대통령은 미국뿐만 아니라 북한에게도 우리의 결연한 태도를 보여야 한다고 항상 강조했다. 북한이 핵과 관련하여 도발적 행동을 하면 공개적으로 북한에 경고하는 것 외에, 실질적으로 북한의 행동에 영향을 미칠 수 있는 메시지를 북한에 보냈다. 예컨대 2003년 10월 10일 안보관계 장관회의에서 대통령은, 북한 외무성이 '사용후 핵연료에 대한 재처리 완료'를 발표(2002년 10월 2일)한 데 대해 강한 불쾌감을 표명하며 이렇게 말했다. "이런 식으로 계속 가면 북이 결국은 판을 깰 것입니다. (…) 우리가 북한의 요구대로 따라가지 않을 것이라는 판단을 하도록 해야 합니다. (…) APEC에서 부시 대통령에게 보다 진전된 입장을 요구해야 되는데 미국에게만 일방적 양보를 요구하기가 어렵습니다. 미국에 양보를 요구하기 위해서는 강력한 대북 경고가 필요합니다." 그런데 이렇게 북한에 대해 필요한 메시지를 전달하고 그 효과를 높이기 위해서는 남북 정상 사이의 신뢰가 필수적이었다. 그래서 대통령은 문성근을 특사로 파견한 것이다.

비록 노 대통령이 위기의 2003년을 극복하기 위해 미리 3단계 전략을 구상하여 추진한 것은 아니지만, 그는 매 국면마다 상황 진전을 위해 전략적 결정을 하고 이를 실천했다. 그리고 마지막 단계에서 문성근 특사의 방북을 통해 남북간 북핵문제를 논의할 수 있는 새로운 시대를 열었다. 뒷날 9·19공동성명이 도출되는 과정에서 미국만이 아니라 북한도 설득하고, 2007년 10월 2차 남북정상회담 당시 북한의 6자회담 대표인 김계관이 노 대통령에게 직접 북핵 상황을 설명하는 새로운 상황이 가능했던 것은 기실 이때부터 그 토대가 다져진 것이다.

한편 노 대통령의 친서는 남북관계에서도 지금까지 북한이 논의를 꺼려왔던 군사 영역으로 대화를 넓히는 데 영향을 미쳤다. 그 결과 2004년 봄에 최초로 남북장성급회담을 실현시키고, 여기서 '서해상의 우발 충돌 방지와 군사분계선MDL 일대 선전활동 중지에 관한 합의서'(6·4 합의)를 이끌어낼 수 있었다.

그런데 당시 정부는 문성근 특사의 방북이나 북한의 답변 등에 대해 대북관계를 고려하여 일절 공개하지 않았다. 그 사실을 모르고 있던 언론과 야당은 6자회담에서 한국이 하는 역할이 없고, 북핵문제에 무능력하다며 항상 폄훼했다. 나는 이 상황이 안타까웠다. 그래서 2004년 2월 초 북한이 6자회담 재개에 동의해왔다는 사실을 대통령에게 보고하면서 다음과 같이 건의했다. "북한의 6자회담 복귀 결정이 보안사항이지만 곧 해외언론을 통해 알려질 것입니다. 그러니 기자들에게 공개되는 회의 모두 말씀에서 전후 설명 없이 '6자회담의 전망이 밝아지는 것 같다'고만 말씀해주십시오. 그러면 보안에도 문제가 없고, 며칠 후 북한의 복귀 사실이 공표되면 언론도 정부가 중요한 역할을 하고 있다고 인정할 것입니다."

보고를 받은 후 대통령은 나를 물끄러미 쳐다보다 한마디 했다.

"하지 맙시다."

2
남북관계, 성취와 시련

이 합의는 실제로 참여정부 시기 남북간 군사적 긴장완화에 획기적인 이정표가 되었다. 이러한 사실은 참여정부 5년간 NLL 인근과 휴전선 일대에서 한 차례의 교전도 일어나지 않았으며, 남북대결로 인해 군인이건 민간인이건 단 한 명의 사상자도 발생하지 않았다는 사실이 증명하고 있다.

남북의 NLL 합의: 대통령의 안보구상 VS 군의 이해

남북관계의 개선과 평화를 향한 참여정부의 노력은 결코 순탄하지 않았으며, 국내외적으로 여러 마찰을 겪고 난관에 부딪혔다. 그것은 대북문제에 대한 인식과 태도가 정부 내에서 서로 달랐기 때문에 발생하기도 했고, 남북화해라는 당위와 분단이라는 현실의 괴리 때문에 발생하기도 했다. 예컨대 서해 NLL 안정화와 군사분계선 일대의 선전활동 중지 합의 같은 일들은 참여정부의 성취와 함께 그로부터 파생된 정부 내의 갈등과 잡음도 잘 보여준다.

2002년 6월 29일 제2차 서해교전이 벌어졌다. 북한군의 선제공격으로 우리 장병 6명이 전사하고 고속정 참수리호가 침몰했다. 노 대통령이 민주당 대통령후보가 되고 난 뒤의 일이었다. 그는 여당의 대통령후보로서 이 비극적인 사태에 대해 많은 것을 느꼈으며, 자신이 대통령이 되면 꽃게철만 다가오면 초긴장 상태가 되는 서해 북방한계선NLL을 안정시키는 데 매진하겠다고 결심했다.

나는 NLL에 대한 대통령의 특별한 관심을 알기에 NSC 차장으로 취임하자마자 정책조정실에 매년 되풀이되는 NLL 위기상황 발생과 관련하여 근본적인 해결을 위한 검토계획을 조속히 마련해서 보고하라고 지시했다. 그리고 취임 8일 만에 관련 보고를 받았다. 이어서 2003년 5월 13일 제2함대 사령부와 연평도, 연평도 어장, 백령도 등을 돌아보았다. 연평도를 지키는 해병 연대장은 꽃게철에 NLL 인근의 황금어장을 우리 어민들이 들어가지 못하는 현실을 안타까워하며 남북 어선이 하루씩 번갈아가며 어로행위를 할 수 있도록 남북이 합의를 했으면 좋겠다고 했다. 짧은 기간이었지만 이러한 활동을 바탕으로 6월 초 'NLL 관련 대책 방향'을 작성해서 대통령께 보고하고, 6월 11일 NLL 현장을 다녀온 소감과 연평도 어민들의 애로에 대해서도 말했다. 나의 얘기를 들은 대통령은 NLL의 현실을 안타까워하며 북한과 협의하여 1년 내에 방안을 만들어보자고 했다.

2003년 6월 27일, 2차 서해교전 1주기를 앞두고 노무현 대통령은 해군 2함대 사령부를 방문했다. 그 자리에서 대통령은 "북과 협상해서 서해상에서 평화를 정착시킬 수 있는 체계를 반드시 구축하라"는 특별지시를 내렸다. 이에 따라 NSC사무처는 NLL 안정을 남북관계의 최우선 특별과제로 삼아 관련 부처들과 대책을 검토하고 대북 접촉에 나섰다. 그러나 남북 군부 간에는 아직까지 군사적 긴장완화를 위한 구체적인 합의를 한차례도 한 적이 없을 만큼 불신과 긴장의 벽이 높았다. 특히 북한은 군사문제와 관련해서는 마치 미국과만 대화할 수 있다는 태도를 보이며 우리와의 대화에는 전혀 관심을 보이지 않았다.

북한의 태도에 변화가 나타난 것은 문성근 특사의 방북 이후였다. 북한은 문 특사의 방북을 계기로 북핵문제를 두고 남북대화를 시작했다. 나는 이것을 보면서 남북간에 휴전선상의 철도·도로 연결 작업을 위한 군사적 보장 수준을 넘어서 실질적인 군사회담이 가능할 것으로 판단했다. 2004년 2월 12일 NSC의 종합적인 상황판단에 따라 국방부는 북측에 "서해상에서 우발적 무력충돌 방지 등 군사적 긴장완화 문제 협의를 위한 장성급회담"을 제의했다. 북한은 몇 달 동안 뜸을 들이다가 5월 4일부터 평양에서 열린 남북장관급회담에서 전격적으로 장성급회담 수용의사를 밝혔다. 북한 군부는 남북장성급회담 개최에 동의하며 금강산 북측 지역에서 열자는 전통문을 정식으로 보내왔다.(2004년 5월 12일) 또한 "서해상 해상충돌방지" 외에 "휴전선 일대 선전중지 및 선전수단 철폐문제"도 반드시 협의 해결해야 한다며, 의제에 포함시키자고 제안했다.(2004년 5월 20일)

국방부는 북한의 수정 제안에 소극적인 반응을 보였으나 대통령은 적극 검토할 것을 지시했으며, 통일부와 국정원도 대통령의 지시를 환영했다. 사실 휴전선에서 상호비방을 중지하고 선전수단을 철거하는 것은 군사적 긴장완화를 향한 중대한 진전이며, 남북관계 발전의 일대 계기가 되는 일이다. 그렇기 때문에 30여 년 전 냉전시기에 발표된 7·4남북공동성명 제2항이 상호비방 중지였으며 노태우정부 시기 작성된 남북기본합의서에도 남북화해를 위해 "남과 북은 언론삐라 및 그밖에 다른 수단, 방법을 통하여 상대방을 비방, 중상하지 않는다"고 규정했던 것이다.

그렇지만 합참은 대북 선전수단 철폐에 반대했다. 이즈음 휴전선 일대의 대북 선전을 담당하고 있는 합참 민심부 간부가 나를 찾아왔다. 그는 휴전선에 설치된 우리의 전광판과 확성기 등 선전수단의 성능이 북한 것보다 훨씬 우월하여 심리전은 우리가 우세하다며, 선전수단 철폐에 반대했다. 심리전을 담당하는 부서 입장에서는 선전수단 철폐가 자신들의 존재 기반을 흔드는 것이니 그럴 수 있는 일이다. 그러나 국가안보는 국방력 강화와 평화증진이라는 두 축을 통해서 달성된다. 우리의 선전수단이 우세하다고 대결만을 계속하게 되면 평화증진을 위한 노력은 설 자리가 없다. 더욱이 우리는 과거 수십 년 동안 북한의 대남비방과 삐라살포에 분노를 표시하며 살아오지 않았나. 또 아직도 휴전선을 가운데 두고 남북이 서로 확성기를 틀어놓은 탓에 최전방을 지키는 우리 장병들이 밤잠도 제대로 못 이루고 있지 않은가?

나는 민심부 간부에게 군의 입장을 이해하나 대통령을 보좌하는 NSC는 이 문제를 보다 종합적인 측면에 볼 수밖에 없다는 점을 설명했다. 그렇지만 NSC 상임위는 합참의 반대를 고려하여, 우선 상호선전은 중단하되 수단 철거는 하지 않는 방향에서 대북협상을 추진하기로 했다. 그러나 그것이 여의치 않을 경우 이 문제를 고리로 서해문제까지 동시에 해결하기로 했다.

정부는 남북장성급회담의 대표를 육군이 아니라 해군 제독(준장)에게 맡겼다. 우리의 핵심 관심사항은 서해상 우발적 충돌 방지였기 때문이다. 5월 21일 나는 박정화 해군 준장을 단장으로 한 우리측 대표단과 간담회를 가졌다. 나는 회담 대표단에 다음의 4가지 사항을 당부했다. ① 상대방 말에 흥분하지 말 것. 의제 밖의 문제 제기는 "난 모른다"며 논의를 거부할 것. ② 성과를 안 내도 좋으니 성과 내기 위해 상대방에게 구걸하지 말 것. ③ 사소한 문제로 싸우지 말고, 본질을 붙잡을 것. ④ NSC 상임위에서 지침이 확정되면 반드시 준수할 것.

2004년 5월 26일 역사적인 1차 남북장성급회담이 북측 지역의 금강산 초대소에서 열렸다. 남북은 서해상 우발적 충돌방지를 놓고 견해차가 컸다. 북한은 새로운 경계선에 먼저 합의해야 한다고 주장했다. 이와 함께 휴전선 지역의 선전활동 중지 및 선전수단 철거와 서해 안정화를 동시에 해결하자고 요구했다. 북한대표단은 특히 선전 중지와 선전수단·철거에 많은 관심을 보였다. 그들은 휴전선 한쪽에서는 철도와 도로가 뚫리는데 선전을 중지하고 그 수단을 철거하는 게 무엇이 어렵냐고 남측 대표단을 압박했다. 이미 2002년 10월에 열린 제2차 남북국방장관회담에서 이 문

제와 관련하여 이미 잠정 합의가 있었다는 점도 환기시켰다.[2]

이렇게 북한은 휴전선에서 선전중지 및 선전수단 철거가 관철되지 않는 한 서해문제도 해결될 수 없다는 것을 분명히 했다. 물론 그 속내는 서해상에서 새로운 경계선 설정 주장을 거두고 우발적 충돌방지에 합의하는 대신, 휴전선의 선전수단 철거를 관철시키려는 것이었다. 반면에 우리 측은 거꾸로 선전문제는 언급도 하지 않고 서해문제에만 집중했다. 자연히 협상은 더 진전되지 못하고 6월 초에 다시 협의해나가기로 했다.

국방부는 5월 29일에 열린 283차 NSC 상임위원회에서, 선전수단 철폐 문제는 제2차 남북국방장관회담에서 잠정 합의했던 수준에서 북측과 합의를 시도하겠다며, 선전은 중단하되 선전수단은 당장 철거하지 않고 장기적으로 철거하겠다는 대안을 내놓았다. 그러나 1차 장성급회담에서 드러났듯이 북한이 동시해결이 아닌 국방부 안을 수용할 리 없었다.

한편 노 대통령은 남북 중 누가 제안했든 평소 휴전선에서의 비방 중지와 선전수단 제거도 군사적 긴장완화와 남북관계 발전을 위해서 필요하다고 생각하고 있었다. 따라서 선전수단 제거를 미뤄서 얻을 수 있는 이익이 얼마나 될지 모르나 종합적인 국가안보전략을 구상하는 대통령의 시각에서는 그러한 행동이 바람직해 보이지 않았다. 더욱이 그 건은 이미 한반도의 화약고로 변한 NLL에서 남북의 충돌을 막는 것에 비하면 훨씬 비중이 작은 문제였다. 게다가 노 대통령은 김정일 국방위원장에게 보낸 친서에서 "사안을 잘게 나누어 밀고 당기지 말고, 근본적으로 통 크게 통째로 해결"하자고 말했는데, 국방부의 협상 방향은 결과적으로 우리 대통령이 거꾸로 작은 이익을 위해 '잘게 자르고 있는 것'으로 비춰지게 하고 있었다. 물론 나는 국방부 관계자들에게 이런 속사정을 얘기할 수는 없었다.

NSC 상임위는 국방부가 보고한 대안보다 훨씬 적극적인 대북협상을 회담 대표단에 주문했다. 군의 입장을 존중하여 선전수단 제거는 국방부

안을 발전시키되, 구체적인 대안을 준비토록 했다. 그 대신 국방부의 '단계적 제거' 안이 서해상 우발적 충돌방지 합의를 어렵게 만들어서는 안 된다는 점을 분명히 지시했다. 다시 말해서 협상 과정에서 꼬리가 몸통을 흔들면 안 된다는 것이다. 북한대표단을 설득해보는 것까지는 허용하지만, 그것이 여의치 않을 경우 곧장 서해 충돌방지와 휴전선에서 선전활동 중지 및 선전수단 철거를 동시에 일괄 타결하라는 것이 대통령의 뜻이었으며 정부의 지침이었다. 우리 정부의 회담 전략은 명료했다. "금일 회담에서 우리측은 제1차 회담에서 북측이 제기한 '전선지역 선전중지 및 수단 철거 문제'를 군사적 신뢰구축 차원에서 과감히 수용, '서해상 우발적 충돌 방지 조치'와 동시 일괄타결을 추진."(「통일외교안보정책동향」, 2004년 6월 3일)

2차 남북장성급 군사회담은 6월 3~4일 설악산에서 열렸다. 남북은 최종 합의를 이끌어내기 위해 밤을 세워가며 협상을 이어갔다. NSC는 우리의 협상력을 높이기 위해 같은 시각 평양에서 열리는 제9차 남북 경제협력추진위원회(경추위) 회담을 이 회담과 연계시켰다. 경추위 회담에서 정부는 예년과 마찬가지로 북한에 쌀 40만 톤 지원을 약속할 계획이었다. NSC는 이 쌀 지원을 서해상 충돌방지 체계수립 합의의 전제조건으로 걸었다. 따라서 남북 경추위는 쌀 지원을 제외한 모든 문제에 합의한 상태에서 최종 합의문 타결을 미루며 장성급회담 결과만을 기다렸다.

결국 진통 끝에 남북은 6월 4일 새벽 4시 30분에 쟁점들을 타결했다. 회담 대표단은 선전수단 철폐 문제에서 북한의 제안을 수용하여 서해상 충돌방지와 관련한 일련의 합의를 도출해냈다. 이렇게 해서 남북은 「서해상에서의 우발적 충돌 방지와 군사분계선 지역에서의 선전 활동 중지 및 선전 수단 제거에 관한 합의서」를 채택했다. 이 합의에서 남과 북은 군사 직통전화를 설치하고, 불법어로 정보교환을 하며, '쌍방 함정(함선)이 항로미실·조난·구조 등으로 서로 대치하는 것을 방지하고 상호 오해가 없도록 하기 위하여' 국제상선공통망(156.8Mhz, 156.6Mhz)을 활용하기로 했다. 또한 군사분계선 지역에서의 선전활동을 중지하고 선전수단들을 제거하기로 했다. 같은 시각, 평양에서는 남북 대표가 40만 톤의 대북 쌀 차관 제공을 위한 합의문에 서명했다.

이 합의는 남북의 군부가 군사적 긴장완화를 위해 거둔 최초의 결실이었다. 동시에 NLL에서 남북의 군사적 충돌을 막을 방도를 모색하라는 노대통령의 특별지시가 1년 만에 이행되는 것이기도 했다. 남북은 6·15공동선언 4주년이 되는 2004년 6월 15일부터 서해상 우발적 충돌방지를 위한 시스템을 가동하고, 휴전선에서 일체의 선전활동을 중지하고, 단계별로 선전수단을 철폐했다.

나는 그동안 이 합의가 중요성에 비해 저평가되어왔다고 생각한다. 이 합의는 실제로 참여정부 시기 남북간 군사적 긴장완화에 획기적인 이정표가 되었다. 이러한 사실은 참여정부 5년간 NLL 인근과 휴전선 일대에서 한 차례의 교전도 일어나지 않았으며, 남북대결로 인해 군인이건 민간인이건 단 한 명의 사상자도 발생하지 않았다는 사실이 증명하고 있다. 나는 이러한 성과의 바탕에는 2차 남북장성급회담에서 이룩한 남북의 합의가 있다고 생각한다.

그런데 2010년 5월, 6·2 지방선거를 앞두고 '종북 몰이'에 몰두하던 『동아일보』와 『조선일보』가 2004년 6월 남북장성급회담에서 NSC 차장이던 내가 회담 대표단에 선전수단 철폐를 주장하는 북한의 요구를 들어주라고 "지령"을 내렸다고 비난조로 대서특필했다. 그 언론들이 늘 그런 행태를 보였기 때문에 굳이 해명하지는 않았다. 그러나 이 기회에 진상을 알릴 필요가 있다고 판단되어 복잡한 회담 전개 상황을 비교적 소상히 밝힌 것이다.

군의 보고 누락과 석연치 않은 '항명'

 그런데 2004년 7월 14일, 오후 5시가 넘은 시각에 남북간 NLL 합의라는 성취를 단번에 무너뜨리는 긴급보고가 합참 관련부서에서 올라왔다. 북한 경비함정이 NLL을 침범해 남하하여 우리 함정이 경고방송과 경고사격을 해서 격퇴시켰다는 보고였다. 상황 발생시간은 오후 4시 40분부터 약 20분 정도였다. 나는 보고를 받고 크게 당황했다. 전력을 다해 노력해서 성취한 합의문이 종잇조각에 불과했단 말인가? 국민에게 할 말이 없었고 대통령을 뵐 면목도 없었다. 합참에 다시 확인해보라고 지시했다. 분명히 북한의 응답이 없었다는 대답이 돌아왔다.

 이날 저녁에 합참 공보실은 "연평도 서방 15마일 해상에서 북한 경비정 1척이 중국어선 단속과정에서 NLL을 0.7마일 침범하여 우리 해군 함정이 경고사격을 실시하였다"는 보도자료를 내놓았다. 보도자료는 우리 해군 함정이 국제상선 공통망을 이용하여 4회에 걸쳐 북한 함정에 경고방송을 한 후 경고사격을 했다고 밝혔다. 그리고 합참 공보관은 "북한의 응답이 없었느냐"는 기자들의 질문에 "북한이 응답하지 않았다"고 대답했다.

 남북장성급회담 합의 이후 40일 만에 발생한 이 사건에 대해서 국민이 관심을 가진 것은 경고사격 자체가 아니라 남북 해군 간 교신 여부였다. 대통령도 마찬가지였다. 순식간에 남북 합의문이 무용지물이었다는 언론의 비난과 야유가 쏟아졌다.

 그런데 다음날 아침 국정원 고위 간부가 다급한 표정으로 NSC 차장실로 들어섰다. "차장님, 이것 좀 보세요. 북한이 어제 우리 경고방송에 응답을 했습니다." 그는 세 차례에 걸친 북한의 응답이 기록된 생생한 관련 특수 통신기록을 내게 보여주었다. 북한의 최초 응답은 우리의 경고방송을 들은 뒤 경고사격 전에 이루어졌다. 최초는 "지금 변침해 내려가는 게 우리 어선이 아니고 중국어선이다! 중국어선!"이었으며, 두번째 응답은 우리측의 경고사격과 비슷한 시점에 이루어졌는데 내용은 "지금 내려가고 있는 것은 중국어선이다. 너희가 남하하라"였다. 마지막 방송은 경고사격 1분 후 "지금 군사분계선 1마일 침범했다. 남하하라"였다.

어제의 당황스러움에 이어 이번에는 충격을 받았다. 군이 남북 교신 여부를 묻는 언론의 질문에는 물론이거니와 청와대의 물음에도 "없었다"라고 기망보고를 한 것이다. 석연치 않은 구석이 또 있었다. 합참 관련부서로부터 NSC사무처로 전달된 동일한 통신기록에는 북한의 응답이 기록되어 있지 않은 것이다. 북한 응답 부분을 삭제하고서 NSC에 전달한 것이다. 결국 두 가지 기망보고가 발생한 것이다. 하나는 해군이 남북 교신 사실을 상부에 보고하지 않은 것, 또 다른 하나는 통신첩보를 통해 이 교신사실을 인지한 합참에서 자의적으로 이를 삭제하고 NSC 상황실에 보고한 것. 중대한 사안이었다. 나는 상황을 정리하여 권진호 안보보좌관과 함께 이 사실을 대통령께 보고했다. 대통령도 상황을 심각하게 받아들였다. 대통령은 NSC 상임위를 긴급히 열어 이 건을 논의하고 엄중 조사하라고 지시했다.

대통령의 지시는 간단했다. 해군이 통신사실을 은폐한 이유와 국방정보 관련기관이 특수정보SI로 취득한 통신기록에서 북한 응답 부분이 어떻게 해서 삭제되었는지도 조사하라는 것이었다. 북한 경비정에게 경고사격을 한 현장 대응을 문제로 보지는 않았다. 해군은 현장에서 북한군이 응답을 했더라도 그것을 기만통신으로 간주하고 경고사격을 할 수 있다. 그것은 작전지휘관이 판단할 일이지 대통령이나 NSC가 판단할 영역은 아니다. 그러나 기만통신으로 간주했더라도 보고해야 하며, 그 순간 경황이 없었다면 상황이 종료된 후에라도 반드시 보고를 했어야 했다. 더욱이 청와대에서 북한의 응답교신이 없었는지 묻지 않았던가?

나는 남북교신이 없었다는 사실로 인해 정부가 언론의 질타를 받고 어렵게 이룬 남북합의가 조롱거리가 되는 것을 뻔히 보면서도 군이 나중에라도 사실대로 보고하지 않은 것은 심각한 문제라고 보았다. 이날 저녁, 남북장성급회담 북한 대표 안익산 소장이 우리측 대표 앞으로 자신들이 "3차례에 걸쳐 귀측을 호출하면서 제3국 어선들의 움직임을 통보해주었으나" 응답 없이 경고사격을 가해왔다고 주장하는 항의 전통문을 보내왔다.

2004년 7월 16일 10시, 이 문제를 다루기 위해 긴급하게 NSC 상임위가 열렸다. 회의에서는 국방부 보고를 청취한 뒤 합동조사단을 구성해 조사에 착수하며, 언론에 회의 결과를 발표하기로 했다. 교신 내용이 지휘계통을 통해 제대로 보고가 이루어지지 않은 것은 단순한 기술적인 문제를 넘어선 지휘체제 작동과 관련한 중대한 사안으로 보고 진상을 철저히 규명하기로 했다. NSC사무처는 조사단에 참여하지 않고 한발짝 물러서서 상황을 지켜보기로 했다. 사실 이 문제는 해군이 '우리의 경고방송에 북한의 응답이 있었으나 기만통신으로 판단하여 경고사격을 하였다'라고 보고했으면 그것으로 끝날 일이었다. 그랬으면 NSC나 군이나 이후 남북합의의 유효성을 보장하기 위해 추가적인 보완장치를 고민하는 방향으로 일이 마무리되었을 것이다. 그러나 상황은 전혀 엉뚱한 방향으로 흘러갔다.

조사는 신속하게 진행되어, 7월 19일 대통령에게 결과가 보고되었다. 조사결과 해군 2함대 사령부는 북한과의 교신 사실을 해군 작전사령관에게 보고했으나 그는 이를 합참에 보고하지 않은 것으로 드러났다. 또 특수정보를 다루는 국방정보 관련기관이 북한의 응답이 기록된 통신기록을 상부에 보고하지 않고 누락시킨 것으로 밝혀졌다. 결과적으로 대통령과 NSC만이 아니라 국방장관과 합참의장도 보고를 받지 못한 것으로 드러났다.

그런데 조사보고서는 전반적으로 대통령과 NSC 상임위의 진의를 파악하지 못한 채, 작전상황 위주로 구성되어 있었다. 대통령과 NSC 상임위가 조사단에 지시한 것은 교신 누락의 경위와 책임소재를 가리고 재발방지 대책을 강구하라는 것이었는데, 조사단은 그런 내용은 부실하게 다루고 대신에 북한의 NLL 침범에 우리 군이 정당하게 대응했다는 쪽에 초점을 맞추고 있었다. 마치 북한의 기만통신으로 간주했기 때문에 보고하지 않았다는 이유를 들어, 보고 누락을 합리화시키려는 듯한 태도였다. 그러나 기만통신이라 해도 보고해야 하는 것이 기본이다. 더욱이 국방정보 관련기관이 특수 통신기록 일부를 자의적으로 삭제하여 보고한다는 것은 있을 수 없는 일이다. 군이 기만통신으로 간주해서 보고하지 않았다면, 청와대의 질문이 있었을 때나 국민적 의문이 확산되던 시점에는 밝혔으면 될 일이었다. 모든 게 석연치 않았다.

대통령은 실망했다. 군의 조사결과는 현장 대응의 정당성을 강조함으로써 보고누락 문제를 덮으려는 것처럼 보였다. 그래서 대통령은 추가조사를 지시하면서 청와대 대변인을 통해서 다음과 같이 조사의 대상이 '작전상황이 아닌 정부 내 보고체계'임을 분명히 했다.

"이번 조사의 핵심은 현장에서의 작전수행이 적절했느냐가 아니라 당시 상황이 정확히 보고됐느냐이다. 작전상의 문제는 현장지휘관이 판단할 수 있는 것이나 상부에 대한 보고는 무조건 정확해야 한다. 동시에 국민에 대한 보고도 정확해야 한다."

그러나 이 지시에 군 일부가 반발했다. 박승춘 국방정보본부장이 일부 언론을 만나 사건 발생 당시 북한 함정과의 교신 내용, 북한의 통지문 등 특수정보를 유출하며 당시 군의 대응이 정당했다고 주장하며 문제의 본질을 엉뚱한 방향으로 왜곡시켰다. 사실상 이건 '항명'이었다. 이를 계기로 당장 보수 언론들은 군이 청와대로부터 부당하게 핍박당하고 있다는 식으로 몰아갔다. 7월 20일 보수 언론의 사설들은 "NLL 침범은 침묵하고 보고 여부만 따지나" "북에 휘둘리고 우리 군을 매도할건가?" "북 경비정의 '위장남하'부터 규명을" 등등 문제의 본질을 호도하는 제목으로 가득

군의 서로 다른 진술

야전사령관, 사실상 軍수뇌부 불신

■ NLL 보고 누락 안팎

남북관계 고려한 핫라인 교신, NLL사수 걸림돌로 생각

해군작전사령관 "사격승인 내게 받으라"
2함대사령관 권한 침범… 한달넘게 숨겨

NLL에서 북한군 함정과 교전 상황에 처했을 때 사전에 교신이 있었던 일을 보고하지 않은 것에 대한 청와대의 조사 지시에 군 일부가 반발한 것은 사실상의 항명 행위였다.(동아일보, 2004년 7월 26일)

찼다.

상황이 이상하게 돌아갔다. 심각한 군기위반을 한 일부 관계자의 책임문제는 희석되고, 국면은 청와대와 군의 대립양상으로 몰려갔다. 이는 다시 국론분열로 확대되어갔다. 나는 이때 대북문제에서 사실이 아닌 것도 사실로 만들어 '지록위마指鹿爲馬'를 실현하는, 언론권력을 중심으로 형성된 기득권 세력의 괴력을 경험했다. 그리고 정부를 운영하면서도 당해내지 못하는 이 괴력에 대항하기 위해서는 나 자신도 노회해져야 한다는 것을 절실히 느꼈다.

이 와중에 7월 23일 "지휘관의 판단 착오와 부주의"라는 2차 조사단의 맥 빠진 조사결과가 나왔다. 나는 NSC 차장으로 근무하며 3년간 국방문제를 다루면서 군은 국가방위의 간성이지만 다른 한편으로 거대한 이해집단이라는 결론을 내렸다. 당시 참여정부는 군 내부 사건에 대해서는 시민사회와 연관되어 있지 않는 한 군의 특성을 고려하여 군 내부에서 조사단을 꾸렸다. 그것은 군의 사기를 고려한 불가피한 조치였지만, 한편으로는 조사단으로부터 과학적인 조사를 통한 객관적인 결론을 얻기 힘들다는 것을 의미했다. 이것이 우리의 한계였다.

상황을 마무리 지을 필요가 있었다. 나는 적어도 해군 작전사령관 등 보고 기망 행위를 한 지휘관들에 대해서만큼은 중징계를 하여 일벌백계로 다스려야 한다고 생각했다. 그러나 이런 생각을 건의할 수는 없었다. 우리의 의도와 상관없이 이미 보수 언론은 군을 두둔하며 청와대와 군의 갈등구도를 의도적으로 부추기고 있었다. 군에 대한 중징계는 이 상황을 악화시킬 것이 뻔했다. 대통령의 통치에 너무 부담이 되는 일이었다. 그러나 다른 면에서 볼 때, 이번에 군의 기강을 바로잡지 않으면 참여정부의 자주국방 추진마저도 어려울 수 있었다.

나는 진퇴양난의 고민에 빠졌다. 권진호 안보보좌관과 윤광웅 국방보좌관도 같은 고민을 했으며, 우리는 이 문제 때문에 빈번하게 회동을 했다. 결국 해군 작전사령관 출신인 윤광웅 국방보좌관이 대통령께 경징계 방향으로 건의를 드렸다. 대통령의 고교 선배이기도 한 윤광웅 보좌관은 조리 있게 사람을 설득하는 능력을 가지고 있었다. 누구보다도 강단이 있는 대통령이었지만 그는 윤 보좌관의 건의를 받아들였다.

물론 대통령의 경징계 결정은 적당히 타협하기 위해서 내린 조치가 아니었다. 대통령은 보수 언론의 분열책에 휘말리지 않으면서도 군을 재구조화할 수 있는 새로운 길을 찾아냈다. 7월 28일 조영길 국방장관을 경질하고 자신이 신뢰하며 NSC에서도 존경받는 윤광웅 보좌관을 국방장관에

임명한 것이다.³

국가의 의무 수행과 그 대가: 어긋나는 남북관계

참여정부는 북한과의 대화와 소통을 추구했지만, 분단되어 대립하고 있는 현실은 필연적으로 이런 방향과 상충할 수밖에 없었다.

2004년 초여름, 고 문익환 목사의 부인인 박용길 장로 등 '통일맞이' 관계자 6명이 방북을 허락해달라고 요청해왔다. 문제는 방북 목적이 일반적 교류 사업이 아니라 김일성의 시신이 안치된 금수산기념궁전에 가서 조문하는 것이라는 점이었다. 7월 8일 김일성 주석 사망 10주기를 맞아 평양에 가 조문을 하겠다는 것이다. 북한은 문익환 목사와 김일성과의 특별한 인연을 고려하여 이들을 초청했으며, 그래서 이들도 적극적으로 방북 신청을 한 것 같았다. 이 건을 주제로 7월 2일 갓 취임한 정동영 통일부장관 주재로 대북 고위전략회의가 열렸다.

난감한 일이었다. 정부가 이를 허가하면 야당과 언론의 거센 이념 공세에 부딪쳐서 사회적 분열이 심화되고 대통령의 국정운영에 부담을 줄 것이다. 개인적으로는 언제까지 특별한 인연이 있는 사람들조차 조문을 못하는 상황을 감내해야 하나 하는 생각이 들었다. 진정한 남북화해를 위해서는 하나씩 극복해나가야 할 문제였다. 그러나 한 가지 문제가 마음에 걸렸다. 바로 박용길 장로의 자제인 문성근이 2003년 11월 비밀리에 대북특사로 다녀왔다는 점이었다. 만약 박용길 장로가 조문을 위해 방북하여 사회적 문제가 되고, 이때 문성근 특사 방북 건이 언론에 알려지면 문제가 심각하게 되리라는 걱정이었다. 음모가들은 전혀 별개의 이 두 건을 하나로 엮을 것이고, 그렇게 되면 엄청난 파장을 일으킬 것이 뻔했다. 그래서 나는 방북 허용과 불허 사이에서 갈피를 잡지 못하고 있었다.

회의 참석자들은 한결같이 박용길 장로 일행의 조문방북을 우려했다.

나는 복잡한 속사정을 숨긴 채 이제는 허용할 때가 되지 않았느냐며 짐짓 방북허용을 주장했다. 적극적인 주장이라기보다 참석자들의 반응을 떠보는 식이었다. 그러나 분위기는 바뀌지 않았다. 참석자 대부분이 적극적인 포용정책 지지자들이고, 그들 대부분이 문성근 특사 건을 인지하고 있지 못한 상태였는데도 조문방북에 반대했다. 이에 갈피를 잡지 못하던 내 마음도 정리됐다. 나는 더 이상 방북 허용을 주장하지 않았다. 결국 "현재의 국내 상황과 국민 정서 등을 고려해볼 때, 조문 목적의 방북 허용은 시기상조"라고 결론을 내렸다.

조문 불허로 결론이 난 이상 이제는 이 조치가 남북관계에 미칠 영향을 최소화하는 노력이 필요했다. 나는 통일맞이 관계자와 전화통화를 하며, 북측에 방북을 못하는 사유를 얘기할 때 정부가 조문을 불허해서가 아니라 통일맞이의 자체 판단으로 조문하지 않기로 해달라고 염치없는 부탁을 했다. 받아들여질 리 없는 부탁이었다. 아마 내가 문성근 특사 방북 사실을 털어놓았다면, 통일맞이측에서 스스로 방북을 포기했을지도 몰랐지만, 그것은 있을 수 없는 일이었다. 결국 북한은 정부의 불허 조치를 강하게 비난했다.

그러고 나서 얼마 안 되어 발생한 베트남 소재 탈북자의 대규모 국내 이송 사건은 남북관계에 더욱 찬물을 끼얹었다. 발단은 2004년 봄이었다. 그때 주베트남 한국대사관이 베트남으로 잠입하여 한국 대사관을 찾는 탈북자의 수가 급격히 증가하여 심각한 외교문제가 되기 직전이라며 본부에 긴급히 도움을 요청해온 것이다. 베트남 정부는 1998년까지 중국 윈난성에서 베트남으로 이어지는 이른바 '호치민 경로'를 통해 한국대사관을 찾는 탈북자에 대해서 국내 이송을 허용했었다. 그러나 북한과의 관계를 고려하고, 베트남이 고정적인 탈북 루트가 되는 것을 우려하면서 1998년 8월 탈북자 5명의 한국 송환을 끝으로 탈북자 한국 이송에 일절 협조하지 않았다. 따라서 탈북자가 베트남 공안당국에 검거되면 그들은 바로 북한으로 송환될 처지였다.

그럼에도 불구하고 베트남으로 유입되는 탈북자의 숫자는 오히려 늘어났다. 2003년에만 전체 국내 이송 탈북자 중 40%가 '호치민 경로'를 통해 입국했다. 그러나 베트남 정부는 이 사실을 모르고 있었다. 주베트남 한국대사관에서 몰려드는 탈북자를 내칠 수는 없었다. 그들을 보호해야하는 것은 국가의 의무였다. 그러나 문제는 '대사관에 받아들이는 숫자와 한국으로 귀국시키는 숫자 사이의 심각한 불균형'에 있었다. 한국 정부가 비밀리에 제3국으로 이송할 수 있는 숫자는 일주일에 10명 이내였다. 그런데 2004년에 이르러 대사관으로 유입되는 숫자가 제3국으로 이송할 수 있는 숫자의 몇 배로 증가했다. 2004년 6월 24일 기준으로 382명의 탈북자가 우리 대사관이 호치민시에 마련한 5개의 비밀 안가에 수용되어 있었다. 탈북자들의 한국 이송 대기기간이 길어지고 안가의 수용인원이 많아지면서 수많은 문제점이 발생하기 시작했다. 좁은 공간에서 많은 인원이 장기간 생활하면서 폭력과 갈등이 빈번히 발생했으며, 베트남 공안에 안가가 노출되는 것도 시간 문제였다.

주베트남 한국대사관은 몰려드는 탈북자를 더 이상 수용할 수도 없으며, 이대로 방치하다가는 베트남 공안에 발각되어 심각한 외교분쟁이 될 가능성이 높다고 보고를 해왔다. NSC 상임위는 숙의를 거듭했다. 만약 한국대사관이 보호하던 수백 명의 탈북자가 북한으로 도로 보내진다면, 그것은 심각한 인도주의 문제를 야기함은 물론이거니와 남북관계와 한-베트남 관계에도 심각하게 부정적인 영향을 미칠 것이었다. 고민 끝에 내가 아이디어를 냈다. 베트남 정부와 협상하여 비밀리에 그들을 한꺼번에 국내로 직접 이송하자는 방안이었다. 달리 방안도 없었다. 어차피 이 문제가 공개적으로 터져 나오면 베트남도 입장이 어려워지기는 마찬가지다. NSC 상임위는 내 의견을 해결 방안으로 선택했다. 대통령께 이 방안을 보고드리자 마뜩해하지 않으면서도 달리 방법이 없기에 승인했다.

2004년 5월 28일 반기문 외교장관은 주한베트남대사를 초치하여 호치민시의 안가에 있는 탈북자들의 국내 이송 협조를 공식적으로 요청했다. 베트남측은 대규모 탈북자의 은신 사실을 모르고 있었다. 그들은 탈북자 인원 규모에 놀라면서 우리 정부에 상세한 현황을 요구했다. 이때부터 정부는 다양한 외교라인을 통해 베트남 정부와 접촉하여 문제해결을 시도했다. 이 외교협상 과정에서 우리 정보기관도 큰 역할을 했다. 그 결과 6월 말 베트남 정부는 언론에 노출시키지 않고 철저히 대외 보안을 지킨다는 전제로 우리측 전세기를 이용한 탈북자의 국내 이송에 동의했다. 양국은 베트남 체류 탈북자 전원을 7월 27~28일 양일간 전세기편으로 우리나라로 이송하기로 합의했다.

그러나 이 사실이 이송 바로 전날 베트남 현지에서 탈북자를 돕는 선교 단체를 통해서 국내 언론에 알려졌다. 정부는 관련 단체에 이 문제를 해결하는 데 보안이 얼마나 중요한지를 설명하고 누누이 당부했으나 소용이 없었다. 그들에게 국익은 안중에도 없는 것인가 하는 생각까지 들었다. 결국 468명의 베트남 체류 탈북자는 무사히 한국으로 이송되었다.

정부는 우리 대사관을 찾은 탈북자에 대해서 국가의 의무를 다해 보호했다. 그러나 그 대가는 컸다. 먼저 이 사건을 계기로 남북관계가 일시적으로 단절되었다. 북한은 이 사건을 자국민 납치로 규정하고 남한을 맹렬하게 비난했으며, 8월로 예정된 남북장관급회담을 무산시켰다. 베트남은 국내 언론보도에 강한 유감을 표명하면서 더 이상 탈북자 관련 협조가 불가능하다는 입장을 밝혔다. 결과적으로 우리가 약속을 지키지 못한 것이기 때문에 할 말이 없었다. 북한-베트남 관계도 당연히 악화되었다.

국가의 의무를 지키기 위해 너무 많은 대가를 치른 사건이었다. 대통령을 뵐 면목이 없었다. 조용히 일을 처리하겠다고 보고해놓고 결과적으로 요란하게 소리를 내며 일을 진행한 격이 됐으니 질책을 받아 마땅했다. 대통령은 이 문제를 두고 나를 질책하지는 않았지만 남북 당국간 대화가

재개되는 2005년 5월까지 이 일에 대해 여러 차례 유감을 표명했다.[4]

언론보도로 일이 매끄럽게 마무리되지는 못했지만, 나는 지금 다시 똑같은 상황에 직면한다 해도 마찬가지 선택을 했을 것이다. 수백 명의 탈북자가 북한과 우호관계에 있는 베트남의 우리 공관 안가에 수용되어 있는 상황에서 그들을 안전하게 국내로 이송시킬 수 있는 방법은 되돌아보아도 그 길밖에 없었다.

그렇지만 2004년 7월에 조문 불허와 대규모 탈북자 국내 이송 사건이 발생하면서 장성급회담에서 역사적인 합의를 이룩해낸 남북관계는 급속히 냉각되었다.

'7차례의 전통문 묵살'과 전면적인 대화 재개

이런 일들로 인해 2004년 하반기에는 민간 교류나 경제협력은 지속되었으나, 북한은 공식적인 남북대화를 거부했다. 정부는 대화 중단 속에서도 북한에 이미 약속한 쌀 40만 톤을 정상적으로 지원했다.

정부는 남북대화 중단 상태에서 2004년 가을에 대북특사 파견을 추진했다. 원래 NSC는 6월 23~26일에 진행된 3차 6자회담이 의미 있는 진전을 이루지 못할 경우, 새로운 북핵문제 해결방안을 검토하기로 했다. 그리고 3차 6자회담이 결국 이렇다 할 성과 없이 끝나면서 특사 파견 안이 나왔다. 특사를 파견해서 핵문제에서 북한의 진전된 입장을 끌어내고, 남북관계의 획기적인 구상을 제안한다는 취지였다. 미국의 반응도 긍정적이었다. 한미 NSC 간 협의를 통해, 특사를 파견하게 되면 노 대통령의 친서만이 아니라 미측의 메시지도 함께 전달하기로 했다. 이는 노 대통령과 부시 대통령이 서로 전화통화를 통해 합의한 사항이었다. 나는 모처럼 미국도 긍정적인 이번 특사 파견을 꼭 성사시키고 싶었다.

그러나 북한이 응하지 않았다. 우선 '조문 불허'와 '탈북자 대규모 국내 이송' 문제로 북한의 대남감정이 악화되어 있는 상태에서 9월 초 한국원자력연구소가 과거 2000년에 시도한 일련의 핵물질 실험이 뜻하지 않게 언론에 밝혀지면서 북한을 자극했다. 한국 정부의 '핵무기 개발 시도 의혹'으로 번진 이 '핵물질 사건'은 북핵문제로 국제협상을 벌이고 있는 북한에게 이용할 '거리'가 될 수 있었다. 북한이 특사 접수를 꺼릴 이유가 하나 더 생긴 것이다. 때마침 미국에서는 의회에서 부시정부의 주도로 북한인권법을 제정한다고 떠들썩했다. 북한인권법은 2004년 10월 미 상하원에서 만장일치로 통과되었다.

이때 나는 북한문제를 전향적으로 다루는 게 얼마나 어려운지 절감했다. 나는 대북정책이 성공하기 위해서는 북한에 일관성 있는 메시지를 보내는 것이 중요하다고 강조해왔다. 그러나 그것은 쉬운 일이 아니었다. 예컨대, 조문 불허나 대규모 탈북자 이송은 북한에 대한 공세적인 행위가 아니라 국내 상황과 국가의무로서 불가피하게 우리가 선택한 대안이었지만, 북한이 보기에 이는 기존 정책에 반하는 부정적인 메시지였다. 하물며 공세적인 미국의 북한인권법이야 더 말할 나위가 없었다. 결국 대북특사 파견 계획은 종이 위의 계획으로만 끝나고 말았다.

남북대화의 새로운 기회는 2005년 1월에 찾아왔다. 1월 13일, 봄 영농철을 맞아 비료가 필요한 북한이 북한적십자회 중앙위원장 명의로 대한적십자사(한적) 한완상 총재 앞으로 다음과 같은 요청을 해왔다. "올해 첫 인도주의 협력 사업으로서 귀측에서 이미 해오던 관례대로 우리측의 올해 농사에 절실히 필요한 비료 50만 톤을 봄철 파종과 모내기에 지장이 없도록 5월 전으로 제공하여줄 것을 희망하는 바입니다."

이 문제로 2005년 1월 18일 정동영 장관 주재로 대북 고위전략회의를 열었다. 회의에서는 비료지원 약속은 하지 않고 당국에서 검토하고 있다는 답을 보내기로 했다. 인도주의적인 차원에서 조건 없이 지원하기를 바라는 적십자측에는 참 미안한 일이었다. 한완상 적십자사 총재에게는 양해를 구했다. 비록 비료지원이 인도주의 사안이고 대외적으로 시행기관이 대한적십자사로 되어 있지만 지원규모와 시기는 정부가 판단한다. 비료지원은 이산가족 상봉과 하나의 세트가 되어 매년 관례적으로 이루어져온 것이 사실이나, 우리 입장에서 이번에는 달랐다. 아무리 인도주의 사안이라지만 북한이 당국간 대화를 거부하면서 보낸 요청에 응할 수는 없었다. 따라서 회의에서는 대북 비료지원을 매개로 당국간 대화를 재개하기로 하고, 이러한 기조 아래 북한의 전통문에 대응하기로 했다. 북한이 비료지원 기한으로 설정한 5월 말 이전에 남북대화도 재개하고 비료도 제공하는 것을 목표로 세웠다.

대한적십자사가 답변을 보낸 뒤 아무런 추가 소식이 없자, 북한적십자회는 2월 1일 비료 제공을 촉구하는 2차 전통문을 보내왔다. "북남 적십자단체들 사이의 협력 사업은 물론 북남관계 전반이 귀 적십자사의 비료제공사업과 직접 관련되어 있다는 사실에 귀측이 유의해주기 바랍니다." 비료지원이 남북관계 전반에 영향을 미치는 일이라며, 지금 비료지원을 하면 남북대화가 열릴 수 있다는 식의 '당근'을 내비친 것이다. 이에 정부는 통일부장관 명의로 북측에 비료문제 등 남북간 현안문제를 협의하기 위해 실무접촉을 하자고 제안했다. 그러나 북한은 이를 무시하고 2월 12일 "귀측에서 우리의 제안에 대한 명백한 답변을 보내오지 않고 있는 데 대해 우리는 유감스럽게 생각한다"며 한적에 세번째 전통문을 보내왔다.

이에 대해 한적은 정부의 요청을 받아 2월 15일 "비료지원은 막대한 예산이 들고 국민적 동의가 필요하며 내부처리 절차가 필요한 사안으로서 반드시 남북 당국간 협의를 통해 이루어져야 한다"는 대북전통문을 보냈다. 비료를 받고 싶으면 대화로 나오라는 메시지였다. 이때 NSC사무처는 북핵문제를 진전시키기 위해 북한에 제안할 '중대제안'을 마련중이었다. 뒤에 상세히 기술할 이 '중대제안'을 북한에 제시하려면 남북대화가 재개되고 대북특사가 김정일 위원장을 만나야 했다. 비료지원을 매개로 남북

대화를 재개하는 일이 더 중요해진 것이다.

그러나 급하다고 서두르면 일이 꼬이고 비용이 더 드는 게 남북대화다. 어차피 우리의 속사정을 모르는 북한이 더 급할 것이다. 나는 계속 들이 닥치는 전통문 공세에 의연히 버티는 것이 제대로 된 남북대화를 만들기 위한 최선의 방법이라고 생각했다. 우리의 전통문에 북한은 2월 19일 다소 거칠고 위협적인 언사를 사용하며 비료지원을 촉구하는 네번째 전통문을 보내왔다. "귀측이 굳이 비료제공 문제를 당국간 사업으로 떠넘기면서 인도주의적 협력마저 그만두려 하거나 비료 문제를 정치화하여 사태를 복잡하게 만들려 한다면 그것은 적십자 사업은 물론 북남관계 전반에 실로 돌이킬 수 없는 후과를 가져다주게 될 것이며 그에 대한 책임은 전적으로 귀 적십자사와 함께 귀측 당국이 지게 될 것입니다." 이번에도 정부 정책에 변화가 없자 북한은 2월 24일 다섯번째 비료제공을 촉구하는 전통문을 보내왔다.

다시 응답이 없자 북한은 3월 7일 여섯번째 전통문을 보내왔다. "귀측은 근 두 달 동안 비료 제공에 대한 확답을 보내오지 않고 있는 것은 물론 비료 문제를 당국선에 떠넘기는 통지문을 보내온 이후로는 우리측의 통지문에 대해 대답조차 일체 보내오지 않고 있습니다. (…) 사실이 이러함에도 불구하고 귀측이 적십자 본연의 자세를 떠나서 비료제공 문제를 정치화하고 우리측의 통지문에 대한 대답조차 회피하고 있는 것은 쌍방 적십자 단체들 사이의 신뢰의 기초를 허물어버리는 극히 무례한 처사가 아닐 수 없습니다. 우리는 귀측에 의해 이러한 비정상적인 사태가 조성되고 있는 데 대해 유감스럽게 생각하면서 추후 사태 발전에 대해 우려를 표시하는 바입니다."

3월 9일 오후, 정동영 장관 주재로 북한의 여섯번째 전통문에 대응하기 위한 대북 고위전략회의가 열렸다. 회의에서는 이 정도로 기싸움을 마무리하고 당국대화를 제의하면 어떻겠느냐는 의견이 제시되었다. 너무 버티다가 남북관계가 더 악화되는 것 아니냐는 우려도 있었다. 그러나 내가 보기에 아직은 때가 아니었다. 우리가 이미 비료지원을 위해서 당국대화가 필요하다는 입장을 전달해놓은 상태였기 때문에 북한이 이에 응하여 대화를 제의해오거나, 아니면 우리가 대화를 제안했을 때 즉시 받을 정도가 돼야 한다. 이런 상황까지 가려면 북한이 좀 더 몸이 달아야 하고 우리는 좀 더 버텨야 한다. 사실 부임하고서 아직 남북대화 전선에 나서보지도 못한 정동영 장관에 대한 미안한 마음도 컸고, 그래서 혹 잘못되면 남북관계가 더 악화될지도 모를 선택을 하자고 주장하는 것이 부담스러웠지만, 그래도 이번에 우리 입지를 강화하는 대화 구도를 만들어야 한다는 의지가 있었다. 이런 생각을 하며 미안한 마음을 꾹 참고 현재의 기조를 유지하자고 강하게 주장하여 이를 관철시켰다.

이렇게 해서 한적은 3월 11일 북측의 반복되는 요청에 대해 유감을 표명하고, 비료지원 문제는 당국간 협의가 필요한 사항임을 재차 강조하는 대북 전통문을 보냈다. 한편 NSC사무처는 유관기관들과 협력하여 대북 비료지원 결정이 늦게 이루어질 경우를 대비해서 북한이 필요로 하는 만큼의 비료를 확보하고 최대한 신속하게 수송이 이루어질 수 있도록 조치를 취했다.

그런데 우리측 답변을 받은 북한 적십자회는 이튿날 곧장 대한적십자사와 마치 결별을 선언하는 듯한 문투의 일곱 번째 대남전통문을 보내왔다. "우리의 명백한 입장은 동포애와 인도주의적 견지에서 출발한 우리측의 거듭되는 비료제공 제의를 무작정 '당국간 협의사항'으로 거부하는 귀 적십자사와 함께 앞으로 적십자 협력 사업은 물론 초보적인 인도주의적 문제 해결도 어렵다고 인정하게 되는 점입니다. 귀 적십자의 무성의하고 비협조적인 태도는 적십자 본연의 자세를 떠난 극히 유감스러운 것으로서 앞으로 반드시 계산될 것이며 그 후과에 대한 책임은 전적으로 귀측이 지게 될 것입니다." 나는 이 전통문을 보고 무엇보다도 한완상 한적 총재에게 송구스러웠다. 전직 통일부총리이자 남북화해를 위해 헌신해온 그가 보기에 정부의 행동이 마뜩지 않았을 것이다. 더욱이 북한적십자회가 죄 없는 대한적십자에 '비인도주의' 혐의를 씌우니 미안하기 그지없었다.

남북대화 재개의 기회는 5월 초에 찾아왔다. 5월 4일 한완상 적십자사 총재가 2004년 4월에 대규모 폭발사건이 발생한 바 있는 용천을 5월 중순경 방문하겠다고 북측에 제의하자, 북한 적십자회는 기다렸다는 듯이 5월 5일 전화통지문을 통해 '비료 20만 톤을 우선 지원해주고 그 첫 배가 출항한 후 한 총재가 평양에 오면 남북적십자간 현안에 대해 협의할 수 있다'는 제안을 해왔다. 북한은 다급해 있었다. 정부는 이 정도면 상황이 무르익었다고 판단했다.

마침내 정부는 회의를 거쳐 당국간 대화에 나서기로 결정했다. 그리고 5월 10일, 적십자 총재 명의로 "우리 정부가 비료문제를 포함하여 남북간 현안에 대한 입장을 조만간 북측에 전달할 예정"임을 통보했다. 바로 다음날 오전에 북한이 비공개 대화통로를 통해 우리측의 처사를 비난하면서도, 당국간 대화 의사를 밝혀왔다. 우리측은 즉시 그날 오후 통일부장관 서한이 북측에 전달될 것임을 통보하고 공개·비공개 당국 접촉의 필요성을 강조했다.

5월 11일 오후, 정부는 정동영 통일부장관 명의로 북측에 빠른 시일 내 당국간 실무회담을 개최하자고 제안했다. 북한의 반응은 즉시 나왔다. 이튿날, 북한은 5월 16일에 '남측에서 비료를 실은 첫 배를 띄우는 것과 동시에 차관급을 수석대표로 하는 실무회담을 개성 또는 금강산에서 갖자'고 제의해왔다. 북한은 "북남관계를 정상화하기 위한 돌파구 마련의 필요성을 인정하면서, 북남관계를 풀어나가는 데 가장 절박한 현안 문제는 비료협력 문제임을 강조"했다.

이렇게 해서 4개월을 끈 남북간의 '전통문 줄다리기'는 막을 내리고 전면적인 남북대화 시기가 도래했다. 4개월간의 지루한 '기싸움'이 끝나고 대화로 접어드는 조정국면은 '순간'이라고 표현해도 좋을 만큼 짧았다. 5월 10일 한적이 북측에 우리 정부의 입장전달을 예고한 이후 북한이 차관급 실무회담을 제안하기까지 불과 3일밖에 걸리지 않았다. 그리고 5월 16일 개성에서 3박4일 일정의 남북차관급 회담이 개최되었으며, 이날 북한에 제공할 비료를 실은 배가 우리 항구를 떠났다. 이렇게 전광석화처럼 빠른 속도로 일이 진행될 수 있었던 것은 남북 당국이 공히 늦어도 5월에는 대화가 재개될 것으로 보고 사전에 충분히 준비를 해왔기 때문이다.

개성에서 열린 남북차관급 실무회담에서는 '6·15통일대축전'을 평양에서 열기로 하고 장관급을 단장을 하는 대표단을 파견하기로 했으며, 6월 21일부터 서울에서 제15차 남북장관급회담을 열기로 합의했다. 그리고 공개되지는 않았으나, 정부는 비공개 라인을 통해 북핵문제 등 남북간 현안을 포괄적으로 협의하기 위한 특사 교환도 제의했다. 동시에 남측에서는 이 특사가 '중대제안'을 가지고 김정일 위원장을 면담하여 그 내용을 제시할 것이라고 밝혔다. 물론 북측에 '중대제안'의 내용에 대해서는 일절 밝히지 않았다. 사실 우리 정부 내에서도 이 제안을 알고 있는 사람은 대통령과 이해찬 총리, 그리고 NSC 상임위 멤버 이외에는 거의 없었다.

3

9·19공동성명을 향하여

9·19공동성명은 한반도를 넘어서 동북아 전체의 안보지도를 바꾸는 엄청난 합의였다. 아마 이 성명이 제대로 이행되었다면 지금쯤 한반도평화체제가 한창 건설되어 있고 동북아 다자안보협력체가 가동되었을 것이다. 또한 남북경제협력이 심화되어 우리는 한반도경제 시대를 열어가며 새로운 도약을 해냈을 것이다.

북핵문제, "미국에게 1년간 우리한테 맡겨달라고 해보라"

2004년 가을에 나는 북한이 체제 안전보장과 경제적 보상을 받고 핵을 포기할 수 있다고 보았다. 아니, 그렇게 하도록 해야 했다. 만약 북핵문제가 해결되지 않으면 우리는 뭘 하든 안보위기와 남북대결 상황을 상수로 놓아야 한다. 이렇게 되면 참여정부는 한반도 평화를 위한 정책이나 남북 공동번영을 위한 구상을 제대로 펼쳐볼 기회조차 얻지 못하고 5년의 기간을 허송세월할 수도 있다. 절박한 위기의식이 들었다.

그러나 객관적으로 볼 때 북핵문제의 해결은 요원했다. 미국은 서로 윈-윈하는 유연한 해결책을 모색하기보다 북한과 양자대화를 거부하고 6자회담을 통해 '5 대 1' 구도로 만들어 북한을 굴복시키는 데 더 관심을 보였다. 북한 역시 미국의 강경책에 맞서 몸을 낮추는 것이 아니라 오히려 공개적으로 핵 능력을 단계적으로 강화하는 모험으로 일관했다.[5] 이러한 상황에서 11월에 재선된 부시행정부가 계속 강경책을 구사하면 결국 '강 대 강'으로 부딪히다가 북한의 핵보유를 방치하는 역설적인 결과로 이어질 가능성이 컸다. 북핵문제를 이대로 두고서는 대북정책이건, 자주국방이건, 균형외교건 어느 것 하나 정부가 소신 있게 추진할 수 없다. 결국 미국을 우선 설득하는 것 이외에 다른 방법이 없었다.

이러한 상황에서 2004년 11월 5일 NSC사무처는 그동안 각 부처와 논의하여 만든 「美 대선 이후 북핵문제 및 남북관계 발전방안」을 대통령께 보고했다. 여기서 나는 참여정부 2년을 평가하면서 향후 중대 과제는 "북핵문제 돌파구 마련과 남북관계의 질적 발전"이며, 따라서 현 국면에서 무난히 재선될 것으로 예상되는 "부시정부를 적극 설득하여 '북핵 해결 지연-남북관계 정체'의 현 상황을 타개하기 위한 주도적·공세적 구상이 필요"하다고 건의했다. 그리고 이를 실현하기 위한 정책 방향으로, 대미협의를 통해 미국의 유연성을 끌어내어 북핵 해결의 돌파구를 마련하고 나아가 남북정상회담을 성사시켜야 한다고 제안했다. 구체적으로 11월 14일로 예정된 대통령의 LA 연설에서 북핵문제 및 남북관계와 관련하여 적극적인 의지를 천명하고, 11월 20일 열릴 산티아고 한미정상회담에서 부시 대통령과 북핵문제에 대한 유연한 해법에 공감하는 것이 필요하다고 보고했다.[6]

보고를 받은 노 대통령은 하도 답답했던지 참모들에게 "미국에게 앞으로 1년간 동맹 정신에 기초해서 핵문제를 우리한테 맡겨달라고 제안하면 어떻겠느냐?"고 의견을 물었다. 대통령의 생각은 이러했다. 북핵문제의 해법을 두고 한미가 이견을 보이는 상황에서 지난 2년간 미국의 정책대로 해보았으나 진전이 없었으니, 2005년 한 해 동안만이라도 한국 정부가 북핵문제에서 전력을 다해 주도권을 행사하도록 부시정부가 한국 정부의 안을 적극 수용하고 협조해달라는 것이다. 만약 그렇게 했는데도 6자회담 틀 안에서 북핵문제를 획기적으로 진전시키지 못할 경우 그 이후의 정책은 한국이 군말 없이 미국에 동의하겠다는 것이었다. 대통령의 아이디어는 미국이 수용하기만 한다면 한 번 해볼 만한 것이었지만, 부시정부가 이를 수용할 리가 없었다. 미국은 지금도 자신의 정책에 군말 없이 따라오지 않고 시시비비를 가리는 한국 정부가 못마땅한데 비록 시한부라도 북핵과 관련해 재량권을 한국 정부에 준다는 것은 상상하기 어려웠다. 사실 이런 제안은 자칫 큰 오해를 불러일으킬 수도 있기 때문에 미국에게 꺼내기조차 부담스러운 것이었다. 그러나 대통령이 그렇게 말했기 때문에 NSC사무처는 만약의 경우를 대비해서 이 제안을 노 대통령이 부시 대통령에게 하는 방안을 준비했으나, 실행하지는 않았다. 대통령도 미국이 이것을 받아들일 리 없다는 사실을 잘 알고 있었기 때문이다.

어쨌든 노 대통령은 2005년에는 한국이 앞장서서 북핵문제의 돌파구를 마련하겠다는 결심을 했다. 대통령은 참모들에게 북핵문제를 풀어가면서 우리 정부가 지녀야 할 자세를 말했다. "북핵문제와 관련해 미국은 폭넓은 선택의 여지를 가지고 있는 데 비해 우리 입지는 매우 옹색한 형편입니다. 그럼에도 결국 우리 일이라는 자세에서 균형 있고 합리적인 대안을 만들어서 북한과 미국에 제의하고 이끌어가야 합니다. 우리의 기본적 관점을 견지해나가면서 때로는 거북한 소리를 할 수 있다는 각오를 가지고 대처해나갈 필요가 있습니다."

NSC사무처는 이런 대통령의 의지를 받들어 2005년을 준비했다. 미국을 설득하여 6자회담 합의의 문턱을 낮추고, 중국에게는 2004년 6월 3차 6자회담 이후 회담 재개를 반대하는 북한을 설득해줄 것을 요청하기로 했다. 그리고 남북대화를 재개하여 특사 파견을 통해 북한을 설득하기로 했다.

2005년을 향한 노 대통령의 첫 행보는 11월 13일 LA 국제문제협의회 연설로 나타났다. "북한은 핵과 미사일을 외부의 위협으로부터 자신을 지키기 위한 억제수단이라고 주장하고 있습니다. 일반적으로 북한의 말은 믿기 어렵지만, 이 문제에 관해서는 북한의 주장은 여러 가지 상황에 비추어 일리가 있는 측면이 있다고 봅니다."

　대통령의 이 LA 발언은 사전에 토론이 되어 '대통령의 뜻은 충분히 이해하지만 부담이 커서 표현을 대폭 완화하자'는 방향으로 결론이 났었다. 그러나 대통령께서 아무래도 분명한 표현으로 말해야겠다고 해서 다시 문제가 되었다. 대통령의 뜻이 확고해서 그대로 강행할 것 같다는 것이었다. 여러 사람이 대통령께 표현수위를 낮추어야 한다고 건의했으며, 나도 대통령 발언 30분 전까지 윤태영 부속실장과 통화하며 발언 수위를 낮춰보려 했다. 그러나 결국 대통령은 '일리 있다'는 표현을 사용했다.

　대통령이 한미동맹을 걱정하는 국내외 시선에 개의치 않고 이 발언을 한 것은 고도의 전략적 계산 때문이었다. 청와대는 대통령의 발언이 미국의 일부 여론에 대해 '할 말은 해야 한다'는 의미에서 나왔다고 희석시켰지만, 대통령은 이 말을 통해서 미국과 북한 그리고 6자회담 참가국 모두에게 분명한 메시지를 전하려 했다. 미국에는 부시 재선 후 확산되는 대북 강경론에 제동을 걸고자 했다. 한국 정부가 미국의 선先 핵폐기 주장이나 북미 양자 접촉 회피와 같은 일방적인 주장에 대해서 동의하지 않는다는 신호를 보냄으로써 제2기 부시정부의 정책방향에 영향을 미치고자 한 것이다. 북한에는 미국 땅 LA에서 북한의 입장을 어느 정도 이해하는 발언을 함으로써 앞으로 북핵문제 논의에서 남한의 균형적인 역할을 인정하고 존중하라는 신호를 보냈다. 6자회담 의장국인 중국을 비롯한 다른 참가국들에 대해서는 한국 정부가 문제 해결을 위해 과거보다 더 적극적인 역할을 하겠다는 의지를 담은 메시지를 보낸 것이다.

　북핵문제 진전을 위한 노 대통령의 주도적인 노력은 LA 발언 직후 산티아고에서 열린 APEC 계기 한미정상회담에서 두드러지게 나타났다. LA 발언으로 이 회담의 전망을 비관적으로 보는 이들이 많았으나, 회담은 성공리에 끝났다. 그리고 노 대통령은 북핵문제와 관련하여 부시 대통령으로부터 아주 중요한 양보를 받아냈다. 재선에 성공한 부시 대통령은 모

2004년 11월 20일 칠레 산티아고에서 열린 한미정상회담에서 노무현 대통령은 부시 대통령에서 북핵문제를 최우선에 두고 김정일과 대화할 필요가 있음을 역설했다. 노 대통령의 논리적인 설득은 효과가 있어서 부시 대통령에게서 일정 정도의 변화를 이끌어냈다.

처럼 북핵문제의 평화적 해결에 많은 관심을 나타냈다. 그러나 그의 북핵 해법이나 북한에 대한 인식은 변한 것이 없었다. 그는 여전히 자기 방식으로 "미국, 한국, 일본, 중국, 러시아가 같은 목소리로" 북한을 압박하기를 원했으며, 북한과의 양자회담을 거부했다. 그리고 매 회담 때마다 그랬듯 이번에도 김정일 국방위원장에 대한 극도의 불신감을 드러냈다.

부시는 다음과 같이 말했다.

"저는 진정으로 김정일을 신뢰하지 않습니다. 왜 그런지 말씀드리겠습니다. 그는 저의 전임자에게 거짓말을 했습니다. 그런 거짓말을 반복할 수도 있기 때문에 조기경보 차원에서라도 주의해야 합니다. 그리고 저는 자기 국민을 굶기는 어떤 사람도 신뢰하지 않습니다. 김정일은 폭군이며 그래서 믿지 않습니다. 반면에 저와 각하와 같은 민주적인 지도자는 신뢰합니다."

부시 대통령의 말이 끝나자 노 대통령은 작심한 듯이 부시 대통령의 말에 이의를 제기하며 자신의 의견을 개진했다. 내게 가장 인상적으로 남아 있는 대화 장면을 그대로 옮긴다.

노 대통령: 그 문제에 대해서는 각하와 다른 의견을 갖고 있음을 분명히 말씀드리고 싶습니다. 약속을 어긴다, 믿기 어렵다 하는 것에 대해서는 우리도 경험을 했고 저와 많은 우리 국민들이 각하와 같은 느낌을 갖고 있습니다. 그러나 과거 성공한 많은 협상은 서로 믿지 못하는 상대와 해서 역사적 전기를 만들고 역사에 남는 협상을 해서 훌륭한 결과를 낸 것입니다. 그래서 성공이 더욱 값진 것입니다. 믿는 사람과는 협상이 필요 없으며 협상이라는 것은 원래 믿기 어려운 사람과의 대화라고 생각합니다.

부시 대통령: 전적으로 그렇습니다. 매우 좋은 지적입니다.

노 대통령: 협상할 때는 때로는 진실을 말하지 않고 참거나 협상이 끝날 때까지 미룰 필요가 있습니다.

부시 대통령: 좋은 지적입니다. 저는 김정일을 거짓말쟁이라고 얘기하지 않겠습니다. 이것은 오직 친구로서 각하와만 얘기하는 것입니다. 각하께서 좋은 충고를 주셨습니다.

노 대통령: 김정일은 믿을 수 없다는 말보다 도덕적으로 정당하지 못하다는 말을 더 두려워하는 것 같습니다.

부시 대통령: 네.

노 대통령: 존재의 정당성을 인정받지 못하는 사람일수록 위기감이 클 수밖에 없고 그럴수록 핵무기에 더욱 의존할 수밖에 없는 것입니다.

부시 대통령: 네.

노 대통령: 각하께서는 미국의 대통령입니다. 마음만 먹으며 비록 김정일 지도체제일지라도 북한체제를 변화시킬 수 있습니다. 6자회담 참가국들과 함께 북한을 변화시킬 수 있습니다.

부시 대통령: 저도 그것을 원합니다. 제 말을 믿으시기 바랍니다. 이 문제는

미국 행정부가 높은 우선순위를 두는 문제입니다. 그리고 평화적으로 해결할 수 있도록 한미 양국이 긴밀히 협력하고자 합니다. 이 점에 대해서도 믿으셔도 됩니다. 이를 통해 성공하게 되면 양국 모두에게 커다란 성과가 될 것입니다.

노 대통령: 이 문제는 객관적으로 한국에게 가장 중요한 과제입니다. 미국에게는 다른 중요한 과제도 있을 것입니다만, 이제 재선도 되셨으니까 이 문제를 미국의 우선순위 1번으로 하여 같이 협력해서 해결하여 한반도, 6자회담 당사국 및 세계인들에게 평화와 희망의 메시지를 주시기 바랍니다.

부시 대통령: 전적으로 동의합니다. 우리는 서로 합의하였습니다!You've got a deal!

노 대통령: 한 가지만 더 말씀드리겠습니다. 6자회담을 통해 해결하고자 하는 확고한 의지가 모든 사람에게 전달되는 것이 중요합니다. 김정일에 대한 각하의 정확하고 솔직한 생각을 얘기하여 기고가들이 '대화 이외의 방법'을 생각하는 상황을 조성하지 않는 것이 중요합니다.

부시 대통령: 노력해보겠습니다.

대화에서 보듯이 부시 대통령은 노 대통령에게 두 가지를 약속했다. 하나는 북핵문제를 미국의 대북정책에서 최우선순위로 다루겠다는 것이며, 다른 하나는 앞으로 김정일에 대해서 욕하지 않겠다는 것이다. 약간 확대 해석하면 6자회담의 성공을 위해서 김정일을 '폭군' '거짓말쟁이' '국민을 굶기는 사람' 등으로 부르지 않겠으며, 북한 체제를 '악의 축'과 같은 극단적인 용어로 비난하지 않겠다는 것이었다. 뿐만 아니라 노 대통령은 적대 관계에 있는 상대방과 협상하는 것이 중요하다는 것을 논리적으로 설명해 북미 직접 접촉을 꺼리는 부시 대통령으로부터 커다란 공감을 얻어냈다. 이는 한국 정부가 이후 북미 양자협상의 필요성을 주장할 때 중요한 근거가 되었다. 미국은 이 회담 직후인 11월 30일 뉴욕에서 북한과 접촉해 "미국은 '6자회담 틀 내에서' 양자접촉을 가질 용의가 있음"을 공식적으로 북한에 통보했다.*

노 대통령은 2004년 12월 2일 영국을 방문하여 가진 블레어 총리와의 정상회담에서도 대부분의 시간을 북핵문제에 할애했다. 당시 정부는 북핵문제와 관련하여 부시 대통령을 설득할 수 있는 해외지도자는 블레어 총리가 거의 유일하다고 보았다. 노 대통령은 "부시 대통령이 북한에 대해 도덕적 가치판단을 중시하기 때문에 결국 북한의 존재 자체를 부인하게 된다"며, 블레어 총리에게 "부시 대통령이 도덕적 판단을 내리기보다는 현실적으로 문제를 해결하기 위해 노력해야 한다"는 점을 설득해주기를 희망했다.

한편 노 대통령은 2004년 12월에 정동영 통일부장관을 대통령 특사로 중국에 파견했다. 정 장관은 12월 20일 우방궈 전인대(전국인민대표회의) 상무위원장을 만나 후진타오 주석 앞으로 보내는 대통령 친서를 전달했다. 노 대통령은 후진타오 주석에게 다음과 같이 현재 한국의 처지를 솔직히 말하고 협조를 부탁했다.

이 시점에서 김정일 국방위원장을 직접 만나 현 상황을 이해할 수 있도록 설명하고 조속한 문제해결을 촉구하는 일이 시급합니다. 그런데 북한은 핵문제와 같은 국제적 사안에 대해서는 우리측과 심도 있는 논의를 꺼리고 있으며 남북관계도 원활하지 못합니다. 그러므로 현재로서는 각하께서 김 위원장을 설득하는 것이 불가피하다고 봅니다. 각하 혹은 각하의 명을 받은 고위 인사가 내년 초 이른 시기 북한을 방문하여 김 위원장을 만나 설득하는 것이 매우 중요하다고 봅니다. 이 점에 대해서 각하께서 잘 검토해 주기를 희망합니다.

---

* 그러나 부시 대통령의 약속 이행 기간은 그리 길지 않았다. 그는 2005년 4월 29일 기자회견에서 김정일 위원장을 '폭군tyrant'라고 불렀고, 북한은 이에 맞서 부시 대통령을 '불망나니' '도덕적 미숙아'라고 원색 비방했다. 그리고 4차 6자회담에서는 비교적 적극적인 회담의지를 보여 9·19공동성명이 탄생했지만, 그와 동시에 'BDA 사건'을 계기로 북한에 대해 금융제재를 가함으로써 북핵을 미국 대북정책의 1순위로 하겠다는 자신의 약속을 무색케 했다.

중국 당국은 12월 28일 김하중 대사를 통해 '노 대통령이 북핵 해결을 위해 국내외적으로 노력하고 계신 데 대해 경의'를 표해왔다. 아울러 한국측이 요청한 중국 정부의 대북특사 파견은 다소 시간이 필요할 것이지만, 파견 인사·시기·방법 등을 현재 검토중에 있다고 통보해왔다. 중국 정부는 부시 신행정부 출범 전까지는 대북 설득이 효과를 기대하기 어렵다고 보고, 2005년 1월 말경부터 대북 설득작업에 적극 나설 방침이라고 설명했다.

2004년 12월 하순 북핵문제의 평화적 해결을 위한 분위기가 어느 정도 조성되었다고 판단한 노 대통령은 공식적인 남북대화가 중단된 상태지만 비공개 연락통로를 통해서라도 북한에 메시지를 보내라고 지시했다. 대통령이 북한에 보내고 싶어 한 메시지의 내용은 "북한은 현재 조성된 분위기를 활용해야 하며, 이 기회를 살려 6자회담에 조속히 호응해 나오는 결단을 해야 한다"는 것이었다.

2005년에 들어서자 미국에서도 대북정책의 라인업이 새롭게 정비되었다. 신임 국무장관에 라이스 NSC 국가안보보좌관이 내정되었으며, 힐 주한미국대사가 6자회담 미국측 수석대표인 국무부 동아태차관보에 내정되었다. 한국 정부는 특히 힐 대사의 보직 이동에 대해 크게 고무되었다. 힐 대사는 외교적 유연성을 지녔으며 창조적 전략을 수립할 줄 아는 인물이었다. 그가 동아태차관보로 내정된 것은 2005년에는 합의를 이뤄내기 위해 2004년 가을부터 동분서주해온 한국으로서는 행운이었다. 더욱이 그는 6자회담 한국측 수석대표인 송민순 차관보와는 폴란드대사 시절 막역하게 지낸 사이였다.

노 대통령은 평소 힐 대사에게 호감을 가졌으며, 그가 동아태차관보로 이임하기 전에 북핵문제를 두고 허심탄회한 비공식 대화를 나누고 싶어 했다. 2005년 1월 17일 대통령은 힐 대사를 관저로 초청하여 만찬대화를 가졌다. 통역 외에 나 혼자만 배석했다. 대통령은 말했다. "나는 한때 원

크리스토퍼 힐은 네오콘으로 가득한 부시 정부 내에서 합리적이고 창조적인 전략을 수립할 줄 알았던 외교관으로서 우리에게는 가뭄에 단비와도 같았던 인물이다. 그가 주한미국대사를 거쳐 2005년에 미 국무부 동아태차관보가 된 것은 다행스러운 일이었다. 2004년 9월 미국 대사가 된 그가 청와대를 방문해 노무현 대통령을 만났다.

론적인 얘기를 할 때 미국 정부의 발언과 북한 당국의 발언을 그대로만 들으면 금방 다 해결될 것 같다는 착각에 빠질 것 같았습니다. 근데 막상 협상의 테이블에 앉으면 원칙적 입장은 원칙적 입장일 뿐이고 한발자국도 더 접근이 안 되는 것을 보고 외교라는 것이 참 놀랍다는 느낌을 받습니다."

힐 대사는 이날 아직 "아무하고도 상의해보지 않았다"는 전제를 달고 자신의 개인적인 구상을 대통령에게 상세히 설명했다. 그는 역시 합리적이고 전략적이며 체계적이었다. 그는 4차 6자회담이 열리면 6자회담의 최종 목표인 한반도 비핵화, 북한과의 정상적 외교관계 및 지원 등을 원칙으로 담은 한 페이지 이내의 합의문을 우선 만들어내고 이후 회담은 합의된 원칙에 대한 이행 방안을 모색하기 위한 과정으로 이끌고 싶다는 구상을 밝혔다.

그는 "본국하고 상의해본 이야기는 아니지만" "4개국 수도가 아닌 5개국 수도를 모두 방문하여 협의하는 것"을 시도하겠다고 했다. 그러면서 5개국 정부에게 4차 6자회담에서 도출할 합의 원칙의 기본개념에 대해 설명하겠다는 것이다. 옳은 방향이었다. 6자회담 휴회 중에 미국 대표가 나머지 6자회담 참가국들을 방문하고 현안을 논의하는 것은 상식이다. 그러나 지금까지 미국 대표는 북한과의 양자대화를 거부하며 한 번도 북한을 방문하지 않았다.

노 대통령은 "얘기를 들으면서 힐 대사가 열쇠를 갖고 있다는 느낌을 받는다"며 기뻐했다. "힐 대사 얘기에는 항상 전략이 있다"며 "엄밀히 얘기하면 북핵문제에 대해 합의를 이룬다는 것은 한국 국민들에게 일종의 구원이라고 할 수 있다"고 희망을 표시했다. 그러면서도 "미국 대통령이 힐 대사에게 당신 재주껏 한 번 해보라고 전권을 위임하면 문제가 쉽게 해결될 것으로 보이는데 대통령이 그렇게 할지가 의문"이라며 미국 지도부의 강경론이 힐 대사를 좌절시키지나 않을까 우려했다.

대통령은 힐 대사에게 특별한 주문을 했다. "6자회담으로 북핵문제를 해결하고 아예 내친 김에 동북아에서 그런 다자적 틀을 구축하는 방향으로 한 번 만들어 주십시오. 나는 미국이 정책을 근본적으로 좀 바꿔서 동북아시아에 다자간 공동체와 같은 틀을 만드는 전략을 새로운 외교 전략으로 채택하는 것이 매우 좋을 것이라고 생각합니다."

"훌륭한 생각이십니다. 동의합니다. 저의 상원 인준 청문회에서 장기적 목표로서 그것을 언급하겠습니다. 다음 달에 그렇게 할 수 있습니다."

북한의 핵보유 선언과 대통령의 분노

2005년 1월 18일부터 라이스 국무장관 내정자에 대한 의회 청문회가 있었다. 정부는 라이스 내정자가 청문회에서 무슨 말을 할지 걱정이었다.

무엇보다도 북한이 김정일 위원장이나 체제에 대한 비난을 자신들에 대한 적대정책의 지표로 꼽고 있다는 점을 라이스가 유념해주기를 바랐다. 1월 초에는 권진호 국가안보보좌관이 라이스 내정자에게 서한을 보내 청문회에서 북한에 대한 비난을 자제해줄 것을 정중하게 요청했다. 권 보좌관은 "현재와 같이 민감하고 중요한 시점에서 우리가 북한에 보내는 공개적인 메시지는 매우 중요한 의미를 지니므로 각별한 고려가 있어야 할 것"이라고 강조했다. 주미한국대사관에서도 미 당국에 '부시 대통령 취임사 및 라이스 내정자 청문회에서 긍정적 발언으로 6자회담 돌파구를 마련하는 데 기여해달라'고 요청했다. 중국 정부도 우리와 같은 노력을 기울였다. 중국 정부가 미국 정부에 '부시 대통령 취임사, 연두교서, 라이스 청문회 등에서 북한 및 김정일 위원장을 자극하는 내용이 포함되지 않도록 요청했다'는 주중대사관의 보고가 1월 10일에 올라왔다.

그러나 한국과 중국의 이러한 노력은 라이스 내정자가 북한을 '폭정의 전초기지outpost of tyranny'로 지목함으로써 무위로 끝났다. 라이스 내정자는 전년도 11월 산티아고 한미정상회담 때도 배석해서 노 대통령이 "협상할 때는 때로는 진실을 말하지 않고 참거나 협상이 끝날 때까지 미룰 필요가 있다"고 말할 때 부시 대통령이 크게 동조했던 사실을 잘 알고 있을 텐데, 왜 불필요하게 북한을 자극하는지 이해가 되지 않았다. 우리는 미국이 북한을 협상 상대로 인정한다면, 협상장 밖에서 괜한 말로 상황을 반전시키지 않기를 바랐으나 우리 뜻대로 되는 경우는 드물었다.

결국 북한은 다시 6자회담의 틀을 뒤흔드는 충격적인 선언으로 상황을 악화시켰다. 설 연휴 마지막 날인 2005년 2월 10일 6자회담 참가의 무기한 중단과 핵무기 보유를 선언한 것이다. 명분은 미국이 자신을 '폭정의 전초기지'로 규정하며 전면 부정하는 등 '적대시하고 기어이 고립 압살해보려는 2기 부시행정부의 기도가 완전히 명백해졌다'는 것이었다. 비록 북한은 "대화와 협상의 원칙적 입장과 조선반도 비핵화의 최종 목표는 불변"이라고 밝혔으나 그 충격은 매우 컸다.

노 대통령은 북한의 처사에 분노했다. 노 대통령은 내외의 비난을 무릅쓰고 LA 발언을 하면서까지 혼신의 힘을 쏟아 부시 대통령을 설득했으며 후진타오 주석에게 친서를 보내는 등 6자회담 재개를 위해 노력해왔다. 그런데 북한의 이에 대한 답은 한마디로 '판을 엎겠다'는 말이었다. 노 대통령은 그동안 북핵문제를 둘러싸고 미국과 불협화음을 각오하고 다른 목소리를 내면서 미국을 설득할 때마다 참모들에게 "이제는 북한이 성의를 보여야 한다. 그렇지 않으면 우리도 미국에게 할 말이 없게 된다"며 북한에 태도 변화를 촉구하는 메시지를 보내도록 지시했다. 그런데 이번 성명으로 북핵문제를 풀기 위해 자신과 정부가 쏟은 노력이 허사로 돌아갔다고 생각했다. 나는 북한에 대한 대통령의 인내가 거의 소진되어가고 있다고 느꼈다.

2005년 2월 13일 일요일, 상황보고와 대책 논의를 위해 대통령관저에서 회의가 열렸다. 이해찬 총리, 정동영 장관 등 주요 관계자들이 참석했다. 대통령은 오직 미국만을 상대하려 하며, 남한의 노력은 안중에도 없는 듯이 행동하는 북한에 대해 격한 목소리로 비판하며 단호하게 말했다. "내가 이 차장을 경질해서 북한의 정책을 바꿀 수 있다면 그렇게라도 하겠다." 그리고 강력한 표현을 쓰면서 정책 전환을 언급했다. 나는 대통령의 극히 불편한 심사를 뻔히 알면서도 이 말을 그냥 듣고만 있을 수 없었다. '만약 대통령의 말씀을 그대로 이행하면 그것은 자칫 대북정책 기조의 전환을 불러오게 된다. 그러나 지금은 정책기조를 바꿀 때가 아니다. 대통령께서는 너무 크게 실망하여 저렇게 말씀하지만 지금은 끝이 아니다. 아직 게임이 끝나지 않았다.' 마음속에서 이런 판단에 이르자 NSC 차장인 나를 경질시켜서라도 북한에게 본때를 보여주겠다는 대통령이 기존 대북정책에 회의감을 표명하는 말을 할 때마다 말대꾸하듯이 과감히 의견을 제시했다. 다행히 서슬 퍼런 대통령의 말씀과 나의 겁 없는 대응으로 아슬아슬한 긴장이 가득 찬 그날의 장면이 기록으로 남아 있다.

대통령: 북한에 대해 원칙적인 입장을 말해야겠다. 북핵 불용에 대한 분명한 입장과 함께 북한에 있어 진정한 위협은 미국의 침공이 아니라 경제난이라는 것을 북한이 알아야 한다. 북한에 분명한 메시지를 보내서 우리 행동에 대해서 북이 예측할 수 있도록 해야 한다. 특사 같은 것은 북이 말하기 전까지 우리가 말하지 마라. 비료문제도 특사에 걸지는 말고 당국간 회담, 즉 장관급회담에서 얘기하도록 하라. 개성공단의 진행상황과 북핵 상황을 어떻게 연계할지 또 개성공단이 진행되고 북이 핵을 가지는 모순에 대해 어떻게 설명할 것인가? 북핵문제를 장기적으로 보고 핵을 실제로 가지려고 할 때 어떻게 해야 하는가? 북핵 불용입장을 어떻게 변경해야 하는가?

NSC 차장: 북핵 불용입장에 대해서는 약간 추상적으로 얘기하시는 것이 더 좋을 수도 있습니다. 대통령께서는 이에 대해 분명한 입장을 밝히셔야 한다고 말씀하시지만 이에 대해서는 더 이상 구체적으로 밝히지 않는 것이 지혜일 수 있습니다.

대통령: 한국 정부가 입장도 없이 그냥 북한이 하는 대로 이렇게 저렇게 끌려가선 안 된다. 북한에게 예측 가능한 행동을 하도록 분명한 메시지를 보내야 한다. 이 판이 깨지면 우리가 어떻게 갈지 분명히 알게 해야 한다. 한국 정부의 결단이 있어야 한다.

NSC 차장: 지금이 끝이라고 볼 수는 없습니다. 북핵문제는 14년을 끌어온 문제입니다. 시간의 문제라고 봅니다. 연말까지 잡고 그때까지도 북핵문제에 진전이 없으면 결단을 해야 할 것입니다. 북도 핵 포기를 전제로 이런 저런 얘기를 하고 있습니다.

대통령: 핵무기 보유 선언이 확실해질 때 개성공단은 어떻게 할 것인가? 핵 가진 북한과 함께 살 수 있을 것인가?

NSC 차장: 우리 사회, 경제가 구조적으로 북한에 비해 긴장 고조에 취약할 수밖에 없습니다. 북핵문제에 영향을 미치는 요소는 무엇이 있는지 검토해봐야 합니다. 북핵문제가 국제정세, 한미관계, 남북관계는 물론 국내 경제에 미치는 영향은 무엇이며 우리의 원칙적 입장에 의해 남북관계가 경화되었을 때 그것이 우리의 경제와 사회에 미칠 영향은 무엇이고, 국제사회에 어떤 영향을 미칠 것이며, 국제사회에서 우리의 레버리지에 어떤 영향이 오는가? 그리고 국내 지지층은 어떻게 반응할 것인가에 대해 분석해보아야 합니다.

대통령: 핵 가진 북한과 어떻게 살아가야 할지를 결정해야 한다. 살 것이라면 그것을 국민들에게 설득해야 하고 설득 못할 것 같으면 단호하게 입장을 전달해야 하는 것 아닌가? 그리고 결단해야 한다.

NSC 차장: 지금은 종말이 아닙니다. 협상과정에 굴곡은 있으나 비록 후반일 수 있으나 종말은 아닙니다. 우리의 북핵 불용만 얘기하면 되지 더 이상은 얘기할 필요가 없습니다.

대통령: 북한에 가장 큰 위협은 경제난이지 미국이 아니다. 북한 체제의 안보는 경제에 달려 있지 핵무기에 달려 있지 않다. 북핵은 북한에게 아무런 도움이 되지 않는다. 핵무기를 개발하는 북한에게 경제지원을 한다면 우리당의 수권이 가능하겠는가? 우리가 대북 경제지원을 끊으면 어떻게 되겠는가?

총리: 중국이 참여하지 않는 제재는 별다른 효과가 없을 것입니다. 우리 단독의 제재가 과연 얼마나 효과가 있을 것인가? 중국과 협의가 있어야 되지 않습니까? 그렇지 않으면 효과는 없고 남북관계는 복원이 어렵습니다. 중국과 협력이 필수적입니다.

대통령: 북한이 핵개발을 한다고 해서 질질 끌려 다닐 수는 없다. 현재 남북교류에 새로운 사업이 추가되는 것은 곤란하다. 만일 북한이 핵무기를 개발하면 한국도 핵무기를 보유하는 것이 불가피하다는 입장을 중국을 통해 전달하면 어떤가?

NSC 차장: 한국이 핵무기를 개발한다고 가정할 때 북한에 주는 영향은 별로 없고 중국이나 미국에게 주는 파장은 클 것입니다.

대통령: 하어튼 원칙적 입장을 정리하고 대북 메시지를 다듬어라. 북핵문제와 관련하여 개성공단 문제를 재검토하라. 금강산관광사업에 있어서도 새롭게 확장하는 것은 곤란하다. 북핵문제를 두고 개성공단을 확장할 수는 없지 않은가? 새로운 것은 들어갈 수 없다.

NSC 차장: 1차 핵위기시 김영삼정부에서 핵 가진 자와 악수하지 않겠다고 하면서 남북관계를 연계시켰다가 추후 북미간 협상이 진행되었을 때 우리는 직접 참여하지도 못하고 소외되었고, 임기 내내 남북관계를 복원하지 못하였습니다. 남북관계를 보면 내지르고 싶은 때가 많은데 우리가 북한에 비해 가진 게 많아서 참아 왔습니다. 한반도에 군사적 긴장은 2가지 차원이 있는데 하나는 북핵이고 다른 하나는 재래식 긴장입니다. 후자는 현재 개성공단과 금강산 때문에 상당히 완화되어 있습니다.

노 대통령은 나중에 북한이 핵실험을 했을 때도 이날처럼은 분노하지 않았다. 내 생각에 이때가 바로 참여정부 대북정책이 기로에 섰던 순간이었다. 그러나 대통령은 격분한 상황에서도 당돌한 나의 진언을 가로막지 않았다. 북한의 처사에 화가 치밀어 오르지만, 그 속에서도 대통령은 자기 지시에 반대하는 말을 끝까지 경청하는 자제력을 보였다. 그리고 결론은 애초에 한 자신의 지시가 아니라 나의 진언을 참작한 방향에서 내렸다. 북한에 대해 다시 한 번 인내하기로 한 것이다.

나는 북한의 2·10 성명에 대처한 안보관계장관회의를 마치고 난 후[7], 대통령께 제출할 사직서를 작성했다. 비록 '북한의 정책이 바뀔 수 있다면'이라는 가정법을 써서 말하기는 했으나, 언급이 있었기 때문에 사표를 제출하는 것이 도리라고 생각했다. 물론 대통령이 나를 경질해도 북한은 정책을 바꾸기는커녕 눈 하나 깜짝하지 않을 것이다. 그러나 이번 사태로 대통령이 느낀 실망감을 생각하니, 자책과 무거운 책임감이 내 어깨를 짓눌렀다.

2월 21일 월요일, 출근해서 주말에 작성해둔 사직서를 꺼내 보았다. "항상 초심에서 대통령님을 모시고 국가 외교안보 분야에서 힘껏 일하고자 하였으나 그동안 미흡한 점이 너무 많았습니다. 특히 최근 북핵 사태의 악화에 직면하여 실무를 총괄해온 저로서는 그 책임을 통감하며, 혼신을 다해 문제해결에 나서셨던 대통령님께 죄송스러운 마음 가눌 길이 없습니다. 이에 책임을 지고 사직서를 제출합니다." 사직서를 대통령 부속실로 보내기 위해 윤태영 부속실장에게 전화를 했다. 윤 실장은 기가 찬 듯이 대꾸했다. "선배님은 그렇게도 대통령님 뜻을 모르세요. 북한에 대한 아쉬움이 그만큼 크다는 뜻에서 하신 말씀을 가지고 무슨 사표예요?" 결국 나는 써놓은 사직서를 제출도 못하고 책상서랍에 다시 집어넣었다.

중대제안의 탄생과 정동영 특사의 김정일 면담

북한의 핵보유 선언으로 대통령은 분노하고 남북관계는 차갑게 식었다. 북핵문제는 정말 해결 불가능한 것으로 보였고, 한반도의 위기는 가중되었다. 그런 답답한 상황을 풀어줄 아이디어가 바로 '중대제안'이었다. 그 탄생은 북한의 핵보유 선언이 있기 보름 전 즈음으로 거슬러 올라간다.

2005년 1월 정부는 북미 제네바기본합의에 따라 건설중인 신포 경수로 공사 영구종료를 요구하는 미국의 압박에 시달리고 있었다. 경수로 공사는 이미 2002년 10월 HEU 사태가 발생하면서 재검토에 들어가 2003년 12월에 잠정 중단 결정이 내려졌다. 부시정부가 북한이 먼저 제네바기본합의를 파기했기 때문에 경수로 공사를 중단해야 한다고 강력히 요구했기 때문이다.

1994년 미국은 북한이 핵을 동결하는 대신에 북한에 100만kw를 생산하는 경수로 2기를 지어주기로 약속했었다. 그러나 건설비용은 자신이 부담하지 않고 한국·일본·EU에게 전가시켰다. 이때 김영삼 대통령은 클린턴 대통령의 요청에 따라 한국이 경수로 공사비용이 70%를 부담하겠노라 약속했다. 덕분에 국민의 정부와 참여정부에서도 그 약속을 이행하느라 매년 막대한 비용을 북한의 신포 경수로 건설에 지출해왔다.

미국은 2003년부터 이 경수로 건설을 중단하고 영구종료시켜야 한다고 주장했지만, 한국 정부는 반대했다. 이 공사가 종료된다는 것은 이제 북미 제네바기본합의에 공식적으로 사망선고를 내린다는 뜻이었기 때문이다. 한국 정부는 새로운 대안적 합의가 이루어지지 않은 상태에서 제네바기본합의서가 파기되는 것을 우려했다. 경수로 건설이 종료된다면 북한이 반발하여 상황이 또 악화될 가능성도 높았다.

이미 우리가 여기에 쏟아부은 비용도 문제였다. 2005년 1월까지 경수로 건설은 34.5% 진행되었고, 우리나라가 이미 부담한 비용이 11억2000만 달러였다. 미국의 요청에 따라 사업에 참여했다가 미국이 요구한다고 쉽사리 국민세금으로 제공한 11억 달러의 거액을 공중에 날릴 수는 없었다. 그러나 미국의 요구는 집요했다. 2004년 11월, 경수로 건설 영구종료를 주장하는 미국 정부에 맞서 한국 정부는 한반도에너지개발기구KEDO 집행이사회에서 중단기간 1년 연장안을 가결시켰다. 그러나 일본과 EU는 이미 미국의 압력에 굴복한 상태이기 때문에 우리로서는 더 이상 버티기 어려웠다. 경수로 건설 종료에 동의를 해야 하는 막다른 상황까지 몰려왔으나, 국민에게는 이를 어떻게 설명할지 난감하기 그지없었다.

2005년 1월 말 어떤 명분으로 안전하게 경수로 사업을 종료할 수 있을까? 이런 고민을 하며 사무실에 앉아 책상 위에 놓여 있는 경수로 관련 보고서를 물끄러미 쳐다보았다. 그런데 그 보고서 옆에는 북핵 관련한 보고서가 놓여 있었다. 그즈음 나는 북핵문제를 위해 다들 애를 쓰고는 있지만 막상 우리에게 효과적으로 개입할 수 있는 적당한 수단이 없다는 점에 큰 아쉬움을 느끼고 있었다. 그런데 그 보고서를 보는 순간 갑자기 영감이 떠올랐다. 그래, 경수로 종료를 북핵문제와 연계하여 새로운 대안을 만들어보자! 중대제안이 탄생하는 순간이었다.

경수로 건설이 이후로도 진행된다고 했을 때 한국 정부가 추가로 부담해야 할 비용은 24억 달러였다. 여기에 경수로 완공시 미국은 한국 정부에 신포-평양 간 송전망 건설비용도 상당부분 부담하라고 요구할 것이다. 이 얘기는 북미 제네바기본합의가 잘 이행되어 경수로 건설이 순조롭게 진행되더라도 한국 정부는 앞으로 수십억 달러를 북핵 동결의 대가로 의무적으로 지불해야 한다는 뜻이었다.

그렇다면 우리가 이 비용으로 북한에 직접 송전을 하여 북한의 핵포기에 대한 경제적 보상을 해주겠다고 나서면 어떨까? 북핵문제 해결 방식과 경수로 종료를 연계하는 다양한 아이디어가 짧은 시간에 연이어 꼬리를 물고 나의 뇌리를 강타했다. 지금 북한은 핵을 포기하는 대가로 체제 안전 보장과 경제적 보상을 요구하고 있다. 여기서 애초에 경수로를 건설해줘서 북한에 제공하기로 한 200만kw의 전력을 한국이 직접 송전해주겠다고 하면 북핵 해결구도는 훨씬 간명해지고 6자회담에서 한국 정부의 역할과 위상도 제고될 것이다. 뿐만 아니라 이 제안이 실현되면 북한 전력의 상당 부분이 남한의 송전에 의존하게 되기 때문에 남북간 전쟁이 사실상 불가능해지고 본격적인 남북협력의 시대를 열 수 있을 것이다. 이 정도 이익이 있는 제안이라면 경수로 건설 종료도 덜 부담스러울 것이며, 북한도 반발하지 않을 것이다. 북한은 예전에 우리에게 대북송전 얘기를 먼저 꺼낸 적도 있기 때문에 쉽사리 거절하지 않을 것이며, 거절한다 해도 우리가 손해 볼 것은 없다.

나는 이 아이디어를 가지고 서주석 실장과 박선원 국장 등과 함께 의논했다. 다들 좋은 아이디어라고 반색했다. 이렇게 해서 중대제안이 탄생했다. 권진호 보좌관과 정동영 장관에게 이 구상을 설명하니 역시 아주 좋아했다. 정 장관은 극비의 보안이 요구되는 이 구상을 '안중근 프로젝트'

로 하자고 제안하여, 우리는 한동안 이것을 '안중근 프로젝트'라고 불렀다.(혹시 이 구상이 유출된다고 해도 아무도 그 내용을 짐작할 수 없게 이런 프로젝트명을 붙였다.)

2월 19일에 그동안 다듬어온 중대제안을 대통령께 보고했다. 이때 보고된 제목은 '경수로-대북전력지원 교환 방안'이었다.[8] 노 대통령은 이를 긍정적으로 평가하고 승인했다. 대통령 재가를 받은 후 NSC는 이 방안을 지속적으로 발전시켜나갔다.

실제로 몇 달 후 중대제안은 6자회담을 재개하고 9·19공동성명을 도출하는 데 크게 기여했다. 결과적으로 중대제안은 실현되지 않았으나 그로 인해 한국 정부의 역할과 위상이 크게 제고되었으며, 신포 경수로 사업의 안정적 종료에도 긍정적인 영향을 미쳤다. 아마 비용지출 없이 정책의지를 대외적으로 천명하여 이 정도 외교적 성과를 거둔 것은 아직 한국 외교사에 없을 것이다.

한편 그즈음 북한의 핵보유 선언으로 급격히 냉각되던 한반도 정세가 곧 완화되기 시작했다. 2월 19일부터 왕자루이 중국공산당 대외연락부장이 후진타오 국가주석의 특사로 북한을 방문하여 김정일 국방위원장을 만나 6자회담 복귀를 촉구했다. 북한 외무성은 3월 2일 '조건이 마련되면 6자회담 참가할 수 있다'는 의지를 밝혔다. 물론 그 '조건'이라는 것이 워낙 가변적인 말이라서 당장 큰 변화를 기대하기는 어렵지만 북한이 6자회담 복귀 의지가 있다는 것은 분명히 확인한 셈이었다.

우리 정부도 북핵 대화의 물꼬를 트기 위해 힐 차관보와 상의하여 '북한이 6자회담 복귀의사를 밝히면, 힐 차관보가 북한을 방문하여 북미 양자회담을 갖는 방안'을 연구하고 있었다. 그런데 이 방안이 성사되려면 누군가 북한을 설득하여 명시적으로 6자회담 복귀의사를 밝히게 해야 한다. 남북대화가 중단된 상태에서 이 역할을 할 수 있는 나라는 중국밖에 없었다. NSC는 마침 3월 18일부터 예정된 라이스 신임 국무장관의 한중일 3국 순방을 계기로 이 계획을 가동시켜보기로 했다. 나는 3월 11일, 비공개로 중국에 가서 리쟈오싱 외교부장, 왕자루이 당 대외연락부장, 우다웨이 외교부 부부장을 만났다.

한국 정부의 구상을 들은 중국 인사들은 좋은 아이디어라며 흔쾌히 동의했다. 리쟈오싱 외교부장은 "공자는 공부만 하는 것으로 모자라며 사고도 많이 해야 한다고 말씀하셨다"며 나에 대해 깊은 인상을 받았다며 나의 제안에 흡족해했다. 그런데 문제는 북미간의 불신이 너무 크기 때문에 현 상황에서 중국이 북한을 설득하려면 라이스 장관이 북한에 대해 유연한 발언을 하는 것이 필요했다.

김정일 위원장을 만나고 온 왕자루이 부장은 북한이 '폭정의 전초기지' 발언에 불만을 갖고 있기 때문에 라이스 장관이 사과하지는 않더라도 '그것이 자신의 개인적인 관점이며, 미국의 공식 입장이 아니다'라고 밝히면서 '미국의 공식 입장은 부시 대통령의 국정연설에 나타나 있듯이 북핵문제를 평화적 방법으로 해결해나가겠다는 것'이라는 정도로 밝혀도 큰 도움이 될 것이라고 했다. 나는 북핵문제의 주무장관인 국무원 외교부장도 아닌 당 대외연락부장이 이 정도로 설득력을 지닌 구체적인 제안을 술술 내놓는 것을 보고 중국 정부가 북핵문제를 해결하고자 진정으로 애쓰고 있다는 생각이 들었다. 그러나 한중이 합의한 이 계획은 갈등 당사자인 북미의 비협조로 성사되지 못했다.

시련은 있으나 좌절은 없다는 말처럼 참여정부는 시행착오를 겪어도 포기하지 않았다. 아니, 포기하면 미래가 암담했기 때문에 포기할 수 없었다. 이번에는 남북관계를 통해 북한을 6자회담의 장에 끌어내 보기로 했다. 정부는 평양에서 열기로 한 '6·15통일대축전'에 정동영 장관을 단장으로 하여 대표단을 파견하고 그에게 특사 임무를 맡겨 김정일 국방위원장을 만나 중대제안을 전달하기로 했다. 동시에 북한의 6자회담 복귀를 촉구하며 남북정상회담도 제안하기로 했다.

NSC 상임위는 참여정부 임기가 반환점에 다다르고 있는 상황에서 아무리 정세가 어려워도 남북정상회담을 더 미루기는 어렵다고 판단했다. 문제는 정동영 장관의 김정일 면담을 성사시키는 것이었다. 나는 김정일이 우리의 중대제안 내용을 알기 위해서라도 정 장관을 만날 것이라고 판단했다.

그리고 6월 10일에 개최된 한미정상회담에서 노 대통령은 정동영 특사를 위해 결정적인 지원사격을 해줬다. 노무현 대통령의 권유로 부시 대통령이 기자회견에서 김정일을 '미스터Mr.'라고 지칭한 것이다. 그동안 폭군, 악의 축, 폭정의 전초기지라는 거친 말들에 예민하게 반응해온 북한지도부에 부시 대통령이 김정일을 '미스터'로 호칭한 것은 매우 긍정적인 신호로 작용했다. 또 이 일은 김정일 국방위원장에게 노 대통령이 자신에게 도움이 되는 방향으로 부시 대통령을 움직일 수 있는 힘이 있는 지도자라는 것을 각인시켜주는 계기가 되었다.[9]

결국 정동영 장관은 6월 17일 평양에서 김정일 국방위원장을 만났다. 2시간 30분 동안 계속된 면담에서는 북핵문제와 남북관계에 분수령이 될 중요한 얘기들이 오갔다. 정동영 장관의 특사 임무는 핵심적으로 두 가지였다. 첫째는 중대제안을 통해 4차 6자회담의 재개 약속을 받아내고 김정일 위원장이 북핵 해결에 합의하도록 유도하는 것이고, 둘째는 노 대통령의 남북정상회담 제안을 전달하고 답을 받아내는 것이었다. 물론 정상회담 개최를 위해 준비해간 뒷거래 물품은 없었다. 참여정부의 특성에 맞게 정면 돌파하기로 했다.

정 장관은 김정일 위원장 앞에서 전혀 주눅 들지 않고 정확한 논리를 구사하며 설득에 나섰다. 그는 김정일 위원장으로부터 6자회담 재개를 확답받기 위해 최선을 다했다. 정 장관은 뛰어난 협상가였다. 그는 북한이 원하는 미국의 안전보장 요구에 대해 양자간 안전보장보다 다자간 안전보장이 훨씬 더 튼튼한 장치라는 점을 설득력 있게 설명했다. 그러면서

6자회담이 북한에게 오히려 기회라는 점을 강조했다.

김정일 위원장은 좀처럼 확답을 주지 않았다. 그는 미국이 북한을 인정하지 않고 자신과 북한체제를 비난하는 것에 불쾌함을 표시했다. "부시정부와도 우호적으로 하려고 마음먹고 있었는데 시작부터 불량배라고 하니 마음이 뒤집어졌습니다." 그리고 "'폭정의 전초기지' 발언은 김정일을 후세인처럼 다루겠다는 것을 보여준 것"이라고 말했다. 그러나 6자회담에 복귀할 의사는 확실히 가지고 있었다. 7월 중에 6자회담에 복귀하라고 촉구하는 정 장관에게 "미국이 우리를 존중하고 인정하면 7월에 할 수 있다"고 답했다. 그는 말했다. "우리 외무성에서는 지금 바로라도 나갈 수 있는 대기상태입니다. 그러나 '폭정의 전초기지' 발언에 대해 공개적으로 아니면, 내면적으로라도 통보해야 합니다. 이를테면 실수라든가, 실무적 착오라든가 대답을 내놓아야 합니다. 그것 때문에 기다리고 있습니다." 김정일은 아주 낮은 수준의 복귀 명분을 찾고 있었다.

한편 정 장관은 노 대통령이 경칭을 사용하여 김정일 위원장을 예우할 것을 부시 대통령에게 촉구했다며, 김정일에게도 부시 대통령에게 각하 등 존칭을 쓰라고 제안했다. 그러자 그는 쾌히 화답했다. "내가 부시 대통령을 각하라고 부르면 되나요? 못 부를 이유가 없지요." 그는 노 대통령에게는 "민족을 위해 노력해주시고 있는 데 대해서 고맙다고 전해주시기 바란다"고 사의를 표했다. 그리고 다시 한 번 "내가 부시 대통령에게 '각하'라고 해야 한다면 '각하'라고 하겠다"며 미국과의 새로운 관계 설정에 대한 기대를 나타냈다.

정동영 장관은 김정일 면담 후 북한이 (미국이 북한을 인정하고 존중하면) 7월 중 6자회담 복귀의사를 밝혔다고 발표했다. 여기에 북한 유엔대표부 고위 인사는 "미국이 '폭정의 전초기지' 발언을 철회한다고 말하지 않더라도 우리를 자극하는 발언을 더 이상 하지 않는다면 그것도 일종의 철회로 볼 수 있다"며 6자회담에 복귀할 최소한의 명분이 무엇인지 기준을 제시해줬다. 그러나 미국은 그 사이를 참지 못했다. 6월 19일 라이스 국무장관은 김정일-정동영 면담 결과를 시니컬하게 받아들이며 언론과의 인터뷰에서 "북한은 6자회담에 복귀하지 않기 위한 핑계를 만들기를 좋아한다"고 말했다. 6월 20일에는 도브리안스키 국무부 차관이 북한 등 4개국을 '폭정의 전초기지'로 예시했다. 대체 무슨 생각이었던 걸까? 북한에 대화 복귀 명분을 만들어주기 위해 한 달 정도만 북한 체제 비판을 삼가자는 것인데, 그게 돈이 드는 일도 아니고 체면을 구기는 일도 아닌데, 미국은 왜 그러는지 이해하기 어려웠다. 더욱이 북한에 대한 미국 지도자들의 '말 공격'으로 발생한 상황을 봉합하기 위해 한국과 중국 정부가 애쓰는 것을 알면서도 그러는 것이 정말 유감스러웠다.

6월 20일 노 대통령은 외교역량을 최대한 동원하여 미측에 신중한 발언을 촉구하라고 강력하게 지시했다. NSC사무처는 즉시 미측 인사들의 문제가 된 발언들을 적시한 「대미 신중발언 촉구 지침」을 만들어 외교부에 전달했으며, 외교부는 이 지침을 가지고 미측의 자제를 요청했다. 반기문 외교장관은 기자회견을 통해서 미측의 '폭정의 전초기지' 발언에 유감을 표명했다. 북한이 미국의 발언을 빌미로 다시 뒤로 물러서지 못하게 하려는 고육지책이었다.

이런 우여곡절 끝에 2005년 7월 9일 북한 언론매체들에 의해 4차 6자회담 개최가 공표됐다. 북한 매체들은 베이징에서 김계관 북한 외무성 부상과 힐 국무부 차관보가 회동한 사실을 전하고 "조-미 쌍방은 제4차 6자회담을 2005년 7월 25일에 시작되는 주에 개최하는 것으로 합의하였다"고 보도했다.

한편 정부는 6자회담 재개 국면을 맞이하여, 국민들에게 중대제안의 내용을 공개했다. 6자회담 참가국들에게는 북한에 중대제안을 설명한 직후 그 내용을 통보했다. 관련 국가들은 중대제안을 긍정적으로 평가했다. 미국에게는 정동영 장관이 김정일 위원장을 만나기 전인 6월 15일 내가 힐 차관보를 만나 상세 내용을 설명해주었다. 나는 이미 3월에 그에게 6자회담의 획기적 진전을 위해 모종의 아이디어를 준비하고 있다는 사실을 알려준 바 있었다. 그 내용에 대해서는 미국 정부에게 절대로 도움이 되는 사항이니 안심하고 일단 북한에게 제안하게 될 때 동시에 알려줄 테니 기다려달라고 양해를 구했다. 힐 차관보는 중대제안에 대한 설명을 듣고 반색하며 기뻐했다. 7월 12일 한국을 방문한 라이스 국무장관은 중대제안에 대한 반기문 외교장관의 설명을 듣고 "창의적이고 북핵문제 해결에 유용한 방안"이라고 평가했다. 미국 외교관들은 중대제안이 북핵 논의를 진전시킬 뿐만 아니라 그동안 한미가 이견을 보여온 신포 경수로의 영구종료를 전제로 하고 있기에 더욱 환영했다.

4차 6자회담 1단계 회의와 촉진자의 길

2005년 7월 26일~8월 7일 베이징에서 6자회담 역사에서 가장 긴 4차 6자회담 1단계 회의가 열렸다. 정부는 송민순 외교부 차관보와 조태용 북핵기획단장을 각각 수석대표와 차석대표로 하는 대표단을 베이징에 파견했다. NSC사무처도 원활한 업무협조를 위해 박선원 국장과 이여진 과장(NSC에서 통역과 외교 업무를 맡았다)을 대표단에 합류시켰다. 다행히 4차 6자회담에서는 완고했던 미국의 입장이 어느 정도 유연해졌다. 무엇보다도 미국 대표들의 발언에서 '완전하고 검증 가능하며 되돌릴 수 없는 핵폐기Complete, Verifiable, Irreversible Dismantlement, CVID'라는 강경한 표현이 사라졌다. 라이스 국무장관의 취임을 계기로 미 국무부가 체니 부통령이나 럼스펠드 국방장관 등이 지지하는 강압외교에 맞서 협상 지향의 외교적 방식을 추구하는 것으로 보였다. 이러한 변화에는 자신의 상급자들을 설득시킬 만한 정치력과 합리적인 판단력을 지닌 힐 차관보의 영향이 컸을 것이다. 무엇보다도 한미정상회담(2004년 11월 및 2005년 6월)에서 부시 대통령이 노 대통령의 설득에 상당 부분에서 동의했기 때문에 그만큼 한미간 북핵 논의에서 한국의 발언권이 높아져 있었다.

한국 정부는 현재의 호전된 상황에서 반드시 북핵문제를 진전시켜야 한다고 생각했다. 더욱이 한국은 6자회담의 성공을 위해서 중대제안까지 마련한 상태였다. 따라서 정부는 7월 20일 NSC 고위전략회의를 열어 4차 6자회담에서 성취해야 할 목표로 '북핵 해결 및 목표에 관한 공동문건 채택'과 '이행 합의문 도출을 위한 기반조성'을 내걸었다. 공동문건 채택은 7월 중순 한·미·일 3자가 협의한 잠정합의문을 기반으로 하되 미국의 북핵 해결원칙과 북한의 요구가 균형 있게 포함되도록 노력하기로 했다. 이와 함께 중대제안을 전략적으로 활용하여 각 측이 전향적인 조치를 취하도록 촉구하기로 했다.

그런데 미국이 6자회담에 가지고 나온 합의문 초안은 정작 3자협의에서 만든 잠정안보다 훨씬 후퇴한 실망스러운 것이었다. 힐 차관보가 잠정안을 가지고 워싱턴에 돌아가 미 NSC와 체니 부통령실에 회람시키면서 그렇게 된 것 같았다. 그대로 두고 볼 수 없었다. NSC는 미측에 확실한 우리 입장을 보여주기로 했다. 한국 정부가 강력한 입장을 보이는 것이 대북협상에서 힐 차관보의 운신의 폭을 넓힐 수 있다는 계산도 했다. 7월 26일 NSC 고위전략회의는 우리 대표단에 다음의 방침을 미측에 강하게 전달하라고 지시했다.

미측이 수정안을 고수할 경우, 한미 공동(안)은 성립되기 어렵고, 각국이 자국(안)을 발표할 때 우리는 우리의 입장을 명확히 밝힐 것이며, 필요시 북미 양측 주장 중 합리성을 결여한 부분에 대해 공개적으로 지적할 것임.

한국대표단은 이 지침에 따라 미국대표단에 "미국의 수정안은 북한대표단이 본부에 보고하기조차 곤란한 내용"이라고 지적하며 재수정을 요구했다. 미국대표단은 한국의 입장을 본국에 보고하고 워싱턴으로부터 재수정(안)을 받았으나 한국측이 볼 때 별로 개선되지 않았다. 그에 따라 우리 대표단은 미측이 희망하는 합의문 초안의 공동제안은 불가능하다는 점을 분명히 밝혔다. 미측과 공동제안을 하지 않는다는 것은 우리가 그만큼 행동의 자유를 확보한다는 뜻이었다. 송민순 차관보는 '한국이 미국 안을 수용하기 어려운 것으로 보느냐'는 힐 차관보의 질문에 "한국이 수용할 수 있느냐의 여부가 중요한 것이 아니라 북한이 받아들일 수 있는 가능성을 어떻게 높이느냐가 문제"라며 "미국 안은 타결 가능성의 문을 극히 좁게 만드는 것으로 본다"고 대답했다. 이러한 단호한 입장이 어느 정도 효과를 발휘했는지는 모르나, 이후 미국은 과거 회담 때보다 훨씬 유연한 자세로 협상에 임했다.

NSC 고위전략회의는 우리 대표단에게 특별히 북핵 해결로 의제를 단순화시키라고 지시했다. 6자회담의 현 단계 목표는 북한으로 하여금 핵을 포기시키는 것이며, 이 문제가 어떤 문제보다도 우선순위에 있어야 한다는 뜻이었다. 그래서 군축회담을 하자는 북한의 주장에 강력히 반대했으며, 미국과 일본이 6자회담 틀에서 북한인권 문제나 일본인납치 문제를 주 의제로 삼는 것도 우려했다. 결과적으로 북한은 군축회담을 제기하지 않았으며, 미·일은 간헐적으로 자신들의 관심사를 제기하기는 했으나 논의의 전제로 삼지는 않았다.

한국 정부가 제안한 중대제안에 대해서는 북한을 제외한 참가국들이 환영의 뜻을 표했다. 그러나 북한은 유보적인 입장을 취했다. 기본적으로 우리 정부의 노력과 취지를 평가하면서도 이를 선 핵 포기 방안으로 인식하며 그대로 수용하기는 어렵다는 입장이었다. 또한 외부에서 공급되는 것이라는 점에서 수용하기 어렵다는 의견을 나타냈다. 어느 정도 예상한 반응이었다. NSC가 중대제안을 마련한 것은 북한이 반드시 이 제안을 수용하도록 하기 위해서가 아니었다. 북한이 그대로 수용하면 물론 좋겠지만, 아무리 전기가 급해도 그들이 동력주권을 통째로 남쪽에 넘겨주려 하지 않을 것은 쉽게 예측할 수 있는 일이었다. 그러나 중대제안은 북한에게 거부하기 어려운 유혹이기 때문에 쉽게 거절하지는 못할 것으로 보았다.

여기에 미국을 제외한 나머지 나라들은 핵폐기 이후 북한에 미칠 영향력 등을 고려해서 북한에 대한 경제적 보상에 어느 정도 참여하길 원할 것으로 보았다. 물론 북한도 한국에 일방적으로 의존하는 것보다 의존이 각 나라들로 분산되기를 원할 것이다. 이런 점들을 생각하면, 6자회담에서 북핵 해결방안이 합의되고 그 이행을 논의하게 될 때 중대제안에 대한 수정안이 나올 것으로 보았다. 따라서 정부는 현 단계에서는 6자회담 합의문에 중대제안이 명기되어 북핵 포기에 대한 경제적 보상 문제의 안전판 역할을 한다면 족하다고 생각했다.

4차 6자회담 1단계 회의는 6자회담의 틀 내에서 북미 접촉을 비롯해 수십 회의 다양한 만남을 가지며 13일 동안 지속되었다. 각국 대표단은 장시간 동안 고도의 집중력과 인내력을 발휘해가며 긴 협상을 진행해갔다. 북한대표단도 예상외로 진지하게 협상에 임했다. 힐 차관보는 노련한 외교관답게 북한과의 협상에서 미국의 원칙을 지키면서도 항상 유연성 있는 자세를 취함으로써 북한대표단에게 '미국이 자신의 실체를 확실히 인정하고 협상에 임하고 있다'는 안도감을 주어 그들의 일탈을 막는 데 큰 역할을 했다.

중국은 양자접촉 등 다양한 형식을 통해 각국이 서로의 의견을 어느 정도 조율할 시간을 준 뒤 각국이 공동문안에 담고 싶은 내용을 적어서 제출하게 하고, 이를 바탕으로 1차 합의문 초안을 제시했다. 이 초안은 이후 세 차례의 수정을 거쳤다. 4차 초안이 만들어진 것이다. 북한을 제외한 나머지 5개국이 이 초안에 대해 큰 틀에서 동의했다.

북한은 나머지 항들에 대해서는 대체로 만족했으나 하나의 항(1조 2항)

에 대해서만큼은 강력히 반발했다. 그것은 "북한은 모든 핵무기와 핵 계획을 검증 가능한 방식으로 포기하고, NPT하의 권리와 의무를 갖기 위해 조속한 시일 내에 NPT와 IAEA의 안전조치에 복귀할 것을 공약하였다"는 문장이었다. 북한은 이 문장 속의 "모든 핵무기와 핵 계획all nuclear weapons and programs"의 포기라는 문구에 큰 불만을 표시했다. 북한은 이 문구대로라면 핵무기 관련 프로그램만이 아니라 원자력 관련 모든 프로그램을 포기해야 하므로 사실상 핵의 평화적 이용 권리를 박탈하는 것이라며 반대했다. 8월 4일 북미간 이견을 좁히기 위해 우리가 주선하여 남·북·미 3자협의를 가졌다. 이 자리에서 송민순 차관보가 NPT에 복귀하고 IAEA의 안전조치를 수용한 후 장래에 평화적 핵 이용권을 가지면 되지 않느냐고 의견을 묻자 김계관 부상은 "장래에는 가질 수 있지만 장래까지는 가질 수 없기 때문에 수락할 수 없는 것"이라고 단호하게 답변했다. 결국 다른 사안들이 정리되면서, 평화적 핵 이용권을 둘러싼 북미간의 갈등이 최종적인 문제로 드러난 것이다. 북한은 이 문구의 대안으로 "모든 핵무기와 핵무기 생산과 관련된 핵 계획all nuclear weapons and nuclear programs leading to producing nuclear weapons"을 제안했으나 이건 미국이 거부했다. 미국은 대신에 "모든 핵무기와 현존하는 핵 계획all nuclear weapons and existing nuclear programs"을 제안했으나 이번에는 북한이 거부했다.

북한의 태도는 완강했다. 8월 3일 리쟈오싱 중국 외교부장이 김계관 부상을 불러 중국 최고지도부의 명의로 북한 최고지도부에게 4차 초안을 수용할 것을 권유하는 메시지를 전달해달라고 했으나 북한의 마음을 돌리지는 못했다. 오히려 4차 초안의 이 문구로 인해서 북한은 1단계 회의 기간 내내 주장한 경수로 제공 문제를 합의문에 적자는 뜻을 내비쳤다. 8월 6일 남북 접촉에서 김계관 부상은 "북미간의 정책 차이가 창조적 모호성을 갖는 문구로 덮을 수 없는 지경이 되었다"며 합의문에 경수로를 명기해야 한다고 말했다. 결국 6자회담 참가국들은 북한 핵 포기의 범위와 경수로 제공 문제를 미결로 남겨놓은 채 8월 29일에 시작되는 주에 회담을 속개하기로 하고 휴회했다. 다행스러운 것은 중국과 한·미·일·러는 회담 속개시 4차 초안을 논의의 출발점으로 하고 이를 바탕으로 최종합의가 이루어져져야 한다는 데 인식을 같이했다는 점이다. 북한도 이에 반대의사를 밝히지 않았다.

4차 6자회담 1단계 회의를 지켜보면서 나는 중국측의 조정 능력에 감탄했다. 중국대표단은 수시로 발생하는 다양한 접촉에서 논의되는 내용들을 반영하여 합의문 초안을 발전시켜나갔다. 자신들은 애초에 아무런 아이디어도 제시하지 않고 각국의 제안을 받아 하나의 초안으로 만들고, 그 이후 이해당사자들 간의 자유로운 접촉의 장을 만들어 조율해가는 솜씨가 대단했다.

그러나 내가 보기에 1단계 회의에서부터 누구보다 역동적으로 움직이며 논의를 진전시킨 것은 촉진자 역할을 한 한국대표단이었다.[10] 한국 대표단은 중대제안으로 향상된 우리의 주도력을 활용하여 미국 및 북한과의 접촉에서 양자간의 갭을 메우기 위해 노력했고, 중국과는 우호적인 협력관계를 유지하며 합의문 초안에 담길 문구 작성·조정을 협의했다.

4차 6자회담 1단계 회의는 비록 합의문을 만드는 데까지 이르지는 못했으나 6자회담 역사에서 새로운 이정표를 세웠다. 참가국들은 최초로 쟁점을 압축하는 지혜를 발휘했으며 4차 초안이라는 미래의 합의를 위한 확실한 토대를 쌓았다. 북한과 미국은 어느 때보다도 진지하게 회담에 임했으며, 하나의 틀 속에서 다양한 형식의 접촉이 이루어지면서 회담도 더욱 효율적이었다. 1단계 회의를 계기로 6자회담에서 남북협의가 일상화되었으며, 이 협의가 전체 논의를 촉진시키는 중요한 수단이라는 것도 확인되었다.

합의를 위한 잠시 동안의 정중동

　제4차 6자회담 2단계 회의가 열리기 전까지 휴회 기간은 '쉬는 기간'이라는 뜻과 달리 그야말로 '정중동靜中動'의 기간이었다. 정부는 안으로는 2단계 회의 대책을 준비하고 밖으로는 조용히 6자회담 참가국들과의 협의에 나섰다. NSC 상임위원회는 휴회 기간 중 대외협의를 위한 지침을 다음과 같이 정했다. ① 4차 초안의 유효성이 지속됨을 재확인하고 ② 미결 핵심쟁점인 1조 2항(북핵 폐기 및 평화적 이용 관련)과 관련하여 각측에 우리 입장을 분명하게 전달한다는 것이었다.

　사실 북한의 '평화적 핵 이용권리' 대해서는 정부는 이미 대통령 지시가 있었기 때문에 일찌감치 입장을 정해놓고 있었다. 대통령은 협상 경과를 보고받고 북한 핵의 평화적 이용에 관해 "정당한 절차가 충족되면 당연히 권리를 갖는 것 아니냐"고 반문하며 "북한이 핵무기 포기 수용을 명백히 하는 한, 평화적 이용의 문제는 협상으로 풀 수 있는 문제"라고 기준을 제시했다. 대통령은 '핵의 평화적 이용'을 제한하는 문제로 6자회담이 깨지면 "한국에서 볼멘소리가 나올 가능성이 있다는 점을 미국 정부에 분명히 전달하라"고도 말했다. 뿐만 아니라 비공개 남북통로를 통해 김정일 위원장에게 평화적 핵 이용권에 대한 남측의 생각을 밝히며 회담 타결을 위한 결단을 촉구하기도 했다.

　NSC 상임위는 2단계 회의에서 예상되는 쟁점을 사전에 참가국들과 조율하고 협조를 강화하기 위해 정부 고위 인사를 미·중·일·러에 파견하고, 남북채널을 통해 북한과도 협의하기로 결정했다. 반기문 외교부장관이 미국과 중국을, 내가 러시아와 일본을 맡기로 했다. 북한은 정동영 통일부장관이 8·15 민족대축전에 참가하기 위해 서울을 방문하는 임동옥 통일전선부 제1부부장과 협의하기로 했다.

　이와는 별도로 북한대표단이 청와대를 방문할 때 노 대통령이 김정일 위원장에게 관련 메시지를 전하도록 건의했다. 이에 따라 8월 17일 청와대를 방문한 김기남 조선노동당 비서와 임동옥 등에게 노 대통령은 북한의 평화적 핵 이용권과 관련하여 "이 문제에 대해 원칙은 명백하더라도 유연하게 대응해주기 바란다"는 메시지를 김정일 위원장에게 전해달라고 부탁했다. 또 "핵심 문제는 북미간 대화를 통해 타결해야지 우리가 북한 편을 든다고 해결되는 것이 아니"라며 "북미간 대화를 유연하게 해서 관계를 정상화하고 협력적으로 문제를 풀어가는 것이 가장 현실적"이라는 메시지도 전했다.

한편 내가 방문하기로 한 러시아와 일본은 1단계 회의에서 존재감을 나타내지 못한 나라들이었다. 특히 일본은 미국의 입장을 거의 그대로 따라가는데다가 북한이 접촉을 기피함으로써 사실상 '꾸어다 놓은 보릿자루'마냥 역할을 하지 못했다. 그러나 남은 쟁점을 타결하여 공동의 합의문을 만들어야 하는 2단계 회의에서는 다를 것이다. 러시아와 일본이 해야 할 역할이 분명히 있었다. 먼저 러시아는 북한과 미국을 견인할 수 있는 영향력을 어느 정도 지닌 나라였다. 나는 러시아가 쟁점인 1조 2항에 대해 상식과 합리성에 기초해서 확고하게 자기 입장을 밝히며 균형을 잡아주면 타결이 훨씬 쉬워질 것이라고 생각했다. 반면에 일본의 역할은 조금 다른 데 있다고 보았다. 일본은 6자회담 논의 진전에 크게 도움을 줄 만한 지렛대를 가지고 있지 못했다. 그러나 나는 2단계 회의에서 중국이 만들어낼 5차 초안에 일본이 어떤 입장을 취하느냐가 공동의 합의문 도출 여부에 크게 영향을 미치리라고 판단했다.

중국은 4차 초안 1조 2항에 북한이 제시한 문구를 버리고 미국이 희망하는 문구를 넣었다. 그 결과 미국으로부터는 환영을 받았으나 북한의 강한 반대에 부딪쳤다. 그런데 중국은 미국의 입장에 반발하는 북한을 내심 이해하고 있었다. 그런 점을 미루어보면 중국이 2단계 회의에서 내놓을 내용이 어느 정도 짐작이 갔다. 중국은 미국이 고수하는 북한 핵폐기의 범위('모든 핵무기와 핵 계획' 혹은 '모든 핵무기와 현존하는 핵 계획')를 그대로 놔두는 대신에 북한의 '평화적 핵 이용권'을 분명하게 인정하는 문구나 문항을 추가하여 균형을 잡으려 할 것이다. 이미 중국은 8월 11~13일 중국을 방문한 반기문 외교부장관에게 "미국이 '모든 핵무기 및 핵 계획 포기' 입장을 관철하기 위해서는 북한에게 현재 수준 이상의 실질적인 상응 조치를 해주는 것이 필요할 것"이라는 의견을 내놓았다.

그러나 5차 초안에 북한의 입장을 배려한 문항이 반영되면 미국은 반대할 것이 분명했다. 미국이 끝내 반대하면 회담은 파국을 맞을 수밖에 없다. 한국 정부가 가장 우려하는 시나리오였다. 이를 막기 위해서는 4차 초안 때와는 반대로 이번에는 '미국 대 한·중·일·러·북'이라는 '1 대 5' 구도를 만들어서 미국을 압박해야 할지 모른다. 이런 '1 대 5' 구도가 되면 북한은 판을 깰 수 있어도 6자회담을 출범시킨 주역이자 세계 초강대국인 미국은 체면상 그렇게 하지 못할 것이다. 바로 이런 구도를 만들려면 일본의 협력이 필요하다. 만약 일본이 미국의 반대에 동조하면 미국이 회담 결렬에 부담을 덜 느낄 것이기 때문이다. 이러한 상황을 막기 위해서는 2단계 회의에서 일본과의 협력이 매우 중요했다.

나는 8월 21일 모스크바를 방문하여 알렉세예프 외무차관과 스파스키 안보회의 부서기를 만났다. 러시아측은 회담 재개에 대해 다소 부정적인 전망을 가지고 있었지만, 평화적 핵 이용권에 대한 입장은 한국 정부나 중국 정부의 입장과 크게 다르지 않았다. 나는 앞으로 러시아가 적극적인 자세로 임해줄 것을 청하면서 8월 23일 일본으로 떠났다.

사실 나는 일본에 가기가 싫었다. 뒤에서 살펴보겠지만 2004년 12월 비밀방문이 실패로 끝난 좋지 않은 기억이 남아 있었고, 독도 및 과거사 문제로 한일관계가 악화되어 있었기 때문이었다. 게다가 한국 야당의원이 야치 외무차관에게 들었다며 "일본은 미국으로부터 핵과 군사 관련 정보를 얻고 있지만, 미국이 한국 정부를 불신하기 때문에 한국에는 관련 정보를 제공하지 않는다"는 왜곡된 얘기를 언론에 흘려 정부를 난처하게 한 지 얼마 되지 않은 터라 더욱 가기 싫었다. 바로 그 야치 외무차관이 내가 일본에 가서 상대해야 할 핵심 파트너였다. 그러나 북핵문제의 진전을 위해서는 가릴 여유가 없었다.

일본은 나의 방문을 환영했으며, 앞으로 6자회담에서 양국간 협력을 강화하자는 희망을 표명했다. 일본은 북한의 평화적 핵 이용권에 대해 기본적으로 한국의 입장에 동의하나 우선 역할분담 차원에서라도 당분간 일본이 상대적으로 원칙적 입장을 견지하는 것이 북한 설득에 효과적이지 않겠냐고 하면서, 마지막 단계에 가서는 유연성을 보일 뜻을 비쳤다. 야치 외무차관은 6자회담 1단계 회의에서 북한대표단이 회담이 끝난 후 한 차례만 짧게 일본대표단과 접촉을 가졌을 만큼 일본과의 협의를 꺼렸으며 한일협의도 여의치 않았다고 불만을 표시했다. 나는 2단계 회의에서는 한일간 협력을 강화하고 북한을 설득하여 북일 접촉이 정상적으로 이루어지도록 노력하겠다고 약속했다. 대신 2단계 회의에서 공동의 합의문이 나올 수 있도록 공동보조를 취해야 한다는 점을 거듭 강조했다. 일본측도 나의 이 제안에 긍정적이었다. 나는 귀국하면서 이번 방일을 통해 일본이 미국편에 서지 않게 할 수 있는 협력기반을 마련했다고 생각했다. 2004년 12월 방일 때에 비하면 성과가 있었다.

그 사이 반기문 외교장관은 미국을 방문하여 라이스 국무장관, 럼스펠드 국방장관 등을 만나 원활한 2단계 회의를 위한 사전 정지작업을 했다. 특히 반 장관은 라이스 장관에게 북한의 평화적 핵 이용과 관련하여 미국이 유연한 태도를 보여달라고 요청했으며, 라이스로부터 "일정 조건하에서 미측이 유연성을 취할 것"이라는 대답을 받아냈다.

국내에서는 8월 15일 밤늦게 워커힐 호텔에서 정동영 통일부장관과 임동옥 북한 노동당 통일전선부 제1부부장 사이에 핵 관련 논의가 있었다. 이 자리에는 나도 참석했다. 임동옥은 1조 2항과 관련한 북한 입장을 설명했다. 우리는 북한에 중대제안의 의미를 강조하고 1조 2항에 대해서는 북한의 유연성 있는 대응을 요청했다.

한편 한국 정부는 8월 말에 북한을 다녀온 우다웨이 중국 외교부 부부 장으로부터 2단계 회의에 임하는 북한의 전략을 사전에 들을 수 있었다. 그에 따르면 북한 전략의 핵심은 '현재의 모든 핵 프로그램을 포기한다면 반드시 이에 대한 상응조치가 수반되어야 하며, 그 보상의 상징으로서 경 수로 제공을 요구하는 것'이었다. 북한 당국은 우다웨이 부부장에게 "자 신들이 요구하는 경수로는 1994년 당시의 경수로가 아니며, 여러 국가 들이 공동 관리할 수 있고, 북한으로 들여오는 모든 핵 재료에 대해서도 국제사회가 공동관리할 수 있는 경수로"라고 말했다. "만일 '경수로' 라 는 세 글자가 공동문건에 포함되지 않는다면 북한은 어떤 문건에도 서명 할 수 없다"고 주장했다. 우다웨이 부부장은 9월 7일 김하중 주중대사에 게 이러한 내용을 전달하면서 6자회담에서 '경수로와 북한의 비핵화를 바 꾸는 방안'이 가치 있는지 검토가 필요하다는 견해를 밝혔다. 그리고 사 견임을 전제로, 필요시 중국으로서는 경수로 제공을 위한 자금을 지원할 수 있으며, 6자회담 참가 5개국이 공동으로 자금을 지원한다면 북한에 경수로를 제공할 수 있을 것이라고 덧붙였다.

그는 경수로 문제와 관련해서 한국이 미국을 설득해달라고 요청했다. 미국은 중국이 북한의 입장에서 이야기를 한다고 생각하기 때문에 중국 이 설득하는 건 효과가 적다는 것이다. 그는 미국을 설득하는 데 가장 적 합한 측은 일본이지만, 지금 일본과 북한의 관계가 좋지 않기 때문에 일 본이 그런 역할을 하지는 않을 것이라며 안타까워했다.

중국 정부는 6자회담과 관련한 많은 정보를 한국 정부와 공유했다. 이 러한 한중간 신뢰의 밑바탕에는 김하중 대사라는 뛰어난 외교관이 있었 다. 우다웨이-김하중 면담을 통해서 정부는 북한의 회담 전략뿐만 아니 라 중국대표단이 내놓을 1조 2항 관련 내용의 수정 방향을 짐작할 수 있었다.

중국의 2단계 회의 전략은 분명해 보였다. 중국으로서는 1단계 회의 4차 초안 작성과정에서 북한의 주장에 대해 동조하는 듯하다가 최종적으로 미국이 원하는 표현을 명기하여 북한의 강력한 반발에 부딪쳤기 때문에 2단계 회의에서는 북한의 양보를 요구할 수 없었다. 중국은 미국이 원하는 1조 2항의 핵심 문구를 그대로 두는 대신에 북한에게 주어야 할 인센티브로 '경수로'를 어떻게 하면 무리하지 않고 합의문에 넣을 수 있을까 고심하고 있었다.

솔직히 북한이 핵을 포기하는 대신에 경수로를 제공하는 문제에 대해서 미국이 반대해서 말을 못할 뿐이지 한국 정부로선 반대할 이유가 없었다. 매일같이 북한의 핵 위협을 안고 사는 한국 입장에서는 거래해볼 만한 가치가 있는 아이디어였다. 애초에 1994년 북미 제네바기본합의에서 미국은 흑연감속로를 사용한 원자력 발전은 핵무기 생산이 가능한 플루토늄을 생산할 수 있지만, 경수로 발전은 그 가능성이 낮다고 판단해서 북한에 경수로를 제공하기로 결정했었다. 그런데 지금에 와서 경수로조차도 핵무기 생산에 이용될지 모른다며 반대하는 건 너무 논리가 군색했다. 더욱이 북한이 말한 대로 경수로를 '제공한 국가들'이 그것을 공동 관리하는 등 안전장치를 마련할 수 있다면 미국도 반대만 할 일은 아니라고 생각했다. 그러나 네오콘이 장악하고 있는 부시정부는 '경수로'라는 세 글자만 나와도 알레르기 반응을 보였다.

역 '1 대 5' 구도의 형성과 9·19공동성명의 탄생

4차 6자회담 2단계 회의는 예정보다 2주 늦은 9월 13일부터 베이징에서 열렸다. 북한이 9월 2일에 종료되는 남한의 을지훈련과 미국의 대북인권특사 임명을 빌미로 삼아 회담을 연기시킨 것이다.

정부는 9월 12일 북핵 고위급 전략회의를 열어 우리의 입장을 확정했다. 핵심 쟁점인 1조 2항에 대해서는 "북한이 '모든 핵무기와 핵 프로그램' 포기시, NPT 복귀, IAEA 안전조치를 이행할 경우 핵의 평화적 이용 권리를 행사할 수 있다"고 입장을 정했다. 미국에 대해서는 핵의 평화적 이용을 표현하는 구체적인 문안에서 신축성을 보이도록 유도하며, 북한에 대해서는 평화적 핵 이용권 확보에 주력하는 것은 인정하되, 4차 초안의 여타 사안에서 발생하는 쟁점에 대해서는 협조하는 자세를 취하도록 설득하기로 했다. 북한의 경수로 제공 주장에 대해서는 '권리보유' 수준에서 타결을 모색하기로 했다.

경수로 문제를 합의문에 명기하느냐의 여부가 2단계 회의의 운명을 좌우하리라는 것이 회의 첫날 명백해졌다. 9월 13일 한중 양자협의에서 중국측은 미국이 북한의 경수로 제공 요구를 수용하지 않으면 '모든 핵 계획 포기'라는 표현을 포기해야 할 것이라며, 이번 회담의 핵심이 경수로 문제의 해결이라는 점을 분명히 했다. 우리측이 현 단계에서는 원칙에 합의하고 경수로 등 구체적인 문제는 추후에 논의하자고 하자, 중국측은 그것은 "경수로를 논의하지 말자라는 현실회피"라고 지적할 정도로 확실한 의지를 보였다.

이어서 열린 남북 접촉에서 김계관 외무성 부상은 송민순 차관보에게 경수로 제공 문제가 핵심이라고 일관되게 강조하면서 "경수로 문제는 기본적으로 정치적 의지의 문제로서 의지만 확인된다면 제공시기는 신축적일 수 있다"는 입장을 내보였다.

9월 14일 오전에는 한러 양자협의가 있었다. 러시아의 입장도 중국 입장 못지않게 분명했다. 러시아 수석대표인 알렉세예프 차관은 "왜 주권국가가 평화적 핵 이용권이 없다는 것인가? 이에 대한 미국의 논리를 설명해달라"고 주문했다. 송 차관보가 "미국의 입장은 그런 것이 아니다"라고 말하자 그는 "정확히 반나절 전에 힐 차관보가 명백하게 북한은 그 권리를 갖고 있지 않다고 나에게 말했다"며 반박했다. 송 차관보가 "가장 큰 문제는 북한이 2월 10일에 핵무기를 보유했다고 성명을 발표했다는 데 있다"고 대답하자 그는 다음과 같이 분명히 강하게 반박했다. "그래서 뭐가 어떻다는 것인가? 어떤 나라도 당장 내일이라도 핵무장을 했다는 발표를 할 수 있다. 그러나 중요한 것은 북한이 자신들의 핵 인프라를 전부 폐기할 의사가 있음을 밝혔고, 그렇다는 전략적인 결정을 내렸다고 얘기하고 있으며, 이런 내용을 문서화하는 데 동의했다는 점이다. 내가 보기에 우리는 역사적인 기회를 포착하지 못하고 있다. 우리는 원칙적인 합의문에 합의하자는 것이지 합의의 실패 가능성을 일일이 검토해보자는 것이 아니다. 구체적 검증 등은 나중에 다른 자리에서 논의되어야 하는 사안들이다."

사실 중국과 러시아의 이런 입장은 한국의 입장과 대동소이한 것이었다. 다만 한국대표단은 향후 미국을 설득해야 하는 부담을 안고 있기 때문에 최초 양자 접촉에서는 전술상 다소 소극적인 입장을 보였을 뿐이었다. 나는 중국과 러시아 대표단의 분명한 입장을 보고받고 내심 공동합의문 도출의 가능성이 높아졌다고 생각했다. 미국이 아무리 초강대국이고 현재 미국 외교를 네오콘이 지배하고 있지만 6자회담에서 강대국인 중국이나 러시아의 발언을 쉽사리 무시하기는 어렵다. 그동안 미국 눈치를 보며 좀처럼 명확한 입장 표명을 꺼렸던 중국과 러시아가 1조 2항에 대해 분명하게 미국과 반대되는 입장을 밝혔으니, 그만큼 한국 정부가 미국을 설득하기 쉬워졌다고 생각했다.

문제는 일본이었다. 일본만 경수로를 포함한 북한의 평화적 핵 이용권을 인정하면 미국은 '1 대 5'의 구도로 몰리게 된다. 그렇게 되면 미국은 결국 기존 입장을 변경할 수밖에 없을 것이다.

이심전심일까? 한·러 협의에 이어 곧장 열린 한일 협의에서 송민순 차관보는 일본의 입장을 견인하는 협상전략을 구사했다. 일본 수석대표인 사사에 국장은 북일 접촉을 가져 한 시간 넘게 북한과 협의했다며 이 접촉의 성사를 지원한 한국대표단에 감사의 뜻을 전했다. 이어 송민순 차관보에게 "북한이 핵무기와 핵 계획 폐기에 관한 입장이 매우 명백하다면 북한의 평화적 핵 이용 권리는 가능하다고 본다. 경수로를 여기에 포함시킬지의 여부를 논의하는 것은 지금 이야기하기는 곤란하나, 우리는 유연성을 발휘하는 것이 가능하다는 입장"이라고 밝혔다. 이에 송 차관보가 '북한이 모든 핵폐기 공약을 하고, 대신에 나머지 국가들이 북한이 경수로를 포함한 평화적 핵 이용권이 있다'는 '말 대 말 패키지'를 설명하자 "이해하겠다"며 "일본의 최종 결론은 이러한 '말 대 말 패키지formulation'가 우리의 상정 범위 내에 있다는 것"이라고 확인해주었다. 이 보고를 받고 나는 우리 대표단이 일본이 미국 입장에 동조할 수 있는 길을 차단했다고 판단했다. 나는 송 차관보의 협상력에 경의를 표하고, 혹시 일본이 미국의 압력을 받아 입장을 변경시키지 않도록 대표단에 계속 유의해달라고 부탁했다.

이제 남은 건 미국뿐이었다. 미국은 9월 14일 오후 북미 양자 접촉에서는 북한의 경수로 제공 요구에 "100% 안 된다"고 딱 잘라 대응했다. 그러나 이미 대세는 미국의 의도와 다른 방향으로 흐르고 있었다.

나는 NSC사무처에서 박선원 국장과 이여진 과장을 파견하여 북한측과 매일 만나 설득하여 판을 깨지 못하도록 견인하고, 북한과의 접촉 내용을 미 NSC에 알려주라고 지시했다. 이들은 실제로 2단계 회의 기간 중 미 NSC 인사들과 수시로 만났으며 북한측과도 7차례나 실무 접촉을 가졌다. 9월 14일 밤, 박선원 국장과 이여진 과장은 미 NSC의 빅터 차와 빌 토비 보좌관을 만나 이제 미국만 빼고 다른 5개국은 경수로 제공에 동의했다며 그동안의 각국 동향을 설명해주었다.[11] 박선원 국장은 1차 회담부터 4차 회담까지 북한이 요구한 14가지 항목을 정리한 표를 보여주면서 "이 중 경수로를 제외하고는 모든 요구조건이 이미 충족되었으므로 북한이 원하는 경수로 문제만 어느 정도 만족시켜주면 합의문 도출이 가능하다고 본다"며 미측의 태도 변화를 촉구했다.

이제 남은 과제는 세 가지였다. 첫째, 중국이 1조 2항을 수정한 합리적이고 균형 잡힌 5차 초안을 내는 것이고 둘째, 한국과 중국이 미국을 설득하는 것이며 셋째, 북미 접촉 등에서 예기치 않은 갈등이 폭발하여 북한이 돌발적으로 회담장을 박차고 나가지 않게 하는 것이었다.

먼저 세번째 과제를 위해서 노 대통령이 직접 움직였다. 노 대통령은 유엔총회에 참석차 뉴욕을 방문해서 한 코리아 소사이어티 연설(9월 16일)에서 냉전으로 비롯된 북미간의 적대적 불신관계를 근원적으로 해결하기 위해서는 북미관계의 정상화를 진지하게 검토해야 한다고 주장했다. 이러한 대통령의 주장에 미국은 달가워하지 않겠지만 객관적인 사실에 기초한 문제제기였다. 그리고 더 중요한 것은 미국으로부터 자신의 실체를 인정받기를 열망하는 북한을 고무시킬 수 있다는 점이었다. 대통령은 한국의 균형적인 입장을 보여줌으로써 북한이 6자회담에 남아 있는 편이 뛰쳐나가는 것보다 훨씬 남는 장사라는 점을 인식시키고자 했다. 실제로 코리아 소사이어티 연설이 있은 직후 남북 실무 접촉에서 북한측의 한성렬은 박선원 국장에게 "오늘 노 대통령께서 코리아 소사이어티에서 하신 말씀을 들었다"며 사의를 표시했다.

정동영 통일부장관도 9월 13~16일 평양에서 개최된 남북장관급 회담에서 북한이 이번 회담에서 공동의 합의문이 탄생할 수 있도록 전략적 결단을 내릴 것을 촉구했다. 정 장관은 또 북일간 대화 재개를 희망하는 일본의 메시지를 전달하고 북한이 북일관계 개선에 적극 나설 것을 촉구했다. 한일관계가 불편한 가운데서도 이처럼 한국 정부가 북일관계 개선을 위해 중재자로 나선 것은 북일관계 자체가 한반도 평화에 긴요할 뿐만 아니라 2단계 회의에서 한일협력을 강화하기 위한 포석이기도 했다.

9월 16일 중국측은 복잡한 협의과정을 거쳐서 경수로 문제를 추가한 5

차 초안을 공개했다. 그리고 9월 17일 15시에 전체회의를 개최할 터이니 그때까지 각국의 수용여부를 통보해달라고 요청했다. 9·19공동성명의 원형이 된 5차 초안에서 1조 2항은 미국이 원하는 대로 그대로 두되, 평화적 핵 이용권을 떼어내 별도로 1조 6항을 신설하여 경수로 제공문제를 함께 담았다. 그 문항은 다음과 같다.

- 조선민주주의인민공화국은 모든 핵무기와 현존하는 핵 계획을 포기할 것과, 조속한 시일 내에 핵확산금지조약NPT과 국제원자력기구IAEA의 안전조치에 복귀할 것을 공약하였다.(1조 2항)
- 조선민주주의인민공화국은 핵에너지의 평화적 이용에 관한 권리를 가지고 있다고 밝혔다. 여타 당사국들은 이에 대한 존중을 표명하였고, 적절한 시기에 조선민주주의인민공화국에 관한 경수로 제공문제에 대해 논의하는 데 동의하였다.(1조 6항 신설)

5차 초안에 대해 미국대표단을 제외한 5개국이 동의하는 입장을 보였다.[12] 그러나 예상대로 미국의 반응은 부정적이었다. 미국은 중국측에 5차 초안에서 '경수로'라는 세 글자를 삭제하기를 희망했으며, 그것이 불가능하다면 북한이 핵을 완전히 폐기하기 전에는 경수로 제공 논의를 할 수 없도록 하기 위해 1조 6항의 "적절한 시기에" 앞에 "북한이 자신의 의무를 이행한 후에"라는 문구를 삽입해달라고 요청했다. 힐 차관보는 송민순 차관보에게도 같은 입장을 피력했다. 이에 송 차관보는 "우리도 5차 초안에 완전히 만족하는 것은 아니지만 한반도 비핵화와 북핵 폐기에 대한 원칙적 목표 합의에 도달하기 위한 것이 이번 회담의 목표라는 관점에서 볼 때, 동同 초안이 이러한 사항을 잘 반영하고 있다고 본다"고 답변했다. 또한 "미국이 가능할 것으로 보이지 않는 완벽the perfect을 택하기 위해 현실적으로 가능한 이익the good을 희생시키지 않을까 우려된다"고 지적하고, 한국 정부가 미측 입장을 공식적으로 지지할 수 없다는 점을 분명히 했다. 우리의 이런 반대는 미국의 입장을 수용하기 싫어서가 아니라 그 문항을 고치려 할 경우 이번에는 북한이 반발하여 문제가 더 복잡해질 수 있기 때문이었다.

미국의 반대로 최종 합의가 불가능해지자 중국측은 휴회를 검토했다. 그러나 이대로 끝낼 수는 없었다. 현재 합의문에 대한 공감대는 9부 능선을 넘고 있으나, 만약 휴회를 한다면 그 사이에 무슨 일이 발생할지 장담할 수 없었다. 미국도 '1 대 5'의 상황에서 자신만이 반대해서 휴회를 한다는 데 부담을 느끼고 있었다. 우리 대표단은 중국을 설득하여 9월 18일 수석대표회의를 다시 열기로 했다.

우리는 9월 17일로 예정되어 있는 한미외교장관 회담에 기대를 걸었다. 국제사회에서도 최고의 외교관으로 평가받고 있는 반기문 장관의 협상력을 믿어본 것이다. 반 장관은 우리의 기대를 저버리지 않았다. 한미의 외교장관은 두 차례의 전화통화와 한 차례의 공식회담, 그리고 또 한 차례의 리셉션 대화를 통해 극적으로 합의를 도출해냈다. 라이스 장관이 중국의 5차 초안을 미국이 그대로 수용하되, 전체회의에서 미·한·일·러가 "적절한 시기에"의 의미를 '북한의 NPT 복귀와 IAEA 안전조치 이행에 따른 신뢰회복 및 핵폐기 이후라고 이해한다'라는 발언을 하자고 제안하자 반 장관이 이를 수용한 것이다. 미국의 체면을 최소한이라도 세워주면서 합의를 도출해내기 위한 절묘한 아이디어였다.

그러나 나는 대북정책에서 대국적인 관점에서 통 크게 결정하지 못하고 사사건건 의심하며 물고 늘어지는 부시정부의 태도가 이해되지 않았다. 그들은 그렇게 하면 북한을 다룰 수 있다고 생각했지만 그런 방식은 단 한 번도 성공하지 못했다. 설령 북한에게 제공할 경수로 논의를 당장 시작하더라도 워낙 시간이 많이 소요되는 것이기 때문에 북한이 핵을 폐기하는 것보다 앞서 건설할 수도 없다. 그리고 북한이 NPT 복귀와 IAEA

안전조치 이행을 실현한 뒤 핵폐기를 해야 6자회담의 나머지 참가국들이 경수로 발전소의 키key를 북한에 건넬 수 있다. 물론 경수로 건설과정에서 북한이 핵 포기 약속을 위반한다면 그 경수로는 다시 신포 경수로 꼴이 나고 만다. 그러나 북핵 포기가 워낙 중대사이기 때문에 그런 위험부담을 무릅쓰고서라도 경수로 비용을 부담할 수밖에 없는 한·중·일·러가 "적절한 시기에"를 수용하기로 했는데, 막상 경수로 제공에는 한 푼도 돈을 낼 수 없다고 천명한 미국이 딴지를 걸고 있는 것이다. 솔직히 나는 부시정부가 정말 북핵 포기를 열망하는 것인지 의심하지 않을 수 없었다.

결국 4차 6자회담 폐막식에서 한국과 일본은 각각 약간의 뉘앙스 차이는 있으나 미국이 주문한 '경수로 제공 시기'에 대해 간단하게 짚고 넘어갔다. 러시아는 아예 언급하지 않았다. 그러나 미국은 매우 완강한 톤으로 길게 이 문제를 제기해 북한의 반발을 샀다. 비록 흔쾌하지는 않았지만 나는 단순히 북핵문제만 해결하는 것이 아니라 북미관계 정상화와 북일관계 정상화, 한반도 평화체제 수립에 이르기까지 동북아 냉전질서의 지각변동을 예고하는 초대형 합의를 만들어내면서 이 정도 모호성은 있을 수 있다고 보았다. 그리고 향후 이행과정에서 창의적인 대안을 내놓고 북미간에 신뢰가 구축되기 시작하면 충분히 해소할 수 있는 문제라고 생각했다.

이로써 모든 것이 완료되었다. 다만 한 가지 문구 수정이 있었다. 힐 차관보는 2005년 9월 18일 아침 송민순 차관보를 만나 반기문-라이스 간 한미외교장관 협의 내용 등을 반영하여 5차 초안을 수용하라는 훈령을 받았다고 알려주었다. 대신에 미국은 5차 초안에서 미국과 북한의 적대관계 해소와 관계정상화를 규정한 2조 2항에 명기된 "평화적으로 공존하며"의 영어표현인 "coexist peacefully"가 냉전시기 소련의 흐루시초프가 제창한 평화공존peaceful coexistence 개념을 연상시킨다며 바꿀 것을 요구해 "exist peacefully together"로 수정했다. 러시아를 전공한 학자 출신인 라이스 장관의 지시였을 것이다. 결국 긴 협상 끝에 역사적인 9·19공동성명이 탄생했다. 그 요지를 살펴보면 아래 표와 같다.

〈9·19공동성명 핵심 내용〉

1조. 비핵화(북핵 폐기/북한 안보 우려 해소)	○북한은 모든 핵무기와 현존 핵 프로그램 포기, NPT 및 IAEA 안전조치 복귀 ○미국은 핵무기/재래식 무기에 의한 대북공격·침공 의사 불보유 ○한국은 남한 내 핵무기 부재 및 불접수·불배비 공약 재확인 ○남북한은 한반도 비핵화 공동선언 준수·이행 ○북한은 평화적 핵 이용 권리 보유, 여타국은 이를 존중하고 적절한 시기에 경수로 제공문제 논의에 동의
2조. 관계 정상화	○상호관계에 있어 UN헌장·국제 규범 준수 ○북·미간 상호 주권 존중, 평화적 공존, 관계정상화 조치 ○북·일 관계정상화 조치
3조. 대북국제지원	○에너지, 교역 및 투자 분야 경제협력 증진 ○대북한 에너지지원 제공 용의 표명 ○한국은 200만Kw 전력공급 제안 재확인
4조. (평화체제) 한반도 평화비전	○직접 당사국들 별도 포럼에서 한반도 평화체제 협상 개최 ○동북아 안보협력 증진 방안 모색
5조. 이행 원칙	○'공약 대 공약' '행동 대 행동' 원칙, 단계적 상호 조율된 조치
6조. 차기 회담	○11월 초 북경

한국 정부가 제안한 중대제안은 9·19공동성명 3조 4항에 "대한민국은 조선민주주의인민공화국에 200만 킬로와트의 전력공급에 관한 2005년 7월 12일의 제안을 재확인하였다"라는 문항으로 명기되었다. 이로써 중대제안은 북한에 대한 경제적 보상이나 지원을 대체하지는 않았으나 향후 9·19 공동성명의 이행을 촉진하고 경수로 제공 등 논란 가능성이 높은

2005년 9월 20일 노무현 대통령이 6자회담에서 9·19공동성명을 탄생시킨 우리 대표단을 초청해 만찬을 열었다.(노 대통령 왼쪽부터 정동영 통일부장관, 송민순 외교부 차관보, 조태용 북핵기획단장, 박선원 NSC 행정관) 대통령은 평화로 가는 길을 일궈낸 이들의 공로를 치하하고 격려했다. 이때는 대통령은 물론 누구도 이 소중한 합의가 짓밟힐 줄은 몰랐다.

쟁점 사안에 대한 안전판으로 기능할 수 있게 되었다. 나는 9·19공동성명을 도출하기까지 중대제안이 다음과 같은 역할을 했다고 생각한다.

첫째, 중대제안은 6자회담 재개를 촉진하고 9·19공동성명 탄생의 기반이 되었다. 이미 6자가 공유하는 북핵문제 해결의 기본 공식은 북한의 핵폐기와 경제보상을 교환하는 것이다. 여기서 한국 정부가 경제보상을 책임지겠다고 나선 것이 중대제안이었다. 중대제안으로 인해 6자회담의 논의가 북한의 체제 안전보장 문제에 초점을 맞추는 쪽으로 보다 간명해졌다. 경제적 보상 문제에 대한 논의가 중대제안대로 전개되지 않았지만 참가국들은 중대제안이라는 안전판을 가지고 협의를 했기에 그만큼 여유가 있었고 합의 가능성이 높아질 수 있었다.

둘째, 북핵문제 해결을 위해 한국 정부가 대규모 재정 부담을 안은 헌신적인 결단을 함으로써, 중대제안은 다른 6자회담 참가국들의 협상조건을 완화시키고 보다 적극적으로 회담에 임하는 데 커다란 자극제가 되었다.

셋째, 중대제안으로 6자회담에서 한국의 주도권이 훨씬 강화되고, 한국 정부의 위상이 촉진자를 넘어 때때로 균형자 역할까지 했다. 실제로 4차 6자회담에서 회담 성공을 위해 전방위적인 노력을 기울인 나라는 중국과 한국뿐이며, 미국과 북한을 비롯한 다른 참가국들은 이러한 한국의 위상을 자연스럽게 인정했다.

이렇게 해서 대결과 갈등으로 점철되어온 한반도를 평화와 협력지대로 바꾸기 위한 구상을 담은 역사적인 9·19공동성명이 탄생했다. NSC가 2004년 11월 5일에 대통령께 "2005년에는 북핵 돌파구를 마련하겠다"고 보고한 지 11개월 만이었다. 9·19공동성명은 한반도를 넘어서 동북아 전체의 안보지도를 바꾸는 엄청난 합의였다. 아마 이 성명이 제대로 이행되었다면 지금쯤 한반도평화체제가 한창 건설되어 있고 동북아 다자안보협력체가 가동되었을 것이다. 또한 남북경제협력이 심화되어 우리는 한반도경제 시대를 열어가며 새로운 도약을 해냈을 것이다.

참여정부는 이 거대한 합의가 이루어지는 데 소극적으로 기다리거나 특정한 편을 추종한 것이 아니라 때로는 촉진자로서 때로는 균형자로서 여러 어려움을 극복하고 중국과 함께 협상을 주도했다. 이를 통해 한국 정부가 한반도 냉전체제 해체와 분단극복 과정에서 주도적 역할을 수행할 능력이 있다는 것도 국제사회에 보여주었다. 그렇지만 그 당시 나는 6자회담 참가국들이 그렇게도 힘들게 노력하여 이룩해낸 이 소중한 합의가 강대국의 일방주의로 그렇게 쉽게 유린될 줄은 몰랐다.

4
흔들리는 평화의 꿈

> 노 대통령은 한반도의 평화가 북핵문제에 좌지우지되고, 온 국민이 그
> 해결의 향방을 보며 가슴을 졸이는 대한민국의 대통령으로서, 이제 8부
> 능선을 넘고 있는 6자회담이 'BDA 사건'으로 좌초되는 것을 막기 위해
> 이처럼 미국 대통령을 상대로 힘겨운 싸움을 했다.

9·19공동성명을 유린한 'BDA 사건'

2005년 9월 17일 아침, 9·19공동성명을 탄생시키기 위한 산고가 절정
에 다다랐을 때였다. 주미한국대사관으로부터 짤막한 외교전문 한 통이
날아왔다. 위성락 공사가 미 NSC 관계자를 통해 확인한 것으로 "미 재무
부가 9월 15일에 북한 위장기업의 불법자금 세탁을 담당해온 홍콩 및 마
카오 은행들을 미국 애국법Patriot Act 311조에 따른 '돈 세탁 우려 대상'으
로 지정함에 따라 동 은행에 예금계좌를 가지고 있는 수백 명의 사람들이
은행에 몰려와 예금을 인출해가고 있다"는 내용이었다. 왠지 기분이 찜찜
했다.

지금 6자회담에서 북한이 핵을 포기하는 대신에 북미관계 정상화를 포
함해 전향적인 대북조치들을 함으로써 대합의를 이룩하려는 시점에 미국
의 한쪽에서 북한의 불법거래를 문제 삼아 금융제재를 가한다면 분명 6
자회담이 위험해질 수 있었다. 나는 이러한 불안감을 가지면서도 한편으

로 어차피 6자회담에서 합의가 이루어지면 그 정도는 미국 정부 내에서 충분히 조정을 하지 않지 않겠느냐고 생각했다. 솔직히 이 문제가 9·19 공동성명을 유린하고 남북이 2005년 가을로 잠정 합의한 남북정상회담을 무산시킬 'BDA 사건'이라는 괴물로 커질 줄은 상상하지 못했다.

9·19공동성명 직후부터 한국 정부는 5차 6자회담에 제시할 공동성명 이행 계획을 짜고 언제 제기될지 모를 '경수로 제공'에 대한 해법 마련에 주력했다. 특히 북한에 대한 '경수로 제공' 관련 논의는 미국의 거부감을 고려하여 아이디어 차원에서 동해안 지역 비무장지대DMZ 내에 경수로를 건설하여 북한에 송전하는 방식을 검토했다.

이처럼 정부는 부지런히 5차 6자회담을 준비하고 있었지만 한편으로 BDA 문제로 점점 불안이 커져갔다. 사태가 그렇게 간단하지 않았다. 미 재무부가 '9·11테러' 이후 테러리스트들의 자금 출처를 차단하기 위해 제정한 애국법에 근거하여 마카오 소재 중국계 방코델타아시아BDA 은행을 자금세탁 주요 우려대상으로 지정함으로써 미국 내 금융기관들은 BDA와의 직간접적인 금융거래가 사실상 금지되었다. 미 재무부는 이 조치의 배경에 대해 'BDA는 20년 이상 북한 정부기관 및 회사들에게 금융서비스를 제공해왔는데, 이 은행 간부들이 북한 관리들과 협조하여 달러 위조지폐를 다량 유통시킨 혐의가 있는 북한의 회사들에게 송금 등 편의를 제공해왔다'고 설명했다. 미국의 조치가 알려지자 BDA의 고객들은 예금 인출을 시작했다. 9월 28일 마카오 당국은 금융시장 안정을 위해 BDA에 정부 관리를 파견하여 관리토록 했으며, 북한 관련 계좌 자금 2500만 달러 상당을 동결했다.

시간이 흐를수록 상황은 쉽사리 풀리지 않을 것 같은 방향으로 흘렀다. 부시정부가 9·19공동성명을 고려하여 BDA에 대한 금융제재를 풀어주거나 완화하리라는 기대가 무너져갔다. 북한이 반발할 것은 분명했지만, 북한 당국도 BDA 제재가 자신에게 미칠 영향을 분석하고 있는 중일

터이니, 아직 그 강도를 짐작할 수 없었다. 우리는 미국이 그냥 풀어주지 않는다면 차선책으로 이 사건을 조기에 종결지어 북핵문제에 미치는 영향을 최소화하기를 원했다. 그러나 그것도 간단하지 않았다. 관련 조사를 하는 데만 수개월이 걸린다는 것이었다.

이런 상황 속에서 10월 18일 북한 외무성이 "미국의 BDA 제재는 선 핵포기 관철을 위한 우회적 압박공세"라며 반발했다. 이어서 10월 24일, 11월 상순의 5차 6자회담에 복귀하겠지만, 이 회담에서 미국측의 책임을 "따지고 계산할 것"이라고 선전포고를 했다.

나는 낙담했다. 도대체 BDA에 무엇이 있기에 미국이 이러는지 알 수 없었다. 우리도 국제사회에서 일부 북한 외교관들이 마약을 유통하고 간혹 위조달러를 유통하는 불법행위를 해왔다는 것은 알고 있었다. 그러나 지금은 북핵 포기와 북미간의 새로운 관계에 합의하는 중차대한 시점이 아닌가. 한국 정부는 오래전부터 '북한문제'라고 하는 것에는 인권·불법거래 등 많은 요소들이 있으나 지금은 그중에서 북핵문제에 최우선순위를 두고 집중해야 하며, 다른 요소가 북핵문제 해결에 장애가 되지 않도록 해야 한다고 주장해왔다. 부시 대통령 자신도 2004년 11월 산티아고 한미정상회담에서 노 대통령에게 그렇게 하겠다고 약속을 하지 않았던가.

곧 우리는 미국이 그러는 이유를 알게 되었다. 북한이 위조달러를 제조하고 있다는 것이었다. 사실이라면 심각한 문제였다. 아무리 북핵문제 해결이 중요해도 북한이 미국의 달러를 위조하여 제재를 가하고 있다면, 실로 엄중한 문제이기 때문에 미국의 조치를 이해할 수밖에 없다. 다시 말해서 'BDA 사건'의 본질이 달러 위폐제조(위조)라면 한국을 비롯한 제3국이 개입할 수 있는 공간은 거의 없다고 보아야 한다. 그렇게 되면 9·19공동성명은 위기에 처하게 될 것이다.

그러나 미국이 제시한 증거는 빈약했다. 북한이 구입한 화폐용 시변색

視變色 잉크 등을 증거로 제시했지만 그것은 달러 위조의 가능성을 말해줄 수는 있어도 확실한 증거가 될 수 없었다. 미국이 북한의 위조행위 입증을 위해 우리 정부에 수차례 협조를 요청하는 것으로 보아 '심증만 있지 물증을 확보하지 못한 것' 같았다. 내가 아는 북한정권은 확실한 증거를 제시해도 발뺌할 가능성이 높은 집단인데, 이렇게 부실한 단서들을 가지고서는 한반도 정세만 악화시킬 뿐이었다.

한국 정부도 확실한 입장을 가지기 위해서는 객관적 사실이 필요했기에 NSC사무처가 중심이 되어 자체적으로 조사를 실시했다. 그 결과 위조지폐 유통은 확실한 것 같지만, 달러 위조에 대해서는 가능성은 있으나 물증이 없어 확실히 규명하기 어렵다는 결론이 나왔다.

11월 초 베이징에서 열린 5차 6자회담 1단계 회의(11월 9~11일)는 북한이 예고한대로 'BDA 사건'으로 인해 파국적이었다. 김계관 북한 외무성 부상은 회담 직전에 열린 남북협의에서 "미국의 대북 금융제재 조치는 북한 체제전복 및 선 핵 포기 요구를 관철하려는 목적에서 비롯된 것으로, 이 문제를 따지기 위해 이번 회담에 나왔으며, 이 문제가 해결되지 않으면 한 발자국도 진전할 수 없을 것"이라고 자신들의 입장을 밝혔다. 그는 개막식 기조연설에서 북한의 마약거래 등 '불법거래설'은 "과거 '악의 축' 등 미국의 상투적인 반 공화국 중상모략으로서, 5차 회담 개최 직전 미국 최고당국자가 공동성명 정신을 정면 부정하는 본심을 드러낸 것"이라고 미국을 성토했다. 11월 10일에는 "각국이 금융제재 문제의 심각성을 이해하지 못하거나 의도적으로 경시하는 듯한 느낌을 받았다"며, 이 문제가 해결되기 전에는 핵폐기 문제를 논의할 수 없다고 선언했다. 이로써 5차 회담 1단계 회의는 본론에 들어가지도 못한 채 11일 종결되고 말았다.

북한의 반발에 힐 차관보는 전체회의에서 "금융제재 문제는 공동성명 의제 밖의 문제이며, 북한의 불법행위에 대한 미국의 제재조치는 기본적으로 미 사법당국의 조치로서 6자회담과 무관하다"고 항변했다. 미국대표단은 우리 대표단에게 "이번 금융·사법 당국의 조치는 순전히 법 이행의 차원에서 취해진 것으로, 정치적 판단을 할 여지가 있는 백악관은 아예 수사의 진행 사실 자체를 알 수 없게 법으로 막혀 있고, 수사 내용 및 결과에 대한 개입은 더더욱 불가능하다"고 설명했다.

나는 회담 경과를 보고받고 이 중차대한 시기에 미 재무부에 제재 빌미를 준 북한도 한심하지만, '한손으로 악수하면서 다른 손으로는 상대방의 뺨을 때리는 형국'을 연출해놓고도 BDA 제재와 6자회담은 별개의 건이라고 주장하는 미국도 참 딱하다는 생각이 들었다. 힐 차관보 입장에서야 BDA 사건이 자기 소관이 아니며 미 재무부도 6자회담이 그들의 업무가 아니다. 하지만 부시 미국 대통령에게 이 업무들은 다 자신의 관할이 아닌가. 그럼에도 불구하고 마치 미국이라는 나라가 서로 간섭할 수 없는 두 개 나라로 이루어져 있는 듯이 말하며 시치미를 떼는 것 같아 치졸해 보였다. 차라리 "북한 너희가 미국 달러를 위조하고 있기 때문에 'BDA 사건'이 일어났으며 우리는 이것이 6자회담보다 더 중요하다"라고 선언하는 편이 당당하고 문제 해결도 쉬웠을 것이다.

5차 6자회담에 참석한 미국대표단 중 강경파 인사들은 한 술 더 떴다. 그들은 북한대표단이 강하게 반발하는 것으로 보아 금융제재 조치가 북한을 압박하는 효과가 있었다며 미소를 감추지 않았다. 그들의 반응으로 봐서는 북한에 대한 미국의 금융제재가 더 강화될 것 같았다. 확실히 미국측의 입장이 강경해져 있었다. 한미 NSC 접촉(11월 11일)에서 미측은 한국의 대북정책까지 비판했다. 미 NSC 관계자가 개성공단계획에 대해서 "완전히 장난"이라고 하면서 "경제적으로 전혀 설득력이 없다"고 주장했다는 보고도 들어왔다. "월급이 북한 노동자들에게 가는 것이 아니라 북한 정권이 대부분 가로채고 있고, 개성에서 물품을 제조하는 것이 아니라 한국에서 완제품과 포장재만 이송하여, 개성에서는 포장만 하고 있는 상황에서 무슨 경제적 효용이 있고 북한 내부에 사회적 파급 효과가 있느냐고" 비판했다는 것이다.

이제 'BDA 사건'의 해결 없이 6자회담의 진전은 불가능해 보였다. 9·19공동성명의 이행을 소망하는 노 대통령은 곧 열릴 한미정상회담 (2005년 11월 17일 경주)에서 BDA 문제를 제기하기로 결심했다. 나는 현재까지 NSC사무처가 관련기관들과 협력하여 파악하고 있는 북한의 달러 위조 여부에 대한 판단을 그대로 대통령께 보고드렸다. 나는 사실 노무현 대통령이 부시 대통령에게 'BDA 사건'을 로키low-key로 처리해달라고 요청할 경우, 부시 대통령이 증거도 제시하지 않은 채 북한이 미 달러를 위조하고 있다고 주장할까봐 걱정이 됐다. 그러면 대통령도 곤혹스러워질 것이다. 이런 상황을 피해갈 길은 대통령께 북한이 달러 위조를 하는 게 확실해 보인다고 과장 보고하는 것 외에는 없다. 그러면 합리적 판단을 하는 노 대통령은 이번 회담에서 이 문제를 강하게 제기하지 않을 것이다. 그러나 NSC의 판단이 객관적으로 옳은지 여부는 모르지만 우리가 최선을 다해 판단한 것을 왜곡해서 보고할 수는 없었다.

경주 한미정상회담에서는 예상대로 BDA 문제가 거론되었다. 부시 대통령은 노 대통령에게 "김정일이 우리 화폐를 위조하는 것을 막기 위해 할 수 있는 일을 할 것"이며 "불법 마약 거래 과정에서 전세계적으로 자금을 굴리는 것을 막을 것"이라고 밝혔다.

노 대통령은 솔직하게 부시 대통령에게 이의를 제기했다. "그 문제에 관한 한 미국과 한국이 손발이 맞지 않다고 생각합니다. 다른 실무자들 사이에서 손발이 안 맞는 것이 아니고 각하와 저 사이에 손발이 안 맞고 있습니다. 6자대화를 테이블에 앉아 하고 있는데 바깥에서는 핵확산 방지의 압력을 행사하고, 북한이 지금껏 쓰고 있는 자금에 대해서 문을 닫아버리고, 말하자면 북한이 살아가기 어렵도록 계속 압력을 행사할 때 북한이 테이블로 나와서 우리를 신뢰하겠느냐? 이것이 제가 하고 싶은 질문입니다. 결국 북한이 이런 조치로 인해 받는 신호는 '아, 미국은 우리 체제를 끝내 전복, 붕괴시키려는 것이구나' 하는 것입니다." BDA로 북핵문제가 교착된 데 대한 좌절감을 솔직하게 표현한 발언이었다.

그러자 부시는 정색을 하며 답했다. "김정일은 전세계 어느 누구보다도 미국 돈을 많이 위조하고 있습니다. 대통령으로서 제가 달리 행동할 수 있겠습니까? 저는 그가 우리 화폐를 위조하게끔 가만있지는 않을 것입니다. 각하도 그가 한국 돈을 위조하는 것을 가만히 보고만 있지는 않을 것입니다."

부시의 이 말에 노 대통령은 내심 당황했다. 내가 걱정했던 발언이 나온 것이다. NSC로부터 북한의 달러 위조에 대해 가능성은 있으나 단정할 수 없다는 보고를 받아온 대통령으로서는 부시 대통령이 '북한이 한국 돈을 위조한다면 당신 같으면 가만히 있겠느냐'는 식으로 단정적으로 말하는 데 논쟁을 할 수도 없고, 난감하기 그지없었을 것이다. 회담 뒤 대통령은 나에게 그때 느낀 난감함을 털어놓았다.

그러나 노 대통령은 기가 꺾이지도 물러서지도 않았다. 대통령은 9·19 공동성명 직후 'BDA 사건'이 발생한 것이 우연히 일치인지 묻고 싶다고 응수했다. 그리고 설사 "우연의 일치라 할지라도" 미국에 당장 치명적인 영향이 없다면 6자회담에 심대한 타격을 주는 BDA 조치를 풀 것을 요청했다.

노 대통령은 한반도의 평화가 북핵문제에 좌지우지되고, 온 국민이 그 해결의 향방을 보며 가슴을 졸이는 대한민국의 대통령으로서, 이제 8부 능선을 넘고 있는 6자회담이 'BDA 사건'으로 좌초되는 것을 막기 위해 이처럼 미국 대통령을 상대로 힘겨운 싸움을 했다.

그러나 부시는 일방주의와 패권주의에 사로잡힌 네오콘 대통령답게 국가의 운명을 걱정하며 호소하는 이 작은 동맹국 지도자의 말에 귀 기울이지 않았다. 그는 9·19공동성명에서 미국과 북한이 "상호 주권을 존중하고, 평화적으로 공존"하겠다고 약속해놓고도 이를 지킬 생각이 없었다.

그는 "자국민을 굶주리게 하는" 김정일을 대화와 협력 상대자로 받아들이지 않았다. 다음의 대화는 부시가 김정일을 얼마나 감정적으로 혐오하며 이것이 미국의 대북정책에 중요한 영향을 미치고 있는지 잘 보여준다.

노 대통령: 각하께서 여러 군데서 하시는 말씀을 들으면, 김정일 위원장에 대해 하시는 말씀이 전략적, 전술적 판단에 근거하기보다 철학적으로 나쁘다는 판단에 항상 기초하시는 것 같습니다.

부시 대통령: 그렇습니다. 정확한 말씀입니다.

노 대통령: 문제를 평화적으로 해결하자니 정권을 인정하면서 개방으로 유도해야 하는데, 각하께서는 철학적으로 그를 인정하기를 정말 싫어하시는 것입니다.

부시 대통령: 저는 그를 인정합니다. 다만 저는 그가 그의 국민을 굶주리게 하고 있는 것을 참기가 어렵습니다. 저한테는 그게 문제입니다. (⋯) 저는 싫은 것은 싫다고 하는 사람입니다. 저는 독재자가 자국민을 굶주리게 하는 것을 너그럽게 봐주지는 않을 것입니다. 그것이 저의 솔직한 감정입니다.

노 대통령은 종교적 선악의 관점에서 북한을 바라보는 이 지도자에게 타협이 미덕인 외교협상의 필요성을 역설하는 것이 과연 의미가 있는지 깊이 회의懷疑했다. 꼭 1년 전 노 대통령의 간곡한 설득을 받아들여 앞으로 협상을 성공시키기 위해서 "김정일을 거짓말쟁이라고 얘기하지 않겠다"던 그였지만 이미 그 사실은 까맣게 잊은 듯했다. "싫은 것은 싫다고 하는" 직설적인 성격으로 따지자면 우리 대통령도 만만치 않은데, 외교현장에서는 그것을 내색조차 할 수 없는 처지가 나는 너무 안타까웠다. 적어도 우리가 남북 갈등 구조만 극복을 했어도 우리 대통령이 오늘처럼 쓰디쓴 고통을 참고, 한 가닥 희망을 살리기 위해 예의를 다하며 '쇠귀에 경'을 읽을 필요는 없었을 것이다.

NSC는 한미정상회담을 계기로 다시 한 번 광범하게 북한의 달러 위조 여부를 조사했다. 이번의 결론도 기존의 판단과 크게 다르지 않았다. 그럼에도 불구하고 한미관계를 고려하여 대외적인 정부 입장은 '우려'를 강조하기로 했다. 그래서 "북한의 위폐문제에 대해 우리 정부는 심각한 우려를 가지고 있다"는 표현을 썼다.

12월 13일, 주중대사관에서 중국 정부로부터 통보받은 BDA 조사결과를 보고해왔다. 중국 정부는 12월 12일 마카오 자치정부로부터 BDA 관련 조사 결과를 통보받았다. 그 결과는 "북한의 돈 세탁 관련 내용은 발견하지 못하였으며, 다만 몇 차례에 걸쳐 현금을 대량으로 인출하는 등 다소 규정에 어긋나는 정도의 거래 내역만을 확인하였다"는 것이었다. 중국측은 "이 조사 결과에는 불법적인 내용은 없으며, 다소 규정을 위반한 정도의 거래 내역만이 포함되어 있는데, 과연 미국이 이것을 가지고 북한을 어떻게 압박할 수 있을지가 의문"이라고 덧붙였다.

나는 보고서를 보면서 'BDA 사건'으로 핵문제가 악화될까 노심초사하는 우리 대통령에게 정색을 하며 "북한이 미국 돈을 위조하고 있다"고 반박한 부시 대통령이 떠올랐다. 확실한 증거도 없이 그렇게 했단 말인가. 그러나 미국은 마카오 정부의 조사결과를 인정하지 않았다. 이번에는 트럭 몇 대 분량의 BDA 자료를 직접 조사하겠다며 가져갔다. 그 사이에 북핵문제는 9·19공동성명의 성과는 간데없이 사라지고 악화일로를 걸었다. 미국은 금융 분야를 넘어서 다른 분야로 북한에 대한 제재를 계속 확대했다.

미국은 "BDA 제재는 북한의 위폐제조 및 유통에 대한 확실한 증거에 근거하고 있다"고 장담하며 대북제재를 강화했으나 결국 그 반발로 북한의 핵실험을 초래했다. 그리고 북한 핵실험이라는 비싼 대가를 치르고 나서야 다시 9·19 공동성명으로 돌아와 2007년 2월 북한과 핵폐기를 대가로 중유를 지원하는 2·13합의를 했다. 또한 미국은 그동안 호언장담

2005년	9·19공동성명 한돌
9월19일	4차 6자회담에서 9·19공동성명 합의·채택
9월20일	1.북 외무성 대변인 담화 "경수로 제공 전제 핵확산금지조약(NPT) 복귀···" 2.미 재무부 방코 델타 아시아(BDA)를 '돈세탁 우선 우려 대상'으로 지정 사실 공표
10월28~30일	후진타오 중국 국가주석 방북, 북-중정상회담
11월9~11일	5차 6자회담(북-미 금융제재 논란으로 결렬)

2006년	
1월18일	김정일 국방위원장 비공식 방문, 북-중 정상회담 (베이징) 북-미 중 6자회담 수석대표 3자협의(베이징)
3월7일	북-미 뉴욕접촉(위폐문제 브리핑). 북 위폐 해결위한 '비상설 협의체'제안, 미 거부
4월9~13일	'동북아시아협력대화'(NEACD, 도쿄) 북-미 양자협의 무산
6월1일	북 외무성 대변인 담화, 6자회담 미 수석대표 평양 방문 초청
7월5일	북 대포동2 등 미사일 7발 발사
7월15일	유엔 안전보장이사회 대북 결의 1695호 만장일치 채택
7월28일	아세안지역포럼(ARF) 계기, '10개국 외무장관 회동'(북 불참)
8월26일	북 외무성 대변인 담화 '6자회담 더 하고 싶다'
9월14일	한-미 정상회담(워싱턴), 북핵 6자회담 '공동의 포괄적 접근방안' 마련키로 합의

6자회담 9·19 공동성명 채택 1돌

금융제재로 엉클어진 '이행'

어렵게 거둔 9·19공동성명이라는 성과는 미 재무부에서 기획한 BDA 조사와 이어진 금융제재로 이행이 벽에 부딪혔다. 북핵문제 해결에 대한 백악관의 의지를 의심하지 않을 수 없었다. 지금 생각해도 안타깝기 그지없다.(한겨레, 2006년 9월 19일)

해온 달러 위조 증거를 제시하지 못하고, 2007년 6월 북한의 BDA 자금 2400만 달러의 동결을 해제하여 북한에 돌려주었다. 돌이켜보면 BDA 사건은 미 국무부에서는 어쩔 수 없었다 할지라도 부시 대통령과 미 NSC 수준에서는 얼마든지 조정이 가능한 문제였다. 부시정부는 BDA 제재를 할 때는 애국법을 거론하며 이 조치의 불가피성을 설명했으나, 결국 정치적 결정으로 이 조치를 해제했다. 스스로 모순된 행동을 한 것이다. 도대체 미국이 BDA 사건을 이처럼 유야무야할 것이었으면 왜 소중한 9·19공동성명을 파괴하며 그렇게 요란을 떨었는지 나는 지금도 이해가 되지 않는다.

그런데 BDA 사건이 북핵문제에 미친 부정적인 영향은 여기에 그치지 않았다. BDA 사건은 북핵문제의 구도를 기껏 만든 6자회담에서 북미 양자구도로 다시 바꾸었다. 미국이 가한 금융제재에 북한이 강력하게 반발하고 있는 상황에서 6자회담에서 할 수 있는 일은 없었다. BDA 국면에서는 중국이나 한국이 그동안 해온 중재자나 촉진자 역할을 할 수 있는 여지가 없었다. BDA 사건은 9·19공동성명을 만들어낸 두 주역이 움직일 수 있는 공간을 사실상 폐쇄해버린 것이다. 어쩌면 미국의 네오콘은 6자회담의 최종 합의 국면에서 역으로 '1 대 5 상황'이 연출되는 것을 보고 불쾌했을지도 모른다. 결국 그들은 자신들이 가장 싫어한 북미 양자구도로 회귀하는 것을 택했다. 2007년 2월 6자회담에서 이루어진 2·13합의도 그해 1월 베를린에서 힐 차관보와 김계관 부상 사이에 맺은 북미 '비밀각서' 합의에 바탕을 두고 이루어졌다는 사실이 이를 입증하고 있다.

'BDA 사건', 잠정 합의된 남북정상회담을 불발시키다

'BDA 사건'이 좌절시킨 것은 9·19공동성명만이 아니었다. BDA 사건은 남북이 2005년 가을로 잠정 합의한 제2차 남북정상회담도 좌절시켰다. 2005년 6월 대통령 특사로 평양을 방문한 정동영 장관은 김정일 국방위원장을 만나 노 대통령의 뜻에 따라 2차 남북정상회담을 제안했다. 정 장관은 장소에 구애받지 말고 9월 중에 정상회담을 개최하자고 제안했고, 김정일 위원장도 정상회담에 긍정적이었다.[13]

2005년 8월, 김기남 조선노동당 비서를 단장으로 하는 북한대표단이

8·15 민족대축전 행사에 참가하기 위해 서울을 방문했다. 그들은 국립현충원을 참배하는 파격적인 화해 행보를 보였으며 8월 17일 청와대로 노무현 대통령을 예방했다. 이날의 만남은 다소 날카로운 데가 있었다. 북한대표단이 남북관계 발전에 대한 노무현 대통령의 의지와 실천에 감사를 표현하는 가운데, 대통령은 남북의 화해협력이 필요하다고 말하면서 직설적으로 북한의 핵개발을 비판했다. 미국의 간섭에서 벗어나고 하루 빨리 한반도에 평화를 가져오기 위해서는 핵문제를 조속히 해결해야 한다는 뜻을 강하게 전달했다.

북한대표단은 약간은 날이 선 토론장을 방불케 한 이날 접견장의 분위기를 김정일 위원장에게 그대로 보고했을 것이다. 아마 김정일 위원장은 정상회담의 상대인 노 대통령이 남북관계의 개선을 열망하고 자주적인 노선을 추구하지만, 그렇다고 해서 북한에 일방적으로 호의적이지 않다는 사실을 알았을 것이다. 매사를 상식과 합리성에 기초해서 판단하고 시시비비를 가리는 그의 리더십이 대북문제라고 달라질 리 없었다. 다만 '강자에게는 강하고 약자에게는 약한' 그의 품성이 리더십에서 '취약한 북한'에 대한 포용성을 더 넓혔을 뿐이었다.

공식 접견이 끝난 뒤 이어진 오찬행사에서 대통령은 6개월 전 북한이 핵 보유 선언을 하던 당시를 떠올리며 의도적으로 솔직한 말을 했다. 대충 이런 얘기였다. "북한이 핵 보유 선언을 했을 때 나는 제일 먼저 개성공단이 걱정되었다. 이런 상황에서는 제대로 사업을 추진할 수 있을지 의문이 들었다. 그래서 모든 것을 보류하라고 지시했다. 그런데 통일부장관과 NSC 차장이 반대하며 그대로 밀고 나갔다. 나는 그때 북측의 태도에 크게 실망했던 게 사실이다." 모두들 유쾌하게 웃으며 대통령의 회고담을 들었다. 하지만 북측 인사들은 대통령의 솔직함 속에 숨은 뜻이 '북측의 일방적인 태도'에 대한 비판이라는 사실을 알았을 것이다. 이처럼 노 대통령의 북측 대표단 접견은 남북 최고지도자가 정상회담을 앞두고 상대방을 파악하는 간접 상견례이기도 했다.

　이 행사 전인 8월 15일 심야에 정동영 장관과 임동옥 통일전선부 제1부부장 간에 남북정상회담 문제가 논의되었다. 나도 자리에 있었다. 이 자리에서 북측은 구체적인 정상회담 날짜를 확정하자는 남측의 주장에 대해 "이미 결심이 되어 있는 사안"으로 "가까운 시일 내 아주 희망적인 대답을 줄 것이라는 것을 확정적으로 말씀드린다"며 정상회담에 대한 의지를 나타냈다. 북측은 "현재 주변정세를 지켜보고 있는 만큼 조금 더 기다려 달라"고 요청하면서 "정상회담 시기를 6자회담과 병행할지, 아니면 6자회담이 어느 정도 정리된 후에 할 것인지"를 질문했다. 아울러 "장소는 북측 입장을 수용하겠다고 한 만큼 부득이한 경우 제3국이 될 수도 있다"는 뜻을 비쳤다. 이에 대해 우리는 "정상회담을 통해 핵 문제의 주도적 해결과 참여정부 임기 내 획기적인 남북관계 발전을 위한 결정적 토대를 구축해야 한다"고 강조하고 다시 한 번 "9월 초부터 가장 빠른 시일 내"에 정상회담을 개최하자고 제안했다. 회담 장소에 대해서는 "남측에서 개최하는 것을 희망하나 이미 밝힌 대로 북측의 입장을 존중한다"는 방침을 다시 확인해주었다. 다만 "제3국 개최는 검토한 바 없다"고 밝혔다. 우리는 8월 17일 북측 대표단에 남북정상회담 장소로 금강산을 제안했다. 정부는 북한의 태도나 정세 여건으로 보아 6자회담에서 공동합의문이 타결되면 곧 남북정상회담도 실현되리라고 보았다.[14]

　나는 9·19공동성명이 발표되던 날, 2005년 가을에는 남북정상회담이 실현될 것이라고 거의 확신했다. 그러나 'BDA 사건'이 터지면서 상황은 다시 지체되기 시작했다. 특히 BDA 사건이 대형 쟁점으로 발전하면서 6자회담이 공전되자, 북한은 정상회담에 대해서도 소극적으로 돌아서기 시작했다. 2005년 가을에 이루어진 남북간의 정상회담 관련 접촉에서 북한은 "기다려 달라"고 했으며 이후 접촉에서도 같은 말만 되풀이 했다. 결국 BDA 사건이 정상회담을 불발시킨 것이다.

2005년 11월 16일 부산에서 열린 한중 정상회담에서 노무현 대통령과 후진타오 중국 국가주석은 만찬 시작 전에 잠시 대기실에서 둘만이 남았다. 이때 후진타오 주석이 노 대통령에게 말했다. "다른 사람이 없을 때 각하께 말씀드릴 것이 있습니다. 제가 방북했을 때 김정일 위원장은 각하를 만나게 되면 안부를 전해달라고 하면서, 서로가 편리한 때에 만나고 싶다는 말을 했습니다. 다른 내용들은 각하께 전해야 할 책임이 없으나, 이 말만은 꼭 전해야겠다는 생각이 들었습니다." 반가운 소식이었지만 여전히 "기다려 달라"는 메시지와 다름이 없었다. 노 대통령이 답했다. "우리(남북)가 만나서 대화하면 신뢰증진에 좋겠으나, 북핵문제가 있어서 어려움이 있습니다. 북한이 핵을 포기하고 북핵문제가 해결된 후 만약 미국이 위력을 행사하려 한다면 한국이 그것을 저지할 텐데, 북한은 우리를 믿지 않는 것 같습니다."

앞에서 기술했듯이 1년 전인 2004년 11월 NSC사무처는 2005년의 목표를 북핵문제 돌파와 남북정상회담 실현으로 설정하여 대통령 승인을 받았다. 그리고 지난 1년간 노 대통령과 함께 많은 이들이 혼연일체가 되어 노력했다. 그 결과 2005년 9월 시점에 9·19공동성명을 도출하고 남북정상회담에 잠정 합의하는 결실을 거두었다. 돌아보면 놀라운 성과였다. 그러나 부시행정부의 BDA 조치로 이 소중한 결실들은 결국 낙과落果가 되고 말았다.

노 대통령은 실망하지 않았으며 다시 기다리는 모드로 들어갔다. 그러나 나는 그럴 수 없었다. 2005년 연말까지도 미련을 버리지 못하고 북측의 의사를 타진했으며, 2006년 2월 통일부장관으로 옮겨가서도 북핵 상황이 악화되는 속에서도 다시 정상회담을 추진했다. 그러나 그때마다 북한으로부터 들은 소리는 "기다려 달라"였다. 자존심 상하는 일이지만 북한은 핵 상황의 악화로 북미간 갈등이 심화되는 국면에서는 남북정상회담을 할 생각이 없었다. 일단 미국과 웬만큼 풀려야 남북정상회담도 가능하다고 생각한 것이다.

노 대통령은 남북정상회담의 필요성을 누구보다도 잘 알고 있는 지도자였다. 그러나 그는 철저한 실용주의자이자 냉철한 합리주의자였다. 그는 6·15공동선언을 탄생시킨 1차 남북정상회담처럼 국민에게 희망을 주고 남북관계의 획기적 발전을 기약하는 정상회담을 원했다. 그래서 남북 간에 아직 이러한 준비가 되지 않았던 임기 초인 2003년에 이미 자신의 생각을 밝혔다.

"회담을 위한 회담은 안 하겠습니다. 딱히 할 말이 있을 때는 하지만, 회담 자체, 회담 한 번 하고 사진 한 번 찍고 이런 형식으로 비칠 수 있는, 그렇게 끝나버릴 수 있는 일들은 안 하겠습니다. 꼭 풀어야 될 문제가 있고 꼭 풀리는 문제만 가지고 하겠습니다."(2003년 6월 19일, 정책기획위원회 오찬 간담회)

노 대통령은 북핵문제로 북미 갈등이 심화되어 있는 한 남북정상회담이 매우 어려울 것이라고 생각했다. 그래서 북핵문제를 해소하기 위해서라도 남북정상회담을 추진하겠다는 내게 추진을 허락하면서도 "성사되기 어려울 테니 너무 애쓰지 말라"고 했다. 이러한 대통령의 인식은 다음의 발언에 잘 나타나 있다.

"정상회담 문제는 제가 마다하는 것이 아닙니다. 안 될 것 같다는 전망을 말한 것이죠. 정상회담이 가능만 하다면 시기, 장소 안 가리고 나는 수용할 의향이 있습니다. 또 가능하다면 추진도 하고 싶고요. 그런데 지금은 그게 가능하지 않을 것 같다는 내 판단을 얘기하는 것입니다. 왜냐하면 6자회담 기간 중에 만나면 주제가 6자회담일 수밖에 없습니다. 북한은 그것을 원하지 않는다는 것이죠. 북한은 북미 양자회담을 요구하지 않습니까? 그런데 저를 만나서 북핵문제를 논의하고 싶겠습니까? 그것이 유리하다고 판단하겠습니까? 난 '유리하다고 판단하지 않을 것이다, 원하지도 않을 것이다, 회피할 것이다'라고 보는 것입니다." (2004년 12월 27

일, 『경향신문』 인터뷰)

결국 대통령의 판단대로, 2·13합의와 'BDA 사건'의 해결을 통해 북핵문제의 진전이 이루어지면서 2차 남북정상회담(2007년 10월)이 실현될 수 있었다.

틔우다 만 싹, 한반도평화체제 논의

9·19공동성명에는 북핵 포기라는 일반적인 합의 외에 한국과 관련하여 특별한 문항이 명기되었다. 한반도평화체제 관련한 문항이 그것이다. 9·19공동성명 4조 1항은 다음과 같이 한반도평화체제에 대해 언급하고 있다.

> 6자는 동북아시아의 항구적인 평화와 안정을 위해 공동 노력할 것을 공약하였다. 직접 관련 당사국들은 적절한 별도 포럼에서 한반도의 영구적 평화체제에 관한 협상을 가질 것이다.

이 조항은 한국전쟁의 정전(1953년 7월 27일)으로 만들어진 정전체제를 당사국들이 항구적인 평화체제로 바꾸기 위해 본격적인 협상을 하겠다는 선언으로서 한반도의 운명과 관련하여 중대한 의미를 지닌다.

노무현 대통령은 평화를 통일외교안보 분야의 제1의 가치로 생각했다. 참여정부는 이러한 대통령의 철학을 반영하여 "불안정한 정전상태를 종식하고 한반도 평화를 실현하겠다"는 비전 아래 한반도평화체제 구축을 핵심적인 국정과제로 제시했다. 그러나 이를 위한 노력은 북한 핵문제에 가로막혀 그동안 지지부진했다. 그런데 제4차 6자회담 개최 직전인 2005년 7월 12일, 서울에서 개최된 한미 외교장관 회담에서 라이스 미 국무장관이 북한의 핵 포기를 전제로 한반도평화체제 수립 문제를 구체적으로 논의할 의향이 있음을 밝혀왔다. 한국 정부는 즉각 미국의 제안을 환영하고, 미측에 관련한 한미협의 체제의 가동을 제안했다.

그러나 6자회담에서 평화체제가 논의되는 것은 '기회'와 '위험'의 양면이 있었다. '기회'의 측면에서 볼 때, 한국인들의 삶을 50년간 속박해온 정전체제를 해체하기 위한 국제적 논의가 공식적으로 시작된다는 것은 분명히 전환기적인 의미가 있는 일이었다. 사실 나는 북한이 주장하는 북미평화협정이나 남한이 주장해온 남북평화협정이 모두 역사성과 현실성을 결여했으며, 평화체제 확립의 핵심이 될 수 없다고 판단하고 있었다. 역사적으로 정전협정의 주체는 유엔군과 북한군·중국인민지원군(중공군)이었으며, 현재도 남북의 군대가 대치하고 있는 상태에서 대북억지력의 일환으로 미군이 남한에 주둔하고 있다. 중공군은 1958년 북한에서 완전히 철수했으나 북중 군사동맹은 건재하며, 중국의 한반도 안보에 대한 영향력도 여전하다. 따라서 남·북·미·중의 4자가 평화협정을 체결하는 것이 합리적이라고 보았다. 이런 맥락에서 보면 한반도평화체제 확립을 위해서는 국제적 논의가 반드시 필요했다.

그러나 6자회담에서 이 문제를 논의하는 것은 '위험'의 요소도 있었다. 무엇보다도 북한이 북미평화협정을 주장하며 그동안 한국을 협상 주체로 인정하지 않았다는 점이 우려스러웠다. 만약 북한이 '남한 배제'라는 기존 입장을 고수하면 이 문제가 건전한 국제적 논의의 출발점이 되기는커녕, 국제회담장에서 남북한이 서로 삿대질을 하며 다투는 볼썽사나운 모습이 연출될 수도 있었다. 또 다른 '위험'으로 평화체제 문제를 6자회담에서 다루게 되면 직접적인 당사자도 아닌 러시아나 일본이 한반도 문제에 개입할 여지도 있었다.

NSC 상임위는 이러한 '기회'와 '위험' 요인을 감안하여 4차 6자회담에 참가하기 위해 출국하는 우리 대표단에게 6자회담에서 평화체제 문제가 제기되었을 때의 지침을 전달했다. "남북한과 미국 등 당사국이 참여하는 정전체제의 평화체제 전환 제의에 대해서는 논의에 응할 용의가 있다. 그러나 이 논의는 6자 회담과 보조는 같이 할 수는 있겠으나 6자회담과 별도로 진행하기를 바란다"는 것이었다.

실제로 현장에 도착해보니 한반도평화체제 문제가 제기될 가능성이 있었다. 그러나 논의를 위한 초기 탐색과정에서 우리 대표단은 한반도 문제의 국제화에 대한 우려와 역대 정부의 남북평화협정 노선이 머릿속에 남아 있어서였는지 소극적인 자세를 취했다. 이에 NSC 고위전략회의는 4차 6자회담 개막일인 7월 26일에 긴급히 평화체제 논의에 대한 구체적인 지침을 다시 마련하여 대표단에게 전달했다. 그 내용은 "4차 6자회담에서 평화체제 논의가 제기될 경우 그 필요성에 공감하고 적극 대응하되, 구체적인 협의는 6자회담 틀보다는 당사국간(남북한 및 미·중) 별도의 협의 틀에서 하도록 유도하라"*였다.

이 지침에 따라 한국대표단은 6자회담에서 평화체제 논의를 적극적으로 주도해 나갔다. 다행히 북한도 남북 양자 접촉에서 '남측의 평화협정 참여를 반대하지 않는다'는 입장을 밝혔다. 이러한 경과를 거쳐서 9·19 공동성명 4조 1항은 우리측의 제안으로 4차 6자회담 1단계 회의에서 일찌감치 확정되었다.

한편 한반도평화체제 논의는 2005년 말까지 6자회담과는 별도로 한미 간에 간헐적으로 진행되었다. 2005년 8월 23일 워싱턴에서 개최된 한미 외교장관 회담에서 라이스 미 국무장관은 "6자회담에서 비핵화 목표를 달성하면 남북관계 진전과 정전협정의 평화협정으로의 전환을 통해 평화체제를 수립하여 궁극적으로 동북아 평화 및 안정을 구현하는 것을 구상 중"이라며 미국 정부의 한반도평화체제에 대한 관심을 재확인해주었다.

---

* 이와 함께 대표단이 협상시 숙지해야 할 내부 입장으로 다음의 2가지 사항을 전달했다. ① 주한 미군 철수문제는 논의에서 제외되어야 한다. 주한미군 주둔은 근본적으로 한미 양자 사안이다. ② 평화협정 후 남북한 경계선으로 바뀔 옛 휴전선은 남북이 공동 관리해야 한다.

2005년 9월 17일 반기문 외교장관은 뉴욕에서 열린 한미 외교장관회담에서 평화체제 관련한 우리 정부의 구상을 담은 콘셉트 페이퍼concept paper를 라이스 장관에게 전달했다. 주요 내용은 다음과 같았다.

- 정전협정을 평화협정으로 대체하고, 이를 위해 "평화협정 체결과 신뢰구축"이라는 의제로 남·북·미·(중)의 참여하에 논의한다.
- 북핵 공동성명 채택 후 한미간 기본사항에 대한 조율을 거쳐 북측에 평화체제 협상을 제의한다.
- 협상 최종결과물로서 남·북·미·(중) 간 기본협정을 체결하고 필요시 남북간 협정, 북미간 협정 등 쌍무협정을 부속협정으로 체결한다.
- 한미동맹 훼손이나 주한미군 영향에 유의하되, 유엔사 해체 및 한미연합사 지휘체제 조정은 한미간 협의를 거쳐 북측에 제시한다.

나는 미 국무부가 평화체제에 관심을 보인 것은 당시 라이스 장관을 비롯해서 국무부를 장악한 동유럽 전문가들이 북한체제의 붕괴 혹은 교체보다는 장기적인 체제 전환을 현실적인 대안으로 검토했기 때문이라고 생각했다. 그러나 BDA 사건의 와중에 이러한 국무부의 검토가 구체적인 정책으로 이어지지 못했으며, 부시 대통령을 움직여 한반도 전략을 바꾸지도 못했다.

그렇지만 어쨌든 간에 우리로서는 미국이 한반도평화체제에 관심을 보일 때, 적극적으로 논의를 추진할 필요가 있었다. 정부는 김숙 외교부 북미국장을 간사로 하는 관계부처간 TF를 운영키로 결정하고, 실무그룹w/G 회의 대표를 김 국장이 맡도록 했다. 김숙 국장은 미측 고위 인사들과 접촉하며 양국간 공감대를 넓히며 평화체제 논의를 발전시켜나갔다. 그러면서 한미 양국은 평화체제 협상의 직접 관련당사자로서 중국의 참여가 필요하다는 데까지 공감했다. 이를 바탕으로 2005년 12월 8일에는 제

1차 실무그룹회의가 서울에서 개최되었다. 회의에서는 평화체제와 관련한 다양한 주제가 논의되었다.

여기까지가 참여정부에서 내가 직접 관여한 평화체제 논의였다. 2006년에 들어서서 나는 통일부장관으로 자리를 옮기고 김숙 국장도 북미국장직에서 떠났다. 내가 모르는 후속 논의가 있었는지는 모르겠다. 아마 'BDA 사건'으로 인해 6자회담이 공전되었기 때문에 논의가 중단되었거나 여의치 않았을 것으로 짐작된다.

그러나 참여정부의 한반도평화체제 구축 노력은 내가 후일 정부를 떠난 뒤, 그것을 가장 염원한 노무현 대통령의 주도로 몇 단계 더 진전했다. 이번 상대는 미국이 아니라 평화체제 논의의 또 다른 핵심 당사자인 북한이었다. 노 대통령은 2차 남북정상회담(2007년 10월)에서 김정일 국방위원장에게 한반도평화체제 구축의 필요성을 역설하고 관련 합의를 끌어냈다. 이 합의는 10·4남북정상선언에 다음과 같은 내용으로 담겼다.

남과 북은 현 정전체제를 종식시키고 항구적인 평화체제를 구축해 나가야 한다는 데 인식을 같이하고 직접 관련된 3자 또는 4자 정상들이 한반도지역에서 만나 종전을 선언하는 문제를 추진하기 위해 협력해 나가기로 하였다.

한국 정부는 언젠가 때가 되면 관련 국가들과 한반도평화체제 논의를 본격적으로 하게 될 것이다. 그때 논의를 처음부터 시작할 필요는 없을 것이다. 6자회담 참가국들이 4차 6자회담 2단계 회의를 시작하면서 1단계 회의에서 만들어진 4차 초안을 바탕으로 논의를 진전시켜 9·19공동성명을 도출했듯이, 한국 정부는 기존의 합의에 바탕을 두고 다음 단계를 진행시키는 것이 합리적이며 국익 증대의 길이라고 생각한다. 참여정부가 진행한 한반도평화체제 논의가 모두 한국이 당사국으로서 주도적인 역할을 하는 방향에서 이루어졌다는 점을 특히 유념했으면 좋겠다.

5부

균형외교의
성취와
못다 푼 숙제

1
균형외교의 실천과 성과

반기문 장관이 유엔사무총장에 선출되는 순간 워싱턴과 베이징에서 동시에 환영성명이 나왔다. 균형외교가 아니었다면 어찌 그런 일이 있었을까? 우리가 추구해온 균형외교가 국민들에게 보람을 선사한 순간이었다.

균형외교와 지키지 못한 동북아균형자론

참여정부 외교노선의 공식명칭은 '균형적 실용외교'였다. 그러나 실제 내용은 균형외교였다. 이렇게 실제 내용과 이름이 약간 차이가 난 것은 자주국방을 '협력적 자주국방'으로 쓴 것과 같은 이유였다. 한미동맹을 금과옥조로 여기는 이들이 사실상 여론을 장악하고 있는 상황에서 균형외교는 '반미'의 다른 말로 매도되기 십상이었기 때문에, 적당히 물을 타서 '균형적 실용외교'라 한 것이다. 노 대통령이 '협력적 자주국방'을 '구차한' 자주국방이라고 말했듯이 '균형적 실용외교'도 참여정부가 시대 상황에 타협해서 만든 '구차한' 균형외교였다. 참여정부의 국가안보전략지침서인 『평화번영과 국가안보』는 '균형적 실용외교'를 "대외관계에서 우리가 동시에 실현해나갈 대립되거나 상이한 목표와 요구들 간의 균형을 취하고, 설정된 목표를 달성하기 위해 외교적 유연성을 발휘하는 것"이라고 규정했다. 그리고 균형외교는 "'가치와 국익' '동맹과 다자협력' '세계화와

2005년 3월 8일 공군사관학교 졸업식 연설에서 노무현 대통령은 동북아균형자에 대한 구상을 밝혔다. 그는 대한민국의 국가역량에 자신감을 가지고 동북아 정세의 안정에 적극적으로 개입할 필요가 있다고 생각했다.

국가정체성' '국가와 국가' 간의 균형과 조화를 이루는 것"으로 규정했다.

당시 야당인 한나라당과 보수세력은 참여정부의 균형외교를 반미로 매도했지만, 사실 여기서 말하는 '균형'의 상대는 미국만이 아니었다. 모든 외교에서 국익과 합리성에 기초한 균형을 추구하며, 한반도 문제에 관한 한 적극적으로 균형자 역할을 하여 대한민국의 평화와 자주를 추구하겠다는 것이 본래의 구상이었다. 이러한 맥락에서 노무현 대통령은 균형외교의 동북아판 비전이라 할 수 있는 동북아균형자론을 제창했다. 2005년 봄의 일이었다.

동북아균형자론을 이해하기 위해서는 당시 한국의 외교안보가 처했던 상황을 복기해볼 필요가 있다. 2005년 봄 참여정부는 교착상태에 빠진 북핵문제의 돌파구를 마련하기 위해 독자적 대안을 가지고 동분서주했으며, '작계 5029' 및 전략적 유연성 문제로 국가주권의 수호와 동북아의 평화에 대해 많은 고민을 하고 있었다. 이와 함께 독도문제로 촉발된 한일간의 갈등이 격화되고, 중국과의 관계에서는 동북공정의 여진이 남아 있었다. 국내적으로는 자주국방 프로그램이 본격적으로 가동되기 시작했으며 대통령의 특명으로 미국방부에 전시작전통제권 환수를 공식 제기하기 위한 준비가 한창이었다. 바로 이러한 긴박한 전환기적 상황에서 노 대통령은 일련의 연설을 통해 우리나라가 동북아시아의 '세력 균형자' 혹은 '균형자' 역할을 해나가겠다는 의지를 밝혔다.

노 대통령은 2005년 3월 8일 공군사관학교 졸업식 연설에서 다음과 같이 밝혔다.

"이제 우리 군은 한반도뿐만 아니라 동북아시아의 평화번영을 지키는 것을 목표로 하고 있습니다. 동북아시아의 세력균형자로서 이 지역의 평화를 굳건히 지켜낼 것입니다. 이를 위해 동북아시아의 안보협력구조를 만드는 데 앞장서고, 한미동맹의 토대 위에서 주변국들과 더욱 긴밀히 협력을 강화해나갈 것입니다."

이 연설은 동북아균형자의 군사적 측면을 부각시키고 있다. 그러나 3월 22일의 육군3사관학교 치사는 노 대통령의 동북아균형자론 인식이 평화번영의 동북아를 향한 종합적인 국가전략 담론으로 발전하고 있음을 보여준다.

"우리 대한민국은 동북아시아의 전통적인 평화세력입니다. 역사 이래로 주변국을 침략하거나 남에게 해를 끼친 일이 없습니다. 우리야말로 평화를 떳떳하게 말할 자격이 있다고 생각합니다. 이제 우리는 한반도뿐만 아니라 동북아시아의 평화와 번영을 위한 균형자 역할을 해나갈 것입니다. 따질 것은 따지고 협력할 것은 협력하면서 주권국가로서의 당연한 권한과 책임을 다해나가고자 합니다. 앞으로 우리가 어떤 선택을 하느냐에 따라 동북아의 세력판도는 달라질 것입니다"

노 대통령의 균형자 인식은 짧은 시간 내에 인식의 폭을 넓혀갔다. 2005년 4월에 이르러 대통령은 국방부 업무보고를 받으면서 균형자의 개념을 군사력·경제력과 같은 하드웨어와 함께 외교적 역량이라는 소프트웨어가 결합된 종합 역량이라는 관점에서 바라보았다.

"힘이 있느냐? 있습니다. 미국에게 권고하고 러시아에 제안할 수 있으면 있는 것입니다. 세계 10위의 경제력, 군사력이 있습니다. 국회에서 10석 가진 정당도 중요하듯이 중국, 일본의 국력이 크지만 우리도 캐스팅보트가 될 수 있습니다. 이스라엘군을 모범으로 하면서 힘이 없다고 생각하는 것은 모순입니다. 스스로 비하하지 말도록 간곡히 부탁합니다."

이처럼 노 대통령은 대한민국이 국가능력과 변화한 정세에 맞게 동북아 지역에서 평화와 공동번영을 위한 균형자 역할을 해나가야 한다고 생각했다. 물론 미·일·중·러의 강대국 틈에서 상대적 약소국인 대한민국이 모든 면에서 균형자가 되자는 것은 아니었다. 적어도 우리의 생존 터전인 한반도에서 벌어지는 강대국 간의 갈등을 극복하고 협력과 평화를 실현하는 데는 중심적 역할을 하자는 것이다. 우리의 능력 범위 내에서 가능한 사안들에 대해서 중심을 잡고 균형점을 찾고자 노력해나가자는 것이었다.

그런데 동북아균형자론은 우리가 당장 할 수 있는 것부터 점진적으로 실현해나가겠지만 주로 미래를 바라보고 당위적 방향을 언급한 것이었다. 당장 구체적인 계획을 짜서 실현하는 정책이라기보다는 우리가 앞으로 추구해나가야 할 외교안보적 방향과 비전을 제시한 것이었다. 그리고 그다지 복잡한 이론적 맥락을 지닌 표현도 아니었다. 그러나 다수의 언론과 야당, 지식인들은 "한국 외교안보의 제1축이 한미동맹인데, 이를 파기하겠다는 것인가?" "한국이 무슨 능력이 있어서 미중간에 균형자가 된단 말인가"라며 격렬한 비판을 쏟아냈다.

　나는 동북아의 교차지점에 위치하여 간난의 외세침략을 받아온 우리나라가 우리의 생존과 지역평화를 위해 균형적 역할을 하겠다는 열망을 품고 이를 추구하는 것은 자연스러운 일이라고 생각했다. 그렇게 위험시되거나 비아냥거림의 대상이 될 일은 아니었다. 좀 더 솔직히 말하면 나는 노 대통령의 동북아균형자론은 우리에게 숙명적으로 다가올 과제를 앞서서 제시한 선구적인 문제제기라고 생각했다. 또한 사실 노 대통령이 처음 동북아균형자론을 구상했을 때 생각했던 것은 중일간 갈등에서 균형을 잡는다는 의미였다.[1]

　당시 일부 언론과 야당은 동북아균형자론을 제기한 참여정부를 '친중 반미'라는 치졸한 딱지까지 붙여서 비난했지만 그로부터 7년이 지난 2012년에 새누리당의 박근혜 대통령후보는 '균형외교'를 공약으로 내세웠다. 그 내용이 참여정부의 균형외교와 같지는 않지만, 나는 참여정부의 동북아균형자론과 균형외교에 이념적 굴레까지 씌어가며 비판하던 이들이 거꾸로 '균형외교'라는 공약을 내세운 걸 보고 놀랍기도 하고 반갑기도 했다. 한편으로 후안무치라는 생각도 들었다. 하지만 이미 한국 정부가 한미동맹과 한중 협력을 균형 있게 추구하면서 평화롭게 함께 발전하는 협력구조를 만드는 일이 이념의 문제가 아니라 생존의 문제가 되었다는 것을 증명하는 것이기에 기분이 나쁘지 않았다. 다만, 박근혜정부 출범 후 이따금 박근혜 후보를 자문했던 학자들과 마주치면, "로열티는 내고 쓰라"고 농담을 건네곤 했다.

　대통령의 의도와 달리 보수 언론은 동북아균형자론을 '한미동맹 이탈' 신호로 해석하고, 그 방향으로 대서특필했다. 국내에서 이렇게 논란이 일자, 그동안 동북아균형자론에 주목하지 않았던 미국 정부가 자연히 부정적인 시각을 가지게 됐다. 롤리스 미 국방부 수석부차관보의 황당한 항의가 왜곡된 인식의 실체를 잘 보여준다.

2005년 4월 28일 워싱턴을 방문한 내게 롤리스는 미국이 균형자론으로 인해 "상처를 받고 타격을 입은 이유는 그것이 국가의 장기적 전략이어서가 아니라"며 다음과 같이 말했다. "노 대통령님이 이것을 말씀하셨을 때, 그리고 청와대 대변인이나 차장님이 그 개념을 설명하면서 이 문제를 한국이 남방 3각동맹에서 북방 3각동맹으로 옮겨가는 것이라고 말씀하신 것이 문제였습니다. 왜냐하면 그런 말에 내포된 의미는 한미동맹, 또는 한미관계가 지난 60년간 한국으로서는 손해 보는 장사였으며, 한미동맹이 한국의 주권을 제약하거나 무시했다는 것이기 때문입니다. 이 논리의 연장으로 노무현정부의 임무는 이런 구조를 바로잡는 것이고, 한미동맹이란 미국이 일방적으로 한국의 의사나 이해에 반해서 강요한 것이므로 해체할 필요가 있다는 주장이 나오는 것입니다." 나는 어안이 벙벙했다. 대통령도 나도 청와대 대변인도 한 번도 언급한 적이 없고, 그런 뜻을 시사조차 한 적도 없었는데, 롤리스는 엉뚱한 얘기를 하고 있는 것이다. 참여정부의 인식에는 남방 3각동맹이니, 북방 3각동맹이니 하는 개념 자체가 아예 없었다. 왜냐하면 동북아 역학구도에서 한미동맹과 미일동맹이라는 양자동맹은 있어도 3각동맹이라는 다자동맹은 없기 때문이다. 북방도 마찬가지다. 중국과 소련이 1969년에 전쟁까지 치른 나라들인데, 그들과 함께 무슨 3각동맹을 맺을 수 있겠는가? 북중 양자동맹과 북러 친선관계만이 있을 뿐이었다.

알고 보니 미국 정부의 이런 부정적 인식에는 대통령의 동북아 균형자 관련 연설의 배경과 관련하여 "남방 3각동맹(한미일)에 갇혀 있을 수 없다"는 제목으로 익명의 고위관리 말을 인용한 『조선일보』의 기사가 도화선이 되었다. 이를 계기로 일부 언론과 야당이 동북아균형자론 논의를 엉뚱하게 '한미동맹 이탈' 쪽으로 끌고 갔다. 그러더니 결국 『조선일보』의 인용 기사가 워싱턴에서는 대통령과 내가 이런 말을 하고 다닌 것으로 둔갑해 있었다. 누가 엉터리 소리를 해서 이 신문이 그런 식으로 몰고 갔는지 모르나, 그것이 한미관계에 미친 부정적인 영향은 매우 컸다.

결국 2005년 봄의 동북아균형자론 논쟁에서 참여정부는 지고 있었다. 호된 외부 비판에 미국의 오해까지 겹쳐서 동북아균형자론을 공개적인 기치로 내거는 것을 포기했다. 나부터가 동북아균형자론에 집요하게 반미의 혐의를 씌우는 보수언론에 당당하게 맞서지 못하고, 미국과 다른 동북아 국가 사이에서 한국이 수행할 수 있는 균형자 역할에 대해서는 가급적 언급을 피하는 방어적인 태도를 취하게 됐다. 참여정부 통일외교안보 분야의 최고의 이론가였던 문정인 교수도 동북아균형자를 지키기 위해 많이 애를 썼으나 역부족이었다.[2]

돌이켜보면 동북아균형자론의 전파 책임을 맡은 NSC사무처는 이 논의를 좀 더 간단한 메시지로 만들어 의연하게 밀고 나갔어야 했다. 동북아 균형자의 진정한 의미와 가치에 대해 정확히 말하고 아무리 비판론자들의 공세가 무자비했어도 그에 결연하게 대처했어야 했다.[*]

나는 노 대통령의 동북아균형자론을 체계화하고 이를 국민들 마음속에 전파해야 할 책임자로서 이러한 공세에 제대로 대처하지 못한 책임을 지금도 시간이 갈수록 통감하고 있다. 내가 자책하는 가장 큰 이유는 노 대통령이 동북아균형자론을 제시한 시점에서 우리가 이미 몇 개의 중요 분야에서 균형자 역할을 하고 있었으며, 국제사회가 우리의 이러한 역할을 인정하고 있었기 때문이다. 9·19공동성명을 도출하기 위한 과정에서 보여준 한국의 역할이나, 한국 외교안보의 위기였던 '핵물질 사건'의 조기 해결, 그리고 반기문 유엔사무총장의 배출과 같은 중요한 외교적 성과들이 그것이다. 이러한 외교적 성과는 참여정부가 동맹인 미국에 일방적으

---

[*] NSC는 비록 동북아균형자론을 공개적으로 밀고나가지는 못했으나, 이후 북핵문제 등 국제적 사안을 다루면서 이 개념을 중일간 갈등구조 속에 국한시킬 필요가 없다고 판단했다. 그래서 한 반도에서 우리의 운명과 관련한 사안에 대해 능력껏 평화 지향적 해결을 추구하고 그 과정에서 중일 사이만 아니라 북한과 미국, 미국과 중국 사이에서도 중재하거나 조정할 수 있다고 보았다. 이런 관점에서 대통령이 제창한 동북아균형자의 정신에 기초해서 균형외교를 추진해나가기로 했다.

로 의존하는 외교를 하지 않고서, 이를 극복하고 균형외교를 추구했기 때문에 가능했던 일이었다.

특히 9·19공동성명을 만들어내는 과정은 한국 정부가 북핵문제에서 종종 촉진자를 넘어서서 중국과 협력하며 균형자 역할을 했음을 내외에 분명하게 보여주었다. 사실 강대국 간의 이해관계가 교차하며 북미 갈등이 상존하는 동북아 역학구조에서 공통된 합의를 이루는 것은 매우 어려운 일이었다. 그런 상황에서 참여정부는 부시정부의 패권적 일방주의와 북한의 벼랑끝 전술을 극복하고 각국의 이해를 조율하면서 북핵문제 해결의 실마리를 만드는 균형자 역할을 해냈다.

물론 한국 정부가 6자회담에서 처음부터 균형자 역할을 자임한 것은 아니었다. 만약 부시정부가 클린턴정부 정도의 합리성을 지닌 정권이었다면, 한국 정부가 자칫 '친북·반미'의 오해를 살 수도 있는 북한과 미국 사이 균형자의 길을 걷기보다 긴밀한 한미공조를 통해 문제를 합리적으로 풀려고 했을 것이다. 그러나 참여정부는 구조적으로 미중간에 균형자 역할을 하는 것 못지않게 어려우며, 훨씬 더 민감한 북미간의 균형자 역할을 성공적으로 수행해냈다. 이러한 역할을 해놓고도 동북아균형자론을 지키지 못했으니 나의 무능함에 무슨 말을 하겠는가?

균형외교의 힘, '핵물질 사건'의 성공적 해결

참여정부는 2004년 가을 한국외교안보를 중대위기로 빠뜨릴 뻔한 '핵물질 사건'을 조기에 성공적으로 해결했다. 그런데 이 문제를 해결하는 과정에서 우리가 그동안 추구해온 균형외교의 덕을 톡톡히 보았다.

2004년 8월 12일 반기문 외교장관이 권진호 안보보좌관과 나를 긴급히 만나기 위해 청와대에 들어왔다. "핵폭탄이 터졌습니다." 반 장관은 심각한 얼굴로 긴급 상황을 전달했다. 한국원자력연구소에서 자칫 핵개발 의도로 오해받을 수 있는 우라늄 분리실험을 한 사실이 발견되었다는 것이다.

사정은 이러했다. 우리나라는 2004년 2월 국제원자력기구IAEA 추가의정서에 비준했다. 이 추가의정서는 이미 1997년에 입안된 것으로서 '언제 어디서든Anytime Anywhere'이라는 원칙에 입각해서 핵연료 활용 및 처리에 관련된 모든 시설·장비·물질의 정보접근과 사찰을 허용한다는 내용을 담고 있었다. 그런데 IAEA 추가의정서 가입에 따른 후속조치로 IAEA가 요청한 핵 활동 관련 자료를 준비하는 과정에서 2000년 초에 원자력연구소에서 극소량(0.2g)의 우라늄 분리실험을 했다는 사실을 발견했다. 정부는 이 사실을 IAEA가 원자력연구소를 사찰지역으로 지정하여 조사를 하다가 발견했다. 연구실 수준에서도 우라늄 농축실험은 금지되어 있었다. 특히 고농축 실험은 핵무기 개발로 의심을 살 수 있는데, 원자력연구소가 이 실험을 한 것이다.

이날 반 장관이 우리에게 알린 사실은 이것뿐이었다. 그런데 며칠 후 IAEA측의 요청으로 플루토늄 분리실험 여부를 조사하다가, 한국과학기술연구원KIST 자리에서 1982년에 미량의 플루토늄 추출실험을 한 사실이 확인되었다는 추가 보고를 받았다. 이 문제에 대해서는 이미 2004년 3월 IAEA측에 소명자료를 제출했다는 것이었다. 엎친 데 덮친 격이었다. 예기치 못한 '핵물질 사건'이 발생한 것이다.

사실 NSC사무처는 반 장관이 알려주기 전까지 우라늄 분리실험 조사나 정부가 '미량의 플루토늄 추출 실험'을 확인하여 이미 IAEA에 보고했다는 사실을 전혀 모르고 있었다. 이 문제의 교섭을 외교부가 지원하기는 하나 주관부서가 과학기술부였기 때문이다. 그러나 우라늄 분리실험 사건이 불거지면서 심각한 외교안보 사안으로 비화되자 NSC가 맡게 된 것이었다.

이 사건은 정말로 대형 악재였다. IAEA 차원에서 우리나라의 핵개발 의혹이 해소되지 않으면 우리 역시 북한과 마찬가지로 이른바 '불량국가rogue state'로 간주될 수 있고, 평화적 핵 이용권도 제한되며 국가위신도 급락할 수 있었다. 마침 북한 고농축우라늄 개발 의혹으로 북핵문제가 재발하여 6자회담을 진행하고 있는 상황이었기 때문에 우려는 더 컸다. 우리가 이 문제를 조기에 해결하지 못하면 6자회담에도 악영향을 미칠 수 있었다.

NSC는 사건의 심각성을 인식하고 즉시 극비리에 대책 강구에 나섰으나, 미국 언론을 통해 이 사건이 보도되면서 언론 대처에 많은 어려움이 있었다. 특히 언론이 관련사실을 집중 보도하면서 '핵물질 사건'은 더욱 증폭되어갔다.

2004년 8~11월 사이에 정부는 이 문제를 해결하기 위해 NSC의 외교역량을 총동원했다.[3] 이 3개월 동안 관련 NSC 상임위는 10차례 회의를 열었으며, 범정부 TF는 33회의 집중회의를 통해 모든 사안들에 대해 하나하나 점검하고 IAEA와 미국 등 관련국에 대한 설득전략을 수립하고 진행해 나갔다.

우리의 목표는 이 사건이 "단순한 과학적 호기심에 의한 실험이었을 뿐 핵개발 의도는 전혀 없었다"고 IAEA를 납득시켜서, 이 문제가 'UN 안보리 보고'로 이관되지 않고 11월 IAEA 이사회에서 '의장결론' 수준으로 사건을 종결짓는 것이었다. 이 문제가 'UN 안보리 보고'로 이관된다는 것은 단순한 과학적 호기심에 의한 실험을 넘어섰다고 의심을 받는다는 의미였다.

NSC 상임위는 이 문제의 조기종결을 위해 과학기술적 접근을 위주로 하되, 상황변화에 맞추어 정치·외교적 접근을 병행하기로 했다. 이에 따라 35개 IAEA 이사국에 주재하는 한국대사관에 총동원령을 내려 대사가 직접 주재국 외교책임자를 만나 우리 입장을 설명하고 그 결과를 본부에 보고하도록 했다. 외교부 본부는 IAEA 이사국의 주한대사들에게 협조를 요청했다. 정부는 IAEA본부가 있는 오스트리아에 대책반을 파견하여 현지 공관과 합동으로 이사국 설득작업에 나서게 했다. 범정부 T/F는 우리 외교관들이 활용할 각종 설명자료와 토킹 포인트를 작성해 적시에 현지 대사관에 제공했다. 뿐만 아니라 우리 재외 공관의 '핵물질 사건 관련' 외교 교섭 현황을 일일 체크 리스트로 만들어 관리하며 설득작업을 진두지휘했다.

한국 이외의 IAEA 이사국 34개국을 분석해보니 비동맹 그룹이 알제리·인도·베네수엘라·베트남 등 14개국이었고, EU가 11개국이었으며, 나머지 나라가 미·중·일·러 등이었다. NSC는 전세계에 퍼져 있는 재외 공관들과 이 작업을 하면서 우리의 균형외교가 이미 상당한 효과를 보고 있음을 실감할 수 있었다. 자칫하면 '한국의 핵무기 개발 의혹' 식으로 엉뚱하게 비화될 수도 있는 이 사건에 대해 비동맹 그룹의 나라들이나 미국과 대립하고 있는 나라들도 대부분 우리의 설명에 이해를 표시했다. 중국과 러시아도 쉽게 납득해주었다. 한국 정부가 친미일변도의 외교정책을 펴는 나라라고 알려졌으면 이런 성과는 기대하기 어려웠을 것이다.

그런데 우리 정부의 설명에 의혹의 눈초리를 보내며 끝까지 강경한 태도를 보인 나라들은 뜻밖에도 미·영·프랑스·캐나다·호주 등 전통적으로 우리와 가까운 나라들이었다. 강경노선을 주도하는 나라는 미국이었으며 그 중심에는 볼튼 국무부 군축차관이 있었다. 이들 나라는 '핵물질 사건'이 IAEA의 안전조치협정을 위반한 중대위반이므로 유엔 안보리까지 회부되어야 할 문제라고 주장했다.

미국의 강경태도가 누그러지지 않자 외교부는 사기가 꺾여서 차라리 UN 안보리 보고에 대비하거나 2005년 3월의 차기 IAEA이사회로 이월시키는 것이 어떻겠느냐는 의견을 제시했다. 하지만 NSC 상임위는 사안의 중대성으로 보아 이 문제는 장기화될수록 불리하며 북핵문제까지 고려하면 2004년 11월 IAEA이사회에서 조기에 마무리되어야만 한다고 판단하고 마지막까지 온 힘을 다하기로 했다. 나는 이 사태의 열쇠를 쥐고 있는 볼튼 차관을 직접 만나 설득해야겠다고 마음먹었다. 그리고 11월 초 미국을 방문하여 볼튼 차관과 담판을 했다.

볼튼과는 두번째 만남이었다. 그는 미국 네오콘의 대표적인 인물 중의 하나로 알려져 있는 강경파지만, 월포위츠 국방부 부장관과는 달리 대화에서부터 강경하게 나서는 인물은 아니었다. 나는 볼튼 차관에게 '대부분의 국가가 한국의 설명을 수긍하고 한국 입장에 동의하는 데 우리의 동맹인 미국이 반대하고 있다'며 솔직하게 얘기했다. 볼튼은 나와 심각하게 논쟁하지 않았다. 그는 "우리는 괜찮은데 중국과 러시아가 동의하겠느냐"며 한국 입장을 수용할 뜻을 비쳤다. 나는 "중국과 러시아는 이미 한국의 설명에 이해를 표시했다"고 알려주었다.

결국 '핵물질 사건'은 발생 3개월 만인 2004년 11월 26일 "한국 정부의 시정조치와 협력을 환영한다"는 'IAEA 의장결론'으로 종결되었다. 우리의 목표가 성공적으로 달성된 것이다. 사건이 해결되자 당시 미국 언론 등은 "도대체 한국이 어떻게 했기에 이렇게 빨리 해결되었는지" 놀라워했다. NSC사무처와 외교부, 과학기술부, 재외공관 등이 혼연일체가 되어 힘을 한데 모아 대응한 결과였다. 그리고 이 성공의 바탕에는 균형외교 노선이 자리 잡고 있었다.

사실 그 중요성이 제대로 인식되지 못해서 그렇지 '핵물질 사건'의 조기 해결은 한국 외교의 커다란 승리였다. 이 사건이 조기에 해결되지 않았다면 6자회담에서 북한이 지속적으로 이 문제를 제기했을 것이며, 한국의 국제신뢰도는 급격히 하락했을 것이다. 그나마 제한된 우리의 평화적 핵이용권도 더 위축될 뻔했다.[4]

'핵물질 사건'을 해결하는 과정에서 많은 사람들이 애를 썼다. 서훈 실장을 비롯하여 오준 외교부 국장, 조청원 과학기술부 국장, 민병관 국정원 판단관, 송영완 외교부 군축심의관, 장용석 NSC 과장 등 범정부 TF 멤버들과 조창범 오스트리아 대사가 대표적인 공로자다. 특히 조창범 대사의 역할은 매우 컸다. 그는 IAEA 회원국들을 설득할 수 있는 논리와 타개 전략 등을 담은 보고서를 끊임없이 본부로 보내, 범정부 T/F가 각종 대응 전략을 구상하고 실행하는 데 가장 크게 기여했다. 그는 외교부 본부에서조차 미국의 반대로 우리 '핵물질 사건'이 UN 안보리로 이관될 수밖에 없지 않느냐는 비관론이 팽배할 때도 포기하지 않고 IAEA 의장보고로 상황을 종결시킬 수 있다며 NSC에 자신감을 불어넣어주었다.[5]

한편 '핵물질 사건'의 해결은 NSC사무처와 외교부가 2003년의 갈등기를 지나 양 부처가 유기적인 협력 구조를 가졌음을 실례로 보여준 사건이기도 했다. 물론 종종 '어느 대사가 포용정책을 비난한다'는 식의 얘기도 들려왔지만 2004년 1월 반기문 장관 부임 이후부터 내가 통일부장관으로 옮길 때까지 2년간 NSC사무처와 외교부는 밀월관계라고 표현해도 좋을 만큼 찰떡궁합으로 협력하며 숱한 외교안보 현안들을 함께 풀어나갔다. 2004년 말 NSC사무처의 요청으로 외교부의 김숙 북미국장과 조태용 북핵기획단장이 1년간 현직을 연장할 만큼 두 부처의 관계는 협력적이었다.

나는 우리 외교관들과 함께 일하면서 그들이 비록 전략적 사고 면에서는 계발해야 할 소지가 많지만 외교적 기능면에서는 매우 우수하다는 사실을 알게 되었다. 따라서 NSC가 전략적 방향만 제대로 제시하고 꾸준히 상황점검을 해나가면, 그들은 웬만큼 어려운 과제도 무난히 수행해냈다. 그들은 과거 한미동맹 일변도의 외교관행에 젖어 있다보니 초기에는 균형외교 노선을 거북해했지만 이내 적응하고, 9·19공동성명을 일궈낸 주역이 되었다. 그리고 일본을 비롯한 G4(일본·독일·브라질·인도) 국가들의 유엔 안보리 상임이사국 진출을 위한 '상임이사국 증대'가 의제가 된 2005년 유엔 안보리 개혁 논의에서 이를 반대하고, 4월에 이탈리아, 스페인, 멕시코 등과 함께 '커피클럽'을 결성하여 결국 좌절시켰다. 참여정부

균형외교의 상징적 성과라 할 수 있는 반기문 외교장관의 유엔사무총장 당선을 실현시킨 것도 그들이었다.

한편 나는 '핵물질 사건'을 해결하는 과정에서 '정권은 바뀌어도 대한민국정부는 하나다'라는 진리를 새삼 깨달았다. 사실 '핵물질 사건'은 전두환정부와 김대중정부 때 있었던 일들이 뒤늦게 터진 것이다. IAEA 추가의정서 비준도 과거의 정부가 IAEA와 약속한 것이었다. 그런데 문제가 터지자 '대처 미흡'이라는 구실로 참여정부가 너무 많이 비난을 받았다. 마음속으로는 억울하다는 생각도 했었다. 그러나 일을 처리해가면서 나는 정권이 아무리 여러 차례 바뀌어도 대외적으로 대한민국 정부는 하나이며 모든 정권은 좋건 싫건 대외적으로 과거 정부가 한 일에 대해서도 자기 일처럼 책임지고 처리하는 자세가 매우 중요하다는 사실을 깨달았다. 그 뒤 나는 과거 정부 시기의 일을 얘기할 때 그것이 혹여 '탓'으로 들리지나 않을까 특별히 조심했다.

균형외교를 위한 승부수, 반기문 유엔사무총장

우리 국민은 2007년부터 비행기를 타고 해외로 나갈 때마다 자신도 모르게 '국제빈곤퇴치기여금' 명목으로 자동으로 1000원씩 기부하고 있다. 모든 항공료에 이 돈이 포함되어 있기 때문이다. 이를 국제적으로 '항공권연대 기여금'이라고 부르는데, 프랑스가 주도하며 아프리카 빈곤질병 퇴치사업에 쓰이고 있다. 빈곤한 이웃국가를 위한 선행에 틀림없지만 아직 이 기여금 제도를 도입한 나라는 10여 개국에 불과하다. 국제사회에 대한 경제적 지원에는 그다지 앞서지 못하는 우리나라지만 이 제도만큼은 선진 국가들보다도 먼저 도입했다. 반기문 외교장관을 유엔사무총장으로 당선시키기 위해서였다. 아프리카를 정치적 영향권 아래 두고 있던 프랑스가 반기문 장관의 유엔사무총장 후보 지지를 대가로 당시 추진하던 '항공연대 기여금' 제도에 한국이 동참할 것을 요구했었다. 1달러에 해당하는 작은 금액이라도 해외로 나가는 비행기를 타는 모든 국민에게 세금처럼 의무적으로 부과한다는 점에서 부담이 있었지만 국제 부조의 대의와 반 장관 지지 확보라는 실리를 위해서 참여정부는 이를 수용했다. 그러니 따지고 보면 우리 국민 모두가 반기문 총장 당선에 공로자인 셈이다.

그동안 역대 유엔사무총장은 주로 강대국끼리 협의로 중립 지향의 국가 출신 인사 중에서 선출되었다. 그러나 반기문 유엔사무총장 선출은 중견 국가인 대한민국의 독자적인 역량으로 이룩한 것이었다. 2006년 10월 14일 유엔 총회는 새로운 제8대 유엔사무총장으로 한국의 반기문 외교장관을 만장일치로 선출했다. 그는 유엔사무총장이 되기 가장 불리한 요소라고 할 수 있는 갈등과 분쟁의 상징인 분단국가 출신이라는 한계를 극복해냈다. 또 미국의 동맹이라는 유엔에서는 환영받지 못하는 조건도 극복했다. 오직 대한민국의 국력과 외교역량, 그리고 자신의 능력에 기초해서 어느 나라에도 특별히 신세지지 않고 자력으로 당선된 것이다. 그는 미국은 물론이거니와 중국·러시아·프랑스 및 비동맹 그룹으로부터 폭넓은 지지를 받아 '세계의 대통령'이 되었다.

그런데 이러한 폭넓은 지지를 위해서는 한 가지 필수조건이 있었다. 균형외교였다. 세계 각국은 6자회담에서 한국 정부가 한반도 평화를 이루기 위해 분투하는 모습을 보았으며, 때때로 공동의 합의 도출을 위해 동맹인 미국의 일방주의에 맞서며 미국을 설득하는 것도 보았다. 그리고 이 과정에서 반기문 외교장관이 라이스 외교장관을 설득했다는 소식도 들었다. 나는 반기문 장관이 이처럼 평화를 성취하기 위해 합리적인 균형노선을 걸은 한국 외교의 수장이었기 때문에 불리한 조건들을 극복하고 유엔 회원국의 전폭적인 지지를 받아 유엔사무총장이 될 수 있었다고 생각한다.

2004년의 일이다. 반기문 장관이 한국도 차기 유엔사무총장 후보를 낼 필요가 있다며 외교부가 추천하는 3인의 후보 명단을 순위별로 적어왔다. 2006년 말로 임기가 끝나는 코피 아난 유엔사무총장 후임에 아시아계 사무총장의 당선이 유력하며, 우리나라도 한 번 해볼만하다는 것이었다. 그가 간단한 신상명세를 곁들여 제시한 3인의 인사 중 1, 2순위는 직업외교관 출신은 아니었지만 외교장관 출신들이었다. 3순위는 반기문 장관 본인이었다. 사실 분단국가로서 한때 동서냉전의 최전선에 있었던 우리나라에서 유엔사무총장을 배출한다면 그것만큼 경사스럽고 국익에 도움이 되는 일도 드물 것이다. 그러나 솔직히 우리나라 출신 유엔사무총장 탄생이 가능할 것 같지는 않았다.

　권진호 안보보좌관과 나는 그 자리에서 반 장관이 제출한 한국인 사무총장 출마(안)에 동의했다. 그러나 대통령에게 이 사안을 보고하고 승인받기 위해서는 좀 더 많은 정보가 필요했다. 또 국제적 명망이 있으면서도 도덕성을 겸비하여 대한민국을 대표해도 손색이 없는 후보가 누구인지 제대로 따져봐야 했다. 외교부가 추천한 1순위 후보에 대해서도 그가 정말 유엔사무총장 후보로 적합한지 여러 가지 면에서 의문이 들었다. NSC에서 외교부(안)이라며 그대로 대통령에 보고한다면 필경 "반 장관 왜 그래?"라는 못마땅한 반문이 날아왔을 것이다.

　나는 반 장관에게 짧게 내가 느낀 소감을 얘기했다. 그리고 아직 시간이 있으니 몇 가지 사항을 보완해서 보고하기로 했다. 며칠 후 후보 명단 없이 이번이 한국인 유엔사무총장 후보를 내는 데 적기라는 외교부의 의견을 대통령에 보고했다. 그런데 얼마 지나지 않아 2004년 12월에 홍석현 중앙일보 회장이 주미대사에 내정되면서 유엔사무총장 후보 문제는 전혀 의도치 않은 방향으로 흘러갔다. 나는 사전에 홍 대사의 이번 내정 과정을 전혀 몰랐다. 웬만하면 인사수석비서관실에서 의논을 해올 텐데, 그렇지 않은 걸로 보아 홍 회장의 주미대사 내정은 대통령의 고도의 정치적 판단이 작용한 일인 듯했다.

　개인적으로 나는 '조중동'이라는 프레임에 걸려 한국의 거대 언론 3사를 모두 대척점에 놓고 국정을 운영하기는 어렵다고 생각하고 있었다. 특히 정부의 대북정책이나 대미관계, NSC에 대한 거대 언론의 무분별한 비판을 뚫고 나가기가 어려웠다. 아무리 정부가 정직해도 야당이 정부를 국민 기만으로 매도하고 거대 언론이 여기에 적극 호응하고 나서면 정부를 바라보는 국민의 시선은 싸늘할 수밖에 없다. 특히 정치적·사회적 대립이 가장 첨예한 북한문제와 대미관계를 담당하는 나로서는 이를 절감하고 있었다. 그러다보니 정부 편을 들지 않아도 좋으니 객관적으로 진실을 보도하고 상식에 기초해서 시비를 가리는 보수 언론의 존재를 갈망했다. 그래서 이따금 상대적으로 논조가 중도에 가까운 『중앙일보』만이라도 시시비비를 가리며 중립을 지켜주면 좋겠다는 생각을 했다. 물론 이를 순진한 생각이라고 비판하는 이들도 꽤 있었지만 참여정부 인사 중에는 나를 포함해서 적지 않은 이들이 이런 생각을 가지고 있었다. 그래서 솔직히 나는 홍석현의 능력이나 도덕성 등을 따지기 이전에 참여정부의 국정운영을 위해 대통령이 그를 선택한 것은 잘 된 일이라고 생각했다.

　홍석현의 주미대사 임명으로 유엔사무총장 후보는 홍 대사로 정해지는 분위기였다. 따라서 외교부는 특별히 다른 후보군을 물색하여 NSC에 협의를 요청하지 않았다. 그런데 2005년 7월 삼성그룹이 과거 불법대선자금을 제공하고 검찰 고위직들에게 수천에서 수억의 뇌물을 준 사실이 드러난 이른바 'X-파일 사건'으로 홍 대사가 사의를 표하면서 UN사무총장 후보 문제가 오리무중에 빠졌다.[6] 2006년 가을에 유엔사무총장 선거가 예정되어 있었기 때문에 홍 대사의 사임은 시간적으로 한국의 유엔사무총장 배출 전략에 중대한 차질을 초래했다. 외교부의 계산으로는 2005년 가을 전에는 후보가 준비되어야 한다. 그렇게 하려면 당장 후보자를 물색해야 한다. 그래도 일단 다른 후보를 검토하기 전에 홍 대사측에 유엔사무총장 진출 문제를 물었다. 불난 집에 부채질하는 모양이라 나도 묻기가 너무 싫었지만, 그래도 본인으로부터 출마포기 의사를 분명하게 확인받고 일을 추진하는 것이 도리라고 생각했다.[7]

내가 새로운 유엔사무총장 후보 추천을 서두른 것은 홍석현 대사의 사임이 결정된 후 대안으로 반기문 장관을 생각했기 때문이었다. 나는 당시 6자회담의 진전과 균형외교의 성공적인 추진에 몰두해 있었다. 특히 2005년 봄에 동북아균형자론을 제대로 지켜내지 못하면서, 현장에서라도 균형외교를 제대로 추진하고 싶었다. 그래서 반기문 장관을 유엔사무총장 후보로 생각한 것이다.

반기문 장관은 외교부 내에서 신망이 두텁고 국제적으로 명망이 높은 베테랑 외교관이었다. 특히 미국 외교가에서 그에 대한 평가가 높았다. 2004년 1월 외교장관으로 부임한 이래 자신의 직무도 훌륭하게 수행하고 있었다. 1년간 외교보좌관으로 근무했기 때문에 누구보다도 대통령의 의중을 잘 파악하여 업무에 반영하고 있었다. 그는 유머가 있고 유연하기도 했다. 나는 매주 목요일에 있던 NSC 상임위 만찬과 반 장관 초청으로 외교장관 공관에서 열린 외교부-NSC 간부 합동 만찬에서 그의 유머를 자주 들을 수 있었다. 한번은 반 장관이 다른 장관들에게 외교관을 무어라고 부르는지 아느냐고 퀴즈를 냈다. 외교관이 아닌 우리가 알 리가 없었다. 반 장관이 "기름 바른 장어"라고 답해서 박장대소한 적이 있었다. 그만큼 외교관은 '요리 빼고 저리 빼며 잘 빠져나가는' 처신을 한다는 뜻을 유머러스하게 표현한 것이다.

그러나 반 장관에게 하나 걸리는 것이 있었다. 너무 친미적이지 않느냐는 세간의 평가였다. 친미적이라는 것이 좋은 점도 있지만 대미협상에서 우리 입장을 굳건하게 지키고 국제적 쟁점에서 균형을 잡는 데는 아무래도 취약하다는 뜻도 될 수 있다. 그러나 이 문제는 반 장관이 대통령의 의지에 의해서가 아니라 스스로 외교적 스탠스를 균형외교 쪽으로 조금만 이동해준다면 해결되는 일이었다. 만약 반 장관 정도의 외교적 역량을 지니고 있으면서 미국으로부터 신뢰를 받는 인물이 정확히 균형외교의 지점에 서서 북핵 및 전략적 유연성 등 한미 현안에서 미국을 설득한다면 일이 훨씬 쉬워질 것이다. 물론 반 장관은 그때도 이미 훌륭하게 자기 역할을 수행하고 있지만 대통령의 시각에서 조금 더 바란다면 그렇다는 것이다. 결론적으로 나는 반 장관 같은 사람이 6자회담에서 네오콘이 장악하고 있는 미국 정부를 적극 설득하고 각종 한미간 문제에서 우리 목소리를 좀 더 분명히 내는 데 앞장선다면 국익에 큰 도움이 될 것이라고 판단했다. 바로 이런 생각으로 반기문 장관을 유엔사무총장 후보를 고려하기 시작했다.

UN사무총장 당선은 미국의 지지 없이는 불가능하다. 그러나 후보가 친미 인사라는 인식을 줄 경우에는 비동맹 그룹과 중국·러시아·프랑스 등의 반대로 인해 절대 당선될 수 없다. 2006년 1월 20일 반기문 장관은 장 다비드 레비트Jean-David Levitte 주미프랑스대사와의 면담에서 자신의 출마에 대한 미국의 반응이 대체로 긍정적이라고 설명했다. 그러자 레비트는 "미국의 공개 지지는 죽음의 키스kiss-of-death가 될 것"이라고 말했다. 그만큼 유엔사무총장이 되려면 균형이 필요했다. 미국과 가까운 만큼 중국·러시아 등과도 친선을 유지하며 균형을 유지할 수 있어야 했다. 그리고 유엔사무총장은 세계평화를 위해 때로는 미국의 군사적 패권주의를 경계하기도 해야 한다. 반기문 장관이 유엔사무총장 후보가 된다면 반 장관 스스로 균형점을 찾을 테니 우리의 균형외교는 그만큼 수월해질 것이다. 이것이 나의 계산이었다.

더욱이 그즈음 국제사회에서는 이라크전쟁 등으로 대표되는 미국의 군사주의적이며 패권적인 대외정책에 대한 유엔 회원국들의 불만이 고조되어 있어서, 미국에 편향된 후보는 당선 가능성이 낮았다. 따라서 미국의 확실한 지지를 받으면서도 미국에 편향되지 않은 나라의 후보가 더더욱 요구되고 있었다. 이 점에서 나는 미국과 동맹이면서도 그동안 균형외교를 추구해온 한국 출신 인사가 당선 확률이 높다고 판단했다.

결국 반기문 장관을 유엔사무총장으로 추천하기로 결심했다. 물론 나는 반 장관의 인품이나 외교역량을 높이 평가하지만 그것만으로 그를 추천할 수는 없었다. 그 이유는 대통령이 그를 유엔사무총장 후보로 결정하는 순간, 사실상 유엔사무총장 선거가 있는 2006년 가을까지 외교장관을 바꿀 수 없기 때문이었다. 특별한 일이 없는 한 유엔사무총장 선거가 끝날 때까지는 임기를 보장해야 하는 만큼 국정 책임자인 대통령으로서는 상당한 모험을 하는 셈이다. 당시 반 장관은 이미 임기가 1년 8개월을 경과하고 있었기 때문에 후반기 외교안보운영을 위해 대통령이 교체할 수도 있는 상태였다. 따라서 대통령께 반기문 장관을 유엔사무총장 후보로 추천한다는 것은 앞으로 최소한 1년 2개월 그의 임기를 연장해달라고 건의하는 것과 마찬가지였다. 나도 부담을 안은 판단을 하는 것이고, 대통령도 후반기 외교안보진용 구상을 재검토하는 결단을 해야 한다. 이처럼 현직 외교장관을 유엔사무총장 후보로 내보낸다는 것은 쉬운 일이 아니었다.

나는 반기문 장관의 유엔사무총장 선거 출마의 필요성과 당선 가능성을 보고서로 정리한 뒤, 권진호 보좌관과 정동영 장관을 만나 내 판단을 얘기했다. 두 사람 모두 좋은 아이디어라며 환영했다. 반 장관에게는 대통령께 건의드리기 직전에 이 사실을 알려주었다.

9·19공동성명을 도출하기 위한 산통으로 NSC가 어수선하던 2005년 8월 하순, 나는 대통령에 몇 가지 현안을 보고하는 자리에서 유엔사무총장 후보 건을 꺼냈다. "반기문 외교장관을 유엔사무총장후보로 내면 어떻겠습니까? 권진호 보좌관과 정동영 장관하고 상의했는데, 다들 좋다고 합니다." 대통령은 궁금한 듯이 나를 쳐다보며 물었다. "왜 반 장관입니까?" "균형외교를 실현하는 데 큰 도움이 될 것입니다." 이 보고에 대통령

은 두말없이 결심했다.

2005년 9월 1일 나는 「차기 유엔사무총장 후보 관련 동향 및 건의」라는 제목의 보고서를 직접 작성하여 대통령에게 올렸다.[8] 균형외교를 향한 집념으로 이 일을 추진하고 있지만 앞으로 우리 정부가 그를 당선시키기 위해 투자할 노력을 생각하니, 솔직히 만약 낙선된다면 국사國事를 그르친 모사꾼이 될지도 모른다는 생각에 한편으로 마음이 무거웠다.

나는 NSC 사무차장으로 근무하는 동안 내가 기안자가 되어 대통령께 보고한 문서는 두 개뿐이었다. 하나는 나를 NSC 사무처장으로 격상시키라는 대통령 지시를 이행하기 위해 마련한 NSC 법 개정 관련 보고서였으며, 나머지 한 건이 이 보고서였다. 그러나 NSC 법 개정 관련 보고서는 야당의 반대로 내가 대통령께 건의하여 스스로 취소했다. 그러니 실행된 것은 이 보고서뿐이었다. 대통령은 이 보고서에 대해 다음과 같은 의견을 붙여서 승인했다. "의견대로 시행바랍니다. 다만 총리의 의견을 듣는 것이 좋을 텐데 언제 누가 상의하는 것이 좋을지에 관한 의견도 검토해주기 바랍니다." 이처럼 대통령은 이해찬 총리의 의견을 중시했다. 나는 즉시 이 총리에게 관련 사항을 보고했다. 총리 역시 아주 좋은 판단이라며 반드시 반 장관을 유엔사무총장에 당선시키도록 잘 준비하라고 격려해주었다.

이렇게 해서 반기문 장관의 유엔사무총장 후보 추천을 위한 나의 임무는 마무리되었다. NSC 상임위원회는 2005년 9월 8일 제344차 회의를 열어 반기문 장관의 유엔사무총장 후보 추천을 정식으로 대통령에 건의했다. 나는 4차 6자회담 2단계 회의 직전에 내려진 이 결정이 우리 외교관들이 합의문 도출을 위해 다시 한 번 힘을 낼 수 있는 자극제가 되기를 바랐다. 나는 반기문 장관의 유엔사무총장 당선을 위한 범정부 TF를 구성하는 일까지만 주관했고 본격적인 추진 업무는 외교부로 넘겼다. 다만 외교부의 요청을 받아 10월 7일 외교부 출입기자단을 대상으로 '국익 수

반기문 유엔사무총장의 탄생은 참여정부가 추구한 균형외교의 성취였다. 전통적인 우방국만이 아니라 세계 각국으로부터 전폭적인 지지를 받아 그는 만장일치로 유엔사무총장에 당선됐다. 2006년 12월 말 유엔사무총장이 된 반기문이 청와대로 찾아와 노무현 대통령을 만났다.

호'를 명분으로 2006년 2월 14일 정부 발표까지 장장 4개월 동안 엠바고를 건 정부의 유엔사무총장 후보 결정에 대한 비보도 브리핑을 했다.

반기문 장관이 유엔사무총장 후보로 결정된 후, 노 대통령은 외교 일정의 상당 부분을 반 장관의 당선을 위해 할애하는 등 최선을 다해 지원했다. 특히 노 대통령은 2005년 11월 부산에서 열린 APEC 정상회담을 적극 활용했다. 11월 16일 한중정상회담에서 노 대통령은 후진타오 주석에게 반 후보의 지지를 부탁했다. 중국은 우리 후보가 나오기 전에 태국 후보를 지지한 것으로 알려진 터였다. 후진타오 주석은 "우리는 반 후보 지지에 문제없으나 아시아 다른 나라도 같은 생각이기를 바란다"며 우호적인 입장을 보였다. 경주 한미정상회담에서 노 대통령은 라이스 미 국무장관만 배석한 대기실에서 부시 대통령에게 반기문 장관의 유엔사무총장 진출에 대한 지지를 부탁했다. 대통령은 자신이 직접 만나기 어려운 지도자들에게는 특사를 파견했다. 예컨대 권진호 안보보좌관은 반 후보 지지를 호소하기 위해 탄자니아 대통령 취임식까지 참석하기도 했다. 노 대통령은 이 밖에도 반 후보에 대한 우호적 분위기 조성을 위해 재정적 부담을 마다않고 국제사회에 대한 한국의 지원을 늘리는 여러 조치들을 취했다.

이처럼 반기문 장관 본인 물론, 노 대통령 이하 관련 공무원들이 최선을 다해 한국인 유엔사무총장 배출을 위해 노력했기에 우리는 성공할 수 있었다. 내가 보기에 우리가 미국의 동맹이면서도 치열한 경쟁을 뚫고 유엔사무총장을 배출할 수 있었던 원천은 향상된 우리 국가역량과 총력적인 지원 그리고 반 장관의 개인적인 능력이었다. 그리고 이 모든 것을 뒷받침한 것이 바로 균형외교였다. 반기문 장관이 유엔사무총장에 선출되는 순간 워싱턴과 베이징에서 동시에 환영성명이 나왔다. 균형외교가 아니었다면 어찌 그런 일이 있었을까? 우리가 추구해온 균형외교가 국민들에게 보람을 선사한 순간이었다.

2
숙제로 남은 동북아 역사문제

> 노 대통령이 살아계셨다면 유쾌한 얘기 한 토막으로 꾸며 늦게나마 보고를 드렸을 텐데 그럴 수 없다는 사실에 가슴이 미어졌다. 당시 이 자료들을 구할 수 있었다면 중국과의 협상에서 매우 유용하게 활용할 수 있었을 것이다. 그러나 이제라도 이 자료들을 활용할 수 있게 되어 다행이며, 또 지시받은 내가 찾아내 동북공정의 허구성을 지적하는 논거로 만들었으니 뒤늦게나마 대통령의 지시를 이행한 셈이 되었다.

대통령도 넘기 어려운 벽, 한일관계

균형외교는 양자가 아닌 3자 이상 다자간의 이해가 교차하는 외교영역에서 주로 추구하는 외교방식이다. 그러나 앞에서 살펴본 바와 같이 '가치와 국익' 혹은 '국가와 국가' 간의 균형과 조화를 추구하는 것도 균형외교다. 그런 점에서 균형외교는 양국관계를 풀어가는 데도 기본원칙이 된다. 그러나 때때로 양자관계 중에서 균형외교로도 풀기 어려운 문제가 있었다. 동북아에 의연히 존재하는 역사문제가 대표적인 경우였다. 우리 입장에서는 한일 역사문제가 가장 풀기 어려웠다. 참여정부는 "과거를 직시하고 미래로 나아간다"는 관점 아래 한일간 역사문제를 극복해보고자 했으나 결국 실패했다. 참여정부는 임기 내내 균형외교를 추구했지만 일본과의 역사문제에서 외교적 균형점을 찾지 못했다. 역사문제가 발생할 때마다 한일관계는 출렁거렸다.

나는 NSC 재직 기간 동안 일본을 3차례 방문했다. 그중에 공개 방문은 첫 회뿐이었으며, 나머지 2회는 비공개 방문이었다. 비공개 방문은 모두 긴급한 현안을 논의하기 위해서였는데 그중 한 번은 과거사문제로, 다른 한 번은 4부에서 살펴본 것처럼 4차 6자 회담 휴회기간 중 북핵문제 논의를 위해서였다.

나는 2004년 2월 11~14일에 일본 정부의 공식 초청을 받고 도쿄를 방문했다. 이 방문에서 아주 특이한 경험을 했다. 2월 12일 오후에 후쿠다 관방장관과 면담이 예정되어 있었는데, 호소다 관방성 부장관이 나를 만나고 싶어 했다. 어차피 사무실이 같은 건물에 있으니 후쿠다 장관을 만나기 전에 30분이라도 시간을 내달라는 연락이 왔다. 그가 왜 나를 만나자는지 알 수는 없었지만 일단 응낙했다.

알고 보니 그는 내게 한국의 대북정책과 대미정책에 대해 비판하고 독도문제로 나를 자극하기 위해 만나자고 한 것이었다. 그는 초면인 내게 대뜸 훈계조로 얘기하기 시작했다. 그는 납치문제와 북핵문제 등을 거론하며 북한에 대한 불신을 나타냈다. 그리고 한국 정부가 북한에 대해서 너무 유화적이라고 불만스럽게 말했다. 그 정도까지야 얼마든지 할 수 있는 얘기라고 생각했다. 다음이 문제였다. 그는 한국의 대북정책은 국내 정치적으로도 유리할 게 없다며 "고이즈미 총리는 지금 경제도 좋지 않고, 여러 가지 여건이 정치적으로 불리하지만 납치문제와 북핵문제 덕분에 지지율이 50%대"라고 말했다. 고이즈미 총리가 대북 강경책을 쓰고 있기 때문에 내치가 원활하지 않음에도 국민들에게 인기가 있다는 것이다. 그런데 왜 한국은 고이즈미 총리처럼 북한을 비난하고 압박하면 국내 정치적으로 도움이 되는데 그렇게 쉬운 이치도 모르냐는 말투였다. 그는 한미관계에 대해서도 훈수(?)를 뒀다. 북핵과 관련하여 미국의 CVID 원칙은 확고하며 일본도 미국에 북한과 타협하라고 요청하거나 설득할 생각이 없다고 하면서, 한국 정부가 미국의 생각과 배치되는 입장을 가져서는 안 된다고 강조했다. 그는 '한국 정부는 미국이 얼마나 센 나라인데 잘 협력하려 하지 않고 이견을 보이느냐'고 걱정조로 말했다. '그렇게 하니까 국내적으로도 정치가 불안한 것'이라고도 했다. 그는 '세계 최고의 강대국이자 최강 기술국가가 미국'이라며 이런 나라와는 다투지 말고 잘 지내야 한다고 목청을 높였다.

나는 얘기를 들으면 들을수록 당혹스럽고 혼란스러웠다. 아무리 의원내각제 국가지만 어떻게 이런 사람이 관방성 부장관이란 말인가? 그가 정말 솔직해서 그렇게도 단순하고 일방적인 논리와 직설적인 언어로 나를 설득하려 하는 것인지, 아니면 나를 모욕하기 위해서 그러는지 판단이 되지 않았다. 대꾸를 억지로 하긴 했지만 내내 대화가 불편했다. 그러나 나는 '초청받은 손님'이었기에 꾹 참고 자리를 지켰다. 그간 많은 일본 사람들을 만났으며, 오랜 일본인 친구도 여럿 있지만 호소다 같은 사람은 처음이었다. 그는 헤어지는 순간까지 외교적 예절과는 거리가 먼 행동을 했다. 대화가 마무리될 즈음 조그만 책 한권을 내 앞에 내놓았다. 그 순간 동행한 주일대사관의 김원진 정무과장이 긴장하며 나를 보고 눈짓을 했다. 호소다는 말했다. "제 고향이 시마네현島根縣인데 우리 고장에는 바다 멀리 '다케시마'라는 작은 섬이 있습니다. 이 섬에 관해서 연구한 책입니다. 선물로 드리겠습니다." 나는 "아무리 입장이 다르더라도 연구서는 참조할 수 있다고 생각하나, 내게 줄 선물이 있으면, 우리 대사관을 통해서 전달해 달라"고 사양했다. 나는 한일간의 첨예한 갈등 사안 중 하나인 독도와 관련한 일본 서적을 대한민국 대통령 참모에게 공식석상에서 '선물'이라며 주겠다는 그가 일본 관방성 부장관이라는 사실이 크게 걱정되었다.

그때의 불길한 예감대로 호소다와의 악연은 이것으로 끝나지 않았다. 그는 나중에 관방장관으로 승진했고, 나는 2004년 12월 한일관계의 미래를 위해 다시 그를 만나게 되었다.

사건의 발단은 한일 정상회담이었다. 2004년 6월 나는 서울을 방문한 야치 쇼타로 관방부장관보와 한일정상의 셔틀 정상외교를 추진하기로 합의했다. 1년을 상하반기로 나누어 각각 한 차례씩 양국 정상이 상대국을 방문하여 친교를 하며 우의를 다지자는 것이었다. 나는 야치와 "과거처럼 공식적이고 의전 격식에 구애받는 상호방문이 아니라 노타이로 실무적이고 격의 없는 친구처럼 만나는 자리가 두 지도자 간에 만들어질 필요가 있다"는 데 인식을 같이했다. 그래서 성사된 것이 2004년 7월에 열린 제주의 한일 정상회담과 12월에 일본의 휴양지 이부스키에서 열린 정상회담이었다. 그러나 나는 이 셔틀 정상외교가 한일관계의 증진에 대한 의욕이 넘쳐서 현실의 장벽을 과소평가한 프로젝트였음을 곧 알게 되었다.

2004년 7월 21일 한일 정상회담 후 공동기자회견에서 노 대통령은 일본 『아사히신문』 기자에게서 한일간 역사문제 등에 어떻게 대처해나갈 것이냐는 질문을 받았다. 노 대통령은 '혼사 날에는 장사葬事 얘기를 하지 않는다'는 속담을 인용하여 "좋은 날은 되도록이면 좋은 말만 하는 것"이라며 긍정적인 톤으로 비교적 길게 대답했다. 그런데 그렇게 좋게 답변하는 과정에서 대통령은 큰 말실수를 했다. 과거사 문제에 대해 양국정부가 "어떤 결정을 내리기가, 어떤 합의를 이루기가 어렵기 때문에 공식의제로나 쟁점으로는 제 임기 동안에 제기하지 않으려 한다"고 발언한 것이다. 나는 대통령의 이 말을 듣는 순간 '아차' 하고 탄식했다. 대통령이 너무 앞서 나간 것이다.

대통령이 과거사 문제에 대해 한국 정부가 먼저 문제를 제기하지 않겠다고 한 것은, 당연히 일본 정부의 어떤 도발적인 행동에도 손 놓고 대응하지 않겠다는 뜻은 아니었다. 일본이 1995년 식민지 지배를 사죄한 무라야마 담화를 위배하는 행동을 하는데도 한국 정부가 가만히 있을 수는 없다. 다만 대통령의 발언은 일본이 사죄한 주체답게 행동하는 한 우리가 먼저 새로운 문제를 들고 나와 한일관계에 장애를 조성하지 않겠다는 뜻이었다. 즉, 일본 정부도 과거사를 인정하고 도발적 행동을 멈추는 결단을 해야 한다는 뜻으로 한 말이었다.

그러나 그것은 선의로 해석했을 때 받아들일 수 있는 의미지, 충분히 곡해할 수 있는 발언이었다. 언론은 사실 그런 발언을 정교하게 분석하지 않는다. 많은 언론이 대통령이 한일간 과거사를 마치 불문에 부치겠다고 한 것처럼 보도할 것이다. 또 앞으로 일본 정부가 과거사를 왜곡하거나 그것을 방조할 때 한국 정부가 문제를 제기하면 일본 언론은 이 발언을 구실삼아 "문제제기를 안 하겠다고 하지 않았느냐?"고 따지며 비판할 것이다. 그렇게 되면 참여정부는 꼼짝없이 대일 정책을 두고 오락가락한다고 비난을 받을 것이다. 정부가 이런 비난을 피하고 대통령의 발언이 긍정적으로 받아들여지려면 일본 지도부가 선의의 화답和答을 해야 하는 데 내가 보기에 그것은 나무에서 물고기를 구하는 것만큼이나 어려운 일이었다. 결국 대통령이 보다 신중하게 발언했어야 했다. 이리저리 따져보아도 대통령의 발언은 결국 '자책골'이었다. 이 점에 대해 사전에 충분히 대비하지 못한 내 책임이 컸다.

예상대로 상황이 심상치 않게 돌아갔다. 2004년 가을이 되자 일본에서 과거사 관련한 부정적인 움직임들이 포착되었다. 10월 2일 일본 시마네현 의회가 '다케시마 영토권 확립 의원연맹' 총회를 개최하여 독도의 시마네현 편입 100년이 되는 날(2005년 2월 22일)을 '다케시마의 날'로 제정하는 조례안을 제출키로 했다는 보고가 올라왔다. 시마네현 의회가 국가 차원의 '다케시마의 날' 제정을 촉구하기로 했다는 보고도 함께 올라왔다. 호소다가 내게 독도와 관련된 책을 건네려고 한 지 8개월 만의 일이었다.

정부는 일본이 100년 전 영유권 강탈의 불행한 역사를 거론하며 독도가 자기네 땅이라고 외치는 점에 대해 심각하게 우려했다. 게다가 2005년은 을사조약 체결 100주년이기도 했다. 노 대통령은 일본이 침략의 역사를 환기시키며 '독도 찾기'를 하겠다는 것이냐며 분노했다.

노 대통령이 보기에 일본이 100년 전 역사를 거론하며 독도 영유권을 주장하는 것은 우리 한민족의 해방의 역사를 부정하는 행위와 다름없었다. 즉각 대응책을 강구하라는 대통령 지시가 떨어졌다. 마침 NSC는 대통령 특별지시(2004년 2월 2일)로 일본의 독도 도발에 대비하여 2004년 봄부터 독도 TF를 가동하며 독도문제 전반에 걸친 분석을 완료하고 대책을 수립하고 있었다.

11월에는 일본 우익 역사교과서가 현행보다 내용을 더 왜곡하여 검정신청을 했다는 보고가 올라왔다. 2001년에 이미 역사 왜곡으로 물의를 일으킨 우익단체 '새역사교과서회'가 제작한 새 중학교 역사교과서를 주일한국대사관이 입수하여 분석한 결과 현행 교과서보다 더 문제가 많았다. 일본 문부성은 이 교과서를 12월 중 1차 검정하고 수정본을 제출받아 2005년 4월에 최종 검정결과를 발표할 예정이었다. 정부는 이 두 가지 문제에 대해 일본 정부에 우려를 표시했으나, 반응은 매우 소극적이었다.

여기에 연례행사가 되어버린 고이즈미 총리의 야스쿠니 신사 참배가 여전히 한일관계의 중대 현안으로 걸려 있었다. 고이즈미 총리는 전범 14명의 위패가 있는 야스쿠니 신사를 매년 참배했으며 이 일은 한일 양 정상간의 신뢰를 무너뜨리는 가장 큰 변수가 되었다. 나는 일본 관료나 여당 정치인들을 만날 때마다 고이즈미 총리가 야스쿠니 참배를 하지 않도록 설득해달라고 요청했다. 그러면 그들은 한결같이 자신들도 우려하고 있으나, 고이즈미 총리가 개인적인 소신으로 하는 것이기 때문에 누구도 그의 고집을 꺾지 못한다고 고충을 털어놓았다. 사실 나는 고이즈미 총리가 야스쿠니 신사 참배만 하지 않아도 한일관계에서 새로운 발전을 모색할 수 있는 최소한의 기반을 만들 자신이 있었다. 그래서 나는 아예 왜 우리가 일본 정치지도자들의 야스쿠니 신사 참배를 침략의 역사를 정당화하는 행위로 볼 수밖에 없는지 설명한 토킹 포인트를 만들어 가지고

다니며 일본 고위 인사들을 만날 때 그대로 얘기했다.[9]

이렇게 가다가는 2005년 초부터 역사 문제로 한일관계가 파행을 겪을 가능성이 커 보였다. 앞으로 어떤 문제가 더 나올지 몰랐다. 이런 상황에서 노 대통령이 12월에 일본을 방문하는 셔틀 정상회담을 하는 것도 부담스러웠다. 정상회담 직후 곧 서로 얼굴을 붉히는 일이 발생하면 회담을 안 하니만 못할 수 있었다. 나는 이때 셔틀 정상외교를 성사시킨 것을 후회했다.

이러저러한 고민 속에서 나는 문제를 해결하기 위해서는 이부스키 정상회담에서 양 정상이 "양국이 2005년에 과거사 문제가 돌출되지 않도록 특별히 유념한다"는 식의 초보적인 합의라도 이끌어내야 한다고 생각했다. 외교부의 판단도 같았다. 물론 이런 합의는 고이즈미 총리 스스로 야스쿠니 신사 참배를 하지 않겠다고 선언하는 것이나 마찬가지기 때문에 쉬운 일은 아니었다. 그러나 일단 부딪쳐보기로 했다.

11월 22일 다카노 주한일본대사와 저녁을 함께했다. 이 자리에서 나는 한일관계에서 2005년이 지닌 중요성을 다음과 같이 말했다. "한일관계에서 지금 저희들이 가장 관심을 가지고 있는 것은 과거사입니다. 내년은 대사께서도 아시다시피 수교 40주년을 맞는 '한일 우정의 해'입니다. 그러나 또 한편으로는 일제통치로 진입하게 된 을사조약 체결 100주년이기도 하고, 광복 60주년이기도 한 대단히 이중적인 의미를 지닌 해입니다. 이 중에서 한국 정부가 희망하고 추구하는 바는 100년 전의 기억이나 60년 전 한일간 역사의 의미가 부각되기보다 40년 전의 수교를 기념한 2005년이 되도록 하는 것입니다." 2005년이 식민지 지배가 시작된 지 100년이 되는 해로 기억되지 않고, 한일회담 40주년, '한일 우정의 해'로 기억되도록 공동으로 노력해야 한다고 강조한 것이다.

노 대통령도 2005년을 걱정하고 있었다. 11월 29일에 라오스에서 개최된 아세안+3 회의 때 고이즈미 총리를 만나 "일본을 방문하는 발걸음이 무거우며 총리께서도 부담을 가져달라"고 과거사 문제에 대한 일본측의 자제를 요청했다. 이에 고이즈미 총리는 "일본에 오셔서 문제를 논의하자"고 대답했다.

NSC는 이부스키 정상회담에서 양국정상이 공동발표 형식으로 내놓을 짤막한 합의문(초안)을 만들어 일본 정부와 협의하기로 했다. 그래서 만든 문장이 "양국정상은 불행한 과거를 연상시키는 양국 지도자들의 언행이 자제되어야 한다는 데 인식을 같이했다"였다. 나는 우선 외교부 아태국에 실무협상을 의뢰했다. 그랬더니 박준우 아태국장이 찾아왔다. "차장님, 이것은 실무협상으로 해결할 수 있는 사안이 아닌 것 같습니다. 아무래도 NSC가 직접 일본 고위층과 협의해야 할 것 같습니다." 맞는 얘기였다.

나는 한일정상회담(2004년 12월 17~18일)이 열리기 직전(12월 13~14일)에 일본을 극비리에 방문하여 호소다 관방장관과 야치 관방 부장관보, 자민당 고위 인사들을 만났다. 10개월 전에 내가 만났던 호소다라면, 만나도 소용이 없다고 생각하면서도 그가 담당 장관이니 만나지 않을 수 없었다. 그런데 그는 장관이 되어서인지 과거보다 훨씬 유연하고 외교적인 화법을 구사했다. 나는 그에게 한국측이 생각하는 2005년의 의미를 설명하고, 이부스키 정상회담에서 최소한 우리가 만든 문장 정도의 공개적인 합의를 발표하자고 제안했다. 그러나 그는 "야스쿠니 문제는 관방장관으로서도 통제할 수 없는 문제이며 총리 본인이 납득하여 본인의 의지로 (야스쿠니 문제에 관해) 언급하기를 기다리고 있는 것이 현재의 상황"이라고 대답했다.

나는 "우리 정부는 고이즈미 총리가 야스쿠니를 참배하지 말아야 한다는 입장을 가지고 있으나, 그간 공개적으로 요구하지 않았다"며 다음과 같이 말했다. "관방장관도 잘 아시겠으나 우리 대통령께서 고이즈미 총리의 야스쿠니 신사 참배를 공개적으로 문제 제기하고 비판하면 유권자의 지지율은 상승합니다. 그러나 지도자는 그러한 정치를 해서는 안 되며, 여론이 단기적으로 반대하여도 미래를 내다보아야 한다고 보고 계십니다." 나의 말에 호소다 장관은 고이즈미 총리가 야스쿠니 신사 참배를 하지 않겠다고 천명하는 것이 국내정치 상황으로 볼 때 어렵다고 솔직하게 얘기했다. 그 전날 야치 부장관보도 같은 말을 했다. 결국 호소다와의 담판은 실패했다. 일본은 내가 가져간 제안을 수용하지 않았다. 다만 고이즈미 총리가 한국과 중국의 반대를 고려하여 2005년 1월 1일에는 야스쿠니를 참배하지 않을 것이라는 정도만 비교적 자신 있게 얘기했다. 나는 무망無望한 일인지 알면서도 몇 사람 더 만나보고 귀국했다. 또 귀국하면서도 끝내 미련을 버리지 못해 동행한 박선원 국장을 추규호 주일공사와 함께 야부나카 대양주국장과 만나 정상회담 직전까지 협상을 해보도록 도쿄에 잔류시켰다.

결국 2005년은 우려한 대로 '한일 우정의 해' 대신에 식민지 역사의 유령이 난무하는 불행한 해가 되었다. 그 불행은 2월 22일 시마네현이 '다케시마의 날' 조례를 제정하면서 시작되었다. 일본 정부는 100년 전 일본군이 조선을 점령하고 국권을 유린한 상태에서 독도가 일본에 편입되었다는 것이 한국인에게 무슨 의미인지 알려 하지 않았다. 내가 보기에 일본 정부는 시마네현의 '다케시마의 날' 제정과 이를 방조한 일본 정부의 태도가 한국인들에게는 단순히 영유권의 문제를 넘어서 해방의 역사를 부정하는 파렴치한 짓으로 인식된다는 사실을 간과한 것 같았다.

노무현 대통령은 2005년 3·1절을 기념사를 통해 다음과 같이 언명했다. "저는 그동안의 양국관계 진전을 존중해서 과거사 문제를 외교적 쟁점으로 삼지 않겠다고 공언한 바 있습니다. 그리고 이 생각은 지금도 변함이 없습니다. 과거사 문제가 제기될 때마다 교류와 협력의 관계가 다시 멈추고 양국간 갈등이 고조되는 것이 미래를 위해서 도움이 되지 않는다고 생각했기 때문입니다. 그러나 우리의 일방적인 노력만으로 해결될 수 있는 일이 아닙니다. 두 나라 관계 발전에는 일본 정부와 국민의 진지한 노력이 필요합니다." 이제 과거사 문제에 대해 일본에 공개적으로 적극 대응해나가겠다는 선언이었다. 이 연설은 참여정부의 대일정책 전환의 계기가 되었다. 한일관계는 급전직하로 얼어붙었다.

2005년 3월 28일 고이즈미 총리의 외교보좌관인 가와구치 전(前) 외상이 방한하여 내게 면담을 요청해왔다. 나는 비공개로 그녀를 만났다. 가와구치 보좌관은 "과거의 역사에 바탕하여 반성해야 할 점은 반성하고 한일우호협력관계를 중시하면서 미래지향적 관계를 구축해나가고자 한다"는 고이즈미 총리의 뜻을 전달했다. 나는 왜 우리가 대일정책 기조를 바꿀 수밖에 없었는지 상세히 설명했다. 우리가 과거를 연상케 하는 불온한 행동을 하지 말고 미래지향적인 관계로 가자고 일본에 제안했으나, 돌아온 것은 독도와 교과서 문제 등 실망스러운 대응이었다고 말이다. 가와구치 보좌관은 나의 12월 방문을 몰랐던 눈치였고, 어떤 제안을 했느냐고 다시 물어보았다. 나는 고이즈미 총리에게 전하는 대통령의 다음 말을 가와구치 보좌관에게 읽어주며 "총리께 전달해달라"고 부탁했다. "단기적으로 일본 지도자들에게 무엇을 받으려는 것이 아닙니다. 우리가 중시하는 것은 일본 지도자들이 일본 국민들 마음속에 무엇을 심어주려고 하는 것인지 하는 점입니다."

2005년 노무현 대통령은 독도문제 대응 방향의 정립 등 전반적인 대일전략을 진두지휘했다. 이때 일본에 대한 대통령의 언어는 단호했으나, 실제로 정책은 실용주의 기조에서 크게 벗어나지 않았다. 노 대통령은 단호하게 대응해야 할 부분과 협력을 지속 발전시켜야 할 부분을 구분하여 대응했다. 대일전략 사령탑인 NSC 상임위에도 "감정적 강경대응을 하지 말고 전략을 가지고 신중하고 적극적으로 대처해나갈 것"을 주문했다. 한일관계 악화로 "주일대사의 소환" 가능성을 점치는 언론에 대해 "대사소환은 없다"고 분명하게 선을 그었으며 NSC와 외교부에 정치와 일반교류

협력 부분을 분리하여 대응은 정치 부분에 국한하라고 지시했다. 그래서 한일관계가 악화되는 가운데서도 필수 불가결한 한일간 외교교섭은 정상적으로 진행하며, 실무관료만이 아니라 정치적 위상을 지닌 외교장관도 의제에 따라 일본에 갈 수 있었다. 일본 정치인들과의 친선교류도 야스쿠니 신사 참배자를 제외하고는 정상적으로 진행하라고 정치권에 권유했다.

노 대통령은 동해 표기 문제에 대해서 어느 쪽도 이기기 어려운 싸움을 양국이 실익도 없이 하고 있다며 결국 동해/일본해 혹은 일본해/동해를 병기하는 선에서 결론을 내려야 하지 않겠느냐는 의견을 가지고 있었다. 물론 대통령은 이러한 판단이 국내에서 반대에 부딪치리라는 사실을 알고 있었다. 그래서 "우리가 국내정치적으로 부담은 가지나 결단을 할 수 있는 사안"이라고 말했다. 2005년 6월 2일 일본 해경이 우리 어선을 나포한 사건이 발생했을 때도 해양경찰청장에게 "상호 주권과 이익을 존중하면서 합리적으로 풀어나가야 한다"며 차분한 대처를 지시했다. 일본의 사과 문제에 대해서는 "두 번씩 사과해놓고도 사과의 뜻을 위배하는 행동을 문제 삼은 것"이라며, "사과를 했으면 사과한 대로 행동해야 한다. 그러면 다시 사과하라고 할 이유가 없다"고 말했다.

많은 일본 언론이 노 대통령이 "국내정치에서 하락한 인기를 만회하기 위해서 대일정책을 강경으로 전환했다"고 분석했으나 그것은 사실이 아니다. 오히려 참여정부는 대일 강경정책으로 전환해야 하는 상황으로 몰리는 것을 우려해 2005년에도 한일관계가 더 이상 악화되지 않도록 다각적인 노력을 전개했다. 사실 노 대통령의 국정운영지지도는 2004년 가을에 비해 2005년도에 들어서면서 지속적으로 상승세에 있었다. 무엇보다도 노 대통령은 외교안보 정책을 자신의 정치적 유불리有不利로 선택하는 지도자가 아니었다. 그랬다면 지지자 절반을 잃는 것을 뻔히 알면서 이라크 파병을 하지 않았을 것이며, 호소다의 조언(?)대로 대북강경책을 구사했을 것이다.

나는 노 대통령을 보좌하는 동안 한일협력의 새로운 시대를 열고 싶었다. 그러나 성취도 있었으나 더 많은 부분이 시행착오로 끝났다. '과거사'라는 대통령도 넘어서기 버거운 공고한 국민정서를 깊이 고려하지 못한 탓이다. 한일관계에서 절대로 해서는 안 될 말, 건드려서는 안 되는 부분이 있었던 것이다. 나는 이 일을 경험한 뒤 한일관계에서 정치지도자가 할 수 있는 몫이 매우 작다는 사실을 절감했다. 우리는 아직 국민 전체가 일제의 피해자인 시대에 살고 있는 것이다. 따라서 일본이 수시로 가해자의 역사를 정당화하려는 이상 한국 정부의 미래지향적인 대일정책은 설 자리가 없다는 것도 깨달았다. 결국 나는 한일간에 역사문제에서 도발을 방지하는 제도적 장치를 마련하지 못하는 한 양국관계의 굴곡은 계속될 수밖에 없다는 깊은 근심을 갖게 되었다.

'동북공정'의 기억, 10년 만의 대통령 지시 이행

참여정부 기간 동안 한중관계는 순조로웠다. 중국 정부는 한창 경제발전을 서두르면서 한반도 정책의 기본 목표를 평화와 안정으로 두고 당사국간의 대화를 일관되게 주장했다. 그것은 참여정부의 정책기조와 유사한 것이었다. 참여정부 시절 한중관계는 국민의 정부 시대에 이어 정치·외교·경제 등 모든 방면에서 긍정적으로 발전하고 있었다. 외교적으로 심각한 갈등사항이 거의 없었으며 북핵문제를 해결하기 위한 6자회담에서는 훌륭한 협력관계를 유지하고 있었다. 특히 중국 정부는 참여정부의 균형외교를 높이 평가하고 있었기 때문에 주한미군 재조정이나 전략적 유연성, '작계 5029' 문제 등을 다루어나갈 때도 한국 정부에 어떤 우려의 입장을 전해오지 않았다. 그러나 예외적으로 동북공정 문제가 한중간에 시비를 일으켰다.

동북공정은 중국 정부가 추진하는 역사 연구 프로젝트로, 이 사업에 참여한 중국학자들은 공공연히 고구려를 중국 고대의 지방정권으로 규정하고 백성은 주로 한족 이주민이라는 식으로 주장하며 고구려를 중국의 역사 속으로 편입시키려고 했다. 2004년 한국과 중국은 고구려 역사 문제로 일시적으로 갈등을 빚었다.

사태의 발단은 2004년 6월 30일 북한과 중국에 산재한 고구려 유적이 세계문화유산으로 등재되면서 발생했다. 이를 기화로 해서 7월 초 중국 관영 『신화통신』과 『인민일보』가 "고구려는 중국의 지방정권"이라고 보도했으며 중국 외교부 홈페이지에 있는 한국과 북한의 역사를 소개하는 코너에서 고구려가 삭제되었다. 이 소식을 접한 국민들은 들끓었으며 반중 여론이 광범하게 형성되기 시작했다. 정부에서는 외교부가 대응에 나섰으나 이렇다 할 성과 없이 한중관계만 악화되기 시작했다.

상황이 해결기미를 보이지 않고 악화되는 방향으로 흐르자 노 대통령은 이 문제를 심각하게 보기 시작했다. 대통령은 7월 22일 고구려 문제에 대한 자신의 생각의 일단을 다음과 같이 말했다.

―고구려사에 관한 중국의 자세를 우리 국민들은 패권적 태도라고 인식하고 있다. 우리 국민들은 중국이 고구려사 문제를 다루는 걸 보고 대결적 민족우월주의, 국수주의를 조장시키는 것으로 받아들이고 있다. 그냥 놔두면 장기적으로는 위험하기 때문에 이에 대해 중국에 적절히 얘기하는 게 필요하다.

―한국과 중국은 과거의 史實보다 미래에 어떤 관계를 형성시킬 것인가에 초점을 맞추어야 한다. 중국은 한국과 중국 국민 간에 어떤 관계가 형성되기를 원하는지 모르겠다. 중국이 고구려 역사를 왜곡하면 결과적으로 중국이 한국을 미국과 더욱 가깝게 만들게 하는 효과만 있을 뿐이다. 이는 우리 국민에게 한미일 공조 강화의 명분만 줄 뿐이다. 이처럼 과거의 역사가 오늘의 사고영역에 영향을 미치고 있다는 사실을 중국지도부가 직시할 필요가 있다.

결국 노 대통령은 2004년 8월 9일 외교부의 대응만으로는 역부족이라 판단하고 범정부 차원의 체계적인 대응을 지시했다. 이에 따라 8월 23일 NSC 상임위는 정부 관계자를 모으고 민간 전문가 그룹을 자문팀으로 구성해 대응체계를 마련했다.[10]

NSC는 중국의 고구려사 왜곡을 조기에 시정하기 위해 중국 쪽에 인맥이 있는 다양한 인사들로부터 협조를 구했다. 여기에는 여야를 가리지 않았다. 나는 한중친선협회 회장을 맡고 있는 한나라당의 원로 정치인인 이세기 전前 통일원 장관에게 베이징에서 중국 내 고위층을 만나 고구려사 왜곡 문제를 조기 해결하도록 설득해달라고 요청했다. 이세기 전 장관은 쾌히 응낙하고 베이징을 다녀왔다. NSC는 이 전 장관을 지원하기 위해 NSC 전략기획실의 김성배 박사를 8월 18일 베이징으로 파견했다. 나는 국민을 대표하는 정부는 국익 증진을 위한 길에서 여야나 보수·진보를 가려서는 안 된다고 생각했다. 그래서 자문위원들도 보수·진보를 가리지 않고 학문적 역량과 여론 영향력을 감안하여 위촉했다. 보수 쪽 인사로는 김성한·김우상·백승주·윤덕민 박사 등이 있었다. 그들은 명백히 참여정부의 통일외교안보정책에 매우 비판적인 입장을 가진 지식인들이었다. 그들을 참여정부 사람으로 돌려놓으려 접촉한 것이 아니었다. 단지 그들로부터 우리와 다른 의견도 듣고 또 참여정부의 정책을 설명하여 가급적 이해를 구하는 것이 정부의 의무라고 생각했다.

중국의 고구려사 왜곡 문제는 우다웨이 중국 외교부 부부장이 방한하여 최영진 외교부 차관과 '구두 양해 사항'에 합의(2004년 8월 24일)하고 자칭린賈慶林 중국 정치협상회의 주석이 8월 27일 방한하여 후진타오 국가주석의 구두 메시지를 노 대통령에게 전달하면서 큰 고비를 넘겼다. 그러나 이는 양국이 상황을 안정시키기로 합의한 것이지 아직 각종 왜곡 상태의 원상회복이 제대로 이루어지지지 않았기 때문에 계속 주의해야 했다. 우리측에서도 상대방에게 상황 악화의 구실을 주지 않기 위해 정부 계통

기관들이 중국의 고구려사 왜곡을 과도하게 비난하지 않도록 주의를 기울였다.

중국측의 원상회복 조치와 추가상황 악화 방지는 주중대사관이 전담했다. 이 과정에서 김하중 주중대사의 공로가 컸다. 그는 고구려사 왜곡과 관련된 중국 내 여러 기관의 글이나 시설물 삭제 혹은 철거 문제에 세심하게 대처했으며 열심히 중국 정부를 설득했다. 그리고 이 문제가 한중관계에 미치는 부정적인 영향을 최소화하기 위해서 노력했다.[11]

한편 우다웨이 부부장은 한국에 왔을 때 나에게 중국이 왜 동북공정을 추진하는지 시사하는 발언을 했다. "한국에서 간도가 '조선땅'이라고 주장하지 않는다면 우리도 고구려가 중국의 소수 민족국가였다고 주장하지 않을 것입니다." 중국은 한국의 민족주의 정서가 연변조선족자치주에 미치는 영향을 우려하고 있으며, 이에 대응해서 동북공정의 일환으로 고구려·발해를 억지로 자기 역사로 편입시키려고 하고 있다는 뜻을 내비친 것이다. 나는 대답하지 않았다. 굳이 대답할 내용도 없었다. NSC는 그간 간도 문제에 대해 관련학자들을 초청하여 간담회도 열고, 연구도 의뢰했다. 그러나 그 결과는 간도가 한국 영토라고 주장하기 어렵다는 것이었다. 더욱이 한중 양국은 1992년 8월 수교할 때 '한중 외교관계 수립에 관한 공동 성명' 제2항에서 "영토보전의 상호존중"을 천명한 바 있다. 수교 이래 역대 한국 정부는 간도가 한국 땅이라고 주장한 적도 없었다. 다만 재야 사학계나 국민이 '간도는 우리 땅'이라고 주장하는 것까지 막거나 만류할 수는 없었다. 그것은 동북공정처럼 최근에 특정한 목적을 가지고 인위적으로 제기하는 주장이 아니라 100년이 넘는 역사를 지닌 국민감정에 기초한 믿음이기 때문이었다.

한편 2005년 1월 21일 대통령 주재로 열린 안보관계장관회의에서 '고구려사 왜곡'에 대한 대처 경과와 향후 대책에 대한 논의가 있었다. 이날 보고는 해외출장 중인 반기문 외교장관을 대신해서 최영진 차관이 맡았다.

향후 대책과 관련해서는 다음의 사항들이 보고되었다.

① 중국 지도부가 취하고 있는 입장, 즉 중국측이 고구려사를 왜곡함으로써 양
　 국간의 문제가 되는 것을 방지하겠다는 입장을 견지하도록 정상회담, 장관회
　 담 등에서 상황에 따라 적절히 지속적으로 입장을 표명한다.
② 외교채널을 동원하여 중국측이 왜곡 중지 및 왜곡 시정 조치를 계속 취해나
　 가도록 지속적으로 요구하며 교섭한다.
이러한 우리의 입장은 아래의 원칙에 입각해서 수행한다.
　─한중관계 여타 현안과 분리 대응
　─외교적 대응과 학술적 대응 병행
　─역사주권과 영토주권 분리 대응
　─동북아 시대 구상 차원에서 접근
③ 학술적 측면에서 우리 입장의 기반을 강화해나간다.
④ 중장기적으로 학술적 해결을 모색해 나간다.
⑤ 중국측에게 '구두 양해사항' 불이행의 구실을 제공하지 않도록 노력한다. 즉,
　 간도문제, 기념우표 발행, 역사보충 교재 등 관련사항을 신중하게 처리한다.

　노 대통령은 이 보고를 받으면서 ②항의 4개 원칙을 직접 다시 읽으면
서 "말은 하면서도 하나의 원칙으로 딱 정리를 못했었는데, 이런 원칙을
정리해놓은 것은 참 잘된 것 같습니다"라며 칭찬을 아끼지 않았다. 그러
면서 대통령이 최 차관에게 물었다. "외교부에도 공부 잘하는 사람이 좀
있나 보지요?" "NSC 회의에서 정한 겁니다." 모두 큰 웃음을 터트렸다.
　그런데 동북공정과 관련하여 나에게는 평생 잊을 수 없는 일이 하나 있
다. 2004년 8월 27일 노 대통령은 자칭린 주석 접견 관련 사전 보고에서
NSC에 다음과 같이 특별한 지시를 했다.

"조선 숙종 때 목극등穆克登이 와서 국경을 획정하고 1712년에 백두산정계비를 세웠는데 이의 해석에 대해서는 이견이 분분하다고 함. 중국과 북한 간에 국경 문제를 협의하였다고 함. 1963년 주은래 수상이 북한과의 국경문제에 관하여 북한 사절단 접견시 언급을 하였다고 함. 그 당시가 어떤 상황이었으며 당시 주은래 수상의 발언이 북중간 현안쟁점과 어떠한 관계가 있었는지를 조사하여 보고하기 바람."

당시 대통령의 지시를 받고 저우언라이周恩來(주은래)의 그 발언록을 찾아봤으나 발견하지 못했다. 사실 나는 북중관계 전문가이고 국내에서 유일하게 북중관계의 역사서(『북한-중국 관계 1945~2000』)를 낸 연구자였다. 대통령이 그 정도로 구체적인 지시를 했다면 분명히 어디엔가 자료가 있다는 뜻이므로, 내가 만사를 제쳐두고 며칠 찾아다니면 찾을 수도 있었을 것이다. 그러나 당시에는 업무가 너무 벅차 그렇게 할 수가 없었다. 또한 저우언라이의 발언에 무슨 내용이 있는지 몰랐기 때문에 내가 직접 나설 생각을 하지 않았다. 그리고 세월이 흘렀다.

나는 2010년 국내에서 출판된 백두산 관련 책의 부록에 저우언라이의 관련 발언이 실려 있는 것을 보았다. 그러나 이 문서를 보고도 6년 전 대통령의 지시사항을 떠올리지 못했다. 이미 망각의 터널에 갇혀 까맣게 잊고 있었던 것이다. 그리고 나는 다시 2011년에 고구려와 관련한 중국의 최고지도자 마오쩌둥毛澤東의 발언을 실은 중국 문서를 찾아냈다. 나는 저우언라이 문서에 이어 가장 중요한 마오쩌둥의 발언을 찾아내고 "바로 이거다!"라고 쾌재를 불렀다. 이 두 지도자가 "고구려는 조선민족의 국가"라는 사실을 명확하게 말하고 있었기 때문이었다. 나는 그동안 준비해온 논문(「북한-중국 국경 획정과정 연구」)에 이 내용을 실었다.

2013년 말 이 비망록을 집필하기 위해 뽀얗게 먼지가 내려앉은 노트의 갈피를 뒤지다가 드디어 나는 이 지시사항을 찾아냈다. 그제야 기억이 돌

마오쩌둥 '요동은 원래 조선땅' 발언 확인

(중국 공산당 전 주석)

이종석 전 장관, 중국측 1차사료 공개
북-중 국경확정 와중에 여러 번 밝혀
"조선사람 압록강변까지 내쫓겨"
김일성에 "역사서에 꼭 쓰라" 말하기도
저우언라이도 "중 속국설 터무니없다"
고구려·발해 중 고대사 편입하려는
'동북공정' 근본부터 흔들리는 셈

1954년 10월1일 마오쩌둥 중국 공산당 주석(오른쪽부터)과 김일성 북한 수상, 저우언라이 중국 총리 등이 중국 베이징의 천안문 위에서 함께 중국 건국 5돌 열병식을 함께 지켜보고 있다. 베이징/신화 뉴시스

북한과 중국이 국경 확정 협상을 하던 1950년대 말~1960년대 초 중국 최고지도자인 마오쩌둥 공산당 주석과 저우언라이 총리가 '요동 지방은 원래 조선 땅이므로 고대 왕조가 조선민족을 압록강변까지 내몰았다'는 취지의 발언을 한 사실이 중국 측 1차 사료로 27일 확인됐다. 이는 '고구려는 중국 소수민족이 세운 지방정권'이라고 주장해온 중국의 국가 차원 연구 프로젝트인 '동북공정'의 근본을 흔드는 발언이다.

통일부 장관을 지낸 이종석 세종연구소 수석연구위원은 최근 펴낸 연구서 <북한-중국 국경 확정에 관한 연구>(세종연구소)에서 마오 주석과 저우 총리가 김일성 수상 등 북한 대표단과 만나 이런 발언을 여러 차례 했다고 밝혔다.

마오 주석은 북-중 국경조약 체결 직후인 1964년 10월 베이징을 찾은 최용건 최고인민회의 상임위원장 등 북한 대표단을 만나 '당신들의 경계는 요하 동쪽(요동)인데, 봉건주의가 조선 사람들을 압록강변으로 내몬 것이다'라고 말했다. 이 같은 마오의 이런 발언은 1964년 10월 중국 외교부가 펴낸 <모택동접견외빈담화기록 휘편> 제1책에 담겨 있다.

마오 주석은 이에 앞서 1958년 11월 베이징을 방문한 김일성 수상 등 북한 대표단과 만나서도 '당신들 선조는 당신들의 영토가 요하를 경계로 한다고 말했는데, 당신들은 현재 당신들의 압록강변까지 쫓겨왔다고 생각한다. 당신들이 역사를 기술할 때 이것을 써 넣어야 한다'고 말했다. 이 발언은 1958년 11월 중국 외교부가 펴낸 <모택동접견외빈담화기록 휘편> 제4책에 실려 있다.

저우언라이(은래) 총리의 발언은 좀더 직설적이다. 저우 총리는 1963년 6월28일 베이징

마오 주석이 요동 지방에 애초 고구려·발해 등 조선 선조들이 영토였으나 당 등 중국 봉건 왕조의 침략으로 빼앗긴 것이라고 말한 사실이 중국 측 1차 사료로 확인되기는 이번이 처음이다.

이종석 연구위원은 연구서 및 <한겨레>와의 통화에서 "마오와 저우는 중화인민공화국의 건국자이자 1976년까지 통치한 최고지도자들"이라며 "이들이 고구려와 발해를 조선민족이 세운 고대국가로 인식했으며, 그 역사를 조선의 역사로 규정했다"고 짚었다. 이어 "두 (최고)지도자가 동일 주제를 언급하며 거의 같은 용어와 문구를 구사하는 것으로 보아 이것이 당시 중국 정부의 정리된 공식 방침이었다고 추정된다"며 "두 중국 지도자의 발언은 중국의 동북공정을 뿌리부터 뒤흔들 중요한 역사 사료가 될 것"이라고 말했다.

중국은 2000년대 들어 '동북공정'을 국가 차원의 연구 프로젝트로 격상시켜 '고구려는 우리나라(중국) 고대에 하나의 지방정권이었고, 국민은 주로 중국인 이주민을 위주로 하였다'거나 '고구려는 우리나라(중국) 동북지역의 오래

된 소수민족 중 하나에 기원을 두고 있다"고 주장하며 고구려·발해를 중국 고대사의 일부로 편입시키려 했다. 2000년 후반터 당시 중국 국가주석이 중국사회과학원의 '동북공정' 연구계획을 비준·승인했으며, 2007년 2월 중국 사회과학원과 랴오닝·지린·헤이룽장성 등 세 성이 공동으로 1500만위안(약22억5000만원)의 예산을 들여 '동북 변경의 역사와 현상 연구 공정'(동북공정)을 출범시켰다.

한편, 1964년 10월 마오 주석을 만난 북한의 박금철 당시 노동당 중앙위 부위원장은 마오 주석의 요동 영토 관련 발언을 듣고 "양국간 국경은 1962년에 이미 해결됐습니다. 주은래 총리가 아주 분명하게 백두산과 천지 문제를 모두 합리적으로 해결했습니다"라며 "현재의 국경선에 우리는 만족합니다"라는 반응을 보였다. 이는 고구려 옛 영토를 두고 북한의 우선권을 주장하지 않겠다는 뜻이다. 북-중은 1962년 10월12일 압록강·두만강을 공동 이용하면서 백두산 천지 영유권을 분할(북 54.5% 중 45.5%)하는 등 이전보다 북한에 유리하게 정리된 북-중 국경조약을 체결했고, 그해 12월11일 이 조약 비준서를 교환했다.

이제훈 기자 nomad@hani.co.kr

동북공정과 관련해 노 대통령이 내린 지시를 나는 10년이 지난 이제야 기억해냈다. 이제라도 그 지시를 완수에 대통령의 영전에 보고드릴 수 있는 걸 참으로 다행이라 생각한다.(한겨레, 2014년 2월 28일)

아왔으며, 한참 동안 자신을 책망했다. 이미 논문이 완성된 뒤였다. 노 대통령이 살아계셨다면 유쾌한 얘기 한 토막으로 꾸며 늦게나마 보고를 드렸을 텐데 그럴 수 없다는 사실에 가슴이 미어졌다. 당시 이 자료들을 구할 수 있었다면 중국과의 협상에서 매우 유용하게 활용할 수 있었을 것이다. 그러나 이제라도 이 자료들을 활용할 수 있게 되어 다행이며, 또 지시받은 내가 찾아내 동북공정의 허구성을 지적하는 논거로 만들었으니 뒤늦게나마 대통령의 지시를 이행한 셈이 되었다. 노 대통령이 찾아보라고 지시한 저우언라이의 발언과 마오쩌둥이 김일성에게 한 비슷한 내용의 발언 일부를 소개하면 다음과 같다.

"양국 민족의 발전에 대한 과거 일부 중국학자들의 관점은 그다지 정확한 것

은 아니었고, 사실에도 맞지 않았다. 조선민족은 조선반도와 동북대륙에 진출한 뒤 오랫동안 거기서 살았다. 요하, 송화강 유역에는 모두 조선민족의 발자취가 남아 있다. (…) 조선족이 거기서 아주 오래전부터 살아왔다는 것을 증명할 수가 있다. 경박호 부근에는 발해시대의 옛 자취가 남아 있고 발해의 도읍지도 있다. 출토된 문물이 그곳도 조선민족의 한 가지였다는 것을 말해준다. (…) 이후 더욱 더 관내關內에서 요하유역까지 가서 정벌했는데, 실패해서 돌아왔지만 그것도 분명히 침략이다. 당나라도 쳐들어갔다가 패배했지만 역시 당신들을 업신여기고 모욕한 것이다. (…) 다만, 이러한 것들은 모두 역사의 흔적이고, 모두 지나간 일들이다. 이런 일들은 우리가 책임질 일도 아니다. 조상들 때의 일이다. 당연히 이 현상들을 인정할 수 있을 뿐이다. 그렇더라도 우리는 당신들의 땅을 너무 좁게 내몰았던 것에 대해 조상을 대신해서 당신들에게 사과해야 한다. (…) 역사는 왜곡할 수 없다. 두만강, 압록강 서쪽은 역사 이래 중국 땅이었으며 심지어 예로부터 조선은 중국의 속국이었다고 하는 것은 터무니없는 말이다."(저우언라이, 1963년 6월 28일 조선과학원대표단 접견 시 발언)

"역사상 중국은 조선에 대해 좋지 않았다. 우리 조상은 당신들 조상에게 빚을 졌다. 중국인들은 과거에 당신들을 침략했고 호지명(베트남을 가리킴─인용자)도 침략했다. (…) 당신들 선조는 당신들의 영토가 요하를 경계로 한다고 말했으며, 당신들은 현재 당신들이 압록강변까지 밀려서 쫓겨왔다고 생각한다. (웃으며) 첫번째 침략은 수양제의 조선정벌인데 실패했다. 당태종도 실패했으나 그의 아들 고종과 측천무후 대에 이르러 조선을 정벌하였다. 당시 조선은 신라, 백제, 고구려로 3분 되어 있었고 그들 내부에서 모순이 발생하여 연개소문의 부하도 그를 반대했기 때문에 정복할 수 있었다. 당신들이 역사를 기술할 때 이것을 써 넣어야 한다. 이것이 역사인데, 그것은 봉건 제국 시대이고 우리 인민정부가 아니다."(마오쩌둥, 1958년 11월 북한정부 대표단과의 담화 중에서)

6부

NSC,
국가안보의
컨트롤타워를 맡다

1

NSC의 일과 사람들

현대 사회는 사회·경제·환경 등 다양한 분야에서 국가를 위협하는 비상사태가 발생한다. 따라서 이제 안보를 단순히 전통적인 군사적 측면에서만 아니라 사회·경제 분야 등을 망라하여 인식하는 포괄안보 시대가 되었다. NSC사무처는 이러한 시대를 맞아 위기관리매뉴얼이 없는 대한민국에 안보·재난·국가핵심기반을 망라하는 국가위기관리체계를 수립했다.

지하벙커로 들어간 NSC사무처

내가 NSC사무처로 첫 출근한 것은 2003년 3월 18일이었다. 참여정부 출범 22일째 되는 날이었다. 첫 업무는 미국의 이라크 공격으로 발발한 이라크전쟁 문제를 다루기 위한 국가안전보장회의(2003년 3월 20일)를 준비하는 것이었다.

김진향으로부터 얘기를 듣긴 했지만 NSC사무처의 상황이 보통 열악한 게 아니었다. 정부 출범 4주차에 접어들었는데도 사람도 없을뿐더러 정원 69명이 근무할 공간조차 없었다. NSC사무처가 사용할 수 있는 사무실은 다 합쳐 20명도 수용하기 어려운 작은 방 두 개가 고작이었다. NSC사무차장실은 국민의 정부 때 1급 직급을 가진 사무차장이 쓰던 방이 그대로 비어 있어서 그나마 다행이었다. 국민의 정부 시절 청와대에는 외교안보수석비서관실과 NSC 회의 사무를 보기 위한 NSC사무처가 동별관 3층에 함께 있으면서 제법 많은 방을 사용했다. 그러나 그중 소규모 인원이 근무하던 옛 NSC사무처 사무실을 제외하고는 나머지 사무 공간에 이미 국가안보보좌관실, 외교·국방 보좌관실 등이 자리를 잡고 있었다. 그러다보니 외교안보수석실과 옛 NSC사무처가 통합하여 탄생한 NSC사무처는 사무차장실과 달랑 방 두 개를 쓰게 된 것이다.

직원들이 근무하는 사무실에 들어서는 순간 기가 막혔다. 불과 7~8평밖에 안 되는 좁은 사무실에 부처에서 파견 나온 인력과 이미 청와대에 들어와 있던 민간 전문가 등 20여 명이 앉을 자리도 없이 우왕좌왕하고 있었다. 마치 아침 인력시장에 와 있는 느낌이었다. 누군가 고위직 인사가 챙겼어야 하는데, 그러지 못하다 보니 청와대 비서실에 이리저리 공간을 다 뺏기고 그야말로 건물 밖에 거적을 깔고 업무를 해야 할 지경이었다. 더욱이 동별관은 비서실 관할이고, 비서실 입장에서는 NSC사무처가 형식적으로 비서실 조직과 별개의 국가기관이라는 이유로 이 고통을 해결해줄 생각을 하지 않았다. 하기야 비서실도 공간이 모자라서 쩔쩔매는 상황이니 NSC 사정을 들어줄 리 없었다.

나는 일단 NSC 기본 업무를 하면서 공간문제를 풀어가기로 했다. 사무 공간이 변변치 않다고 통일외교안보 분야의 컨트롤타워가 되어야 할 NSC사무처가 자기 임무를 방기할 수는 없었다. 그래서 3실 1센터의 부서장부터 임명하기로 했다. 우선 당장 정책조정업무를 해야 하는 정책조정실장과 북핵 등 중장기 현안 대책을 마련해야 하는 전략기획실장이 급했다. 정책조정실장은 청와대 내에 외교보좌관과 국방보좌관 직제가 있기 때문에 부처간 균형을 맞추려 통일부 출신을 뽑기로 했다. 당시 나는 주로 서동만·서주석과 NSC 구성에 대해 상의했다. 우리는 참여정부의 평화번영정책과 균형외교를 구현하는 데 통일부 이봉조 정책실장이 적임자라고 판단했다. 이 실장은 국민의 정부 시절에도 청와대에 근무한 적이 있으며 외교안보 분야에도 식견이 높은 보기 드문 전략가였다. 전략기획실장은 오래전부터 이미 인수위 동료인 서주석 박사가 맡는 것이 좋겠다는 쪽으로 의견이 모아진 상태였다.

NSC사무처 실장은 국가직 1급 공무원이었다. 이들은 청와대 안에서 근무하며 통일외교안보 분야의 대통령 비서 역할도 하고 있으나 NSC 사무차장과 마찬가지로 비서실 소속이 아니어서 비서관이 아닌 실장 직함을 가지게 되었다. 나는 이 두 사람을 대통령께 추천하여 승인받았다. 그리고 임명장을 받기도 전에 즉시 출근해서 현재의 자원을 활용하여 관련 업무를 장악하도록 했다. 각 부처에는 앞으로 청와대 통일외교안보 정책과 관련한 업무협의나 보고는 정책조정실을 거치라고 고지했다. 동시에 서주석 실장에게는 북핵문제와 자주국방 추진과 같이 고도의 전략과 그 집행이 요구되는 중장기 핵심 안보 사안에 대해 대통령의 시각에서 부처와 협의조정체제를 구축하도록 했다.

이렇게 인사와 관련해서 급한 불을 껐지만, 새로 만들어지는 정보관리실과 위기관리센터도 방치할 수 없었다. 부서장을 조기에 임명해야 그들이 책임지고 자기 부서를 정착시킬 테니 말이다. 정보관리실은 업무가 통일외교안보의 모든 부처와 연관되어 있지만 그래도 국정원과의 관계가 가장 중요하기 때문에, 나는 정보관리실장을 국정원 북한·해외 파트에서 신망받는 간부 중에서 뽑고 싶었다. 김만복 단장과 서훈 단장 두 사람을 놓고 김보현 국정원 3차장과 의논했다. 두 사람 모두 정보관리실장을 맡기보다는 국정원 내부에서 일하기를 원했으나 어렵게 설득한 끝에 김만복 단장을 초대 정보관리실장으로 영입, 4월 초부터 NSC사무처로 출근토록 했다. 그는 나보다 나이가 12살이 많은 띠동갑이었지만, 나에 대해 어느 자리에서도 깍듯했으며, 부지런하고 성실한 데다 부하직원들에게도 함부로 대하지 않는 자상한 상사였다.

위기관리센터장은 산하에 상황실이 있는 관계로 하루도 공백이 있어서는 안 되는 자리였다. 나는 류희인 대령에게 임시로 위기관리센터를 책임지도록 하고 적절한 책임자를 찾았다. 원래 위기관리센터장에는 현역 소장이나 예비역 장군 중에서 적임자를 물색하여 앉히려고 했다. 업무 특성상 군과의 관계가 중요하므로 군에서 신망받는 인물이 요구됐기 때문이다. 그렇게 해서 부수적으로 대통령과 군을 연결해 군에 대통령의 철학을 확산시키려 했다. 그러나 여러 차례 내부 회의를 하며 적당한 대상자를 물색했으나 그런 사람을 찾을 수 없었다. 대통령의 철학을 이해하는 것은 고사하고 위기관리를 전문적으로 수행한 경력자를 찾는 것도 어려웠다.

사실 위기관리센터장의 적임자는 류희인 대령이었다. 그는 이 방면 최고 전문가였으며, 노 대통령을 오래전부터 존경해온 참여정부 지지자였다. 게다가 오랫동안 청와대에서 근무한 인연과 지식을 활용하여 NSC사무처를 건설하는 과정에서 지대한 역할을 하고 있었다. 그러나 문제는 그의 계급이었다. 공무원 사회는 계급사회다. 군대는 더하다. 아무리 대통령 보좌기구라지만 현역 소장이 맡아야 할 자리에 현역 대령이 앉았을 때 영令이 제대로 설지 도통 자신이 없었다.

고민 끝에 류 대령에게 넌지시 예편해서 위기관리센터장을 맡으면 어떻겠느냐고 물었더니 펄쩍 뛰었다. 하긴 내가 생각해보아도 그것은 무리였다. 아마 내 이름만 들어도 외교안보 관료들이 고개를 숙일 정도로 내 권위가 높았다면 고민이 덜했을 것이다. 그러나 외교안보 관료들이 나를 '초짜'로 여길 게 뻔한 상태에서 국가위기관리를 총괄하는 위기관리센터장이 현역 대령이라면 업무추진에 어려움을 겪을 수 있고, 그것이 NSC 운영에 부담을 줄지 모른다고 생각했다. 고민 끝에 결국 나는 모험을 택했다. 이 모든 핸디캡보다 그의 역량이 더 가치 있다고 결론을 내리고 4월 초 대통령 승인을 받아 그를 NSC 위기관리센터장에 앉혔다.

NSC 차장실에서 나의 업무를 총괄 보좌할 보좌관으로는 전략기획실의 평화체제 담당관인 김진향 박사를 임명했다. 김진향은 나와 특별한 인연이 있는 인물이다. 그러나 그가 인수위에 들어오는 과정은 나와 전혀 상관이 없었다. 2001년경으로 기억된다. 어느 날 나는 자신의 이름은 김진향이며 경북대에서 통일관계로 정치학 박사학위를 받았는데, 내가 쓴 관련 서적에서 큰 도움을 받았다며, 언제 한번 나를 방문하겠다는 전자우편을 받았다. 서로 전자우편을 주고받으며 그의 방문 일시를 정했다. 그가 찾아오기로 한 시각, 밖에서 누가 내 연구실 문을 노크했다. 나는 '김진향'이라는 이름으로 비추어보아 조신한 여성 학자가 방문을 열고 들어오리라고 기대했다. 그런데, 웬걸. 덩치가 산만한 거구의 남성이 들어오는 것 아닌가! "김진향입니다"하면서. 이렇게 만난 우리는 2002년의 몇 개월을 세종연구소에서 함께 지냈다.

그런데 12월 말에 내가 대통령직 인수위원으로 임명되자, 그가 나를 찾아와 자신도 인수위에 들어가게 되었다고 해서 깜짝 놀랐다. 나중에 알고 보니 노사모 핵심멤버였던 그는 노무현 후보를 당선시킨 젊은 참모진과 깊은 유대를 가지고 있었다. 나는 인수위에서 김진향이 탁월한 업무능력을 가지고 있다는 사실을 발견했다. 그는 업무를 총괄하는 데 능했고, 매사를 치밀하고 섬세하게 다뤘으며 보안의식도 남달랐다. 그리고 대인관계에서 절대로 자기중심을 잃지 않으면서 상대방을 편하게 만드는 특유의 친화력을 지녔다. 그는 가혹한 '노동력 착취'로 내게 불만을 가질 법한 NSC사무처 식구들을 가슴으로 달래줬다.

이렇게 대강 핵심적인 인사를 조기에 단행하고 본격적으로 사무 공간 해결에 나섰다. 국가안보의 컨트롤타워인 NSC사무처가 활동할 사무 공간이 청와대에 없다는 것이 어처구니없었지만, 그렇다고 공간을 내놓으라고 떼를 쓸 곳도 없었다. 일부에서는 나에게 대통령께 보고드려서 해결하라고 했지만 그럴 사항도 아니었다. 설령 대통령께 말한다 해도 심려만 끼칠 뿐 뾰족한 수는 없을 것이었다. 청와대 안의 모든 부서가 그의 보좌기구이고, 모든 사람이 대통령의 참모인데, 대통령이 누구의 사무실을 빼서 NSC사무처에 주라고 할 수 있단 말인가? 결국 이것은 전적으로 NSC

사무처를 책임진 내가 해결해야 할 문제였다.

나는 당장 긴급 업무가 있는 이봉조·서주석 실장은 빼고 류희인 센터장과 김만복 실장과 공간 확보에 나섰다. 우선 청와대 안을 구석구석 백방으로 뒤져보았으나 변변한 여유 공간을 찾을 수 없었다. 부득이 청와대 밖으로 나가야 하지 않겠느냐는 의견도 나왔다. 실제로 NSC사무처가 입주할 만한 건물도 몇 군데 검토해봤다. 그러나 그것은 기본적으로 말이 되지 않는 얘기였다. 대통령의 통일외교안보 정책을 24시간 보좌하는 참모조직이 어떻게 청와대 밖에 살림을 차린단 말인가? 업무 성격을 생각해서나 또 보안을 생각해서나 불가능한 일이었다.

한참 고민을 하고 있는데 류희인 센터장이 기발한(?) 제안을 했다. 지하벙커로 가자는 것이다. 그렇지 않아도 위기관리센터는 지하벙커에서 NSC 상황실을 운영하고 있었기 때문에, 상황실 옆에 사무 공간을 마련하고 있었다. 청와대 지하벙커는 전쟁발발과 같은 비상사태가 발생할 경우 대통령이 모처로 이동하기 전 잠시 머물기 위해 만든 지하공간이다. 그런데 아무리 기계로 공기 청정을 시도해도 환기가 제대로 되지 않아 장기근무는 불가능했다. 아마 이곳을 사무 공간으로 쓰는데 노동부에서 조사를 나왔다면 열악한 근무환경으로 100% 사업장 폐지 명령을 받았을 것이다.

조직 책임자로서 직원들을 지하벙커로 내모는 건 받아들이기 힘들었다. 그러나 당장 청와대에서 일을 해나갈 길은 그 방법밖에 없었다. 한참 고민을 하는데, 서주석·김만복 실장이 찾아왔다. 전략기획실과 정보관리실이 지하벙커로 내려갈 테니 너무 고민하지 말고 결정을 하라는 것이었다. 직원들도 각오가 되어 있으니 염려하지 말라며 내려가야 할 그들이 나를 위로했다. 결국 결정을 내렸다. 첫째, 차장실과 매일같이 현안을 다루어야 하는 정책조정실은 동별관 3층에 남는다. 나머지 전략기획실·정보관리실·위기관리센터는 당분간 지하벙커로 들어가 근무한다. 둘째,

국회에 추경예산을 요청하여 동별관의 동쪽 1층 옥상 위에 가장 빠른 시간 내에 가건물을 지어 지하벙커에서 근무하는 직원들을 지상으로 끌어낸다. 어떻든 이렇게 해서 NSC사무처 직원의 3분의 2가 청와대 지하벙커에서 근무하게 되었다.

다른 도리가 없어서 내린 결정이지만 비감했다. 그런데 이마저도 쉬운 일이 아니었다. 지하벙커 관리주체인 경호실의 허락이 필요했다. 나와 NSC 간부들은 각각 경호실장과 담당 책임관을 만나 우리 사정을 설명하고 부탁했다. 어차피 비어 있는 공간이고, 설사 비상사태가 발생한다 해도 그런 상황을 맡을 기관이 바로 NSC사무처이니 상관없지 않겠냐며 설득했다. 결국 지하벙커를 빌리는 데 성공했지만, 세상에 공짜는 없었다. NSC사무처는 그 대가로 경호실에서 퇴임하는 인력 2명을 채용해야 했다. 또한 동별관은 비서실이 관리 주체였다. 이 건물 1층 옥상에 가건물을 세우기 위해서는 총무비서관실의 허락이 필요했다. 이번에는 허락을 받는 대신에 비서실 방출 인력 1명을 신규 채용해야 했다. 나와 NSC 간부들은 단 한 명의 NSC 직원도 허술하게 채용하지 않고 최고의 NSC사무처를 만들겠다고 다짐을 했는데, 그 결의가 사무 공간 마련이라는 절박감 앞에서 무색해진 것이다. 그것도 변변치 않은 사무 공간을 마련하기 위해. 비록 조직은 달라도 같이 대통령을 보좌하는 처지인 비서실과 경호실로부터 그런 야박한 대접을 받으니, 섭섭한 마음이 그지없었다.

이런 일을 겪고부터는 자격지심인지 몰라도 같은 청와대 내에 근무하면서도 NSC사무처가 무언가 곁방살이하며 차별받는 느낌이었다. 어느 날 김진향이 넌지시 물었다. "차장님, 우리 NSC 직원들 월급이 같은 직급의 비서실 직원들보다 수십만 원에서 백만 원까지 적다는 사실을 알고 계십니까?" 깜짝 놀랐다. 알고 보니 직무수당 때문이었다. 비서실 직원들은 직무수당이 있으나 NSC에는 없다는 것이다. NSC사무처 책임자인 나로서는 심각한 문제였다. 명색이 청와대 NSC에 근무하면서 열악한 환경에서 밤낮을 가리지 않고 일하는데, 일반 공무원들과 비교해 유일한 메리트인 직무수당조차 못 받는다고 생각하니 견딜 수가 없었다. 그래서 결심했다. 비록 지금은 근무할 공간도 형편없고 급여도 비서실에 비해 떨어지나 반드시 빠른 시일 내에 근무환경이든 급여든 결코 비서실에 뒤떨어지지 않는 최고의 NSC를 만들겠다고.

공간문제가 어느 정도 해결되었으나, 그 뒤에는 예산문제가 버티고 있었다. 정부에서 추경예산이 책정되고 국회에서 그것이 통과되어야 가건물도 짓고, 직무수당도 주며, 상황실도 첨단시설로 지속적으로 개선해나갈 수 있었다. 정신없이 재정기획부와 국회를 뛰어 다니며 예산을 확보했다. 이를 위해서 재정기획부에서 고참 서기관을 받아 총무팀장으로 영입했다. 결국 직무수당 문제는 몇 개월 후 해결했으며, 숙원사업이 된 동별관 1층 지붕 위에 가건물을 세우는 신축공사도 착수했다. 나는 이 공사가 시작된 날부터 준공된 2004년 5월까지 일요일과 해외출장일을 제외하고는 단 하루도 빠지지 않고 매일같이 절치부심하는 심정으로 공사현장을 찾아 둘러보았다.

그런데 공간과 예산 문제만이 아니라 민간 전문가들을 채용해서 적당한 직급을 주어 별정직 공무원으로 임명하는 인사에서도 어려움이 발생했다. NSC사무처는 전략기획실을 중심으로 10명 내외의 민간전문가를 3,4급 별정직 공무원으로 채용할 계획을 가지고 있었다. 북핵·평화체제·국방개혁·동북아 외교·위기관리 등을 담당할 이들은 대부분 박사학위를 취득한 해당분야의 연부역강年富力强한 소장 전문가들이었다. 이들을 어렵게 데려와 정식 임명이 되지도 않는 상태에서 월급도 주지 못하고 일을 시키고 있었다. 그런데 정식 채용절차를 밟다보니 정부의 별정직 공무원 임용자격 조건이 너무 까다로워 원래 그들에게 주려던 직급을 주기가 어려운 상황이었다. 예컨대, 3급 별정직 공무원은 해당분야에서 장기간 일한 경력이 있거나 박사학위 취득 후 10년 이상 해당분야에서 활동한 경력이 있어야 한다는 식이었다. 그러나 NSC사무처의 채용 대상자들은 그런 조건을 만족하는 사람이 얼마 없어, 규정을 고지식하게 해석하면 3급은커녕 4급으로 채용할 사람도 몇 명 되지 않았다.

나는 이 문제를 해결하기 위해 행정자치부의 담당 주사에서 최양식 인사국장, 김두관 장관에 이르기까지 관계되는 사람들은 모두 만났다. 인사위원회에서도 담당과장에서부터 이성렬 처장, 조창현 위원장에 이르기까지 두루 만나서 우리 사정을 설명하며 읍소했다. 내가 애쓰는 것이 안타까웠는지 인사위원회 담당 과장은 "차장님, 이 사안은 규정상 대통령께서 부탁해도 해결해 드릴 수 없습니다"라고 잘라 말하며 포기할 것을 권유했다. 그러나 포기할 수 없었다. NSC가 인재라고 판단하여 채용했다면, 그들이 자부심을 느끼고 근무할 수 있도록 그에 맞는 대우를 해줄 의무가 있었다. 결국 끈질기게 매달린 결과 어느 정도는 만족스러운 대우를 해줄 수 있었다.

NSC사무처는 4월 초에 지하벙커로 2실 1센터의 입주를 마쳤다. 정부에서 파견받기로 예정된 인력도 빠른 속도로 합류했다. 2003년 5월 말에는 조직체계가 완비되어 인력이 70명 선에 이르렀다. 그런데 시간이 흐르면서 지하벙커에서 근무하는 직원들 중에서는 호흡기 장애에 걸리거나 안질을 앓는 사람들이 많이 발생했다. 많은 직원들이 눈이 충혈되고 눈곱이 끼는 증상을 앓았다. 내부 환기를 위해 여러 방법을 써 보았으나 별로 효과가 없었다. 그럼에도 불구하고 그들은 수시로 밤 12시를 넘기는 격무를 불평하지 않으며 수행했다. 지금 돌이켜봐도 고맙고 안쓰러운 생각뿐이다. 나는 지금도 점심시간에 지하벙커에서 나와 입구 앞에 모여 서성거리며 담배를 피우거나 햇볕을 쬐던 그들의 모습을 잊을 수가 없다.

2004년 5월 드디어 숙원사업이던 가건물이 완공됐다. 지하벙커에서 근무하던 직원들이 햇빛을 보며 맑은 공기를 마시고 근무할 수 있게 된 것이다. 인원이 상대적으로 적은 정보관리실이 차장실 옆으로 옮기고, 가건물에는 전략기획실과 정책조정실이 입주했다. 비록 가건물이지만 나는 우리 직원들이 지하벙커에서 탈출하여 지상의 새 사무실로 이사하는 날 감개가 무량했다. 비서실에 떡을 돌리기도 했다.

그러나 위기관리센터는 끝내 지하벙커에서 올라오지 못했다. 아니 위기관리센터 구성원들이 자청해서 올라오지 않았다. 사실 가건물을 짓기는 했으나 모든 부서가 지하벙커를 탈출하기에는 사무 공간이 너무 좁았다. 나는 공사기간 내내 이 문제로 고민했다. 그런데 가건물 준공이 얼마 남지 않은 어느 날 류희인 센터장이 위기관리센터는 지하벙커에 남겠다고 했다.

사정은 이랬다. NSC사무처가 본격적으로 가동하면서 류희인은 지하벙커에 위기관리를 위해 군은 물론 국가 주요기관과 직통으로 연결되는 NSC 상황실을 만들겠다고 보고했다. 항상 창의적이고 선진적으로 사고하며 웬만한 일은 알아서 처리하는 능력을 지녔기에 나는 그를 믿고 결재만 했는데, 정말 훌륭한 NSC 상황실을 만들어냈다. 이 상황실은 군·경찰·소방 등과 연결된 다양한 직통망을 갖췄으며 안보·재난 현장을 연결하여 실시간으로 그곳 상황을 볼 수 있는 대형 스크린도 갖췄다. 군·경찰·소방의 중견 간부들이 3인 1조가 되어 교대로 24시간 상황실을 지켰다. 이곳에서 대통령은 전쟁 또는 준전시 상황이 발생할 경우 '전시 지도'를 하게 된다. 이렇게 해서 정부 역사상 최초의 청와대 상황실이 탄생했다. 우리는 2003년 6월 25일에 대통령을 모시고 완공식을 치렀다. 최근 몇 년간 대통령들이 비상시에 안보관계장관회의나 기타 위기관리 회의를 한다고 언론에 내부구조가 살짝 공개된 곳이 바로 이 상황실이다.

그런데 위기관리센터가 NSC 상황실이 있는 이 지하벙커를 떠날 수 없다며 그대로 지하근무를 하겠다고 자청한 것이다. 류희인은 업무 효율성을 위해 불가피하다고 했으나, 아마 위기관리센터 직원의 과반수를 차지하는 상황실 요원들을 지하에 남겨놓고 지상으로 나오는 것이 마음에 걸렸을 것이다. 나는 업무 성격을 이유로 NSC 상황실과 함께 지하근무를 하겠다는 직원들을 보며, 그들의 동료애와 애국심에 절로 가슴이 뻐근해졌다.

컨트롤타워로서 NSC 체제를 갖추다

참여정부에서 NSC사무처는 통상 NSC로 불렸다. 대통령도 정부 부처 사람들도 통상 NSC와 NSC사무처를 구별하지 않고 NSC라고 불렀다. NSC는 컨트롤타워로서 NSC체제를 확립하기 위해서 우선 회의 체계를 정비했다. NSC체제의 근간이 되는 NSC 상임위원회를 매주 목요일 오후에 개최했다. 참석 멤버는 국가안보보좌관·통일부장관·외교통상부장관·국방부장관·국정원장·국무조정실장·외교보좌관·국방보좌관·NSC 차장이었다. 비서실장도 참석하도록 되어 있으나, 워낙 다른 업무가 바빠서 자주 참석하지는 못했다. 원래 회의에서 발언권은 안보보좌관과 각부 장관, 국정원장만이 행사하도록 되어 있었지만 실제 회의에서는 규정에 구애받지 않고 누구나 의견을 개진하고 토론했다. NSC 차장으로 부임하여 처음 NSC 상임위에 참석했더니 규정상 참석권이 있는 사람들은 원탁 테이블에 앉고, 배석인인 외교보좌관, 국방보좌관, NSC 차장은 그 뒤에 긴 탁자에 나란히 앉도록 배치해놓았다. 누군가 규정을 고지식하게 적용한 것이다.

나는 이 배치구조를 전원이 함께 앉아 토론하는 구조로 바꾸었다. NSC 상임위는 매주 부처 장관들이나 NSC사무처에서 준비해오는 중요 안보 현안들을 검토하고 협의했다. 토론 결과는 대통령에게 보고되고, 정책결정을 요하는 사안 중 상대적으로 경미한 사안은 대통령 보고가 완료되면 곧장 시행했으며, 중대 사안은 다시 대통령 주재 안보관계장관회의를 열어 결정했다. 국가 중요 현안에 대해서는 대통령이 국가안전보장회의를 열어 결정하도록 되어 있었지만, 이 회의는 워낙 무게감이 크고 공식성을 띠고 있어서 1년에 두세 차례밖에 열리지 않았다. 대신에 대통령은 이보다 덜 무겁고, 언론에도 관심을 덜 끄는 안보관계장관회의를 수시로 열었다. 안보관계장관회의에는 반드시 국무총리가 참석했다.

NSC 차장이 주재하는 NSC 실무조정회의도 매주 화요일 오후에 열렸다. NSC 실무조정회의는 NSC 상임위를 보좌하는 회의체로서 NSC 차장이 주재하며 각 부처의 실무를 책임지는 차관보급 인사들이 참석했다. 기본 임무는 NSC 상임위에 제출할 자료를 사전에 검토하고 의견을 교환하여 사전에 정책 조율을 해서, 상임위에서 보다 깊이 있는 토론과 정책 조율이 이루어지도록 돕는 것이다. 실무조정회의와 같은 사전 협의체가 없을 경우, 회의 쟁점이 무엇인지 사전 공유가 없이 상임위가 열려 다른 장관들은 '뭘 모르고' 참석하여 결과적으로 의제를 낸 담당 부처가 독주하는 문제가 발생한다. 경우에 따라서는 A부의 장관이 B부의 중요 현안 쟁점을 지지하면, B부의 장관은 다음에 그 대가로 A부의 특정 현안에 대해 지지를 표하는 의도하지 않은 담합도 발생할 수 있다. 이런 폐단을 예방하기 위해서 정책이 수립되는 시점부터 NSC가 중심이 되어 다단계로 부처간 협의를 진행하는 것이 필요했다. 그 허리 역할을 한 것이 바로 NSC 실무조정회의였다. 나는 NSC 차장으로 부임하면서 NSC체제의 조기 정착을 위해 즉시 외교부 차관보, 국방부 정책실장, 통일부 정책실장, 국정원 유관실장들, 국무조정실 기획관리조정관과 NSC사무처 실장들이 참석하는 이 회의를 매주 열었다.

통일외교안보 부처의 정보 공유와 분석을 위한 NSC 정세평가회의도 매주 수요일 오후에 열었다. 이 회의는 NSC 차장이 주재하고 NSC 정보관리실장, 국정원 1·3차장실의 관련 실장들, 국방부 정보본부장, 외교부 외교정책실장, 통일부 정보분석국장 등이 참석했다. 국방부에서는 대북 정보를 담당하는 군사정보부장(소장)이 대신 참석하는 경우가 많았다.

준準 상설회의체로서 북핵문제를 실무적으로 총괄하는 NSC 북핵대책 반도 있었다. 나는 NSC 차장으로 부임한 직후 대통령 주재 안보관계장관 회의(2003년 4월 4일)에서 NSC 차장을 반장으로 하고 NSC 실무조정회의 멤버와 북핵외교 전담관, NSC 실장 등으로 구성되는 NSC 북핵대책반 구성을 건의하여 승인받았다. 회의에서는 NSC 북핵대책반에서 조정된 주요 내용들은 NSC 상임위 논의를 거쳐 결정하고, 이를 각 부처에서 집행하는 관계를 정립하기로 결정했다.

이처럼 정기적인 NSC 회의체계 외에도 현안에 대처하기 위해서 통일부장·차관과 국정원 3차장, NSC 차장, 관련 부서의 담당 실·국장으로 구성되는 대북 고위전략회의(통일전략회의)가 있었다. 9·19공동성명이 탄생하는 4차 6자회담을 전후해서는 북핵문제에 긴급 대응하기 위해 관련 장차관이 모이는 고위전략회의도 수시로 가동했다. 이러한 정기적인 회의 말고도 연말이나 특정 사안이 발생했을 때, 즉 한미동맹·북핵·남북관계 등의 사안을 놓고 NSC 사무차장 주재로 관련부처 실국장들이 참여하여 '평가와 대책'을 놓고 자주 장시간 브레인스토밍을 가졌다. 그리고 NSC 와 부처 간의 관계를 돈독하게 하고 서로 이해의 폭을 넓히기 위해 통일부·외교부·국방부 차관과 국정원 1·3차장, NSC 차장으로 구성되는 차관회의도 만들어 특정 현안과 상관없이 주기적으로 화합을 다졌다. 나는 NSC가 관여하는 회의 중 차관회의를 제외한 모든 회의는 NSC사무처가 결정사항이나 합의사항을 기록해서 반드시 이행여부를 점검토록 함으로써 회의가 형식적으로 되는 것을 예방했다.[1]

그러나 이러한 통합·조정 시스템의 구축만으로는 NSC사무처가 리더십을 발휘하기 어려운 분야도 있었다. 대표적인 것이 NSC사무처와 국방부의 관계였다. 예컨대, 자주국방은 대통령의 의지가 가장 강력한 분야였으나, 한편으로 군의 전문성이 두드러진 영역이기도 해서 NSC사무처가 북핵대책반 형태의 범정부적인 통합·조정 구조를 만들어내기 어려웠다.

그런데 이런 영역일수록 해당 부처의 이기주의가 만연하고 대통령의 지시가 잘 관철되지 않는 특징을 보이는 것이 일반적이다. 나는 이 문제를 해결하기 위해서 「대통령 지시 말씀」을 곧잘 활용했다.

NSC 사무차장으로 부임하여 몇 주간 일하면서 나는 각 부처별로 대통령의 지시가 전파되거나 이행되는 정도가 다르다는 것을 발견했다. 그 이유를 조사해보니 특정 부처에서는 장관이 청와대에서 안보관계장관회의 등을 마치고 돌아가 대통령이 지시한 내용이나 중요 말씀을 제대로 전달하지 않고 있었다. 대통령 지시사항에 대한 '배달사고'가 발생하고 있었던 것이다. 나는 중차대한 국가안보 현장에서 발생한 이 문제를 대통령께 보고해 바로잡을까 생각해보았으나, 일만 복잡해질 것 같았다. 대신에 NSC 담당 직원이 대통령의 지시사항과 중요말씀을 기록하여 「대통령 지시 말씀」을 만들어 해당부처에 직접 전달하고 그 이행여부를 지속 점검토록 했다. 이러한 「대통령 지시 말씀」 전달·이행점검 체계는 결과적으로 NSC사무처가 열악한 환경 속에서도 조기에 컨트롤타워로 정착하는 데 크게 기여했다. 나는 대통령 지시사항을 속된 말로 '씹어버려', 이런 효율적인 제도를 일치감치 고안해내도록 자극을 준 그 장관에게 거꾸로 고마움을 느꼈다.

한편 NSC사무처는 통일외교안보 부처의 정책 및 정보 공유를 위해서 휴일을 제외하고 매일같이 두 종류의 일일보고서를 작성하여 배포했다. 하나는 정책조정실에서 작성한 「통일외교안보 정책동향」이었다. 통일외교안보 부처의 정책수립·조정·집행 등 진행과정을 일일보고 형식으로 정리한 문서였다. 주요 현안에 대한 전 과정의 공유 및 부처간 혼선방지를 목표로 작성된 이 보고서는 대통령을 비롯하여 청와대 수석보좌관, 관련 비서관, 국무총리, 통일외교안보 부처의 장차관과 실국장 등 30~40명에게 배포되었다. 「통일외교안보 정책동향」은 요약 보고서 형식으로 통상적으로 A4 용지 한 장 분량으로 작성되며, 수록 아이템은 3개를 원칙으로 했다. 정책조정실에서 2명의 담당관이 이 일을 전담했는데, 이들은 매일 아침 정책조정실장의 1차 검토를 마친 후 7시(나중에는 7시 30분)에 NSC 차장이 주재하는 검토회의를 통해 보고서를 최종 완성했다.

또 하나의 일일보고서는 정보관리실이 작성한 「NSC 일일 정보 보고」였다. 이 보고서는 NSC 정세평가회의와 함께 국정원을 비롯한 정부 각 부처가 생산한 정보가 상시적으로 필요한 곳에 제때 전달될 수 있도록 구축한 정보 유통 체계의 핵심이었다. 「NSC 일일 정보보고」는 「통일외교안보 정책동향」과 마찬가지로 A4 용지 한 장 분량에 3개의 아이템을 다루는 것을 원칙으로 했으며, 「통일외교안보 정책동향」과 달리 수시로 분석 자료를 첨부했다. 2003년 봄에 NSC사무처가 「NSC 일일 정보보고」를 작성하겠다니까 처음에는 국정원 간부들이 NSC가 국정원의 청와대 보고업무를 가로채려 한다고 오해했다. 그러나 「NSC 일일 정보보고」는 국정원의 기존 업무를 전혀 침해하는 게 아니었다. 내가 NSC에 들어와서 보니 국정원과 외교부 재외공관 등에서 하루에도 엄청난 양의 정보가 생산되고 있었다. 그런데 이 중에서 제대로 활용되는 정보는 극히 일부였다. 국정원이 대통령께 수시로 올리는 보고와 가끔씩 특별사안에 대해 해당 부처 장관에게 보내는 정보자료 외에, 국정원의 정보는 거의 대부분 내부용으로 그치고 있었다. 외교부의 재외공관에서 본부에 보고하는 외교전문에도 중요한 정보가 꽤 있으나 대개 외교부와 NSC사무처 수준에서만 공유되고 있었다. 한마디로 애써 생산된 많은 정보가 적소適所로 흘러가고 있지 않았던 것이다.

그래서 나는 정보관리실로 하여금 국정원이 대통령에 보고할 사안과 특별히 부처장관에게 보내는 정보자료 등을 제외하고서, 나머지 국정원 생산 정보자료와 재외공관의 전문, 통일부·국방부의 정보보고 등을 검토하여 그중 유용한 아이템을 골라 「NSC 일일 정보보고」를 만들도록 했다. 그러나 이러한 취지에도 불구하고 국정원은 NSC사무처가 자기 일

거리를 빼앗는 것 아닌가 하는 의심의 눈초리를 거두지 않았다. 그래서 「NSC 일일 정보보고」작성 초기 2~3주 동안은 국정원이 NSC에 자료를 건네지 않아 김만복 정보관리실장이 친정인 국정원에 직접 가서 주변의 눈총을 받으며 '앵벌이'하듯 정보를 얻어와 보고서를 만들었다. 나는 이 래서는 안 되겠다 싶어 고민을 했다.

그 결과 고안해낸 것이 정보실명제였다. 「NSC 일일 정보보고」에 실리는 3개의 정보 아이템에다 해당 정보의 1차 생산기관을 밝히는 것이다. 예컨대, 국정원 정보보고를 참고하여 작성한 아이템은 말미에 '(국정원)'이라고 출처를 기재하고 주미대사관 전문에 의거하여 작성된 아이템은 말미에 마찬가지로 '(駐美대사관)'이라고 출처를 적는 것이다. 이렇게 함으로써 이 보고서를 보는 대통령 이하 30~40명의 통일외교안보 분야 고위 공직자들이 정보가 어느 부서에서 생산된 것인지를 알 수 있게 했다. 정보실명제를 실시하자 상황이 확 바뀌었다. 국정원을 비롯한 각 부처가 적극적으로 NSC사무처에 정보사항들을 보내왔다. 그리고 「NSC 일일 정보보고」에 자기 부처에서 생산한 정보사항이 실리면 뿌듯하게 생각했다.

한편 NSC사무처는 참여정부의 안보정책 구상을 체계적으로 담은 국가안보전략지침서를 작성했다. 이 지침서는 모든 부처가 동일한 전략 목표와 구상 아래 일관성을 가지고 유기적·체계적으로 움직이도록 하기 위해 작성되었다. NSC 전략기획실이 주도했으며, NSC 상임위 논의를 거쳐서 2003년 12월에 대통령 승인을 받았다. NSC 상임위는 이 지침서를 가급적 국민들과 공유하라는 대통령 지시에 따라 2004년 3월 보안상 민감한 내용을 삭제하고 『평화번영과 국가안보』(영문판 제목은 *Peace, Prosperity and National Security*)라는 제목으로 90쪽 분량의 공개용 국가안보전략서를 발간했다. 이 전략서에서 참여정부는 국가안보의 목표를 '한반도의 평화와 안정' '남북한과 동북아의 공동번영' '국민생활의 안전 확보'로 설정했다. 그리고 이러한 안보 목표를 달성하기 위해 일관되게 추진해나갈 국가안보 전략기조로 '평화번영정책 추진' '균형적 실용외교 추구' '협력적 자주국방 추진' '포괄안보 지향'을 채택했다.

NSC사무처는 이처럼 회의체계와 정보공유체계를 2003년 상반기에 완성하고 연말에는 국가안보전략지침까지 마련함으로써 제도적으로 NSC 체제를 완비하고 컨트롤타워로서 위상을 갖추었다. 그러나 제도가 아무리 좋아도 제도를 움직이는 사람들의 마음이 각각이면 효율성은 그만큼 떨어진다. 그래서 통일외교안보 부처의 고위 멤버들과 유대를 강화하기 위해 노력했다. 먼저 NSC 체제의 중추인 상임위원회는 회의 이후 만찬을 정규 행사로 정착시켰다. 2004년 1월 반기문 장관이 취임한 뒤에는 NSC 사무처 간부들과 외교부 간부들의 유대 강화를 위한 만찬이 수시로 이루어졌다. 국정원 1·3차장실과 NSC사무처 간부들이 만나는 만찬 회동도 빈번히 가졌다.

군 지휘부와는 초기에 개별적인 만남이 대부분이었으나, 2005년 봄에 이상희 대장이 합참의장으로 부임하면서 NSC와 합참의 유대 강화를 위한 비공식 모임도 여러 차례 가졌다. 이에 앞서 2004년 7월에 윤광웅 국방장관이 취임하면서 그동안 파병, 감축, 용산기지 이전, 자주국방 추진, NLL 보고 누락 등으로 누적되어온 NSC와 국방부 간의 긴장이 상당히 완화되었다. 그러나 여전히 긴장의 여진이 남아 있었으며, 2005년 들어서는 전작권 환수문제와 '개념계획 5029의 작전계획화' 문제가 또 다른 긴장 요인으로 부상했다. 이때 합참 간부진과 NSC 간부진의 교류모임은 이 긴장을 완화하는 데 큰 도움이 되었다. NSC나 합참이나 모두 국가안보·국방 분야의 중추기관이다. 나는 합참의 간부들이 NSC사무처 멤버들의 애국심을 확인한다면, 그들이 생각하는 방법과는 조금 다르더라도 대통령의 국방노선을 보다 잘 받아들이리라고 기대했다.

'세븐 일레븐'과 NSC 식구들

지금도 NSC사무처 시절을 떠올리면 마음부터 아프다. 성취도 많았고 시행착오도 적지 않았던 시절이라 한 번 회상에 빠지면 기억이 아지랑이 피어오르듯 꼬리를 물지만, 무엇보다도 내 가슴을 아리게 하는 것은 NSC 직원들에 대한 미안함이다. 나는 컨트롤타워로서 NSC사무처를 정착시켜 가는 과정에서 직원들을 혹사시켰다. 김진향의 말을 빌면 "쥐어짰다". 아마 정부 일반부처 같았으면 직원들이 따라오기 어려웠을 것이다. 청와대 출입기자들이 내 별명을 '세븐 일레븐seven to eleven'으로 지어줄 정도로 나는 일에 묻혀 살았고, 직원들은 이런 나를 보좌하기 위해 나보다 더 일했다. 나는 늦어도 아침 7시까지 출근했으며, 저녁 만찬이 아닌 한 밤 11시 전에 퇴근하는 경우가 거의 없었다. 내가 원래 일 중독인 게 아니라 물밀 듯 밀려오는 안보현안에 대처하는 가운데 조직을 관리하고 통일외교안보의 중장기 전략을 지속적으로 고민해야 하니 아무리 일해도 근무시간이 부족할 수밖에 없었다.

청와대의 출근시간은 오전 8시였다. 나는 직원들의 출퇴근 시간을 정하지 않았으나 무언중에 NSC의 출근시간은 총무팀을 제외하고는 오전 7시가 되었다. 왜냐하면 내가 아침 7시에 「통일외교안보 정책동향」과 「NSC 일일 정보보고」 완성을 위한 '동향 검토회의'를 열었기 때문이었다. 다시 말해서 내가 '동향 검토회의'를 여는 시간이 NSC의 출근시간이 된 것이다. 나는 NSC 체제가 정착되면서 '동향 검토회의'를 30분 늦추어 7시 30분에 열었다. 그랬더니 직원들이 그토록 기뻐할 수가 없었다. 자정이 넘어 집에서 잠에 빠져들고 있는데, 동향 작성팀이 내일 아침 보고서 초안을 보내오는 비화非和팩스의 삐익 하는 고음소리가 들릴 때는 그들의 노고가 안쓰러워 잠을 이루기 어려웠다. 나는 그들에게 이처럼 강도 높은 헌신을 요구하면서 그 대가는 거의 지불하지 못했다. 물리적으로 변변히 보상도 못했으며, 그렇다고 진급을 화끈하게 시켜주지도 못했다. 그래도 그들은 국가와 대통령에 대한 충성심과 최고정책결정권자를 보좌한다는 자부심으로 어려움을 용케 극복해냈다.

나는 초창기 연구자 시절에 마오쩌둥을 연구하면서 그가 즐겨 쓴 '우훙 우전又紅又專'이라는 말을 좋아했다. 중국에서 '紅'은 사상·철학을 의미하고 '專'은 전문지식·기술을 의미한다. 그래서 이 말은 "사상면으로도 건전하고 기술적으로도 우수하다"는 뜻이다. 나는 NSC에서 직원을 채용할 때 이 말을 상기하여 자주와 균형, 그리고 평화번영을 지향하는 참여정부의 통일외교안보 철학을 체득하고 있으면서, 또한 전문적인 지식과 실천력이 뛰어난 공무원을 찾았다. 그러나 현실에서 그런 사람은 많지 않았다. 그래서 민간전문가 출신을 NSC에 채용할 때는 이 두 요소를 모두 고려했지만 관료에 대해서는 참여정부의 철학을 이해하고 이를 집행할 의지만 확인하고, 업무능력을 우선으로 선발했다. 그 이유는 보수세력이 오랫동안 정권을 장악해온 상태에서, 특히 보수성이 강한 외교안보 분야에서, 참여정부의 철학을 온전히 체현한 관료를 찾기란 너무 어려웠기 때문이었다. 그러나 다른 한편으로 내가 '紅'을 기준으로 선발한다면 제로섬 게임식의 정권교체가 반복되는 한국 정치현실에서 차기에 참여정부와 반대성향의 정권이 들어설 경우 그들이 불이익을 받을 것이 분명하기 때문에, 이를 예방하기 위한 목적도 있었다.

나는 '紅'이 아무리 좋아도 '專'을 갖추지 못한 사람은 뽑지 않았다. NSC 사무처가 지속적으로 발전하려면 실무능력을 갖춘 인재들이 필요했다. 그러나 '專'이 뛰어난 인재를 찾는 일 또한 쉽지 않았다. 나는 인재들이 NSC에 관심을 가지려면 'NSC에는 최고의 인재가 모여 있다'고 소문이 나야 하며, NSC에 파견되어 근무하면 고달파도 부처로 돌아올 때 반드시 승진하거나 좋은 보직을 받을 수 있다는 믿음이 정부 내에 확산되어야 한다고 생각했다. 그래서 NSC사무처 인사를 상당히 엄격히 했다. 내가

NSC 차장에 부임해서 얼마 되지 않아 비서실 총무비서관이 이력서를 한 장 들고 왔다. 현역 대령이었다. 대통령의 부산상고 5년 후배인데, NSC에서 일할 자리가 없겠느냐는 것이었다. 대통령은 모르시니 유념해달라는 부탁도 곁들였다. 간부회의를 열어 이 문제를 던지니, 이구동성으로 경력이나 전문성으로 볼 때 NSC에 적합하지 않다는 의견이었다. 나는 그 이력서를 내 책상에 일주일 동안 보관하고 있다가 총무비서관에게 돌려주었다. 총무비서관이 들고 온 대통령 후배의 이력서였지만 '안 되는 것'은 안 되는 것이었다.

NSC사무처가 정부 부처에서 직원을 받을 때는 해당 부처에 의뢰하여 복수의 추천을 받고 그중에서 한 명을 선택했다. 장교의 경우 국방부로부터 3명을 추천받아 한 명을 뽑았다. 나는 최상의 인력을 각 부처에서 파견받기 위해 고심했다. 각 부처에서는 능력 있는 인물들은 자기 내부에서 쓰려고 하지 잘 내놓지 않는다. 그래서 NSC에서 일하고 다시 부처로 복귀하는 관료들의 진급이나 보직 배정에 대해서는 각별하게 신경을 썼다. 물론 NSC에서 혹사를 당했고, 또 그만큼 많은 일을 배우고 시야도 넓어져서 돌아가니 그들은 충분히 진급의 자격을 갖췄다. 그러나 나로서는 복귀하는 이들이 진급을 못하면 다음에 누가 NSC에 오려고 하겠는가 하는 현실적인 문제도 고려해야 했다. 물론 아무리 노력해도 부처는 부처대로 사정을 내세워 일이 내 뜻대로 되지 않는 경우도 종종 있었다.

나는 보고서를 보면 대개 보고자의 해당 업무에 대한 파악 정도와 전략 수준, 조직화 능력 등을 알 수 있다고 믿는 편이었다. 그래서 NSC 초기에 대통령께 올리는 보고서 작성을 놓고 직원들을 가혹하게 단련시켰다. 나는 직원들에게 대통령 보고서는 국가정책의 최종 결정에 영향을 미치기 때문에 "살 떨리는 심정으로 써야 한다"고 자주 강조했다. 내가 생각하는 좋은 보고서는 일목요연해야 하며 육하원칙과 기승전결에 기초해야 한다. 특히 대통령 보고서는 대통령이 상황을 정확히 파악하고 나아가 결정을 내릴 수 있는 자료들로 구성되어야 한다. 평가는 장단점을 정확하게 기술하고 대안은 반드시 복수로 제시해야 한다. 나는 이러한 기준을 가지고 직원들이 올리는 보고서를 검토했다. 내가 최종 열람자인 경우는 올라오는 보고서에 손도 대지 않았지만 대통령께 올라가는 보고서에 대해서는 형식에서 내용에 이르기까지 철저하게 검토했다. 보고서 내용을 고치는 것이 아니라 대통령 보고서답게 구성을 더욱 짜임새 있게 하려는 것이었다.

나는 보고서 작성자를 직접 불러놓고 자신이 올린 보고서에 무엇이 문제인지, 무엇이 빠졌는지 설명하며 수정 지침을 내렸다. 초기에는 보고서 한 건을 가지고 네다섯 번을 고친 직원들도 꽤 많았다. 특히 자주국방이나 국방개혁과 같이 예민하면서도 전략적 체계가 담겨야 하는 보고서나 위기관리 매뉴얼과 같이 미증유의 개척 분야 보고서를 작성하는 담당자들이 다른 사람들보다 두세 배 더 고생을 했다. 그 결과 직원들의 보고서 작성 능력이 눈에 띄게 향상되었다. 물론 개인별로 능력에 차이가 있어서 나중까지도 부족한 보고서는 돌려보냈으나 대부분은 내가 크게 손댈 필요가 없는 수준으로 발전했다. 특히 위기관리센터의 경우 초기에 류희인 센터장이 직접 보고서를 들고 와서 위기관리의 개념 및 틀에서부터 매뉴얼 양식에 이르기까지 다양한 부분에서 나의 의견을 반영하느라 숱하게 보고서를 고쳤다. 자존심이 강한 그였기에 내심 마음이 상했을지도 모르겠다. 그러나 이런 과정을 거친 후 위기관리센터의 보고서는 놀랍게 향상되었다. 그 뒤 나는 위기관리센터에서 올라오는 대통령 보고서에 대해서 거의 손을 대지 않았다.

나는 직원들을 혹사시켰지만 처음 몇 달 동안 일을 시켜서 무난하면 어떤 경우에도 내치지 않았다. 부처에서 파견된 직원들도 그가 승진을 하거나 자신이 원하지 않는 이상 돌려보내지 않았다. 한번은 2005년 어느 날 현역 대령인 직원이 묵과하기 어려운 중요한 실수를 했다. 나는 화가 나 당장 윤병세 실장에게 그를 국방부로 돌려보내라고 했다. 윤 실장은 그 순간 알았다 하고 차장실을 나간 뒤, 며칠 후 나를 찾아와 빙긋이 웃으며 말했다. "차장님, 이번 한번은 봐주시지요, 제가 잘 가르치겠습니다." 나도 "그렇게 하세요" 하고 답했다. 그걸로 끝이었다. 경각심을 불러일으키기 위해 큰소리는 쳤지만, 조만간 장군 진급 대상자가 될 그를 돌려보낼 생각은 전혀 없었다. 그러나 매사가 이런 식이니 나는 엄부嚴父고 실장들은 자모慈母였다. 가끔은 그 역할을 바꿔보고 싶다는 생각도 들었다.

한편 NSC사무처 사람들은 관료 출신을 '정부미', 민간전문가 출신은 '일반미'로 비유하며 '정부미'와 '일반미'가 유기적으로 잘 융합되어야 한다는 얘기를 많이 했다. NSC사무처에는 상대적으로 소수이지만 대통령과 운명을 같이할 민간전문가들도 꽤 포진해 있었다. 사무처에서 이 민간전문가의 상징적인 존재는 서주석 전략기획실장이었다. 나는 NSC 차장으로 있으면서 항상 서 실장과는 NSC사무처의 거의 모든 문제에 대해 상의했다. 그가 단지 선임실장이나 친구라서가 아니라 노무현 대통령이 후보였던 시절부터 자문위원과 인수위원을 함께 해온 동지였기 때문이다. 단둘이 있을 때 나는 그에게 반말을 했는데, 그는 반말과 경어를 섞어서 사용했다. 나는 그가 내게 말을 놓는 게 편했지만 그는 그렇지 못한 것 같았다. 조직의 관성이란 게 그만큼 무서웠다.

민간전문가 출신의 경우 김진향·김창수·김성배 등 인수위에서부터 활동했거나 박선원처럼 인수위 자문위원으로 활동한 사람들을 제외하고 새 인물들은 대부분 각 실장과 위기관리센터장이 여기저기서 물색을 하여 찾아낸 뒤 나와 의논하여 뽑았다. 실장들은 자기가 쓸 사람을 뽑는 일이기에 신중을 기했다. 나는 보고를 받고 채용에 문제가 없는지 정도를 확인하고는 실장들에게 맡겼다. 임춘택·정형곤·안철현·장용석 등이 그렇게 해서 NSC에 들어와 큰 역할을 했다. 그들은 하나같이 일을 기다리는 스타일이 아니라 일을 찾아내고 만들어내는 사람들이었다.

박선원은 대학시절 연세대 운동권의 대표적인 인물이었으나 1990년대 영국으로 건너가 워릭Warwick대학에서 한반도와 국제정치 분야를 연구하여 정치학 박사학위를 받은 인재였다. 전략기획실 선임행정관인 그는 내가 재직하는 동안 북핵문제 전담관으로 제1차 6자회담에서 제5차 6자회담에 이르기까지 단 한 차례도 빠지지 않고 참석했다. 그는 9·19공동성명을 탄생시키는 과정에서 논의가 교착에 빠질 때마다 상황 돌파를 위해 반짝이는 아디이어를 낸 지략가였다.

시민운동가 출신인 김창수는 민간에서 북한과 다년간 교류를 주도한 베테랑이었는데, 그 경험을 통해 북한을 객관적으로 볼 수 있는 내공을 쌓았다. NSC에서는 시민사회와 NSC사무처의 가교 역할을 했고 남북교류 분야를 담당했다.

김성배는 국가안보 전략과 정상외교 전략을 담당했는데 중장기 전략 구상에 뛰어난 재능을 보였다. 『평화번영과 국가안보』 작성을 주도했으며 대일정책, 동북공정 대응 등을 담당했다. 임춘택은 카이스트KAIST 박사출신의 예비역 소령으로 국방과학 분야의 수재였다. 서 실장이 그를 발굴하여 어렵게 NSC로 데려와 국방개혁 점검·조정과 군사력 건설 방향 기획을 담당케 했다.

정형곤은 독일에서 경제학 박사학위를 받았으며 남북경제협력과 분단국 통합경제에 관한 전문가였다. 참여정부 초기에 한미동맹 이상설이 유포되면서 한미관계의 악화가 우리 경제에 매우 부정적인 영향을 미치고 있다는 주장이 널리 퍼졌다. 나는 이 주장을 실증적으로 검증하고 싶었다. 그래서 평소에 눈여겨 보았던 정형곤을 NSC에 데려오려 했다. 그런데 이미 동북아시대위원회의 정태인 비서관이 그에게 눈독을 들여놓은 상태였다. 그래서 정태인에게 사정을 설명한 뒤 "저녁 한 끼 근사하게 대접하겠다"며 양해를 구하고 NSC로 데려왔다.

안철현은 보기 드문 위기관리 전문가로 위기관리업무 평가의 제도화를 주도했다. 그는 류희인 센터장을 도와 국가위기관리체계를 확립하는 데 지대한 공헌을 했다.

장용석은 북한을 주제로 정치학 박사학위를 받았으며 분석력이 뛰어났다. 그는 정보관리실에 배치된 유일한 민간전문가로 정보유통시스템의 운영·조정을 맡았으며, 정보분석 부분에서 관료들의 현장경험과 과학적 분석방법을 융합하여 정확성을 높이는 데 많은 기여를 했다.

정현태는 민간전문가 중에 예외적으로 내가 직접 뽑은 사람이었다. 김두관 장관이 그를 추천했다. 그는 국어교사 출신으로 전교조 활동 경험이 있으며, 고향 남해에서 지방신문을 만들기도 했다. 마침 NSC사무처가 홍보담당관을 물색하던 중이었는데, 경력을 보니 충분히 잠재력이 있어 채용했다. 그는 어려운 언론 환경 속에서 NSC사무처의 대국민홍보와 대언론 업무를 훌륭하게 처리했다.

지금은 공무원 유니폼을 벗은 이여진도 민간전문가나 다름없었다. 그녀는 출중한 영어 실력을 지닌 외교관으로 참여정부 초기에 대통령 통역을 담당했다. 2004년 2월에 NSC사무처는 외교부로 복귀하는 그녀를 스카웃하여 통역과 외교업무를 맡겼으며, 나중에는 박선원 박사와 함께 6자회담에도 참여시켰다. 이여진은 항상 조용하고 단아했지만 자신의 임무를 철저하게 완수하는 대단한 집중력을 지녔다. 그녀의 완벽한 통역 실력은 NSC가 복잡하고 전문적인 용어로 가득 찬 한미 현안을 두고 외교적 은유를 섞어가며 미측과 대화할 수 있었던 강력한 자산이었다.

한편 내가 재직하는 동안에 NSC사무처의 민간전문가 출신 직원들은 변동이 거의 없었지만 관료출신들은 대체로 1~2년 정도 근무하고 자기 부처로 복귀하는 바람에 변화가 많았다. 실장·센터장 중에는 정책조정실장과 정보관리실장 자리가 몇 차례 바뀌었다. 정책조정실은 이봉조 실장이 통일부 차관으로 영전하면서 2004년 9월 초 윤병세 실장이 부임했다. 나는 그의 합리적인 성품을 평가해서 주미공사였던 그를 정책조정실

NSC 식구들. 3년간 동거동락하며 많은 고생을 같이한 이들이다. 국가에 대한 충성심으로 열악한 환경을 감내하며 일한 이들을 생각하면 지금도 가슴이 뭉클하다.

장으로 불러들였다. 그는 나보다 더한 워커홀릭이었다. 나는 토요일 오후 늦게 퇴근할 때면 항상 직원들이 퇴근하여 한가한 정책조정실을 지나그의 방을 찾았다. 그는 어김없이 자리를 지키고 있었다. 매번 우리 둘 사이에는 똑같은 말이 되풀이됐다. "실장님, 이제 퇴근하시지요." "예, 조금만 더 보다 가겠습니다."

정보관리실장은 국정원 인사와 연동되어 자주 바뀌었다. 정보관리실장의 첫번째 교대는 이 부서를 명실상부하게 정착시킨 김만복 실장이 2004년 2월 초 국정원 기획조정실장으로 영전하는 바람에 발생했다. 2004년 1월 말, 대통령 집무실에서 보고를 마치고 잠시 담소를 나누던 중에 대통령께서 느닷없이 "김만복 실장을 국정원 기조실장으로 임명하고 싶은데, 이 차장이 안 내주겠지?" 하며 내 의사를 물었다. 나는 국정원 개혁을 둘러싸고 고영구 원장과 서동만 실장 간에 갈등이 발생하여 서 실장을 경질하기로 했다는 소식을 바로 며칠 전에 민정수석으로부터 들었던 참이었다. 그 소식은 충격적이었고, 나로선 서 실장의 낙마가 안타까웠다. 그러나 내막도 전혀 모르는 민정수석실 소관의 문제이며, 또 대통령이 직접 관심을 가진 사안이라 내가 관여할 여지가 전혀 없었다. 그러던 중에 갑자기 그 자리에 김만복 실장을 염두에 두고 있다며, 내 의사를 물어보시니 당혹스러웠다. 그러나 나는 거의 본능적으로 답변을 알고 있었다. 자기 부하직원을 승진시켜준다는데, 자기 편하자고 그것을 막는 상사는 없다. 나는 즉각 대답했다. "대통령님, 저야 김만복 실장을 보내고 싶지 않지만, 김 실장이 영전해서 가는데, 제가 어찌 그걸 막겠습니까?"

김만복 실장의 후임으로 그동안 눈여겨봐왔던 국정원의 서훈 단장을 어렵게 설득하여 영입했다. 서훈 실장은 업무장악 능력이 뛰어나고 전략적 마인드를 가진 보기 드문 관료였다. 대북협상의 제1인자인 그를 데려오니까 항간에는 NSC가 남북정상회담 추진에 본격적으로 나선 것 아니냐는 소문도 퍼졌지만 그건 사실이 아니었다. 단지 그의 탁월한 업무능력이 탐나 데려온 것이다. 서훈이 국정원으로 돌아간 뒤에는 유엔공사로 근무하던 전옥현을 불러들여 정보관리실장에 임명했다.

관료 출신 행정관들 중에도 NSC 체제 확립에 기여한 인물들이 적지 않았지만 기록하지 않으려 한다. 그들은 오직 대한민국의 국익을 위해 NSC에서 일했건만 후임 정권에서 그들에게 NSC 출신이라는 딱지를 붙여가며 인사상의 불이익을 줬다는 얘기를 들었다. 사실 후임 정권에서 정무직에 진출한 NSC 출신도 꽤 있었다. 그러나 대부분은 인사상의 불이익을 받았다고 한다. 내가 선의로 그들을 거명하는 것이 장래에 그들에게 비수로 꽂히는 일은 차마 볼 수 없다.

NSC 체제를 통해 맺은 인연들

NSC사무처는 대통령 보좌기관이지만 국무총리에게도 수시로 보고했다. 물론 국무총리실에서도 NSC 상임위와 실무조정회의에 참석하기 때문에 웬만한 통일외교안보 관련 사항은 자체에서 보고가 이루어지지만 중요 안보 현안이나 긴급사안 등은 내가 직접 보고했다. 특히 이해찬 총리 시절에는 대통령이 국정운영을 총리 중심으로 전환시켰기 때문에 나도 과거보다 자주 보고를 위해 총리실을 드나들었다. 대통령은 2004년 11월 1일 수석보좌관회의에서 지난 몇 개월간의 총리 중심 운영방식을 점검한 후 만족해하며, NSC도 중요 사안의 진행상황을 반드시 총리에게 보고하라고 지시했다. 이해찬 총리는 NSC사무처를 신뢰하고 NSC 체제를 적극 성원했다.

짧은 기간이지만 통일부장관 시절에는 이해찬 총리와 함께 내각에 있기도 했다. NSC 차장 때도 수시로 총리 주재 회의에 참석하면서 느낀 것이지만 이 총리의 회의 진행은 간결하고 명료했다. 사실 나는 이 총리가 아는 게 많은 분이라 말씀이 많을 줄 알았다. 그러나 그는 국무회의 때나 각종 현안회의를 주재할 때 군더더기가 없고, 핵심만 짚어나갔다. 각종 업무에 대한 파악능력도 대단했다. 그는 정말 행정의 달인이었다.

NSC 체제를 회고할 때 빼놓을 수 없는 사람이 정동영 전 통일부장관이다. 2004년 7월 하순 노 대통령은 정동영 장관과 나를 불렀다. 앞으로 외교안보 분야에서 대통령이 관장해야 할 업무를 포괄적으로 통일부장관에게 위임할 테니 NSC가 비록 대통령 부서이기는 하나 정 장관의 업무 수행을 적극적으로 지원하라는 것이었다. 그 후 대통령은 7월 31일 안보관계장관회의에서 "통일부장관은 (사실상의 부총리 지위에서) 대통령의 외교안보 분야 의제관리를 맡아 처리해주기 바란다"고 지시했다. 그리고 정동영 장관을 NSC 상임위원장에 임명했다. 8월 6일에는 정 장관이 당면 현안 중 ① 탈북자 문제 ② 개성공단 건설 ③ 서해지역 평화정착(NLL문제 포함) ④ 동북공정 및 중국의 역사왜곡 문제 ⑤ 한·중·일 역사 공동연구 문제 등을 책임지고 관리해달라고 지시했다.

당시 대통령은 여당의 대표주자인 정동영 장관과 김근태 장관을 입각시키면서 그들에게 각각 통일외교안보 분야와 사회 분야의 책임을 맡겼다. 언론은 이 책임장관제를 대통령이 이해찬 총리와 역할분담을 선언하며 책임총리제를 실시한 것과 같은 맥락으로 해석했다.

나는 우리나라와 같은 대통령제 국가에서 국무총리도 아니고 특정 부처의 장관이 책임장관의 자격으로 관련 분야 장관들을 통제한다는 것은 불가능하다고 생각했다. 특히 통일외교안보 분야는 대통령의 직할 영역이다. 부처 장관은 자기 업무에도 바쁘거니와 다른 부처를 통제할 조직도 마련돼 있지 않다. 더욱이 중대 사안이 발생하면 대통령이 직접 나설수밖에 없기 때문에 책임장관제는 성공하기 어려운 구조였다. 그나마 책임장관제가 어느 정도 가동되려면 대통령보좌기구인 NSC사무처가 대통령의 권위를 빌어 책임장관을 도와야 한다. 그렇기에 나는 대통령의 지시를 받고 성심껏 정동영 장관을 도왔다.

정 장관도 항상 NSC사무처의 의견을 존중하며 NSC 상임위원회를 원만하게 이끌어갔다. 그는 참모들이 내는 합리적인 의견을 흔쾌히 받아들이고 또 그것을 자신의 것으로 체화하는 장점을 지녔다. 또 아무리 뚫기 어려운 장벽도 일단 돌파하겠다고 결심을 하면 앞장서서 전진하는 스타일이었다. 2005년 1월 NSC 상임위에서는 『국방백서』에서 '주적' 표기를 삭제하고 대신 '직접적인 위협'으로 표기하기로 의견을 모았는데, 아마 그의 리더십이 없이 나 혼자 추진하려 했다면 많은 난관을 겪었을 것이다. 2005년 6월 대통령 특사로 방북해 김정일 국방위원장을 설득해 북한이 6자회담에 나오도록 물꼬를 튼 것도 그였다.

NSC 차장으로 NSC체제를 실무 운영하면서 어려움도 적지 않았지만 많은 보람이 있었다. 특히 정부부처의 간부들이 점점 더 NSC사무처와 협력하며 두드러진 성과를 낼 때 보람이 컸다. 그중에는 워낙 일을 잘해서 NSC사무처가 직무 연장을 요청한 사람도 있었다. 외교부의 김숙 북미국장이 그런 경우였다.

NSC사무처는 2004년 이후 한미 현안을 해결하기 위해 외교부 북미국과 가장 많은 일을 했다. 대통령도 반기문 장관에게 북미국장을 인선할 때는 꼭 NSC 차장의 의견을 참조하라고 지시할 정도로 NSC와 북미국의 협력을 중시했다. 그런데 2004년 1월에 북미국장으로 부임한 김숙은 시쳇말로 참여정부와는 '코드'가 맞지 않는 보수적인 사람이었다. 물론 외교부에서는 보수적이지 않은 사람을 찾아내기 어려우니 딱히 더 보수적이라 할 순 없었지만 사회적 기준으로 보면 그렇다는 것이다. 그러나 그는 한미 현안에 대한 NSC의 입장이 납득이 되거나 혹은 자신의 판단과 다르더라도 대통령의 정치적 결단으로 나온 지시라면 충실하게 이행했고, 또 대부분의 협상을 한미 불협화음을 최소화하면서 성공적으로 이끌었다.

나는 김숙 국장에게 대통령의 지시나 NSC사무처의 입장을 일방적으로 전달하기보다는 토론을 통해서 공동의 결론을 도출하는 방식으로 의사 전달을 했다. 그는 논리가 정연하면 받아들이는 합리주의자였기 때문이다. 그는 미국과 주한미군 방위비 분담금 협상에 나서서 사상 처음으로 전년대비 665억 원을 감액(-8.9%, 2005년)시킨 주인공이었다. 나는 그때 만약 방위비 분담금을 삭감할 수 있다면 삭감액 10%는 외교부 예산으로 증액시켜주겠다는 농담까지 하며 격려했지만 내심으로는 큰 기대를 하지 않았다. 그러나 그는 충실한 논리와 원만한 협상으로 예기치 않은 성과를 거두었다. 그는 전략적 유연성 협상도 맡아서 수행했는데, 아마 그가 아니었으면 협상이 매우 어려웠을 것이다. 그는 상황을 돌파하기 위해 창조적 아이디어를 내놓을 줄 아는 뛰어난 협상가였으며, 어떤 상황에서도 지침을 준수하는 정통 외교관이었다.

2004년 말 외교부 인사에서 김숙 국장은 다른 직책으로 영전할 대상에 들어 있었다. 그러나 NSC사무처는 전략적 유연성 등 남아 있는 한미 현안을 무난히 풀고 한미관계를 지속 발전시키려면 김숙 같은 사람이 꼭 필요하다고 보고, 반기문 장관에게 임기를 연장해달라고 요청했다. 그러자

참여정부 초기에는 외교부와 불협화음도 있었지만 시간이 지나 NSC 체제가 정착되면서 외교부와 NSC의 호흡은 잘 맞아떨어졌다. 간부들간의 스킨십을 강화하기 위한 친목행사도 자주 있었다.(왼쪽부터 반기문 외교장관, 이수혁 외교부 차관보, 김숙 북미국장, 필자, 위성락 NSC 정책조정관)

니 차기 북미국장 내정자인 조태용 북핵기획단장의 처지가 애매해졌다. 그런데 그 역시 6자회담 대표인 송민순 차관보와 호흡을 맞춰 일을 매우 잘하고 있어서 NSC사무처는 아예 두 사람을 한 세트로 1년간 보직 연장 해달라고 외교부에 공식 요청했다.

그렇게 김숙 국장은 북미국장으로 연장 근무를 하며 한미현안을 잘 처리해 나갔다. 2005년 가을에 나는 그를 외교부 차관보로 복귀하는 윤병세 실장 후임으로 NSC 정책조정실장에 내정했다. 그의 공로를 인정하고 또 능력을 높이 평가했기 때문이다. 그런데 인사검증 과정에서 오래전 음주운전 기록이 나왔다. 청와대에서 음주운전 경력이 있는 사람이 비서관(실장) 후보로 올라오면 1회(1년)에 한해 자동으로 탈락하게 되어 있었다. 나는 그대로 물러서기가 아쉬워 민정수석실과 협의하여 김숙을 기용해야 할 필요성을 경위서에 적어 인사추천위원회에 제출했다. 그러자 인사수석실 비서관이 나를 찾아왔다. "차장님이 김숙 국장을 정책조정실장에 앉히려는 뜻은 이해합니다. 그런데 그렇게 되면 차장님이 음주운전 경력자 불가 원칙을 깨는 최초의 선례를 남기시는 겁니다." 이 말에 단념하고 물러섰다. 아무리 김숙을 기용하는 것이 중요하다 해도 도덕적으로 깨서는 안 될 원칙을 내가 앞장서서 깰 수는 없었다. 결국 내가 1년 임기연장을 요청해서 그의 앞길을 막은 꼴이 된 셈이었다. 이후 내내 그에게 빚진 마음이 들었다.

NSC사무처 안에서도 김숙 국장이 매우 보수적이라며 그에 대한 나의 신뢰에 이의를 제기하는 참모들이 일부 있었다. 그러나 나는 정치적 성향을 드러내며 보수를 자처하는 관료는 곤란하지만, 정부의 전략적 판단에 대해 합리적으로 설명하면 이해하고 그 일을 충실하게 수행할 정도면 된다고 보았다. NSC가 외교부를 전략적으로 지휘할 능력이 있더라도 현장에서 전략을 수행할 외교관이 없으면 일을 할 수 없다. 사실 돌이켜보면 내 앞에서 자주외교를 강조하던 외교관도 있었지만 그들 중 상당수는 돌아서면 다른 소리를 했었다. 또 그렇지 않은 사람이라도 실무능력이 너무 떨어지는 경우가 많았다.

한편 NSC사무처는 2004년 5월 노 대통령이 탄핵에서 돌아온 후 컨트롤타워로서 위상이 더욱 공고해졌다. 이미 2004년이 되면서 NSC 체제는 정착단계에 접어들었다. 2004년 1월 27일 안보관계장관회의에서 노 대통령은 현재 부처간 정보공유가 원만히 이루어져서 전체 안보업무 진행상황을 파악하는 데 문제가 없다고 NSC 체제에 만족감을 표시했다. 그리고 NSC와 외교부·국방부 간에 갈등이 있다는 보도와 관련해 "대통령의 참모로서 눈과 귀의 역할을 하는 NSC의 위치를 잘 이해해주기 바라며 NSC의 정책조정과 정보통합에 대해 부처에서 이해하고 적극 협력해줄 것"을 당부했다.

2004년부터 참여정부의 통일외교안보의 색깔이 정착되면서 고위직 인사들도 많이 바뀌었다. 2004년 1월 반기문 외교보좌관이 외교통상부장관으로 임명되었으며, 2월에는 라종일 안보보좌관이 주일대사로 자리를 옮기고 대신에 권진호 전 국정원 1차장이 안보보좌관에 임명되었다. 탄핵 국면이 마무리된 뒤 7월에는 정동영 통일부장관과 윤광웅 국방부장관이 취임했다. 윤광웅 장관 취임을 계기로 NSC와 국방부는 협력기로 접어들었다. 그 뒤에도 국방부와는 전작권 문제, 작계 5029 문제 등으로 간혹 불협화음이 있었으나 서로를 배격하는 극심한 갈등으로까지 되지는 않았다. 대통령은 윤광웅 장관 부임으로 공석이 된 청와대 국방보좌관직에 새로운 인물을 앉히지 않았다. 더 이상 국방 가정교사는 필요 없다는 판단이었다. 이처럼 2004년 상반기에 외교안보라인 책임자들은 나와 고영구 국정원장을 제외하고는 모두 바뀌었다.

이때부터 내가 통일부장관이 돼 NSC사무처를 떠나는 2006년 2월까지 각 부처는 NSC 체제 아래에서 원활하게 손발을 맞췄다. 지금 돌이켜봐도 놀라울 정도였다. 많은 이들이 NSC 체제가 효율적이라고 말을 아끼지 않았다. 나름대로 보람을 느낀 시기였다. NSC 상임위와 각종 안보관계장관회의에서 각 부처 장관들과 NSC 참모들이 수없이 회의를 하고 때로는 견해차로 논쟁도 했으나, 대부분 무난하게 합의점을 도출했다. 뒤에서 다른 소리를 하는 사람도 거의 없었다. 각 부처에서는 여전히 대통령 앞에서 종종 반대의견을 개진했으나 그것은 '제로섬 게임' 식의 날카로운 대립이 아니라 이견을 조율하는 합리적 과정에 가까웠다.[2]

화물연대 파업과 포괄적 위기관리체계의 수립

현대 사회는 사회·경제·환경 등 다양한 분야에서 국가를 위협하는 비상사태가 발생한다. 따라서 이제 안보를 단순히 전통적인 군사적 측면에서만 아니라 사회·경제 분야 등을 망라하여 인식하는 포괄안보 시대가 되었다. NSC사무처는 이러한 시대를 맞아 위기관리매뉴얼이 없는 대한민국에 안보·재난·국가핵심기반을 망라하는 국가위기관리체계를 수립했다. 여기에는 화물연대 파업과 위기관리체계를 확립하고자 하는 노 대통령의 강력한 의지가 큰 영향을 미쳤다.

한미정상회담 직후인 2003년 5월 19일, NSC 간부들을 관저로 부른 노 대통령은 정상회담 평가 외에 위기관리 문제를 대화 주제로 꺼냈다. 대통령은 5월 2일 발생한 화물연대 1차 총파업을 겪으면서 위기관리에 대해서 많은 생각을 한 것 같았다. 대통령은 "지난번 물류 파동처럼 안보위기 상황도 아닌 일종의 사회적 갈등의 표출을 어떻게 다루어야 하는지 정립이 되어 있지 않은 것 같다"고 말을 꺼냈다. 이어서 "이를 위기 차원에서 관리해야 하는지, 아니면 일시적으로 나타났다가 소멸되는 현상으로 봐야 하는지도 정립이 되어 있지 않고, 마땅히 규제할 법제도 없는 것 같다"며 "이를 어떻게 개념화하고 관리해야 할지 여러분들의 의견을 듣고 싶다"고 했다. NSC가 사회분야를 포괄하는 위기관리체계를 구축하게 되는 결정적 계기가 된 이날, 대통령은 다음과 같은 요지의 생각을 털어놓았다.

— 이번 화물연대 파업사태를 보면서 우리나라 위기관리 체계에 있어 안보분야와 재난분야에는 나름대로 체계가 구비되어 있는데, 파업 등과 같은 사회적 갈등의 위기에 대한 관리체계는 아주 미흡하다는 생각을 하게 되었다. 항만이 마비되고 국가 산업 활동이 차질을 빚을 정도로 국가·사회적으로 파급력이 큰 상황에 대해 비상사태로 보고 위기관리 시스템을 구축·가동해야 하는지, 아니면 어느 정도 감수해야 하는 것인지 명확히 정립된 개념이 없어 고민하고 있다.

— 정부 어디에도 이러한 사회적 위기들에 대처하는 중심 기능을 수행하는 곳이 없어 걱정이다. 미국 순방 중 경호 상황실로 화물연대 파업에 대해 전화로 물어봤는데 담당이 아니라고 해서 NSC 상황실로 연락할까 하다가 담당하지 않

을 거 같아서 말았다. 총괄 관리 기능은 NSC가 아닌, 다른 곳에서 할 수도 있지만 사회적 위기의 총괄 관리 시스템 구축에 관한 연구·기획은 NSC 위기관리센터에서 해야 할 것으로 본다. NSC에서 이 문제에 관해 종합적으로 연구·검토해주기 바란다.

대통령의 이날 지시를 계기로 NSC사무처는 포괄적인 위기관리체계를 구축하고 다양한 분야에서 위기관리매뉴얼을 작성하는 작업에 돌입했다. 그렇지만 NSC는 매뉴얼을 만들고 시스템을 구축하는 작업을 할 수 있을 뿐, 비非안보 분야에서 실제상황이 발생했을 때 직접 나서서 할 일이 있다고는 생각하지 않았다.

2003년 8월 22일 서울 교외 모처 지하시설에서 을지연습 종합보고가 있었다. 행사가 끝나고 막 돌아오는 길에 부속실에서 대통령 호출이 왔다. 집무실에 들어서자 비서실장, 민정수석 등이 먼저 와 있었다. "이 차장, 화물연대 파업으로 국가기능이 마비되는데도 NSC에서 왜 이를 국가위기로 관리하지 않는 거요?" 21일부터 시작된 화물연대 2차 총파업을 두고 하는 말씀이었다. 나는 사회갈등 관련 위기관리에 대해서 연구기획을 하라고 지시를 받아 그렇게 하고 있었지만, 발생하고 있는 상황에 대해서도 NSC가 역할을 해주기를 바라는 줄은 몰랐다. 또 청와대 안에서 이미 노동비서관실, 시민사회수석비서관실, 민정수석비서관실 등이 화물연대 파업에 대처하고 있지 않았나.

대통령의 논리는 간단했다. 예를 들어 이번 화물연대 파업의 경우, 이로 인해 수송기능이 현저하게 떨어지면 국가위기상황이 되는 것 아니냐는 것이다. NSC가 파업 자체에는 관여하지 않지만, 수송기능이 국가위기 수준으로 저하될 경우, 이를 보완할 대책이 관련 매뉴얼에 따라 제대로 수립되고 있는지 점검해서 상황 타개에 도움을 주라는 것이었다.

대통령이 나를 부른 데는 다른 이유도 있었다. 화물연대 파업에 대처하는 정부의 체계가 영 마음에 들지 않았던 것이다. 대통령은 청와대에서 정부부처, 지자체에 이르기까지 많은 기관들이 유기적으로 잘 협력해서 대처하길 바랐으나 상당한 혼선이 있다고 보았다. 그래서 NSC 위기관리센터가 긴급히 이번 사태에 대응하는 정부의 대응체계 초안을 만들고 그것을 청와대 회의에서 결정하여 그대로 시행하길 바랐던 것이다.

화물연대 파업은 결과적으로 대통령이 공개적으로 NSC 위기관리센터의 역할을 강조하는 계기가 되었으며, NSC가 안보를 넘어 사회 다른 영역의 위기관리에 일정하게 관여하는 첫 무대가 되었다. 이는 NSC사무처가 밤을 새워서라도 국가위기관리체계를 서둘러 완성해야 할 절박한 사정이 생겼다는 뜻이기도 했다.

사실 NSC 위기관리센터는 출범 직후부터 국가위기관리체계를 만들고 있었다. 우선 국정원에 국가사이버보안센터의 신설을 독려하고 2003년 7월에는 국정원과 국방부, 정보통신부를 묶어 국가 사이버테러 대응 체계를 구축했다.

2003년 9월에는 국무조정실 및 행정자치부와 함께 작성한「국가위기관리체계 종합구축 기본계획」을 대통령께 보고해서 승인을 받았다. 이후 본격적으로 위기관리 지침 및 매뉴얼 작성에 돌입했다. 그 결과 2004년 7월에 정부 수립 후 최초로「국가위기관리기본지침」을 제정했으며, 9월에는「유형별 위기관리 표준매뉴얼」을 만들어냈다. 특히 이「유형별 위기관리 표준매뉴얼」은 전통적 안보·재난·국가핵심기반 분야에서 30개의 위기유형을 선별하여 작성되었다.*

위기관리센터는 뒤에 정보통신 분야, 파병부대 우발사태 등을 추가하여 내가 재직하는 동안 32개의 표준매뉴얼을 완성했다. 이 매뉴얼들에는 (유형별) 위기의 정의, 위기 원인 및 전개양상, 위기관리의 목표 및 방침,

---

* 국가핵심기반이란 "국민의 생명과 재산, 안전, 국가경제, 정부 기본 기능에 중대한 영향을 미치는 인적, 물적, 기능 체계"를 의미한다.

2005년 11월 29일 류희인 NSC 위기관리센터장(왼쪽)이 노무현 대통령에게 완성된 「유형별 위기관리 매뉴얼」(왼쪽)을 소개하고 있다. 참여정부 NSC는 전염병·소요·폭동·테러·재난 등 국가안보에 위해를 주는 다양한 사례에 대한 대응을 완비해놓았다.

위기 대응기구 및 역할, 위기경보(관심-주의-경계-심각)의 기준과 조치사항, 위기관리 활동중점 및 기관별 임무·역할 등이 적시되었다.

한편 NSC 위기관리센터는 「국가위기관리기본지침」 및 「유형별 위기관리 표준매뉴얼」의 하위 문서로서 위기가 발생했을 때 정부 각 기관이 실제로 시행해야 할 행동절차와 조치사항을 구체적으로 규정한 「기관별 위기대응 실무매뉴얼」을 2005년 11월에 완성하여 국무회의에 보고했다. 그리고 2005년 11월 말 기준으로 32개의 유형별 표준매뉴얼과 관련이 있는 39개 정부기관이 매뉴얼 작성에 참여하여 총 264개의 「기관별 위기대응 실무매뉴얼」을 작성·완료했다.(이후 수차례 보완을 거치며 참여정부 임기 내 최종적으로 33개 유형별 표준매뉴얼과 278개 실무매뉴얼이 완비됐다.)

이로써 NSC 위기관리센터는 대한민국 위기관리체계의 대강大綱을 구축했다. 비로소 NSC사무처는 한국형 NSC 체제를 확립했다고 할 수 있었다. 그런데 위기관리매뉴얼을 만들었다고 해서 위기가 발생하지 않는 것은 아니며, 위기가 닥쳤을 때 피해가 없는 것도 아니다. 다만 가급적 위기 발생을 예방하고, 피해를 최소화하는 것이 매뉴얼을 만든 취지다. 그러나 언론은 사건이 터지고 피해가 발생하면 무자비하게 위기관리매뉴얼이 무용지물이라고 비난했다. 위기관리매뉴얼의 역설이라고나 할까? 그러나 나는 이런 여론에 흔들리지 않고 위기관리매뉴얼을 지속·발전시키며 평소에 실행연습을 통해 이 매뉴얼이 더 쓸모 있도록 노력하는 것이 정부의 소임이라고 생각했다.

NSC사무처가 국가위기관리를 담당하면서 가장 난감했던 시기가 있다. 바로 대통령 탄핵 때였다. 2004년 3월 12일 오전 11시 57분, 대통령 탄핵 안이 국회에서 통과되었다. 그 시각 대통령은 진해 해군사관학교 졸업식에 참석하고 있었고, 나는 탄핵 의결에 대비해서 서울에 남아 있었다. TV로 탄핵안이 가결되는 것을 본 후, 곧장 김진향에게 총리에게 긴급보고할 시간을 잡으라고 지시했다. 곧이어 류희인 위기관리센터장이 급히 내 방으로 올라왔다. 대통령의 참모로서, 그나 나나 비통한 마음은 이루 말하기 어려웠으나 국가위기관리를 책임지고 있는 우리에게는 할 일이 있었다. 우리는 오늘의 사태를 대비해서 미리 A3 용지 한 장에 작성한 '탄핵 의결시 예상 위기상황과 대처방향'을 다시 한 번 점검했다.[3]

나는 그날 오후 이 문서에 기초해서 대통령을 대행하게 될 총리에게 향후의 대처방향과 대행이 맡아야 할 중요 안보 일정을 보고했다. 대통령을 보좌하는 참모가 돼서, 대통령 탄핵으로 빚어진 위기상황을 관리하기 위해 대통령 권한대행에게 보고하는 마음은 착잡했으며, 노 대통령에게는 송구스러운 마음까지 들었다. 그러나 바로 이런 위기상황을 매뉴얼에 따라 냉철하게 극복해야 한다고 강조해온 사람이 바로 노 대통령이었다. 아마 내가 어줍잖게 충성심을 보인다고 총리 보고를 지체했다면 대통령은 오히려 나를 크게 질책했을 것이다.

노 대통령은 탄핵기간 동안 집무실인 본관에 출근하지 않고 관저에만 머물렀다. 나는 평상시와 다름없이 수시로 대통령께 통일외교안보 현안을 보고했다. 대통령권한대행인 고건 총리도 NSC사무처의 대통령 보고를 흔쾌히 양해했다. 다만, 우리는 대통령이 직무정지 상태인 점을 감안하여 '보고'라는 말을 쓰지는 않았다.

한편 류희인 NSC 위기관리센터장의 역할을 빼놓고 NSC 위기관리체계를 회고하기는 불가능하다. 류희인 센터장은 참여정부 5년간 위기관리센터를 맡아 청와대 지하벙커에 진을 치고 직원들을 독려하며 앞에서 기술한 위기관리체계와 관련한 모든 성과물을 만들어냈다. 나는 그런 류희인이 현역 대령이라는 것이 항상 마음에 걸렸다. 그렇다고 대통령이 임의로 진급시켜줄 수도 없는 일이었다. 마침 2004년 가을에 그가 장군 진급대상이 되었다. 나는 그가 2004년도 1차 진급자가 되리라고 생각했다. 그러나 공군에서 들려오는 얘기는 달랐다.

공군에서는 1차 장군 진급자는 무조건 조종병과의 조종사 출신이어야 한다는 것이었다. 그런데 류희인은 이미 청와대 근무만 7년째 하고 있기 때문에 공군 입장에서는 1차로 장군 진급을 시킬 수 없다는 것이다. 나는 공군의 입장에서 조종병과의 조종사들을 1차 진급 대상자로 꼽는 것은 이해할 수 있었다. 그렇지만 공군을 대표해서 NSC에 파견돼 국가위기관리체계를 확립한 류희인도 충분히 1차 진급 대상자가 될 수 있다고 생각했다. 공군의 시각에서 공로가 있으면 장군으로 진급할 수 있지만 대통령의 시각에서 국가적 공로가 있는데도 진급할 수 없다는 것은 납득할수가 없었다. 대통령은 군통수권자가 아닌가.

그러나 지금은 내가 아쉬운 쪽이다. 나는 윤광웅 국방장관과 권진호 안보보좌관에게 도움을 요청했다. 그분들도 나와 같은 의견이었지만 공군 지휘부를 설득하지 못했다. 아무리 국방장관이라도 절차가 확립되어있는 군 인사에 쉽게 관여하기도 어려웠다. 나는 할 수 없이 대통령께 사정을 보고하고 대안을 건의하여 승인을 받았다. 그 대안은 공군이 류희인을 1차 진급시킨다면 올해에 한해 대통령 특명으로 공군 장군진급자 TO를 한 명 늘려준다는 것이었다.

2004년 9월 3일 오후 2시 롯데호텔 메트로폴리탄에서 이한호 공군참모총장을 만났다. 나는 먼저 류희인이 NSC 위기관리센터장으로서 국가에 얼마나 기여했는지를 설명했다. 그리고 대통령이 보장한 앞서의 제안을 언급했다. 그러나 이한호 총장은 완강했다. 조종병과 장교들이 우선 진급하는 것이 공군의 불문율이라는 것이다. 그는 국가위기관리체계를 확립한 공로가 공군의 장군 진급 사유가 될 수 없다는 입장이었다. 솔직히 나는 공군이 청와대에서만 7년째 근무하고 있는 그에게 반감을 가지고 있다고 느꼈다. 그러나 그는 청와대에서 빛이 나는 자리에 있었던 게 아니지 않은가. NSC 요원으로 와 위기관리를 연구하고 위기관리센터장이 된 후에는 지하벙커에서 호흡기 질환과 안질에 시달리면서 오직 국가위기관리체계 확립에만 매진해온 그였다.

결국 이날 만남은 소득이 없이 끝났다. 내가 류희인의 진급 문제로 노심초사하자 윤광웅 장관과 권진호 보좌관이 임기제를 조건으로 1차 진급시키는 방안을 중재안으로 제시했다. 쉽게 말해서 준장 진급 후 3년간 현직에 있다가 은퇴하거나 다시 임기제를 통해서 소장으로 진급하는 방안을 제시한 것이다. 육군에서는 정책병과에서 이러한 방식으로 중장까지 진급한 사례도 있었지만 당당한 1차 진급을 바랬던 나로서는 판단하기가 어려웠다. 하루라도 빨리 그가 장군 진급하는 것을 보고 싶기도 하고, 또 어차피 그가 참여정부와 운명을 같이하는 상황에서 이번에 진급하지 못하고 내년에 2차로 진급하면 소장 진급 심사가 다음 정부로 미루어지기 때문에 임기제가 차선책이 될 수도 있다고 보았다. 그러나 류희인은 내켜 하지 않았고, 나는 그를 설득시킬 엄두가 나지 않았다. 예비역 장군 출신인 권진호 보좌관과 윤광웅 장관이 류희인을 설득해서 마지못해 받아들였다.(어찌된 일인지 훗날 그는 수용하지 않았다고 했지만 당시 권진호 보좌관과 나는 그렇게 이해했다.) 결국 류희인 센터장은 2007년 가을에 공군소 장으로 진급하여 복무하다 군 생활을 마쳤다.

류희인 센터장의 진급 문제가 임기제 진급으로 결론이 난 뒤, 어느 날 저녁 사무실 인근 음식점에서 있던 만찬에서였다. 나는 화장실을 가려 고 방문을 나서다가 평소 잘 알고 지내는 민정수석실의 비서관과 마주쳤 다. 술이 거나하게 취한 그가 나를 붙잡고 말했다. "차장님, 어쩌다가 권 력의 화신이 됐어요?" 내가 깜짝 놀라 물었다. "무슨 말이에요?" 그가 대 답했다. "왜 류희인 센터장이 1차 진급하는 것을 막았어요?" 순간 오싹했 다. '아, 선의가 이렇게도 왜곡되는구나.' 본인을 위해서 또 NSC의 권위를 위해서 오매불망 고대해온 게 그의 승승장구인데, 도대체 왜 그의 앞길을 막는단 말인가? 나는 그때서야 민정수석실이나 국정상황실이 나를 어떤 눈으로 보고 있는지 새삼 깨달았다.

NSC와 나, 운명의 만남

나는 NSC 차장으로 임명되어 기존의 청와대 외교안보수석비서관실이 폐지되고, 대신 들어선 NSC사무처를 관장하게 되었다. 돌이켜보면 인수 위에서 NSC를 설계하고 확대개편 작업을 주도하다 보니, 전혀 의도하지 않은 상황에서 NSC 체제를 운용하는 실무책임자가 된 것이다. 이때 나는 인연이 한 사람의 운명에 얼마나 큰 영향을 미치는지 깨달았다. 사실 나 와 NSC의 인연은 참여정부 인수위보다 훨씬 더 거슬러 올라간다.

내가 NSC 차장으로 임명되자 많은 언론이 북한전문가인 나에 대해 통 일외교안보 분야를 종합적으로 이해하기에는 전공이 너무 협소하다며, 내 자질에 의구심을 던졌다. 아마 당시 언론이 내가 인수위에서 이미 참 여정부 NSC체제 설계를 주도했다는 사실을 알았다면, 도대체 이 북한전 문가가 자기 전공과는 한참 거리가 있는 NSC에 대해서 얼마나 알기에 그랬는지 더 의아해 했을 것이다.

그러나 나는 우연한 기회에 국가안보전략과 NSC 체제에 대해서 깊이 연구한 적이 있었다. 국민의 정부 초대 외교안보수석비서관이었던 임동원 수석은 누구보다도 NSC 체제의 유용성을 잘 아는 전략가였다. 그는 취임하자마자 통일외교안보 분야 장관급과 청와대 관련 참모로 구성되는 NSC 상임위원회를 신설하고 그 사무를 관장할 소규모의 NSC사무처를 신설하여 NSC 체제를 점진적으로 국민의 정부에 도입하려 했다. 동시에 국가안보의 전략적·체계적인 운용을 위하여 '국가안보전략지침'을 발간하려고 구상했다. 이때 임 수석은 한배호 세종연구소 소장을 만나 세종연구소가 민간 차원에서 먼저 이「국가전략서」(가칭)를 작성하고 각국의 국가안보체계를 연구해달라고 부탁했다.

통일원 차관에서 물러난 뒤, 한때 세종연구소 객원연구위원으로 몸 담았던 임 수석은 이 일을 책임질 실무자로 나를 지목했다. 나는 덕분에 1998년 상반기에 세종연구소에서 국가전략연구팀의 간사를 맡아 숱한 전문가 면담과 연구토론회, 설문조사 등을 하며 밤낮없이 「국가전략서」(가칭)를 만드는 일에 매달렸다. 통일외교안보 정부 부처로부터도 분야별 전략(초안)을 받았다. 다른 한편으로는 세종연구소 연구위원들에게 의뢰하여 미국의 NSC를 비롯하여 이스라엘·대만·일본 등의 국가안보체계를 돌아보고 연구결과보고서를 제출하도록 했다. 나는 이 연구결과를 취합하고「국가전략서」 작성에 활용했다. 선행 연구가 없는 상태에서 만들어낸 결과물이라 그리 만족스럽지는 못했으나, 이 작업이 우리나라 최초의 NSC에 관한 종합연구라는 데 자부심을 느꼈다. 국민의 정부는 이「국가전략서」를 참고로 하여 정부 차원에서 간략한 '국가안보전략지침'을 만들기로 하고 박용옥 NSC 차장을 중심으로 후속 작업을 추진했다. 그러나 여러 가지 사정으로 작업은 마무리되지 못했으며, 결과물도 세상의 빛을 보지 못했다.

결국 국민의 정부에서는 미완으로 끝난 작업이었지만, 나 개인적으로
는 국가안보전략과 NSC 체제에 대해 큰 공부를 한 것이다. 이때 나는 분
단국인 대한민국의 통일외교안보의 목표와 전략기조, 실천방향 등을 깊
이 고민했으며, 미국 NSC를 한국 현실에 적용한 한국형 NSC 체제 개발에
도 관심을 갖게 되었다. 당시는 3개월 정도의 단기간에 과제를 수행해야
했기 때문에 몇 달 동안 밤낮을 구별하기 어려울 정도였다. 힘들었지만
재미는 있었다. 그러나 북한연구자로 한창 주가를 올리던 나로서는 산더
미처럼 쌓여 있는 북한 연구 과제를 완전히 뒤로 물리고 이 일만 하려니
초조했다. 임동원 수석이 특별히 내게 일을 맡기라고 했다니까 하기는 하
지만, 이 작업이 도대체 내게 어떤 의미인지 알지 못했다. 그래서 진을 빼
가며 작업을 하다가, 하도 힘들 때는 불현듯이 "이 작업이 내 인생에 무슨
도움이 될까?" 하며 한숨을 쉬기도 했다.

NSC와 나의 인연은 이뿐만 아니었다. 2001년 말에 국민의 정부 NSC사
무처에서 위기관리를 담당하던 류희인 대령이 나에게 「국가위기관리지
침 작성 개요」를 작성해달라고 의뢰해왔다. 나는 처음에는 이 「국가위기
관리지침 작성 개요」 작성은 「국가전략서」 작성보다도 훨씬 더 내 전공
과 거리가 먼 일인지라 사양했다. 그랬더니 류 대령은 현재 상태에서 이
작업을 제대로 해낼 전문가를 찾기 어렵다며, 어차피 개척 분야이니 창의
적인 아이디어가 중요하다며 재차 권유했다. 결국 약간의 호기심도 발동
해서 세종연구소 동료인 이상현 박사와 이 과제를 수행했다. 우리는 A4
용지 53쪽 분량의 「국가위기관리지침 작성 개요」를 만들어 2002년 5월에
국민의 정부 NSC사무처에 제출했다. 나는 이 작업에서 국가위기관리 체
계의 중요성과 확립의 필요성을 크게 깨달았다. 그리고 건국 50년을 넘긴
성년 대한민국이 기실 국가위기관리지침은 고사하고 재난관리지침조차
도 없는 '위기관리체계 부재의 나라'라는 심각한 현실을 보았다.

그런데 운명이란 바로 이런 것일까? 나는 인수위에서 참여정부의 NSC

체제를 설계하게 되었으며, 이 NSC 체제에서 사무처를 직접 운영하는 주인공이 되었다. 그리고 이 NSC사무처는 대한민국 정부 역사상 최초로 국가안보전략서(『평화번영과 국가안보』)를 펴내고 국가위기관리체계를 수립하여 가동했다. NSC 전략기획실과 위기관리센터 요원들이 각각 이 작업을 했는데, 가끔 그들의 사무실을 들르면 과거 내가 한 다소 조야한 연구결과물들이 참고자료로 책상에 놓여 있었다. 그럴 때 나는 한국에 NSC 체제를 도입하고 나의 NSC에 대한 자산을 만들어준 임동원 전 외교안보수석과 NSC 확대개편을 주도하고 운용 책임자가 된 나, 그리고 NSC를 묶는 묘한 운명의 끈을 느꼈다.

2
외부의 비난과
내부의 견제를 뚫고서

> 돌이켜보면 참여정부에서 대통령의 정치적 동지나 가신그룹이 아닌 전문가 출신 중에서 나만큼 노 대통령의 신임을 많이 받은 사람도 드물었다. 대통령은 때때로 내게 실망도 했을 것이다. 그러나 나의 부족함을 잘 알면서도 나를 믿어줬다.

'자주파 대 동맹파' 갈등의 진실

2004년 1월 11일 일요일 저녁, 남산 자락에 위치한 타워호텔 중국 음식점에서 2차 6자회담 대책을 위한 약식 북핵대책반 회의가 열렸다. NSC사무처에서는 나와 서주석·이봉조 실장, 박선원 국장이 참석했으며 외교부에서 6자회담 수석대표인 이수혁 차관보와 위성락 북미국장 등이 참석했다. 저녁을 마치고 한창 토론중인데, 위성락 국장이 외부에서 걸려온 전화를 받더니 갑자기 얼굴이 심각해졌다. 마침 오후 9시를 가리키고 있었다. 위 국장이 급히 방 한구석에 있는 TV를 켰다. 외교부 간부들이 노무현 대통령을 폄훼하고 있다는 내용의 투서가 접수되어 청와대 민정수석실이 조사를 하고 있다는 뉴스가 흘러나왔다. NSC사무처와 외교부가 '동맹파'와 '자주파'로 나뉘어 갈등하고 있다는 보도도 이어졌다. 아이러니하게도 NSC와 외교부는 이처럼 서로 머리를 맞대고 북핵 대책 협의를 하는 자리에서 자신들의 갈등을 주제로 한 뉴스를 접한 것이다.

2003년 말에 외교부 북미국 직원이 대통령에게 기명으로 투서한 것은 사실이었다. 앞에서 살펴본 것처럼 감축·파병 문제 등을 둘러싸고 2003년에 NSC사무처가 국방부·외교부와 노선갈등을 빚은 것도 사실이었다. 그리고 2003년 말부터 이미 언론에서 NSC를 '자주파', 외교부·국방부 등을 '(한미)동맹파'로 규정한 것도 맞다. 그러나 북미국 직원의 투서 사건은 언론에 보도된 것과 달리 이 갈등구도를 반영한 게 전혀 아니었다.

내가 투서 사건을 전혀 인지하고 있지 못할 때였다. 어느 날 노 대통령이 문제의 투서 사본을 읽어보라고 직접 내게 주었다. 투서는 외교부 북미국 C 과장의 대통령과 NSC에 대한 비하 발언을 적시하고 북미국 전반에 깔려 있는 반反 참여정부 분위기를 기술하고 있었다. 비하의 수준은 악랄하다고 표현해야 할 정도로 심하고 정치적으로 편향된 것이었다.*

그런데 투서는 북미국 일부 직원들의 행태만 고발한 것이 아니라 NSC사무처도 비난하고 있었다. NSC가 용산기지 협상에서 기지이전 비용을 모두 한국이 지불하는 등 대미관계에서 자주적이지 못하며 대통령의 뜻을 제대로 관철시키지 못하고 있다는 것이었다. 엄밀히 말해 투서의 주공격 대상은 외교부 북미국이었고, 제2의 공격대상이 NSC사무처였다. 그런

---

* 나는 이 투서를 본 뒤 곧 파쇄했기 때문에 비하 내용을 정확히 기억하지는 못한다. 대신에 뒤에 민정수석실에서 조사한 결과를 참고자료로 보내왔다. 이 자료에 나타난 발언 중 그래도 상대적으로 표현이 점잖은 것 중에 몇 개를 소개하면 다음과 같다. "김정일을 좋아하는 세력과 싫어하지 않은 세력을 합치면 20%라고 하는데 노무현 지지층과 딱 맞아 떨어진다" "대통령은 물론 청와대 젊은 놈들이 미국과 외교를 몰라도 너무 모른다. 어린애들이 와서 나라를 망쳐 먹는다" "노무현 정권의 출범은 최악의 선택이었다. 우리는 아마추어 노무현과 달리 무조건 친미해야 한다. 그것만이 우리의 살길이다" "내년 4월 이후 이 정권은 망한다. 한나라당을 이용해 대통령을 탄핵하면 그만이다. 만약 한나라당이 수세에 몰려도 대통령을 탄핵하는 방향으로 몰아가야 한다."
한편 2003년 11월 용산기지 이전을 놓고 이전 비용을 한국이 부담하는 것을 비롯해 문제가 많다는 외교부 조약국의 이의에 따라 청와대 민정비서관은 진상파악을 위해 국방부정책실과 외교부 북미국을 상대로 감사평가회의를 가진 바 있었다. 역시 민정수석실 조사 결과에 따르면 C 과장은 다음과 같이 격한 표현으로 조약국을 비난했다. "고시에 늦게 붙은 형편없는 민변 출신 비서관과 조약국 놈들이 합작하여 인민재판을 벌이고 있다" "조약국장, 조약과장, 000 등 조약국 놈들은 노사모 또라이로 죽창을 들고 있는 놈들이다."

데 당시 상황을 지레짐작한 언론이 투서자와 NSC가 마치 한편인 양 착각하여 외교부 대 NSC의 갈등설로 비화시킨 것이다.

나는 투서를 보고 북미국 C 과장의 발언에 대해 충격을 받았다. 그의 비하 발언은 정치적 견해 차이로 이해하기에는 정상적인 인격을 의심케 하는 것으로서 공무원이 지켜야 할 최소한의 품위도 망각한 언동이었다. 그런 발언을 해도 아무렇지도 않게 받아들이고 심지어 맞장구치는 북미국의 분위기도 우려스러웠다. 그러나 나는 이것이 외교부의 전반적인 분위기인지에 대해서는 확신하지 못했다. 설령 그렇다고 해서 외교부를 버릴 수는 없었다. 바꿔나가야만 한다. 우선 북미국을 어떻게 재구성할 것인가 하는 문제가 머릿속에서 숙제로 다가왔다. 그렇지만 북미국을 조사하는 문제는 NSC의 소관이 아니었다.

나로서는 일단 NSC사무처에 대한 비판이 마음에 걸렸다. 투서의 NSC 비판 내용이 나의 관점에서는 사실을 왜곡하고 있어서 당혹스러웠다. 나는 대통령에게 변명하지 않았고, 투서한 이를 책망하지도 않았다. 어차피 우리가 하는 일은 대통령에게 보고하고 또 필요한 지시를 받아 하는 것이기에 굳이 변명할 필요가 없다고 생각했다. 대통령이 이 투서를 내게 보라고 내준 것도 향후 업무에 참조하라는 뜻으로 받아들였다. 솔직히 나는 오히려 외교부에 이렇게 자주외교를 갈망하는 젊은 외교관이 있다는 게 반가웠다. 비록 주관적인 판단만으로 NSC사무처를 공격하고 있으나, 내가 그토록 열망하는 '자주적인 대한민국' 실현을 기준으로 삼아 비난하고 있어서인지 별다른 유감은 없었다.[4]

결국 투서 사건은 국민들에게는 NSC사무처와 외교부가 자주노선과 동맹노선을 둘러싸고 치열한 노선 투쟁중인 것으로 비춰지는 결정적인 계기로 작용했으며, 다른 한편으로 윤영관 외교장관의 사임을 불러오는 원인이 되었다.

사실 이라크 추가파병을 둘러싼 갈등은 정부가 2003년 12월에 3000명의 평화재건지원 부대를 파병하기로 결정하면서 종식됐다. 2003년 12월, 내가 미국을 방문했을 때, 워싱턴 특파원들이 자주파·동맹파에 대해 묻기에 나는 그런 이분법은 부적절한 도식화라며 "나는 자주파도 동맹파도 아닌 자동파(자주동맹파)이거나 상식파"라고 답변했다. 2004년 1월 중순 시점에서 NSC사무처는 국방부와의 관계에서 여전히 긴장이 높았지만 외교부와는 손발을 맞추기 시작하고 있었다.

투서사건으로 윤영관 장관은 사표를 냈고 2004년 1월 15일 대통령은 이를 수리했다. 사실 2003년 11월 위성락 국장이 『경향신문』에 정부의 파병외교를 비판했을 때 대통령은 기강확립 차원에서 그를 해임하려 했지만 윤 장관이 자신이 책임지고 시정하겠다며 적극 만류하여 뜻을 거둔 바 있었다. 그렇지만 대통령은 두 번은 참지 못했다. 언론은 해임 배경에 대해 대통령이 "내가 결론 낸 다음에도 계속 딴소리를 하고 브레이크를 걸면 대통령에 대한 항명"이라며 "항명이 있어서 지난번에 경고하고 (문제가 된 외교부 간부를) 해임하려 했는데 윤 장관이 해결하겠다고 해서 지켜봤으나 사태가 더 악화됐다"고 말했다고 보도했다.

윤영관 장관의 사임은 나로서도 유감스러운 일이었다. 정부 출범 때만 해도 학계의 존경하는 선배이자 적수공권의 노무현 후보를 함께 지지한 동지였기 때문에, 그렇게도 빨리 외교안보 현안 곳곳에서 우리가 대립하게 됐다는 사실이 믿겨지지 않았다. 노 대통령은 외교안보 분야의 가정교사 역할을 주문했을 정도로 그를 신뢰했다. 윤 장관은 항상 외국 방문 뒤에 공식회의와 별도로 대통령을 만나 그 결과를 보고했으며 대통령은 바쁜 와중에도 꼭 보고를 받았다. 그는 항상 차분하게 대통령에게 직언을 했으며, 대통령과 나 그리고 윤 장관만 있는 3인 조찬에서 나와 의견이 대립하면 대통령을 제대로 모시라고 질책조로 말할 정도로 결기가 있었다. 그러나 그것은 우리 사이에 긴장이 있었다는 뜻도 된다. 하루는 내가 웃으며 "대통령님, 외교장관께서는 제가 대통령님의 눈과 귀를 막고 있다고 생각하는 것 같습니다"라고 응수한 적도 있었다. 결국 이라크 추가파병 문제를 계기로 우리 두 사람 관계가 심상치 않다는 말들이 언론에 나돌았다.

그런데 윤 장관의 사표수리를 발표하는 자리에서 정찬용 인사수석비서관이 '자주파 대 동맹파' 갈등이라는 세간의 추측을 키우는 발언을 했다. "외교부 일부 직원들은 과거의 의존적인 대외정책에서 벗어나지 못한 채 참여정부가 제시한 새로운 자주적 외교정책의 기본정신과 방향을 충분히 이해하지 못하고 공·사석에서 국익에 반하는 부적절한 언행을 수차례 반복했다." 정 수석의 이 말은 틀린 곳이 없었다. 그러나 나는 이 발언을 전해 듣고 아연실색했다. 불난 곳에 기름을 부었기 때문이었다. NSC는 공식적인 자리에서 한 차례도 자주외교라는 말을 쓰지 않았다. 참여정부에 '반미' 혐의를 씌우려고 혈안이 되어 있는 세력에게 먹잇감을 진상할 필요는 없다고 판단했기 때문이다. 더욱이 '자주파 대 동맹파'의 갈등설이 확산되고 있는 상황이니 조심하고 또 조심해야 했다. 그런데 청와대 인사수석이 외교장관 경질 배경을 자주외교와 연결해서 설명했으니, 이제 '자주파 대 동맹파' 간 갈등설은 기정사실이 된 것이다.

윤 장관이 사임한 직후 대통령이 나를 불렀다. "이 차장, 부담 갖지 말고 들으세요. 위성락 국장을 NSC에서 데려다가 쓰면 어떨까? 아니, 이 차장이 조금이라도 부담되면 그리하지 말고." 투서 사건으로 해임된 위성락 전 북미국장을 NSC가 품으라는 것이었다. 대통령의 뜻밖의 제안에 놀랐으나, 나는 흔쾌하게 그렇게 하겠노라고 대답했다. 대통령은 윤 장관을 경질했지만 그에 대한 정 때문에 위성락 국장을 구제하려 한다고 느꼈다. 내가 물었다. "대통령님, 국민들이 보기에는 NSC에 대립하고 또 과오까지 범해 보직 해임된 사람을 NSC가 기용한다면 의아해할 겁니다. 혹시 미리 생각해둔 언론에 설명할 말씀이라도 있습니까?" 대답은 이랬다. "능력 있는 사람은 과오가 있더라도 다듬어 쓴다." 대통령이 내게 직접 구술

해준 말이다. 나는 "NSC사무처는 '능력 있는 사람은 과오가 있더라도 다 들어 쓴다'는 대통령의 철학에 따라 위성락 전 북미국장을 NSC에서 기용하기로 했다"고 언론에 발표했다. 그리고 대통령의 승인을 받아 NSC 정책조정실에 일반 행정관이 아닌 준 실장급의 정책조정관이라는 자리를 신설하여 그에게 맡겼다.

그런데 윤영관 장관 사임 후 한 달도 되지 않아 서동만 국정원 기획실장이 사임했다. 인수위원 4명이 모두 정부에 들어왔는데 불과 1년을 넘기지 못하고 2명이 그만두게 된 것이다. 물론 서동만 실장의 사임은 NSC사무처와는 전혀 상관없는 일이었다. 청와대에서 국정원 개혁문제나 기획조정실 업무는 소관 부서가 민정수석실이었으며, NSC는 국정원 문제와 관련하여 민정수석실과 일절 교류가 없었다. 나는 서 실장의 경질이 안타까웠다. 그의 능력으로 보아 참여정부에서 아직 할 일이 많이 남아 있다고 생각했다. 더욱이 그는 존경하는 선배이자 동지였으며, 나를 노무현 후보에게로 안내한 사람이었다.

그래서 나는 정찬용 인사수석과 상의했다. 우리는 서동만의 의사를 묻지도 않은 채 그가 한때 몸담았던 외교안보연구원 원장으로 추천하기로 의견을 모았다. 그런데 서 실장을 만나 이 제안을 하자 선배 교수들이 많아서 곤란하다며 거절했다. 나는 학계로 돌아간 서동만 전 실장의 근황을 대통령께 보고하고 나름대로 그의 향후 활동방향과 관련하여 건의를 했다. "서동만 교수 문제는 내가 알아서 할게요." 대통령의 대답이었다. NSC 차장으로 재직하는 동안 대통령이 지시하거나 묻지 않았는데도 내가 먼저 인사 건의를 하는 경우는 거의 없었다. 다만 인수위원 출신이나 NSC사무처 부하직원의 인사에 대해서는 내 의무라 생각했기에 건의를 한 것이다.

지속되는 내부 견제와 대통령의 뜻

　노 대통령은 윤영관 장관 후임으로 반기문 외교보좌관을 임명했다. 노련한 외교관인 그는 청와대에서 1년간 대통령을 보좌하면서 대통령의 철학과 기질을 깊이 파악했다. 또 NSC 상임위 멤버로 참여하면서 NSC 체제가 정착되어가는 것을 직접 목격했다. 그는 대통령의 철학인 균형외교를 실현하기 위해 노력했으며 외교부와 NSC사무처의 협력에 대해서도 각별히 관심을 기울였다.

　노무현 대통령은 반기문 외교보좌관의 입각을 계기로 1월 말 NSC 차장을 제외한 청와대 외교안보 참모진을 전원 교체했다. 국가안보보좌관에 국정원 1차장을 지낸 권진호 예비역 장군(중장)을 임명하고, 국방보좌관에 윤광웅 국가비상계획위원장을 앉혔다. 외교보좌관은 공석으로 남겨놓았다.

　안보보좌관을 교체하면서 대통령은 내게 신임 보좌관을 추천해보라고 했다. 대통령이 임기 초에 안보보좌관과 NSC 차장 간의 임무 분담을 분명히 규정해주었는데도 '월권' 시비가 생기자 아예 나와 호흡이 맞고 경우에 따라서는 나를 보호해줄 수 있는 사람을 찾아보라는 것이었다. 고심 끝에 2인을 복수로 추천했으며, 대통령은 그중에 권진호 장군을 선택했다. 고교 대선배이기도 한 권진호 장군은 국군 정보사령관 출신으로 프랑스 대사관에서 무관으로 근무했으며 국정원 1차장과 안전대책통제본부 본부장을 지낸 외교안보 분야의 전략가였다.

　나는 권 장군을 만나 저간의 사정을 설명했다. "이 차장, 알았어. 내가 대통령님을 성심껏 보좌하고, 이 차장도 도와줄게." 권 장군은 흔쾌하게 응낙했다. 그는 안보보좌관으로서 대통령을 원만하게 보좌하고 한국 NSC과 미국 NSC의 협력관계를 성공적으로 구축했다. 그리고 항상 나의 가장 든든한 울타리가 되어주었다. 2년간 함께 근무하면서 우리는 한 차

레도 불협화음을 내지 않았는데 전적으로 권 보좌관의 넓은 포용력과 후배사랑 덕분이었다.

사실 2003년 가을에 보도된 외교안보 부처 내의 노선 갈등은 이라크 추가파병을 계기로 겉으로 드러났을 뿐이지 그동안 한미동맹 조정 사안이나 대북정책에서 사사건건 부딪치며 누적되어온 것이었다. 이 갈등의 원천에는 '미국은 우리에게 무엇인가?' '우리는 미국과 어떤 관계를 맺어가야 할 것인가?'라는 근본적인 물음에 대한 서로 다른 답이 놓여 있었다. 그러나 엄밀히 말해 이 갈등은 두 개의 균등한 힘이 팽팽하게 대립했던 것이 아니라, 국민이 선택한 대통령 노무현이 자기의 국정 철학을 구체적인 정책으로 구현하는 과정에서 나타난 불협화음이었다.

참여정부 초기에 대통령의 철학을 이해하고 실천하고자 한 외교안보 부처는 NSC사무처밖에 없었다. 이런 난감한 상황에서 대통령은 초지일관 자신의 통일외교안보 정책구상을 견지했고, NSC사무처는 외교안보 부처를 '참여정부의 외교안보부처'로 만드는 데 전력을 다했다. 이 과정에서 상당한 저항에 부딪혔으며 그것이 언론에 노출되면서 적지 않은 잡음이 발생하기도 했다. 그러나 2004년 5월 헌법재판소의 탄핵 기각 결정으로 노 대통령이 직무에 복귀했을 때, 외교안보 부처들은 이 갈등과 혼란을 극복하고 서서히 NSC사무처를 중심으로 유기적으로 움직이기 시작했다. 이때부터 NSC와 다른 부처의 갈등을 다루는 언론 기사도 현저하게 줄어들었다.

이처럼 NSC사무처가 컨트롤타워로서 제 기능을 발휘해가자 이제는 불필요한 내부 갈등에서 벗어날 수 있게 되었다고 안도했다. 그러나 시련은 예기치 않은 곳으로부터 불어닥쳤다. 국정상황실을 중심으로 대통령 비서실 쪽에서 NSC와 외교부의 대미협상 태도에 지속적으로 문제를 삼더니, 심지어 나 개인에 대한 문제까지 제기한 것이다.

2004년 3월 8일 국정상황실이 기지이전 협상에서 '대통령 지시사항 미

준수未遵守’ '협상결과를 왜곡·과장 발표' 등이 있었다며 용산기지 협상팀과 이를 지휘하는 NSC사무처를 비판하고 나섰다. NSC와 협상팀이 국민을 속이고 있다는 말까지 나왔다. 무언가 잘못되고 있다는 생각이 들었다. 협상이 미숙하고 부족한 점만 지적했다면 겸허히 받아들였을 것이다. 나는 대통령 지시사항을 어기고 국민을 속였다는 비판에 심한 모욕감을 느꼈다. 안으로는 한미연합사만이라도 용산에 잔류시키려는 국방부를 겨우 설득하고, 밖으로는 안보불안을 내세우며 기지이전 반대결의안까지 낸 야당과 보수 세력의 저항을 뚫고 어렵게 이전을 추진하고 있는데, 전혀 다른 방향에서 비난의 화살이 날아오자 화가 치밀었다. 더욱이 용산기지 이전 문제는 이미 2003년 11월에 민정비서관 주재로 감사평가회의가 있었으며, 그 뒤 대통령이 몇 가지 사안을 보완하여 NSC가 마무리 지으라고 지시를 한 상태였다.

노 대통령은 이 문제가 계속해 논쟁거리가 되자, 2004년 3월 30일 직접 상황정리에 나섰다. 용산기지 이전 협상에 대한 대통령의 시각이 잘 나타난 이날 말씀 내용을 요약하면 다음과 같다.

민정에서 토론을 하고, 내부적으로 다 정리된 줄 알았는데 왜 또 이런 논의가 있는지 유감이다. 내부에서 문제를 제기해서 논의과정을 거쳤으면 중단해야 하며 이 문제를 외부 시민사회로 끌고 가는 것은 공무원 규정을 어기는 것이다. 대통령이 이미 NSC에 맡겼고, NSC 의견에 따르라고 지시하였으므로 이를 확인하라. (…) 협상을 해서 깎을 것은 깎고, 줄 것은 주되 기본을 흔들지는 말아야 한다. 지금에 와서 용산기지를 이전하지 말라고 하는 것은 안 된다. 한국도 목표가 있어야 한다. 서울은 민족공원이든 자유공원이든 하고, 용산은 용산대로 영토주권을 회복하고 수도권에서 외국기지를 정리해야 한다. (…) 용산기지 이전은 미국의 새로운 전략 개념에 의한 필요성이 생겼다고 해도, 미국의 필요성보다 한국의 필요성이 더 큰 것이다. 지금 새로운 상황이 발생된 것은 사실이지만,

대통령은 그것을 이유로 뒤집을 생각이 없다. 또 바꾸려고 하면 외교적으로나, 국내·국제적으로 복잡한 문제를 발생시킬 것이다.

대통령을 속이고 있다는 국정상황실의 주장은 내게는 큰 충격이었다. 나는 살면서 '누군가를 속인다'는 것을 가장 싫어했고 스스로도 남을 속이지 않기 위해 항상 경계했다. 특히 자식을 키우는 내게 '누구를 속인다'는 말은 존재 자체를 부정하는 것이다. 그러나 유감스럽게도 NSC에 대한 국정상황실 보고에서 이 말은 드물지 않게 등장했다. 주한미군 감축 협상이나 전략적 유연성 협의를 하며 씨름할 때도 국정상황실은 여러 차례 엉뚱한 문제를 제기하며, 대통령을 기망하거나 국민을 속인다며 NSC를 질타했다.[5]

국정상황실의 문제제기는 한 차례도 그들의 입장에서 바라는 성과를 거두지 못했다. 그럴 수밖에 없었다. 그들이 나와 NSC사무처의 능력부족을 문제 삼았으면 얼마든지 건질 만한 것이 있었을 것이다. 그런데 그렇게 하지 않았다. 대신에 '자주'를 추구하는 대통령의 지시를 이행하지 않았다거나 대통령을 기망했다고 주장했다. 사안은 달라도 그들의 공격 레퍼토리는 같았다. 계속되는 국정상황실의 근거 없는 문제제기에 내가 푸념을 하자 대통령은 견제와 균형의 차원에서 그러는 것이니 이해하라고 나를 달랬다. 그러나 솔직히 나는 섭섭했다. 문제제기 대부분이 이라크 추가파병, 주한미군 감축, 용산기지 이전, 북핵문제 등 중대 현안을 둘러싸고 NSC사무처가 한편으로는 부처들과 갈등으로 다른 한편으로는 미국과의 협상으로 악전고투하던 상황에서 이뤄졌기 때문에 더 그랬을 것이다.

한편 국정상황실의 문제제기가 번번이 과녁을 빗나가면서 예상치 못한 일이 발생했다. 정부 내부 토론 문건이나 비밀로 분류된 민감한 대미협상 관련 문서들이 외부로 새어나간 것이다. 이 자료들은 비판자의 입맛에 맞게 재단되어 정부를 공격하기 위한 '폭로 자료'로 이용되기 시작했다. 일부 진보 언론과 정치인은 정부자료를 공개하면서 참여정부가 대미굴종적 협상을 하고 있으며 국민을 속이고 있다고 주장했다. 누군가 문제제기가 통하지 않자, 이에 승복하지 못한 채 문제를 정부 밖으로 끌고 나간 것이다. 이렇듯 내부 문서가 유출되고, 정부의 정책과 협상이 진보진영으로부터 공격을 받아 국민신뢰가 하락하고 있는데, 막을 방법이 없었다.

미국측에서 자료 유출에 대한 항의가 들어올 정도로 상황이 심각해졌다. 엉뚱하게 유출의 통로로 NSC사무처나 외교부, 국방부를 지목하는 이들이 있어 보안조사를 했으나 그 자료의 내용을 가지고 공격을 받는 부서에 유출자가 있을 리 없었다. 상황이 악화되자 시민사회의 존경받는 인권변호사 출신인 고영구 국정원장도 우려하기 시작했다. 2004년 말 혹은 2005년 초로 기억된다. 대통령 부속실에서 국정원이 대통령에게 올린 보고서 사본 하나를 참고하라며 보내왔다. 보고서는 "정부 내에서도 건전한 토론과 비판을 통한 자기정화능력을 갖추는 것은 필요하고 바람직한 일이나" 지난 2년여간 정부 내 일각에서 비판이 제기된 방식은 심각한 부작용을 내포하고 있다며 그 부작용을 자세히 적시했다.[6]

결국 2005년에 들어서서 대통령은 문서 유출자를 색출해서 처벌하라고 강력하게 지시했다. 이를 계기로 내부 견제는 현저하게 잦아들었다. 그러나 이미 이로 인해 하락한 외교안보 정책에 대한 국민신뢰는 좀처럼 만회하기 어려웠다. 이미 퍼져 있는 '음모론' '대미 굴종론'의 영향은 컸다. 이때부터 일을 제대로 하고도 그 성과가 왜곡되거나 폄훼되는 일이 다반사였다. 심지어 대통령이 심혈을 다해 추진한 전시작전통제권 환수 추진 작업조차도 미국의 요청을 우리가 수동적으로 받아들인 것으로 둔갑할 정도였다.

한편 드물지만 민정비서관실에서도 나에 대해 문제제기를 했다. 2004년 5월 전해철 민정비서관이 전화를 해왔다. 민정비서관실에서 대통령께 올릴 나에 대한 보고서를 작성했는데 아무래도 확인을 거치는 게 좋겠다고 판단해서 전화했다는 것이었다. 그동안 국정상황실은 여러 차례 NSC 사무처 관련 보고서를 올리면서도 한 번도 사전에 문의한 적이 없었는데, 전 비서관의 배려가 고마웠다. 그의 말에 따르면, 최근 내가 NSC 사무처장이 되기 위해 NSC 법령을 고치려 하는 것은 물론 독단적인 권력을 행사하고 있다는 정보가 입수됐다는 것이었다. 나는 하도 기가 막혀서 처음에는 그냥 대통령께 그대로 올리라고 대꾸했다.

본래 NSC 법령 고치는 작업을 내게 맡긴 것은 김우식 대통령 비서실장이었다. 대통령이 탄핵에서 복귀한 직후 김우식 비서실장이 나를 불렀다. 그는 열린우리당이 다수당이 되었으니 NSC 법령을 고쳐서 나를 NSC 처장으로 승격시키라는 대통령 특별지시가 있었다고 알려주었다. 그리고 내게 직접 법령 개정작업을 맡겼다. 더불어 대통령은 그동안 수석보좌관 회의에서 국가직 차관이라는 이유로 뒷자리에 배석하던 내 자리를 다른 수석보좌관들과 마찬가지로 대통령이 주재하는 회의탁상으로 옮기라고 지시했다. 김우식 비서실장이나 나나 대통령 지시사항을 다른 데 얘기하지 않고 실행하다보니, 내막을 모르는 민정수석실이 문제를 제기하려 한 것 같았다.

그런데 청와대 비서실 내에서 NSC사무처에 대한 비판을 주도한 이들은 대통령의 가신이 아니라, 외교부 조약국에서 국정상황실과 의전비서관실로 파견된 외무관들이었다. 이들은 NSC사무처와는 전혀 관계없었지만 자신의 상급자들을 설득하여 집요하리만치 NSC사무처를 견제했다. 나는 비록 내게 적대적이기는 하나 나보다 훨씬 더 원칙적인 자주파가 극소수라도 외교부 조약국에 존재했다는 게 신기했다. 다만 내가 보기에 그들은 오랫동안 외교부의 보수적 분위기에서 눌려 웅크리고 있어서 그런지 지나친 이상주의자들이었다. NSC에 대한 그들의 비판은 사안마다 달랐지만 '대통령 기망'이라는 레퍼토리는 같았는데, 그 이면에는 왜 그렇게 자주적이지 못하냐는 책망이 깔려 있어 보였다. 그들의 태도는 마치 최대 시속 50킬로미터밖에 달리지 못하는 차량에 시속 80킬로미터를 요구하는 격이었다.

이상은 소중하지만 그것만으로 현실을 지배할 수는 없다. 참여정부의 한미관계는 의존에서 수평적 관계로 나아가는 과도기이지 결코 수평적 관계가 아니었다. 60년간 굳어져온 대미 의존관계는 혁명이 아니고서야 단기간에 바꿀 도리가 없다. 그런 태도는 국가를 위태롭게 만드는 당랑거철螳螂拒轍식 교만과 다르지 않다. 불행히도 그들은 이 점을 이해하지 않으려 했다.*

그런데 비서실 내에서 그들의 상사였던 비서관급 참모 몇몇도 그들을 비호했다. 아마 그들은 조약국 출신 외무관들과는 다른 의미에서, 내가 NSC사무처라는 '독립왕국'을 건설하여 멋대로 전횡하지 않나 우려하면서 견제가 필요하다고 생각한 듯하다. 하긴 그렇게 볼 소지를 제공하긴 했다. 나는 청와대 비서실로부터 가건물 신축을 동의받기 위해 퇴출 인력까지 받아가며 NSC 식구들과 함께 자력으로 NSC사무처를 일으켜 세웠다. 이런 역사를 봤을 때 NSC사무처에서 나는 그저 '월급사장'은 아니었던 셈이다.

2005년 어느 날 권진호 보좌관이 민정수석실 쪽 지인에게 들었다며 내게 일러주었다. "이 차장, 너를 네다섯 번 찔렀는데도 쓰러지지 않더란다. 이제는 그런 일 없을 것이라고 한다."

한때 나는 비서실 일부 부서의 견제가 지나치다고 생각했고 섭섭해했다. 그러나 공직에서 물러나 여러 차례 그때를 되돌아보면서 많은 부분이 나의 정치력 부족과 부덕함 때문에 초래됐다는 결론에 도달하게 되었다.

---

* 그런데 그렇게 서슬 퍼렇게 NSC를 비판하던 조약국 출신의 국정상황실 행정관은 곧 S그룹의 임원으로 자리를 옮겼다. 나는 그 얘기를 듣고 쓴웃음밖에 나오지 않았으며, 그들이 나보다 '자주'를 더 소중하고 원칙적으로 대했다는 평가를 거두기로 했다. NSC를 비판하는 내부 견제세력 속에서도 '이상'과 '출세욕' '경쟁심리'가 뒤섞여 있었던 것이다.

내부에서 NSC를 견제하고자 했던 이들은 진심으로 내가 대미굴종외교를 하고 있다고 생각해서 나를 낙마시키려 했을 것이다. 그래야 자주외교가 가능하다고 생각했는지도 모른다. 그러다 보니 도를 넘는 무리수를 두었을 것이다. 만약 내가 그들에게 먼저 다가가 우리가 처한 상황에 대해 솔직하게 설명하고 적극 이해를 구했더라면 상황은 달랐을지 모른다. 바쁘다는 핑계로 피하지 말고 주변 상황도 살펴보고 활발하게 대화를 시도했어야 했다. 그러지 못해 소비한 에너지를 생각하면 지금도 아까운 생각이 든다.

나는 이런 생각을 하면서 지나간 과거의 앙금을 무조건 털기로 마음먹었다. 그래서 몇 년 전 투서를 했던 외교부 북미 3과 출신 외교관과 조약국의 모 과장이었던 이를 만나 그 시절을 안주 삼아 넉넉한 만찬을 함께했다. 우리는 그때 서로 부족했던 점을 이야기 나누며 뒤늦게나마 이해를 구했다.

청와대 참모, NSC 차장으로 산다는 것

NSC 사무차장으로 지낸 청와대 근무는 보람은 있었지만 힘든 나날이었다. NSC 차장실이 위치한 동별관 3층 화장실에서 유리창 너머를 내다보면 북악과 산 중턱의 큰 바위가 어울려 마치 거대한 고릴라가 눈을 부릅뜨고 있는 형상으로 다가왔다. 나는 지치고 앞이 안 보이는 농무 속에 갇힌 것처럼 느낄 때마다 화장실 소변기 앞에 서서 그 부릅뜬 눈을 바라보며 혼자말로 "아자! 아자!"를 나직이 외치며 자기 최면을 걸었었다.(지금은 비서실 건물인 여민관이 신축되어 보이지 않는다)

상황이 너무 어려워 입에서 단내가 다 나고 포기하고 싶은 생각이 굴뚝같을 때면, 오로지 가야 한다는 일념으로 한발 한발 올라서다 더 이상은 못 걷겠다고 느끼는 순간 비로소 절 마당이 나타나던, 어린 시절 설악산

봉정암을 오르던 기억을 떠올리기도 했다. 여름날 새벽, 출근길에 장마로 범람한 탄천을 가로지르며 모처럼 맑게 갠 하늘을 보고 "사람들은 좋겠다!"라며 부러움의 탄성을 내뱉은 뒤, 스스로 놀란 적도 있다. 자연의 변화를 보고 즐거움을 느낄 수 없을 정도로 고단한 삶이었다. 통일부장관도 녹록치 않은 자리지만 통일부로 옮기면서 NSC 차장으로서 있을 때 내 삶이 얼마나 각박했는지 알 수 있었다. NSC 차장 시절에 비하면 통일부장관 시절은 절반 이상 심신이 가벼워진 느낌이었다.

사실 나는 NSC 차장으로 임명되고 나서 바로, 내 자존심을 구기지 않고 청와대에서 나갈 수 있는 기간을 셈해봤다. 역대 정부의 청와대 정무직 참모들의 경우를 보니, 대충 6개월 정도 근무하고 그만두면 창피할 것 같지는 않았다. "그래 6개월만 견디자!" 이렇게 생각하고 시작한 NSC 차장 생활을 3년 동안 했다. 나는 NSC 차장으로만 청와대 근무를 했기 때문에 내 경험을 일반화할 수는 없다. 이를 전제로 말한다면, 사람마다 능력이 다르겠지만 대체로 대통령 정무직 참모의 적정 근무기간은 1~2년 정도가 아닐까 생각한다.

대한민국 대통령은 세상에서 가장 험난한 투쟁 과정을 극복하고 국민의 선택을 받은 사람이다. 따라서 누구보다도 개성과 카리스마가 뚜렷한 인물이다. 이런 사람 밑에서 참모 역할을 할 때 1~2년 정도는 창의적인 아이디어도 내고, 개중에 소신 있는 사람은 대통령 앞에서 자기 의견도 웬만큼 개진할 수 있다. 그것도 민주적인 리더십을 가진 지도자 아래서 그렇다는 얘기다. 비민주적인 대통령 앞에서는 한두 번 질책을 받고 나면 대통령 뜻과 다른 소신을 말하기가 쉽지 않다. 그래서 나는 과거에 대통령 참모를 지낸 누가 대통령 앞에서 큰소리쳤다고 무용담을 늘어놓으면 그것은 그가 용감해서가 아니라 그가 모신 대통령이 언로를 터놓았기 때문이라고 생각한다. 대통령의 리더십 스타일이 참모들의 행동양식을 결정하는 것이다.

널리 알려진 것처럼 노 대통령은 참모들이 자유롭게 말하는 분위기를 만들어주는 지도자였다. 그러나 그런 지도자 밑에서조차 시간이 흐르면 대통령의 강력한 카리스마와 개성에 끌려가게 되고 창의적인 아이디어도 고갈된다. 심신이 모두 지쳐간다. 그러면 참모가 대통령의 판단을 바꾸기 어려워진다. 오히려 대통령의 생각을 따라가기에 급급하다. 나는 NSC 차장 3년차에 접어들면서 청와대 참모로서 능력의 한계를 느끼기 시작했으며 줄곧 명예로운(?) 사임 시기를 저울질했다.

　내가 청와대에 들어간다니까 어떤 사람들은 대통령을 자주 만나고 항상 지근거리에 있으라고 충고했다. 이른바 '문고리 권력'이 되라는 것이다. 그러나 나는 그렇게 하지 않았다. 체질적으로도 못했지만 굳이 그럴 필요가 없었다. 노 대통령은 회의에서의 발언이나 정책수행 능력, 보고서 등을 보고 참모들을 평가하지, 만난 빈도로 사람을 평가하거나 중시하지 않았다. 노 대통령은 몇 번 만났느냐가 아니라 만남의 내용과 보고의 질을 더 중요시했다.[7]

　돌이켜보면 참여정부에서 대통령의 정치적 동지나 가신그룹이 아닌 전문가 출신 중에서 나만큼 노 대통령의 신임을 많이 받은 사람도 드물었다. 대통령은 때때로 내게 실망도 했을 것이다. 그러나 나의 부족함을 잘 알면서도 나를 믿어줬다. 끊임없는 내부 견제와 외부의 공격에도 불구하고 버텨낸 것은 나의 의지력이 아니라 대통령의 신뢰 덕분이었다. 일부 언론에서는 나보고 대통령 심기나 정서를 동물적인 감각으로 잘 파악한다거나 대통령의 입안의 혀와 같다고 비하했지만 틀린 얘기들이다. 내가 어떤 사람이냐를 말할 것도 없이, 노 대통령은 그런 기준으로 사람을 신뢰하지 않았다. 노 대통령에게 참모에 대한 신뢰의 잣대가 있었다면 그것은 능력과 기질이었을 것이다. 내 입으로 말하기 쑥스럽지만, 노 대통령은 통일외교안보를 실무적으로 총괄하는 내 능력을 괜찮게 평가했다. 그리고 내가 자주와 균형을 향한 열정과 평화를 향한 열망을 지니고 있다는 점에서 자신과 기질이 비슷하다고 생각했을 것이다.

　NSC 차장 재직 1년이 경과하면서부터 대통령께 몇 차례 사의를 표했다. 최초의 사표는, 내가 왜 대통령을 속였다는 식의 부당한 내부 견제를 감내해야 하느냐는 억울한 심정에서 제출했다. 대통령이 받아들일 수 없다며 선을 그었음에도 불구하고 완강하게 그만두고 싶다고 말했다. 대통령은 듣다 못해, 사표를 수리하겠다고 했다. 그러면서 이렇게 덧붙였다. "그 대신 이 차장을 대신할 사람을 찾아놓고 나가세요. 나는 NSC가 이 차장의 스탠스에서 왼쪽으로 한 발짝도, 오른쪽으로 한 발짝도 옮겨지는 것이 싫으니 그런 사람을 찾아놓고 나가세요." 이 말을 듣는 순간 그 신뢰에 가슴이 먹먹했다.

　그 뒤 다시는 내부 견제를 빌미로 사표를 내지 않았다. 몇 차례 문제가 발생한 사안에 책임을 지는 의미로 사의를 표명했지만 그것조차도 번번이 대통령 앞에 가보지도 못하고 윤태영 부속실장에게 차단당했다. 그는 전화로 "선배님, 정말 대통령님 뜻을 몰라서 이러시는 거예요?"라며 나를 나무랐다.

　노 대통령은 늘 내가 NSC 차장으로 사무처를 총괄 운영하다 보니 발생하는 '월권' 시비에서 나를 해방시켜주고 싶어 했다. 사실 나도 그로 인해서 대통령에게 정치적 부담을 지우고 있다는 심리적 압박을 항상 느끼고 있었다. 대통령은 내 지위를 격상시키려고 두 차례나 관련 조치를 지시했다. 첫번째로 앞서 기술한 것처럼 2004년 5월에 법령을 바꿔 나를 NSC 사무처장으로 격상시키고자 했다. 나는 대통령 지시로 「NSC사무처 관련 법령 개정 추진 계획 보고」라는 추진계획서를 만들어 대통령 재가를 받았다.[*]

---

[*] 국가안전보장회의법 제8조 1항에 규정되어 있는 '사무처장은 대통령비서실의 외교안보를 보좌하는 정무직인 비서관이 겸직한다'는 조항을 삭제하고 '사무처장은 대통령이 임명하되, 정무직으로 보한다'는 조항을 신설하는 방안이었다.

그러나 현실은 녹록치 않았다. 이 소식을 들은 야당이 반대 공세에 나섰다. 아무리 여당인 열린우리당이 국회의석의 과반수를 차지하고 있더라도 국회 논의가 얼마나 험준할지 뻔했다. 그렇지 않아도 국회가 참여정부의 통일외교안보 정책을 공격하면서 나를 표적으로 삼고 있어서 곤혹스러운데, 내 문제로 국회가 더 시끄러워지는 것은 생각조차 하기 싫었다. 당초 계획을 바꾸어 개정법안의 국회 제출을 미루었다. 여러 차례 간부회의를 열어 타개책을 논의했으나 뾰족한 대안이 없었다. 나는 대통령에게 법안 개정을 포기하겠으니 승인해달라고 건의했다. 그러고는 이대로도 현새 직무 수행에 큰 어려움이 없다고 오히려 대통령을 위로했다. 그리고 얼마 후 정동영 장관이 NSC 상임위원장이 되었다. 언론은 NSC 법안 개정 포기를 정 장관과 연결하여 창작 기사를 썼다. 전혀 상관성이 없는 두 사건을 엮어 '흔들리는 NSC 이종석 차장 위상'과 같은 기사 제목을 뽑기까지 했다.

2005년 늦은 봄, 고영구 국정원장이 사임 의사를 밝히면서 후임으로 권진호 보좌관이 내정되었다. 이때 대통령은 나를 국가안보보좌관으로 승진시키려고 했다. 내가 NSC사무처장과 국가안보보좌관을 겸직하며 명실상부하게 대통령을 보좌하기를 바랐다. 동시에 '월권' 시비를 거는 야당과 보수세력의 비판에서 좀 벗어나게 해주려던 거였다. 그렇지만 난 주저했다. 내 직무에 합당한 자리를 찾아주려는 대통령의 배려는 한없이 고마웠지만 한편으로 승진이 가져올 파장이 두려웠다. 그러나 대통령의 뜻이워낙 확고해서 고사해도 받아들이지 않을 것 같지 않았다.

2005년 5월 31일, 나는 그동안의 생각을 정리해서 대통령께 보고했다. 그간 외교안보 분야에서 어려운 과제들을 잘 풀어왔는데 집권 반환점을 돌고 있는 이 시점에 진용 교체를 통한 상황 돌파는 필요 없을 것이라고 말했다. 같은 맥락에서 내 승진도 국정운영상 꼭 필요한 것도 아닌데 비판적인 언론으로부터 집중적으로 비난받을 것이라고 이야기했다. 비서실 내에서도 나에 대한 공격이 심해질 것이라는 점도 언급했다. 그러자 옆에 있던 윤태영 부속실장이 "그런 걱정은 하지 않아도 됩니다. 그 문제는 다 정리되었습니다"라고 끼어들었다. 좀처럼 대통령과 참모들 간의 대화에 끼어들지 않는 그가 이렇게 말을 한 것은, 모르고 있는 사이 NSC에 대한 과도한 견제에 대해 대통령이 강력한 조치를 취했다는 뜻이었다.

대통령도 웃으면서 안보보좌관으로 갈 준비를 하라고 다시 한 번 지시형으로 말을 했다. 더 이상 이의를 제기할 수 없었다. 사실 장관급으로 승진시켜준다는 데 싫다는 것은 남이 보기에는 '복에 겨웠다'는 소리를 들을 일이다. 그러나 나는 안팎의 공세에 진저리가 나 있었다. 이미 대통령을 모시고 일국의 통일외교안보 시스템을 정비하고 숱한 대형 안보사안들도 부끄럽지 않게 처리해왔다. 더 바랄 것이 없었다. 공무원 출신이 아닌 나로서는 승진보다도 고즈넉한 내 연구실로 돌아가 점심식사 후 소파에 기대어 아무도 깨우는 이 없는 낮잠을 자는 것이 더 간절했다.

결국 그러겠노라고 대답하고 관저를 나섰다. 기쁘기보다 앞으로 나를 향한 견제와 공세가 더 거세질 것을 생각하니 한숨이 먼저 나왔다. 맥이 빠져 관저에서 집무실로 걸어 내려가는데 차 한 대가 옆으로 지나갔다. 권양숙 여사의 차였던 모양이다. 부속실에서 김경수 국장으로부터 전화가 왔다. 영부인이 외출하다가 지나가는 나를 보고는 "이 차장이 어깨가 축 늘어져서 내려가고 있더라"며 안쓰러워했다는 것이다.

그런데 이런 걱정이 다 무색하게, 권진호 보좌관의 국정원장 내정이 비서실 쪽 검토과정에서 백지화됐다. 나는 대통령께 6자회담 진전, 전략적 유연성 협의, 5029 문제 등 남은 안보현안을 2005년 하반기까지 해결하고 난 뒤 연말쯤으로 예상되는 정동영 장관 퇴임 때 부분적으로 NSC 인사를 단행하는 것이 좋겠다고 건의했다. 이렇게 해서 연말까지 권진호 보좌관이 유임하고, 그 이후는 내가 그 자리를 맡는 것으로 정리되었다. 그러나 뜻밖에도 내가 통일부장관으로 임명되는 바람에 끝내 나는 NSC사무처장직에 오르지 못하고 NSC사무처를 떠났다.

한편 야당은 NSC사무처가 노 대통령의 철학을 실천하는 컨트롤타워로서 작동하기 시작하자, NSC사무처의 법적 위상을 문제시하며 공격했다. 한나라당은 NSC사무처의 대통령 보좌가 헌법상 자문기구인 국가안전보장회의NSC의 권한을 넘어서는 것이라며 비판했다. 미 NSC도 자문기구로서 오랫동안 대통령을 법적 시비 없이 보좌해왔지만, 야당은 이해하려 들지 않았다. 우리는 NSC사무처를 확대개편할 때 법제처의 검토까지 거쳤지만[8] 야당은 막무가내였다. 급기야 야당의원 120명이 NSC사무처의 발을 묶기 위하여 2004년 11월에 NSC 법 개정안을 냈다. 2005년 6월에는 야당이 또 다른 NSC 법 개정안을 발의했다.

야당이 NSC사무처의 위상을 뿌리부터 흔들자 대통령의 고민이 깊어졌다. 그 시기엔 이미 대통령만이 아니라 통일외교안보 부처 고위관료들 대부분이 NSC 체제를 긍정적으로 평가했기 때문에, NSC사무처의 기능과 역할은 변경될 이유가 없었다. 그러나 야당이 법률적 문제를 제기하며 이를 고리로 통일외교안보 정책 전반을 공격하고 있기 때문에 대응할 필요가 있었다.

2005년 7월 25일 비서실장 주재로 열린 비서실과 NSC사무처의 합동회의가 열려 다음과 같이 3개의 대안을 검토했다. 1안: NSC 법 및 규정을 정비하여 사무처 직능규정 보완. 2안: NSC사무처를 폐지하고 비서실 내에 국가안보실 설치. 3안: NSC사무처를 폐지하고 정부조직법을 개정하여 대통령 소속 국가안보실 신설. 그러나 이 중 현상 유지를 전제로 한 1안은 한나라당의 정치공세를 종식시키기에 근본적 한계가 있었다. 3안이 가장 바람직했으나 이 경우 정부조직법을 개정해야 한다는 것이 행자부의 의견이었다. 그러려면 야당의 반대를 극복해야 하는데, 다들 그게 쉽지 않다는 의견이었다. 결국 남은 것은 NSC사무처가 그 이름을 버리고 비서실로 들어가는 2안뿐이었다.

2005년 10월 1일 대통령을 모시고 계룡대에서 열리는 국군의 날 행사에 다녀왔다. 기차를 타고 이동하면서 나를 비롯한 참모들이 대통령과 장시간 여러 분야에 걸쳐 대화를 나누었다. 이 자리에서 대통령은 NSC사무처 개편과 관하여 나의 구두 보고를 받은 뒤, 너무 힘들게 애쓰지 말고 대통령비서실에 '통일외교안보정책실(가칭 안보정책실)'을 두고 그 밑에 외교안보정책의 통합성을 견지하기 위해 '통일외교안보정책수석비서관실'을 단일 수석실로 두는 방안을 연구해보라고 지시했다. 그 결과 2006년 2월부터는 비서실 내에 통일외교안보정책실이 만들어져 NSC사무처의 기능을 대신했다. 이름과 소속은 바뀌었지만 컨트롤타워로서 NSC사무처가 했던 기능과 역할은 그대로 이어졌다.

NSC 차장으로 근무하면서 언론과 야당으로부터 많은 공격을 받았다. 그러나 그중 정책 내용과 관련된 것은 거의 없었다. 주로 나의 사상을 시비 걸거나 '월권'을 들먹이는 것이 대부분이었다. 특히 그들은 내가 안보부서를 맡기에는 너무 위험한 인물이라고 공격하면서 참여정부를 흠집내려 했다. 사실 그런 공격은 거의 비방에 가까웠다. 그들은 내가 북에서 남파되었다 전향한 북한전문가 김남식 선생의 제자였다고 비난했다. 나는 김남식 선생을 알고 지냈지만, 일찍부터 그의 북한인식과 내 인식 간에는 차이가 커서 한 번도 지도를 받거나 그가 주재하는 세미나에 참석하지 않았다. 일부 언론은 내가 1993년에 박사학위를 취득할 때 심사위원 중의 한 사람이 동국대 강정구 교수였다며, 나와 강 교수를 엮어서 사상 공세를 펴기도 했다. 나는 강정구 교수를 사회주의자가 아니라 급진적 민족주의자로 본다. 북한 유일체제와 주체사상을 주제로 한 내 박사학위 논문 심사에서 신랄하게 비판한 유일한 이가 강정구 교수였다. 강 교수는 그때 북한의 유일체제와 주제체상을 비판한 내 접근법에 대해 "그것이 기존의 전체주의적인 접근법과 무엇이 다르냐"며 비판적인 평가를 했었다. 꼭 그 일 때문은 아니었지만 나는 지난 20년 동안 강 교수와 흔한 토

문제점은 뭔가   **NSC** 잡중해부   **일선부처의 불만**
(국가안전보장회의)

1人이 열고 닫는   '국가안보의 門'

외교·안보 시스템 위에 군림하며
他부처·대통령간 의사소통 차단
"구성원 자질 검증할 방법 없어"

"회의가면 자료 안주고 의자도 없어"
외교·국방·통일부 "일할 맛 안난다"

나는 NSC사무처를 맡고 있으면서 내외부의 견제와 공격에 시달렸다. 나에 대한 다양한 형태의 공세에 사실 스트레스도 꽤 컸다. 이 기사도 그런 비난의 한 면을 보여준다.(조선일보, 2004년 6월 30일)

론회 자리에서조차 한 번도 마주치지 않았다.(2013년 12월 청명재단에서 내게 한반도 평화문제에 대해 주제 발표를 의뢰했는데, 그때 강 교수가 토론자였다. 20년 만에 토론장에서 강 교수를 뵌 셈이다.)

심지어 한나라당 김용갑 의원은 국가보안법 위반 혐의로 복역한 사회학자이자 철학자인 독일 뮌스터대학 송두율 교수의 '국내입국 기획'에 서동만 국정원 기조실장과 내가 개입되어 있다고 언론에 폭로성 주장을 했다. 그러나 나는 송 교수를 정부에 들어오기 전에 학술회의서 두 차례 만난 것 외에는 아는 바가 없으며, 서동만 실장과 송 교수 이야기를 한 적도 없었다.

그렇지만 나는 정부에 있는 동안 김남식 선생이나 강정구 교수와의 관계에 대해 해명하지 않았다. 그럴 이유가 없었다. 그들이 죄인도 아닌데, 굳이 관계가 없다고 해명하는 일이 그들을 한쪽으로 몰아가는 데 일조한다고 생각했다. 무엇보다도 그들을 '친북좌파'로 비난할 자격조차 없을 만큼 이 나라의 민주주의와 건강한 안보에 위협이 되는 인물들이 기득권 위에 눌러앉아 호통을 치는 게 꼴 보기 싫었다. 그들에게 기가 죽어 변명 하는 것은 구차한 일이라 생각했다.[9]

NSC 차장 시절 많은 사람들이 내가 권력을 가졌다고 말했다. 그런 얘 기를 들을 때마다 굳이 부인하지는 않았지만 '내가 가지고 있는 것이 무 슨 권력일까?' 여러 번 자문해보았다. 그건 바로 정책권력이었다. 고위 관 료가 권력이 있다면 그것은 인사와 정책에 미치는 영향력일 것이다. 그런 데 나는 인사와 관련한 권력을 가진 적도 없으며, 가지려고 시도한 적도 없으니 정책에 미치는 영향력을 의미하는 정책권력을 가졌다고 말해야 할 것 같다.

인사에 관한 한 나는 NSC사무처를 넘어선 권력을 가지고 있지 않았다. 나는 NSC사무처에 근무하다가 부처로 복귀하는 관료의 경우 말고는 부 처 인사에 사적으로 개입하지 않았다. 장군 진급과정에도 NSC에서 복귀 하는 대상자들에 대해서만 의견을 말했지, 그 외에는 청탁은 물론이거니 와 의견조차 내지 않았다. 정말 거절하기 어려운 이들로부터 부탁도 받았 고, 고등학교 시절 급우가 장군 진급대상자가 된 적도 있었으나 그냥 눈 을 감았다. 매번 장군 진급심사 전에 유관기관에서 예상되는 대상자들을 참고로 보고했으나, 나는 한 차례도 특정인을 대상으로 한 의견은 내놓 지 않았다.

외교부 인사에도 사적으로 개입하지 않았다. 절친한 대학동기가 조약 국 출신이었다. 나는 그가 외교관으로 승승장구하기를 바랐으나, 개인적 인 바람 때문에 외교부의 인사 시스템을 교란시킬 수는 없었다. 그도 그 것을 바랄 친구가 아니었다.

2008년~2009년 미국 스탠포드대학에서 방문학자로 생활하던 때의 일 이다. 함께 스탠포드에 와 있던 시민운동을 해온 후배가 농담반 진담반으로 내게 힐난조로 물었다. "왜, 선배는 정부에 있을 때, 후배들을 챙겨주지, 그러지 못했어요?" 이 말에 난 그저 미안하다고 대답했다. 내가 공직자로서 대쪽 같은 성품을 지녀서가 아니라 솔직히 너무 바쁘다 보니 챙기고 싶어도 챙길 여유가 없었다. 그러나 2009년 귀국해서 이명박정권이 참여정부 출신 인사들을 먼지 털기 식으로 쥐 잡듯 과거를 캐는 것을 보면서 그들을 챙기지 못한 것이 오히려 다행이라는 생각이 들었다.

7부

야심찬 구상,
미완으로
남기다

1
통일부장관으로 일하며

▲ 한계를 느끼기 시작한 대통령 보좌 임무로부터 해방됨과 동시에 전공인
남북관계를 담당하는 통일부장관으로 영전까지 하게 되었으니 이보다
고마운 일이 없었다. 사실 나는 정부 기관으로 자리를 옮긴다면, 통일부
외에는 관심이 없었다.

일요일 오후 대통령의 호출, 통일부를 맡다

2005년 12월 18일 일요일 오후, 이틀 전 해외순방에서 돌아온 노 대통령이 "차나 한잔 하죠"라며 나를 찾았다. 부속실 배석자도 없는 흔치 않은 독대이기에 편하게 이런저런 대화를 나누고 싶어 하시나보다 생각했다. 마주앉아 이야기를 하는데 대통령이 물었다. "총리나 장관으로부터 무슨 얘기를 못 들었어요?" 나는 무슨 영문인지 몰라 못 들었다고 대답했다. "이해찬 총리와 정동영 장관이 이 차장을 통일부장관으로 추천해서 그렇게 하려 합니다." 나는 뜻밖의 통보에 놀랐고 한편으로 기뻤다. 대통령께 감사의 말씀을 드렸다.

앞서 말했듯 나는 2005년 말에는 청와대를 떠나기로 결심하고 준비하고 있었다. NSC 차장 3년차에 접어들면서 능력의 한계를 느끼기 시작했고, 지치기도 했다. 대통령의 카리스마적 리더십에 나 자신이 시간이 지날수록 압도되고 있다고 느끼면서 꼿꼿한 자세로 대통령을 모시기가 점

차 어려워졌다. 마침 외교부·국방부와의 협력도 잘 이루어지고 많은 중대 안보현안이 해결되었거나 안정적으로 풀려가고 있었다. 그래서 2005년 가을부터 일요일에는 종종 밀짚모자를 푹 눌러쓰고 혼자서 한적한 낚시터를 찾아 좋아하는 낚시를 다시 시작했다. 김진향 등 보좌진에게는 미리 내 생각을 밝혔다.

그렇지만 대통령이 NSC사무처 대신 신설되는 안보정책실을 내게 맡기려한다는 사실을 뻔히 알고 있었기 때문에, 어떻게 사임 의사를 밝혀야 할지 고민이 깊었다. 갈피를 못 잡고 있는 사이에 시시각각 연말이 다가왔다. NSC는 대통령의 해외순방과 국방개혁 준비, 그리고 'BDA 사건'의 빌미가 된 북한의 달러 위조 의혹의 실상 파악 등을 위해 여전히 분주했다.

바로 그 시점에 정동영 장관이 당으로 돌아가게 되어 대통령이 그 자리에 나를 내정한 것이다. 한계를 느끼기 시작한 대통령 보좌 임무로부터 해방됨과 동시에 전공인 남북관계를 담당하는 통일부장관으로 영전까지 하게 되었으니 이보다 고마운 일이 없었다. 사실 나는 정부 기관으로 자리를 옮긴다면, 통일부 외에는 관심이 없었다. 그러나 통일부장관이 되리라고는 기대하지 않았다. 12월 초 정동영 장관이 후임으로 나를 추천했으나 대통령이 내게는 안보정책실장을 맡기려 한다고 대답했다는 얘기를 들었기 때문이다. 그런데 이해찬 총리 역시 대통령과 장관 인사를 논의하면서 향후 남북관계에 중대한 과제가 많으니 나를 통일부장관으로 내보내야 한다고 적극 건의한 모양이었다. 예상치 못한 일이었다. 나를 신뢰하고 높이 평가한 이 총리와 정 장관에게 커다란 고마움을 느꼈다. 내 생각에는 이들의 건의가 결정적인 영향을 미친 한편, 대통령도 내가 NSC에서 3년간 고생한 것이 안쓰러워서 생각을 바꾸었을 것이다.

대통령은 청와대 안보정책실 실장을 비롯한 참모 구성을 내게 맡겼다. 통일부장관으로 부임하면 NSC 상임위원장으로서 통일외교안보 분야를 관장하게 될 테니, 나와 호흡을 맞출 수 있는 안보정책실을 만들라는 것이었다. 지시를 받고 서주석 실장 등 소수의 간부와 인선에 들어갔다. 사실 지난 3년간 치열한 외교안보 현장을 누비며, 숱한 과제와 난관을 극복해온 대통령이었기에 누가 안보정책실장이 되든 큰 문제가 없었다. 이제는 더 이상 대통령에게 가정교사 같은 보좌관도 필요하지 않았다. 그러나 아무래도 내가 통일부를 맡게 됐으니 안보정책실장은 외교부 쪽에서 찾는 것이 좋겠다고 의견이 모아졌다. 그래서 복수의 후보를 추천하면서, 일에 빈틈이 없고 외교부에서도 신망이 높은 김하중 주중대사를 1순위로 천거했다. 대통령도 평소에 김 대사를 높이 평가하고 있었다. 하지만 대통령은 대상자를 김 대사보다 아래 세대의 인물로, 나보다 낮은 직급이면서 직접 호흡을 맞춰본 인물 중에서 찾기를 바랐다.

다시 NSC 내부회의를 거쳐 이수혁 주독일대사와 6자회담 수석대표인 송민순 대사를 복수후보로 천거했다. 두 사람 모두 외교부 차관보로 있으면서 매주 NSC 실무조정회의에 참석하여 누구보다도 NSC 시스템을 정확하게 이해하고 있었다. 그리고 나와는 현안 대책을 위해 이틀이 멀다 하고 머리를 맞대며 협의했던 사람들이었다.

나는 고민 끝에 두 사람을 무순위로 대통령에게 보고했다. 대통령은 굳이 이 중 누가 낫겠느냐고 물었다. 그 자리에서 답을 못하고 사무실로 돌아와 앞으로 새로운 실장과 함께 일할 사람들에게 최종 판단을 물었다. 참석자들은 두 사람이 모두 능력이 출중하다고 했으나 NSC가 중요한 기준으로 삼은 한 가지 점에서 송 대사 쪽으로 약간 기울었다. 나는 NSC의 뜻을 대통령에게 전했고, 이렇게 해서 송민순 대사가 안보정책실장에 임명되었다.[1]

통일외교안보정책 수석비서관에는 대통령의 자주국방노선을 이해하는 전문가 중에 단연 독보적인 지식과 전략적 안목을 지닌 서주석 NSC 전략기획실장을 추천했다. 더욱이 그는 NSC에서 참여정부 국방개혁의 A에서

Z까지를 책임지고 수행해왔다. 전략기획비서관에는 박선원 NSC 전략기획실 선임국장을 추천했다.

이렇듯 안보정책실이 나와 잘 아는 인물들로 구성되고 대통령이 나를 NSC 상임위원장으로 지명하자, 언론에서는 '이종석체제'라는 말까지 썼다. 그러나 그 말처럼 2006년의 참여정부 통일외교안보는 '이종석체제'로 운영되지 않았다. 나는 대통령의 지시에 따라 청와대 안보정책실을 구성했지만, 아무리 대통령이 신뢰하는 인물이라도 청와대 밖의 정부 부처에 있으면서 청와대 참모들까지 아우르며 대통령을 보좌할 수 없다는 사실을 잘 알고 있었다. 전체 총괄은 청와대의 대통령 보좌진에서 하는 것이 정답이며, 실제로 권력의 속성상 그렇게 될 수밖에 없었다. 특히 일분일초를 다투는 긴박한 상황이 수시로 발생하는 통일외교안보 분야는 더욱 그러했다. 대통령의 신뢰에 한없이 감사했지만 내 자신이 먼저 '나'를 내려놓을 준비를 해야 한다고 생각했다. 그리고 몇 개월 후 대통령비서실에 안보정책실을 둔 새로운 대통령 보좌시스템에 맞게, 남북관계를 제외한 중요 외교안보 현안은 안보정책실장이 주도해서 논의하고 추진했으며, 나는 기본적으로 통일부 업무에 전력을 기울였다. 그래도 안보정책실은 대북정책에서는 통일부 주도를 수용했으며, 대통령도 내 의견을 거의 대부분 존중해주었다.[2]

남북관계의 새로운 단계를 향한 도전

2006년 2월 10일 나는 통일부장관에 취임했다. 북한문제나 남북관계를 연구하는 학자라면 다른 공직은 몰라도 통일부장관은 한번 해보고 싶어 한다. 노 대통령의 배려로 나는 예기치 않게 그 꿈을 실현했다.[3]

그런데 장관에 취임하기도 전에 통일부 간부들로부터 직원들이 걱정이 많다는 얘기를 들었다. 내가 워낙 '세븐 일레븐'으로 소문이 나 있어서, 출

나는 2006년 NSC 차장직에서 물러나 통일부장관이 되었다. 북한문제를 연구하는 학자라면 누구나 바라는 자리인데 노 대통령의 배려로 통일부장관이 되어 평소의 구상을 실천할 수 있었다.

근을 앞당기고 퇴근 시간을 늦추면서 자기들을 혹사시킬까봐 걱정을 한다는 것이었다. 나도 알고 있었다. 청와대에서 대통령을 보좌하는 NSC 직원들이야 특별한 사명감과 헌신성을 가지고 '세븐 일레븐'을 견뎌냈지만 정부 부처의 일반 공무원들이 이를 감내하기는 어려웠다. 사실 통일부 직원들에게 '세븐 일레븐'을 적용할 생각도 없었다. 직원들의 공포를 덜어주기 위해 나는 취임하면서 "'세븐 일레븐'은 현재가 아니라 역사"라고 선언했다. 혹 내가 정시보다 일찍 출근하는 경우에도 사무실로 가지 않고 삼청동 회담사무국에 마련한 장관 별실에서 잠깐 일을 보다가 9시에 임박해서 사무실로 향했다.[4]

퇴근도 가급적 정시에 했다. 어차피 저녁에는 일주일 내내 외부손님이나 직원들과의 만찬 스케줄이 잡혀 있었기 때문에 큰 문제가 되지 않았다. 그렇게 되니 NSC 때보다 정말 살만 했다. 그러나 퇴근 후에 사무실에서 시간이 모자라 손대지 못한 업무를 살짝 처리했다. 그러다보니 내가 보고서를 확인한 시간이 오전 12시~1시나 새벽 5시~6시로 전자보고서에 찍혔고 그것이 또 화제가 되기도 했다. 그래도 그것만은 바꾸지 않았다.

나는 임기중에 남북관계를 한 단계 업그레이드하고 싶었다. 장관으로 취임하면서 '국민 속으로' '국가의 기본책무 수행' '평화구축과 공동번영 추구' 등 3대 정책방향을 제시했는데, 나는 이중 특히 두 가지 분야에 중점을 두었다.

첫째, 남북관계에서 국가가 수행해야 할 기본책무를 남북협력사업과 연계하여 과감하게 실천하고자 했다. '국가의 기본책무' 수행은 나라를 위해 희생했거나 국가가 보호할 의무가 있음에도 방치된 채 어려움을 겪는 국민에 대해 정부가 책임감을 가지는 것을 말한다. 예를 들면 국군포로와 납북자 송환 문제, 그리고 이산가족 재회 및 남북 피해자 지원 문제가 이 범주에 속하는 과제들이었다.

둘째, 남북이 윈-윈하는 대형 남북협력을 모색하기로 했다. 이를 통해서 나는 남북경제협력(남북경협)이 한국 경제의 미래라는 것을 내외에 실증하고 싶었다. 참여정부가 남북관계 발전을 추구하는 것이 '한반도에서 군사적 긴장을 완화하고 민족의 화해를 위해서' 식의 전통적인 목표를 넘어서서 한국 경제에 새로운 기회의 창을 열려는 구상임을 국민들에게 확실히 보여주고 싶었다. 남북공동번영의 실현이 당위가 아니라 대한민국이라는 국가의 절박한 실행전략이 되어야 한다는 국민적 공감대를 확산시키고 싶었던 것이다.

나는 취임하자마자 이 두 과제에 대해 과거와는 다른 차원에서 획기적으로 접근해보기로 했다. 여기서는 서술의 편의상 두번째 과제부터 먼저 살펴본다.

나는 18차 남북장관급회담(2006년 4월 21~24일, 평양)에서 대규모 남북경제협력 사업을 북측에 제안하기 위해 관련 부서에 기존의 개성공단을 확장·발전시키는 것 외에 함경남도 단천 지역에 '민족 공동 자원개발 특구'를 설치하는 방안과 한강하구를 공동이용하는 방안을 마련하도록 했다. 단천은 세계 최대의 마그네사이트 광산(용광광산, 매장량 36억 톤 추정)과 북한 최대의 아연광산(검덕광산, 매장량 3억 톤 추정) 등이 있는 세계적인 비철금속 생산기지였다. 그러나 북한 경제가 낙후하면서 이곳의 채광과 전력, 제련소 등의 활동이 중단되거나 비효율적으로 운영되고 있었다. 만약 이곳을 남북이 공동개발하게 되면 마그네사이트와 아연을 100% 수입하는 남한이나 경제난에 허덕이는 북한에게 모두 커다란 이익이 될 것이었다.

한강하구 공동 이용 방안은 남북이 대치하고 있는 이 지역에 부존된 약 10억㎥ 상당의 골재를 채취하여 이익을 공유하고 이를 기회로 군사적 긴장을 획기적으로 완화하자는 아이디어였다. NSC 차장 시절에도 이 문제를 검토하기 위해 건설교통부 관계자들과 함께 현장을 돌아본 적이 있었다. 2005년 12월에 건교부가 NSC에 보내온 보고서에 따르면 대략적인 추정이지만 한강 및 임진강 하구의 골재 채취로 인한 수익은 13조 원, 소용비용은 8조 2천 억 원으로 추산되었다. 이 정도면 북측에 공동개발을 제안했을 때 충분히 수용할 것으로 예상됐다. 지금 돌이켜보면 이 아이디어는 남북간 군사적 긴장완화와 경제협력에 너무 매몰되어 환경보호라는 측면을 너무 도외시한 발상이었다는 비판을 받을 소지가 컸다. 그러나 2006년 시점에서는 이러한 고려를 하지 못한 채 한강하구 공동이용 방안을 남북관계 발전의 중요한 지렛대로만 인식했다.

나는 18차 장관급회담에서 이 두 가지 경제협력 사업을 북측에 제안했다. 북측도 우리 제안에 긍정적인 반응을 보여 장관급 회담 공동보도문 5항에 앞으로 남북경제협력추진위원회에서 "한강하구 골재 채취문제, 민족공동자원 개발 문제를 검토하기로" 한다는 합의를 보았다. 만약 북핵문제가 악화되지 않고 남북관계가 정상적으로 발전했다면 이 사업들은

2006년 개성공단사업 참여 기업들과 개성의 선죽교를 방문했을 때 나는 개성공단사업의 질적 업그레이드를 위해 입주 기업들에게 비즈니스 마인드를 가져줄 것을 요청했다. 그들이 경제적으로 성공하는 것이 곧 민족문제 진전에 기여한다는 생각에서였다.

이후 수 년 내에 본격적으로 추진되었을 것이다.

한편 나는 남북관계의 새로운 단계를 열어나기 위해서는 남북경협을 하는 기업과 북한 지원 시민단체들의 북한에 대한 자세도 한 단계 업그레이드되어야 한다고 생각했다. 6·15공동선언 이후 발전해온 남북관계를 반영하여 북한에 진출하는 우리 기업들은 사업가로서 좀 더 프로다운 모습을 가져야 하며 대북지원단체들은 북한에 끌려 다니는 것이 아니라 보다 당당해져야 한다고 생각했다. 그래야 풀뿌리에서부터 남북관계의 건강한 발전을 도모할 수 있다고 보았다. 이런 방향으로 우리 기업과 지원단체들을 유도하기로 마음먹고, 나는 기업과 지원단체에 의도적으로 쓴소리를 했다.

나는 개성공단입주 기업 설명회에서 참석자들에게 말했다. "여러분은 민족 사업을 하려고 개성공단에 들어간다고 생각하시지 마십시오. 민족 사업은 정부가 할 테니 여러분은 개성공단에 가시거든 이익을 남기십시오. 여러분이 이익을 남기는 것이 민족을 위한 길입니다. 그러니 공장을 돌려 이익을 낼 자신이 있는 분만 들어가십시오." 내 말을 들은 고경빈 개성공단 지원단장이 슬그머니 다가와 걱정스러운 표정으로 말했다. "장관님, 그러면 입주 경쟁률이 떨어질 텐데요." 나는 빙긋 웃으며 대답했다. "너무 걱정 마세요."

2006년 봄에 북한을 지원하는 민간단체 대표들을 만나서도 욕먹을 각오를 하고 한마디 했다. 나는 당시 대북지원단체들이 북한 관리들을 만나 대북지원을 상의하면서 고맙다는 말을 듣기는커녕 오히려 우리가 지원을 해주겠다고 매달리는 일이 종종 발생한다는 보고를 받고 있었다. 민간 남북교류가 확대되는 상황에서 이런 문제는 꼭 시정될 필요가 있었다. 그래서 민간 대북지원단체 대표들에게 통일부의 입장을 분명히 밝혔다. "북한에 지원해주겠다고 구걸하듯이 하지 않았으면 좋겠습니다. 그런 경우를 정부가 알게 되면 그 단체는 앞으로 지원하지 않겠습니다. 북한이 스스로 도와달라고 손을 내밀게 해야 합니다. 그렇게 하는 단체에는 정부지원을 현재의 두 배로 늘리겠습니다."

'국가의 기본책무' 수행과 남북협력사업의 연계 추진

내가 '국가의 기본 책무' 수행을 통일부의 핵심적인 정책 방향으로 제시하고 그 실천에 전력을 기울인 것은 노무현 대통령의 뜻을 구현하기 위해서였다. 노 대통령은 국가를 위해 헌신한 이들이 버려지거나 국가가 보호하지 못해 희생된 국민이 계속 방치되는 상황을 항상 안타까워했다.[*] 그

---

[*] 이러한 맥락에서 노 대통령은 미 해군 정보국에서 근무하면서 한국측에 기밀 정보를 제공한 혐의로 징역을 살다가 석방(2004년 7월)된 로버트 김에 대해서도 깊은 관심을 가졌다. 당시 언론에는 알릴 수 없었으나 대통령은 한미관계와 미국의 실정법이 허용하는 범위에서 로버트 김을 위해 성의를 다했다. 참여정부는 그의 감형을 위해 나름대로 노력했으며, 그가 석방된 후에도 관심을 가졌다. 대통령은 비공개로 로버트 김의 가족과 그를 돕는 관계자들을 청와대로 초청하여 노고에

래서 대통령은 사회 전 분야에서 정부 배려의 '사각지대'에 있는 희생자들을 구제하기 위해 많은 노력을 했다. 통일외교안보 분야에서는 국군포로 송환이나 납북자 문제가 그 영역에 있었으며, 그 일을 수행하는 것이 나의 몫이었다.

나는 취임하자마자 이 문제들을 해결하기 위해 남북협력을 통한 경제적 보상이라는 좀 더 과감한 방식을 모색했다. 통일부장관으로 부임하기 전에 나는 대통령에 국군포로와 (전후) 납북자 문제의 해결을 위해 상봉·송환의 대가로 북한에 경제적 보상을 하는 특단의 방법을 강구하겠다고 보고해 승인을 받았다. 나는 이 일들이 참여정부 대북포용정책이 국민의 지지를 확고히 받기 위해서도 꼭 필요한 과제라고 생각했다. 그래서 통일부 간부회의를 거쳐 이 과제를 최선을 다해 추진하기로 결정하고 우선 18차 장관회의에서 북측에 제시할 수 있는 대안을 만들었다.

통일부의 구상은 상당한 비용이 드는 프로젝트였기 때문에 사전에 국민에게 양해를 구할 필요가 있었다. 그래서 나는 언론에 미리 "이 문제는 실현 자체가 매우 중요하기 때문에, 가급적 상대방인 북측의 체면 손상이나 모욕감을 느끼지 않도록 배려하면서 경제적 보상을 해서라도 해결하겠다"고 밝혔다. 이어서 국군포로 및 납북자의 실태를 정확히 파악하기 위해 경찰과 국방부, 국정원으로부터 담당관들을 파견받아 통일부에 한시적으로 실태조사팀(2006년 4월 1일~5월 30일)을 꾸렸다.

특별히 나는 국군포로 송환문제에 많은 관심을 기울였다. 한국전쟁 당시 국가를 위해 전선에서 싸우다 포로가 됐고 정전협정상 귀환이 보장되어 있음에도 불구하고 북한에 억류되어 있다면 이들을 귀환시키는 것이 국가의 기본의무였다. 사실 나는 NSC 시절부터 대통령의 특명으로 국군포로 송환을 추진해왔다. 당시는 북한과 본격적으로 송환협상을 할 만한

감사를 표하고 그들의 사정에 귀를 기울였다. 로버트 김의 어려운 생활에 대해서도 안타까워해서, 나는 이러한 대통령의 뜻을 받들어 나름대로 그를 돕는 길을 찾기도 했다.

여건이 되지 않아 '제3국을 통한 송환'이라는 비정상적 방법에 관심을 가질 수밖에 없었는데, 이를 통해 2005년 말까지 3년 동안 30명의 국군포로와 그 가족들을 한국으로 데려올 수 있었다. 참고로 참여정부 이전까지 귀환한 국군포로는 28명이었다.[5]

이처럼 국군포로 송환을 위해 여러 방법을 강구하다가 통일부로 자리를 옮긴 터라, 나는 취임 초부터 남북당국 차원에서 이 문제를 대범하게 풀 방안을 모색했다. 그런데 북한은 기본적으로 "국군포로는 없다"는 입장이었다. 사실 국군포로 송환문제는 간단하지가 않았다.

1953년 6월 18일 이승만 대통령은 남한에 수용중인 반공포로 2만7000여 명을 일방적으로 석방했다. 이는 6월 8일에 UN과 북한 사이에 체결된 포로송환협정에 어긋난 행위였다. 이 협정에서 양측은 서로 포로를 교환하고, 본국으로의 송환을 원치 않는 포로는 제3국으로 보내기로 합의를 봤다. 그런데 이승만 대통령이 이를 무시하고 독단적으로 반공 성향의 포로를 석방해버린 것이다. 이들을 재수용하라는 북한의 격한 반발이 있었지만 결국 포로 교환은 남은 인원으로만 이뤄졌다.

우리가 북한이 정전협정을 위반하고 우리 국군포로를 돌려보내지 않고 있다며 이들의 송환을 요구할 때 부딪치는 난관이 바로 이 반공포로 석방문제였다. 북한이 우리의 요구에 매번 이승만정부가 '정전협정을 위반하고' 석방한 포로들을 송환하라고 맞불을 놓기 때문이다. 이런 사정을 고려하여 나는 국군포로 송환을 실질적으로 실현하기 위해서는 우리가 송환을 요구할 수 있는 국군포로의 범위를 규정할 필요가 있다고 생각했다. 이런 문제의식 속에서 새로운 방안을 찾기 위해 고심했다.

나는 이제까지 남한으로 온 58명의 탈북 국군포로들이 포로가 된 시기를 조사하는 과정에서 이중 60%가 휴전협정을 목전에 둔 1953년 6월 이후 체포되어 포로가 되었다는 사실을 발견했다. 그래서 이 부분을 심층 조사한 결과 이들은 애초에 북한이 협정 당시 제출한 송환 대상자에서 아예 제외됐을 가능성이 매우 높다는 결론을 내렸다.[6] 나의 가설이 옳다면 우리는 정당하게 송환을 요구할 수 있는 새로운 논리를 얻게 되는 셈이었다. 그래서 실태조사팀에 1953년 6월 이후에 공산군에 잡힌 것으로 추정되는 국군포로 명단을 작성하도록 하고, 한국전쟁 전문가에게 국군포로에 대한 추가 연구를 의뢰했다.

납북자 문제는 좀 더 복잡했다. 이 문제는 이미 NSC 차장 임기 말기에 노 대통령이 "국가가 자기 국민을 보호하지 못하고 방치한 부끄러운 사례"라며 대책을 강구하라고 지시했었다. 특히 대통령은 군사정권 시절 일부 납북자들이 귀환하여 정보기관에서 고문을 당하고 그 가족들이 풍비박산이 났다는 보고를 받고 그에 대한 대책도 마련하라고 지시했다.

2006년 1월, NSC사무처가 대통령께 올린 보고서에 따르면 휴전 이후 3794명의 납북자가 있으며, 그중 3305명이 귀환했고 489명이 미귀환한 것으로 파악됐다. 그런데 북한은 "본인의 의사에 반해 북측에 남아 있는 사람은 없다"며 논의 자체를 거부하고 있었다. 실제로 자진 입북한 이들이 섞여 있는 것도 사실이었다. 그러나 정부는 이를 구별할 방법이 없기 때문에 미귀환자 전원을 납북자로 규정했다.

나는 대통령 승인을 받은 국군포로와 납북자 관련 협상안을 18차 남북장관급 회담에서 북측에 제시했다. 나는 "이제 탈북자 수천 명이 남한에서 살고 있는 시대가 되었기 때문에 국군포로와 납북자가 귀환한다고 해서, 북한체제에 타격이 될 것은 없을 것"이라고 운을 뗀 뒤, "이 문제를 정치적으로 이용할 생각이 없으며, 상대측의 체면손상 없이 문제를 풀자는 것"이라고 북측을 설득했다. 국군포로에 대해서는 우리가 송환을 원하는 국군포로의 범주가 "전쟁이 끝날 무렵, 휴전협정 틀 속에 들어갈 수 없었던 사람들의 문제"라고 한정지음으로써 북한이 수용할 수 있는 명분을 주었다. 이 문제의 해결을 위해 북한에 경제적 보상과 필요한 제반 비용 일체를 우리가 부담할 용의가 있다는 점도 밝혔다. 아예 우리의 구상을 구체적으로 예시했다. "생사확인 및 서신교환이 성사될 경우 평양에 심장병 센터를 건립해주고, 상봉이 실현되면 북한에 식료품 공장이나 주택을 건설할 용의가 있으며, 송환시 북한의 사회간접자본SOC을 지원할 용의가 있다. 즉, 남포항을 현대화하거나 개성-평양 간 고속도로를 보수해줄 수 있다."[7] 나의 제안에 북한측은 상당히 놀랐으며 긍정적인 태도를 당장 보이진 않았지만 대신에 강한 부정도 하지 않았다. 나는 그 정도의 반응이라면 집요하게 북측을 설득하면 좋은 결실을 맺을 수 있다는 확신이 들었다. 우리는 이 문제가 한두 번의 회담으로 해결될 일이 아니라고 보고 적십자를 통하지 말고 당국 차원에서 직접 비공개협상을 해서 진행해나가자고 제안했다. 그러나 북한은 "적십자회담"을 통해서 논의하자고 주장했다. 결국 당국간 비공개 실질 대화를 주장하는 남측과 적십자창구를 고집하는 북측 사이에서 합의문은 "남과 북은 전쟁 시기와 그 이후 소식을 알 수 없게 된 사람들의 문제를 실질적으로 해결하기 위해 협력하기로 하였다"로 절충되었다. 긴 여정의 첫발을 겨우 뗀 것이다.[8]

'국가의 기본책무' 수행의 또 다른 과제는 이산가족문제의 해결이었다. 참여정부 들어서서 이산가족 상봉자의 숫자가 크게 늘어나고 금강산에 면회소를 짓고 있었지만 그것으로 우리측 신청자 9만 명의 소망을 풀어주기에는 턱도 없었다. 신청자 대부분이 고령이어서 마냥 기다릴 시간도 없었다. 나는 학자 시절, 어느 대북사업가가 사적으로 이산가족 인터넷 화상상봉을 추진한 데서 힌트를 얻어 '영상물을 통한 대규모 간접상봉'을 우선 실현해보기로 했다. 실은 2005년 8월에 처음 실시된 이산가족 화상상봉도 정동영 장관이 주재하는 대북고위전략회의에서 내가 '영상물을 통한 간접상봉'을 제안한 것을 통일부가 창조적으로 발전시킨 것이다. '영상물을 통한 간접상봉'은 북한이 대규모 직접 상봉이나 고향방문을 꺼리는 현실을 감해서 고안한 방식인데, 대충 이런 것이었다. "남북 양측에서 상봉을 희망하는 이산가족의 생사를 확인한 후 생존자로 밝혀진 전원을 대상으로 캠코더로 약 30분 분량의 영상물을 제작한다. 이 영상물에는 자신과 가족 소개, 살아온 역정, 가족 및 친척의 근황 등을 담는다." 나는 북측에 그 방법을 직접 보여주기 위해 남한의 이산가족 몇 분을 대상으로 샘플을 만들어 북측에 제시했다. 이때 우리가 영상물 교환을 제안하면서 북측에 내놓은 대안은 다음과 같았다. "이산가족의 서신왕래 및 영상물 교환을 위해 필요한 일체의 비용과 기자재는 남측이 제공한다. 우편물은 1편당 100달러, 영상물 교환은 편당 500~1000달러를 행정·인력 비용 명목으로 지불한다." 만약 북한이 우리가 원하는 9만 명의 이산가족에 대한 영상물을 만들어 남쪽에 제공하면 최대 9000만 달러를 벌 수 있다는 뜻이다. 북한은 자기 체제에 위험이 되지 않으면서 경제적 도움도 되는 이 방안에 관심을 가졌지만 당장 대답할 준비가 되어 있지는 않았다. 따라서 이 문제는 추후 지속적으로 논의해나가기로 했다.

이처럼 내가 내건 2006년 통일부 프로젝트는 남북이 윈-윈하는 획기적인 협력 사업과 '국가의 기본책무' 수행을 남북 협력사업과 연계하여 해결을 모색하는 것이었다. 내 판단으로는 지속적으로 노력할 여건과 시간만 있었다면 충분히 실현 가능한 프로젝트였다. 그러나 북한의 장거리 미사일 발사와 핵실험이라는 악재는 남북관계의 발전을 위해 대화할 수 있는 공간 자체를 극도로 축소시켰으며, 나도 그로 인해 통일부장관직을 사임했다. 내가 구상하여 북한에 제안까지 했던 방안들은 동면상태에 접어들었다. 다행히 그중 상당수는 2007년 10월, 2차 남북정상회담에서 다시 깨어나 '자원개발' '한강하구 공동 이용' '영상편지 교환사업' 등의 명칭으로 10·4정상선언에 포함되었다. 그러나 가장 야심차게 추진했던 국군포로·납북자 송환문제는 남북관계가 호전된 뒤에도 동면에서 깨어나지 못했다. 워낙 예민한 문제인 데다 장기적인 노력과 정교한 전략이 필요한 데 비해 참여정부의 남은 임기가 너무 짧았기 때문이다. 다시 돌이켜보아도 아쉬운 대목이다.

비책을 통한 해결 모색: 경수로 청산, 김영남 모자 상봉

대북정책을 맡으면서 새로운 전략적 구상도 하고 항상 상대방을 효과적으로 설득할 수 있는 방법을 찾았지만 우리가 의도한 대로 척척 맞아떨어지는 경우는 드물었다. 우리의 방안에는 '우리 국익'이 반영되어 있기 때문에 경쟁적인 국제사회나 갈등이 체질화된 남북관계에서는 아무리 좋은 아이디어도 대체로 상대방과의 조율과정에서 조정되게 마련이었다.

이런 속에서도 나는 통일부장관 시절 묘안을 제시하여 어려운 문제를 비교적 수월하게 푼 적이 몇 번 있었다. 딱히 전략적 계책이라고 할 수준은 못되고, 그렇다고 꼼수로 치부되기에는 좀 억울하므로 '비밀스러운 계책'이라는 의미에서 비책秘策이라고 표현하는 것이 좋을 듯하다. 경수로 사업 청산과 남북 일본인 요코타 메구미의 남편인 김영남 씨 모자의 상봉을 추진하는 과정에서 비책이 효과를 발휘했다.

먼저 경수로 얘기부터 해보자. 한반도에너지개발기구KEDO 집행이사국들은 2005년 11월, 사업 중단 기간이 만료함에 따라 제네바기본합의에 따른 경수로 사업을 종료시키기로 의견을 모았다. 그동안 이 사업의 종료를 반대해온 한국 정부도 중대제안이 9·19공동성명에 반영되면서 사업종료에 동의했다. 그러나 사업청산 과정이 매우 복잡하고 어려웠다. 특히 하청업체들에 대한 손해배상액이 1억5000만 달러로 추산될 만큼 청산비용이 만만치 않았다. 이미 11억 달러가 넘는 경수로 건설비용을 지불한 한국 정부는 청산비용까지 부담할 생각이 없었다. 그건 시쳇말로 '봉'이 되는 셈이니 말이다. 우리 정부는 사업종료를 요구한 미국이 청산비용을 부담하는 것이 합당하다고 판단하고 그렇게 주장했다. 그러나 미국은 그럴 생각이 없었고 단 한 푼도 부담할 수 없다는 입장을 강하게 내세웠다. 일본 역시 청산비용을 부담할 생각이 없었다. 일본 정부는 KEDO 이사국들이 균등하게 부담한다면 마지못해 응할 정도의 의지는 있는 것 같았으나, 평균 이상을 부담할 의사는 없었다. 그렇다고 경수로 건설에 미미한 기여를 해온 EU가 나설 리도 없었다. 결국 우리가 뒤집어 쓰게 생겼다. 이렇게 되면 우리 정부가 70%의 건설비용을 지불한 대가로 청산과정에서도 꼼짝없이 70% 이상을 떠안게 되는 정말 불합리한 일이 발생할 가능성이 높았다. 나는 2005년 가을부터 이러한 어처구니없는 상황을 피하기 위해 묘책을 찾으러 부심했다.

그러던 어느 날 NSC에서 경수로를 담당하는 천해성 국장이 KEDO 담당 한전 간부를 데리고 와서 중요한 보고를 해왔다. 그 한전 간부의 말에 따르면, KEDO-한전 간 주계약에 따라 진행되어온 신포 경수로 사업이 성격상 초기 투자가 많이 들어가는데 사업진도가 늦어져서 2억 달러에 가까운 기성고既成高 잉여금이 발생했다는 것이다. 쉽게 말해 기성고 잉여금이란 한전이 KEDO로부터 받은 공사비용 중 아직 쓰지 않고 보유하고 있는 돈을 뜻한다. KEDO 사업이 지체되고 중단되면서 불가피하게 기성고 잉여금이 발생했다는 것이다.

나는 그의 말을 듣고, 드디어 돌파구를 찾았다고 생각했다. 일단 기성고 잉여금에 대해 외부에 일절 언급하지 말고 한전 내에서도 극비에 부쳐줄 것을 당부했다. 그리고 이 돈을 경수로 공사 청산에 활용할 수 있는 방법을 찾았다. 어차피 청산 과정에 진입하면 KEDO와 한전 사이에서 기성고 잉여금 문제가 나올 것이지만, 현재 이 돈의 존재를 아는 나라는 한국뿐이었다. 나는 내부 관계자 회의를 거듭하며 비책을 만들어 NSC 상임위에 보고했다. 그 내용은 다음과 같았다.

① 현재 경수사업 청산비용은 1억5000만달러 내외가 소요되고, 한전이 보유한 기성고 잉여금은 2억 달러 정도다. 그리고 다른 곳에 재활용할 가능성이 있는 경수로 기자재는 7억 달러 규모다. 그렇다면 한전이 잉여금을 청산비용으로 써서 사업 청산을 책임지고 기자재를 인수하면 결국 한전은 아무런 손해 없이 7억 달러 상당의 기자재를 얻을 수 있다. 이 얘기

는 한전이 사업종료 일체를 책임지는 것이 국익을 극대화하는 길이라는 뜻이다. 그런데 이 계획이 실현되려면 한전의 기성고 잉여금 보유 사실이 노출되어서는 안 된다. 만약 KEDO의 다른 이사국들이 한전의 기성고 잉여금 보유 사실을 알게 되면, 한전에 잉여금 반환을 요청하거나 그것을 청산비용에 충당해야 한다고 주장할 것이며, 기자재는 KEDO 스스로 처분하려 할 것이다.[9]

② 한전의 일괄청산방식을 관철하기 위해서 2단계 협상전략을 구사한다. 먼저 1단계에서 청산비용을 미국이 부담해야 한다는 기존의 정부 주장을 철회하고 일본과 협력하여 청산비용을 미국을 포함한 KEDO 이사국들이 균등하게 분담하자고 제안한다. 그리고 미국을 설득하기 위한 외교적 노력을 다한다. 그러나 네오콘이 장악하고 있는 부시정부는 균등부담을 틀림없이 거부할 것이기에 청산비용 분담 합의 도출은 실패할 것이다. 이러한 상황이 조성되면 2단계로 넘어가 우리 정부가 한전이 청산비용을 전부 부담하고 대신에 기자재 소유·처분권을 가지는 일괄청산 방안을 제시한다. 이 경우 한전의 부담을 최소화하기 위해 KEDO로부터 넘겨받는 책임의 범위를 '청산비용 부담'으로, 권리의 범위는 '기자재 소유권'으로 한정한다. 각국은 자신의 비용부담을 덜기 위해 결국 이 방식을 수용할 것이다.

NSC 상임위를 통과한 이 전략은 KEDO 경수로 청산 과정에 그대로 적용되었으며, 경수로 사업 종료는 이 전략에서 예상한 시나리오대로 진행되었다. 다만 일본과 EU가 일괄청산방식에 동의하면서도 한전이 과다이익을 볼 수 있다며 문제를 제기했다. 이에 우리 정부는 7억 달러 상당 가자재의 실제 재활용 가치는 훨씬 적을 것이라며, 만약 일본이나 EU가 그렇게 판단한다면 한국은 포기할 테니 그들이 맡아서 일괄청산을 하라고 배짱을 부렸다. 그러나 일본이나 EU는 일괄청산을 맡을 의사가 전혀 없으면서 문제를 제기한 것이었기 때문에, 결국 2006년 5월 31일 KEDO 집행이사회는 한국이 제안한 일괄청산방식에 동의하고 경수로 사업을 공식 종료하기로 결정했다. 이로써 한전은 기성고 잉여금 2억 달러로 1억5000만 달러 내외의 청산비용을 부담하고 약 7억 달러 상당의 경수로 기자재를 인수하게 되었다. 당시에는 밝힐 수 없었던 비책이 나름대로 성공한 것이다.[10]

김영남 모자 상봉 역시 비책을 통해 성사시킨 것이다. 김영남은 1978년 전북 군산시 선유도에서 고교시절에 납북되었다. 정부가 김영남의 생사를 확인한 것은 그의 아내인 일본인 여성 요코타 메구미를 통해서였다. 2002년 9월에 열린 북일 정상회담에서 김정일 위원장은 일본인 납치를 인정하고, 납치된 일본인 중 사망한 이들의 유골을 일본에 넘겨주었다. 이중 요코타의 유골도 있었는데, DNA 조사 결과 요코타의 유골이 아니라는 것이 밝혀져 중대한 외교적 쟁점이 되었다. 이 와중에 그녀의 남편이 선유도에서 납치되어 북한으로 끌려간 것으로 추정되는 김영남이라는 주장이 나왔다. 정부는 여러 가지 정황상 요코타의 남편이 김영남일 가능성이 높다고 보았으나 확증은 없었다.

나는 18차 남북장관급회담에서 북측에 이 문제를 직접 물어보기로 했다. 그런데 북한이 김영남이 북한에 있다고 인정한다는 것은 그를 납치했다는 사실을 인정한다는 뜻이다. 따라서 북한이 쉽사리 김영남의 존재를 인정하리라고 보지 않았다. 그래도 이 회담에서 국군포로 및 납북자 생사 확인 및 송환을 위한 대규모 프로젝트를 북측에 제시할 예정이었기 때문에, 분위기는 나쁠 것 같지 않았다. 회담에서 나는 북측 수석대표에게 조심스럽게 "일본여성 요코타 메구미의 남편으로 알려진 김영남은 남측에서 실종된 사람"이라며 그에 대한 생사여부를 확인해줄 것을 요청했다. 그랬더니 "지금 해당기관에서 조사중"이라는 답변이 나왔다. 북측이 사실무근이라며 펄쩍 뛰지 않을까 우려했는데, 뜻밖의 답변을 들은 것이다. 그들이 "조사중"이라고 말했다는 것은 김영남이 요코타의 남편이 맞으며 살아 있다는 뜻이다. 또한 여건만 조성되면 언젠가는 확인해주겠다는 뜻이기도 하다.

그러나 우리는 오래 기다릴 수 없었다. 이미 국내뿐만 아니라 일본에서도 김영남에 대한 관심이 높았으며, 무엇보다도 정부 입장에서는 우리 국민의 납북을 북한이 사실상 인정한 것이므로 보다 적극적으로 상황에 대처할 필요가 있었다. 그렇지만 이 상황에서 "왜 우리 국민을 납치했느냐?"며 따져 묻고 추궁했을 때 북한이 "그런 사람은 없다"고 발뺌해버리면 허사가 된다. 더욱이 통일부는 국군포로·납북자의 생사확인과 송환을 실현하기 위해 북한의 체면을 깎지 않고 경제보상을 하겠다고 북측에 제안한 상태였다.

통일부는 이 문제에 실사구시 자세로 접근하기로 했다. 우선 6·15 기념행사의 일환으로 6월 28~30일에 금강산에서 열리는 특별이산가족 상봉 때 김영남 모자의 상봉을 시도해보기로 했다. 남북은 그 행사에서 양측이 각각 200명씩 대상자를 선발하여 이산가족 상봉을 실현하기로 합의해놓았다. 그리고 5월 10일에 대상자의 2배수인 400명에 대한 생사확인 의뢰서를 교환하기로 했다.

통일부의 고민은 만약 우리가 이 명단에 김영남을 넣었다가 북측에서 '확인 불능'으로 통보해오는 경우였다. 북한 당국의 특성상 한번 '확인 불능'으로 결론이 나면 좀처럼 바뀌지 않기 때문이다.* 따라서 북한이 김영남을 공개할 준비가 되어 있지 않은 상태에서 우리가 섣불리 밀어붙이면 자칫 북한이 김영남을 영원히 숨길 빌미만 줄 수 있다는 우려가 나왔다. 통일부 내에서도 신중론이 제기되었다. 나는 궁리 끝에 5월 10일 북측에 넘기는 생사확인의뢰 명단에 김영남을 빼고 399명만 적어 보내도록 했다. 판문점 연락관을 통해 "우리측의 생사확인의뢰 명단이 399명"이며

---

* 통상적으로 남측이 북측에 생사확인 의뢰를 하면 의뢰대상자의 30% 정도는 '확인 불능'이라는 답이 왔다. 우리도 북측이 생사확인을 의뢰한 대상자의 20% 정도는 실제로 확인이 불가능했다.

나머지 1명에 대해서는 "추후 별도로 귀측에 설명할 것으로 알고 있다"고 399명의 명단만 보낸 사정을 통지하도록 했다. 이른바 '399+1' 작전이었다. 김영남을 명단에 넣어 자칫 '확인 불능'의 통보를 받으면 다음에 이 문제를 제기하기 어렵기 때문에 명단에서 뺀 것이다. 대신 별도의 채널로 북한에 나머지 1명이 김영남이라는 사실을 알리고 그를 이번 상봉에 내보내도록 북한을 적극 설득하기로 계획을 세웠다. 이렇게 할 경우, 만약 이번에 북한이 김영남에 대한 생사 확인을 거부하더라도 다음 기회에 언제든지 명단에 넣어 다시 확인할 수 있으며, 별도 라인을 통해 지속적으로 협의하는 여지도 생긴다고 보았다.

남측이 399명의 명단을 통보하자 북측도 나머지 한 명에 관심을 갖기 시작했다. 나는 두 개의 통로를 통해서 나머지 1명의 명단을 알리고 북한을 설득하기로 했다. 통로 하나는 한완상 적십자사 총재였다. 5월 16일부터 평양을 방문하는 한 총재가 북한 당국자를 만나 직접 김영남 모자 상봉을 설득해줄 것을 요청했다. 나는 한 총재를 보좌하기 위해 홍재형 회담 사무국 상근 회담대표를 동행케 했다. 한 총재는 5월 18일 최승철 북한 노동당 통일전선부 부부장을 만나 김영남이 딸 김혜경(북한 거주, 본명은 김은경)과 함께 그의 모친(최계월 여사)을 만날 수 있도록 조치해줄 것을 요청했다. 두번째 통로는 김대중 전 대통령의 방북 계획을 협의하기 위해 5월 16일부터 금강산에서 북측 실무진을 만나기로 되어 있는 우리 실무대표단이었다. 접촉에 나선 실무책임자들은 남북 양쪽에서 상부에 확실하게 상대방의 의사를 전달할 수 있는 위치의 사람들이었다. 따라서 나는 우리측 대표에게 "조사가 완료되어 여건이 된다면 이번 6·15를 계기로 상봉하는 것이 좋다"는 메시지를 북측에 전달하고 지금이 김영남 모자의 상봉을 실현할 좋은 기회이며, 그것이 북한에게도 도움이 된다는 점을 잘 설명하도록 각별히 당부했다.

통일부는 김영남 모자 상봉을 추진하는 한편 요코타 메구미의 남편이 김영남인지를 확인하기 위해 일본측으로부터 제공받은 김혜경의 혈액과 김영남의 어머니와 누나 간의 혈액 유전자 검사를 실시했다. 그리고 5월 하순에 분석기관으로부터 김혜경과 김영남의 모친이 친조모-손녀 간임이 확실하다는 통보를 받았다. 요코타의 남편이 김영남으로 확인된 것이다. 이 사실이 확인된 순간 우선 김영남의 생사를 확인하고 모자 상봉을 실현하는 것이 국가의 기본책무로서 더욱 중요한 과제가 되었다. 여기에 김영남 모자가 상봉하게 되면 북일관계의 현안인 요코타의 생사 여부를 알게 될지도 몰랐다. 통일부는 아무런 언급이나 첨부 문건 없이 유전자 감식결과서만 달랑 북측에 보냈다. 군이 설명하거나 요구하지 않아도 북측이 무슨 뜻인지 알 것이다. 북한은 수령 후, 그것을 반송형식으로 다시 우리에게 돌려보냈다. 기분 나쁘다는 뜻인지, 자기들도 알고 있다는 뜻인지는 몰라도 무언無言으로 우리가 확실한 증거를 가지고 있다는 사실을 북측에 알린 셈은 됐다.

6월 5일 남북은 '생사확인 회보서'를 교환했다. 애초 우리가 의뢰서에 넣지 않았기 때문에 명단에 김영남은 없었다. 그런데 6월 8일 아침에 북측은 통일부장관 앞으로 별도 통지문을 보내 김영남의 생존사실을 확인하고 곧 있을 이산가족상봉에 그가 참가한다는 사실을 통보해왔다. 북측이 김영남 모자 상봉을 결심한 데는 여러 가지 이유가 있겠으나, 나는 남측 당국이 모자 상봉을 정치적으로 이용하거나 북한을 곤경에 빠뜨리는 데 활용하지 않으리라는 신뢰가 가장 중요한 기반이 되었다고 생각했다. 북한은 통지문에서 "난관을 조성하는 일이 발생하지 않도록 당국이 책임져야 된다"는 단서를 달 만큼 이번 상봉에 부담을 가지고 있었다. 정부도 이번 모자 상봉 과정에서 돌발적으로라도 불상사가 발생하지 않도록 만전을 기했다.

2006년 6월 16일 나는 6·15 기념 남북공동행사를 위해 광주를 방문한 최승철 북한 노동당 부부장에게 김영남 모자 상봉에서 김영남의 딸 김혜경도 동반할 수 있게 하고 이번 기회에 일본 기자들의 금강산 출입을 허용하여 그들이 김영남·김혜경과 인터뷰를 할 수 있게 해달라고 요청했다. 그렇게 되면 북일간 쟁점이 되고 있는 요코타 메구미의 생사에 대한 진실을 일본 언론이 직접 취재하게 되니 북한에게도 좋지 않겠느냐고 설득했다. 나의 말에 최승철은 "장관 선생 말씀에 좋은 생각이 났다"며 이번 상봉에 일본기자단의 취재는 불가하나 다른 기회를 마련하도록 노력하겠다고 대답했다. 김혜경 동반은 유관기관과 협의하겠다며 긍정적인 반응을 보였다.

결국 '399+1' 전략을 통해 2006년 6월말 최계월 여사는 아들 김영남 및 손녀 김혜경과 금강산에서 28년 만에 해후했다. 일본 기자단은 금강산 취재를 하지 못했으나 7월에 평양을 방문하여 김영남과 인터뷰를 할 수 있었다. 최승철이 내 제안을 듣고 생각해냈다는 것이 바로 이 평양 기자회견이었다. 그러나 이 기자회견은 북한의 장거리 미사일 발사 사건과 시기가 겹쳐 크게 주목받지 못했다.

이처럼 나는 비책을 통해 몇 가지 어려운 문제를 비교적 수월하게 해결했지만, 사실 비책조차 마련할 수 없는 경우가 더 많았다. 김영남 모자 상봉 추진과 비슷한 시기에 추진한 김대중 전 대통령의 방북 계획이 대표적인 경우였다. 북한당국은 2004년 6월부터 2005년 8월까지 세 차례에 걸쳐서 김대중 전 대통령을 초청했다. 참여정부 역시 2005년 가을로 잠정 합의되었던 남북정상회담이 BDA 사건의 영향을 받아 지체되자, 북핵문제의 진전과 남북관계 발전을 위해 김 전 대통령의 방북을 권유했다. 이러한 남북 당국의 희망에 부응하여 2006년 1월, 김 전 대통령은 82세의 노구에도 불구하고 방북을 결심하고 정부에 협조를 요청했다. 방북 희망 시기는 4월 말로 잡았다. 정부는 이 계획을 적극 환영하고 북측에 이 사실을 통고하면서 지원체계를 꾸렸다. 그러나 정작 북한에서 답이 없었다. 아무래도 'BDA 사건'으로 북핵문제가 악화되고 미국과의 긴장이 고조되자, 김 전 대통령의 방북에 부담을 갖기 시작한 것 같았다.

북에서 4월 중순까지도 답이 없자 김 전 대통령은 지방자치단체선거일인 5월 31일을 넘겨 6월 중에 방북하기로 계획을 바꾸었다. 나는 4월 21일부터 열린 남북장관급회담에서 북측에 강력하게 문제를 제기했다. 나는 김대중 전 대통령에게 "3차례에 걸친 북측의 초청을 수락하고 정부에 위임했는데, 두 달이 되도록 소식이 없다. 이 장관이 가서 답을 받아와야 하지 않겠는가?"라는 부탁의 말씀까지 들었다며 북측에 긍정적인 대답을 촉구했다. 북측은 명확한 답변을 회피하다가 회담 마지막 날에 가서야 6월 방북(안)을 받아들였다. 곧 일정과 규모, 절차를 논의하기 위한 실무협의를 갖기로 했다. 사실 이 문제는 18차 장관급회담의 공식의제는 아니었지만, 가장 중요한 장외 의제였다.

5월 16일 남북은 김 전 대통령의 방북을 협의하기 위해 금강산에서 1차 실무접촉을 갖고 육로(철도 혹은 도로) 방북에 합의했다. 그러나 북한은 김일성 주석의 시신이 안치된 금수산기념궁전 방문을 방북의 전제조건으로 내걸기 시작했다. 5월 29일 개성에서 열린 2차 실무접촉에서는 이 문제의 선결을 요구하면서 실무절차 문제에 대한 협의자체를 회피했다. 이후 북한은 남북 실무접촉을 촉구하는 우리의 대북통지문에 대해 "예의 있는 긍정적 대답을 인내성 있게 기다리겠다"며 이 문제의 해결 없이 김 전 대통령의 방북은 불가하다는 입장을 분명히 했다.

나는 북한의 태도변화를 보며, 금수산기념궁전 방문 요구는 명분일 뿐 북한이 현재 김 전 대통령의 방북을 확실히 꺼리고 있다고 판단했다. 이유는 남북정상회담을 회피하는 이유와 다르지 않을 것이었다. 이미 'BDA 사건'으로 악화된 한반도 정세는 북한의 장거리 미사일 발사 여부에 관심이 쏠릴 만큼 극단적인 방향으로 치닫고 있었다. 김대중 전 대통령이나 참여정부는 그렇기 때문에 김 전 대통령의 방북이 더욱 필요하다고 보았지만, 북한은 스스로 긴장 분위기를 조성해 미국을 상대로 시위하고 있는데 김 전 대통령이 방북하여 평화의 결단을 내리라고 촉구하는 것을 받아들일 수 없었을 것이다. 이러한 상황에서는 설령 북한의 요구조건을 다 들어주고 방북을 하더라도, 국내에서 후폭풍만 엄청나게 발생할 뿐 북한을 대화의 장으로 끌어내는 것은 불가능하다고 보았다. 김 전 대통령의 측근인 임동원·정세현 전 통일부장관들의 판단도 나와 같았다.

결국 참여정부의 대북라인과 김 전 대통령의 측근 인사들은 이번 방북은 포기할 수밖에 없다는 결론을 내렸다. 그러나 김 전 대통령께 최종적인 통보는 정부 책임자인 내가 해야 했다. 나는 얼마 남지 않은 여생을 한반도 평화와 민족의 통일번영을 위한 길에 마지막까지 헌신하고자 하는 김 전 대통령께 가슴에 못을 박는 말씀을 드렸다. "아무래도 이번에 방북하시기는 어려울 것 같습니다." 이날 나는 김 전 대통령의 어두워지는 표정을 보면서 그분의 우국충정을 실현시키지 못했다는 죄책감에 정말 가슴이 쓰리고 아팠다.[11]

2
무거운 짐을 내려놓고
잠에 빠지다

> 나는 북한 핵실험이 있던 날 통일부장관직을 사임하기로 결심했다. 그
> 렇지만 마지막 소임으로 북핵 실험으로 악화된 여론 속에서 드세어질
> '포용정책 흔들기'로부터 포용정책을 지키고, 더욱 강화될 대북제제 국
> 면에서 개성공단과 금강산관광사업을 지켜내기로 마음을 다졌다.

"평화도 인권이다"

2006년 7월 5일 새벽, 북한은 함경북도 화대군 대포동에서 동해를 향해 장거리 미사일인 대포동-II호와 여러 발의 스커드미사일과 노동미사일을 발사했다. 북한이 'BDA 사건'으로 촉발된 미국의 금융제재에 맞서 협상을 통한 문제해결을 포기하고 군사적 시위를 통해 담판을 짓겠다는 분명한 신호를 보낸 것이다. 이제 국면은 분명해졌고 상황은 걷잡을 수 없이 악화되었다. 상황 악화를 멈출 수 있는 유일한 길은 6자회담 재개뿐이었으나 그것은 불가능해 보였다. 북한은 BDA 제재 해제 없이는 6자회담에 나갈 수 없다고 버티고, 미국은 6자회담과 BDA 제재는 별개라며 북한의 무조건 6자회담 복귀를 촉구하며 북한을 상대조차 않으려 하고 있는 상황이 북한의 장거리 미사일 발사 시위라는 파국적 결과로 이어진 것이다.

북한의 장거리 미사일 발사는 이미 4월 일본 도쿄에서 열린 동북아시아

협력대화NEACD에 참석한 북한의 김계관 외무성 부상이 힐 차관보와의 북미 양자대화를 거부당하면서 예고되었다. 민간단체가 주선한 이 대화에서 6자회담 수석대표들은 5차 6자회담 1단계 회의(2005년 11월) 이후 처음으로 한자리에 모였다. 이때 김계관은 힐 차관보와 담판을 할 요량으로 도쿄에 온 것 같았다. 6자회담 재개에 부심하던 한국 정부는 중국 정부와 긴밀히 협의하며 북미 양자대화를 원하는 북한과 이를 거부하는 미국의 입장을 절충하는 대화방식을 찾아 나섰다. 그 결과 중국의 우다웨이 외교부 부부장이 힐 차관보와 김계관 부상을 초청하여 3자가 대면한 뒤, 자신은 슬쩍 회동장소에서 빠져나오는 방식으로 북미간 대화를 성사시켜 보기로 했다. 실제로 우다웨이의 주선으로 3자 회동이 합의됐다. 나는 실낱같은 가능성이지만 이 대화에 기대를 걸고 있었다. 그러나 힐이 김계관을 만나러 가는 차 안에서 라이스 장관의 전화를 받고 차를 급히 돌렸다는 보고가 들어왔다. 3자회동이 불발로 끝난 것이다. 이 사건 이후 북한의 전략은 장거리 미사일과 핵 능력 과시라는 대미 맞불작전으로 완전하게 돌아섰다.[12]

북한은 2006년 6월 1일 외무성 대변인 담화를 통해 미국에 최후의 신호를 보냈다. 그동안 미국이 BDA 제재를 해제하지 않는 한 6자회담에 복귀하지 않겠다는 입장에서 한발짝 물러나 "미국이 진실로 공동성명을 이행할 정치적 결단을 내렸다면 그에 대하여 6자회담 미국측 대표가 평양을 방문하여 우리에게 직접 설명하도록 다시금 초청한다"고 밝혔다. 그러나 미국은 북한의 제안을 즉각 거부했다. 토니 스노 백악관 대변인은 "미국은 북한과의 양자 협상을 수용하지 않을 방침"이라고 명확히 밝혔다.

그런데 북한은 이 담화에서 "미국이 우리를 계속 적대시하면서 압박 도수를 더욱더 높여나간다면 우리는 생존권과 자주권을 지키기 위하여 부득불 초강경 조치를 취할 수밖에 없게 될 것"이라며 미국과의 양자대화가 불발이 되면 군사적 시위를 하겠다고 공언했다. 이 말은 북한이 미사일 발사를 준비하는 움직임이 포착된 가운데 나왔기 때문에 현실로 이어질 가능성이 매우 컸다. 이처럼 노골화되는 북한의 도발을 멈출 수 있는 방법은 북미 양자대화 혹은 북한의 6자회담 복귀였으나 그것은 한국 정부의 능력을 벗어난 일이었다.

한편 북한의 장거리 미사일 발사는 그 자체로도 6자회담의 전도를 어둡게 만들었을 뿐 아니라, 북핵문제 해결을 위해 끊임없이 창의적 대안을 제시하고 북한과 미국을 설득해온 한국 정부의 입지를 크게 좁혀놓았다. 정부는 북한이 장거리 미사일을 발사할 경우 미국과 야당으로부터 대북 포용정책의 전환을 요구받을 것이라고 예상했다. 특히 미국은 우리에게 여러 가지 대북압박을 요구할 것이 분명했다. 국내 여론도 정부가 마치 아무 일이 없었다는 듯이 지나가게 내버려두지 않을 것이다. 그렇다고 개성공단이나 금강산관광에 손대는 것은 남북관계를 망치는 위험한 일이었다. 그래서 나는 쌀 지원을 버리는 카드로 쓰기로 했다. 북한에 대한 쌀 지원을 중단하는 것이 아니라, 북한이 6자회담에 복귀하면 즉각 지원하기로 했다.

정부는 2006년 5월부터 다양한 통로를 통해서 북한의 미사일 발사 움직임을 저지하기 위해 북한 설득에 나섰다. 6월 16일 나는 최승철 부부장에게 "북한이 장거리 미사일을 발사하면, 그것은 남측 국민의 평화를 위협하는 행위이기 때문에 묵과할 수 없으며, 그렇게 되면 북한에 대한 쌀 지원은 국민여론상 통일부장관인 내 목이 10개라도 안 된다"라는 메시지를 상부에 전달해달라고 요청했다. 그러나 북한이 나의 으름장에 영향을 받을 리 없었다. 정부도 우리가 할 수 있는 노력을 다하는 것이지, 그것으로 북한의 태도가 바뀌리라고 기대하지는 않았다.

이러한 상황에서 북한의 움직임이 보다 분명해지자, 6월 17일 부시정부는 북한이 미사일을 발사할 경우 우리 정부에 요청하는 사항을 넌페이퍼 형식으로 전달해왔다. 내용은 다음과 같았다.

"만약 북한이 발사를 강행할 경우 우리는 한국측이 포용정책의 일부 측면들을 재고할 것을 촉구한다. 구체적으로는 김대중 전 대통령의 방북 취소, 개성공단 확대 중단 및 추후 예정된 공사 관련 남북 실무접촉 취소, 남북경제협력추진위원회 개최 취소 및 남북장관급 회담 중단 등을 고려할 수 있을 것이다. 우리는 또한 한국측이 미국의 확산방지구상PSI 관련 원칙을 모두 승인하고 대량살상무기WMD 및 동同 운반수단의 수송 중단을 목적으로 하는 훈련에 참가할 것을 촉구한다." 이밖에도 미국은 긴급한미일 3자 협의를 제안하고 "역내 미사일방어MD 강화를 고려"하자고 요구했다.

한마디로 미국은 북한이 장거리 미사일을 발사한다면 포용정책을 포기하고 PSI 정식가입을 추진하며 MD체제를 수용하라고 요구한 것이다.*
나는 이 요구사항들을 보고 미국이 압박하고 싶은 것이 북한인지 아니면 그동안 미국의 정책과 불화해온 한국 정부의 대북포용정책인지 혼란을 느꼈다. 'BDA 사건'으로 9·19공동성명을 유린하고, 북한과 치킨게임을 하며 상황을 이 지경까지 몰고 온 데 북한과 공동책임이 있는 미국이 반성은커녕 마치 대목이라도 맞은 것처럼 이때다 싶어 우리를 과도하게 압박하는 것이 참을 수 없을 만큼 불쾌했다. "왜 우리가 북한 장거리 미사일 발사 때문에 포용정책을 바꾸어야 하나?" 약소국의 장관으로서 내외의 강경 분위기 속에서 대놓고 불만을 토로하진 못했지만, 이 기회를 틈타 우리 대북정책의 손발을 묶고 우리가 반대해온 MD체제 편입과 PSI 가입을 실현하려는 부시정부의 의도가 너무 얄팍해 보였다.

이 넌페이퍼의 의중을 보건대 부시정부는 '출구가 없는 전략'으로 한국

---

* 이 넌페이퍼에는 비료·쌀 지원과 금강산 관광이 빠져 있었다. 넌페이퍼란 '백지에 메모하듯 자유롭게 써서 의사 전달을 하는 방식', 즉 공식 외교문서로 하기에는 부담되어서 비공식 문서의 형식을 빌어 자신의 의견을 전하는 문서인데, 미국 관리들이 생각나는 대로 정리하다가 이 항목들을 빼먹은 것 같았다. 상식적으로 훨씬 고강도의 요구가 담겨 있는데, 이것들은 문제시하지 않는다는 건 생각하기 힘들다.

정부를 압박하고 있었다. 그러나 미국의 의도대로 한국이 중요한 대북관계를 모두 포기한다면 한반도에서 갈등은 더욱 격렬한 형태로 빈번하게 발생할 것이며 종국에는 상황이 더욱 악화될 것이다. 이러한 판단으로 참여정부는 미국의 요구에 응하지 않았다. 다만 북한이 장거리 미사일을 발사하자 북한에 대한 쌀 지원을 유보시켰다. 이미 취소하기로 결정된 김 전 대통령의 방북계획 이외의 남북관계는 큰 변화 없이 진행시키기로 했다.

내가 수석대표로 참가하는 제19차 남북장관급회담(2006년 7월 11일 부산)도 예정대로 개최하기로 했다. 이 회담 개최에 대해 정부 내에서 이견이 있었으나 나는 예정대로 진행되어야 한다고 강력하게 주장했다.[13]

사실 통일부는 제19차 남북장관급회담이 난항을 겪으리라는 것을 충분히 예상하고 있었다. 이미 내가 북한이 6자회담에 복귀하기 전까지 쌀 지원을 유보한다고 천명했기 때문에, 6자회담에 복귀할 생각이 없이 쌀 지원을 기대하며 내려오는 북한이 회담을 원만하게 이끌 리 없다고 보았다. 예상대로였다. 결국 북한이 쌀 지원 유보에 대한 우리의 입장이 단호하다는 것을 확인한 뒤 회담 조기 종결을 요구하여, 회담은 공동보도문도 내지 못한 채 하루 일찍 종결됐다. 이후 남북당국간 공식대화는 중단되었다. 나는 장관급회담의 파행으로 많은 비판을 받았다. 그러나 실제 남북관계의 중단은 통일부 공식 라인에 국한되었다. 군사 분야의 실무적 의견 교환이나 비공개 남북통로는 이후에도 가동되었으며, 남북경협이나 사회문화교류도 큰 차질 없이 진행되었다.

비록 19차 남북장관급 회담은 파행을 면치 못했지만 나는 이를 통해서 미국과 북한에 각각 메시지를 전하고 싶었다. 먼저 미국 정부는 한국 정부가 북한의 6자회담 복귀를 주장하다 회담이 파행된 것을 보았다. 나는 이를 통해 부시정부가 그들이 못마땅해하는 남북회담이 남북간의 일만 다루는 것이 아니라 북핵문제도 집중적으로 다룬다는 사실을 인식했으면 하는 바람이 있었다. 또한 쌀 지원을 6자회담 복귀조건으로 내걺으로써 우리가 미국의 넌페이퍼는 거부했지만 우리 방식대로 유엔의 대북제재에 참여하고 있다는 것을 보여주려고 했다. 이를 통해 북핵 상황이 악화돼도 미국이 함부로 남북관계 중단 등을 담은 넌페이퍼를 다시는 우리 정부에 들이밀 생각을 하지 못하도록 하고 싶었다. 어차피 6자회담이 재개되지 않으면 핵실험까지 예정된 수순을 밟아야 하는 상황에서 쌀 지원 유보로 불가피하게 초래된 '남북관계의 경색'마저도 정부가 부시정부에 대해 할 말을 할 수 있는 근거로 삼아야 한다고 생각한 것이다.

나는 북한에게도 참여정부가 "말을 하면 그대로 한다"는 것을 보여주고 싶었다. 나는 북한 간부들에게 북한이 장거리 미사일을 발사하면 우리 국민의 세금으로 이루어지는 대북 쌀 지원을 할 수 없다고 분명히 말했다. 향후 남북관계의 건강한 발전을 위해서는 이 말이 허언이 아니라는 것을 확실히 보여주어야 한다고 생각했다.

특히 쌀 지원 유보 카드를 꺼내 든 이유는 북한의 태도 변화에 대처하여 빠른 대응이 가능하고 미국이 요구한 다른 대북 제재 항목들에 비해 남북관계에 미치는 부정적 영향이 덜하다고 판단했기 때문이었다. 아울러 만약 북한에 쌀을 지원하다가 북한 핵실험에 직면하게 되면, 내외에서 격렬한 비판이 솟구쳐서 참여정부의 국정운영이 심각하게 어려워질 것이라는 정치적 판단도 했다.

그러나 이러한 전략적 계산 이전에 북한이 우리가 명백히 잘못이라고 규정한 행동을 했는데도 아무런 대응을 하지 않는 것은 곤란하다고 생각했다. 그것은 우리가 북한에 대해 영향력을 전혀 갖고 있지 못하다는 뜻이다. 이를 다른 말로 표현하면 남북관계 발전은 오직 북한의 적선(?)에 의존해야 한다는 뜻이다. 우리가 북한을 도와주면서 이런 상황에 처하는 것은 국민에 대한 도리가 아니라고 생각했다

그런데 북한의 장거리 미사일 발사에 대응해 쌀 지원을 중단한 것을 두

고 나는 적지 않은 비판을 받았다. 일부에서는 참여정부의 대북정책이 오락가락한다고 비판했으며 어떤 이들은 "어떻게 먹는 것 가지고 장난치냐?"고 비난했다. 그러나 참여정부는 대북정책에서 오락가락하지도 않았으며, 먹는 것을 가지고 장난치지도 않았다. 그것은 핵실험으로 진행되는 위기의 국면에서 정부가 할 수 있는 최소한의 조치였다. 사실 남북간에 쌀은 비료와 달리 관례적으로 경제협력이나 군사적 긴장완화 등 북한의 전향적 조치와 맞바꾸면서 차관 형태로 제공되어왔다. 반면에 비료는 남북간에 명백히 인도주의적 품목으로 규정되어 있었다. 그래서 통일부는 북한이 장거리 미사일을 발사한 뒤에도 아직 인도되지 않은 수만 톤의 비료를 약속대로 북한에 전달했다. 나는 그 문제 때문에 국회에서 한나라당 의원들로부터 혹독한 비난을 받기도 했다.

솔직히 나는 우리 국민이 심각하게 불안을 느끼고 나라의 평화를 위협받는 상황에서는 평화도 인권이라고 생각했다. 우리 국민이 누려야 할 평화가 심각하게 위협받는 상황에서 국민의 평화로울 권리를 위해 대북 쌀 지원을 유보할 수 있다고 믿었다.[14]

한편 북한의 장거리 미사일 후에 SBS 한수진 아나운서와 대담 인터뷰(2006년 7월 23일)를 가졌다. 이 인터뷰에서 '북한의 장거리 미사일 발사로 북핵문제에서 참여정부의 역할이 한계에 부딪친 것 아닌가'라는 질문을 받았다. 나는 우리나라와 미·중·일이 모두 북한 미사일을 막으려고 했으나 어느 나라도 막지 못했다며 다음과 같이 말했다. "논리적으로만 본다면 (북한이) 가장 위협을 하고자 한 나라가 미국이라면 실패로 따지면 미국이 논리적으론 제일 많이 실패한 게 되겠죠. 그리고 우리도 역시 설득을 하다가 못했으니까 실패한 거고 중국도 실패한 겁니다. 그런 점에서 저희들이 실패했다는 점을 인정하지만 국제사회의 다른 나라들도 마찬가지로 북한 설득에 이렇게 어려움이 있었습니다." 이 말은 북한 장거리 미사일 발사를 참여정부 탓으로 돌리는 비합리적인 언론 분위기에 이

의를 제기한 것이었다.[15]

그렇지만 이렇게 당연한 얘기를 했는데도 야당이나 보수언론은 내가 미국 책임론을 제기하며 동맹에게 책임을 전가했다며 격렬하게 공격하고 나섰다.

노 대통령이 이 문제로 내가 국회에서 곤혹을 치르고 있는 것을 TV를 통해서 본 모양이었다. 어느 날 국무회의에서 대통령이 이 문제를 언급했다. 나는 상식과 합리성이 존중되고 국민이 당당한 주체의식을 갖는 나라를 건설하고자 한 대통령의 심정이 묻어난 그날의 발언을 아직도 잊을 수 없다.

"여러분이 국회에 가서 싸우리라고 생각하지 않지만은 장관이 소신에 찬 모습으로 답변하는 모습을 이번 정기국회에서 보고 싶습니다. (…) 변명거릴 만들라는 것이 아닙니다. 사물의 본질이 왜곡되게 비쳐지는 것을 막아야 한다는 것입니다. 진실이 국회에 가서 왜곡되는 것은 정말 옳지 않습니다. 사물의 진실이 바로 전달이 될 수 있도록 노력해야겠습니다. 지엽적인 문제가 본질이 되는 경우가 있는데 제가 SBS TV를 아침에 봤습니다. 이종석 장관이 '대북정책에 있어 미사일을 발사했다는 것은 한국의 실패를 의미하는 것 아닌가요?'라는 질문에 '군이 실패를 말한다면 미국이 제일 많이 실패했고, 한국이 좀 더 작은 실패를 했다고 봐야겠지요' 이런 취지로 답했습니다. 말은 그것만으로 맥락이 끊기고 그 말만 독립돼서 사회적 의미를 가지는 것이기 때문에 '미국이 실패했다'고 말한 것으로 전달되는 것은 막을 수 없습니다. 막을 수 없는데, 미국이 실패했다고 말하는 한국의 각료들은 국회에 가서 혼이 나야 되는 것이냐, 크고 작은 많은 실패가 있는데 그 많은 실패, 객관적으로 실패든 아니든 한국 장관이 '그 정책은 미국에서 성공한 것이 아니라고 본다'라고 말하면 안 됩니까? 국회에서도 혼을 내는 것을 봤는데 국회가 혼내는 자리가 아니었으면 좋겠습니다. 진실을 말하고 사실을 말하고 의견을 말하고 상대방을 설득하고 그랬으면 좋겠다는 생각인데 이것은 국회 스스로가 좀 달라져야 되지만 정부 각료들도 좋은 게 좋다는 식으로 하지 말고 좀 더 치열한 문제의식을 가지고 상황을 개선하려고 노력을 했으면 좋겠습니다."

북핵 실험, 연구실로 돌아오다

2006년 10월 9일 북한이 핵실험을 단행했다. 이를 막기 위해 소득도 없는데 분망하게 이리 뛰고 저리 뛰다가 당해서인지 충격을 받기보다는 맥이 탁 풀렸다. 예상했던 일이지만 누구나 그랬듯이 나도 이날이 오지 않기를 빌었다. 그래서 북한의 핵실험을 막기 위해 할 수 있는 역할이 너무나 제한되어 있다는 사실을 알면서도 마지막까지 노력했다.

이미 함경북도 길주군 풍계리에서 핵실험과 관련 가능성이 있는 움직임들이 2006년 8월 초부터 포착되었다. 8월 말부터는 북한의 조기 핵실험 가능성이 높아졌다고 판단하고 정부는 청와대 안보정책실을 중심으로 대책 마련에 들어갔다. 이러한 상황에서 북한 핵실험을 막기 위한 노력은 북한과 미국을 설득하는 양 방향에서 이루어졌다. 북한에 대해서는 2006년 8월부터 노 대통령과 김정일 위원장 간 마지막 담판을 위해 남북정상회담을 추진했다. 차갑게 얼어붙은 남북관계 속에서도 대북협상의 최고 베테랑인 서훈 실장이 직접 나서서 비공개접촉을 했으나 그들은 "상부에 보고하겠다"는 공허한 대답을 할 뿐이었다. 나나 대북고위전략회의 멤버들이나 북미의 첨예한 대결로 치닫고 있는 현 국면의 성격과 북한이라는 나라의 속성으로 볼 때, 그들이 정상회담에 응할 가능성이 극히 낮다는 것을 알면서도 손을 놓고 있을 수는 없었다. 우리는 2005년 7월에 한 김정일 위원장의 약속을 상기시키며 북측을 설득했으나 결국 실패했다.

미국에 대한 설득은 송민순 안보정책실장을 중심으로 해서 이루어졌다. 이것 역시 역부족이었다. 안보정책실은 '공동의 포괄적 접근방안'을 구상하여 꾸준히 미측과 접촉해왔다. 그리고 그 연장선에서 2006년 9월 14일 워싱턴에서 열린 한미정상회담에서 합의를 이뤄내려 했다. 그런데 한미정상회담에서 '공동의 포괄적 접근방안'을 마련하기로 합의했으나, 노 대통령이 9·19공동성명을 이행하기 위한 "대화재개 방안을 한미가 마련하여 6자회담 당사국들과 협의를 하면서 대화 재개의 모멘텀을 만들어나갈 것을 제의"한 데 대해 부시 대통령이 "그것이 내가 원하는 것"이라며 동의했을 뿐이지 구체적인 방법이 논의되지는 않았다. 이 과제는 이후 발전시키기로 양측 참모들에게 맡겨졌으나, 한국 정부가 구상하는 '공동의 포괄적 접근방안'이 미국 네오콘들의 입맛을 만족시키고, 북한 지도부의 구미를 당기도록 다듬어지는 것은 지난한 일이었다. 이 사실을 모를 리 없건만 속수무책으로 핵실험의 날을 기다릴 수는 없었다.

무엇보다도 남은 시간이 얼마 없었다. 9월 11일 나는 힐 차관보를 만나 "북한의 핵실험 가능성에 직면해서 모든 가능한 노력을 다해야 하고 이러한 노력에 예외를 두어서는 안 된다고 생각한다"며 지난 6월 1일에 북한이 그를 초청한 것을 다시 고려해보라고 권유했다. 그렇지만 힐 차관보는 "장관님 말씀은 이해하지만, 워싱턴에서는 북한이 핵 포기도 하지 않고 우리를 이용만 하고 있는데 만나는 것이 무슨 소용이 있겠는가 하는 회의론이 지배적이며, 북한이 궁극적으로 핵실험을 할 것으로 보는 분위기가 강하다"고 대답했다. 힐과 같은 창조적인 협상가가 워싱턴에서 발언권이 세지려면 북한이 유연성을 보여야 하나 현실은 반대였다. 힐은 "문제는 북한이 본인에게 일할 거리를 주지 않고 있으며 워싱턴의 회의적인 시각을 반박refute할 여지를 주지 않고 있다는 점"이라고 고충을 토로했다.

10월 1일 6자회담 중국측 수석대표인 우다웨이 중국 외교부 부부장이 나를 찾아왔다. 그는 10월 13일 노 대통령의 중국 방문을 협의하고 6자회담 재개를 논의하기 위해 한국에 왔다. 그는 특히 9월 하순 천영우 6자회담 수석대표의 미국 방문 결과에 관심이 컸다. 만약 한미간 협의가 구체적으로 진전되어 북측에 내놓을 만한 안이 마련되었다면 그는 곧장 그것을 가지고 평양을 방문하여 북한지도부를 만나 설득할 생각이었던 것 같았다. 그러나 천 대표의 워싱턴 방문은 이렇다 할 성과를 거두지 못했다. 워싱턴의 분위기로 보았을 때, 어느 누가 갔어도 마찬가지였을 것이다. 우다웨이는 한미협의가 합의안을 만들어내지 못한 데 대한 아쉬움 속에서도 한국 정부에 신뢰를 표현했다. "저는 미국과 한국이 협의하고 있는 방안에 공개적으로 지지를 표했습니다. 이는 저에게 정치적으로 위험이 따르는 일입니다. 왜냐하면 확정된 것이 없으니 제가 무엇을 지지하는지도 확정되지 않았기 때문입니다. 그래도 그렇게 하는 이유는 제가 전적으로 한국 친구들을 믿기 때문입니다."

결국 모든 노력은 허사로 돌아가고 우리는 북한 핵실험을 속절없이 지켜보게 되었다. 나는 극도의 긴장 속에서 가장 먼저 주식시장의 동향에 주목했다. 북한 핵실험이 한국 경제에 미치는 타격이 어느 정도일지 의뢰한 분석 중에서 주식 가격이 30~40% 폭락할 것이라고 예측한 곳도 있었기에 나는 주식시장이 가장 크게 걱정되었다. 정말 주가가 그 정도 폭락하면 한국경제는 망한 것이나 다름없다. 그러나 다행히 주식시장은 크게 동요하지 않았다. 나는 안도의 한숨을 내쉬었다. 주식시장이 법석을 떨며 안보불안을 오히려 조장하는 듯한 언론보다 낫다고 생각했다.

나는 북한의 핵실험에 대해 극도로 우려했지만, 핵실험으로 모든 것이 끝났다고 보지 않았다. 우리는 북한 핵실험을 막기 위해 북이 핵실험을 했을 때 취할 조치를 정책 전환의 한계선으로 간주하여 '레드라인red-line'을 정했지만 막상 핵실험에 직면해서는 그대로 실행하지 않았다. 그것이 오히려 정세를 불안하게 하고 경제를 위험에 빠뜨릴 수 있기 때문이다. 미국도 항상 레드라인을 얘기하지만 막상 그 상황이 닥치면 특별히 레드

북 핵실험 강행…노대통령 "포용정책 어렵다"

대북정책 기조 수정 가능성 비쳐

국정원장 "풍계리서 추가실험 징후"

주가 급락·환율 급등
금융시장 '후폭풍'
정부, 비상대책팀 구성키로

북, 핵포기-생존보장 '외길'

뉴스 분석 미국의 선택 주목…전세계 핵무장 확산 우려

> 북한의 핵실험이 있고 나서 나는 내가 더 이상 대통령에게 누가 되서는 안 된다고 생각하고 사임을 결심했다. 하지만 대북포용정책은 그럼에도 꾸준히 추구해야 할 길이라고 생각하고, 잘 인계하려고 했다. 포용정책의 지속적인 추진은 노무현 대통령 역시 같은 생각이었다. 일부 언론은 노 대통령이 핵실험 이후 포용정책에 대한 생각이 바뀌었다고 보도했지만, 그건 사실이 아니었다.(한겨레, 2006년 10월 10일)

라인을 언급하지 않았다.

나는 북한 핵실험이 있던 날 통일부장관직을 사임하기로 결심했다. 그렇지만 마지막 소임으로 북핵 실험으로 악화된 여론 속에서 드세어질 '포용정책 흔들기'로부터 포용정책을 지키고, 더욱 강화될 대북제재 국면에서 개성공단과 금강산관광사업을 지켜내기로 마음을 다졌다. 다행히 대북포용정책의 기조는 어렵지 않게 지킬 수 있었다. 10월 9일 노 대통령이 한일정상회담 후 기자회견에서 "북한의 핵실험 실시는 한반도와 동북아 평화 안정을 위협하는 중대 사태이며, 정부도 이 마당에 포용정책만을 계속 주장하기는 어려운 문제"라는 발언을 했는데, 언론에는 이것이 마치 노 대통령의 포용정책의 재검토 시사로 비쳐졌다. 나는 국회로 가는 도중에 이 발언을 보고받고 즉시 청와대로 전화를 걸어 윤태영 비서관에게 대통령의 진의를 확인했다. 윤태영은 대통령께서 북핵 실험으로 변화한 상

황에 따라 일부 조정은 필요하지만 포용정책의 전환은 전혀 생각하고 있지 않다며, 그대로 언론과 국민에게 설명하면 된다고 확인해주었다. 그 말대로 나는 일부 조정은 있을 수 있으나 포용정책의 기조에 변화가 없다는 점을 분명하게 밝혔다.[16]

노 대통령이 포용정책의 기조를 재검토한다고 했으면 아무리 내가 대통령을 존경하고 그의 최측근 참모라 해도 당장 사표를 냈을 것이다. 합리적인 이유 없이 내 철학을 버릴 수는 없기 때문이다. 그러나 노 대통령은 포용정책을 재검토한 적이 없었다. 다만 북한 핵실험이라는 최악의 상황을 맞이하여 국제역학과 북한에 대한 우리의 분명한 의지표현, 내외 여론 등을 감안하여 전술적 조정을 하겠다고 했을 뿐이었다. 나 역시 이미 북한의 장거리 미사일 발사 때 쌀 지원을 유보하기도 한 것처럼, 포용정책의 내용에는 북한의 부정적인 행동을 합리적인 수준에서 견제할 수 있는 장치가 포함되어야 한다고 믿었다.

노 대통령은 통일부와 다른 외교안보 부서 간 의견이 대립되어 있던 개성공단 및 금강산관광사업과 관련해서도 이 사업들과 새롭게 통과된 유엔 안보리 결의가 "직접적인 관련성이 없다"고 결론을 내렸다. 북한 핵실험 후 정부 내에서는 개성공단은 몰라도 적어도 금강산관광은 중단시켜야 한다는 의견이 상당히 강했다. 그때 토론 과정에서 내가 고립된 섬이라고 느껴질 정도로, 미국의 요구에 부응하고 악화되어 있는 여론에 대응하기 위해 최소한 금강산관광은 중단해야 한다는 것이 대세였다. 그러나 대통령이 "그것은 대단히 위험하고 전략적으로 바람직하지 않다. 금강산관광은 손댈 수 없다"고 확고한 입장을 표명함으로써 상황이 정리되었다.

한편 부시정부는 북한 장거리 미사일 발사 때와는 달리 한국 정부에 미국이 희망하는 대북 제재 목록을 제시하지 않았다. 다만 여러 경로를 통해서 금강산관광은 곤란하다는 입장을 전해왔다. 10월 18일 힐 차관보가 이 문제를 가지고 날 찾아왔다. 이날 힐 차관보는 미국이 한국 정부에 어떤 제재를 하라고 구체적으로 요구할 수는 없다고는 하면서도 금강산관광에 대해 회의적인 발언을 했다. 나는 그에게 금강산관광사업의 연혁과 의미 등을 자세히 설명하며 이 사업이 지속되어야 한다고 역설했다.

힐 차관보: 개성공단은 금강산관광보다 이해가 잘 됩니다. 개성공단을 통해서 북한 사람들이 보다 나은 미래를 경험할 수 있는 기회를 줄 수 있기 때문입니다. 하지만 금강산은 잘 모르지만 다른 특성이 있는 것 같습니다. 그렇다고 제가 어떤 판단을 강요하려는 것은 전혀 아닙니다. (…) 한국에서 우리 모두가 기대하는 강력한 신호는 나오고 있지 않은 것 같습니다. 어떤 것을 하라고 말씀드리는 것은 아니지만 무언가 하긴 해야 하는 것 아닌가 하는 생각입니다. (…)

통일부장관: 한국 정부가 손 놓고 있는 것처럼 말씀하셨는데, 그렇다면 무엇을 기대하는 것인지 차관보님의 말씀을 듣고 싶습니다.

힐 차관보: 제가 언론에 말할 때 한국에게 이래라 저래라 말하지 않았다고 양심에 거리낌없이 말하고 싶습니다.(웃음)

통일부장관: 정부 차원의 대북지원이 중단되었고 남북당국간 경협도 중단되었습니다. 미사일 시험 발사 직후 쌀 지원을 중단하면서 철도연결을 위한 자재 제공도 유보했었는데, 이것도 중단되었습니다. 우리가 8000만 달러 어치의 경공업 원자재를 제공하는 대신 북한의 지하자원을 받기로 한 남북간 합의가 있는데, 이것도 중단되었습니다. 정부 차원의 지원은 한 푼도 없는 상태입니다. 그렇다면 민간분야만 남게 되는데 한반도에서의 지속적인 남북대결로 인해 전략물자통제 등 규제가 매우 강력합니다. (…) 남북당국이 2006년에 지원하기로 합의했던 것이 금액으로 3억5000만 달러이며 이는 전부 현물이지 현금은 없습니다. (…)

할 차관보: '추가적 군사적 긴장 고조'라는 말씀은 금강산 관광객들에게 군사적으로 위협을 가할 것이란 말씀입니까?

통일부장관: 금강산 관광객들은 군사분계선상의 철조망을 뚫고 놓은 도로를 통과해 금강산으로 가고 있습니다. 이 통로가 닫혀버리면 긴장이 고조되고 경제에 악영향을 끼칠 것이라는 말씀입니다. (…) 차관보께서 이 방을 나가시면 기다리고 있던 기자들이 금강산관광에 대해 질문을 할 것입니다. 그때 한국 정부의 판단을 존중한다고 말해주시면 좋겠습니다.

힐 차관보: 그렇게 하겠습니다. 그러나 금강산을 가겠다고는 하지 않을 것입니다.(웃음)

통일부장관: 한국 정부는 미사일과 핵실험 후 북한과의 관계에서 미국이 생각하는 것보다 훨씬 많이 중단했음을 이해할 필요가 있습니다.

힐 차관보: 라이스 장관님이 북한의 도발로 인해 유보된 무역과 지원의 총 금액을 물어보면 제가 뭐라고 답변해야 하겠는지?

통일부장관: 정부지원과 협력사업으로 중단된 금액 규모는 3억5000만 달러입니다.

힐 차관보: 현금입니까?

통일부장관: 아닙니다. 노무현 대통령 취임 이후 지난 4년 동안 정부가 북한에 단 한 푼도 현금으로 준 것이 없습니다.

이 면담 후 나는 한국 정부가 북한의 장거리 미사일 발사 후 중단한 대북지원사업의 이름과 규모(금액)를 영문 목록으로 작성하고, 또한 미국이 중시하는 금강산관광사업과 개성공단사업을 통해서 북한에 지불되는 비용이 도합 2000만 달러 이하로 정부가 중단한 지원사업 총액 3억5000만 달러의 6% 정도에 불과하다는 것을 자료로 만들도록 했다. 나는 이 자료를 힐 차관보에게 전달했으며 힐은 그것을 라이스 국무장관에 그대로 보고했다. 이 자료는 미국 정부가 한국 정부에 대북 추가제제 요구를 더 이상 하지 않도록 하는 데 중요한 기여를 했다. 나는 당시 통일부를 방문하는 미국 관료들에게 우리는 남북대결 속에 이미 상당한 수준으로 북한을 규제하며 살아왔으며, 북한의 장거리 미사일 발사 이후에는 누구보다도 많은 금액에 해당하는 제재를 해왔다고 설득했다.

한편 북한이 핵실험을 했다는 보고를 받는 순간 나는 참여정부에서 나의 역할은 여기까지라는 생각이 직감적으로 들었다. 아니, 이미 2006년 여름부터 북핵문제가 파국을 향해 치달으면서, 핵실험 사태가 발생하면 사표를 내야겠다는 생각을 마음속에 담고 있었다. 통일부장관이나 NSC 상임위원장으로서 내 책임이 크기 때문에 사임하겠다고 생각한 것은 아니었다. 엄밀히 말해 북핵 담당 부서는 외교부였으며, 총괄 책임자는 청와대 안보정책실장이었다. NSC 상임위원장으로서 져야 할 책임의 몫도 형식적인 것에 지나지 않았다. 물론 그래도 언론은 과거 3년간 NSC에서 북핵 문제를 총괄 조정했던 내 역할을 가지고서 나를 바라봤으며, 나 역시 그런 언론의 평가와 비판을 피할 생각이 없었다. 누군가 책임을 져야 한다면 내가 책임을 져야 한다고도 생각했다.

그렇지만 내가 사임을 결심한 진정한 이유는 다음과 같은 것이었다. 첫째, 나는 북한이 핵실험을 단행하기 전에 우리 대통령에게 김정일 국방위원장과의 담판 기회를 마련해드리는 것이 책무라고 생각하고 이를 시도했으나 실패했다. 둘째, 내가 더 이상 통일부장관으로 앉아서 의미 있는 역할을 하기 어렵다고 판단했다. 터무니없는 비난이지만 야당이나 보수언론이 핵실험을 내 탓으로 돌리며 끊임없이 정치적 공세를 가해오는 상황에서 이전처럼 힘을 가지고 업무를 소신껏 추진하기 어렵다고 생각했다. 셋째, 내가 사퇴하는 것이 대통령의 정치적 부담을 더는 일이라고 생각했다. 핵실험을 계기로 대통령에 대한 정치적 반대세력의 비난이 격화되었다. 그리고 그 비난의 상당부분은 나를 끌어들이고 있었다. 내가 물러나는 것이 대통령의 국정운영 부담을 더는 길이었다. 마지막으로 이제 정말 심신이 지칠 대로 지쳤다. 통일부를 좀 더 이끌어봤자 한반도 정세는 이미 내 구상을 실천하기 어렵게 흘러가고 있었다. 이제 연구실로 돌아가고 싶었다.

　나는 라이스 미 국무장관 방한 직후 윤태영 연설기획비서관에게 전화를 해서 대통령과 면담 일정을 잡아달라고 부탁했다. 사임의사를 밝히려고 한다니까 그는 대통령의 인사구상에는 내 교체에 대한 것은 없으니, 그런 생각하지 말라며 말을 들으려 하지 않았다. 다음날 다시 전화를 걸어 "대통령께 꼭 말씀을 드려달라. 이제는 내가 물러나야 할 때"라고 거듭 사의를 밝혔다. 이렇게 해서 10월 24일 오찬을 함께하자는 대통령의 연락이 왔다. 사표수리를 결심하셨다는 뜻이다. 그날 관저에서 대통령과 오찬을 함께하며 지난 4년 동안 한결같이 부족한 나를 신뢰해준 대통령께 마음으로부터 우러나온 감사의 말씀을 드렸다. 핵실험 전에 능력 부족으로 김정일 위원장과의 담판을 성사시키지 못한 점에 대한 송구한 마음도 표현했다. 그리고 다음과 같은 건의를 드렸다. "제가 학계로 돌아가면 대통령 퇴임하신 뒤 제 나름대로 대통령님을 잘 모시겠습니다. 다만 정치하라는 말씀만 하지 말아주십시오." 대통령은 말없이 씩 웃었다.

　10월 25일 나는 통일부 기자단에 나의 사임 사실을 직접 발표했다. "평소 공인에게는 떠날 때를 정확히 판단하고 그에 맞게 행동하는 것이 중요하다고 생각해왔다. 북한 핵실험 사태에 직면해서 국민과 대통령께 한없이 죄송하게 생각해왔다. 국회에서 책임을 회피하지 않겠다고 밝힌 바 있다. 어제 대통령님을 뵙고 통일부장관직을 물러나겠다는 뜻을 말씀드렸다. 통일부장관으로서 대북정책 수행과정에서 큰 과오가 있었다고 생각하지 않으며, 대북포용정책이 거두어온 성과들에 대해서도 확신을 가지고 있다. 그러나 핵실험을 계기로 한반도 평화와 안정, 남북화해를 위한 그동안의 노력과 소중한 성과들이 무차별적으로 도마 위에 오르고 정쟁화政爭化되는 상황에서 나보다는 더 능력 있는 분이 와서 이 문제를 극복해가는 것이 필요하다고 생각한다. 지금은 대북정책을 둘러싸고 여야, 또 시민사회가 극단적으로 대립하기보다는 함께 머리를 맞대고 의논해가는 모습이 필요할 때다. 앞으로 우리의 평화번영정책, 대북포용정책은 변화된 상황에 탄력적으로 대응해가면서 더욱 발전해나갈 것이다." 나는 "한 나라의 국무위원이 애국심을 의심받고 인격을 훼손당하는 감당하기 어려운 색깔론적 공세를 받는 것은 제가 마지막이었으면 하는 간절한 바람이 있다"고 기자단에 심정을 밝혔다.

그런데 내가 사임의사를 밝히고 퇴임하기까지 한 달 반 동안 중요한 두 가지 사건이 발생했다. 하나는 미국의 PSI 가입요구를 둘러싸고 정부 내에서 발생한 대격돌이다. 또 다른 하나는 그처럼 완고하던 부시정부의 대북정책이 아이러니하게 북한의 핵실험 직후부터 크게 변화하기 시작한 것이다.

나는 퇴임을 앞둔 상태에서 PSI 가입 문제를 놓고 청와대 안보정책실과 심각하게 의견충돌을 빚었다. PSI 가입 문제에 대해서는 부시정부의 거듭된 요청에도 불구하고 우리 정부는 한반도의 특수한 상황을 고려하여 정식가입을 하지 않고 선별적으로 참여해왔다. PSI는 의심이 가는 선박 등을 강제로 정선停船시켜 수색할 수 있는 권한까지 갖는 대량살상무기 비확산을 위한 새로운 국제체제다. 미국은 불량국가나 테러리스트들의 손에 대량살상무기가 넘어가는 것을 막으려고 국제법적 근거가 미약하다는 논란을 무릅쓰고 이 체제를 만들었으며 가장 중요한 표적을 북한으로 삼았다. 한국 정부 입장에서는 그 취지를 이해하지 못하는 것은 아니나 PSI에 가입하게 될 경우, 한미 당국이 서해상에서 대량살상무기를 실은 것으로 의심되는 북한 선박을 강제 검색하게 될 수 있다. 그런데 이러한 행위는 자칫 남북간의 군사적 충돌로 이어질 위험성이 크다. 그러한 일이 벌어지면 한반도에는 전쟁 위험이 급격히 고조된다. 이는 무역으로 먹고 살고, 주식시장의 외국인 투자비율이 40%에 달하는 대한민국 현실에서는 가장 피하고 싶은 상황이다. 그런 위험한 충돌을 피하면서 수색할 수 있는 방법도 있었다. 북한의 선박이 서해나 동해를 빠져 나가도 다른 제3

국의 바다를 지나거나 공해상을 지날 것이기 때문에 그곳에서 검색을 하면 된다. 그 경우는 제3국과 북한 사이에 외교적 분쟁은 발생할 가능성이 높지만 우리처럼 군사적 충돌의 위험성은 없다.

바로 이러한 이유 때문에 한국 정부는 그동안 PSI 가입에 유보적인 입장을 취해왔다. 정부는 "한반도 주변 수역은 2005년 8월에 채택된 남북 해운합의서에 따라서 관리하고 한반도 이외의 수역에 대해서는 구체적인 상황에 따라 우리가 판단하여 참여 여부를 결정하겠다"는 입장을 가지고 있었다.

그런데 미국이 북한의 장거리 미사일 발사 때부터 이 문제를 제기하더니, 핵실험을 계기로 더 강하게 PSI 가입을 압박해왔다. 그 결과 외교부에 이어 청와대 안보정책실도 PSI 가입 찬성으로 돌아섰다. 정부 내에서는 통일부만이 기존 입장을 고수하는 상황이 되었다. 그러나 내가 보기에 이것은 타협의 여지가 없었다. 북한이 핵실험을 했다고 해서 한반도 주변 수역에서 북한에 대해 PSI 규정을 적용했을 때의 위험성이 달라지는 것은 아니다. 나는 비록 퇴임을 앞둔 힘 빠진 장관이지만 이것을 나의 마지막 사명이라 생각하며 내가 가지고 있는 자원을 총동원하여 막아내기로 결심했다. 정부 안에서는 이 문제를 두고 여러 차례의 내부 토론과 대통령 주재 회의를 거쳤지만 결론이 나지 않았다. 대통령도 안보정책실의 지속적인 건의와 나의 반대 사이에서 결론을 내리지 못하고 있었다.

나는 이 문제를 당정협의로 끌고 가기로 했다. 대통령도 같은 생각이었다. 당정협의에서는 자신이 있었다. 마침 김근태 의원이 열린우리당 의장을 맡고 있을 때였다. 김 의장을 찾아가 사정을 말씀드리니, 당장 PSI 문제는 당정협의 없이 정부가 독단으로 결정할 수 없다는 입장을 천명했다. 한명숙 국무총리도 통일부 입장을 지지해주었다. 당정협의에서도 안보정책실은 PSI 가입의지를 꺾지 않았으나 결국 PSI에 가입하지 않는 쪽으로 결론이 났다. 나는 이때 김근태 의장 등 당 지도부에 대해서 진심으로 고

마움을 느꼈다.[17]

한편 부시정부는 북한이 핵실험한 지 한 달도 지나지 않아 강경일변도의 대북정책을 포기하고 새로운 변화를 모색했다. 계기는 공화당의 중간선거 참패였다. 부시 대통령은 선거패배 직후인 11월 8일 네오콘의 상징인 럼스펠드 국방장관을 전격 경질하고 대외정책의 변화를 예고했다. 이 과정에서 대북정책도 확 바뀌었다. 미국은 그토록 꺼리던 북한과의 대화에 나서고, 처음으로 '북한문제'에서 북핵문제를 최우선 순위에 두는 정책을 펴기 시작했다. 2006년 11월 18일 베트남 하노이에서 열린 한미정상회담에서 노무현 대통령은 드디어 4년 만에 처음으로 북핵문제를 진심으로 풀 의향을 가진 새로운 표정의 부시 대통령을 만났다.

노 대통령: 지금과 같이 여러 조건들을 복잡하게 놓고 밀고 당기는 협상방법으로는 이 문제를 풀기 어려울 것입니다. 문제의 해결을 위해 북핵 폐기에 집중해야지, 인권·민주·독재체제 등 핵 이상의 목표를 달성하려고 해서는 핵문제 해결이 어렵습니다.

부시 대통령: 우리도 전적으로 동의합니다. 그것이 우리의 목표이며, 그 외의 인상을 받으셨다면 그것은 전혀 사실이 아닙니다. 우리는 핵폐기에 온전하고 완전하게 집중하여야 합니다. 만약 누군가가 그렇지 않다고 각하게 말한다면 그것은 사실이 아닙니다. 우리의 입장은 분명합니다.

미국의 이러한 대북정책의 전환은 결국 2007년 2월의 2·13합의로 이어졌다. 퇴임을 준비하면서 나는 만시지탄을 느끼면서도 다행스러웠다. 그러나 북한이 한 차례 핵실험을 한 뒤에야 기존 정책을 바꾸는 것을 보며, '소 잃고 외양간을 고치는' 부시정부의 어리석음에 아쉬움의 한숨이 안 나올 수가 없었다.

나는 12월 5~6일 금강산을 방문하고 12월 8일(금요일) 남북협력의 최전선인 개성공단을 방문하는 것으로 마지막 공식 업무를 마쳤다. 그리고 12월 11일 오전 이임식을 마치고 정든 통일부 직원들과 작별했다. 통일부를 떠나면서 나를 믿고서 남북관계를 업그레이드시키기 위한 전략과 구상을 짜고 실천하기 위해 동분서주했던 통일부 식구들에게 괜히 의욕만 불어넣고 떠나는 것 같아 미안한 마음이 가득했다. 나를 따라 NSC를 나섰던 김성배와 이병도(수행비서관), 그리고 새로운 꿈을 품고 나의 정책보좌관(4급)이 되었던 김현정 등에게도 미안했다. 내 사임과 함께 그들도 통일부를 떠났다.

사표를 낸 뒤 그 후의 처신에 대해서 크게 고민하지 않았다. 한때 대통령을 모시고 나라의 통일외교안보를 총괄하며 '실세'라는 달갑지 않은 소리까지 들은 내가 민간인으로 돌아와 자존심을 지킬 수 있는 길은 무엇일까? 그것은 어떤 자리를 탐한다고 해결될 일이 아니었다. 다른 자리를 달라고 할 생각도 전혀 없었다. 무엇을 탐한다면 그만큼 추해질 뿐이라는 생각이 들었다. 그저 내가 원래 있던 세종연구소 연구위원의 자리로 돌아가서 다시 연구원으로 살아가는 것이 자존심을 지키는 일이라 생각했다.

통일부에서 이임식을 마친 다음날 아침 9시, 나는 양복 대신에 그토록 걸치고 싶었던 허름한 점퍼를 입고 세종연구소의 그리운 연구실로 출근했다. 2003년 1월 1일 인수위원으로 임명된 후 만 4년 만의 귀환이었다. 그날 오후 나는 점심을 먹고 연구실 소파에 기대어 그렇게도 소망하던 낮잠을 달게 잤다. 미완으로 남긴 많은 과제와 어두침침한 한반도의 미래가 마치 나와는 상관없는 일이나 된 것처럼.

나의 이력서
"'노무현 시대의 가치를 잊혀진 유산으로 만들고 말 것인가?'"

　아직 회고록을 쓸 만한 나이도 아니며 그렇다고 누구에게 일대기를 보여줄 만한 성공을 거둔 적도 없기 때문에 내가 살아온 길을 소개하는 것은 참으로 쑥스러운 일이다. 그러나 노무현 대통령을 보좌하여 활동했던 '쟁점으로 가득했던' 시기를 책으로 펴내면서, 참여정부에 들어가기 전 내 이력을 소개하지 않으면 그것도 독자에 대한 도리가 아니라고 생각했다. 그래서 이 책을 이해하는 데 필요한 범위 내에서 노무현 대통령의 참모가 되기까지 내가 살아온 길을 간단히 서술하기로 했다. 그러다보니 내 삶의 전체가 아니라 나의 사회적 의식의 형성과 몇 가지 활동에 초점을 맞추어 소개하기로 했다.

향수

　내가 태어난 곳은 미음나루라 불리는 경기도 양주군 미금면 수석리였다. 지금은 도시화의 물결 속에서 남양주시 수석동으로 지명이 바뀌고 유명한 음식촌으로 변모하여 옛날의 마을 자취를 찾을 수 없다. 그래서 꿈결에서나 만나는 고향이지만, 원래 겸재 정선이 〈미호湖湖〉라는 이름으로 화폭에 담을 만큼 산수가 빼어난 한강변 마을이었다. 지금도 눈을 감고 상상 속에서 동네어귀에 들어서면, 비사치기를 하는 아이들의 떠들썩한 목소리가 들리고 돌아가신 조부모님, 부모님이 화사하게 나를 반겨주는 환영이 그려진다. 그런 어여쁜 고향이었다.

나는 초등학교 4학년 때부터 『동아일보』를 탐독할 정도로 정치에 관심이 많았다. 그리고 우리 시대 대부분의 농촌 아이들처럼 체제 순응적 교육과 보수적인 집안 분위기 탓에 열렬한 박정희 대통령 팬이었다. 회상할 때마다 두 손이 오그라들지만, 국민교육헌장이 반포된 다음날 밤새 그것을 외워 급우들 앞에서 우쭐해서 자랑을 하고, 조심스럽게 내게 박정희의 3선 개헌이 민주주의를 파괴한 행위라는 점을 말해주는 먼 이모뻘 아줌마에게 흥분해서 항의하던 어린 시절의 내 모습이 잊히지 않는다.

중1 때만 해도 박정희 대통령이 제창한 새마을 운동을 열렬히 지지하며 농촌청년운동체인 마을 4H 회장까지 했다. 심훈의 『상록수』를 읽고 감동하고 이스라엘의 농촌공동체인 키부츠 제도에 따에는 열심히 관심을 갖던 시절이었다. 1972년 2월 닉슨 대통령의 중국 방문을 계기로 교지校誌에 '대결의 시대에서 협상의 시대로'라는 글을 실을 정도로 국제적인 문제에 대한 관심도 일찍 싹텄다. 면面 농협 조합장이던 아버지는 '하라는 공부는 하지 않고 딴짓하는' 이런 나 때문에 꽤 마음이 상하셨다.

그런데 내 마음 한편에서 서서히 비판적 사회의식이 싹텄는지 중학교 2학년 때 맞이한 10월유신에 대해서는 꽤 복잡하게 생각했다. 구국의 결단이라는 박 대통령의 말에 대한 신뢰보다는 장기독재에 대한 두려움이 더 컸던 것으로 기억된다. 이때부터 나는 서서히 박정희 신봉자에서 벗어나기 시작했다. 고등학교에 진학하면서 사회의식에 더 분명하게 눈떴다. 저항시인 '윤동주론'을 써서 교지에 싣고, 박정희 독재정권의 폭압으로 『동아일보』백지광고 사태가 발생하자 친구와 함께 학우들을 선동하여 『동아일보』에 격려광고를 내기도 했다. 이때 처음 독재권력에 대항해서 연설 아닌 연설도 해보았다. 되돌아보면 엄혹한 시기에 어린 나이에 꽤 용기를 낸 행동이었던 것 같다.

그러나 나는 원래 겁이 많았고, 용기가 부족했다. 고1이 끝나갈 무렵인 봄방학 즈음에 2학년 선배들이 광화문에서 만나자고 해 나갔다. 나 외에도 다른 학교에서 두세 명의 1학년생들이 나왔다. 이범이라는 명찰 이름이 아직도 선명하게 기억의 저편에서 반짝이는 경기고 선배가 우리를 삼청공원으로 데리고 갔다. 비가 추적추적 내리는 삼청공원 외진 숲속에서 이범은 우리에게 민주주의를 위해 박정희 독재정권에 저항해야 한다며 "이 시대는 4월혁명처럼 우리 젊은이들의 피를 요구하고 있다"고 일갈했다. 맞는 말이었다. 그러나 나에게 그 실천을 요구하니 덜컥 겁이 나고 오금이 저렸다. 삼청공원에서 내려와 경복궁 옆에 있던 중국집(영춘관)에서 함께 자장면을 시켜 먹는데 이를 어떻게 감당해야 할지 걱정이 태산같이 몰려왔다. 그래서 잠깐 근처에서 약속이 있어서 나갔다 오겠다며 중국집을 나와 그 길로 줄행랑을 쳐 돌아가지 않았다. 민청학련 사건이 터진 직후에 있었던 일이었다. 나는 청년 시절 꽤 오랫동안 이 일을 잊지 못하고 나의 소심함과 비겁함을 부끄러워했다. 그런데 1989년 어느 날 한국정치연구회 운영위원장을 맡고 있으면서 연구회의 책 출판 문제를 협의하기 위해 출판사(백산서당)에 들렀다가 이범을 15년 만에 다시 만났다. 그는 나를 기억도 못했겠지만 나는 만감이 교차했다.

배회

대학에 진학해서도 나의 기질은 별로 변하지 않았다. 우리 때 평범한 시골출신 학생들이 대체로 그러했던 것처럼 고시를 통한 고위관료의 꿈을 품고 행정학과에 들어갔다. 나는 박정희 유신체제에 극도로 반발의식을 가지고 있었고, 그로 인해 고민도 하고 약간의 활동도 했지만 그것이 고시를 포기할 만한 이유라는 생각을 하지 못했다. 그래서 2학년 때 박 대통령이 시해된 10·26이 발생하자, 민주화를 위해 본격 투쟁하겠다는 생각보다 세상이 복잡할 때 군대나 다녀와서 본격적으로 고시공부를 해야겠다는 생각을 했다. 1980년 봄에 휴학을 했고 현역 입영영장도 받았다.

그러나 '서울의 봄'을 맞이하면서 나의 운명이 바뀌었다. 1980년 봄 대학가에는 독재정권의 하수인이던 학도호국단이 해체되고 자율적인 총학생회가 들어섰다. 성균관대에도 새로 총학생회가 들어섰는데 이것이 문제였다. 원래 학생운동을 주도하던 세력들이 내세웠던 후보가 비운동권인 복학생 후보에게 간발의 차이로 패배했다. 후기 모집이었던 성균관대는 전통적으로 재수생 출신이 다수였으며 경기고, 서울고, 경복고 출신이 압도적으로 많았다. 바로 이 세 학교 출신 복학생들이 회장(경기고)·부회장(서울고)으로 러닝메이트가 되고 경복고 출신이 총무부장으로 내정되어 하나의 팀을 이루어 나왔는데, 이들이 당선되었다. 지금 생각해보면 참 황당한 얘긴데, 담합으로 총학생회를 차지한 것이다. 민주주의로의 기로에서 발생한 이 사건에 운동권 학생들은 기가 막히지 않을 수 없었다. 마침 운동권에서 내세운 회장후보가 법학과에 다니는 내 친구였다.

새로 출범하는 총학생회를 보이콧하자는 사람도 있었다. 나야 군대 가려고 휴학한 처지라 관여할 문제는 아니었지만 합법적인 선거로 뽑힌 학생회를 보이콧하는 것은 있을 수 없다고 생각했다. 이 과정을 지켜보고 난 뒤 할 일도 없고 해서 시골집으로 내려왔다. 그런데 얼마 뒤 복학생 선배에게서 급히 서울로 올라오라는 연락이 왔다. 총학생회를 도와달라는 것이었다.

사정은 이러했다. 복학생들이 총학생회장단 선거에서 승리한 직후, 1학년 신입생들의 문무대 입소 거부, 즉 당시 대학생들을 군부대로 보내 훈련시키던 병영집체훈련을 거부하는 사건이 터졌다. 1980년 봄은 박정희의 죽음으로 부푼 민주주의로의 희망이, 전두환 일파의 12·12 쿠데타로 인해서 우려로 변해가던 시기였다. 대학가도 꿈틀거렸으며 성대에서도 총학생회의 의지와 상관없이 각 단과대와 서클들을 중심으로 민주화 열기가 달아올랐다. 이런 상황에서 성대 신입생들이 서울 지역 대학생으로서는 그해 처음으로 4월 초 군사훈련을 위해 문무대에 입소하도록 되어 있었다. 학내에서는 박정희 군부독재의 산물인 이를 거부해야 한다는 의견이 지배적이었다. 그런데 이 모든 상황을 주도해야 할 주체는 총학생회였다. 학생운동 경험이 전무한 복학생들로 이루어진 총학생회였지만 시대적 상황과 소명을 받아들여 주어진 상황을 적극 타개하기로 결정했다. 그러나 그들에게는 운동 전략을 세울 동지도, 각종 성명서를 써낼 필력 있는 참모도 부족했다. 마침 학생회에서 이 역할을 담당한 선배가 내게 지원을 요청해왔다.

나는 깊이 생각할 겨를도 없이 서울로 올라왔다. 민주화 투쟁은 생각도 안 하고, 이권 챙기듯이 총학생회를 장악한 복학생 선배들이 자신들에게 닥친 임무를 회피하지 않고 서울의 봄의 전위대로서 성대를 이끌겠다고 결심을 했다는 사실 때문에, 나도 복잡하게 생각하지 않았다. 결국 4월 9일에 있었던 성대의 병영집체훈련 거부와 민주화 투쟁은 '서울의 봄'에서 대학가의 민주화 요구 시위를 폭발시킨 중요한 계기가 되었다. 나는 전두환의 5·17비상계엄확대 때까지 몇 달간 때로는 학교에서, 때로는 경찰의 눈을 피해 학교에서 조금 떨어진 보문동과 돈암동 일대의 여관을 전전하며 총학생회 복학생 선배들과 운동 전략을 짜고 각종 민주화 요구 관련 성명서를 써냈다. 서울의 봄 당시 성대 총학생회에서 나온 성명서나 격문은 내가 전담하여 작성했다. 이렇게 해서 성대 총학생회를 접수한 복학생들은 본의 아니게 민주화투사가 되었으며 나의 삶도 변했다.

나는 5·17 때 당일 학교에서 잠자다가 한밤중에 쳐들어온 공수부대원들에게 기절할 만큼 두들겨 맞고 연행되었으나 크게 다치진 않았다. 전국적으로 수만 명이 연행된 이날 동대문경찰서 형사들은 거의 초죽음이 된 채 성대에서 연행된 학생들 대부분이 고시생들이었던 것을 보고 당황했으며 오히려 동정의 말을 건넸다. 이런 상황에서 취조는 형식적일 수밖에 없었고 나는 8월 예정의 현역입영 영장을 가지고 있었기 때문에 큰 문제가 없었다. 결국 서울의 봄과 5·17을 거치면서 나를 서울로 불러들였던 총학생회의 회장, 부회장을 비롯한 복학생 선배들 상당수가 잡혀 들어갔다. 지금도 그들을 생각하면 고마움과 미안함을 동시에 느낀다. 비록 역사적 대의보다는 담합으로 총학생회장단에 당선되었지만 그들은 과감하게 민주화운동의 대열을 이끄는 변신을 했으며 그러다가 많은 고초를 당했다. 그들이 결과적으로 고초를 당하는 길로 들어서도록 전략을 짜고 성명서를 작성한 인물이 나였다. 그런데 그들은 후배인 나의 존재를 경찰에게 발설하지 않았다. 덕분에 내 신변에는 별일이 없었다.

5·17 이후 내 삶은 크게 바뀌었다. 논산훈련소 입대 하루 전날 머리를 깎으려고 집을 나서던 중 입영 연기 연락을 받고 이듬해 5월 방위병으로 소집되었다. 현역영장 취소는 상상도 못할 일이었기에, 나만이 아니라 다들 어안이 벙벙했다. 뒤에 알아보니, 신군부에서 바로 내가 입대하는 경기도에서부터 3을종을 방위로 전환시킨 것이었다. 나는 시력이 안 좋아 신검에서 신체등급 3을종을 받았다. 당시 대학생은 3을종도 무조건 현역입영을 하던 시절이었으므로 신체등급이 별다른 의미도 없었는데, 뜻밖의 상황이 발생한 것이다.

1년여의 방위 복무를 마치고 1982년 가을에 3학년으로 복학을 했다. 복학해보니 학교는 사복경찰이 쫙 깔려 살벌했으며, 학생들은 군부독재 정권에 격렬하게 저항하고 있었다. 캠퍼스에서는 거의 매일같이 시위하는 학생들을 향해 매캐한 최루탄이 터졌다. 경찰의 진입으로 학교에서 쫓

거난 학생들은 혜화동 로터리로 진출했으며, 여기에서도 밀리면 수유리 4·19 탑까지 이동해가면서 저항했다. 당시 성대생들은 별명이 테러리스트였을 정도로 저항이 끈질기고 격렬했다. 전두환정권의 학원통제가 극에 달하면서 학생들의 시위선동이나 '독재타도' 유인물을 뿌리는 것을 막기 위해 대학 건물의 옥상으로 올라가는 통로는 모두 폐쇄되었다. 누군가가 유인물을 뿌리며 시위를 주도하려 하면 순식간에 사복경찰이 떼거리로 달려들었다. 단 5분을 버티며 유인물을 뿌리고 독재타도를 외치기 위해 건물 외벽 유리창 틀에 자신의 몸을 묶었던 시절이었다.

이때 나는 또다시 험난한 '현실'에서 한 발짝 물러서 몸을 사렸다. 서울의 봄과 5·17, 광주항쟁을 거치면서 이미 고시니 출세니 하는 단어들과 절연하고 산 지는 꽤 됐지만, 내 몸을 던져 독재정권과 정면대결을 할 용기는 나지 않았다. 나는 학생운동을 하는 후배들에게 술이나 사주고, 당시는 불온서적이었던 김지하의 '오적'이나 읊조리며 그들과 토론하는 것으로 자족했으며 그 이상 행동하지 못했다. 반독재투쟁의 현장 대신에 학교도서관 서가로 파고들었다. 복학생이라는 편리한 신분이 이런 나의 행동을 합리화해주었다. 거의 매일같이 한국현대사와 사회과학 서적들을 탐독해나갔다.

덕분에 1983년 가을에 성대사회과학연구소에서 주최한 통일 논문 현상공모에서 1등을 차지했다. 우수상이었는데(최우수상은 수상자가 없었다), 제목이 「한반도평화통일에 대한 일 고찰―평화공존의 실현과 해소를 위한 제언」이었으며 주한미군철수를 다루었다. 지금 생각하면 군부독재의 엄혹했던 시절에 가당키나 한 주제였냐고 놀라워할 수도 있겠지만 사실이었다. 1970년대 말 카터행정부가 주한미군철수를 공언하자, 박정희정권이 자주국방을 강조하고 미국에서 공부한 보수적인 한국학자들이 미군철수를 합리화하는 글을 썼는데 나는 그들의 논리를 인용해서 논문을 완성시켰다. 그러나 당시는 이미 주한미군철수 문제가 쏙 들어간 상태였기 때문에 군부정권 입장에서는 용납하기 어려운 내용이었을 것이다. 지금 생각해보면 이 논문을 수상작으로 뽑은 성대사회과학연구소도 쉽지 않은 결정을 했을 것이다. 이때 박사과정과 석사과정 학생이 2, 3등을 했는데, 그러다보니 나보다 친구들이 더 내가 통일문제에 대단한 소양이나 있는 것처럼 법석을 떨었다. 따지고 보면 대학원에 진학할 때 앞뒤 잴 것도 없이 정치학과를 선택하고 이후 북한·통일문제를 연구한 것도 이때의 인연이 작용했다고 볼 수 있다. 그런데 나는 학부 졸업논문으로 이 수상 논문을 내는 바람에 정치학을 전공했으면서도 보기 드물게 행정학과 교수로 계신 이명영 교수가 내 졸업논문의 지도교수가 됐다. 그렇지만 그분 수업을 수강한 적은 없었다. 이후 1980년대 말에 나는 국내에서 횡행하던 '가짜 김일성론'이 허구라는 논문을 발표했는데 '가짜 김일성론'을 만든 이가 바로 이 이명영 교수였다. 뒤에 학적사항을 확인하는 과정에서야 그분이 내 지도교수인 걸 알게 되었다. 그래서 나는 본의 아니게 스승의 주장을 깨뜨린 지도학생이 되었다.

전환

1984년 2월 대학을 졸업할 즈음, 나는 미래에 대한 전망을 상실한 채 그저 하루하루를 보내는 소시민이 되어 있었다. 친구들은 아까운 재주를 썩히지 말고 공부하라고 했으나 공부를 더할 생각은 전혀 없었다. 졸업을 앞두었으나 졸업장 대신에 시위주도→감옥→노동 현장이라는 거친 삶을 향해 자신을 '투신'하려는 마음으로 유리창 틀에 제 몸을 묶기 전날 밤, 내 자취방에 들러 잠든 아끼는 후배의 얼굴을 내려다보며 많은 생각도 했지만 그뿐이었다. 금성사에 입사해서 1986년 여름까지 2년 반을 다녔다. 그 사이에 같은 대학에서 만나 오랫동안 사귄 사람과 결혼도 했다. 아내는 공부를 더 하는 것이 어떻겠느냐고 권유했다. 나도 이제는 무언가 전환이 필요하다는 생각이 들 때였다. 1986년 여름에 사표를 내고 길을 공부에서 찾기 위해 대학원 입학 준비를 했다. 고민 없이 전공은 정치학을 택했다.

대학원 진학 준비를 하면서 여기저기 알아보니 모교인 성대의 커리큘럼이 가장 마음에 들었다. 특히 저명한 원로정치학자인 차기벽 교수가 당시 신조류인 관료적 권위주의론·종속이론 등을 가르치고 있다는 사실에 놀랐다. 보통 은퇴를 몇 년 남기지 않은 교수들이 새로운 이론을 연구한다는 것이 쉽지 않은 일이다. 더욱이 보수적인 한국 정치학계의 학풍에서 정치학회회장까지 지낸 원로가 진보적인 담론을 열린 마음으로 스스로 공부하고 가르친다는 것은 아주 드문 일이었다. 차기벽 교수는 그런 분이었다. 차 교수님은 수업시간에 자신의 의견을 주입하는 법이 없었다. 항상 학생들의 의견을 끝까지 경청하고 자신의 의견을 말했다. 나는 차 교수님으로부터 공부에서 학자의 자세에서 이르기까지 많은 것을 배울 수 있었다. 내 인생의 사표師表와 같은 분이었다. 이밖에도 나는 지도교수인 장을병 교수님을 비롯해서 윤근식·임효선 교수 등 여러 스승으로부터 자유로운 학풍 속에서 많은 가르침을 받았다. 대학원에 진학하면서 꿈은 거창하게 동아시아 정치학을 연구하는 것이었다. 그러나 일단 동아시아를 이해하려면 내가 사는 터전인 한국을 이해하는 것이 중요하다고 판단했다. 따라서 석사학위논문의 주제는 한국정치 분야에서 잡으려고 했다. 한국정치를 공부하다보니 이번에는 분단문제, 즉 남북관계와 북한을 이해하지 않고는 한국정치를 온전하게 파악하기 어렵다는 생각이 들었다. 그래서 먼저 북한을 공부하기로 했다. 이런 연유로 북한연구를 시작해서 결국 석·박사 논문을 모두 북한과 관련해서 썼다. 동아시아 정치학을 위한 연역적 결론으로 북한연구부터 시작했으나 결과적으로 연구영역을 다시 거꾸로 동아시아까지 확장할 틈도 없이 북한연구자가 그대로 내 직업이 됐다.

나는 대학원에 진학하면서 진보적 소장 학자들이 막 결성한 한국정치연구회(한정연)에 가입하여 활동했다. 그때부터 1990년대 초반까지 일주일에 한두 번씩 치열한 토론을 수반한 이론세미나에 적극 참가했다. 뒤돌아보면 정치이론과 북한, 사회주의에 관한 이때의 집중적인 공부가 학자로서 내가 지닌 내공의 기반이 되지 않았나 생각된다. 나는 1988년 정해구·김명섭 등과 함께 이념으로 재단되지 않은 객관적인 북한연구를 모토로 한정연에 연구분과를 만들어 활동했다. 이 시기는 북한 분과라는 이름을 사용하는 것도 부담스러운 때여서 그냥 지역분과라 불렀다. 곧이어 김주환·이성봉·최성·김연철·김근식·김애경·진희관·김용현·이정철 등이 이 분과에 합류했다.

나는 북한정치를 연구하는 사회과학도였지만, 역사 없는 정치학은 공허한 사변적 담론이 되기 쉽다는 생각을 가지고 있었다. 따라서 비록 수준은 낮았으나 일찍부터 역사·이론·구조의 3박자를 갖춘 북한연구를 지향했다. 그러다보니 대학원 박사과정을 시작하면서 역사문제연구소에서 김동춘·임대식·김성보·박명림 등과 팀을 이루어 한국현대사를 함께 연구하기도 했다. 80년대 학생운동을 주도했던 후배들(김민석·박선원)의 요청으로 '민족과 세계 연구소'에서 연구 세미나 팀을 이끌기도 했다. 이 시기 민주화운동으로 감옥에 다녀온 후 새로운 활동을 모색하던 김근태 민청학련 초대 의장의 연구모임에도 관여했다.

내가 직업으로서 학자의 길을 걷기 위해 대학원에 진학한 시기는 6월 항쟁으로 상징되는 민주화시기였다. 진보적인 학자들도 학술단체협의회(학단협)를 만들어 우리 사회의 민주화와 열린 공간을 향해 적극적으로 학술운동을 적극 전개했다. 나는 한정연 운영위원장(1989년)으로서, 그리고 학단협의 대외협력분과위원장(1991년)으로 활동하며 이 운동에 동참했다. 그리고 『해방 전후사의 인식』시리즈의 출판으로 유명한 한길사가 펴낸 사상이론 잡지인 『사회와 사상』기획위원과 역사문제연구소가 출판하는 계간 『역사비평』의 편집위원을 지내며 사회적 쟁점을 정리하고 대안을 제시하는 고민을 할 수 있는 기회를 가졌다.

입신

1993년 8월에 「조선노동당의 지도사상과 구조변화에 관한 연구」라는 제목으로 박사학위를 취득했다. 이 논문은 보완을 거쳐서 1995년에 『조선로동당연구』라는 책으로 역사비평사에서 출판되었다. 이 책과 같은 해 출판한 『현대북한의 이해』(2000년에 『새로 쓴 현대북한의 이해』로 전면 수정 출판)로 인해 나는 사람들로부터 북한연구 3세대의 대표적인 학자라는 과분한 평가를 받았다.

나는 비교적 진보적인 성향을 지녔으며, 진보단체들과 연계를 맺고 있었지만, 학문적으로는 실사구시가 모토였다. 따라서 내가 믿고 있는 신념조차도 실사구시에 따라 잘못된 것으로 드러나면 바꿀 수 있어야 한다는 믿음을 일찍부터 가지고 있었다.

대학원 시절 북한에 대한 나의 연구는 두 단계의 진화 과정을 거쳤다. 북한을 공부하겠다고 내가 결정한 것이 석사과정 후반기였기 때문에 석사과정 시절 북한에 대한 나의 지식은 매우 협소했다. 따라서 이 시기에는 북한과 관련한 외부 발표 논문도 없었다. 애초에 석사학위논문도 북한연구 입문자답게 북한정권의 초기 형성과정을 쓰려고 했었다. 그러나 자료를 모으고 공부를 하다 보니 1950년대 권력투쟁을 통해 권력을 장악한 김일성을 중심으로 한 북한지도집단이 일제 시기 만주 일대에서 항일무장투쟁을 함께 전개한 특별한 세력이라는 사실을 알게 됐다. 나는 여기서 그들의 항일무장투쟁이 이후 북한정권의 형성에 미친 영향을 중심으로 논문을 준비하기로 했다. 그러나 당시 국내에서는 만주에서 항일무장투쟁을 한 김일성은 해방 전에 사망했으며 북한의 김일성은 그의 이름을 빌린 '가짜'라는, 이른바 '가짜 김일성론'이 학계의 정설로 굳어져 있었다. 만약에 이 설이 옳다면 북한정권 형성의 배경과 관련한 모든 설명은 180 도 달라져야 한다. '가짜 김일성론'은 이명영 교수의 저서가 있었으나 아무리 읽어도 논리적으로 설명되지 않은 부분이 많았다. 하와이대의 서대숙 교수가 '진짜 김일성'을 주장하고 있었으나 '가짜 김일성'론을 반박할 만한 구체적인 논문을 발표하지는 않았다. 내가 보기에 그나마 일본 도쿄대의 와다 하루키和田春樹 교수가 1985년에 일본 학술잡지(『사상思想』)에 기고한 논문이 객관적 자료를 가지고 '진짜 김일성'의 시각에서 쓴 유일한 논문이었다. 그러나 그것에 의존해서 내가 '진짜 김일성'을 전제로 석사학위논문을 쓸 수는 없었다.

내가 직접 항일무장투쟁 시기를 연구하여 '김일성 가짜설'의 진위여부를 밝히고, 진짜라면 그 활동상황의 실제적인 전모를 파악해보기로 했다. 나는 김일성과 만주 항일유격대를 추적한 일본 제국주의 시절 조선총독부 검사국의 자료 및 각종 정보자료들을 찾고, 중국 공산주의 운동사에 나타나는 김일성의 활동 궤적을 추적하기 시작했다. 1980년대 후반 상황에서는 매우 어려운 작업이었지만 내가 제대로 된 북한연구자가 되기 위해서는 꼭 넘어야 할 장벽이었다. 결과적으로 나는 1988년 가을에 「북한지도집단의 항일무장투쟁의 역사적 경험에 대한 연구」라는 석사논문을 제출했으며 이를 발전시켜서 1989년에는 『해방전후사의 인식5』에 「북한지도집단과 항일무장투쟁」이라는 긴 논문을 발표했다. 그리고 같은 해에 『사회와 사상』에 김일성의 정체를 규명하는 논문도 발표했다. 이 논문들을 통해 나는 만주에서 항일무장투쟁을 한 김일성이 북한의 김일성이며, 이는 중국공산당 자료로도 입증된다는 사실을 자세하게 기술했다. 김일성이 진짜라고 주장하는 것만으로도 국가보안법 위반으로 감옥에 갈 수 있는 시대였기 때문에 나는 북한자료를 배제하고 철저하게 일본쪽 자료에 기초해서 사실관계를 확인하고 또 '가짜 김일성론'의 모순과

맹점을 지적했다. 물론 나의 결론은 김일성이 유격대 지도자로서 항일무장투쟁을 전개했으며, 이것이 해방 후 그의 권력장악 과정에 중요한 자산이 되었다는 것이지, 김일성 신화화를 위해 과장과 왜곡으로 점철된 북한 역사서들의 서술이 옳다는 것은 결코 아니었다.

김일성이 진짜라는 사실은 '가짜 김일성론'이 확고한 사회적 믿음이었던 우리 사회에 충격을 던졌다. 때마침 서대숙 교수가 진짜 김일성을 전제로 한 저서를 국내에서 출간하여 그 충격은 더욱 컸다. 나는 진실보다 더 강한 힘은 없다고 믿고 있었으며, 실사구시의 연구결과 얻은 결론이었기 때문에 발표하지 않을 이유가 없었다. 그러나 이로 인해 나는 한때 공안당국에 의해 전혀 인연도 없는 '주사파'의 중요 인물로 엉뚱하게 지목되었다.

석사논문을 통해 북한정권의 전사前史와 초기 북한을 연구한 나는 그 바탕 위에서 박사과정을 시작한 1989년부터 본격적으로 현대북한 연구에 돌입했다. 나의 북한연구 2단계가 시작된 것이다. 나는 북한의 지도사상인 주체사상과 권력구조를 역사·이론·구조의 결합 속에서 집중적으로 연구했다. 그 결과 박사학위논문에서는 북한주민을 비주체적인 피동적 인민으로 만드는 주체사상의 모순을 규명하고 북한권력구조의 상징인 유일체제의 비민주성과 비효율성을 입증했다. 이번에도 결론을 예단하고 연구한 것은 아니었으나 결과는 명확했다. 그러자 이번에는 이른바 '주사파'적 경향을 지닌 세력으로부터 경계의 대상이 됐다. 결국 나는 석·박사 학위 논문을 통해 북한연구를 진전시키는 데 중요한 기여를 했다는 과분한 평가를 받고 또 사회적으로도 꽤 이름을 얻었지만, 한편으로 당시 '극우세력'과 '주사파'라는 한국 사회의 과대 표상된 양 극단으로부터 매도당하거나 경원시당하는 존재가 되었다.

그러나 1990년대 중반부터 민족문제를 고민하되 주체사상에 비판적 시각을 지닌 학생운동이 세를 확장하면서 보람도 느꼈다. 이들은 주로 내

저서 등을 통해서 주체사상과 북한체제에 대한 객관적 시각을 가지게 됐다. 그래서 한때 이 흐름을 이끌던 서울대 총학생회 회장들이 종종 나를 찾곤 했다. 1994년 서울대 총학생회장이었던 강병원(참여정부 때 대통령비서실에서 일했다)을 그렇게 만나 지금도 인연을 맺어오고 있다.

행운

1994년 9월 나는 아시아 최고의 민간 외교안보 연구기관인 세종연구소에 연구위원으로 취직했다. 원래 세종연구소는 보수적 성향이 강한 곳이었으나 저명한 정치학자인 한배호 고려대 대학원장이 소장으로 부임하여 실력 위주의 선발원칙을 세우면서 나도 운 좋게 합격할 수 있었다. 세종연구소는 전체 상임연구위원 중 국내 박사학위 소지자가 나 하나일 정도로 전형이 까다로웠다. 더욱이 진보적 성향을 지닌 나 같은 사람이 전형에 합격한다는 것은 아주 어려운 일이었다. 나는 차기벽 교수의 극진한 제자사랑과 임동원 전 통일원 차관의 예기치 않은 응원에 힘입어 세종연구소에 취직할 수 있었다. 후일 한배호 소장 말씀을 들어보니 차 교수님은 나를 문사철文史哲을 겸비한 인재라고 극구 칭찬하며 강력하게 추천했다고 한다.

남북기본합의서를 탄생시킨 주역인 임동원 전 차관은 당시 공직에서 물러나 세종연구소에서 잠시 객원연구위원으로 몸담고 있었다. 신임 연구위원 채용 전형이 한창이던 어느 날 한배호 소장이 임 전 차관에게 "국내에서 학위를 한 이종석이라는 친구가 응모를 했는데, 전형위원들은 진보라고 꺼리는데 차기벽 교수님이 워낙 강력하게 추천해서 고민이다"라는 식으로 얘기를 한 모양이었다. 얘기를 들은 임 전 차관이 "나는 이종석 박사를 개인적으로 만나본 적은 없지만, 그가 쓴 글을 많이 보았다. 실력은 내가 보증할 테니 무조건 뽑으셔야 한다"며 적극 나섰다. 남북관계 분야의 당대 일인자인 임 전 차관이 만나본 적도 없는 나를 이렇게 극찬하니 인재에 목말라 있던 한 소장의 마음이 움직이지 않을 수 없었을 것이다. 나로서는 귀인을 만난 셈이었다. 임동원 전 차관은 내가 세종연구소에 취직한 지 4개월 만에 아태평화재단 사무총장으로 자리를 옮겼다. 나는 이 짧은 기간 동안 임 전 차관으로부터 국가전략이라는 개념을 배웠다. 그리고 그의 지도를 받으면서 나의 이론적 지식과 정책 능력을 처음으로 결합한 보고서인 「김정일정권의 전망과 우리의 대응방향」(1994년 12월)을 펴냈다. 바로 이 보고서에서 나는 새로운 대북정책의 전략구조를 제시하며 그 기조로 봉쇄정책containment policy의 대립개념인 'engagement policy'를 주장했다. 그리고 임 전 차관의 제안에 따라 이를 대북포용정책으로 이름 붙였다. 뒷날 국민의 정부의 햇볕정책과 참여정부의 평화번영정책을 관통하는 포용정책의 이름과 전략구조의 원형이 이렇게 탄생했다.

이때 한배호 소장은 나를 채용한 덕분에 몇 년간 고생을 했다. 당장 청와대에서 "왜 좌파를 뽑았느냐?"는 볼멘 항의가 들어왔으며 신문칼럼 등에 내가 정부정책에 비판적인 글을 실으면 곧장 한 소장에게 거친 압력이 들어왔다. 그러나 그는 결기가 있는 진정한 자유민주주의자였다. 정략적으로 오염된 이념이 아니라 과학적인 토대에서 국가의 통일외교안보전략을 연구하는 민간 싱크탱크를 이끄는 지도자답게 이러한 외압을 극복하고 나의 학문 활동과 사회적 발언에 일절 간섭하지 않았다.

아마 한배호 소장이 아니었다면 나는 그 시절에 민간 공익연구기관인 세종연구소를 자기 호주머니 속의 노리개 정도로 생각하는 기득권층의 무도한 압력에 못 이겨 대학으로 자리를 옮겼을 것이다. 그랬으면 나의 연구는 전략보다 이론에 치우쳤을 것이고 내 인생행로도 순수 학자의 길에 가까웠을지 모른다. 그러나 나는 세종연구소에 취직을 했기 때문에 이론과 현실을 접맥시키는 전략지향적인 연구를 추구했으며 그 결과 나도 모르는 사이에 정책적 소양을 꽤 쌓게 되었다. 이 점이 내가 20년째 근무하는 내 직장에 고마워하는 가장 큰 이유다. 결국 차기벽-임동원-한배호라는 인생의 대선배이자 은인들 덕분에 나는 1994년 9월부터 노무현 대통령당선자의 인수위원이 되는 2002년 말까지 8년여 동안 세종연구소에 재직하며 통일외교안보 분야에서 내공을 쌓을 수 있었다. 노무현 대통령을 만난 것이 내게 운명이었다면, 그분들을 만난 것은 내 인생의 행운이었다.

세종연구소 시절 나는 문서 자료에 만족을 하지 못해 매년 북중 국경지역을 답사하고 수십 명의 탈북자를 인터뷰하며 북한의 현재와 미래 변화의 가능성에 대해 분석했다. 동시에 연구 영역을 남북관계와 북한-중국 관계로 확장하면서 동아시아 속의 한반도 문제를 고민하기 시작했다. 나는 1996년부터 통일부 자문위원으로 활동했으며, 국민의 정부 시절에는 대통령 자문 정책기획위원으로도 활동했다. 2000년 6월 평양에서 개최된 역사적인 1차 남북정상회담에 대통령특별수행원으로 참여하는 영광을 누리기도 했다.

노무현 대통령과는 2001년 여름에 처음 만났다. 그가 해양수산부 장관직을 마치고 여의도에서 자치경영연구원을 운영할 때였다. 당시 참모였던 이충렬 씨가 내게 부탁을 해서 금강산관광 등 대북문제에 대해 일 대 일로 약 4시간에 걸쳐 강의 겸 질의 응답시간을 가졌다. 이때 노 전 장관이 장시간 동안 진지하게 학습을 하는 것을 보고 집중력이 대단한 정치인이라고 생각했다. 나는 이것이 운명의 첫 만남이 되리라고는 꿈에도 생각하지 못했다. 그는 수업료 대신에 달랑 저서 한 권을 내게 선물했다. 이날 나는 책 한 권을 옆에 끼고 4만 원이 넘는 주차료를 냈다. 평생 가장 비싸게 지불한 주차비였다. 그리고 2002년 초 대통령후보 노무현의 통일외교안보 분야 자문위원이 되어 다시 그를 만났다. 이때는 지지율도 매우 낮았고 나도 그저 노무현과 같은 지도자를 중심으로 한 정치세력이 필요하

2008년 노무현 대통령이 퇴임한 후 봉하를 방문해서 나의 대통령을 만났다. '내 방식대로' 대통령을 모시기로 했으나 그 만남이 마지막이 될 줄은 꿈에도 몰랐다.

다는 소박한 신념으로만 지지했기 때문에 1년 후 내가 그의 참모가 되어 역사의 무대로 들어설 줄은 상상하지 못했다.

정리定離와 의무

2006년 12월 12일, 나는 4년간의 공직생활을 마치고 연구실로 돌아온 뒤 나 스스로를 다잡기 위해서 의도적으로 청와대나 통일부를 쳐다보지도 않았다. 공직을 떠나는 순간 나는 민간인이었으며, 바쁜 공직자들에게는 아무리 반가워도 부담스러운 전임자 혹은 전직 상사에 불과했다. 그게 인지상정이었으며 나도 스스로 상처받지 않기 위해서 이것을 순리로 받아들였다. 사적으로 노 대통령을 뵌 적도 없었다. 2008년 2월 대통령이 퇴임한 뒤에야 비로소 봉하마을로 인사를 드리러 갔다.

퇴임한 대통령에게는 많은 구상이 있었고 여전히 다양한 방면에서 훌륭한 참모들이 곁을 지켰다. 내가 당장 대통령을 위해 할 일은 별로 없었으나 통일부장관을 그만두면서 말씀드린 것처럼 퇴임한 '나의 대통령'을 '내 방식대로' 모시기로 했다. 그러나 당장은 1년간 스탠포드대학에서의 연구생활을 위해 미국으로 출국해야 했다.

2008년 여름 출국하기 전에 대통령께 인사를 드리기 위해 봉하마을을 찾았다. 그날 대통령은 자신을 보기 위해 전국에서 찾아온 군중 앞에 나를 데리고 나갔다. "이 사람 아시지요? 참여정부의 이종석 통일부장관입니다." 군중 속에서 환호와 박수가 터져 나왔으며 대통령은 특유의 구수한 말솜씨로 자유인으로서 '그의 국민'과 유쾌한 대화를 나누었다. 나도 '그의 국민'의 한사람으로서 내내 그 옆에서 대통령의 말에 귀를 기울였다. 나는 그것이 내가 본 대통령의 마지막 얼굴이고 내가 들은 마지막 음성이 될 줄은 몰랐다.

2009년 5월 23일 나는 미국에서 대통령의 서거소식을 듣고 다음날 급거 귀국했다. 대통령의 올곧은 성정을 잘 아는 나였기에 그의 고통이 온몸으로 전해지는 느낌을 받았다. 대통령의 서거로 내 인생관도 사생관死生觀도 변화를 겪었다. 언제부턴가 조깅이나 등산을 하다가 체력의 한계를 느끼면 대통령의 얼굴이 떠올라 다시 각성하게 되는 이상한 버릇도 생겼다. 그래서 살아 있는 그의 참모로서 나는 오늘도 자문한다.

"'노무현 시대의 가치'를 잊혀진 유산으로 만들고 말 것인가?"

후주

1부

1. 보고서에는 노 후보가 국민에게 밝힌 정책구상과 그동안 자문팀과 후보 간 토론에서 다뤄진 것들을 중심으로 6개의 소주제가 담겼다.

　1장은 '당면 대북, 대미정책'으로 북핵 문제와 남북대화를 다루었다. 북핵 대책에는 북핵 불용과 대화를 통한 평화적 해결, 국제협력의 강화, 북핵문제의 근본적 해결 추구 등의 원칙과 대통령 당선 직후 정몽준 대표를 당선자 특사로 미국, 북한에 파견하여 부시 대통령과 김정일 국방위원장을 만나 사태 해결에 나서도록 하자는 내용을 담았다. 우리는 북핵 해결의 최선책은 북한이 명시적으로 핵개발 포기를 선언하고 그에 따른 철저한 검증을 수용하는 대신에 미국은 북한에 대해 체제 안전보장을 약속하는, 북미의 요구조건을 동시에 교환하는 것이라고 보았다. 그러나 현상황에서는 미국이 이를 거부할 가능성이 높다고 보고 그에 대비한 좀 더 단계론적인 대안을 차선책으로 마련했다. 남북관계에서는 2차 남북정상회담의 조기 개최를 통한 북핵문제 진전과 남북관계 발전의 전기를 마련해야 한다는 내용을 담았다. 2장은 '임기 내 외교안보 정책'으로 북핵 문제의 평화적 해결을 위한 한국의 적극적 역할과 남북간 군사적 불안정 해소, 기존 남북교류협력 사업들의 계승 발전, 남북정상회담의 정례화, 정전체제의 평화체제 전환을 위한 4자회담의 재가동 등을 정책방향으로 제시했다. 3장은 인수위원회 구성 관련 제언을 담았고, 4장은 NSC의 확대 개편과 국가위기관리체계의 확립 등을 제시한 '새로운 외교안보 수행체제'를 다루었으며, 5장은 '대북 및 대외 정책의 국민적 지지 확보 방안'을 담았다. 마지막 6장에는 당선 첫날인 12월 20일부터 인수위가 본격 가동하기 전인 1월 초까지 당선자가 수행해야 하거나 예상되는 외교안보 분야의 주요 일정을 적시했다.

2. 당선자가 이토록 우리를 신뢰한 이면에는 1년 동안 자문팀을 이끈 서동만 교수의 헌신과 추진력이 있었으며, 캠프 참모로서 우리 팀을 담당했던 배기찬의 노력이 배어 있었다. 자문 그룹이 아무리 좋은 아이디어를 내도 후보가 이를 수용하지 않거나 자문위원들을 만나 토론하지 않으면 아무 소용이 없다. 그러나 우리가 한 작업은 상당 부분이 후보의 공약이 되고 유세장에서 후보의 언술이 되었다. 노 후보는 바쁜 와중에서도 수시로 우리 팀을 만나 여러 의견을 경청하고 토론을 했다. 이 모든 것은 서동만 교수와 배기찬이 각각 자문팀과 후보, 자문팀과 캠프 사이에서 훌륭한 가교역할을 했기에 가능했다. 특히 서동만 교수는 대통령 당선 직후 외교안보 운영 관련 보고서를 당선자에게 전달함으로써 결정적인 시점에 우리 팀 작업이 허공에 뜨지 않고 당선자의 의제가 되도록 했다.

　인수위 간사에 윤영관 교수가 임명된 것은 대통령 당선자의 의중이 작용한 것이지만 자문팀 내에서도 이견이 없었다. 선거 과정에서는 서 교수가 훌륭하게 팀장 직을 수행하며 리더십을 발휘했지만 우리 팀도 한국 사회가 지닌 연공서열의 문화를 벗어나지는 못했다. 우리는 공통의 지향성을 지닌 가치 지향의 집단이었지만 한편으로 사적으로는 비교적 돈독한 선후배 혹은 친구관계에 있었다. 따라서 대선 이후 우리 팀이 어떤 역할을 한다면 제일 연장자인 윤 교수가 대표성을 띨 수밖에 없다고들 생각했다. 인품이나 전문적 식견으로야 윤 교수나 서 교수 모두 훌륭한 사람들이니 굳이 따질 필요도 없었다. 물론 말이 쉬워서 그렇지 선거운동 기간 중 뒤치다꺼리를 전담한 서 교수의 입장에서는 다소 억울한 느낌도 들었을 것이다. 그렇지만 그는 그런 기색을 보이지 않았다.

노 당선자는 윤영관 교수를 인수위 외교안보분과위 간사로 낙점한 후 따로 불러서 앞으로 대통령의 외교안보 분야 가정교사로서 역할을 해달라고 부탁했다고 한다. 윤 교수에게 특별한 신임을 보인 것이다.

3. 인수위를 회고할 때 빼놓을 수 없는 것은 함께 근무한 인수위 요원들이다. 인수위 외교안보분과위에는 부처에서 인수위 위원들의 업무를 돕기 위해 1~3명의 전문위원과 소수의 서기관급 관료들이 파견되어왔다. 여당인 민주당에서도 전문위원을 파견했다. 외교부 전문위원으로 파견된 위성락 외무관은 이미 북핵 TF를 구성할 때부터 윤영관 간사의 추천으로 우리와 호흡을 맞추고 있었다.

외교안보분과위에서는 나의 제안으로 청와대 쪽에도 전문위원 1명을 요청했는데, 그가 NSC사무처에 근무하는 류희인 대령이었다. 그는 국민의 정부 5년 내내 1998년에 신설된 NSC사무처에 근무하면서 정책조정, 위기판단 등의 업무를 담당해온 초창기 NSC 경험자였다. 인수위로서는 정부의 기존 통일외교안보 체계를 NSC체제로 전면적으로 재편하기 위해서는 그의 경험과 지식이 꼭 필요했다.

이밖에도 NSC에는 민간 출신의 요원도 여러 명 있었다. 김진향, 김성배, 김창수, 김종대 등이 그들이다. 김진향은 남북관계로 정치학 박사학위를 가진 전문가로서 외교안보분과위의 실무 총괄 간사를 맡았다. 우리 분과위 사람들은 매일 아침마다 모여서 우렁차게 공지사항을 알리는 그의 목소리를 유쾌하게 들으며 하루 일과를 시작했다. 김성배는 정치학 박사 출신으로 서울대 외교학과 스승인 윤영관 간사의 추천으로 인수위에 들어왔다. 나나 서주석 박사도 그의 능력을 잘 알고 있어서 그의 채용에 흔쾌히 동의했다. 김창수는 오랫동안 시민사회에서 평화·통일운동에 종사해온 신망 받는 운동가였다. 김종대는 군사전문가로서 인수위에 합류했는데, 뒤에 국방보좌관실로 배치되는 바람에 거의 교류가 없었다.

4. 우리는 평화번영정책의 추진 원칙을 '대화를 통한 문제 해결' '상호신뢰 우선과 호혜주의' '남북 당사자 원칙에 기초한 국제협력' '국민과 함께하는 정책' 등 4가지로 잡았다. 이중 '대화를 통한 문제 해결'은 당시 북핵문제 재발로 고조된 한반도 위기 속에서, 어떠한 형태의 전쟁도 반대하며 모든 갈등과 현안은 대화를 통해 평화적으로 해결해야 한다는 노 당

선자의 철학을 그대로 반영한 것이었다. 또한 '상호신뢰 우선과 호혜주의'에서 '상호신뢰 우선'도 종종 발생하는 북한의 일방주의적인 대남 태도에 대한 배격을 강조한 당선자의 의지를 반영한 것이었다.

5. 결국 평화번영정책의 개념규정에서 썼던 '노무현 대통령의 전략적 구상'이라는 말은 뺐다. '동북아경제중심국가로의 발전'도 '동북아 공존·공영'으로 바꿨다. 그래서 2004년 NSC 상임위가 발간한 국가안보전략서인 『평화번영과 국가안보』는 평화번영정책을 "한반도에 평화를 정착시키고 남북한 공동번영을 추구함으로써 평화통일의 기반을 조성하고 동북아 공존·공영의 토대를 마련하고자 하는 참여정부의 안보정책 구상"으로 규정했다.

6. 당시 당선자 북핵 TF 역시 별도로 2002년 12월 말에 대북특사 파견을 구상하고 있었다. 2003년 1월 중순경 미국에 특사단을 파견하고, 이들이 귀국하면 미국과의 협의 내용을 포함한 대북협상전략을 마련하여 1월 20일경에 대북특사를 파견하는 계획이었다. 그런데 대미 특사단이 2월 초에나 방미하는 것으로 늦춰지면서 미뤄졌고, 부시 행정부의 북한에 대한 강경한 입장을 확인하면서 북한을 설득하기 위해 평양에 가져갈 대안이 마땅치 않다고 판단하고 있었다. 이처럼 몇 가지 이유로 인수위 기간 내 대북특사 파견은 포기할 수밖에 없을 것으로 생각하고 있던 중에 임기말 정부의 대북특사 동행을 통보받은 것이다. 인수위의 대북특사 파견 계획은 이로 인해 자동 폐기되었으니, 정부의 대북특사 파견에 대한 외교안보분과위의 분위기가 좋을 리 없었다.

7. NSC 개편안을 만드는 데는 류희인과 김진향이 애를 많이 썼다. 그들은 수주일간 이 일에만 전념하여 개편안을 만들었다. 당연한 말이지만, NSC 체제의 설계는 내가 혼자 할 수 있는 일이 아니었다. 관련 지식과 경험, 그리고 열정을 지닌 조력자가 필요했다. 이 점에서 특히 류희인의 역할은 매우 컸다. 공군사관학교를 졸업하고 독일에서 유학한 류 대령은 국민의 정부 청와대 NSC사무처에 근무하면서 NSC와 위기관리체계에 대해 누구보다도 해박한 지식과 경험을 쌓았다. 그의 경험 덕분에 우리는 지금 돌이켜보아도 별로 흠잡을 데 없는 NSC사무처 조직을 만들 수 있었다. 그는 정부 출범 후 NSC 위기관리센터장을 맡아 위기관리 부재의 대한민국 정부에 국가위기관리체계를 수립했다.

8. NSC 차장으로 취임하여 과거 문서를 살펴보니 간담회 전날인 3월 4일 NSC 상임위원회가 열렸다. 이 회의에서 국방부가 한미 국방관계에 대해 보고하면서 대통령의 지론인 전시작전통제권(전작권) 환수에 대해 거론했다. 전작권이라는 말조차 터부시하는 국방부장관이 이 문제를 꺼낸 것은 대통령 임기 초에 전작권 논의 불가를 정부 입장으로 확정해놓고 싶어서였던 것 같다. 국방부는 미 국방부가 전작권 환수에 대해 소극적 입장이며, 우리 국방부도 미측 입장에 원칙적으로 공감을 표명했다고 보고했다. 이어진 토론에서는 "한미 연합지휘체제 조정(전시작전통제권 환수) 문제는 정서적 차원의 문제가 아니라 국익 차원에

서 접근해야 하며 한반도 군사적 신뢰 및 평화체제 구축과 연계되어야 한다"고 의견을 모았다. 예나 지금이나 이러한 주장은 전작권 환수 반대론자들이 약방의 감초처럼 쓰는 말이다. 대통령의 전작권 환수의지를 비판하는 측이 흔히 애용하는 말이 '국익'이었다. 그런데 대통령의 참모들이 그의 전작권 환수의지를 국익을 경시한 정서적 주장으로 폄훼하고, 전작권 환수를 너무 미루지 말기를 바라는 대통령의 희망과 반대로 환수시기를 한반도 평화체제의 정착과 연계시킴으로써 사실상 반영구적으로 늘려야 한다고 주장한 것이다.

3월 7일 대통령주재 안보관계장관회의에서는 일부 참석자들이 한수 이북 주한미군은 '인계철선'의 성격을 지니고 있다고 주장했다. 2부에서 살펴보겠지만, 극심한 대미의존심리가 만들어낸 이 말을 대통령은 "미국 사람들을 방패막이로 우리 안보를 지키겠다는 부도덕한 용어"라며 아주 싫어했다.

2부

1. 자주국방의 구체적인 프로그램을 만들고 그 실천을 점검해야 할 임무를 NSC사무처 안에서는 서주석 전략기획실장에게 맡겼다. 대통령의 국방철학에 정통하며 국방 전문가이기도 한 그에게 북핵 문제에 이어 자주국방 과제도 책임을 지고 수행하도록 맡긴 것이다. NSC 차장으로 있는 동안 나는 국방문제와 관련한 모든 대통령 보고에 서 실장을 배석시키고, 필요한 경우에는 그가 직접 대통령께 설명을 드리도록 했다.

2. 노 대통령은 후보 시절부터 우리가 최소한 북한으로부터 우리를 지킬 수 있는 자위적 국방 역량을 갖추어야 한다는 소신을 피력해왔다. 그는 자문위원들과의 토론을 통해 미국이 걸프전 이후 과학화·정보화시대의 새로운 전쟁 패러다임을 구현하기 위해 첨단 군사기술에 기반을 둔 군 운용의 혁신 및 조직의 재편 등을 추진하고 있으며, 이에 따라 해외주둔 미군의 감축이 실현될 가능성이 높다는 사실도 알고 있었다. 그래서 당선자 시절인 2002년 12월 30일 계룡대를 방문하여 군 지휘부에 주한미군의 감축이나 철수에 대비한 계획을 가지고 있느냐고 물었다. 이때 군 지휘부는 노 당선자가 반미적인 성향이 있어서 그런 질문을 하지 않나 하는 의구심을 가졌을지 모르나, 그것은 현실적인 합리주의자의 입장에서 던진 질문이었다. 그런데 공교롭게도 노 당선자가 군 지휘부에 그 질문을 던져질 시점에 미 국방부는 실제로 주한미군을 포함한 세계 각 지역의 주둔군을 감축하려는 계획을 세우고 있었다.

3. 따라서 감축을 극히 꺼렸던 국방보좌관실은 대통령께 보고서(2003년 8월 12일)를 올려 "10월 한미정상회담 후 공론화될 경우 정치적 부담이 매우 클 가능성"이 있다며 "일단 책임당자들이 미측 감축 기본계획의 변경 또는 연기(적어도 핵 상황 종료시까지)를 위한 다각적인 노력을 실시하고, 그런 가운데 자연스럽게 공론화됨으로써 국민적 충격을 완화할 필요성"이 있다고 건의하기도 했다.

4. NSC사무처가 만들어 내가 허바드 대사에게 전달한 합의문의 영문 제목은 「ROK' s Understanding of the Negotiation on the USFK Reduction」이었으며 내용은 다음과 같았다. 1. The Unites States and South Korea agreed to suspend any negotiation on the reaction of the USFK for (de facto) one year from the 9th of October 2003 onwards. 2. More specifically, both sides agreed to suspend consultation on the reduction issue until the summer of 2004, and to resume the talks at an appropriate point in the autumn of 2004, if necessary. 3. In accordance with the agreements of the Article 1 and 2, the South Korean side will cancel its plan to make public the contents of the negotiation on the USFK reduction which was scheduled for October 10 2003; and both sides will jointly prepare at the earliest possible date a press guidance which aims at dealing with the possibility of a leak to the press of the negotiation on the USFK reduction plan proposed by the US.

5. 2004년 6월에 시작된 감축 협상에서, 미국은 기존의 계획안을 수정하여 이미 이라크 차출이 이루어지고 있는 병력을 포함하여 2005년까지 육군 1만1500명, 공군 1000명 감축안을 내놨다.(2004년과 2005년에 각각 6000명, 6500명씩) 이후 우리측과의 조정을 거쳐 2004년 5000명, 2005년 3000명, 2006년 2000명, 2007~2008년 2500명으로 변화했다. NSC는 감축 병력규모를 줄이지 않는 대신 감축 일정(안)은 협력적 자주국방계획 추진과 연계하여 국방부가 짜도록 했다. 그 결과 타결이 임박한 9월 하순, 우리측 대안은 2004년 5000명, 2005년 2000명, 2006년 2500명, 2007년 3000명이었다. 결국 양국은 2004년 10월에 주한미군을 1단계(2004년) 5000명, 2단계(2005~6년) 5000명, 3단계(2007~8년) 2500명씩 5년에 걸쳐 1만2500명을 감축하기로 최종 합의했다.

6. 군사전문 용어를 사용해 작전계획의 개념을 규정하면 "완전한 작전개념이 기술되고 이 계획을 실행하는 특정 부대의 지정 및 임무, 기능, 전개 절차, 동원 자원 등이 세부적으로 명시된 계획"이다. 반면에 개념계획은 "부여된 임무수행의 방법을 개략적으로 기술한 축약된 형태의 계획"으로 규정된다.

7. 작전계획의 신규 작성은 전시지도지침상 대통령 보고사항이다. 그러나 '5029'의 경우 대통령 보고는커녕 NSC사무처에조차 통보하지 않은 채 작계화가 이루어지고 있었다. 책임문제가 발생한 것이다. 사안의 중대성을 감안하여 나는 4월 29일 NSC 상임위에서 국정원에 공식적으로 전체적인 경위 조사를 의뢰했다. 조사 결과, '5029'의 작계화라는 말이 나온 2003년 11월부터 2004년 9월 사이에 합참 작계 작성 관련 부서와 한미연합사 간부 상당수가 연루되어 있었다. 예외적으로 신일순 연합사 부사령관만이 2004년 1월에 '5029 개정 계획'을 보고받고 우리 정부의 관련 대비계획과 상충 가능성을 제기하며 신중한 입장을 보였다. 김관진 합참 작전본부장도 정부 대비계획과의 연계를 고려하여 작계 작성 일정을

순연할 필요성이 있다고 문제를 제기했다. 그러나 대부분은 별 이의 없이 크고 작게 작계화에 관여된 것으로 조사되었다. 물론 이들에 대한 소명기회가 없었기 때문에 유관기관의 조사가 다 맞는다고 할 수는 없었다.

NSC사무처가 보기에 군 지휘부나 실무담당자들이 '5029'의 작계화에 대해 문제를 제기하지 않은 것은 무슨 의도가 있어서가 아니라 '개념계획 5029'의 작계화가 지니는 의미에 대해 분명하게 인지하지 못했기 때문이었다. 결국 우리 군이 한미연합사가 제시하는 작계화 제안을 무비판적으로 수용해온 관성이 낳은 부작용이었다고 할 수 있다. 대통령 재가 문제도 2003년에 한미가 공식 합의한 것이 '개념계획 5029'였으니 특별히 기만적 의도가 있다고 보기 어려웠다. 따라서 NSC사무처는 대통령께 이들에 대한 문책보다는 이 사건을 정책적 교훈으로 삼는 계기로 삼는 것이 바람직하다고 건의했다. 2005년 7월 12일, 노 대통령은 '5029' 사태를 겪으면서 느낀 소감을 말했다. 그 내용은 다음과 같다.

- '개념계획 5029'의 작계화 문제는 군사적 결정의 범주를 넘어 정치 지도자의 재가가 반드시 필요한 정치적 사안으로서 매우 신중히 다루어졌어야만 하는 문제였음.
- '5029'에서 상정하고 있는 북한 급변사태는 우리의 정치·외교·경제 등 모든 분야의 역량으로 대응해야 하는 위기국면이기는 하나 물리적 힘으로 이를 해결하고자 하는 유혹을 받지 않았으면 함.
- 이번 '5029' 대처과정에서 지적된 관계자들은 의도적으로 잘못한 것은 아니겠지만, 참여정부의 외교안보 정책기조를 확고히 인식하지 못하고, 작계화에서 오는 정치·외교적 파장과 국가의 미래에 미칠 부정적 영향을 이해하지 못했다는 점에서 유감스럽게 생각함. 그렇지만 이들의 과오를 문책하기보다는 앞으로 이와 같은 일이 다시 발생하지 않도록 정책적 사례로 삼아야 할 것임.

8. 2월 1일, 노무현 대통령은 김숙 국장을 전략적 유연성 협상 대표로 임명했다. 그리고 다음과 같은 훈령(안)을 재가했다.

미측에 대해 전략적 유연성에 대해 동맹국으로서 원칙적인 이해와 공감을 표명함. 아울러 주변지역 분쟁 개입 가능성으로부터 초래될 수 있는 부정적 영향을 우려한다는 점을 밝히면서, 구체적인 협의에 돌입하기 전에 미측이 전략적 유연성의 개념적 정의를 제시해줄 것을 요청할 것.

9. 우리측의 전략적 유연성 최종협상(안)은 2005년 12월 29일에 열린 제355차 상임위에서 확정되었는데, 다음과 같았다.

① 한국은 동맹국으로서 미국의 세계 군사전략 변혁의 논리를 충분히 이해하고, 주한미군의 전략적유연성의 필요성을 존중한다.

② 미국의 전략적유연성의 이행에 있어서, 한국이 한국민의 의지와 관계없이 동북아 지역분쟁에 개입되는 일은 없을 것이다.

③ 이와 관련하여, 한국과 미국은 한미상호방위조약의 정신에 따라 한반도의 평화와 안전에 부정적 영향이 초래되지 않도록 상호간에 긴밀하고 충분한 협의를 가질 것이다.

이중 가급적 ①② 2개 조항으로 구성하되, 미측이 추가 조항을 원할 경우 ③항을 제시할 것.

그런데 미국이 ①②안 두 문항으로 하는 데 동의하여 ③항은 미측에 제안하지 않았다.

3부

1. 이라크 추가파병 문제를 다루면서 나는 노무현 대통령의 직무에 대한 놀라운 집중력을 보았다. 2003년 가을 노 대통령은 이라크 추가파병 문제의 합리적인 해결책을 찾기 위해 6차례의 안보관계장관회의를 비롯하여 수십 차례에 걸친 장관 및 참모들과의 공식·비공식 회의와 외부인사 자문·간담회를 소화했다. 그런데 이 시기는 대통령이 재신임 선택으로 자신의 정치적 운명이 절체절명에 달했을 때였다. 대통령은 10월 10일 오전 국민에게 재신임을 묻겠다는 충격적인 기자회견 직전의 아침 8시부터 안보관계관계회의를 주재하여 감축문제의 경과를 보고받고 공론화 취소를 결정했으며, 이라크 파병 문제와 북핵문제에 대해서도 보고를 받았다. 대통령의 태도가 평소와 다름없이 차분하고 너무 담담해서 누구도 이 회의를 마치고 그 엄청난 기자회견을 하리라고 상상도 못했다. '아세안 +3' 정상회의를 위해 인도네시아를 방문하고 귀국한 다음날에 일어난 일이었다. 노 대통령은 재신임 선언 이튿날인 10월 11일(토)에도 관저에서 파병 관련 회의를 열어 숙고를 거듭했다. 10월 18일에는 국가안전보장회의에서 파병원칙을 결정하고 이튿날 방콕으로 날아가 부시와 이 결정을 지렛대 삼아 북핵문제를 협의했다. 이처럼 노 대통령에게 중차대한 안보현안들을 다루었던 시기가 자신이 정치적 운명을 걸고 행보했던 시기와 겹쳤지만 그는 이로 인해서 안보상황에 소홀히 대처하거나 집중력이 흐트러지는 모습을 전혀 보이지 않았다. 대통령은 이 시기에 이라크 파병 문제 외에도 두 차례의 외국방문과 감축문제, 북핵문제 등 대형 안보사안에 대한 관리로 거의 매일 같이 고된 외교안보 일정을 소화했지만 어디에서도 자신의 정치적 운명과 관련해서 내색조차 하지 않았다.

2. 이라크 파병을 둘러싸고 서로 반대지점에 있는 세력들이 본의 아니게 참여정부를 '협공'한 경우는 2004년 6월에 발생한 김선일 씨 피살사건에서도 볼 수 있었다. 정부가 위험하다고 그렇게 들어가지 말라고 경고하고, 또 한국인이 이라크로 들어갈 수 있는 통로는 관계국과 협력하여 최대한 출입국 동향을 체크했음에도 김선일 씨는 선교를 목적으로 이라크에 들어갔다. 정부는 그에게 위험하다는 것을 지속적으로 강조하고 철수도 권유했다. 그럼에도 불구하고 그는 이라크에서 활동을 지속했으며 결국 테러집단에 의해 살해되었

다. 나는 이 문제에 대해 정부에 책임이 있고, 정부가 거기에 대해서 마땅히 받아야 할 비판의 몫이 있다고 생각한다. 그러나 당시 우리 사회는 참여정부를 거의 쥐 잡듯 잡았다.

이라크 파병 반대 쪽에서는 파병 반대 목적을 달성하기 위해서 모든 화력을 집중해서 "봐라, 가지 말라는 이라크 파병을 했기 때문에 이렇게 사람이 피살되지 않았느냐" 하면서 정부를 맹공격했고, 또 참여정부의 정치적 반대세력은 이 호재를 놓치지 않고 '자국민을 보호하지 못한 무능하고 무책임한 정부'라며 맹공을 퍼부었다. 한마디로 이해를 달리하는 여러 세력이 각자 취향대로 정부에 몰매를 가했다. 급기야 외교부, 국정원, NSC사무처가 국회 국정조사와 감사원 감사까지 받았다. 감사원마저 여론에 편승해 사실확인도 하지 않은 채 국회 국정조사특위에 김선일 씨가 테러집단에 억류되어 있을 때 외교부 차관이 대통령에게 "비관적인 것부터 희망적인 것까지 다양한 정보가 수집되고 있다. 그러나 오후부터 희망적인 관측이 나오고 있다"고 구두 보고한 것을 근거로 NSC와 외교부가 대통령에게 균형 있게 보고하지 않았다며 '기관 주의'를 검토하고 있다는 보고서를 제출했다. 나는 외교부가 김선일 씨 생사에 대해 판단 미스를 범해 낙관적인 보고를 했다 치더라도 왜 그것이 감사원의 감사대상이 되고 기관 징계 사항이 되는지 그때도 이해가 가지 않았으며, 지금도 이해되지 않는다. 오직 이유가 있다면 당시 언론에서 그 문제를 크게 이슈화하며 정부를 비판했기 때문일 것이다. 그런데 보고받은 당사자는 대통령이었다. 민정수석비서관실로부터 감사원의 감사 진행 상황을 문서로 보고받은 대통령은 "비관적 정보는 '사실'이 아니라 '의견'이고, 낙관적인 정보는 '구체적 사실'"이었다고 의견란에 직접 써넣어 자신은 불균형한 보고를 받지 않았음을 분명히 했다.

4부

1. 이날 나는 국민의 정부 국정원장으로서 신임 원장 내정자의 인사청문회가 마무리될 때까지 한시적으로 그 자리에 있는 신건 원장이 정세현 장관과 함께 특사파견의 필요성을 소신껏 주장하는 것을 보고 감명을 받았다.

사실 특사 파견은 대북송금특검으로 인해 발생할지도 모르는 남북관계의 악화를 예방할 좋은 기회였다. 그럼에도 불구하고 이날 회의에서는 특검 문제와 연관된 의미 있는 논의가 없었던 것으로 기억된다. 아마 이 문제가 정무적인 성격을 띠고 있어서 회의 성격에 잘 맞지 않았고, 토론이 갑자기 보고받은 3자회담과 연결되어 이루어졌기 때문이 아니었을까 짐작된다. 또 그렇지 않아도 대통령에게는 골치 아픈 특검 문제를 특사파견과 연결시켜 얘기하기가 부담스러웠을 수도 있다. 사실 나는 대북송금특검 때문에 지지층의 분위기도 좋지 않고 남북관계도 시원치 않은데, 특사 파견을 통해 이 분위기를 완전히 바꿀 필요가 있다고 말하고 싶었다. 그렇지만 대통령의 자존심을 건드리는 것 같아 말이 목구멍까지 나오는 것을 참았다. 그러나 내가 이런 주장을 했다 하더라도 결론은 달라지지 않았을 것이다.

2. 제2차 남북국방장관회담에서 남북은 합의문 발표까지는 이르지 못했으나 선전 문제에 대해 다음과 같이 잠정 합의한 바 있었다. "쌍방은 군사분계선 지역에서 방송과 게시물 등을 통한 상대방에 대한 모든 선전활동을 완전히 중지하며, 그 수단들을 점차적으로 제거하기로 하였다. 선전중지 및 선전수단 제거와 관련한 구체적인 일정과 방법들은 추후 협의, 해결하기로 하였다."

3. 이 보고 누락과 '항명' 사건은 NSC사무처가 국정원과 함께 비공개적으로 추진하던 중요한 대군對軍 사업 하나를 무산시켰다. 2004년 초 나는 대통령의 승인을 받아 고영구 국정원장에게 아주 특별한 부탁을 했다. 전역한 지 얼마 안 된 예비역 장성 사회적응 전前 재정지원 프로그램을 국정원에서 지원해달라는 것이었다. 노 대통령은 현역 군인 처우개선에 대해서 아주 관심이 높았고, NSC사무처는 이와 관련한 연구를 진행하고 있었다. 그 과정에서 나는 예비역 장성들의 재취업이 점점 어려워지고 있다는 사실을 알았다. 정부조직 변화로 인해 그들이 주로 재취업해온 공공부문의 일자리가 크게 줄어들고, 사회전문화 추세에 따라 민간부문에서도 그들이 갈 자리가 현격히 감소했다. 게다가 전역 평균연령이 높아지면서 그만큼 재취업의 가능성도 낮아졌다. 나는 조금이나마 이 문제 해소에 보탬이 되고자 처음에는 국방부에 관련 지원 프로그램을 제안했다. 그러나 예산이 없다는 답이 돌아왔다. 그래서 고영구 국정원장께 부탁을 했다.

당시 구체적인 조사가 이루어지기 전에 NSC사무처가 예비적으로 계산한 바로는 대체로 연간 30~40억 원은 소요되는 사업이었다. 전역하는 예비역 장성들에게 연간 1편의 안보관련 자문보고서를 형식적으로 제출하게 하고, 대신에 월 100만 원 정도를 연구비조로 3년간 지급하는 것이다. 이렇게 되면 시행과 동시에 전역 후 3년 미만의 예비역 장성들부터 해당자가 된다. 물론 이 정도의 금액이 큰 도움은 되기 어렵겠지만 그래도 전역 후 사회 적응하는 데 약간의 도움은 될 것이며, 무엇보다도 국가가 자신을 방치하고 있지 않다는 의식을 가질 수 있을 것으로 보았다.

고영구 원장은 NSC사무처의 지원 요청에 흔쾌히 승낙했다. 적은 예산도 아니고 국정원 사정도 빠듯하지만 의미 있는 사업이라며 어떻게든 국정원이 돕겠다고 했다. 우선 예비역 장성의 취업 및 생활실태에 대한 정밀한 조사부터 해달라고 부탁을 했다. 2004년 여름, 나는 국정원으로부터 「예비역 장성 취업 및 생활실태 분석」이라는 두툼한 조사·분석 자료를 전달받았다. 이 보고서에 따르면 예비역 장성 취업자는 조사대상자의 9.6%에 해당하는 210명에 불과했다. 예비역 장성 대다수가 현역 시절 보수 대비 1/2 정도의 연금으로 생활하기 때문에 경제적 어려움을 겪고 있었다. 보고서는 경제적 어려움도 크지만 '평생 국가를 위해 헌신한 장성들에 대한 사회적 홀대와 예우가 소홀'한 데 상당한 자괴감을 가지고 있다고 지적했다. NSC사무처는 이 자료에 기반해서 예비역 장성 사회적응 전前 재정지원 프로그램을 구체화하고 나아가 예비역 장성 처우 개선 문제를 연구하려고 했다.

그런데 바로 그 시점에 보고 누락과 '항명' 사건이 발생하고, 예비역 장성 사회에서 참여정부에 대한 격렬한 비판이 쏟아졌다. 이후 국방백서에서 주적 표기 삭제, 전작권 환수 문제 등으로 성우회의 대정부 비판이 이념 공세와 혼재되면서 정부가 감내하기 어려운 수준으로 치달았다. 이러한 상황에서 나는 예비역 장성 지원 프로그램을 작성하여 회의석상에 꺼내들 자신이 없었다. 아니 솔직히 나 자신도 회의가 들었다. 결국 나는 이 프로젝트를 책상서랍에서 꺼내지 못한 채 3년간의 NSC사무처 생활을 마쳤다.

4. 그런데 노 대통령은 후일 한미정상회담에서 이 건을 잘 활용했다. 김정일 국방위원장에 대한 체질적인 거부감을 지닌 부시 대통령에게 대화를 강조하는 노 대통령이 어필할 수 있는 지름길은 자신도 북한 인권에 관심이 있으며 필요한 경우 북한에 대해 단호하다는 증거를 보여주는 것이었다. 2005년 6월 10일 전략적 유연성과 '개념계획 5029'의 작계화 문제 등으로 한미간 긴장이 매우 높았던 상황에서 한미정상회담이 열렸다. 이 와중에 노 대통령은 6자회담의 재개를 위한 노력의 일환으로 부시 대통령에게 김정일 위원장에 대해 적대감이 없다는 표시로 공개석상에서 '미스터Mr. 김정일'로 호칭할 것을 권유했다. 바로 이 회담에서 노 대통령은 부시 대통령이 북한의 인권문제를 거론하며 불편한 심기를 나타낼 때 이 말을 꺼냈다. "한국은 작년에 일시에 탈북자 500명 정도를 입국시켜 그로 인해 약 10개월 동안 남북대화가 중단되었습니다. 하지만 굽히지 않고 계속 받아들이고 있습니다." 노 대통령 자신도 북한인권에 이 정도로 실천적인 관심을 가지고 있음에도 불구하고, 문제 해결을 위해 대화와 우호적인 수사가 필요하다고 강조하고 있음을 보여준 것이다. 결국 부시 대통령은 기자회견에서 '미스터 김정일'이라는 호칭을 사용했다.

5. 북한은 2004년 6월에 개최된 3차 6자회담에서 '원칙적으로 합의'한 '제4차 6자회담의 9월 말 이전 개최'를 거부하면서 외무성 대변인 성명(2004년 10월 22일)을 통해 회담 재개 조건으로 ① 미국의 적대시 정책 포기 ② 동시행동에 기초한 '동결 대 보상' 실시 ③ ('핵 물질 사태'를 빚고 있는) 남한 핵 문제의 우선 논의를 내걸었다. ③항 조건은 우리 정부가 '핵 물질 사태'에 대해 2004년 12월 국제원자력기구IAEA에 잘 해명하여 무난히 마무리되었기 때문에 북한도 더 이상 문제를 삼지 않았지만 ①, ②항이 문제였다.

6. 실제로 참여정부는 이 보고에서 밝힌 전략 방향에 따라 2005년 가을까지 1년 동안 북핵 문제의 해결과 남북관계의 획기적 진전을 위해 전력을 다했으며, 그 결과 9·19공동성명의 탄생에 주도적인 역할을 하고 2005년 가을 남북정상회담 개최까지 합의했다.

7. 2월 16일에 열린 이 회의에서는 정부 내 토론 결과와 2월 13일 대통령 지시 말씀에 근거하여 우리의 기본 대응전략을 수립하고 비공개 남북 연락 통로를 통해 강력한 대북 경고 메시지를 보내며 6자회담 조기 재개를 위한 실행계획을 세우기로 했다. 우리의 기본 대응 전략은 다음의 3가지로 설정했다. ① 북핵문제 해결은 장기적 과정으로서 일촉즉발의 대치국면과 반전이 반복되어 왔으므로 상황급변에 인내심을 가지고 대응한다. ② 남북대화는 남북관계의 안정성 유지와 북핵 해결의 통로로 활용한다. 남북관계의 안정성 유지는

국내 사회경제적 상황관리와 한미 관계 및 6자회담에서 우리의 지렛대로서 중요한 역할을 한다. 단, 남북대화는 모색·발전시키되 상황 전개에 따라 대북지원과 경협은 속도를 조절한다. ③ 북한이 한계선(핵실험 또는 무기급 핵물질 확산) 침범 또는 핵무장 불 포기 입장이 분명해질 경우 특단의 대응을 강구한다.

결국 북핵문제에 대한 한국정부의 인내심이 아직 소진되지 않았음을 확인하고 기존의 정책기조 아래 다시 문제 해결을 위해 최선을 다하기로 결정한 것이다.

8. 보고서에서 NSC는 이 방안을 "현재 중단상태인 경수로 건설을 완전 종료, 그 대신 잔여 건설비용으로 북핵 폐기시(합의 전제) 200만Kw 전력을 북한에 대해 송전방식으로 지원하는 방안"으로 규정했다. 이 방안의 목적은 "북핵 6자회담 국면을 주도적으로 돌파할 수 있는 전략적 대안 마련"으로 적시했다. 보고서는 목적 및 기대 효과를 다음의 4가지로 정리했다. ① 북핵 6자회담의 돌파구 마련과 이후 상황 주도. 북핵 해결 후 동북아 질서 재편에서 능동적 역할 수행의 발판 마련 ② 남북 공동 번영의 기반 마련. 남북 관계 발전의 획기적 전기 ③ 개성공단 건설의 안전판 마련 ④ 난마처럼 얽힌 경수로 문제를 명분과 실리를 취하며 해결.

9. 그러나 부시 대통령은 자신의 행위를 노 대통령이 부탁해서 마지못해서 한 '소용없는 짓' 정도로 생각했다. 부시는 노 대통령에게 말했다. "아까 기자회견 때 Mr. 김정일이라고 했습니다. 그게 정말 효과가 있다면 노벨 평화상을 받을 수도 있겠습니다." 부시의 회의적인 발언에 노 대통령이 답했다. "미스터Mr.라는 호칭이 동북아에서 새로운 평화를 여는 열쇠가 될 수도 있습니다."

많은 미국 관리들이 북한이 김정일 위원장에 대한 호칭이나 자기 체제에 대한 부정적 평가에 얼마나 예민한지, 그것이 실제 그들의 정책에 중대한 영향을 미치는지 이해하지 않으려 했다. 사실 부시 대통령이 2005년 5월 31일 처음 김정일을 미스터로 호칭했을 때 북한 외무성은 "미국 대통령 부시가 우리 최고 수뇌부에 대해 '선생'이라고 존칭했다"면서 "우리는 이에 유의한다"는 논평을 냈다. 미국 관리들은 이 사실에 주목하고 그 의미를 분석했어야 했다.

10. 한국 대표단은 한미 양자협의 16회, 남북 양자협의 10회, 한중 양자협의 10회, 한러 양자협의 3회, 한일 양자협의 1회, 한미일 협의 1회를 가지며 논의를 촉진시키기 위해 동분서주했다. 참고로 북미 양자접촉도 12회나 있었다. 앞에서 기술한 것처럼 중국이 4차 초안을 내놓은 뒤에는 북미간의 이견을 중재하기 위해서 한국측의 주선으로 남북미 3자 협의가 이루어지기도 했다. 이 과정에서 송민순 수석대표의 설득과 중재가 빛을 발했다. 1단계 회의가 북미간 이견으로 인해 결렬로 끝나지 않고 다음 단계를 기약할 수 있었던 것은, 이 3자 회담에서 힐 차관보가 평화적 핵 이용권에 대한 북한의 입장을 확실하게 이해했으며, 김계관 부상은 합의를 도출하고자 하는 힐 차관보의 의지를 읽었기 때문이라고

나는 생각했다.

11. 박 국장은 "어제부터 오늘까지 양자 접촉을 갖고 확인한 결과 1조 2항에 '경수로를 포함한 평화적 핵 이용권'이라는 문장 추가 입장을 밝힌 나라는 중국, 러시아, 한국이며 여기에 일본까지 가세하였다"고 설명했다. 그는 "미국만 빼고 5개 참가국이 이 문항이 합의문에 들어가야 한다는 입장이며, 한일 양자 협의시 일본도 그런 입장이라는 것을 확인했다"고 설명하면서 '1:5 구도'라고 도표를 그려서 보여주었다. 미 NSC 인사들은 한국 NSC의 설명을 듣고 그럴 리가 없다며 의아해하는 반응을 보였다. 그들은 바로 직전에 열린 미중정상회담(9월 13일)에서 부시 대통령이 비공개 대화에서 후진타오 주석에게 북한에 경수로를 제공할 수 없다고 말했다며 미국 입장은 불변이라고 강조했다. 그러자 이여진 과장이 이날 있었던 한·러, 한·일 양자접촉 결과를 소개하고, 특히 러시아가 상당히 견고한 논리를 갖고 경수로에 관한 우리측 입장을 매우 강하게 비판하면서 미국을 설득하라고 했다는 사실을 전했다.

12. 다만 일본이 전반적으로 긍정적인 입장을 표명하면서도 미국의 반대에 신경을 썼다. 이에 반기문 외교장관이 유엔총회 참석차 뉴욕에 온 마치무라 외무장관을 만나 일본측이 5차 초안에 동의하고 대미 설득에 함께 나서 달라고 당부했다. 마치무라 장관은 가능한 한국 입장에 협조하겠다는 뜻을 밝혔다. 뒷날(2005년 10월 13일) 나는 방한한 야치 일 외무차관과 만나 8월에 한 약속대로 이때 한일협력이 잘 된 것에 대해 사의를 표했으며 야치 차관도 만족해했다.

13. 김정일 위원장은 1차 남북정상회담에서 김대중 대통령에게 약속한 서울 답방을 지키지 못한 것을 의식해서인지, "나는 서울 답방을 반대한 적이 없습니다. 그러나 정세가 아닌데 가서 뭐하겠습니까?"라며 서울의 상황이 자신을 환영할 분위기가 아니라는 점을 지적했다. 그는 장소 문제에 대해서 이런 저런 구상을 얘기했다. 그는 이미 남북정상회담에 대해서 고민을 많이 한 듯 보였다.
김정일 위원장은 9월 정상회담 합의를 재촉하는 정 장관에게 답했다. "내가 움직이는 문제는 국방위에서 토론이 되어야 합니다. 노무현 대통령께서 정상회담 문제를 제기한 것을 기쁜 마음으로 접수했습니다. 장소는 빠른 시일 내에 통보할 것이고 시기는 9월에 만나지 않겠습니까?" 정 장관은 재차 촉구했다. "9월 중에 하자면 7월에는 결정이 되어야 합니다." 김정일은 "그럼 7월 중순까지는 답변을 보내겠다"고 답변했다. 이로써 남북정상회담 개최가 사실상 합의되었다. 그러나 북한은 7월 중에 정상회담 시기에 대한 답을 하지 않았다. 아무래도 남측에 확답을 주기 전에 4차 6자회담의 결과를 기다리는 것같았다.

14. 8월 18일 서대원 국정원 1 차장이 찾아와 중요 사항을 내게 전달했다. 러시아 당국이 정

보 통로를 통해서 푸틴 대통령의 뜻이라며 러시아 지역 내에서 남북정상회담을 개최하면 지원할 용의가 있다는 사실을 극비리에 밝혀온 것이다. 서 차장에 따르면 러시아는 북한측으로부터는 예비적 동의를 받았다며 정상회담 시기를 9월 초 극동지역에서 하는 것이 어떠냐고 타진해왔다. 러시아는 정직한 중개자honest broker 역할을 하겠으며 한국측이 동의하면 초청장을 발송하겠다는 것이다.

정부는 대북 고위전략회의를 개최하여 러시아의 제안을 검토했다. 만약 남북간에 정상회담 논의가 깊숙하게 진행되지 않았다면 우리는 러시아의 제안을 받아들였을 것이다. 우리가 보기에 러시아측 제안은 8·15 당시의 남과 북의 협의를 반영하지 않은 것 같았다. 따라서 러시아 당국의 제안을 정중하게 거절하기로 했다. "러시아측 제안에 사의를 표함. 우리는 8·15 때 북측 대표단에 남북정상회담과 관련하여 우리측 입장을 전달한 바 있음. 현재의 남북관계 발전 정도로 보아 남북정상회담이 한반도 내에서 개최되는 것이 바람직하다고 봄. 특히 이 문제와 관련하여 최근 남북이 직접 의사소통을 하고 있음."

5부

1. 사실 노 대통령이 동북아균형자론을 처음 구상할 때 생각했던 균형자는 중일간 갈등에서 균형을 잡는다는 의미였다. 2005년 2월 16일, 노 대통령은 2월 25일로 예정된 국회특별연설을 앞두고 연설문 초안 집필을 위한 모임에서 다음과 같이 언급했다.

"앞으로 한국군대의 능력과 역할은 주한미군이나 한미연합사와는 별도로 동북아의 균형자로서의 역할을 할 수 있는 방향으로 추진되어야 한다. 만약에 이러한 판단이 맞는 것이라면 이런 입장을 선언하는 것도 좋을 것이다. 미국은 우리의 전략적 파트너인데 중일간의 분쟁 시 어느 쪽으로 경사될 경우 이는 동북아 세력균형에 큰 문제를 야기시킬 수 있으며 한미동맹에도 영향을 주는 중요한 사안이다. 이러한 측면에서 우리가 어느 편에 서느냐에 따라 동북아 세력균형에 영향을 줄 수 있는 균형자로서의 힘을 가져야만 되는 것이며, 그러지 못할 경우 때리면 맞거나 힘없이 보편적 양심에 호소하는 수밖에 없다. 백 년 전과 지금과의 차이점은 과거에는 우리의 능력과 역할이 유명무실했지만 지금은 균형자 역할을 할 수 있을 정도의 나름대로 능력을 보유하고 앞으로 이를 더욱 강화시켜 나갈 것이기 때문에 우리 스스로를 포함하여 누구도 대한민국과 우리군의 능력을 비하해서는 안 된다."

이러한 맥락에서 대통령의 동북아균형자론은 초기에 명백히 중일간 갈등을 전제로 한 좁은 의미를 띠고 있었다. 사실 나도 2005년 4월에 『중앙일보』에 그런 기조에서 인터뷰를 했다. 나의 인터뷰 기사를 본 대통령은 4월 20일 이지원(e-知園) 시스템을 통해 다음과 같이 소감을 직접 써서 '지시카드'를 통해 보내왔다.

"잘 보았습니다. 수고했습니다. 다만 해명조로 설명할 것이 아니라 좀 더 당당하게 공세적으로 설명하기 바랍니다. 동북아의 미래 갈등의 당사자는 한반도와 중·일입니다. 나는 이것을 숙명적 관계라고 표현했습니다. 미·러는 한발 멀리 있습니다. 나는 이것을 전략적 이해관계라고 표현했습니다. 한국이 중·일 간 갈등구조가 만들어지면 균형자의 힘을 가져야 자주독립과 평화를 보전할 수 있다는 것이 역사의 가르침입니다. 미·중의 대결관계를 불변으로 상정하고 있는 사람에게는 한미동맹이 걱정되고, 생각에 미국과 중국만 있고 한국은 없는 의존주의자들에게는 과대망상으로 비치는 것입니다"

2. 노 대통령은 동북아시대위원장 출신인 문정인 교수의 국제정치와 한반도 문제에 대한 해박한 지식과 전략적 안목을 높이 평가했다. 따라서 임기 내내 그를 수시로 초대해서 자문을 구했을 뿐만 아니라 종종 주요 현안논의에도 참여시켰다. 그는 노 대통령 당선직후 구성된 북핵 TF의 인수위원이 아닌 유일한 멤버였다.

3. NSC는 이 사건이 해결될 때까지 오명 과학기술 부총리를 NSC 상임위에 합류시키기로 하고 2004년 9월 NSC사무처와 외교부, 과기부, 국정원 간부들로 범정부 TF를 구성하여 실무차원에서 대처토록 했다. NSC가 이러한 대응체계를 갖춘 것은 이 사안이 외교부의 교섭력과 과학기술부의 기술적 검증능력 그리고 국정원의 정밀한 점검 및 정보 수집력 등이 총체적이고 유기적으로 집중되어야만 대응이 가능하다고 보았기 때문이었다. 나는 서훈 NSC 정보관리실장으로 하여금 범정부 TF의 팀장을 맡도록 했다. 그는 난관에 직면했을 때 상황을 돌파할 수 있는 창의적인 마인드를 지녔기 때문에 이 일에 적임자였다.

4. '핵물질 사건'과 관련해 노무현 대통령은 다른 차원에서 심기가 아주 불편했다. 가까운 일본만 하더라도 우라늄 농축과 핵연료 재처리를 할 수 있는데, 우리나라는 0.2그램의 농축실험으로 문제가 되었다는 사실이 불만스러웠던 것이다. "우리나라는 연료개발도 불허되어 있는데, 이는 어느 규정에 근거한 것인가? 우리는 어떤 권리를 가지고 있나? 왜 포기했나? 우리가 차별받는 근거는 무엇인가?" 등등 대통령은 우리의 불평등한 처지와 관련한 질문들을 NSC사무처와 과학기술보좌관실에 수시로 물었다.
대통령은 한국의 '농축·재처리'를 막고 있는 1991년에 발표된 '남북한 비핵화 공동선언'이 한국의 핵의 평화적 이용을 제한하고 있다고 보았다. 대통령은 "남북한 비핵화 공동 선언"에 대해 당시 선언을 받치고 있던 정치적 합의 또는 조건이 아직도 유지되고 있는지를 검토하라고 NSC에 지시했다.(2004년 9월 30일) 대통령은 "핵 질서를 인정하는데, 왜 평화적 핵기술을 포기해야 하는지 의문"이라며, "핵 투명성 보장을 전제로 한 핵기술의 평화적 이용에 대한 권리는 한국 과학기술의 발전을 위하여 최대한 확보해나가야 한다"고 강조했다. 나아가 이는 과학기술 주권의 문제로서 당장은 아니지만 정부는 그러한 방향으로 정책을 추진하라고 지시했다.

5. 2004년 말 NSC 상임위는 성공적으로 마무리한 '핵물질 사건'을 평가하면서 이들 공로자들에 대해서는 향후 인사에서 그 공을 반영하기로 결의했다. 그런데 2005년 8월 말 외교부 제2차관에 대한 청와대 인사추천위원회가 있었다. 내가 북핵문제로 해외 출장 중에 이 회의가 열렸는데, 돌아와 보고를 받아보니 2차관 후보에 조창범 대사가 들어 있었으나 최종 선택에서 탈락했다. 나는 대통령께 그가 '핵물질 사건' 해결의 제1의 공로자라는 점을 보고했다. 이에 대통령은 인사추천위에 재심을 지시하려 했으나 이미 2차관 내정자에게 통보가 되었는지 사정이 여의치 않게 되었다. 대신에 대통령은 반기문 외교장관을 통해 조창범 대사에게 대통령의 위로 말씀을 전달하고 외교부 내부 방침을 넘어 조 대사에게 1차례 더 대사직에 보임케 하여 2006년 2월 호주대사에 임명했다. 나는 개인적으로 조창범 대사와 아무런 인연이 없었지만 국가공로자에 대한 예우라는 차원에서 그의 차관발탁을 고집했다. 정부는 조 대사에 대해 예우를 한다고 했으나, '핵물질 사건'을 관장했던 나로서는 아직도 그에 대한 미안함이 남아 있다.

6. 홍석현 대사의 중도 사임은 대통령의 후반기 외교안보 인사 구상에도 영향을 미쳤다. 나는 새로운 주미대사로 미 하버드대 영문학 박사이며 시민사회에서 커다란 존경을 받는 백낙청 서울대 명예교수를 대통령께 추천했다. 분단체제론의 저작권자이며 평생 남북한 문제와 동아시아 문제를 연구하며 사회과학과 인문학의 융합을 꾸준히 추구해온 대학자인 백낙청 교수라면 미국도 환영할 것이며, 참여정부의 균형외교 추진에도 큰 힘이 되리라고 보았다. 대통령도 좋은 생각이라고 받아들였다. 그러나 뒤에 부속실에서 백 교수가 여생을 시민사회에서 남북화해와 통일운동에 기여하고 싶다며 고사했다고 알려왔다.

백 교수의 고사로 노 대통령은 주미대사 자리에 이태식 외교부 차관을 임명했다. 대통령은 원래 이 차관의 능력과 인품을 높이 평가해서 그를 차기 외교장관 감으로 지목하고 있었다. 주미대사도 워낙 중요한 자리다 보니 이 차관을 보내기로 한 것이지만, 대통령은 그를 주미대사로 결정하는 날 "장관을 시켜야 하는 사람인데……"라며 못내 아쉬워했다. 이태식 대사는 외교부에서 내가 학자시절부터 인연을 맺은 유일한 외교관이었다. 국민의 정부 시절 그는 한미일 3자가 협의하는 대북정책조정감독그룹(TCOG, 티콕) 회의 한국측 수석대표였는데 이 회의를 하기 전에 나를 만나 개인적으로 북한문제에 대해 자문을 구하곤 했다. 외교부 고위 관리가 국제회의에 대비해 젊은 연구자를 만나 진지하게 의견을 청취하는 모습이 내게는 인상적이었다. 나는 대통령이 아쉬워하는 모습을 보며, 학자 시절 시내 커피점에 마주앉아 진지하게 내 얘기를 듣던 그의 표정이 떠올랐다.

7. 홍 대사의 갑작스러운 사임은 한국 정부의 6자회담 운영구상에 일정하게 어려움을 주었다. 2005년 초에 워싱턴에 부임한 홍석현 대사는 역대 어떤 대사보다도 업무에 집중했다. 그동안의 주미대사들이 대체로 미국무부의 차관보급 인사들과 대화를 나눈 데 비해 그는 국무부 부장관, NSC 부보좌관 등 한 단계 높은 고위층을 수시로 만났으며 대미협의에서 우리 정부의 입지를 한층 제고시켜주었다. 이것은 워싱턴에 주재하는 강대국의 대사

들에게도 쉽지 않은 일이었다. NSC사무처는 주미대사의 중요성을 고려하여 특별히 홍 대사가 현지에 부임하기 전에 NSC 담당관들을 홍 대사에게 보내 참여정부의 외교노선과 현안, 북핵 관련 최신 정보 등을 브리핑하게 했다. 그러나 4차 6자회담이 열려 워싱턴에서 홍 대사가 본격적으로 실력을 발휘하기 시작할 때 'X-파일 사건'이 터졌다. 이로써 정부는 6자회담의 양대 해외 핵심포스트(주미대사관과 주중대사관) 중의 한 군데 수장을 잃은 채 9·19공동성명을 향한 험로를 가게 되었다. 만약 홍 대사가 2005년 8, 9월에 정상적으로 주미대사 직을 수행했다면 아무래도 우리가 부시정부를 설득하는 데, 좀 덜 힘들지 않았을까 생각도 해본다.

8. 보고서는 ① 차기 유엔사무총장 한국측 후보 진출 관련 각국 반응 ② 상황판단 ③ 후보 선정 절차 건의 등으로 구성했다. 나는 '상황판단'에서 "반기문 외교장관의 유엔사무총장 후보 진출에는 무리가 없는 것으로 판단"된다고 썼다.

9. 이때 내가 일본 고위 인사들을 설득했던 토킹 포인트는 다음과 같은 것이었다.
"일본의 어느 지방이나 도시를 가보아도 일본이 군국주의를 지향하거나 전쟁을 숭배한다는 징후를 찾을 수 없음. 일본은 전쟁과 군국주의를 혐오한다고 해도 좋을 만큼 평화애호국가임. 그러나 야스쿠니 신사에는 전쟁범죄자들의 위패가 있음. 그리고 야스쿠니 신사 기념관에는 제2차 세계대전 당시에 사용되었던 전쟁무기들이 진열되어 있으며 일본제국주의 시대를 정당화하고 군국주의 부활과 전쟁을 예찬하는 분위기가 있음. 평화애호국가인 일본에서 이곳은 침략의 역사를 그리워하는 것같이 느껴지는 대단히 예외적인 곳임. 그런데 이러한 야스쿠니 신사에 일본을 대표하는 정치지도자들이 참배한다는 것은 피해자인 한국 국민이나 평화를 애호하는 세계인에게 일본인들의 평화에 대한 의지를 의심케할 수밖에 없는 것임. 우리가 260만 명의 위령이 있는 야스쿠니 신사에 평범한 일본 국민들도 참배하지 말라고 요구하는 것이 아님. 고이즈미 총리를 비롯한 정치지도자들이 참배하면 안 된다는 것임."

10. NSC 상임위는 NSC 상임위원장이 주재하고 동북아시대위원장, NSC 사무차장(간사), 외교부 차관, 교육부 차관, 국무조정실 수석이 등이 참석하는 전략회의를 구성하고 그 밑에 각 부처 담당 국장이 참여하는 외교전략팀(팀장: NSC 전략실장)과 학술지원팀(팀장: 동북아시대위원회 기조실장) 및 민간 전문가 그룹을 자문팀으로 둔 대응체계를 구축했다.

11. 김하중 대사는 동북공정에 대한 대처만이 아니라 한중관계의 발전과 예민한 국가 중대사업들에서도 지대한 역할을 했다. 김 대사는 중국어가 능통한 외교부 내 보기 드문 중국전문가로 중국 고위층뿐만 아니라 다방면에 걸쳐 광범위한 인맥을 구축하고 있었다. 주중대사관에서 보내오는 전문은 내가 빼놓지 않고 읽을 만큼 보고 내용도 충실했다. 그

는 중국 정부 고위 인사들과 밀접히 교류하면서 국군포로와 탈북자 송환에도 혁혁한 공을 세웠다. 특히 북핵문제 과정에서 북한의 비밀스러운 내부 동정과 북중 협의 상황을 정확히 파악하여 보고했으며 종종 노 대통령의 중요한 메시지를 중국지도부에 전달하기도 했다.

중국 지도자들도 그를 좋아해서 노 대통령이나 이해찬 총리가 중국을 방문할 때 김하중 대사가 오래도록 중국대사를 할 수 있게 해달라고 선의의 청탁성(?) 발언을 할 정도였다. 내가 아는 한 그는 최고의 대사였다. 실제로 그는 참여정부 내내 주중 대사를 맡아 국가를 위해 큰 기여를 했다.

그의 1차 임기가 만료되는 시점에 주중대사 자리를 원하는 고위 인사가 여럿 있었다. 나는 당시 정찬용 인사수석을 찾아가 내가 생각하는 주중대사의 두 가지 요건을 얘기했다. 첫째, 거물급 정치인 출신으로 주중대사로 부임하여 국무위원이나 국무원 부장급 인사를 수시로 만날 수 있는 사람. 둘째, 중국어에 능통하고 실무능력이 뛰어나며 최소한 국장급 인사를 수시로 만날 수 있는 사람. 나는 이중 첫째 조건을 갖춘 사람은 현재로서는 찾기 어렵다고 단언했으며, 둘째 조건을 갖춘 사람도 외교부 내에 없다고 말했다. 다만 김하중 대사가 둘째 조건을 충족시키면서 첫째 조건에도 거의 근접한 유일한 인물이라고 설명했다. 그때까지 나는 김 대사가 보내는 외교전문만 보았지 사적인 교류는 거의 없었다. 이런 나의 의견 개진에 정 수석도 동의했다.

6부

1. NSC사무처는 거의 모든 중요업무는 기본매뉴얼이나 체크리스트를 미리 작성하여 그에 바탕을 두고 추진했다. 예컨대, 대통령의 외국 방문이 1년에 5~6회 정도 되었기 때문에, NSC사무처는 이 행사를 준비하기 위해 항상 분주했다. 따라서 아예 「대통령 행사 준비 작업 일정표」를 매뉴얼로 만들어놓고 그대로 시행했다. 이 일정표에 따르면 행사 D-7~6주에 NSC와 외교부, 의전비서관실, 경제정책수석비서관실, 홍보수석비서관실, 연설팀 등이 '준비업무 TF'를 구성하고 각자 자기분야에서 준비에 들어간다. D-5주에는 1차 TF 회의가 열리고 공식수행원과 수행기자단을 결정하며 국정원이 작성한 방문국 소개 자료를 대통령 부속실을 통해 대통령께 보고한다. 이런 식으로 일이 쭉 진행되어 D-1주에 이르면 NSC사무처는 외교부 및 경제정책수석실과 협력하여 정상회담에 필요한 일체의 자료를 완성하여 대통령 부속실로 송부한다. 동시에 의전비서관실에서도 최종 행사 시나리오를 확정하며, 연설팀은 대통령이 사용할 연설문을 완성한다. 이후 D-1주에서 출국일 사이에 두 차례에 걸쳐 대통령 보고가 이루어진다. 보고시 외국방문 일정 및 정상회담 등에서의 대통령 말씀 방향은 외교부 장관이 보고하고 정상회담 전략은 내가 보고했다.

그런데 NSC는 대통령 외국방문 행사 준비에 국정원 1차장실을 적극 활용했다. 1차 대통령 보고시에는 1차장을 배석시켰는데 이는 과거에 유례가 없는 일이었다. 그리고 NSC사무처 직원과 국정원 직원을 한 팀으로 묶어 방문 지역 사전조사를 별도로 수행하도록 했다. NSC가 이처럼 국정원을 적극 활용한 것은 기본적으로 외교자원을 효율적으로 활용한다는 차원이었으나, 다른 한편으로 국정원이 권력기관으로서가 아니라 국익 수호 전문기관으로 발전해가기를 바라서였다.

2. 이렇게 통일외교안보라인에 새로운 기운이 흐르게 된 것은 NSC사무처가 컨트롤 타워 역할을 제대로 했기 때문이지만 NSC 상임위 멤버들의 팀워크와 인품도 크게 한몫했다.
   정동영 장관이 주재하는 NSC 상임위는 항상 화기애애했다. 정 장관은 부드러운 분위기에서 합리적으로 회의를 운영했다. 상임위원회는 특정 사안을 토론하면서 진보나 보수와 같은 가치가 아니라 상식과 합리성에 기준을 두고 판단하려 했는데, 이런 분위기는 고영구 국정원장이 주도했다. 항상 온화한 미소를 잃지 않는 그는 '진보적 지식인'이라는 이미지와 달리 결코 편향됨이 없었다.(그는 2005년에 2년간 '자신의 에너지를 다 쏟아 부으며' 국정원장 직무를 수행할 만큼 했다고 스스로 판단하고 대통령께 청원하여 사임한 선비였다.) 반기문 외교장관과 윤광웅 국방장관은 자기 분야 최고의 전문가들이었다. 그들은 회의나 회의 뒤 이어지는 만찬에서 동서고금의 외교안보 일화를 적시에 흥미진진하게 들려주어 분위기를 돋웠다. 권진호 안보보좌관은 과묵한 성격 탓에 말수는 적었지만 회의에서 논의가 모아지지 않거나 방향이 대통령의 방침에서 너무 벗어난다 싶으면 대통령의 의중을 넌지시 비침으로써 가닥을 잡아주었다. 이 시기 NSC 상임위가 부처 협력의 시너지 효과를 확연하게 발휘하면서 성공적으로 운영된 것은 무엇보다도 참석자들의 훌륭한 인품 덕분이었다. 그들은 상대방을 상처내기보다는 이해하고 포용하려 했으며, 자신과 다른 견해에 대해서는 접점을 찾으려고 노력했다. 나는 NSC 운영의 실무책임자로서 그들과의 교류에서 많은 것을 배웠다. 스스로 부족한 것들을 채울 수 있는 좋은 기회였다.

3. 탄핵 의결시 국무총리와 NSC 상임위에 보고하기 위해 만든 이 문서는 기본 대처 방향을 ① 참여정부 안보정책의 기조 유지와 정책 공백 없는 상황 관리 ② 안보 부처 간 공고한 팀워크를 통해 정책 결정의 안정성과 신속성 확보로 잡았다. 그리고 구체적으로 군사·외교·남북관계·사회 분야에서 발생이 예상되거나 발생 가능한 위기현상을 적시하고, 그 대처방안과 분야별 관리기구를 적어놓았다.

4. 나는 투서 작성의 주인공을 2004년 여름에 김선일 씨 피살 사건으로 국회 국정조사를 받던 중에 만났다. 그는 이라크 현지 대사관 소속 외교관이었으며 국회증언을 위해 귀국해 있었다. 나는 이라크 현지 상황을 직접 듣기 위해 그를 NSC사무처로 불렀다. 그는 내가 자기의 투서를 보았다는 사실을 알 리 없었다. 나도 전혀 내색하지 않았다. 대화를 해보니 발언은 예의를 갖추고 있었지만 NSC에 대한 강한 불신이 말과 행동 곳곳에서 묻어났다.
   다음날 그가 국회에 출석해서 NSC책임론을 제기했다는 보고가 들어왔다. 보통 조직 구성원들은 공개적인 증언에서 자신의 안위와 상관없는 일을 가지고 자기 상급기관이나 타기관을 비판하는 경우가 거의 없다. 그런데 조직체계로 보나 보고체계로 보나 NSC사무처와는 아무 연계도 없는 그가 무슨 근거로 자신이 근무하는 이라크에서 수천 킬로미터 떨어진 서울에서 발생한 NSC와 국정원, 외교부의 정보 소통을 비판하는지 도무지 이해할 수가 없었다. 그에 대한 나의 선의가 무너지는 순간이었다.

5. 2004년 5월에는 주한미군 감축문제를 두고 한국측이 먼저 공론화와 협상연기를 주장했다는 의혹을 제기했다. 2부에서 기술한 것처럼 우리 협상팀의 모호한 태도 때문에 나도 걱정을 하고 있던 부분이었다. 그러나 우리 국방외교 능력의 한계로 부분적인 오류를 범하긴 했지만, 공론화를 미국에 통보한 것은 우리였으며 이 공론화를 우려한 것은 미국이었다.

이어서 국정상황실은 미국과의 전략적 유연성 협의과정에서 외교부가 북미국이 대통령 지시도 받지 않고 미국과 외교 각서 초안을 교환했으며 NSC도 이를 제대로 감독하지 못했다고 문제를 제기했다. 그 표적은 대통령의 지시로 NSC에 와 있는 위성락 조정관과 NSC사무처였다. 그의 북미국장 시절 외교전문을 문제 삼은 것이다. 내가 보기에 의도적으로 잘못된 것 같지는 않았다. 이번에는 대통령 지시로 NSC 상임위원장인 정동영 장관이 위원장이 되고 문정인 교수와 NSC사무처, 외교부, 국정상황실이 참여하는 청문회식 위원회까지 열렸다. 나는 그때 외교부 조약국에서 국정상황실로 파견 나온 행정관이 전략적 유연성 초기 협상에서 외교부 북미국이 어떻게 대통령 지시를 어겼는지를 마치 검사가 논고하듯이 주장하는 것을 보았다. 내가 보기에 딱히 외교부가 지시를 어기지도 않았는데, 그는 복잡하고 이해하기 어려운 설명으로 그것을 입증하려 했다. 나는 그의 주장을 들으면서 대학 1학년 때 민법교수님이 자신이 도쿄대에서 배웠다며 해석학을 강의하던 장면이 떠올랐다. 한 외교관의 행위를 주관적인 해석으로 왜 그리 복잡하고 어렵게 추리해가며 단죄하려 하는지 도무지 이해가 되지 않았다. 누군가를 잡아 옭아맬 심사가 아니라면 말이다.

6. 그 보고서의 내용은 이렇다.

　□ 문제제기 방식
　○ '상부보고를 의도적으로 회피, 실상을 은폐하려 했다'는 식의 문제제기 반복
　　　−실무조정위, 상임위 등 공식 정책 결정체계와 무관한 문제제기
　○ 유사한 현안에 대한 유사한 문제제기 계속
　　　−종종 민감한 보안의 언론유출로 연결
　　　−일부 의원 및 시민단체의 민감한 내용 왜곡, 누설 사례 빈발
　○ 협의 진행 중인 사안에 대해 소급적으로 '음모이론' 제기

　□ 부작용
　○ 정부의 대국민 신뢰도 저하

－정부가 외교성과를 거두고도 수세적으로 국민 앞에 해명해야 하는 상황 지속 발생
　　－일부 의원, 시민단체 등이 정부를 대미굴종적이라고 비난하는 상황 자초
　○ 정부의 협상능력 저하
　　－협의 중인 사안의 언론 유출 자체가 우리의 협상력에 치명적
　　－협상에 임하는 우리 대표단의 사기를 심각히 저해(상대측으로부터 존경 대신 비아
　　　냥과 동정을 사는 상황조차 초래)
　○ 문제제기가 오히려 문제를 키우거나 만드는 현상
　　－정부의 방침이 현실적이고 타당하며 불가피한데도 과도한 정부 안팎의 관심과 의
　　　혹을 유발함으로써 정치적 부담 초래
　　－우리측이 협상에 방어적 소극적으로 임하도록 역효과 초래
　　－향후 대책을 위해 고민하고 검토해야 할 시간과 인력을 과거 사안 정리와 소명에
　　　사용함으로써 우리 대응 능력을 저해

7. 나는 정책보고가 아닌 간단한 보고는 굳이 대통령 면담을 신청하지 않고 대통령 부속실
을 통해 해결했다. 부속실 근무자들은 공손하고 친절했다. 나는 특히 윤태영 부속실장을
신뢰했다. 그는 밑에서 참모들이 서면으로 올리는 보고나 구두 건의를 대통령께 전달하
고 필요시 답변까지 받아서 통보해주는 충실한 전달자이자 메신저였다. 대통령이 특정 분
야에 집중할 때도 다른 분야의 참모들이나 부처 장관들이 대통령 직접 보고나 대통령 주
재회의를 요청하면 거의 대부분 성사시켰다. 그는 착한 심성과 균형감각을 지녔으며 일의
우선순위를 아는 성실한 인재였다. 나는 그의 노력 덕분에 노무현 대통령이 업무의 균형
을 잃지 않을 수 있었다고 생각한다.

8. 우리의 논리는 "NSC사무처는 헌법에 명시된 대통령의 임무수행을 보좌하기 위해 부처간
의 효율적인 협의와 조정에 관한 사항을 추진하는 기구이고 정책결정과 집행기구는 아니
며, 정책결정과 집행은 대통령이 주재하는 회의나 관련부처에서 이루어지고 있으므로, 현
행 NSC의 업무는 위법이라고 할 수 없다"는 것이었다.

9. 나에 대한 야당과 보수세력의 이념 공세는 때때로 정부 내 특정 인물의 고발 형식을 빌려
이루어지기도 했다. 대표적인 경우가 '대적관對敵觀 발언'이다. 2004년 6월 나는 합참으로
부터 군 장성들이 모이는 무궁화회의에서 참여정부 대북정책에 대해 강연해달라는 요청
을 받았다. 강연은 6월 19일에 육군사관학교에서 있었다. 강연이 끝나고 자리가 파하기
직전에 누군가 손을 들고 일어나 질문을 했다. 그렇게 포용정책을 강조하면 장병들에게
대적관 교육을 어떻게 시키느냐는 것이었다. 나는 다소 항의조로 질문을 한 그가 누군지
당시에는 몰랐으나 사달이 난 뒤에야 그가 육군 정훈감이라는 사실을 알았다.
　나는 평소에 아들이 군대를 갈 때쯤에는 그 아이가 조국을 지킬 만한 가치가 있는 국가

로 인식하고 우리 공동체에 대한 자부심과 긍지를 가지고 조국의 방어선에 서기를 바랐다. 그래서 질문을 한 그에게도 "우리 장병들이 상대방에 대한 적개심에 기초해 조국의 방어선에 서는 것보다 조국에 대한 자부심과 긍지로 무장하고 그 자리에 서는 것이 더 강한 군대가 될 수 있다고 생각한다"고 답했다. 그리고 "세계 최강의 군대라는 미군이나 이스라엘 군대가 그렇지 않느냐, 우리도 그런 시대로 이행하고 있다고 생각한다"고 말했다.

그동안 NSC는 군의 정훈 교육에 관여한 바도 없었고, 나도 군의 대적관 교육에 대해 군 관계자들 앞에서 의견을 피력한 적도 없었다. 강연 시간에 그가 내 의견을 물으니 대답한 것뿐이었다. 내가 상식에 기초해서 한 말이기에 당시 추가적인 질문도 없었다.

그런데 열흘 뒤 내가 무궁화회의에서 '앞으로는 병사들을 교육할 때 북한에 적개심을 갖도록 해서는 안 된다'고 발언했다는 왜곡된 언론기사가 회의참석자의 발언을 인용해서 나왔다. 무궁화회의는 비공개회의이고 어떤 내용이 외부로 유출되는 자체가 있을 수 없음에도 불구하고 이를 유출하는 군인답지 못한 행동을 누가 한 것이다. 이 기사를 계기로 야당과 보수언론은 나를 해임시키라며 대대적인 비난에 나섰다. 극우 언론은 나의 발언을 북한에 대한 적개심 교육을 시키지 말라고 군에 '지시'한 것으로까지 바꾸어놓았다. 나는 그 뒤에는 그 정훈감을 만난 적도 없고, 그에게 관심을 가져본 적도 없으나, 뒷날 내가 그에게 인사상의 불이익을 가했다는 터무니없는 비방까지 들려왔다.

나는 당시 국회에서 나에게 언행에 신중할 것을 당부하는 여당 의원에게 분명하게 대답했다. "국가와 나 자신, 내 자식들에게 부끄럽지 않다면 발언을 해야 하며, 상식에 기초한 말도 할 수 없다면 제가 여기 이 자리에 서 있을 필요가 없습니다."

지금도 인터넷에는 내가 우리 장병들에게 적개심 교육을 지키지 말도록 지시했다는 왜곡된 선동성 글들이 유포되고 있다. 참 집요하다는 생각이 든다.

7부

1. 나는 이수혁 대사가 참여정부를 어려움에 빠뜨렸던 이라크 추가파병 문제에서 NSC와 고난을 함께 짊어졌기 때문에 인간적으로 그와 가까웠다. 사실 나는 이수혁 대사와 허물없이 대화를 했으며 그도 자신의 속내를 말할 정도로 나를 편하게 대했다. 지금도 그를 만나면 마치 오랜만에 옛 친척을 만난 것처럼 반가움이 먼저 든다. 그래서 그때 이수혁 대사에게 무척 미안했다. 그러나 공은 공이고 사는 사였다.

2. 나에 대한 통일부장관 내정자 인사청문회가 2월 6일에 있었다. 국회에서 장관 내정자에 대한 청문회를 의무화한 법이 제정된 후 최초로 열린 청문회였다. 나는 당시 정세균, 이상수, 유시민 등 다른 부처 장관 내정자들과 함께 1호 인사청문회 대상자가 되었는데, 그중에서도 첫날 오전에 청문회가 열렸다. 그래서 장관 인사청문회를 거친 첫번째 국무위원이 되었다.

청문회에서 야당은 나의 정책적 자질이나 도덕성보다는 사상 문제를 집중적으로 물고 늘어졌다. 나는 탈세·병역위반·위장전입·부동산투기 등과는 거리가 멀게 살았으니 별로 트집잡힐 게 없었다. 대신에 그들은 온 국민이 시청하는 청문회에서 나를 '한미동맹을 균열시키고 북한을 이롭게 하는 반미·친북 좌파'로 몰아가려 했다. 어느 한나라당 의원은 "친북좌파라고 왜 솔직히 얘기하고 토론하지 않느냐"며 다그쳤고, 다른 한나라당 의원은 "국군과 유엔군이 적군이냐"고 대답할 가치조차 없는 치졸한 질문을 했다. 한나라당 고위 당직자는 2월 7일 국회에서 "이 내정자는 현 정권에 들어온 '트로이의 목마'"라고까지 주장했다. 보수언론은 한나라당의 이러한 비방에 편승하여 나를 '반미'와 '친북'으로 몰고 갔다. 내가 보기에 그들이 원한 것은 나의 실체에 대한 '진실'이 아니라, 참여정부를 정치적으로 흠집 내기 위해 필요한 '수상하고 위험한 노무현의 참모'였다.

나는 뒤에 《위키리크스》의 폭로로 밝혀진 주한미국대사관이 본국에 보낸 보고전문을 보고 우리 야당과 보수언론이 미국대사관만큼도 나를 모르고 있었다는 사실이 안타까웠다. 이 보고전문은 "지난 2년간 광범위한 문제에 대한 폭넓은 교류를 통해 우리는 그(이종석―인용자주)가 한미동맹이 한국 외교정책의 핵심이라는 점을 충분히 이해하고 있는 실용적인 대화상대라는 것을 알게 됐다"고 했다. 그랬다. 내가 끊임없이 부시정부의 정책에 이의를 제기한 것은 반미적인 성향이 있어서가 아니라 '한국의 발언권이 인정되는 한미관계'를 추구했기 때문이었다. 그리고 북한에 대한 포용정책을 주장한 것은 북한체제를 긍정적으로 보아서가 아니라 한반도 평화 실현과 국가와 민족의 미래를 위해 이 방법이 가장 유용하다는 믿음에서였다.

3. 나는 통일부로 자리를 옮기면서 NSC 전략기획실의 김성배를 정책보좌관(2급)으로 임명하여 중요현안들에 대한 정책보좌를 맡겼다. 그는 성실하고 선한 성격을 지녀서 금방 통일부 간부들과 격의 없이 어울렸다. 그가 처음 NSC에서 일할 때만 해도 순진한 연구자 티가 났는데, 3년 간 밤낮을 가리지 않고 국가안보전략과 동북아 외교 전략의 구상·실천에 매달리며 단련되다 보니 어느새 탄탄한 전략가가 되어 있었다.

4. 오전 8시에 간부들이 모여 하는 현안점검회의는 신언상 차관이 주재했다. 신 차관은 통일부의 맏형으로서 갖는 카리스마와 인자함을 겸비한 사람으로, 나의 부족한 부분을 잘 메꾸며 통일부를 잘 이끌어갔다.

5. 참여정부는 제3국을 통한 국군포로송환을 위해 비공개로 많은 노력을 기울였다. 정부는 국군포로의 경우 일반 탈북자와 다르다는 점을 국군포로 발생의 역사까지 설명하며 제3국 정부를 설득했다. 이 문제에 대해서는 현지 대사관뿐만 아니라 다양한 외교채널을 통해 우리 정부의 고위당국자들이 직접 나서서 전방위적인 외교를 전개했다. 그 결과 제3국에서도 탈북 국군포로에 대해서는 일반 탈북자와 다른 기준에서 한국정부에 협조했다. NSC 상임위는 2004년 2월에 '탈북 군군포로 관련 비공개 지침'을 마련하고, 2005년에 들어서는 아예 탈북 국군포로의 효율적 송환과 관련하여 「탈북 국군포로 및 가족 송환 매뉴

얼」을 작성해 시행했다. 이 매뉴얼에 따라 국방부차관이 주재하는 공개적인 협의체인 '범정부 국군 포로대책위원회' 외에 범정부 차원의 국군포로대책반이 설치되었으며 탈북 국군포로가 발생할 경우 송환대상자의 신병을 확보하여 국내송환 등을 지원하는 현지파견 대응팀도 비공개로 운영했다.

6. 제3국과 국군포로 송환 협의를 할 때 여러 어려움이 있어서, 나는 2005년 말부터 제3국이 우리측에 협조해야 할 역사적 책무가 있다는 점을 확인할 수 있는 자료를 만들기 위해 특별한 작업을 추진했다. 나는 정부에 들어오기 전 중국인민지원군(중공군)의 한국전쟁 참전에 대해 연구하다가 중국 문헌에서 강원도 김화 일원에서 펼쳐진 '금성전역金城戰役(우리도 '금성전투'라고 부른다)'에 대해 여러 차례 읽은 적이 있었다. 중공군은 휴전협정 체결(1953년 7월 27일)을 목전에 두고 대규모 병력을 동원하여 국군과 치열한 전투를 벌였다. 양측에서 수많은 사상자와 포로를 양산한 이 전투는 정전 1주일 전인 1953년 7월 20일에야 끝났다. 나는 바로 이 전투에서 포로가 된 국군이 상당수 있었을 것이며, 이들은 당시 중공군의 열악한 군대행정상 포로송환 대상자에서 제외되었을 것이며, 그렇지 않더라도 공산측이 이승만정부의 반공포로 석방에 맞서서 포로송환대상자에서 아예 제외했을 가능성이 높다고 판단했다. 그래서 2005년까지 귀환한 58명의 국군포로가 공산군에 체포된 일시, 장소, 공산군의 국적 등에 대해서 조사하여 보고하도록 지시했다. 조사결과 예상은 적중했다. 1953년에 체포된 인원이 전체 58명의 60%에 해당하는 35명(참고로 1950년에 체포된 사람이 11명, 1951년이 11명, 1952년은 2명)이었다. 그리고 35명 전원이 1953년 5월 30일에서 7월 25일 사이에 강원도 김화 일원(김화 32명, 철원1명, 화천 1명, 중부전선 1명)에서 포로가 되었으며, 북한군에 붙잡힌 1명을 제외한 34명이 중공군에게 포로가 되었다.(이중 29명이 7월 중에 포로가 되었다) 이들이야말로 휴전협정의 사각 지대에 있었던, 누구도 송환을 거부할 수 없는 국군포로였다. 애초에 나는 제3국과 탈북국군포로 송환 협상을 유리하게 이끌기 위해 이 자료를 만들었지만 통일부장관이 된 뒤, 이 자료에 바탕을 두고 1953년 6월 이후 북에서 체포된 국군포로에 대해 북한에 직접 송환을 요구하는 것으로 계획을 발전시킨 것이다.

7. 북측에 각 사업별로 소요되는 비용은 제시하지 않았지만 정부는 심장병 센터 건립에 3600만 달러 정도가 소요될 것으로 보았으며, 국군포로와 납북자를 합해 약 1000명에 대해 송환을 요청할 계획이었던 '송환시 북한 SOC 지원'은 8800만 달러에서 3억 달러 정도가 소요될 것으로 추정했다. 사실 정부는 2005년 말에 1인당 10만 달러씩 지불하고 1000명의 송환을 추진하는 '1억 달러 현금 보상안'을 검토한 적도 있었다.

8. 한편 통일부는 납북피해자의 피해구제와 납북자가족의 생활 지원 등을 위한 법률 제정을 추진했다. 이를 위해 2006년 2월 말부터 관련 당정협의를 시작했다. 여당의 일부 의원들은 통일부가 나서서 '납북피해자특별법'을 만든다니까 북한을 자극할 가능성이 크다고 우

려했다. 나는 국가의 기본책무를 다할 때 포용정책은 더 강해질 수 있으며, 북한이 이 문제로 트집을 잡을 경우 의연하게 대처하겠지만 그 가능성은 낮다고 그들을 설득했다. 결국 이러한 노력은 내가 퇴임한 직후인 2007년 4월 '군사정전에 관한 협정 체결 이후 남북 피해자의 보상 및 지원에 관한 법률' 공포로 실현되었다.

9. 한전은 기성고 잉여금 발생이 KEDO가 경수로사업을 중단시킨 것에 기인하므로 KEDO에 책임이 있고, 한전은 이를 반환할 의무가 없다는 것이 한전 변호사의 의견이라고 했지만 실제 논란이 발생하면 결과는 장담할 수 없었다.

10. 그런데 KEDO 집행이사회의 사업종료 후 일본과 EU는 KEDO측의 '사업종료 이행협약' 초안 작성 과정에서부터 한전의 과다이익 문제를 다시 제기하며 몇 가지 추가적인 조건을 걸었다. 나는 보고를 받고 일본이나 EU의 주장대로 한전의 과다이익이 우려된다면, 한전이 거꾸로 손실을 볼 경우 KEDO에게 그 손실을 보상하는 조건으로 관련 협의에 응하라고 강경 대응을 지시했다. 사실 일본과 EU가 제시한 추가조건을 수용해도 한전이 이익을 보는 구도가 바뀌는 것은 아니었다. 그러나 나는 경수로 사업에 한국 정부가 투자한 막대한 비용을 고려하여 국민기업인 한전이 최대한 많은 이익을 남기고 청산하기를 바랐다. 그런데 2006년 6월 21일 KEDO 이사회 신임의장에 뽑힌 KEDO 집행이사인 조규형 대사가 나를 찾아왔다. 그는 한전의 이익 극대화를 주장하는 나에게 조심스럽게 말했다. "장관님, 자칫하면 장관님이 한전과 특별한 관계에 있다는 오해를 받을 수 있습니다." 그의 말을 듣는 순간 나는 잠에서 깨어난 사람처럼 정신이 번쩍 들었다. 맞는 말이었다. 갑자기 정글 같은 권력의 세계에서 내가 오버하고 있다는 생각이 들었다. 물론 조 대사는 내가 한전과 아무런 관계도 없으면서 국익 증진 차원에서 한전을 옹호하고 있다는 것을 잘 알기에 어려운 충고를 했을 것이다. 스스로 중용의 과불급過不及을 금과옥조처럼 말하면서 실은 실천은 못하고 있었던 것이다. 조 대사가 왜 내게 그런 말을 했는지 그 이유를 다 알지는 못하지만 나는 그의 충고를 진심으로 고맙게 받아들였다. 즉시 나의 주장을 철회하고 이후 과정은 KEDO와 한전이 지혜롭게 풀어갈 것을 당부했다. 이날을 계기로 나는 선의라고 해서 마냥 주장할 수 있는 것이 아니라 '모자라지도 지나치지도 않은' 언행이 중요하다는 사실을 마음에 새겼다.

11. 사실 나는 NSC 차장 시절부터 통일부장관을 사임할 때까지 통일외교안보 분야에서 노무현 대통령과 김대중 전 대통령 간의 신뢰를 '관리'하기 위해 나름대로 최선을 다했다. 비록 노 대통령이 내게 청와대와 동교동 관계에 오해가 없도록 노력하라고 지시한 적은 없지만, 나는 대통령의 참모로서 할 수 있다면 이런 역할을 하는 것이 도리라고 생각했다. 사실 나는 국민의 정부에서는 공직에 나서지 않았지만, 2000년 6월 평양에서 열린 제1차 남북정상회담에 대통령 특별수행원으로 참가할 만큼 김 전 대통령의 특별한 신임을 받았다. 게다가 국민의 정부 통일외교안보의 조타수였던 임동원 전 통일부장관은 나의

은인이자 내가 스승처럼 모시는 분이었다. 그러다보니 참여정부 통일외교안보 분야에서 과거 정부와 현재 정부를 연결할 수 있는 적임자는 나였다. 사실 이 분야에서 나처럼 두 대통령에게 신임을 받는 이도 달리 없었다. 나는 이런 생각을 표현하지는 않았지만 내가 지닌 자산을 활용하여 정무 분야와 상관없이 청와대와 동교동 간의 분위기를 우호적으로 유지시키는 데 기여하고자 했었다.

그래서 대북송금특검 문제로 청와대와 동교동의 관계가 어려웠던 정부 초기부터 남북 관계와 외교안보 분야에서 중요 현안이 발생하면 수시로 김 전 대통령을 찾아가 보고하고 노 대통령의 안부를 전했다. 김 전 대통령은 내 보고를 받고 항상 참여정부의 대북정책이 햇볕정책을 발전적으로 계승하고 있다며 기뻐했다. 그리고 대북정책만이 아니라 외교 분야에서도 귀중한 가르침을 주었다. 북핵 실험 후 내가 노 대통령께 사의를 표한 직후 찾아뵈었을 때, 김 전 대통령은 진심으로 안타까워하며 "왜 이 장관이 사표를 내느냐? 지금이라도 늦지 않으니 노 대통령께 다시 말씀드리라"며 극구 만류했다. 사의를 번복하는 것이 불가능하다는 사실을 누구보다도 잘 아는 분이 그렇게 말씀했다는 것은 나를 아끼는 마음이 그만큼 컸다는 뜻일 것이다. 이처럼 김 전 대통령은 내게 개인적으로 특별한 분이었다. 지금도 마지막 방북을 성사시키지 못한 그때의 일이 회한으로 남는다.

12. 나는 뒷날(2006년 9월 11일) 힐 차관보에게 "지난 4월 NEACD에서 김계관이 차관보님을 만나고 싶어 했으나 만나지 못해 북한 외무성 북핵 담당자들이 군부로부터 강한 비난과 불신을 받은 것으로 보인다"고 아쉬움을 표했다. 그러자 그는 "시기가 다소 지연되더라도 6자회담 복귀를 합의하면 만날 수 있다고 제안을 했으나 북한이 동의하지 않았다"며 "만약 김계관을 만나는 것이 내가 맘대로 할 수 있는 일이라면 난 디즈니랜드에서라도 만날 용의가 있지만, 북한이 6자회담을 거부하는 중에는 만나지 않겠다는 것이 미국의 입장"이라고 대답했다. 나는 그에게 "미국은 북한이 6자회담에 복귀한다면 미북간 어떤 대화도 가능하다는 입장이고 한국은 상황이 엄중한 만큼 북한을 6자회담으로 복귀시키기 위해서 어떤 대화도 필요하다는 입장"으로 서로 시각 차이가 있다는 점을 지적한 뒤, 미국이 좀 더 유연한 자세를 취해주기를 요망했다.

13. 언젠가 《위키리크스》가 "반기문 장관이 남북장관급회담 개최와 대북제재 문제로 통일부와 의견이 대립돼, 화를 내고 자리를 박차고 나간 일도 있었다고 들었다"는 주한미대사관 보고전문을 공개했다는 기사를 보았는데, 전혀 사실무근다. 사실 나도 장관급회담을 열어봐야 소득 없이 끝날 것이라는 점을 잘 알고 있었다. 그러나 어렵게 만든 정기 회담을 상황이 불리하다고 열지 않으면 '정기定期'라는 지속성은 깨지고 만다. 북한은 그런 짓을 쉽사리 하지만 우리로서는 아무리 어려워도 일관성을 유지하는 것이 정도이며 장기적으로 대북정책 운영에도 도움이 된다고 보았다. 또 우리가 북한의 6자회담 복귀를 주장하고 모든 문제를 대화로 풀자면서 회담을 기피하는 것은 옳지 않다고 보았다.

미국 정부에 회담이 보상이 될 수 없다고 북미 양자회담을 주장해 온 것이 참여정부였다. 한마디로 "회담에 임해서 최선을 다한다"는 것이 우리의 입장이었다.

14. 일부에서는 미국도 인도주의적 쌀 지원에 대해서는 반대하지 않는다는 식으로 얘기하는 이들도 있었다. 그러나 그것은 사실이 아니었다. 2부에서 살펴본 것처럼 부시정부는 2005년 2월 북한의 핵보유 선언 당시 우리 정부에 가장 인도주의적인 항목인 비료 지원을 하지 말도록 요청해왔다. 2006년 8월 통일부는 북한이 심각한 수해를 당하자 국회에서 5당 합의를 통해 북한에 쌀 10만 톤을 지원하기로 했다. 이때 청와대 안보정책실에서 쌀 지원 규모를 줄여달라고 내게 요청했다. 물론 거절했지만, 안보정책실에서 그런 요청을 했다는 것은 미국의 요청이 있었거나 최소한 미국의 눈치를 보았다는 뜻이다.

15. 나는 솔직히 이 질문에 "왜 우리가 미국을 향해 시위한 북한의 장거리 미사일 발사에 미국보다 더 흥분해서 목소리를 높여야 하나요?"라고 반문하고 싶었다. 북한의 장거리 미사일 발사는 우리도 우려하기는 하나 엄밀히 말해서 미국의 문제다. 우리나라는 사정거리 500km정도 되는 북의 스커드 미사일의 사정거리에 들어간 지 이미 오래되었다. 그래서 참여정부는 그동안 미사일기술통제체제MTCR 아래서 사정거리 300km까지밖에 개발할 수 없는 탄도형 미사일 대신에 사정거리에 제한을 받지 않고 고도의 기술을 요하는 순항미사일을 개발하여 사정거리 1000km급까지 실전배치를 완료했다. 우리도 북한의 스커드 미사일 체제에 대응한 그보다 정확도가 훨씬 높은 중거리 미사일을 구비하고 있었다. 이러한 상황에서 북한이 사정거리 수천km의 장거리 미사일을 개발하는 것은 우리를 겨냥한 것은 아니었다. 그래서 우리가 우려하고 반대하는 것은 당연하지만 미국보다 앞장서서 반대하고 흥분하며 또 우리의 포용정책 실패론까지 들먹일 일은 아니라고 보았다. 그러나 통일부장관인 내가 우리의 언론환경에서 이런 식으로 얘기하면 그야말로 벌집을 쑤셔놓은 상태가 될 것 같아 자제했다. 만약 우리 사회가 좀 더 성숙해서 합리성이 존중될 수 있었다면 나는 조금 무리가 되더라도 이렇게 얘기했을 것이다.

16. 일부에서는 노 대통령이 10월 11일 오전 김대중 전 대통령과의 전화통화에서 김 전 대통령이 "포용정책이 왜 죄인가"라는 말씀을 듣고 생각을 바꾸었다고 주장하는데, 그것은 사실이 아니다. 김 전 대통령이 밝혔듯이 이날 통화에서 노 대통령은 김 전 대통령의 말씀에 전적으로 동감한다고 말했다. 김 전 대통령의 이 발언이 어려운 국면에서 포용정책을 지켜내는 데 큰 힘이 된 것은 사실이지만 노 대통령이 포용정책을 재검토하려 했다는 것은 전혀 사실이 아니었다.

　10월 14일 안보관계장관회의에서 노 대통령은 유엔 안보리의 대북제재를 눈앞에 둔 국면에서 포용정책에 대해 다음과 같이 자신의 입장을 밝혔다. "포용정책은 결코 오류가 있거나 실패한 정책이 아니다. 다만 핵실험으로 중대한 상황 변화가 생겨 조정을 요구받고 있다. 기존의 광범위하고 적극적인 포용정책에 북한을 대화로 복귀시킬 수 있는, 유엔 안보리 결의를 반영한 포용정책이 되어야 한다."

17. 2006년 11월 13일 외교부가 발표한 PSI에 대한 정부 입장은 다음과 같았다. "첫째, 대한
    민국 정부는 PSI의 목적과 원칙을 지지하며, 우리의 판단에 따라 참여범위를 조절해 나
    간다. 둘째, 한반도 주변 수역에서의 활동은 우리의 특수한 상황을 고려하여, 남북해운
    합의서 등 국내법과 국제법에 따라 결정할 것이다."

찾아보기

인명

ㄱ

일반용어

숫자와 영문